New York

L'Empire State Building illuminé par le feu d'artifice du 4 juillet.

Direction	David Brabis
Rédaction en chef	Nadia Bosquès
Rédaction	Cynthia Clayton Ochterbeck, Linda Lee
Traduction	Michael Brammer, Caroline Palvadeau, Blandine Lecomte
Cartographie	Peter Wren
Iconographie	Brigitta House
Secrétariat de rédaction	Pascal Grougon, Danièle Jazeron
Mise en pages	Michel Moulin, Didier Hée
Maquette de couverture	Agence Carré Noir
Fabrication	Pierre Ballochard, Renaud Leblanc
Marketing	Cécile Petiau
Ventes	Antoine Baron (France), Robert Van Keerberghen (Belgique), Christian Verdon (Suisse), Nadine Audet (Canada), Pascal Isoard (grand export)
Relations publiques	Gonzague de Jarnac
	Le contenu des pages de publicité insérées dans ce guide n'engage que la responsabilité des annonceurs.
Pour nous contacter	Le Guide Vert Michelin – Éditions des Voyages 46, avenue de Breteuil 75324 Paris Cedex 07 ☎ 01 45 66 12 34 Fax : 01 45 66 13 75 www.ViaMichelin.fr LeGuideVert@fr.michelin.com

Parution 2005

Note au lecteur

L'équipe éditoriale a apporté le plus grand soin à la rédaction de ce guide et à sa vérification. Toutefois, les informations pratiques (prix, adresses, conditions de visite, numéros de téléphone, sites et adresses Internet...) doivent être considérées comme des indications du fait de l'évolution constante des données. Il n'est pas totalement exclu que certaines d'entre elles ne soient plus, à la date de parution du guide, tout à fait exactes ou exhaustives. Elles ne sauraient de ce fait engager notre responsabilité.

Ce guide vit pour vous et par vous ; aussi nous vous serions très reconnaissants de nous signaler les omissions ou inexactitudes que vous pourriez constater. N'hésitez pas à nous faire part de vos remarques et suggestions sur le contenu de ce guide. Nous en tiendrons compte dès la prochaine mise à jour.

À la découverte de New York

New York, la « Grosse Pomme » de toutes
les espérances, la ville où classe et crasse
vont de pair, où d'ambitieux gratte-ciels
surgissent dans un réseau de sombres
ruelles. Une ville capable de toutes
les prouesses : la statue de la Liberté,
le pont de Brooklyn, l'Empire State
Building. Une ville aux nobles aspirations
offertes à tous : les Nations unies, le
Metropolitan Museum (le « Met ») et la
Bibliothèque publique. Ville sainte de l'art
américain, baromètre de la santé des
États-Unis, mégalopole surpeuplée,
capitale économique de l'État fédéral,
épicentre de la Grande Dépression.
À tout instant, la rue new-yorkaise vibre
de sa vie : camions, taxis, longues
limousines, avertisseurs, vendeurs, police
montée, chiens en laisse, files de
patineurs, mimes, colonnes de « golden
boys », élégants sur leur trente et un,
sans oublier la ronde des graffitis...
Quand vous débarquez à New York,
vous êtes assailli de sons, de visions et
de sensations, frappé par l'insouciance
– mais aussi par la constance jamais
ébranlée – avec laquelle les New-Yorkais
gouvernent leurs journées. Que vous
fassiez du lèche-vitrine dans la Cinquième
Avenue, goûtiez aux nourritures célestes
dans une église de Harlem, sautiez d'une
galerie à l'autre à Soho ou sirotiez un verre
à Greenwich, vous serez pris par la fièvre
de la ville – et transporté vers une planète
incontestablement impressionnante.
Merci d'avoir choisi le Guide Vert et bon
voyage à New York !

L'équipe du Guide Vert Michelin
Le GuideVert@fr.michelin.com

Sommaire

Tour Flatiron.

© Walter Bibikow

Fontaine de Bethesda.

© Scott Barrow

Caffe Reggio.

Symbole du Nouveau Monde.

Cartes et plans

LES PRODUITS COMPLÉMENTAIRES AU GUIDE

Cartes Michelin n°s 583, 584 et 585

– à l'échelle 1/2 400 000, elles permettent de parcourir aisément l'ensemble du territoire des États-Unis.

Cartes Michelin nos 581 et 582

– cartes à 1/500 000 donnant le détail du réseau routier américain dans les États les plus proches de New York et de Washington, jusqu'à la frontière canadienne ;

– répertoire des localités ;

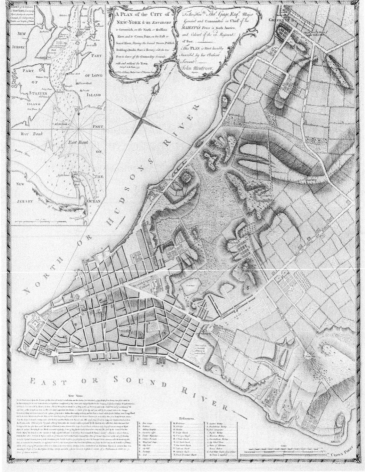

New York en 1775.

Historic Urban Plans

– mise en relief de tous les sites et monuments d'intérêt touristique.

Elles sont le complément indispensable à toute excursion dans la vallée de l'Hudson.

Les atlas régionaux

Leur format vous permet de les emporter partout : dans votre sac ou la boîte à gants de votre voiture. Ils sont une alternative pratique aux cartes traditionnelles.

– La cartographie y est claire et très lisible ;

– un index des villes vous permet d'aller rapidement sur le plan détaillé que vous cherchez.

Pour New York, consulter indifféremment les atlas New England Regional Road Atlas ou Northeast Regional Road Atlas.

INDEX CARTOGRAPHIQUE

Plans de musées et monuments

Plans de sites

Votre guide

● La carte des promenades et principales curiosités de Manhattan permet de situer les principaux monuments du plus important des cinq *boroughs* new-yorkais et de localiser les promenades (précédées de leur numéro) autour desquelles s'organise le guide.

● Avant de commencer votre voyage, permettez-nous de vous recommander la lecture de l'**Introduction au voyage**, qui vous donnera toutes les informations nécessaires pour bien comprendre l'histoire et la culture d'une ville emblématique du melting-pot américain.

● Le **Carnet d'adresses** vous propose une sélection de restaurants et d'hôtels, de boutiques ainsi que le nécessaire pour rendre votre séjour plus agréable.

● La partie **Curiosités** vous conduira à la découverte des cinq *boroughs* new-yorkais. Ving-trois promenades dans **Manhattan** proposent une sélection de curiosités regroupées selon leur emplacement. Temps de visite, accès, adresses, horaires, frais d'admission, numéros de téléphone et autres renseignements utiles figurent en italique à la suite de chaque site ou monument signalé. La plupart des musées de Manhattan font l'objet d'une section particulière. Les quatre autres *boroughs*, le **Bronx, Brooklyn, Queens** et **Staten Island** sont traités plus succinctement.

La partie **Environs de New York** décrit, au départ de la grande cité, des excursions dans la vallée de l'Hudson, à Long Island et à Princeton.

● Les encadrés reconnaissables par une bande violette et accompagnés du symbole noir ❶ indiquent de bonnes adresses : cafés, boutiques et autres. Ce symbole sert à identifier l'établissement sur le plan correspondant.

● La partie **Renseignements pratiques** tentera de vous apporter les clés nécessaires pour bien vivre New York au quotidien, que vous soyez tenté par un après-midi de lèche-vitrine ou que vous cherchiez des restaurants typiques. Nous souhaitons ici vous aider à tirer le meilleur parti du temps dont vous disposerez. Si vous avez des remarques ou des suggestions à faire, nous sommes à votre disposition sur notre site Internet ou par courrier électronique :

www.ViaMichelin.fr
LeGuideVert@fr.michelin.com

© Scott Barrow

Légende

★★★   **Très vivement recommandé**
★★   **Recommandé**
★   **Intéressant**

Curiosités

⇨ ═══   Promenade recommandée, point de départ et sens de la visite

🏛 ⚱	Église, chapelle	☀ ✤ Panorama – Vue
▣	Synagogue	Bâtiment décrit
AZ B	Localisation d'une curiosité sur le plan	Autre bâtiment
▪ ▲	Curiosités diverses	▪ Petit bâtiment
▪	Statue	⚑ Phare
◎	Fontaine	Cimetière décrit – Autre

Dans les guides MICHELIN Éditions des Voyages, sur les plans de villes et les cartes, le Nord est toujours en haut, sauf indication contraire.

Autres symboles

🛡 Interstate Highway	🛡 US Highway	⬭ Autre Route
Autoroute, échangeur		ℹ Information touristique
Péage, pont		✚ Hôpital
Tunnel		🎁 Boutique
Rue à sens unique		🚻 ✗ Toilettes – Restaurant
Rue piétonne – Voie en escaliers		↕ 🛗 Ascenseur – Escalator
✈ ● Aéroport – Station de métro		🅿 ✉ Parking – Poste centrale
🚆 🚌 Gare – Gare routière		Voie ferrée, gare
Ferry (passagers et voitures)		Porte
Ferry (passagers seulement)		⚑ Golf – Stade
Croisière		❶ Bonnes adresses
Intéressant pour les enfants		⫴ Files d'attente

Le guide utilise aussi les symboles suivants : **MTA** métro, ♿ accès handicapés, ✗ restauration, 🅿 parking, **Enfants** pour signaler les attractions ou monuments susceptibles d'intéresser plus spécialement les enfants. Les bonnes adresses (cafés, boutiques et autres) signalées dans les encadrés sont précédées du symbole ❶ que l'on retrouve dans les plans de quartiers.

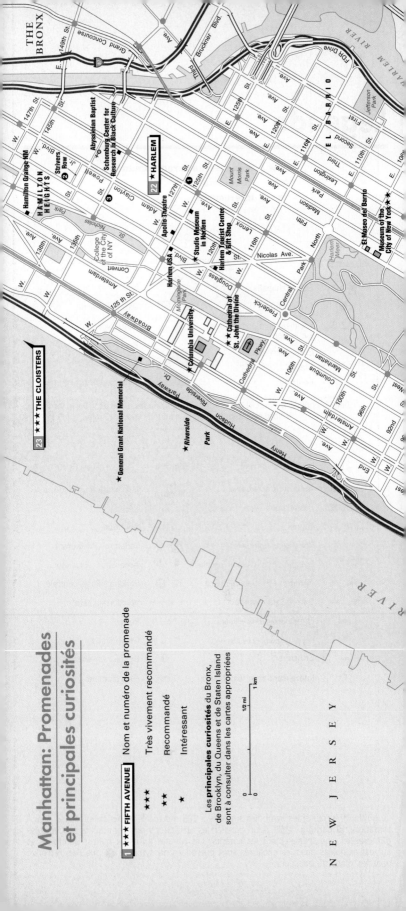

Manhattan: Promenades et principales curiosités

1 ★★★ **FIFTH AVENUE** Nom et numéro de la promenade

★★★ Très vivement recommandé

★★ Recommandé

★ Intéressant

Les **principales curiosités** du Bronx, de Brooklyn, du Queens et de Staten Island sont à consulter dans les cartes appropriées.

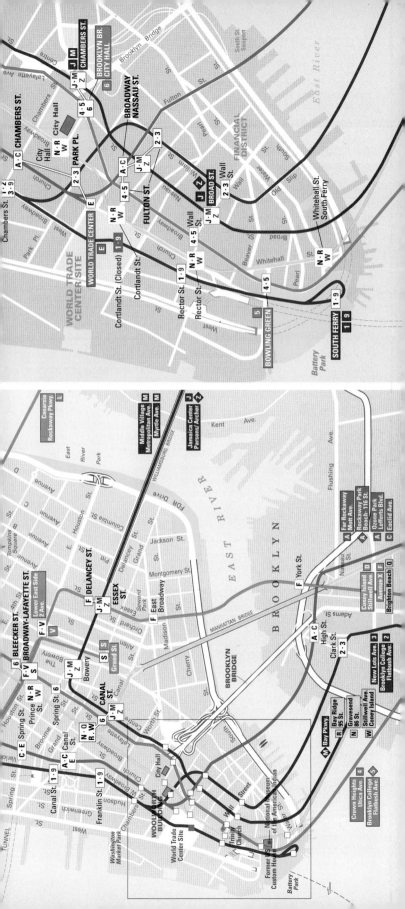

Programmes de visite

En deux jours comme en quatre, il est difficile de connaître une ville aussi gigantesque que New York. Les programmes suivants constituent des canevas adaptables par chacun selon ses possibilités et ses centres d'intérêt *(pour une description individuelle des sites mentionnés, se référer à l'index)*. Ils s'adressent aux visiteurs disposant d'un temps limité et conviennent idéalement à la période d'avril à septembre où les journées sont plus longues. Les touristes moins pressés pourront également consulter la section sur les musées *(voir p. 224-273)*, celle consacrée aux environs de New York *(voir p. 305-323)* ou se reporter à la rubrique L'âme de New York en page suivante.

Visites guidées – Pour partir à la découverte de la grande métropole américaine, les choix ne manquent pas : circuits en bus, excursions en hélicoptère, visites guidées de la ville, de ses quartiers et de ses musées, promenades en bateau autour de Manhattan, etc.

Où se restaurer – *Les sites comportant, dans leur description, le symbole ✗ offrent aux visiteurs la possibilité de se restaurer sur place.* À New York, des vendeurs ambulants tiennent négoce sur les principales artères et au croisement des rues, et proposent toutes sortes de collations : hot-dogs, bretzels, brochettes, *bagels* (petits pains ronds, souvent fourrés d'un mélange de saumon fumé et de fromage blanc) et sandwichs divers. Un repas léger pourra également être consommé dans les nombreux *coffee shops* (cafés), pizzerias et *delis* (traiteurs) de quartier, certains ouverts 24 h/24. *Pour plus de détails sur les restaurants, se référer aux p. 42-48 de ce guide, ou consulter le Big Apple Visitor Guide (voir p. 27).*

Programme de deux jours

Premier jour — Découverte de New York

Matinée	Tour de Manhattan en bus à impériale ou en trolleybus
Déjeuner	Dans le secteur Midtown
Après-midi	Metropolitan Museum of Art★★★
Soirée	Broadway – Times Square★★ ou Lincoln Center★★

Deuxième jour — Le meilleur de Manhattan

Matinée	Rockefeller Center★★★, 5ᵉ Av.★★★, Financial District★★★
Déjeuner	Dans Lower Manhattan
Après-midi	Statue de la Liberté★★★ et Ellis Island★★
Soirée	SoHo★★ ou Greenwich Village★★

Bus à impériale, Times Square.

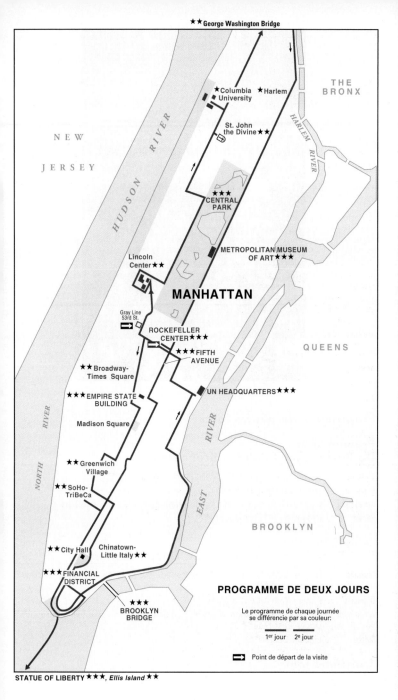

★★ George Washington Bridge

THE BRONX

NEW JERSEY

HUDSON RIVER

HARLEM RIVER

★ Columbia University   ★ Harlem

St. John the Divine ★★

★★★ CENTRAL PARK

Lincoln Center ★★

MANHATTAN

METROPOLITAN MUSEUM OF ART ★★★

Gray Line 53rd St.

ROCKEFELLER CENTER ★★★

★★★ FIFTH AVENUE

QUEENS

★★ Broadway-Times Square

UN HEADQUARTERS ★★★

★★★ EMPIRE STATE BUILDING

Madison Square

NORTH RIVER

EAST RIVER

★★ Greenwich Village

★★ SoHo-TriBeCa

BROOKLYN

★★ City Hall   Chinatown-Little Italy ★★

★★★ FINANCIAL DISTRICT

★★★ BROOKLYN BRIDGE

PROGRAMME DE DEUX JOURS

Le programme de chaque journée
se différencie par sa couleur :

1er jour   2e jour

➡ Point de départ de la visite

STATUE OF LIBERTY ★★★, *Ellis Island* ★★

L'âme de New York

Pour la pénétrer, nous vous conseillons :
– un brunch le dimanche à la Tavern on the Green ou un déjeuner à Carnegie Deli ;
– la danse à la Rainbow Room ;
– un repas soul chez Sylvia, à Harlem ;
– une promenade en calèche dans Central Park ;
– un verre à l'Oak Bar de l'hôtel Plaza ;
– les bonnes affaires au marché du dimanche dans Orchard Street ;
– les rayons d'alimentation de Dean & Deluca's ou de Zabar ;
– l'hiver, le patin à glace au Rockefeller Center ;
– le marché aux légumes frais d'Union Square.

19

Marathon de New York/© Scott Barrow

Programme de quatre jours

Premier jour
Du Rockefeller Center à Broadway

Matinée	Rockefeller Center★★★, Museum of Modern Art★★★
Déjeuner	Dans le secteur Midtown
Après-midi	Excursion en bateau autour de Manhattan avec la Circle Line
Soirée	Broadway – Times Square★★

Deuxième jour
De l'Empire State Building au Lincoln Center

Matinée	Empire State Building★★★, promenade sur la 5ᵉ Av.★★★ et la 57ᵉ Rue★, Central Park★★★
Déjeuner	Pique-nique à Central Park
Après-midi	Metropolitan Museum of Art★★★ ou Solomon R. Guggenheim Museum★★, Upper East Side★★
Soirée	Lincoln Center★★

Troisième jour
De la statue de la Liberté à SoHo et Greenwich Village

Matinée	Statue de la Liberté★★★ et Ellis Island★★
Déjeuner	Ellis Island
Après-midi	Financial District★★★, Civic Center – Brooklyn Bridge★★, Chinatown – Little Italy★★
Soirée	SoHo★★, TriBeCa★ ou Greenwich Village★★

Quatrième jour
Des Nations Unies aux Cloîtres

Matinée	Nations Unies★★★, promenade sur la 42ᵉ Rue Est★★, Grand Central Terminal★★, promenade sur Park Av.★★
Déjeuner	Dans le secteur Midtown
Après-midi	Les Cloîtres★★★, Fort Tryon Park★★
Soirée	Dîner dans l'un des grands hôtels du quartier de Grand Army Plaza

PROGRAMME DE QUATRE JOURS

Le programme de chaque journée
se différencie par sa couleur:

1er jour 2e jour 3e jour 4e jour

➡ Point de départ de la visite

THE CLOISTERS ★★★

Fort Tryon
Park ★★

★★George Washington
Bridge

NEW JERSEY

THE BRONX

HARLEM RIVER

HUDSON RIVER

MANHATTAN

★★★
CENTRAL
PARK

★★★
METROPOLITAN
MUSEUM OF ART

Guggenheim Museum ★★

★★Lincoln Center

Upper East
Side ★★

Columbus Circle

★57th St.

Grand Army Plaza

★★★ROCKEFELLER
CENTER

Circle Line
Pier 83

42nd St.

Park Ave.
★★

★★Broadway-
Times Square

FIFTH AVENUE

42nd St. ★★

QUEENS

★★★EMPIRE STATE
BUILDING

UN HEADQUARTERS ★★★

EAST RIVER

NORTH RIVER

Greenwich
Village ★★

★★SoHo-
TriBeCa

★Civic
Center

Chinatown-
Little Italy ★★

BROOKLYN

FINANCIAL
DISTRICT ★★★

★★★
BROOKLYN
BRIDGE

STATUE OF LIBERTY ★★★, *Ellis Island* ★★

Grand Central Station.

Informations
pratiques

Calendrier des manifestations

La liste suivante est une sélection des principales manifestations annuelles se déroulant à New York. Certaines dates peuvent changer selon l'année. Pour toute information complémentaire, consulter les publications indiquées p. 38 ou contacter NYC & Company *(www.nycvisit.com ☎ 212-484-1222 ou 800-692-8474).*

Date	**Manifestation**/*Lieu/Adresse Internet*	☎

Janv.	**New York National Boat Show** *Jacob K. Javits Center ;* *www.discoverboating.com*	212-984-7000
Mi-fin janv.	**Winter Antiques Show** *7th Regiment Armory, à l'angle de Park Av. & de la 67ᵉ Rue ; www.winterantiquesshow.com*	718-292-7392
Fin janv.-fév.	**Nouvel An chinois** *Chinatown ; www.chinatowninfo.com*	212-625-9977
Fév.	**Black History Month** *lieux divers*	212-484-1222
Déb. fév.	**Empire State Building Run-Up** *350, 5ᵉ Av. ; www.nyrrc.org*	212-860-4455
Mi-fév.	**Westminster Dog Show** *Madison Square Garden ; www.westminsterkennelclub.org*	212-465-6741

Mars-avril

Déb. mars	**Art Expo New York** *Jacob K. Javits Center*	888-322-5226
17 mars	**St. Patrick's Day Parade** *5ᵉ Av., entre les 44ᵉ & 86ᵉ Rues*	718-793-1600
Mars-avr.	**Macy's Spring Flower Show** *magasin Macy's*	212-494-4495
Mars-juin	**Biennial Exhibit** *Whitney Museum of American Art*	212-570-3676
Fin mars-avr.	**NY International Auto Show** *Jacob K. Javits Center ; www.autoshowny.com*	718-746-5300
	Ringling Bros. and Barnum & Bailey Circus *Madison Square Garden ; www.barnumandbailey.com*	800-755-4000
Dim. de Pâques	**Easter Sunday Parade** *5ᵉ Av., entre les 49ᵉ & 57ᵉ Rues*	
Fin avr.	**Cherry Blossom Festival** *Brooklyn Botanic Garden ; www.bbg.org*	718-623-7333

Mai-juin

Mai	**Spring Flower Exhibition** *NY Botanical Garden, Bronx ; www.nybg.org*	718-817-8700
Mi-mai	**Ninth Avenue International Food Festival** *9ᵉ Av., entre les 37ᵉ & 57ᵉ Rues ; www.9ᵗʰ-ave.com*	212-581-7029
Fin mai	**Washington Square Outdoor Art Exhibit** *Greenwich Village*	212-982-6255

New York Convention & Visitors Bureau

Macy's Thanksgiving Day Parade.

Déb. juin	**National Puerto Rican Day Parade**	718-401-0404
	5ᵉ Av., entre les 44ᵉ & 86ᵉ Rues ;	
	www.nationalpuertoricandayparade.org	
Déb. juin	**Roses, Roses, Roses** *NY Botanical Garden,*	718-817-8700
	Bronx ; www.nybg.org	212-606-2296
	Museum Mile Festival *; www.museummilefestival.org*	
Juin-juil.	**Metropolitan Opera Park Concerts** *lieux divers*	212-362-6000
	NY Philharmonic Summer Park Concerts *lieux divers*	212-875-5709
	Mid-Summer Night Swing *Fountain Plaza, Lincoln Center ;*	212-875-5766
	www.lincolncenter.org	
Juin-août	**Summer Stage in Central Park** *Rumsey Playfield ;*	212-360-2777
	www.summerstage.org	
	Street Performers and Evening Concerts	212-732-7678
	South Street Seaport ; www.southstreetseaport.org	
Mi-fin juin	**JVC Jazz Festival New York**	
	Carnegie Hall, Lincoln Center et autres sites ;	212-501-1390
	www.festivalproductions.net	
Fin juin	**Lesbian and Gay Pride Week Celebrations**	212-807-7433
	lieux divers ; www.nycpride.org	
	Mermaid Parade	718-372-5159
	Coney Island ; www.coneyislandusa.com/mermaid.sthml	

Juillet-août

Juil.	**Lincoln Center Festival** *Alice Tully Hall ;*	212-875-5127
	www.lincolncenter.org	
	NYC Tap Festival *à travers la ville ;*	646-230-9564
	www.nyctapfestival.com	
4 juil.	**Macy's Fireworks Celebration**	212-494-4495
	East River, entre les 23ᵉ & 42ᵉ Rues	
Août	**Lincoln Center Out-of-Doors** *esplanades en plein air ;*	212-546-2656
	www.lincolncenter.org	
	Mostly Mozart Festival *Lincoln Center ;*	
	www.lincolncenter.org	
	Harlem Jazz & Music Festival *Harlem ;*	212-862-8473
	www.harlemdiscover.com	

Septembre-octobre

1ᵉʳ lun. de sept.	**West Indian American Day Carnival Parade**	718-773-4052
	Eastern Parkway.	
	De Utica Av. à Grand Army Plaza, Brooklyn	
Déb. sept.	**US Open Tennis Tournament**	718-760-6200
	USTA National Tennis Center, Flushing ;	
	www.usta.com	
Mi-sept.	**Feast of San Gennaro** *Mulberry St., Little Italy ;*	212-768-9320
	www.sangennaro.org	
	Race for Mayor's Cup Race *port de New York ;*	212-748-8738
	www.southstreetseaport.org	
Fin sept.-oct.	**New York Film Festival** *Alice Tully Hall, Lincoln Center ;*	212-875-5610
	www.filmlinc.com	
Oct.	**Bonsai Festival** *NY Botanical Garden, Bronx ;*	718-817-8700
	www.nybg.org	
Mi-oct.	**Columbus Day Parade** *5ᵉ Av., entre les 44ᵉ & 72ᵉ Rues*	212-249-9923
Fin oct.-déb. Janv.	**Big Apple Circus** *Damrosch Park, Lincoln Center ;*	800-922-3772
	www.bigzpplecircus.com	
31 oct.	**Halloween Parade** *Greenwich Village ;*	212-475-3333
	www.halloweennyc.com	

Novembre-décembre

Déb. nov.	**New York City Marathon**	212-860-4455
	du Verrazano Narrows Bridge à Central Park ;	
	www.nyrrc.org	
Nov.-déc.	**The Rockettes Christmas Spectacular** *Radio City Music Hall ;*	212-307-7171
	www.radiocity.com	
Thanksgiving Day	**Macy's Thanksgiving Day Parade**	212-494-4495
	de Central Park West à Herald Square	
Fin nov.-déc.	**The Chorus Tree** *South Street Seaport ;*	212-732-7678
	www.southstreetseaport.org	
Fin nov.-déb. Janv.	**The Nutcracker** *NY State Theater, Lincoln Center ;*	212-870-5570
	www.lincolncenter.org	

	A Christmas Carol *Madison Square Garden*	212-465-6080
	HollidayFest *American Museum of Natural History ;* *www.amnh.org*	212-769-5100
	Christmas Tree and 18C Neapolitan Baroque Crèche *Metropolitan Museum of Art ; www.metmuseum.org*	212-535-7710
Déb. déc.	**Lighting of the Giant Chanukah Menorah** *Grand Army Plaza, 5ᵉ Av. à la hauteur de la 59ᵉ Rue*	212-736-8400
	Christmas Tree Lighting Ceremony *Rockefeller Center ;* *www.rockefellercenter.com*	212-632-3975
Fin déc.	**Kwanza Fest** *Penn Plaza Pavilion.* *7ᵉ Av. à la hauteur de la 33ᵉ Rue*	718-585-3530
31 déc.	**New Year's Eve Ball Drop** *Times Square ;* *www.timessquarebid.org/new_year/index.htm*	212-768-1560
	Midnight Run *Central Park ; www.nyrrc.org*	212-860-4455

■ APPORTEZ VOTRE PIERRE A L'ÉDIFICE DE LA SAUVEGARDE DU PATRIMOINE, NE L'EMPORTEZ PAS DANS VOS BAGAGES

Un cœur transpercé d'une flèche et deux prénoms se jurant l'amour éternel, le tout gravé dans la pierre d'un monument historique ; emballages de pellicules, mégots de cigarettes ou bouteilles vides abandonnés sur un site archéologique. Comment confondre notre patrimoine culturel avec un carnet mondain ou une poubelle ? Pour la plupart d'entre nous, ces agissements sont de toute évidence condamnables, mais d'autres comportements, en apparence inoffensifs, peuvent également avoir un impact négatif.

Au cours de nos visites, gardons à l'esprit que chaque élément du patrimoine culturel d'un pays est singulier, vulnérable et irremplaçable. Or, les phénomènes naturels et humains sont à l'origine de sa détérioration, lente ou immédiate. Si la dégradation est un processus inéluctable, un comportement adéquat peut toutefois le retarder. Chacun de nous peut ainsi contribuer à la sauvegarde de ce patrimoine pour notre génération et les suivantes.

Ne considérez jamais une action de façon isolée, mais envisagez sa répétition mille fois par jour

— Chaque micro-secousse, même la plus inoffensive, chaque toucher devient nuisible quand il est multiplié par 1 000, 10 000, 100 000 personnes.

— Acceptez de bon gré les interdictions (ne pas toucher, ne pas photographier, ne pas courir) ou restrictions (fermeture de certains lieux, circuits obligatoires, présentation d'œuvres d'art par roulement, gestion de l'affluence des visiteurs, éclairage réduit, etc). Ces dispositions sont établies uniquement pour limiter l'impact négatif de la foule sur un bien ancien et donc beaucoup plus fragile qu'il ne paraît.

— Évitez de grimper sur les statues, les monuments, les vieux murs qui ont survécu aux siècles : ils sont anciens et fragiles et pourraient s'altérer sous l'effet du poids et des frottements.

— Aimeriez-vous emporter en souvenir une tesselle de la mosaïque que vous avez tant admirée ? Combien de visiteurs avec ce même désir faudra-t-il pour que toute la mosaïque disparaisse à jamais ?

Faites preuve d'attention et de respect

— Dans un lieu étroit et rempli de visiteurs tel qu'une tombe ou une chapelle décorées de fresques, faites attention à votre sac à dos : vous risquez de heurter la paroi et de l'abîmer.

— Les pierres sur lesquelles vous marchez ont parfois plus de 1 000 ans. Chaussez-vous de façon appropriée et laissez pour d'autres occasions les talons aiguilles ou les semelles cloutées.

— L'atmosphère de certains lieux invite à la contemplation et/ou à la méditation. Évitez donc toute pollution acoustique (cris, radio, téléphone mobile, klaxon, etc.).

N'enfreignez pas les lois internationales

— En vous appropriant une partie, si infime soit-elle, du patrimoine (un fragment de marbre, un petit vase en terre cuite, une monnaie, etc.), vous ouvrez la voie au vol systématique et au trafic illicite d'œuvres d'art.

— N'achetez pas d'objets de provenance inconnue et ne tentez pas de les sortir du pays ; dans la majorité des nations, vous risquez de vous exposer à de graves condamnations.

Message élaboré en partenariat avec l'ICCROM (Centre international d'études pour la conservation et la restauration des biens culturels) et l'UNESCO.
Pour plus d'informations, voir les sites
http://www.unesco.org
http://www.iccrom.org
http://www.international.icomos.org

Avant le départ

Renseignements touristiques

Pour la vallée de l'Hudson et Long Island, voir l'encadré Renseignements pratiques p. 306

Pour mieux organiser son voyage, rassembler la documentation nécessaire ou vérifier certaines informations, s'adresser en premier lieu à l'ambassade ou au consulat des États-Unis le plus proche de son lieu de résidence *(voir rubrique suivante)*. Une fois sur place, les visiteurs pourront obtenir de précieux détails sur New York et son infrastructure touristique en faisant un arrêt au **Times Square Visitor & Transit Information Center** *(229, 42ᵉ Rue O., entre la 7ᵉ & la 8ᵉ Av. ; ouv. toute l'année lun.-sam. 10 h-18 h)*. Ce syndicat d'initiative met gratuitement à la disposition du public toutes sortes de cartes et brochures ainsi qu'un guide intitulé *Big Apple Visitor Guide*, comportant les principales curiosités à voir, formules d'hébergement, restaurants, manifestations saisonnières et loisirs en général. Pour se procurer ce guide avant son départ, écrire au NYC & Company, Professional Service Center, PO Box 21804, St. Paul MN 55121-084 *(inclure un mandat postal de 8,95 $)* ou se connecter sur le site www.nycvisit.com

La liste des centres d'accueil (visitor centers) de New York figure dans la rubrique Carnet d'adresses en début de guide.

Formalités

Canada – Consulat des États-Unis : CP 65, Station Desjardins, Montréal PQ H5B 1G1 ☎ 514-398-9695. Les citoyens canadiens ne sont tenus de présenter ni passeport ni visa à l'entrée aux États-Unis. Il leur suffira de fournir un certificat de naissance accompagné d'une pièce d'identité avec photo et, pour les citoyens canadiens naturalisés, une attestation de nationalité.

■ Quelques librairies et bibliothèques spécialisées à Paris

Bibliothèque américaine : 10, rue du Général-Camou, 75007 ☎ 01 53 59 12 60.

Brentano's : 37, avenue de l'Opéra, 75002 ☎ 01 42 61 52 50.

Centre de documentation Benjamin Franklin : 2, rue Saint-Florentin, 75001 ☎ 01 43 12 23 47.

Galignani : 224, rue de Rivoli, 75001 ☎ 01 42 60 76 07.

L'Astrolabe : 46, rue de Provence, 75009 ☎ 01 42 85 42 95.

Shakespeare & Co. : 37, rue de la Bûcherie, 75005 ☎ 01 43 26 96 50.

Europe – La France, la Suisse et la Belgique participent à un programme d'exemption de visa (Visa Waiver Pilot Program ou VWPP) permettant à leurs ressortissants, sous certaines conditions, d'entrer aux États-Unis sans visa. En cas d'étapes prévues dans d'autres pays avant d'entrer en territoire américain, se renseigner auprès de l'ambassade ou du consulat des États-Unis de son pays de résidence. Même chose pour connaître les vaccinations recommandées (généralement aucune dans le cadre d'un voyage touristique, mais cela dépend des pays préalablement visités).

Attention, à compter de septembre 2004, les États-Unis imposeront à tous les ressortissants étrangers n'ayant pas besoin de visa la prise d'empreintes digitales et de photos d'identité. *Renseignements auprès de l'ambassade ou du service des visas du consulat.*

France – Ambassade des États-Unis, 2 av. Gabriel, 75008 Paris ☎ 01 43 12 22 22. Consulat des États-Unis, 2 r. Saint-Florentin, 75382 Paris Cedex 08 ☎ 0810 26 46 26 (service des visas). Service d'informations touristiques vocales de l'ambassade des États-Unis (accessible 24 h/24, 7 jours/7) ☎ 01 42 60 57 15. www.amb-usa.fr ; 3615 USA.

> Prévoir un séjour inférieur à 90 jours.
>
> Posséder un passeport en cours de validité.
>
> Présenter un billet de transport aller-retour.
>
> Compléter un formulaire à l'entrée aux États-Unis.

Belgique – Ambassade des États-Unis, 27 bd. du Régent, 1000 Bruxelles ☎ 02 513 38 30.

Suisse – Ambassade des États-Unis, Jubiläumstrasse 93, 3005 Berne ☎ 031 357 70 11.

Douanes américaines – Il est formellement interdit d'introduire en territoire américain des produits végétaux, de la viande, des armes à feu et munitions, des matières biologiques et certains produits pharmaceutiques *(en cas de traitement médical, se munir d'une ordonnance traduite en anglais)*. Il est par contre permis d'apporter avec soi 1 litre d'alcool (à condition d'avoir au moins 21 ans), 200 cigarettes, 50 cigares ou 2 kilogrammes de tabac à fumer, et des cadeaux représentant une valeur totale ou inférieure à 100 dollars. Aucune quarantaine n'est imposée sur les animaux domestiques, mais ceux-ci doivent être accompagnés d'un certificat de vaccination contre la rage. Pour tout renseignement complémentaire, contacter l'ambassade ou le consulat des États-Unis de son pays de résidence, ou consulter le site de l'US Customs Service (www.customs.treas.gov).

Assurances individuelles – Les frais de consultation et surtout d'hospitalisation étant très élevés aux États-Unis, il est fortement conseillé de souscrire avant son départ à une assurance fournissant des garanties spéciales d'assistance auprès d'organismes de type Europ Assistance (Belgique ☎ 02 539 03 03 ; France ☎ 01 42 85 85 85), Mondial Assistance (France ☎ 01 40 25 52 04) ou Elvia Assistance (Belgique ☎ 02 529 48 12 ; France ☎ 01 42 99 02 99 ; Suisse ☎ 01 283 31 11). Les citoyens canadiens pourront s'informer auprès de la Croix Bleue Canassurance ☎ 514 286 8403.

Quand partir en voyage

À New York, les saisons sont très marquées, et chacune donne à la ville un cachet particulier. Les mois doux, avril et mai ou septembre et octobre, sont particulièrement agréables. Les hôtels sont souvent bondés durant ces périodes, et il est conseillé de réserver à l'avance.

Le printemps – Il est bien souvent capricieux. Les New-Yorkais profitent des températures plus clémentes (7 °-16 °C) pour sortir de chez eux. De la fin mars jusqu'au mois de mai, les chutes de pluie ou de neige (parfois même en avril) perturbent les journées ensoleillées.

L'été – Le jour, notamment en juillet et en août, les températures peuvent être étouffantes et dépasser les 30 °C. De nombreux habitants quittent alors la ville, qui devient plus calme et moins encombrée. Animés de manifestations gratuites, les nombreux parcs ombragés parsemant la grande métropole sont autant de havres de fraîcheur.

L'automne – D'agréables températures (10 °-19 °C), des journées lumineuses et les brillantes couleurs des feuillages (en particulier les tons rouges et oranges des érables) font probablement de l'automne le meilleur moment de l'année pour découvrir New York. C'est aussi la saison de la rentrée culturelle pour laquelle la ville est si fameuse.

L'hiver – Si les vents soufflant de l'Hudson et de l'East River peuvent être d'une froideur mordante, les hivers new-yorkais ne sont qu'exceptionnellement rudes. Les températures tournent autour de 0 °C. Les journées sont courtes, mais souvent ensoleillées. De brusques chutes de neige recouvrant la ville d'un épais tapis blanc causent parfois des perturbations majeures. Avec ses spectacles et ses décorations, la période de fin d'année est bien celle des fêtes, à l'intérieur comme à l'extérieur.

© Martha Cooper

Températures relevées à Central Park			
	Moyenne maximale	Moyenne minimale	Précipitations
Janvier	3 °C	-3 °C	9 cm
Avril	16 °C	7 °C	9 cm
Juillet	29 °C	20 °C	11,4 cm
Octobre	19 °C	10 °C	11,4 cm

Comment s'habiller

D'une manière générale, les habitants de New York aiment s'habiller. Veste et cravate sont exigées dans certains restaurants, mais la tendance générale est à la tenue de bureau classique. Les femmes pourront apporter dans leur valise robes, jupes ou pantalons ; les hommes, pantalons, vestes sport et cravates. Dans la rue et dans les transports en commun, éviter de porter des bijoux tape-à-l'oeil, au risque sinon d'attirer les voleurs. Pour la visite des lieux touristiques ou un repas dans un restaurant à l'atmosphère décontractée, jeans et chaussures de sport sont acceptables. L'**hiver**, prévoir gants, écharpe, pardessus, bottines et parapluie. L'**été**, emporter des vêtements en coton léger et un chandail ou une veste pour les bâtiments dont l'air conditionné est trop frais. Au **printemps** et à l'**automne**, un chandail, un imperméable et un parapluie pourront s'avérer utiles. Et ne pas oublier d'emporter dans vos bagages de bonnes chaussures de marche.

Comment se rendre à New York

Avion

New york est desservie par trois aéroports, deux dans le Queens et un dans le New Jersey, gérés par la Port Authority of New York and New Jersey. Dans les trois aéroports, transports en commun et automobiles ainsi que guichets d'information sont situés au niveau de la réception des bagages. La plupart des compagnies aériennes desservent les trois grands aéroports de l'agglomération new-yorkaise : Kennedy et Newark (vols domestiques et internationaux), et LaGuardia (États-Unis et Amérique du Nord). La durée moyenne d'un vol transatlantique, depuis Paris, est de 7 à 8 heures dans le sens France-Amérique et de 6 à 7 heures dans le sens inverse. Avant d'acheter son billet d'avion, se renseigner directement auprès des compagnies aériennes ou de son agence de voyages afin d'obtenir des détails sur les programmes de circuits organisés, les forfaits, les vols charters et d'une manière générale, les vols à prix réduits à destination des États-Unis. En raison des mesures de sécurité accrues pour ces vols, il est vivement recommandé d'arriver à l'aéroport au moins trois heures à l'avance pour un vol international et deux pour un vol intérieur, et de contacter son agence de voyages ou la compagnie aérienne au préalable. Le tableau ci-dessous fournit, à titre indicatif, les coordonnées à l'étranger de quelques compagnies aériennes américaines.

Compagnie aérienne	☎ Belgique	☎ Canada	☎ France	☎ Suisse
American	02 508 77 00	800-374-3443	08 01 87 28 72	22 310 10 33
Continental		800-525-0280	01 42 99 09 09	
Delta	02 730 82 00	514-337-5520	01 47 68 92 92	02 730 82 00
United	02 646 55 88		08 01 72 72 72	01 212 65 55
USAir		800-428-4322	01 49 10 29 00	

John F. Kennedy International Airport (JFK) – *www.panynj.gov* ☎ *718-244-4444.* *À 24 km du secteur Midtown (prévoir 1 h par la route).* C'est là qu'arrivent ou partent la plupart des vols internationaux. Chaque aérogare (il y en a 11) dispose de guichets d'information et d'un service de restauration assise. L'aéroport possède aussi, dans la zone de fret C *(Cargo Area C)*, un centre médical fonctionnant 24 h/24.

LaGuardia Airport (LGA) – *www.panynj.gov* ☎ *718-533-3400. À 13 km du secteur Midtown (prévoir 30mn par la route).* L'aéroport est utilisé pour les vols sur l'Amérique du Nord, domestiques ou non. Le guichet de renseignements de l'aéroport se situe au niveau des départs, entre les halls *(concourse)* C et D. Un service de restauration assise est proposé dans les aérogares d'USAir et de Delta Airlines *(navette gratuite)*. Les comptoirs d'information sur les modes de transport routier vers le centre-ville sont directement accessibles de chaque aérogare.

Newark Liberty International Airport (EWR) – *www.panynj.gov* ☎ *201-961-6000. À 26 km du secteur Midtown (prévoir 45mn par la route).* Considéré comme le plus pratique des trois aéroports new-yorkais, il reçoit aussi bien des vols internationaux que domestiques. Son guichet d'information se trouve au sous-sol de l'aérogare B. Un service de restauration assise est offert dans chaque aérogare. Les comptoirs d'information sur les modes de transport routier vers le centre-ville sont directement accessibles à l'extérieur de chaque aérogare.

Transport routier à destination du centre-ville

Autocars, navettes et taxis assurent la liaison entre les trois aéroports et les différents *boroughs* new-yorkais. La durée du trajet est variable, surtout aux heures de pointe *(7 h-9 h & 16 h30-18 h)*. Il est conseillé de n'utiliser que les services de prestataires autorisés. S'adresser aux guichets d'aide et d'information pour en connaître la liste. Pour tout renseignement sur les liaisons avec les trois aéroports, contacter les services de Port Authority of New York & New Jersey *(www.panynj.gov* ☎ *800-247-7433).*

Taxis – Les taxis permettent de se rendre rapidement de l'aéroport au centre-ville. Seuls les taxis jaunes dûment numérotés sont autorisés par la ville de New York à prendre en charge des clients dans la rue. À Kennedy et LaGuardia, les passagers doivent faire la queue et attendre qu'un *dispatcher* leur attribue un taxi. Tarifs pour se rendre à Manhattan : de Kennedy, tarif fixe de 35 $ *(péage en sus)* ; de LaGuardia, 18 $–26 $ *(prix moyen au compteur, péage des ponts et tunnels en sus)* ; de Newark, 60 $–75 $ *(prix moyen au compteur, péage des ponts et tunnels en sus)*. Un supplément de 0,50 $ est ajouté au montant affiché au compteur pour toute course effectuée entre 20 h et 6 h du matin.

Navettes et limousines – Le nouvel **Air Train Newark** relie Newark aux réseaux Amtrak, New Jersey Transit et PATH *(tlj 5 h-2 h ; 8 $-12 $; www.airtrainnewark.com ☎ 800-247-7433)*. Le nouveau réseau ferroviaire urbain **Air Train JFK**, inauguré en décembre 2003, relie les 8 terminaux de JFK au réseau PATH et aux lignes de bus pour New York et Long Island *(www.panynj.com/airtrain ☎ 877-535-2478)*. **Super Shuttle** *(13 $–22 $; www.supershuttle.com ☎ 212-258-3826)* assure des liaisons entre les aéroports ainsi que vers Manhattan 24 h/24. Tous les jours, les bus express du **New York Airport Service** fonctionnent entre les aéroports Kennedy, LaGuardia, et Grand Central Terminal *(transfert gratuit vers les hôtels du secteur Midtown)* et entre Penn Station et le Port Authority Bus Terminal *(service vers Manhattan 6 h-00 h, vers les aéroports 6 h-22 h ; Kennedy 13 $, LaGuardia 10 $; www.nyairportservice.com ☎ 718-875-8200)*. L'**Olympia Trails Airport Express Bus** *(départ tlj 4 h-00 h toutes les 10-15mn ; 12 $; www.coachusa.com ☎ 212-964-6233)* relie Newark à deux gares ferroviaires (Pennsylvania Railroad Station et Grand Central Terminal) ainsi qu'au Port Authority Bus Terminal.

Des voitures avec chauffeur sont disponibles auprès de **Carey Limousine** *(sur réservation ; péage, parking et pourboire en sus ; www.ecarey.com ☎ 202-895-1200 ou 800-336-4636)* à des tarifs forfaitaires entre Manhattan et Kennedy *(127 $-160 $)*, LaGuardia *(107 $-140 $)* et Newark *(127 $-160 $)*.

Location de voitures – La plupart des sociétés de location de voitures offrent à leurs clients un service de navette entre l'aéroport et le parking où doit être déposée ou récupérée la voiture de location.

Transports publics – Au départ de Kennedy : **MTA** station Howard Beach (ligne A), navette gratuite depuis l'aéroport. Au départ de LaGuardia : **MTA** bus M60.

Train

Le réseau ferroviaire **Amtrak** *(www.amtrak.com ☎ 800-872-7245 ; Suisse : Kuoni Travel ☎ 01 277 45 83)* offre aux voyageurs peu pressés une agréable façon de se déplacer. Il est conseillé de réserver à l'avance pour bénéficier de tarifs réduits et des services souhaités lorsqu'ils sont disponibles : première ou deuxième classe *(coach)*, voitures-lits ou voitures panoramiques. La gare de **Pennsylvania Railroad Station** *(à l'angle de la 7ᵉ Av. & de la 32ᵉ Rue)* est desservie chaque jour par l'*Adirondack* (en provenance de Montréal), le *Maple Leaf* (Toronto), le *Silver Service* (Miami), le *Lake Shore Limited* (Chicago) et le *Crescent* (La Nouvelle-Orléans). Les trains rapides du *Metroliner* relient en moins de 3 heures New York et la capitale, Washington. Les voyageurs canadiens ont tout intérêt à s'informer auprès de leurs agences de voyages des accords Amtrak/VIARail : le **North America Rail Pass** permet un nombre illimité de voyages sur les territoires américain et canadien pendant une période de 30 jours. Exclusivement destiné aux visiteurs étrangers (citoyens canadiens ou résidents autorisés exceptés), le forfait **USA Rail Pass** donne droit à des trajets à volonté sur certaines parties du réseau Amtrak, et ce pendant 15 ou 30 jours, selon le choix.

Metro-North *(www.mta.nyc.ny.us/mnr ☎ 212-532-4900 ou 800-638-7646)* assure un service régional entre la gare du **Grand Central Railroad Terminal** *(à l'angle de la 42ᵉ Rue & de Park Av.)* et New Haven (Connecticut) ou Poughkeepsie (État de New York). Les trains du **Long Island Railroad** *(www.mta.nyc.ny.us/lirr ☎ 718-217-5477)* et du **New Jersey Transit** *(www.njtransit.com ☎ 973-762-5100 ou 800-772-2222)* partent quant à eux de la gare de Pennsylvania Railroad Station. Et les lignes du **PATH** *(www.panynj.gov/path ☎ 800-234-7284)* relient Manhattan à de nombreuses communes du New Jersey.

Autocar

Principale gare routière de New York, le **Port Authority Bus Terminal** *(à l'angle de la 42ᵉ Rue & de la 8ᵉ Av. ; ☎ 212-564-8484)* assure des services transcontinentaux et locaux. De là partent aussi des bus en direction des trois grands aéroports de la région. Des guichets de vente de billets d'avion se trouvent à l'étage principal du bâtiment. La fameuse compagnie d'autocars **Greyhound** *(réservation conseillée ; www.greyhound.com ☎ 800-229-9424)* permet de voyager vers New York sans trop se presser. La carte **Discovery Pass** *(4-60 jours)* donne droit à des trajets illimités. Les autocars **Peter Pan** *(www.peterpanbus.com ☎ 800-237-8747)* desservent plus particulièrement le Nord-Est des États-Unis.

Comment se déplacer dans New York

Un plan quadrillé

Grâce à son plan géométrique en grille, Manhattan est facile à parcourir sans se perdre. Au Nord de la 14ᵉ Rue, la ville s'est organisée autour d'un quadrillage ordonné d'avenues orientées Nord-Sud et de rues perpendiculaires Est-Ouest qui se coupent à angle droit. Seul Broadway, chemin préexistant, a échappé à ce plan en grille et le traverse en diagonale. Au Sud de la 14ᵉ Rue, le repérage (beaucoup plus difficile) justifie l'emploi d'un plan de ville. Le nom de Downtown a été donné à la partie située au Sud de la 14ᵉ Rue ; Midtown recouvre la zone allant de la 14ᵉ à la 59ᵉ Rue, et le secteur entre la 59ᵉ Rue et Central Park a reçu le nom d'Uptown.

Les avenues – Au nombre de 12, elles sont numérotées d'Est en Ouest, de l'East River à l'Hudson River. Certaines ne portent pas de numéro mais un nom, comme Park Avenue *(la 4ᵉ)*, l'Avenue of the Americas *(la 6ᵉ)*, Central Park West Avenue *(la 8ᵉ, le long de Central Park)*, Columbus Avenue *(la 9ᵉ à partir de la 57ᵉ Rue)*, Amsterdam Avenue *(la 10ᵉ à partir de la 57ᵉ Rue)* et West End Avenue *(la 11ᵉ à partir de la 53ᵉ Rue)*. D'autres ont été ajoutées au plan original : Madison Avenue *(entre la 5ᵉ Av. & Park Av.)* et Lexington Avenue *(entre Park Av. & la 3ᵉ Av.)*. La 5ᵉ Avenue, épine dorsale de Manhattan, sépare la ville entre l'East Side et le West Side. Les numéros des immeubles le long des avenues s'accroissent du Sud au Nord.

Pour localiser une adresse sur une avenue donnée, prendre le numéro de l'adresse, supprimer le dernier chiffre, diviser le reste par deux (sauf indication contraire), puis ajouter ou soustraire le nombre clé indiqué ci-après. Le résultat indique la rue perpendiculaire la plus proche du bâtiment sur l'avenue. Ainsi, la rue la plus proche du 500, 5ᵉ Avenue est la 43ᵉ Rue **(50Ø —> 50 : 2 = 25 + 18 = 43)**.

Avenues A, B, C, D	+3	8ᵉ Av.	+10
1ʳᵉ Av.	+3	9ᵉ Av.	+13
2ᵉ Av.	+3	10ᵉ Av.	+14
3ᵉ Av.	+10	Amsterdam Av.	+60
4ᵉ Av.	+8	Broadway : 23ᵉ-192ᵉ Rues	−30
5ᵉ Av.		Columbus Av.	+60
jusqu'au n° 200	+13	Lexington Av.	+22
n°ˢ 201-400	+16	Madison Av.	+26
n°ˢ 401-600	+18	Park Av.	+35
n°ˢ 601-775	+20	Central Park West	
n°ˢ 776-1286 *(ne pas diviser par 2)*	−18	*(diviser par 10)*	+60
n°ˢ 1287-1500	+45	Riverside Drive : au-dessous	
Av. of the Americas	−12	de la 165ᵉ Rue *(diviser par 10)*	+72
7ᵉ Av.		West End Av.	+60
au-dessous de la 110ᵉ Rue	+12		
au-delà de la 110ᵉ Rue	+20		

Les rues – Elles se divisent en deux parties, Est et Ouest, de part et d'autre de la 5ᵉ Avenue. Le plus souvent, les rues sont à sens unique vers l'Est pour les rues de numéro pair, et vers l'Ouest pour celles de numéro impair. Les numéros des immeubles commencent à partir de la 5ᵉ Avenue (ou de Central Park) et changent de centaine entre les avenues. Ainsi : entre la 5ᵉ et la 6ᵉ Avenue *(Av. of the Americas)*, les numéros vont de 1 à 100 avec la mention Ouest, entre la 6ᵉ et la 7ᵉ, de 101 à 200, etc. Du côté Est, du fait de la présence de Madison et Lexington Avenues, les premiers blocs sont par cinquantaine : de 1 à 50 entre la 5ᵉ Avenue et Madison Avenue, de 51 à 100 de Madison Avenue à Park Avenue, etc., puis par centaine après la 3ᵉ Avenue. Exemple, une adresse libellée 110, 42ᵉ Rue E. se trouvera entre Park Avenue et Lexington Avenue, une autre libellée 110, 42ᵉ Rue O. se trouvera entre la 6ᵉ et la 7ᵉ Avenue. À la pointe de Manhattan, au Sud de la 14ᵉ Rue, la plupart des rues ne sont plus simplement numérotées et portent un nom.

Les blocs – Les pâtés de maisons délimités par les avenues et les rues sont appelés *blocks*. Ils sont beaucoup plus longs entre deux avenues qu'entre deux rues. Le bloc sert d'unité de distance au New-Yorkais qui dira par exemple : « Le musée d'Art moderne se trouve à 6 blocs de Central Park ».

Transports publics

L'important réseau de lignes de métro, d'autobus et de trains de banlieue dont bénéficie l'agglomération new-yorkaise est administré par la **Metropolitan Transportation Authority** (MTA). Au sein de ce réseau, les lignes de métro et de bus de la ville même relèvent du New York City Transit. Pour tout renseignement sur les transports à destination de Long Island, du New Jersey et du Connecticut, se référer au chapitre précédent.

New York City Transit

Dans ce guide, stations de métro et arrêts de bus sont indiqués par le symbole **MTA**.
Plans et horaires *(gratuits)* du réseau sont disponibles dans les autobus, les stations
de métro, les centres d'information touristique ou la plupart des hôtels. Il est également possible de se renseigner sur les tarifs et les itinéraires des lignes de métro et
d'autobus en contactant le **bureau d'accueil** *(Travel Information Center ; www.mta.
nyc.ny.us* ☎ 718-330-4847).

Métro – *Voir plan p. 14.* Moyen très efficace de se déplacer dans New York, le métro
opère jour et nuit 7 jours/7, même si certaines lignes ne fonctionnent pas en permanence. Les bouches de métro sont indiquées par des globes verts (points de vente de
jetons ou de MetroCards) ou rouges (pas de point de vente). Un aller simple coûte
2 $. L'achat d'un forfait MetroCard est conseillé pour les trajets multiples *(voir
Tarification ci-dessous)*. La fréquence des trains est de 2 à 5 minutes aux heures de
pointe, de 5 à 12 minutes durant la journée et toutes les 20 minutes entre minuit et
5 h du matin. *Aux heures creuses (surtout après minuit), il est conseillé de voyager
avec d'autres passagers ou de monter dans la voiture du chef de train (en général au
milieu de la rame). Ce dernier annonce chaque arrêt.* Des panneaux indiquent la direction des trains : Uptown (vers le Nord), Downtown (vers le Sud). Le métro comprend
des trains omnibus et express. Une fois sur le quai, il faut s'assurer de la destination
du train, car des rames ayant des destinations différentes peuvent utiliser la même
voie. Un indicatif en lettres ou en chiffres, visible en tête de train ou sur les voitures,
permet de reconnaître la destination.

Autobus – Le service du New York City Transit est normalement assuré tous les jours
entre 5 h30 et 2 h du matin. Certaines lignes fonctionnent 24 h/24, week-end compris ;
d'autres ont des horaires réduits le samedi et le dimanche. En semaine, la fréquence
des bus est le plus souvent de 5 à 15minutes ; cette fréquence peut varier la nuit, le
week-end et les jours fériés. Les panneaux des arrêts de bus (reconnaissables à leur
pictogramme figurant un bus) indiquent les numéros des lignes. Les itinéraires sont
affichés à la plupart des arrêts et dans les abris. Les bus ne font halte que tous les
deux ou trois pâtés d'immeubles *(blocks)* aux arrêts prévus sur l'itinéraire. En cas de
doute, s'informer auprès du chauffeur. Les numéros des lignes sont indiqués à l'avant
et sur les côtés des bus (quelquefois à l'arrière). Ils se composent d'une lettre indiquant le *borough* de New York, suivie du numéro de la ligne (par exemple M7) :

M = Manhattan   B = Brooklyn   Bx = Bronx   Q = Queens   S = Staten Island

    ♿ *Tous les bus sont équipés d'un appareil de levage pour fauteuil roulant.*

Tarification – Sur tout le réseau à l'exception des bus express *(4 $)*, un aller simple
coûte 2 $, quelle que soit la distance parcourue. Paiement : somme exacte *(par billets
de 1 $, les pièces ne sont pas acceptées)* ou jeton *(token)*, vendu dans les guichets
des stations de métro et valable dans le métro comme dans le bus. Jusqu'à trois ans,
les enfants peuvent voyager gratuitement s'ils sont accompagnés par un adulte.
Valables une heure seulement sur la plupart des lignes de bus ayant des correspon-
dances, des billets de transfert *(gratuits)* sont délivrés à la demande au moment du
paiement du trajet. La carte de paiement automatique **MetroCard** permet de voyager
en bus comme en métro. Elle n'est pas nominative. Cette carte est vendue (ou
rechargée) aux stations de métro et dans les points de vente au détail. Une fois le
trajet payé, l'utilisateur de la MetroCard dispose de deux heures pour passer gratuitement du métro au bus, ou l'inverse.
Il est possible de se procurer des cartes d'une validité prolongée : le **Funpass** *(valable
1 journée, 7 $)*, la carte valable 1 semaine *(21 $)* et celle valable 1 mois *(70 $)*. Des
tarifs réduits sont appliqués aux handicapés et aux seniors *(voir coordonnées du
bureau d'accueil ci-dessus)*.

Taxis

Tous les taxis jaunes *(Yellow Medallion cabs)* sont équipés d'un compteur et appliquent la même tarification (si le taxi n'appartient pas à cette compagnie, le passager
prend le risque de payer plus cher) : 2 $ pour le premier tiers de mile, 30 ¢ par 1/5
de mile supplémentaire, et 20 ¢ toutes les minutes quand le chauffeur est immobilisé
ou roule à faible allure ; un supplément de 50 ¢ s'ajoute entre 20 h et 6 h du matin.
De plus, les péages sont à la charge du client et l'usage veut qu'un pourboire de 15 %
soit versé au chauffeur. Le prix est indépendant du nombre de passagers, bien que la
plupart des taxis n'aient que 4 places disponibles. On peut facilement héler un taxi
dans la plupart des rues de Manhattan (on reconnaît un taxi libre à son enseigne de
toit allumée). Les stations de taxi se trouvent souvent à proximité des terminus de
transports en commun, de nombreux hôtels et des lieux de spectacle ou de distrac-
tion. En cas de perte d'effets personnels : ☎ 212-692-8294 (indiquer, si possible, le
numéro du taxi, le nom du chauffeur et son numéro de licence).

Pour se déplacer sans subir les affres des embouteillages, on peut opter pour les
bateaux-navettes ou **New York Water Taxi** *(www.nywatertaxi.com* ☎ 212-742-1969). Les
embarcadères se trouvent au quai de la 34ᵉ Rue Est (East 34th Street Pier), de la

Le taxi est un moyen de transport pratique à New York.

90ᵉ Rue Est (East 90th Street Pier), au quai 84 (Pier 84, à la hauteur de la 44ᵉ Rue Ouest), au quai 63 (Pier 63, à Chelsea Piers), au World Financial Center, au quai A (Pier A, à la hauteur de Battery Park), au quai 11 (Pier 11 à South Street Seaport), au quai Hunters Point Pier à Long Island, au Brooklyn Army Terminal et à l'embarcadère de la compagnie Fulton Ferry à Brooklyn *(lun.-ven. 6 h30-20 h, w.-end 10 h30-19 h ; départ toutes les 40mn en heures creuses, toutes les 20mn aux heures de pointe ; horaires variables selon les embarcadères)*. Les **tickets** offrent une multitude de possibilités : aller simple avec une halte *(4 $)*, aller simple avec plusieurs haltes *(8 $)*, forfait à la journée *(15 $; trajets illimités pendant 24 h)*.

Conduite dans New York

Il est très utile d'avoir une voiture pour visiter les environs de New York, mais en ville, les problèmes (embouteillages, extrême difficulté à trouver une place le long des trottoirs, coût élevé des parkings : 6-15 $/h) sont tels qu'ils ne rendent pas la visite très aisée. Évitez de prendre le volant aux **heures de pointe** *(7 h-9 h & 16 h30-18 h)*. Si votre voiture est garée dans la rue, faites bien attention aux panneaux de parking, car les véhicules en infraction sont systématiquement mis en fourrière et leur conducteur passible d'une lourde amende ; vous en assurer auprès de la **Towed Cars Hotline** (☎ 212-869-2929) qui vous enverra la chercher à la fourrière de Manhattan *(Manhattan Tow Pound, Pier 76, 38ᵉ Rue O. à la hauteur de la 12ᵉ Av. ; www.nyc.gov ☎ 212-971-0772)*. En cas d'amende concernant un dépassement de temps de stationnement autorisé, contacter la Parking Violation Hotline *(www.nyc.gov/nypd ☎ 718-422-7800)*. Noter que les places de parking comportant le symbole ♿ sont réservées aux handicapés, qui doivent posséder un permis spécial pour les utiliser.

Législation routière – Les touristes munis d'un permis de conduire délivré dans leur pays de résidence ne sont pas tenus de posséder un permis international *(International Driver's License)* pour conduire aux États-Unis. Les conducteurs doivent pouvoir présenter à tout moment leur carte grise *(vehicle registration)* et/ou leur contrat de location du véhicule *(rental contract)*, ainsi qu'une preuve d'assurance automobile *(automobile insurance)*. Sur les voies rapides *(expressway)*, la **limite de vitesse** est de 65 mph (105 km/h) en zone rurale et 55 mph (88 km/h) en zone urbaine. En ville, cette limite tombe à 25 mph (40 km/h) dans les quartiers résidentiels et à 30 mph (48 km/h) sur les artères principales. Le port de la **ceinture de sécurité** est obligatoire pour le conducteur, comme pour les passagers à l'avant ou pour les enfants de moins de 16 ans à l'arrière du véhicule. Les enfants de moins de 4 ans doivent être assis dans des sièges de sécurité (la plupart des sociétés de location de voitures peuvent fournir de tels sièges à leurs clients). À New York, il est formellement *interdit* de tourner à droite quand le feu est au rouge, sauf indication contraire. La majorité des rues de Manhattan sont à sens unique *(one-way)*. Il est interdit de conduire avec un **téléphone cellulaire** à la main ; l'utilisation d'un système mains libres est obligatoire.

Accidents – Les associations d'automobilistes comme l'**American Automobile Association** *(AAA ☎ 800-222-4357)* mettent à la disposition de leurs membres un précieux **service des urgences de la route** et proposent, par l'intermédiaire de leurs clubs membres, différents services : renseignements sur le voyage, état des routes, météo, cartes et guides de tourisme, réservations d'hôtel, assurances, etc. Peuvent bénéficier des services de l'AAA (sur présentation des papiers nécessaires) les membres de l'Association

33

canadienne des automobilistes (CAA) et des clubs affiliés à la Commonwealth Motoring Conference (CMC), la Federation of Intramerican Touring and Automobile Clubs (FITAC), l'Alliance internationale de tourisme (AIT) et la Fédération internationale de l'automobile (FIA), parmi lesquels le Touring Club royal de Belgique (TCB), l'Automobile Club national de France (ACN) et le Touring Club suisse (TCS).

Location de voitures – Les sociétés de location suivantes sont représentées dans Manhattan et les *boroughs* environnants, et possèdent des bureaux dans les trois grands aéroports de la région :

Compagnie	Réservations	☎/site Internet
Alamo	800-327-9623	www.alamo.com
Avis	800-331-1212	www.avis.com
Budget	800-527-0700	www.budget.com
Dollar	800-800-4000	www.dollar.com
Enterprise	800-325-8007	www.enterprise.com
Hertz	800-654-3131	www.hertz.com
National	800-227-7368	www.nationalcar.com
Thryfty	800-331-4200	www.thrifty.com

Les sociétés de location de voitures exigent du loueur qu'il soit âgé de 25 ans minimum et titulaire d'un permis national en cours de validité. Elles offrent pratiquement toutes des réductions saisonnières ou des forfaits spéciaux, parfois en conjonction avec une compagnie aérienne ou une chaîne hôtelière. Comme les prix varient énormément d'une compagnie à l'autre, bien se renseigner pour obtenir les meilleurs tarifs (et pour réserver une voiture depuis l'Europe, contacter son agence de voyages avant le départ). Le mode de paiement le plus pratique est la carte de crédit (de type Visa/Carte Bleue, American Express ou MasterCard/Eurocard), faute de quoi le loueur exigera une forte caution en argent liquide.

Les locations se font à la journée, à la semaine ou au mois, et le kilométrage est le plus souvent illimité *(unlimited mileage)*. La location d'une petite voiture pour environ une semaine avec kilométrage illimité coûte généralement de 75 à 100 $ par jour. Mais attention : la location de véhicules est soumise à une taxe de 13,62 % *(non incluse dans les tarifs des publicités)* ; de plus, le prix de la location ne couvre pas l'assurance collision ; pour un supplément, la compagnie fournira une assurance tout risque. Seule la personne ayant signé le contrat de location est autorisée à conduire le véhicule en question, mais pour un supplément et sur présentation de papiers en règle, l'agence de location autorisera plus d'un individu à conduire le véhicule. Il est possible de déposer sa voiture dans une ville autre que celle d'origine, mais il faut alors s'attendre à payer une prime de rapatriement *(drop-off charge)*. Juste avant de rendre sa voiture, ne pas oublier de faire le plein (l'essence est vendue au gallon ; 1 gallon = 3,8 litres), sinon la compagnie de location le fera pour vous, mais à un taux beaucoup plus élevé que le taux commercial moyen. De nombreuses sociétés de location de limousines et de voitures de prestige proposent leurs services à l'intérieur de la ville ou dans certains quartiers proches de Manhattan. Pour répondre au mieux aux besoins des clients des itinéraires personnalisés peuvent être établis. Pour connaître la liste de ces sociétés, consulter le *Big Apple Visitor Guide* (voir p. 27).

Les voitures de location sont invariablement **automatiques**, et la signification des repères de levier de vitesse est la suivante :

R (marche arrière)

P (parking, voiture bloquée)

O ou N (point mort)

D (marche avant)

1 et 2 (pour les côtes un peu raides).

Péage aux ponts et aux tunnels

(pour plus d'informations, consulter le site www.mta.nyc.ny.us)

Brooklyn Battery Tunnel	4 $
Cross Bay Memorial Bridge	2 $
George Washington Bridge*	6 $
Henry Hudson Bridge	2 $
Holland Tunnel*	6 $
Lincoln Tunnel*	6 $
Marine Parkway Bridge	2 $
Queens-Midtown Tunnel	4 $
Throgs Neck Bridge	4 $
Triborough Bridge	4 $
Verrazano Narrows Bridge	8 $

* gérés par la Port Authority (www.panynj.gov)

Hébergement

Des élégants hôtels de la 5ᵉ Avenue, de Park Avenue et de Madison Avenue *(à partir de 300 $/nuit)* à ceux moins chers du quartier des théâtres *(125 $-300 $/nuit)*, en passant par les établissements pour les petits budgets *(moins de 125 $/nuit)*, New York offre de multiples possibilités d'hébergement. Les touristes affectionnant le calme pourront séjourner dans les quartiers de Murray Hill, Gramercy Park ou Central Park South. *Voir la rubrique Carnet d'adresses en début de guide.*

Les hôtels new-yorkais possèdent généralement des chambres dotées d'une télévision et proposent des services de restauration. De nombreux établissements offrent par ailleurs un centre de culture physique ainsi qu'un service de nettoyage à sec. La plupart des hôtels de Manhattan facturent un supplément journalier pour l'utilisation de leur parking. Le guide officiel de la ville de New York, le *Big Apple Visitor Guide*, inclut une liste complète des possibilités d'hébergement dans Manhattan. De façon générale, il est fortement conseillé de réserver à l'avance, notamment en été et à la période des fêtes.

Hôtels et motels – Les grandes chaînes mentionnées ci-dessous possèdent de nombreux établissements à New York. Beaucoup proposent des forfaits comprenant notamment l'hébergement, le petit déjeuner, des visites de la ville et des réservations pour le restaurant ou le théâtre avec des réductions, ce qui, pour le visiteur, peut être fort intéressant.

Hôtel/Motel	☎	Site Internet
Best Western	800-528-1234	www.bestwestern.com
Comfort Inn	800-228-5150	www.comfortinn.com
Helmsley Hotels	800-221-4982	www.helmsleyhotels.com
Hilton	800-445-8667	www.hilton.com
Holiday Inn	800-465-4329	www.holiday-inn.com
Hyatt	800-233-1234	www.hyatt.com
Marriott	800-228-9290	www.marriott.com
Radisson	800-333-3333	www.radisson.com
W Hotels	888-848-5144	www.starwood.com
Westin	800-228-3000	www.westin.com

Centrales de réservation	☎	Site Internet
Accommodations Express	800-444-7666	www.accommodationsexpress.com
Central Reservation	800-548-3311	www.reservation-services.com
Express Reservations	800-407-3351	www.express-res.com
New York City Vacation Packages	888-692-8701	www.nycvp.com
Quickbook	212-779-7666	www.quikbook.com
Utell		www.utell.com

Chambres d'hôte – À New York, la formule **Bed & Breakfast** (B&B) permet de loger dans des demeures historiques privées *(100 $-250 $/nuit)*. Le prix inclut habituellement un petit-déjeuner à l'européenne. Une salle de bains privative n'existe pas toujours, et il est généralement interdit de fumer à l'intérieur du logement. Les très jeunes enfants sont souvent refusés. Dans certains cas, il est possible de louer à la semaine ou au mois. Un séjour minimum de deux nuits est parfois requis le week-end.

Centrales de réservation	☎	Site Internet
City Lights Bed & Breakfast	212-737-704	www.citylightsbedandbreakfast.com
Manhattan Getaways	212-956-2010	www.manhattangetaways.com
New World Bed & Breakfast	800-443-3800	www.nycbestbb.com
Gamut Realty Group	800-437-8353	www.gamutnyc.com
The Inn Keeper	800-582-1643	www.theinnkeeper.com

Auberges de jeunesse – Les formules suivantes offrent un hébergement à la fois simple et bon marché *(15 $-75 $/nuit)* comprenant le plus souvent des chambres de style dortoir (parfois même des chambres individuelles), une cuisine en accès libre et une salle à manger, des douches et des machines à laver. Il est préférable de réserver à l'avance. L'organisme **YMCA** *(YMCA Guest Rooms ; www.ymca.net)* propose des établissements dans Midtown *(224, 47ᵉ Rue E. ☎ 212-756-9600)* et Upper West Side *(5, 63ᵉ Rue O. ☎ 212-875-4723)*. Le site Internet *www.hostels.com* donne tous les détails utiles sur les auberges de jeunesse.

Auberges de jeunesse	Adresse	☎
Midtown		
Chelsea International Youth Hostel	251, 20ᵉ Rue O.	212-647-0010
Gershwin Hotel	7, 27ᵉ Rue E.	212-545-8000
Chelsea Center – Youth Hostel	313, 29ᵉ Rue O.	212-643-0214
Big Apple Hostel	119, 45ᵉ Rue O.	212-302-2603
Uptown		
Jazz on the Park	36, 106ᵉ Rue O.	212-932-1600
Hosteling International	891 Amsterdam Av.	212-932-2300

À savoir

Heure locale – La ville de New York se situe dans la zone EST *(Eastern Standard Time)*. La majeure partie de l'année, quand il est 9 h à New York ou Montréal, il est déjà 15 h à Paris, Bruxelles ou Genève. Ce décalage varie, bien sûr, selon les différents horaires d'été et d'hiver. Les États-Unis adoptent l'heure d'été ou *Daylight Saving Time* (pendules et horloges avancées d'une heure) du premier dimanche d'avril au dernier dimanche d'octobre.

Heures d'ouverture des commerces, services et bureaux – À New York, les bureaux sont généralement ouverts du lundi au vendredi de 9 h à 17 h, les commerces du lundi au samedi de 10 h à 18 h (jusqu'à 21 h le jeudi) et le dimanche de midi à 18 h. La plupart des banques opèrent quant à elles du lundi au vendredi de 9 h à 15 h 30 ; certaines sont même ouvertes le samedi de 9 h à midi. Les petites épiceries de quartier ne ferment habituellement que tard, souvent après 22 h. Beaucoup de magasins du Lower East Side et du quartier des diamantaires *(47ᵉ Rue)* sont fermés pour le sabbat dès le vendredi après-midi, et n'ouvrent de nouveau que le dimanche aux heures normales.

> **■ Le saviez-vous ?**
>
> Aux États-Unis, on désigne les heures du matin par **a.m.** *(ante meridiem)* et celles de l'après-midi par **p.m.** *(post meridiem)*. Ainsi 9 h = 9:00am et 17 h = 5:00pm.

Principaux jours fériés – La plupart des banques, des administrations et des services publics de la zone urbaine de New York sont fermés les jours fériés suivants *(de nombreux restaurants et commerces demeurent ouverts aux jours marqués d'un astérisque)* :

New Year's Day	1ᵉʳ janvier
Martin Luther King, Jr.'s Birthday*	3ᵉ lundi de janvier
Presidents' Day*	3ᵉ lundi de février
Memorial Day*	dernier lundi de mai
Independence Day*	4 juillet
Labor Day*	1ᵉʳ lundi de septembre
Columbus Day*	2ᵉ lundi d'octobre
Veterans Day*	11 novembre
Thanksgiving Day	4ᵉ jeudi de novembre
Christmas Day	25 décembre

Consulats étrangers à New York – En cas de vol ou de perte de papiers, les adresses suivantes pourront s'avérer utiles :

Pays	Adresse	☎
Belgique	1330 Av. of the Americas	212-586-5110
Canada	1251 Av. of the Americas	212-596-1628
France	934, 5ᵉ Av.	212-606-3600
Suisse	665, 5ᵉ Av.	212-758-2560

Compagnies aériennes – La liste suivante fournit les coordonnées de quelques transporteurs aériens représentés à New York (il est toujours prudent de confirmer son vol 72 h avant son départ) :

Compagnie	Adresse	Réservations ☎
Air Canada	15, 50ᵉ Rue O. *(à l'angle des 5ᵉ & 6ᵉ Av.)*	800-776-3000
Air France	120, 56ᵉ Rue O. *(à l'angle des 6ᵉ & 7ᵉ Av.)*	800-237-2747
American Airlines	18, 49ᵉ Rue O. *(à l'angle des 5ᵉ & 6ᵉ Av.)*	800-227-2537
Delta	138 Broadway *(à l'angle de la 38ᵉ Rue)*	800-221-1212
Sabena	720, 5ᵉ Av. *(à l'angle de la 56ᵉ Rue)*	800-955-2000
Swissair	608, 5ᵉ Av. *(à l'angle de la 49ᵉ Rue)*	800-221-4750
United	260 Madison Av. *(à l'angle des 38ᵉ & 39ᵉ Rues)*	800-241-6522
USAir	1384 Broadway *(à l'angle de la 38ᵉ Rue)*	800-428-4322

Électricité – Aux États-Unis, la tension est de 120 volts en courant alternatif, 60 Hz. Les appareils européens nécessitent des adaptateurs à fiches plates, disponibles chez les spécialistes de l'électronique ou du voyage.

Unités de mesure – Voici quelques exemples utiles d'équivalents :

Équivalences

Degrés Fahrenheit	95°	86°	77°	68°	59°	50°	41°	32°	23°	14°
Degrés Celsius	35°	30°	25°	20°	15°	10°	5°	0°	–5°	–10°

1 inch (in.) = 2,540 centimètres	**1 pound** (lb.) = 0,454 kilogramme
1 foot (ft.) = 30,480 centimètres	**1 quart** (qt.) = 0,946 litre
1 mile (mi.) = 1,609 kilomètres	**1 gallon** (gal.) = 3,785 litres

STA

Argent – Le **dollar** américain se divise en 100 **cents**. Un cent = 1 **penny**, 5 cents = 1 **nickel**, 10 cents = 1 **dime**, 25 cents = 1 **quarter**. À la mise sous presse, le dollar américain valait 0,93 euro, 1,48 CAD, 43,55 BF et 1,47 CHF. La plupart des banques du secteur Midtown ou du Financial District proposent des **services de change** dont les commissions sont modérées. Ces services sont souvent plus chers auprès des bureaux spécialisés tels **Thomas Cook Currency Services, Inc.** *(511 Madison Av.* ☎ 212-753-2398 et 1590 Broadway ☎ 212-265-6049), **Chequepoint Foreign Exchange** *(22 Central Park South* ☎ 212-750-2400 et 1568 Broadway ☎ 212-869-6281), **Avis Currency Exchange** *(200 Park Avenue* ☎ 212-661-0826, Grand Central Terminal ☎ 212-661-7600 et dans le grand magasin Stern's à l'angle de la 33e Rue & de l'Av. of the Americas ☎ 212-268-8517). Des bureaux de change se trouvent également aux aéroports Kennedy, LaGuardia et Newark.

Il est, bien sûr, possible de se procurer des dollars en utilisant des **chèques de voyage** (acceptés dans la plupart des banques, hôtels, restaurants et commerces) ou en ayant recours au **réseau ATM**. Grâce à ses distributeurs automatiques situés un peu partout (aéroports, banques, attractions touristiques, supermarchés, centres commerciaux, etc.), le réseau ATM permet aux visiteurs du monde entier de retirer de l'argent 24 h/24 avec leur carte bancaire ou l'une des principales cartes de crédit. Pour éviter toute mauvaise surprise, il est toutefois prudent d'obtenir, avant son départ, la liste des établissements bancaires ou organismes financiers affiliés au réseau, et de s'enquérir des frais de transaction. Pour plus de renseignements sur le réseau ATM, composer le ☎ 800-424-7787 *(Cirrus)* ou le ☎ 800-843-7587 *(Plus System)*. Et pour signaler la perte ou le vol de sa carte de crédit, retenir les numéros suivants : ☎ 800-528-4800 *(American Express ; bureaux American Express Travel Related Services : 1120, 6e Av., 20e niveau* ☎ 212-640-2000 ou par l'intermédiaire de Western Union ☎ 800-325-6000, qui possède des bureaux dans plus d'une centaine de pays : Canada, France et autres pays d'Europe), ☎ 800-234-6377 *(Diner's Club)*, ☎ 800-307-7309 *(MasterCard)*, ☎ 800-336-8472 *(Visa)*.

Taxes et pourboires – Aux États-Unis, les prix sont généralement mentionnés hors taxe, celle-ci étant ajoutée au moment du paiement. Aussi, la première fois que l'on se présente à la caisse d'un magasin, sera-t-on surpris de s'entendre énoncer un montant supérieur à celui inscrit sur l'étiquette... À New York, la taxe générale de vente (perçue par l'État) est de 8,625 % (mais les achats de vêtements et chaussures inférieurs à 110 $ ne sont pas soumis à taxe). À celle-ci s'ajoute une taxe hôtelière (perçue par la municipalité) de 13,625 % pour les chambres d'au moins 40 $.

Dans les restaurants, il est d'usage de laisser un pourboire *(tip)* de 15 à 20 % du total de la note pour le service, car celui-ci n'est pratiquement jamais compris dans l'addition (une façon rapide de calculer ce pourboire est de doubler le montant de la taxe à la vente). Dans les hôtels, on laisse généralement au groom 1 $ par bagage (2 $ s'il s'agit d'un hôtel de luxe), au chasseur 1 $ par taxi et à la femme de chambre 2 $ par jour. Quant au chauffeur de taxi, son pourboire habituel correspond à environ 15 % du montant de la course.

Communications téléphoniques – Pour effectuer un appel interurbain à l'intérieur des États-Unis ou du Canada, composer le 1 + indicatif régional (3 chiffres) + numéro du correspondant (7 chiffres). Pour téléphoner à un abonné de la même ville, ne composer ni le 1, ni l'indicatif régional, sauf si la ville est suffisamment grande pour comporter plusieurs zones d'appel (dans le cas d'une communication entre Manhattan et l'un des *boroughs* new-yorkais, il est donc nécessaire de composer le 1 et l'indicatif régional avant de faire le numéro du correspondant).

Pour appeler l'Europe, composer le 011 (appel direct) + indicatif du pays (Belgique : 32 ; France : 33 ; Suisse : 41) + numéro du correspondant. Pour obtenir l'aide *(en anglais)* d'une opératrice *(operator)*, composer le 0. Pour obtenir des renseignements concernant un numéro à l'intérieur de sa zone d'appel, composer le 411. Et pour obtenir des renseignements sur un numéro relevant d'une autre zone d'appel, composer le 1 + indicatif régional + 555-1212. Sauf indication contraire, les numéros de téléphone précédés de l'indicatif **800** ou **888** ne sont gratuits *(toll-free)* qu'à l'intérieur des États-Unis, et le plus souvent inaccessibles depuis l'étranger. L'appel d'un numéro comportant le préfixe **900** coûte de 0,50 à 15 $ la minute, selon le service proposé.

37

La plupart des hôtels majorant les appels, il est plus avantageux de téléphoner d'une **cabine publique**. On en trouve un peu partout : aéroports, halls d'hôtels, épiceries et autres lieux publics. Elles acceptent les pièces de 5 ¢, 10 ¢ ou 25 ¢ et les cartes téléphoniques *(conseillées en cas d'appel longue distance ; en vente dans les kiosques à journaux et les drugstores)*, parfois même les cartes de crédit. Les consignes d'utilisation des téléphones publics sont inscrites sur l'appareil ou à côté de ce dernier. Une communication locale à partir d'un appareil à pièces coûte 50 ¢ *(appel illimité)*.

Indicatif téléphonique ☏

Manhattan	212, 646, 917
Bronx, Brooklyn, Queens, Staten Island	347, 718, 917
Vallée de l'Hudson	914
Long Island	516, 631

NB : la zone de Manhattan (indicatifs 212, 646, 917, 347 et 718) est passée à un système de numérotation à 10 chiffres ; il est donc nécessaire, même pour un appel local, d'y composer le 1, suivi de l'indicatif puis du numéro du correspondant.

Numéros utiles ☏

Police/Pompiers/Ambulances (24 h/24)		**911**
Police *(hors urgence, lun.-ven. 9 h-18 h)*		212-374-5000
Soins médicaux *(24 h/24)* :	Doctors on Call	718-238-2100
	Hotel Docs	800-468-3537
Dentistes d'urgence *(24 h/24)*	NYU College of Dentistry	212-443-1300
Pharmacies de garde *(24 h/24)* :		
	CVS (4 officines à Manhattan)	800-746-7287
	Duane Reade, 224, 57ᵉ Rue,	
	à la hauteur de Broadway	212-541-9708
	Rite Aid (6 officines à Manhattan)	800-748-3243
Centre anti-poison *(24 h/24)*		212-764-7667
Horloge parlante		212-976-1616
Météo		212-976-1212

Courrier – La poste principale de New York *(441, 8ᵉ Av., à la hauteur de la 33ᵉ Rue O. ☏ 212-330-3002)* demeure ouverte 24 h/24. Des bureaux auxiliaires se trouvent également dans chaque *borough* ; pour en connaître les coordonnées, consulter les pages bleues de l'annuaire sous la rubrique *US Government*.
L'affranchissement au tarif de première classe est : pour les États-Unis 37 ¢/lettre (jusqu'à 28 g) et 23 ¢/carte postale ; pour l'étranger (sauf Canada et Mexique) 80 ¢/lettre (jusqu'à 28 g) et 70 ¢/carte postale. La plupart des hôtels se chargent d'expédier lettres et petits colis pour leurs clients. Timbres et fournitures d'emballage sont vendus aux bureaux de poste et dans de nombreux drugstores et épiceries de quartier. Des compagnies comme Mail Boxes Etc. et Mail Express USA assurent également l'acheminement du courrier normal ou express et l'expédition des colis, et offrent par ailleurs la possibilité d'envoyer des messages par fax ou de faire des photocopies *(consulter les pages jaunes de l'annuaire sous la rubrique Mailing Services)*.

Presse new-yorkaise – De l'*El Diario* au *Sing Tao*, New York est riche en quotidiens et en hebdomadaires en langues étrangères. On y trouvera donc sans mal *Le Figaro* et *Le Monde*. Mais le principal quotidien en langue anglaise de la ville est, bien sûr, le célèbre *New York Times* (www.nytimes.com) ; consulter ses éditions du dimanche et du vendredi pour leurs pages sur les arts et les loisirs. Également quotidien : le *Daily News* (www.nydailynews.com). Autres journaux à mentionner : le *Wall Street Journal* (www.wsj.com) et le *New York Post* (www.nypost.com), qui ne paraissent qu'en semaine.
Des périodiques comme le *New York Magazine* (www.newyorkmetro.com), le *New Yorker* (www.newyorker.com), *Time Out New York* (www.timeoutny.com) et le *Village Voice* (www.villagevoice.com) permettent de se renseigner sur les différentes manifestations culturelles se déroulant à New York même et dans ses environs. *City Guide*, *IN New York Magazine* (www.in-newyorkmag.com) et *Where New York* (distribués gratuitement dans les hôtels et les restaurants) sont des guides pratiques sur le shopping, les restaurants, les loisirs et la vie nocturne. Publications moins traditionnelles, *Downtown* et *New York Press* offrent des pages variées et riches sur les spectacles et les loisirs, tandis que *Next* et *Homo Xtra* s'adressent spécifiquement à la communauté gay.

Télévision et radio

Principales chaînes de télévision

ABC Canal 7   **CBS** Canal 2   **PBS** Canal 13   **NBC** Canal 4   **FOX** Canal 5   **WB** Canal 11

Principales stations de radio en FM				Principales stations de radio en AM	
Classique	96.3			Nouvelles/interviews-variétés	820 et 1130
Country	107.1	Jazz	101.9	Nouvelles/sport	880
Rock	102.7	Hit-parade	100.3		

Loi sur les alcools – L'âge légal de consommation d'alcool à New York est de 21 ans *(présentation d'une pièce d'identité parfois requise)*. La plupart des bars locaux restent ouverts jusqu'à 4 h du matin. Les magasins spécialisés *(liquor stores)* sont autorisés à vendre du vin ou des alcools du lundi au samedi. Les épiceries et magasins d'alimentation peuvent quant à eux vendre de la bière tous les jours de la semaine, sauf le dimanche de 3 h du matin à midi.

Conseils de prudence

- C'est à pied qu'il faut découvrir New York. Il est recommandé aux touristes de faire preuve de bon sens, de rester vigilant et d'éviter les rues désertes comme les parkings une fois la nuit tombée.

- Évitez de vous déplacer avec d'importantes sommes en liquide, et ne laissez pas les regards indiscrets voir combien d'argent vous avez sur vous.

- Tenez bien fermement sacs à main et sacs à dos, conservez votre portefeuille dans une poche avant et abstenez-vous de porter des bijoux de valeur.

- Faites preuve de prudence dans le métro après 23 h. Si vous êtes seul(e), montez dans la voiture du chef de train (en général au milieu de la rame).

- Garez toujours votre voiture dans un endroit bien éclairé. Veillez à ce que vos fenêtres soient toujours fermées, verrouillez les portes et ne laissez aucun objet de valeur à l'intérieur.

Little Italy

CARUSO'S FRUIT

WHOLESALE · CARUSO

Carnet d'adresses

Se restaurer

La qualité et la variété de ses restaurants haussent la renommée culinaire de New York au niveau de son prestige financier ou culturel. Alors que les établissements de luxe appliquent des tarifs dignes de la jet-set, les nombreux restaurants proposant une cuisine du monde entier ainsi que les innombrables traiteurs de ce carnet d'adresses procureront aux plus gourmands de délicieux repas ou collations à des prix raisonnables. Dans une ville aussi célèbre pour ses pizzas que pour ses chefs, une des meilleures gastronomies du monde s'offre ainsi dans toute la magnificence de sa qualité et de sa rigueur.

Les établissements ci-dessous ont été choisis pour leur atmosphère, leur emplacement et/ou leur rapport qualité-prix. Les prix indiqués sont ceux d'un menu (entrée, plat, dessert) pour une personne (taxes, boissons et service en sus). Sauf indication contraire, les restaurants sont ouverts tous les jours et acceptent les principales cartes de crédit.

Vous trouverez d'autres établissements dans différents encadrés au fil des pages du guide. La liste complète des restaurants figure dans l'index.

$$$$	Plus de 50 $	$$	De 15 $ à 30 $
$$$	De 30 $ à 50 $	$	Moins de 15 $

■ Une nouveauté à New York

Il est strictement interdit de fumer dans les restaurants, bars et clubs de New York depuis un arrêté municipal d'avril 2003. La **veste** n'est pas exigée mais les messieurs se sentiront plus à l'aise dans les établissements les plus chers s'ils en portent une. Il est vivement conseillé de **réserver**. Le service n'étant généralement pas compris dans le prix, il est de mise de verser un **pourboire** de 15 %-20 % du montant de l'addition.

À BON COMPTE

Dim Sum Go Go, à Chinatown – *5 Broadway E. (Chatham Square)*. ♿ ☎ 212-732-0797. $ **Chinois**. Ne vous laissez pas rebuter par son nom de boui-boui. Cet établissement soigné est bien plus sophistiqué que la plupart de ses confrères d'Uptown. Les bouchées à la vapeur sont préparées à la commande, et non servies sur les traditionnels chariots. Les boulettes aux champignons et légumes, l'épinard farci au canard ou au crabe ainsi que les boulettes aux crevettes font partie de la quarantaine de plats proposés. Les gros appétits apprécieront le flétan à la vapeur sur un lit de poireau et céleri braisés, ou préféreront peut-être la spécialité de poulet à l'ail frit.

Gonzo, à Greenwich Village – *140, 13e Rue O. (entre la 6e & la 7e Av.)*. ☎ 212-645-4606. $ **Italien**. C'est à Vincent Scotto que l'on doit l'engouement des New-Yorkais pour les pizzas grillées. Les pizzas fines comme le papier ne sont pas cuites au four mais grillées, et l'on utilise ici, en lieu et place de la traditionnelle mozzarella, du bel *paese* et du *romano*. Les valeurs sûres comme la classique Margherita (tomate fraîche et basilic) sont un délice, mais on peut avoir envie de maïs et purée de pommes de terre, ricotta au cumin, purée d'aubergines épicée ou, même, de melon d'eau au *prosciutto* et à l'*arugula*. Le Gonzo propose également des galettes vénitiennes appelées *cichetti*. En sus des deux étages du restaurant, un bar et une carte de pâtes fraîches, poissons, viandes et desserts attendent ceux qui ne regardent pas à la dépense.

It's A Wrap, à Upper West Side – *2012 Broadway (entre la 68e & la 69e Rue)*. ♿ www.itsawrap.com ☎ 212-362-7922. $ **Chaussons**. L'enseigne possède plusieurs adresses disséminées dans Manhattan qui, toutes, proposent 17 variétés de galettes de *laffa* fourrées d'une farce chaude ou froide. On y trouve 6 versions végétariennes, des chaussons plus petits pour les enfants, une carte spéciale petit déjeuner, une sélection de soupes du jour, ainsi qu'un bon choix de *smoothies*, mélanges de fruits pressés et de yaourt glacé.

Jackson Hole, à Upper East Side – *1270 Madison Av. (à la hauteur de la 91e Rue)*. ♿ www.jacksonholeburgers.com ☎ 212-427-2820. $ **Hamburgers**. Personne d'autre ne propose une variété aussi étendue de hamburgers à l'américaine (pesant bien 200 g) que le Jackson Hole : 31 versions s'offrent à l'amateur, du Texas Burger (avec un œuf au plat) au California Burger (laitue, tomate et mayonnaise). Si le bœuf n'est pas votre tasse de thé, l'enseigne propose également des sandwichs au poulet ainsi que quelques plats mexicains, des salades et un menu pour le petit déjeuner. Des quatre autres restaurants de Manhattan, deux se situent sur la 2e Avenue.

John's Pizzeria – *260, 44e Rue O. (entre Broadway & la 8e Av.)*. ♿ ☎ 212-391-7560. $ **Pizzeria**. New York possède des centaines de pizzerias, mais John's hausse la qualité d'un cran en cuisant ses pizzas *(6-8 parts)* dans des fours de brique. Pâte fine, main légère sur le fromage et ingrédients frais font le reste. L'enseigne a plusieurs établissements dans Manhattan, qui proposent également des salades, des pâtes fraîches et des sandwichs, ainsi qu'un énorme *calzone* pour deux. Le restaurant de la 44e Rue est au cœur du quartier des théâtres.

Second Avenue Deli, à **East Village** – *156, 2e Av.* ☎ 212-677-0606. $ **Traiteur casher.** L'arôme des légumes au vinaigre parfume le trottoir devant la porte de cette institution d'East Village. Les habitués viennent de la ville entière s'attabler dans la salle peu reluisante et se régaler de *pastrami* et de sandwichs de pain de seigle au corned-beef. Le hachis de foie et la soupe *matzoh ball* ont la réputation d'être les meilleurs de la ville.

Une carte de sandwichs bien alléchante à Little Italy.

VALEUR SÛRE

The Boathouse, à **Central Park** – *À l'angle de la 72e Rue & Park Dr. N.* ☎ 212-517-2233. **$$$ Nouvelle cuisine américaine.** Un des secrets les plus jalousement gardés de la ville se cache à Central Park. Le restaurant au bord du lac a deux visages : on passe sans transition de sa terrasse d'été à un intérieur de chalet. La carte est le reflet de la caractéristique pluriculturelle de la ville : le saumon est préparé en cocotte et le pain de crabe est accompagné de cornichons et d'une sauce rémoulade aux câpres.

Bridge Café, dans **Downtown** – *279 Water St. (à la hauteur de Dover St.).* ♿ *www.bridgecafe.com* ☎ 212-227-3344. **$$$ Américain.** Le Bridge Café sert une cuisine élégante qui traduit l'inclination de son chef envers les plats de saison et les produits régionaux : homard et sa salade de pommes et céleri rave, flétan poché au safran servi avec un caviar et une purée de chou-fleur caramélisé. Sans parler de son histoire : l'édifice de bois rouge qui l'abrite remonte à 1794 ; proche du pont de Brooklyn et de South Street Seaport, l'établissement existe depuis 1847 (il n'était qu'un pub à l'époque), ce qui fait de lui le plus ancien débit de boissons de New York.

Carmine's, dans **Midtown** et **Upper West Side** – *200, 44e Rue O. (Midtown, entre la 7e & la 8e av.)* ☎ 212-221-3800 ; *2450 Broadway (Upper West Side, entre la 90e & la 91e Rue)* ☎ 212-362-2200. ♿ *www.carminesnyc.com* **$$$ Italien.** Si vous voyagez en groupe, voici le lieu idéal pour apprécier un généreux repas de spécialités du Sud de l'Italie (*saltimbocca* de veau, *scarpariello* de poulet et *scampi* de crevette). Les plats débordants de victuailles sont posés sur la table, comme en famille : le partage est de rigueur chez Carmine's. L'établissement de Midtown, au cœur du quartier des théâtres, ne prend les réservations qu'à partir de 6 personnes *(après 18 h)* ; le restaurant d'Upper West Side applique parfois cette restriction. Mais le bar spacieux vous tend les bras si vous devez attendre.

Cub Room/Cub Room Café, à **SoHo** – *À l'angle de Prince St. & Sullivan St.* ♿ *www.cubroom.com* ☎ 212-677-4100 (Cub Room). **$$$ Américain.** Le Cub Room *(entrée par Sullivan St.)* est le plus élégant établissement de ce duo à succès. Ici règne la nouvelle cuisine américaine : filet-mignon au cognac et gratin de pommes de terre, pétoncles et bouts de côtes de bœuf accompagnés d'une crème de pommes de terre à la marmelade d'oignons. Moins cher, plus décontracté, le **Cub Room Café** **$$** *(entrée par Prince St.)*, à quelques pas du précédent, sert des sandwichs et des collations dans son bar souvent bondé.

E.A.T., à **Upper East Side** – *1064 Madison Av. (entre la 80ᵉ & la 81ᵉ Rue)*. ♿ *www.elizabar.com* ☎ *212-772-0022*. **$$$ Traiteur**. Voici la halte idéale pour un déjeuner entre deux visites aux musées voisins (le Met et le Whitney, entre autres). Traiteur de luxe, la maison concocte d'excellents (même s'ils sont un peu chers) sandwichs et soupes. Pour le repas, assiettes froides, pâtes fraîches, poissons, viandes et volailles s'associent à une bonne carte des vins. Le comptoir de vente à emporter permet de faire un pique-nique à Central Park, situé à quelques centaines de mètres.

Josephina, à **Upper West Side** – *1900 Broadway (à la hauteur de la 63ᵉ Rue)*. ♿ *www.josephinanyc.com* ☎ *212-799-1000*. **$$$ Nouvelle cuisine américaine**. Cet agréable restaurant, qui fait face au Lincoln Center, est souvent bondé avant les spectacles *(18 h-20 h)*. L'accent est mis sur une cuisine saine et naturelle ; on pourra choisir parmi d'intéressantes options un menu sans produits laitiers, à base de produits de la mer ou végétarien, aussi bien que de la viande. La soupe de courge muscade est une des entrées de prédilection. Pour les plats, il faut mentionner les raviolis au fromage de chèvre, le bar à la chilienne, le thon en croûte de sésame et quelques classiques : carré d'agneau et filet mignon. En été, on peut s'installer à l'une des tables en terrasse.

Marseille, à **Hell's Kitchen/Clinton** – *630, 9ᵉ Av. (à l'angle de la 44ᵉ Rue)*. ♿ *www.marseilleny.com* ☎ 212-333-2233. **$$$** Méditerranée. Ce bistro vivant à quelques pas de Times Square s'avère idéal pour les repas d'avant ou d'après-spectacle. La cuisine française, métissée d'accents marocains, turcs et tunisiens, est servie dans un décor Art déco provençal de voûtes pastel, carrelages peints à la main et vieux bar en zinc : on se croirait sur le tournage de *Casablanca*. Le chef ne craint pas d'innover : son thon marocain en croûte d'épices (poivre, sésame, cumin et pistache) en est le parfait exemple. Et que dire de la tarte croustillante au beurre de cacahuète et son sorbet de céleri pour parachever le festin ? Les vedettes de Broadway ne s'y trompent pas, qui viennent souvent faire un petit tour.

Mesa Grill, à **Union Square/Gramercy Park** – *102, 5ᵉ Av. (entre la 15ᵉ & la 16ᵉ Rue)*. ♿ *www.mesagrill.com* ☎ *212-807-7400*. **$$$ Sud-Ouest des États-Unis**. La gastronomie du Sud-Ouest ne s'arrête pas aux *tacos* et aux *burritos*, cet établissement vous le prouvera. Pointe de piment et influence mexicaine se font sentir dans le *relleno* en croûte de maïs jaune, le porc épicé du Nouveau-Mexique ou le flétan croustillant. On peut aussi se laisser tenter par un *tamale* au plantain ou un *succotash* (plat de maïs et de fèves). La carte des vins, exclusivement américaine, comprend une belle sélection de tequilas mexicaines. Les deux étages de l'établissement sont très souvent bondés.

Rock Center Café, dans **Midtown** – *20, 50ᵉ Rue O. (à la hauteur de Rockefeller Plaza)*. ♿ *www.restaurantassociates.com* ☎ *212-332-7620*. **$$$ Américain**. Installé dans le niveau inférieur refait du Rockefeller Center, le Rock Center Café offre une halte bienvenue aux promeneurs épuisés, qu'accueilleront de spacieuses banquettes et des chaises rembourrées. En hiver, ses immenses baies ouvrent sur un spectacle à ne pas rater : la patinoire du Rockefeller Center. Au menu, pâtes fraîches et classiques américains (saumon, grillades et poulet).

Sushi Samba, à **Greenwich Village** – *87, 7ᵉ Av. S. (Barrow St.)*. *Musique latino-américaine jeu.-dim.* ♿ *www.sushisamba.com* ☎ *212-691-7885*. **$$$ Sud- americain**. Parfums brésiliens, technique japonaise et tradition culinaire péruvienne dans la

Les stands de bretzels abondent dans toute la ville.

même assiette ? Voilà ce que l'on trouve au Sushi Samba. On se régalera de sushis, de makis de bœuf d'Amérique du Sud aux cœurs de palmier, carottes et asperges grillées, ou de calmars au tamarin et sauce tomate. Commencer par la Sakegria, le cocktail maison (punch à base d'eau de vie de prune, de vin rouge, de vin blanc, de champagne et de jus de fruits), et terminer par un gâteau à la banane au chocolat chaud surmonté d'une glace au sirop d'érable.

Galaxy Global Eatery, dans **Downtown** – *15 Irving Pl. (à la hauteur de la 15ᵉ Rue E., un bloc à l'Est de Union Square).* ♿ *www.galaxyglobaleatery.com* ☎ *212-777-3631.* **$$ International.** Le cadre insolite de ce petit restaurant tout de noir vêtu, au plafond parsemé d'étoiles et Bouddha trônant à l'entrée, sert d'écrin à une cuisine créative et peu onéreuse aux influences cosmopolites. Du porc à l'italienne à la pizza thaï en passant par les *hempanadas* amérindiens (au *hemp*, haschich), la carte est décidément peu ordinaire.

Heartland Brewery – *1285 Avenue of the Americas (quartier du Rockefeller Center, à la hauteur de la 51ᵉ Rue)* ☎ *212-582-8244 ; 35 Union Square O. (entre la 16ᵉ & la 17ᵉ Rue)* ♿ *www.heartlandbrewery.com* ☎ *212-645-3400.* **$$ Américain.** Dans le style des innombrables microbrasseries et brasseries qui ont fleuri ces dix dernières années, la maison est réputée pour ses bières américaines et brunes *(ales)* telles que ses Cornhusker Lager, Smiling Pumpkin Ale et Farmer John's Oatmeal Stout. La carte, classique, de pub (poulet, hamburgers, poissons et grillades) est émaillée de notes originales. Si vous n'avez jamais goûté de hamburger de bison, c'est le moment d'essayer.

Macelleria, dans le **quartier des abattoirs (Meatpacking)** – *48 Gansevoort St. (entre Greenwich St. & Washington St.)* ☎ *212-741-7455.* **$$ Italien.** Installée dans le bâtiment de brique d'une ancienne boucherie (*macelleria* en italien), cette engageante trattoria propose un large choix de salamis, pâtes fraîches maison, plats de viande et vins italiens. La laitue au gorgonzola avec une sauce au poivre est exceptionnelle. Deux des plats de pâtes les plus demandés sont les authentiques *tagliolini* au *prosciutto* ainsi que les *garganelli* à la queue de bœuf. Petit secret à l'intention de ceux qui ne projettent pas d'essayer une classique rôtisserie new-yorkaise : le châteaubriand pour deux (le seul plat vraiment cher de la carte) est préparé avec le même bœuf que celui du célèbre Peter Luger's de Brooklyn.

Noho Star, à **East Village** – *330 Lafayette St. (à la hauteur de Bleecker St.).* ♿ ☎ *212-925-0070.* **$$ International.** Ce restaurant bon marché, situé au point de rencontre d'East Village, West Village, Little Italy et SoHo, s'avère une halte idéale lors d'une excursion dans cette partie de la ville. Ouvert du petit déjeuner au dîner, ainsi que pour le brunch le week-end, l'établissement propose une carte éclectique, des sandwichs et hamburgers aux classiques américains en passant par des plats d'influence asiatique ou des spécialités chinoises *(soir uniquement)*. Bref, un peu de tout pour chacun, ce que justifie l'environnement polyglotte du Noho Star.

Pearl Oyster Bar, à **Greenwich Village** – *18 Cornelia St. (entre la 4ᵉ Rue O. & Bleecker St.). Fermé dim.* ☎ *212-691-8211.* **$$ Poissons.** On ne trouve pas meilleur rapport fraîcheur-prix à Manhattan. Les initiés se précipitent dans ce petit troquet sympathique. On y trouve seize sièges le long d'un comptoir de marbre où l'on engage facilement la conversation, deux tables côté fenêtre et une arrière-salle. La spécialité de Rebecca Charles, un gargantuesque plat de *lobster roll* (morceaux de homard mayonnaise servis sur un petit pain au lait), en remontre à plus d'une cabane à homard du Maine. La carte est plutôt réduite ; les habitués aiment la soupe de palourdes de Nouvelle-Angleterre, les différentes huîtres et le saumon fumé à la crème, et savent qu'il faut jeter un œil au plat du jour.

Pó, à **West Village** – *31 Cornelia St. (entre Bleecker St. & la 4ᵉ Av. O.). Fermé lun.* ♿ *www.po-nyc.com* ☎ *212-645-2189.* **$$ Italien.** Le Pó est un de ces restaurants près duquel on aimerait vivre. S'étant fait une spécialité de l'extraordinaire gastronomie toscane assortie d'une carte des vins de bon aloi à un prix raisonnable, cette douillette trattoria donne l'impression d'être invité à un délicieux dîner chez des amis. Son rapport qualité-prix est imbattable : les pâtes fraîches (comme les *papparadelle* au lapin braisé à la sauge) ne coûtent que 13 $; poisson frais, veau et volaille sont proposés aux environs de 17 $. Le menu dégustation du soir à 40 $ *(moins cher à midi)* offre certainement le meilleur rapport qualité-prix de la ville. *Paiement : carte American Express et espèces uniquement.*

Sammy's Roumanian Steak House, à **Lower East Side** – *157 Chrystie St. (à l'angle de Delancey St.).* ☎ *212-673-0330.* **$$ Casher.** Inutile d'être de confession juive pour adorer le Sammy's. Les convives de tout âge et toute origine passent leur soirée dans cette petite cave pour chanter, danser, papoter, s'amuser et, surtout, se régaler. Les portions sont gigantesques, une assiette rassasie souvent deux personnes. Commencer avec le généreux foie haché et ses condiments : oignons, radis et *schmaltz* (graisse de poulet). L'énorme filet à la roumaine est un must. Et que serait un dîner chez Sammy sans les *latkes*, les *kasha varnishkes*, le chou farci et la *kishka* ? Oubliés les calories et le cholestérol : eux aussi sont partis en vacances. L'orchestre débute à 18 h.

Sarabeth's, à **Upper West Side** et **Upper East Side** – *423 Amsterdam Av. (à la hauteur de la 80ᵉ Rue O.)* ☎ *212-496-6280 ; 1295 Madison Av. (à la hauteur de la 92ᵉ Rue E.)* ⴵ *www.sarabeth.com* ☎ *212-410-7335.* **$$ Américain.** Bien qu'elle soit ouverte du matin au soir, la maison est surtout réputée pour son petit-déjeuner (porridge, omelettes mousseuses, muffins, *pancakes* et gaufres) et son brunch du week-end. Laissez-vous tenter par le cocktail de fruits *Four Flowers*, mélange de banane, ananas, orange et grenade. L'établissement vend également des plats à emporter et des conserves. Deux autres succursales existent au Whitney Museum of American Art et à Chelsea Market.

Tamarind, à **Flatiron/Gramercy Park** – *41-43, 22ᵉ Rue E. (entre Broadway & Park Av.).* ⴵ *www.tamarinde22.com* ☎ *212-674-7400.* **$$ Indien.** Dans son écrin sophistiqué orné d'étoffes colorées et d'objets décoratifs, le Tamarind propose de la grande cuisine indienne. On y choisira par exemple la soupe de crabe et sa sauce épicée ou le homard aux épices indiennes. Le pain est farci, dès sa sortie du four, d'oignons et de poivre noir ou d'un mélange grillé de fruits et de noix. On ne pourra plus s'en passer, comme des *samosas* au caramel et à la glace au gingembre. Demandez une banquette dans la salle du fond, vous y serez servis comme des maharajahs.

Virgil's Real Barbecue, dans **Midtown** – *152, 44ᵉ Rue O.* ⴵ *www.virgilsbbq.com* ☎ *212-921-9663.* **$$ Barbecue.** Toute la bande Sud du pays est représentée, du Texas à la Caroline-du-Nord. Virgil sert absolument tout ce que l'on peut griller ou fumer : bœuf, porc, poulet, crevettes, jambon. Pour un meilleur résultat, l'établissement utilise de l'hickory, du chêne et divers bois fruitiers. Ce restaurant sans prétention propose également quelques plats régionaux (blancs de poulet frits, poulet frit, poisson-chat frit ou grillé) et un bon choix de bières.

Zen Palate, dans **Downton** – *34 Union Square (à la hauteur de la 16ᵉ Rue).* ⴵ www.zenpalate.com ☎ *212-614-9291.* **$$ Végétarien.** Aucune viande ne figure au menu du Zen Palate, mais ses plats créatifs en contiennent des substituts : protéine de soja, gluten de blé et champignons. Les diverses implantations de Manhattan proposent des combinaisons imaginatives de légumes et sauces d'Orient et d'Occident, qu'elles baptisent de noms évocateurs (Brume Rouge, Pétales de Rose et Paradis Râpé).

UNE PETITE FOLIE !

Fiamma Osteria, à **SoHo** – *206 Spring St. (entre la 6ᵉ Av. & Sullivan St.).* *www.brguestrestaurants.com* ☎ *212-653-0100.* **$$$$ Italien.** Aussi chics que leur quartier, les ascenseurs transparents emmènent à toute allure les convives vers l'un des trois niveaux décorés avec goût. Le personnel est dirigé de main de maître par Nicole Miller. La carte, modifiée en saison pour bénéficier des produits les plus frais, s'accompagne de près de 480 crus. Les pâtes fraîches maison sont unchef-d'œuvre. Le pigeonneau au romarin, l'agneau au basilic et le *branzino dell'Atlantico* (un bar sauvage en cocotte) témoignent du talent du chef Michael White. Les desserts sont irrésistiblement décadents et, ultime raffinement, on quitte l'établissement avec un petit ballotin de chocolats.

Firebird Russian Restaurant, dans **Midtown Ouest** – *365 W. 46ᵉ Rue (entre la 8ᵉ & la 9ᵉ Av.). Fermé lun.* ⴵ ☎ *212-586-0244.* **$$$$ Russe.** Le bloc dans lequel est installé l'établissement est surnommé *Restaurant Row*, et le Firebird est l'un de ses occupants les plus réputés. Le tsar Nicolas se serait certainement senti aussi à l'aise dans cette demeure confortable restaurée avec élégance que dans son palais d'hiver ; il aurait également apprécié la cuisine : bortsch ukrainien, esturgeon poché et poulet Tabakan, sans oublier les sept sortes de caviar. C'est le lieu idéal pour se restaurer avant d'assister à un spectacle à Broadway, à moins que l'on ne préfère le jazz du Firebird Lounge voisin.

Gotham Bar and Grill, dans **Greenwich Village** – *12, 12ᵉ Rue O. (entre la 5ᵉ Av. & University Pl.). www.gothambarandgrill.com* ☎ *212-620-4020.* **$$$$ Nouvelle cuisine américaine.** Le Gotham fait sans conteste partie des meilleurs restaurants de New York. Alfred Portale, initié en France par Michel Geurard, est devenu un parfait New-Yorkais. Ses plats disposés en pièce montée sont un régal, tant pour les yeux que pour le palais. La salade de fruits de mer devient un vertigineux assemblage de homard, pétoncles, poulpes, calmars et avocat couronné d'une ruche de laitue pourpre. Le carré d'agneau se perche sur un lit de blettes et les desserts au chocolat attirent les regards. La salle se met au diapason avec ses hauts plafonds et sa statue de la Liberté. Il ne faut pas rater le menu de midi : à 25 $, il coûte trois fois moins cher qu'un dîner.

Keens Steakhouse, dans **Midtown** – *72, 36ᵉ Rue O. (entre la 5ᵉ & la 6ᵉ Av.). Fermé dim. W.-end, dîner uniquement.* ⴵ *www.keenssteakhouse.com* ☎ *212-947-3636.* **$$$$ Rôtisserie.** Rendez-vous des amateurs de bonne viande, Keens sert de larges tranches de pièces de bœuf et d'agneau. Installé dans un édifice ancien, le restaurant existe depuis 1885 ; à l'époque Herald Square, tout proche, était encore le quartier des théâtres. Seuls les hommes étaient admis dans le club-fumoir au début du 20ᵉ s., ce qui explique la présence de la collection de pipes en terre (la plus riche du monde) accrochée au plafond.

Bullmoose Room, Keens Steakhouse.

Le Bernardin, dans **Midtown** – *155, 51ᵉ Rue O. (entre l'Avenue of the Americas & la 7ᵉ Av.). Fermé dim. & j. fériés.* ♿ *www.le-bernardin.com* ☎ *212-554-1515*. $$$$ **Français**. L'addition sera certainement élevée dans cet élégant restaurant spacieux, qui a la réputation d'être l'une des meilleures tables de la ville... mais cela en vaut la peine. Nappes blanches et service en gants blancs délicatement orchestré : le Bernardin propose un menu entièrement à base de produits de la mer (queues de jeunes homards rôties sur asperges et risotto de cèpes, raviolis safranés au crabe ou pot-au-feu de loup noir accompagné d'une julienne de gingembre frais). Compter, pour un dîner de 3 plats, 79 $/personne sans le vin et, pour un menu dégustation de 6 plats, 95–130 $/personne. *Veste requise.*

Next Door Nobu, à **TriBeCa** – *105 Hudson St. (à la hauteur de Franklin St.). Soir uniquement.* ♿ *www.myriadrestaurantgroup.com* ☎ *212-334-4445*. $$$$ **Japonais**. Le succès du Nobu fait qu'il est pratiquement impossible d'y obtenir une table ; quasiment les mêmes spécialités sont proposées, pour un prix légèrement inférieur, au Next Door Nobu, voisin immédiat de la maison mère. L'accent est mis sur la texture : le bar à sushis en pierre noire, les tables de pin roussi et les lampes indonésiennes s'harmonisent avec le plaisir sensuel de la dégustation des homards, des oursins, des nouilles aux fruits de mer et des glaces au *mochi*. Le Next Door Nobu ne prenant aucune réservation, il faut arriver tôt pour éviter la longue file d'attente.

Park Avenue Café, à Upper East Side – *100, 63ᵉ Rue E. www.parkavenuecafe.com* ☎ 212-644-1900. $$$$ **Américain**. Quelques touches nostalgiques saugrenues (étagère de vieux bocaux à cookies, fresque représentant le drapeau américain, gerbes de blé) viennent décorer cet établissement contemporain. Le célèbre chef David Burke parsème sa carte de spécialités : *pastrami* de saumon maison, carré d'agneau aux pommes de terre ou cannellonis au poireau et fromage de chèvre. Il ne faut pas manquer le banc de square en chocolat (tout y est, même le réverbère !).

Raviolis d'oursins du San Domenico New York.

San Domenico NY, dans **Midtown** – *240 Central Park Sud (entre la 7ᵉ Av. & Broadway). www.restaurant.com/sandomenicony* ☎ *212-265-5959.* **$$$$ Italien.** Un repas au San Domenico demeurera l'un de vos meilleurs souvenirs de New York. La spécialité de l'établissement, *uovo in raviolo al burro nocciola tartufato* (œuf en raviole au beurre de truffe), satisfera les palais délicats, tandis que le succès du *branzino all'acqua pazza con fregola sarda* (filet de bar poché au court-bouillon à la tomate) démontre s'il est besoin l'exceptionnelle qualité des ingrédients ; la remarquable carte des vins comblera les plus exigeants. Marbre de Carrare, banquettes Poltrona Frau et chaises Cassina composent un cadre d'une élégance si discrète que l'on ne remarque son raffinement qu'après un moment.

Se loger

New York met plus de 70 000 chambres à la disposition de ses 35 millions de visiteurs annuels. Le prix élevé de l'immobilier et une demande considérable entrent pour une bonne part dans les tarifs astronomiques de l'hôtellerie. Si, sachant cela, vous désirez séjourner à Manhattan, vous bénéficierez d'une incroyable variété d'établissements, des créations branchées de Ian Schrager et Philippe Starck à l'élégance traditionnelle du Plaza. Pour les portefeuilles moins rebondis, des chambres de qualité à des prix très nettement inférieurs seront proposées par les organismes ci-dessous. *Voir le chapitre Hébergement au début du guide pour plus de détails sur les chaînes hôtelières.*

■ **Tout sur les hôtels new-yorkais :**

Les prix affichés ne comprennent pas la **taxe de séjour** substantielle *(13,625 %)* prélevée par la municipalité. Par exemple : pour une chambre annoncée à 179 $, il faudra payer en réalité 203,39 $ pour la nuit.

Les tranches de prix indiquées ci-dessous ne constituent qu'une indication. Les **tarifs** peuvent varier selon la saison, le jour de la semaine et le volume des réservations. Les établissements baissent souvent leurs prix le week-end et de Noël à mars.

Le **parking** est généralement situé dans un garage à proximité ; il en coûte 20 $-40 $/jour. Les hôtels de grand standing ont généralement un voiturier.

Pour trouver des chambres à un prix raisonnable en haute saison, on peut s'adresser à des centrales pratiquant le price-shopping (achats groupés) telles que Hotel Reservations Network *(www.hoteldiscount.com)*, Express Reservations *(www.express-res.com)*, Quikbook *(www.quikbook.com)* ou Utell *(www.utell.com)*.

Les **communications téléphoniques** sont facturées 0,50 $-2 $ *(appel local)*. Mieux vaut utiliser les services téléphoniques longues distances de l'hôtel avec une grande prudence : certains établissements multiplient le tarif en vigueur par quatre ou cinq. L'utilisation d'une carte téléphonique peut, elle aussi, s'accompagner de frais de connexion. S'assurer à l'arrivée du prix des appels locaux et des frais de connexion pour les appels gratuits. En cas de doute, il est préférable d'utiliser les téléphones publics situés dans le hall de l'hôtel.

Les établissements ci-dessous ont été choisis pour leur atmosphère, leur emplacement et/ou leur rapport qualité-prix. Les tarifs indiqués correspondent au prix moyen (hors taxes) d'une nuit en chambre double standard en haute saison. Ils peuvent diminuer sensiblement hors saison ; de nombreux hôtels proposent des forfaits week-end. La présence d'une piscine est indiquée par le symbole ⌥, *celle d'un centre de remise en forme (ou spa) est indiqué par le symbole* 🅢🅟🅐.

$$$$$	Plus de 300 $	**$$**	75 $-125 $
$$$$	200 $-300 $	**$**	Moins de 75 $
$$$	125 $-200 $		

À BON COMPTE

Amsterdam Inn, dans **Upper West Side** – *340 Amsterdam Av. (à la hauteur de la 76ᵉ Rue). www.amsterdaminn.com* ☎ *212-579-7500. 25 chambres.* **$$** Si vous êtes à la recherche d'un logement décent à petit prix, essayez l'Amsterdam Inn. Immeuble d'habitation converti en hôtel en 1999, l'établissement propose quelques chambres avec salle de bains commune, d'autres avec salle de bains privée. Toutes les chambres ont une TV couleur, la climatisation, le téléphone et un service de femme de chambre. En revanche, pas de porteur : vous devrez monter vos bagages dans les escaliers. Aucun restaurant non plus, mais le quartier en regorge (il y a d'ailleurs un pub dans l'immeuble). Le musée d'Histoire naturelle et Central Park sont accessibles à pied ; il est facile de rallier Midtown de l'hôtel (métro et bus).

Cosmopolitan Hotel, à **TriBeCa** – *95 West Broadway (à la hauteur de Chambers St.)*. *www.cosmohotel.com* ☎ *212-566 1900 ou 888-895-9400. 115 chambres.* **$$** Le plus ancien hôtel de New York, puisqu'il a ouvert en 1850, le Cosmopolitan se trouve au cœur de TriBeCa, à courte distance de Ground Zero, du World Financial Center, de Wall Street, SoHo, Chinatown et Little Italy. Les chambres standard comprennent un bureau, une armoire ou une penderie, un port Internet, une télévision par satellite et un coffre-fort ; la clientèle est principalement composée de jeunes et d'hommes d'affaires. La taille réduite des salles de bains pèse peu au regard de l'emplacement de l'hôtel : on trouve plus d'une quarantaine de restaurants dans un rayon de 500 m, du plus chic (le Bouley, le Montrachet et le Chanterelle) au plus rudimentaire.

La Quinta Inn Manhattan, dans **Midtown** – *17, 32ᵉ Rue O. (entre la 5ᵉ & la 6ᵉ Av.)*. ✗ ♿ *www.applecorehotels.com* ☎ *212-790-2710 ou 800-567-7720. 182 chambres.* **$$** Le La Quinta, récemment rénové, permet de rallier Madison Square Garden, Penn Station et le Javits Convention Center à pied. Idéal pour les voyageurs au budget non extensible, il propose des chambres bien aménagées : connection Internet haut débit gratuite, télévision avec accès au Web, téléphone avec boîte vocale, cafetière, ainsi que fer et planche à repasser. On pourra s'offrir un merveilleux panorama sur l'Empire State Building au **Sky Bar** tout en se rafraîchissant.

Mayfair New York, dans **Midtown** – *242, 49ᵉ Rue O. (entre Broadway & la 8ᵉ Av.)*. ♿ *www.mayfairny.com* ☎ *212-586-0300. 77 chambres.* **$$** Demeurant un des rares établissements de Manhattan géré en famille, le Mayfair New York s'est installé au cœur des théâtres de Broadway et de la vie nocturne de Times Square. Il est entièrement non-fumeur. Les chambres et les parties communes sont parsemées d'une collection de rares photographies anciennes prêtées par le Musée de la ville de New York. Des fenêtres à double vitrage filtrent le bruit de la circulation. Le confort n'a pas été oublié : ports Internet haut débit, sèche-cheveux et coffres électroniques sont proposés. Le service est particulièrement aimable.

Pickwick Arms, dans **Midtown** – *230, 51ᵉ Rue E. (entre la 2ᵉ & la 3ᵉ Av.)*. ✗ ♿ ☎ *212-355-0300 ou 800-742-5945. 368 chambres.* **$$** Impossible de trouver dans l'East Side meilleur rapport qualité-prix que le Pickwick. Ce qui leur manque en taille, les chambres le compensent par la qualité du quartier, proche qui plus est de la cathédrale St-Patrick, de la gare Grand Central Station, des Nations unies et de la plupart des attractions touristiques. Des coffres sont mis à disposition dans le hall, ainsi qu'un accès Internet *(25 ¢ la minute)*. La majorité des chambres ne proposent qu'une douche, et l'on doit apporter son shampoing. Si le temps le permet, on pourra passer un moment dans le charmant jardin sur le toit.

West Side YMCA, dans **Upper West Side** – *5, 63ᵉ Rue O.* ✗ ♿ 🖵 ☄ *www.ymcanyc.org* ☎ *212-875-4100. 539 chambres.* **$$** Logement rudimentaire de style dortoir, chambres petites et spartiates de rigueur, souvent avec salle de bains commune. Certaines existent néanmoins avec salle de bains privative, toutes ont la TV et la climatisation. L'établissement est connu des voyageurs à petit budget, qu'ils soient étudiants ou retraités. On ne peut pas trouver meilleur rapport emplacement-prix, avec le Lincoln Center à un coin du bloc et Central Park à l'autre. Autre plus : les visiteurs peuvent profiter des magnifiques installations sportives de l'établissement, qui comprennent entre autres deux piscines.

VALEUR SÛRE

The Avalon, dans **Midtown** – *16, 32ᵉ Rue E. (entre Madison Av. & la 5ᵉ Av.)*. ✗ ♿ 🖵 *www.theavalonny.com* ☎ *212-299-7000 ou 888-442-8256. 100 chambres.* **$$$$** À l'ombre de l'Empire State Building, à quelques pas de Macy's, l'Avalon a ouvert ses portes en 1998 dans un immeuble à l'intérieur rénové de fond en comble. C'est aujourd'hui un hôtel-boutique élégant et luxueux (composé majoritairement de vastes suites), dont le confort traditionnel n'omet pas la technologie (toutes les chambres possèdent un accès Internet haut débit). La salle de restaurant sert une nouvelle cuisine américaine. *Petit déjeuner inclus dans le prix de la chambre.*

Hotel Chelsea, à **Chelsea** – *222, 23ᵉ Rue O.* ✗ 🖵 *www.hotelchelsea.com* ☎ *212-243-3700. 250 chambres.* **$$$** L'immeuble victorien de briques rouges du Chelsea domine, de ses balcons en fer forgé, son bloc sur la 23ᵉ Rue O. Chaque chambre possède sa salle de bains et la télévision par câble ; l'établissement sans façons accueille de nombreux résidents permanents (artistes, écrivains et musiciens). Thomas Wolfe, Arthur Miller, Dylan Thomas et autres sommités littéraires ont élu domicile dans cet hôtel classé au Registre national des sites historiques. L'immense cheminée de bois du hall désuet contraste avec les œuvres modernes accrochées à chaque mur (et même au plafond).

Hotel Pennsylvania, dans **Midtown** – *401, 7ᵉ Av. (entre la 32ᵉ & la 33ᵉ Rue).* ✗ ♿ ▣ *www.penn5000.com* ☎ *212-736-5000 ou 800-223-8585. 1 700 chambres.* **$$$** Bien situé en face du Madison Square Garden et de Penn Station, à quelques pas des boutiques de Herald Square, le Pennsylvania est un des plus vastes hôtels de New York. Sa récente rénovation est palpable dans les piliers de marbre luisant et les miroirs de son hall moderne. Le labyrinthe des couloirs de ses 17 étages peut se révéler intimidant, l'établissement demeure néanmoins abordable selon les critères new-yorkais. *Comptoir d'information touristique et aérienne dans le hall.*

The Hudson, dans **Midtown** – *356, 58ᵉ Rue O. (entre la 8ᵉ & la 9ᵉ Av.).* ✗ ♿ ▣ *www.ianschragerhotels.com* ☎ *212-554-6000 ou 800-444-4786. 1 000 chambres.* **$$$** Le Hudson, à courte distance de Theater District, est l'établissement le plus branché de Manhattan ; il offre un large éventail de services et de prestations à un prix raisonnable. En contrepartie, les chambres sont relativement petites, même pour la ville. Issu de la collaboration entre Ian Schrager et Philippe Starck, le Hudson est réputé pour ses espaces publics originaux et créatifs : le restaurant Hudson Cafeteria est doté de tables communes, le jardin sur le toit propose des bains bouillonnants ; une clientèle jeune et branchée foule le sol en verre de l'Hudson Bar.

Hall de l'hôtel Hudson.

The Lucerne, à **Upper West Side** – *201, 79ᵉ Rue O. (à la hauteur d'Amsterdam Av.). www.newyorkhotel.com* ✗ ☎ *212-875-1000 ou 800-492-8122. 250 chambres.* **$$$** Occupant un immeuble classé datant de 1903, le Lucerne a été converti en un hôtel-boutique moderne de style européen. Les chambres spacieuses sont dotées de l'arsenal complet des prestations, du cinéma aux salles de bains en marbre. Présents également, une salle de remise en forme et un centre d'affaires. Le nouveau restaurant **Nice Matin** (**$$$**), ouvert depuis décembre 2002, sert une cuisine provençale. Le Lucerne est tout proche du musée d'Histoire naturelle et du planétarium Rose Center.

Maritime Hotel, à **Chelsea** – *363, 16ᵉ Rue O. (entre la 8ᵉ & la 9ᵉ Av.).* ✗ ▣ *www.themaritimehotel.com* ☎ *212-242-4300. 120 chambres.* **$$$** Récemment aménagé dans le vivant quartier de Chelsea, qui compte la plus grande concentration de galeries d'art et de clubs de danse de la ville, le Maritime Hotel a connu un rapide succès chez les artistes, les collectionneurs et les grands prêtres de la mode et de la musique. Conforme à l'esprit « marine » (le bâtiment blanc fut autrefois le siège du Syndicat national des marins), chaque « cabine » est munie de hublots donnant sur l'Hudson, de larges couchettes aux boiseries de teck bruni et d'étagères de rangement. Deux restaurants (un japonais et un méditerranéen) attendent les convives dans le hall principal. Un club-santé a ouvert ses portes au printemps 2004.

Le Marquis New York, à Murray Hill – *12, 31e Rue E. (entre la 5e Av. & Madison Av.).* ✗ ♿ 🅿 www.lemarquisny.com ☎ *212-889-6363 ou 866-627-7847. 123 chambres.* **$$$** À deux pas de l'Empire State Building, Madison Square Garden, Penn Station et du quartier de la confection, le Marquis New York offre une élégance discrète pour un prix raisonnable. Des scènes de rue photographiées en noir et blanc décorent les chambres spacieuses, où l'on se glisse entre des draps de chez Frette après avoir pris un bain de produits Aveda. Un service de cirage de chaussures, un minibar de grande qualité, ainsi qu'un club-santé et un sauna ouverts 24 h/24 sont également proposés. Le Library Room est un lieu de détente idéal qui met à disposition un ordinateur et une télévision grand écran. On pourra déguster, dans l'intimité du Bar 12:31, un petit déjeuner, un déjeuner léger ou une collation vespérale en compagnie de jeunes mannequins et de stylistes.

Washington Square Hotel, à Greenwich Village – *103 Waverly Pl.* ✗ www.wshotel ☎ *212-777-9515 ou 800-222-0418. 170 chambres.* **$$$** On pénètre dans cet établissement intime de 1902, situé face à Washington Square Park, par un petit hall marbré de vert et blanc orné de fresques représentant des fleurs sauvages. La plupart des chambres ont été redécorées de façon minimaliste : murs moutarde et tables de nuit noires en bois. Le restaurant **North Square** (**$$$**) *(rez-de-chaussée)* est une trouvaille secrète des habitants du quartier.

UNE PETITE FOLIE !

The Algonquin, dans Midtown – *59, 44e Rue O.* ✗♿ www.algonquinhotel.com ☎ *212-840-6800 ou 800-555-8000. 174 chambres.* **$$$$$** Cet établissement calme et élégant a été désigné site historique littéraire ; en effet, Dorothy Parker, Robert Sherwood et Robert Benchley ont, avec leurs confrères écrivains, tenu de nombreuses réunions autour de la célèbre Table ronde d'Alexander Woolcott dans les années 1920. Toutes les chambres ont été refaites à neuf en 1998, mais ont néanmoins conservé leur style traditionnel. Le cabaret Oak Room connaît un certain succès en dépit de ses tarifs et le restaurant Roundtable propose une carte d'avant-spectacle à prix relativement raisonnable, tandis que le Blue Bar permet de se restaurer dans une atmosphère détendue.

The Four Seasons Hotel, dans Midtown – *57, 57e Rue E. (entre Madison Av. & Park Av.).* ✗ ♿ 🅿 Spa www.fourseasons.com ☎ *212-758-5700 ou 800-332-3442. 360 chambres.* **$$$$$** Situé au cœur du quartier de la finance et des boutiques de luxe de Manhattan, le Four Seasons, vertigineuse spirale de 52 étages dessinée par le légendaire I.M. Pei, est l'hôtel le plus haut de New York. Son centre de remise en forme propose les toutes dernières techniques de relaxation et de rajeunissement ainsi que des soins traditionnels. Pastels et teintes douces sont de mise dans les chambres, qui proposent baies vitrées, oreillers à la carte (fermeté au choix) et baignoires de marbre qui se remplissent en une minute. Une navette gratuite rayonne sur 3 km autour de l'hôtel. Enfants et animaux sont les bienvenus.

The Melrose Hotel New York, à Upper East Side – *140, 63e Rue E.* ✗ ♿ 🅿 🏊 www.melrosehotel.com ☎ *212-838-5700 ou 800-635-7673. 306 chambres.* **$$$$$** Grace Kelly et Liza Minnelli séjournèrent dans cet édifice de 1927 à l'époque où il était une « résidence huppée pour jeunes filles ». Une récente rénovation a fait ressortir l'aspect résidentiel de ses chambres spacieuses : mobilier contemporain, têtes de lit en fer forgé et volets aux fenêtres. Son emplacement permet de musarder sur Madison Avenue et facilite les visites de la collection Frick, du Met et du musée Guggenheim.

The Michelangelo, dans Midtown – *152, 51e Rue O. (à la hauteur de la 7e Av.).* ✗ ♿ 🅿 www.michaelangelohotel.com ☎ *212-765-0505 ou 800-237-0990. 178 chambres.* **$$$$$** Il règne un parfum d'Italie au Michelangelo, du Limoncello Café au petit déjeuner italien offert, en passant par les chocolats Baci Perugina déposés sur les oreillers. Unique établissement nord-américain de la chaîne italienne Starhotels, le Michelangelo propose de vastes chambres, des salles de bains avec bidet, télévision et baignoire gigantesque. Il jouit d'une excellente situation entre le Rockefeller Center et le quartier des théâtres.

Millenium Hotel New York U.N. Plaza, dans East Side – *1 United Nations Plaza (entre la 1ere & la 2e Av.).* ✗ ♿ 🅿 🏊 www.millenium-hotels.com ☎ *212-758-1234 ou 866-866-8086. 427 chambres.* **$$$$$** L'hôtel, qui donne directement sur les Nations unies, permet de se rendre aisément au quartier des affaires de Midtown ainsi qu'aux restaurants et boutiques d'East Side. Les vastes et élégantes chambres ont été aménagées à partir du 28e étage du bâtiment, ce qui leur confère une vue imprenable sur New York et East River. Les lieux sont ornés d'une fastueuse collection de tapisseries, dont certaines remontent au 9e s. L'établissement est le seul de la ville à proposer un court de tennis couvert et un court découvert, ainsi qu'une piscine entièrement vitrée. Un comptoir de change est disponible à la réception, et l'on peut se dépenser au club santé-remise en forme. L'Ambassador Grill est un point de rendez-vous prisé de nombreux dignitaires des Nations unies.

The Plaza, dans **Midtown** – *5ᵉ Av. à la hauteur de Central Park S.* ✗ ⴲ ⴿ www.fairmont.com ☏ 212-759-3000 ou 800-759-3000. *805 chambres.* **$$$$$** Site historique classé, voici la grande dame de l'hôtellerie new-yorkaise, et cela dure depuis son ouverture en 1907. Cette vénérable institution, qui a accueilli de nombreuses personnalités du monde entier, figure dans d'innombrables films. Malgré la rénovation de 1997–1998, toutes les chambres possèdent encore leurs lustres en cristal d'origine et nombre d'entre elles ont une cheminée. Presque aussi célèbres que l'hôtel, les salles de restaurant (Palm Court et Oak Room) et les bars (Oak Bar et Oyster Bar) valent le détour.

The Ritz-Carlton New York, à **Midtown** – *50 Central Park S. (à la hauteur de la 6ᵉ Av.).* ✗ ⴲ ⴿ Spa www.ritzcarlton.com ☏ 212-308-9100. *277 chambres.* **$$$$$** Avec sa vue exceptionnelle sur Central Park et les lumières de la ville, le plus récent des hôtels new-yorkais de la chaîne bénéficie, toujours, d'un luxe et d'un service inouïs. Qu'on en juge par les prestations : limousine gratuite pour se déplacer dans Midtown, télescopes et livres sur l'ornithologie dans les chambres donnant sur le parc, coffres pouvant contenir un ordinateur portable dans chaque chambre, lecteurs de DVD et vidéothèque proposant tous les films oscarisés… sans compter le prêt d'imperméables Burberry aux clients (et à leurs chiens !) en cas de besoin. C'est ici que La Prairie Switzerland a ouvert son premier centre de remise en forme nord-américain, et **L'Atelier** (**$$$$**) compte, grâce à sa nouvelle cuisine française, parmi les meilleurs restaurants de New York (*veste exigée le soir*). Il ne reste plus qu'à s'en remettre au chef Gabriel Kreuther et se délecter de son pantagruélique menu dégustation.

The Royalton, à **Midtown** – *44, 44ᵉ Rue O.* ✗ ⴲ ⴿ www.ianschragerhotels.com ☏ 212-869-4400 ou 800-635-9013. *205 chambres.* **$$$$$** Contrastant avec sa façade qui remonte à 1898 (vérifiez : il n'y a ni marquise ni auvent, pas même un panneau en évidence), l'intérieur du Royalton est résolument moderne. Ouvert en 1988, l'établissement est la première création new-yorkaise de l'hôtelier avant-gardiste Ian Schrager et du designer Philippe Starck. Chacune des chambres bien équipées, aux lignes pures, est dotée d'un magnétoscope, d'un lecteur de cassettes, d'un lecteur de CD, et d'un réfrigérateur-minibar ; les salles de bains présentent soit des douches recouvertes d'ardoise et de verre, soit des baignoires rondes. Le personnel, très branché, est entièrement vêtu de noir.

SoHo Grand Hotel, à **SoHo** – *310 W. Broadway (entre Grand St. & Canal St.).* ✗ ⴲ ⴿ www.sohogrand.com ☏ 212-965-3000 ou 800-965-3000. *369 chambres.* **$$$$$** Ouvert en 1996, le SoHo Grand Hotel représente l'hôtellerie de luxe dans une partie de la ville où celle-ci était absente. Situé à l'extrême Sud-Ouest de l'artiste SoHo, il est également très proche du branché TriBeCa. Le restaurant de l'hôtel, Galery, est une excellente table américaine contemporaine. Toutes les chambres possèdent un magnétoscope, un lecteur CD, un minibar et un service 24 h/24. L'établissement accueille volontiers les animaux familiers (au point de fournir un poisson rouge sur demande !).

Waldorf-Astoria Hotel, dans **Midtown** – *301 Park Av. (entre la 49ᵉ & la 50ᵉ Rue).* ✗ ⴲ ⴿ www.waldorfastoria.com ☏ 212-355-3000 ou 800-925-3673. *1 423 chambres.* **$$$$$** (*voir ce nom p. 120*). Après une considérable campagne de rajeunissement, le royal édifice Art déco règne de nouveau sur New York. Devenue l'un de ses symboles les plus classiques, la vénérable institution a abrité les principaux dirigeants mondiaux et les grands noms de la culture. Le hall élégant, pavé de marbre, reflète l'opulence historique du lieu. Les chambres, bien aménagées, ont été personnalisées ; les appartements très haut de gamme des tours Waldorf sont renommés pour leur exquis mobilier européen et leur service de maîtres d'hôtel.

Westin New York, à **Times Square** – *270, 43ᵉ Rue O. (à la hauteur de la 8ᵉ Av.).* ✗ ⴲ ⴿ www.westinny.com ☏ 212-201-2700 ou 800-WESTIN. *863 chambres.* **$$$$$** Le Westin New York est le plus récent, mais aussi le plus grand et le plus extraordinaire établissement créé à New York depuis une dizaine d'années. À chacun de décider si le concept du cabinet Arquitectonica de Miami est une réussite ou un désastre… il ne peut en tout cas laisser indifférent : la façade de ce prisme de 45 niveaux est composée de plus d'un millier de combinaisons de panneaux en tissu bariolé et de motifs complexes en verre dans des camaïeux de bleu et de brun. Le soir, un fabuleux faisceau lumineux courbe monte à l'assaut de la façade donnant sur la 42ᵉ Rue, donnant l'impression de percer le ciel étoilé. Dans les chambres à la décoration épurée, les murs de couleur sourde sont parsemés d'œuvres abstraites. Le club-santé offre une vue panoramique sur la ville et il suffit de composer un seul chiffre sur son téléphone pour voir tous ses souhaits réalisés. Le **Shula's Steak House** (**$$$$**) s'est fait une spécialité du bœuf Angus, qu'il sert en portions généreuses.

The Gorham Hotel, dans **Midtown** – *136, 55ᵉ Rue O. (entre la 6ᵉ & la 7ᵉ Av.).* ✗ ⴲ ⴿ www.gorhamhotel.com ☏ 212-245-1800 ou 800-735-0710. *115 chambres.* **$$$$** La caractéristique du Gorham est son aspect « antibranché » et son attachement à la tradition européenne d'hospitalité et de service. Les familles sont chouchoutées et l'on appelle chaque client par son nom (plus de la moitié sont des habitués). Le hall est rendu intime et accueillant par son vestibule chauffé, son lustre de cristal taillé, son tapis persan, ses objets d'art ancien, mais aussi sa station Internet gratuite et ses coupes de fruits et de bonbons. Toutes les chambres sont équipées d'une kitchenette avec four micro-ondes, réfrigérateur, bar et robinets à thermostat électronique, ainsi que d'un matériel informatique dernier cri. L'hôtel est tout proche du Rockefeller Center, du Carnegie Hall et de Central Park.

Hotel Wales, à **Upper East Side** – *1295 Madison Av. (à la hauteur de la 92ᵉ Rue).* ✗ ♿ 🅿 *www.waleshotel.com* ☎ *212-876-6000 ou 877-847-4444. 87 chambres.* $$$$ Cet établissement joliment décoré se tient dans un agréable quartier résidentiel et commerçant. Une rapide marche le sépare du musée Guggenheim, du Cooper-Hewitt Design Museum, du National Academy Museum et du Met, entre autres. Noter l'agréable terrasse sur le toit ; les chambres ont des couettes, des magnétoscopes et des lecteurs de CD. Restaurant Sarabeth's *(voir carnet d'adresses)* et Café 92 sur place.

Iroquois Hotel, dans **Midtown** – *49, 44ᵉ Rue O. (entre la 5ᵉ & la 6ᵉ Av.).* ✗ *www.iroquoisny.com* ☎ *212-840-3080. 123 chambres.* $$$$ L'Iroquois, qui vient d'être rénové, est à deux pas des théâtres de Broadway, du Radio City Music Hall, de Times Square et de Diamond Row *(47ᵉ Rue)*. Il fait partie des trois hôtels new-yorkais de la chaîne Small Luxury Hotels of the World. Salles de bains recouvertes de marbre, linge de maison de chez Frette et deux lignes de téléphone font partie du charme des chambres. Il faut absolument prendre un verre au James Dean Lounge, où le légendaire acteur venait se réfugier avant d'être célèbre (et lorsque les tarifs étaient plus abordables !). Un film au choix (tourné à New York, dirigé par un New Yorkais ou mettant en vedette un New Yorkais) vous sera proposé gratuitement avec tout repas pris dans la chambre. Polyglotte, le personnel est aussi très empressé.

Manhattan East Suite Hotels, dans **Midtown/Upper East Side** – *371, 7ᵉ Av. (9 autres établissements).* ✗ ♿ 🅿 *www.mesuite.com.* ☎ *212-465-3690 ou 800-637-8483.* $$$$ Cette chaîne, particulièrement appréciée des familles, propose surtout des suites offrant un excellent rapport espace-prix *(du studio à l'appartement de 2 chambres ; avec cuisine ou kitchenette)*. Les établissements, disséminés de Midtown à Upper East Side, sont de taille variable : du Lyden House *(320, 53ᵉ Rue E. : 80 suites)* au Southgate Tower *(à l'angle de la 7ᵉ Av. & de la 31ᵉ Rue : 523 suites)* en passant par le Benjamin *(125, 50ᵉ Rue E. : 201 suites)*, qui comprend également un centre de remise en forme.

The Mayflower Hotel, dans **Upper West Side** – *15 Central Park West (à la hauteur de la 61ᵉ Rue).* ✗ ♿ 🅿 *www.mayflowerhotel.com* ☎ *212-265-0060 ou 800-223-4164. 365 chambres.* $$$$ Abordable, la plupart de ses chambres donnant sur Central Park, le Mayflower est proche du Lincoln Center et séparé par une courte marche de Theater District. Il offre davantage de suites que de chambres, tous les logements sont équipés d'un réfrigérateur. Café gratuit et quotidiens dans le hall le matin... et pommes à la réception (clin d'œil au surnom « Big Apple » donné à New York). Un petit centre de remise en forme est à disposition ; le Conservatory Café, qui donne également sur le parc, est ouvert du petit déjeuner au dîner.

New York Palace, dans **Midtown** – *455 Madison Av.* ✗♿ 🅿 *www.newyork palace.com* ☎ *212-888-7000 ou 800-697-2522. 896 chambres.* $$$$ On pénètre dans ce gratte-ciel de 55 étages par un hôtel particulier du 19ᵉ s., Villard House, situé face à la cathédrale St. Patrick. On peut encore voir les plafonds moulés d'origine, avant de descendre l'escalier majestueux menant au hall et ses colonnes de marbre. Les chambres immenses sont décorées de dessus-de-lit en brocart de fil d'or. Le centre de remise en forme vous laissera physiquement et spirituellement inspiré. Réputé pour sa carte des vins, sa cuisine française contemporaine et l'élégance de son cadre, **Le Cirque 2000** ($$$$) se trouve au pied de l'escalier.

W New York-The Court, dans **Murray Hill** – *120, 39ᵉ Rue E. (entre Park Av. & Lexington Av.).* ✗ ♿ 🅿 *www.whotels.com* ☎ *212-685-1100 ou 888-625-5144. 198 chambres.* $$$$ L'établissement est installé dans une rue tranquille bordée d'arbres, à trois pâtés de maisons de la gare Grand Central Station. La plupart des chambres spacieuses sont dotées d'une terrasse ; le duvet d'oie est de rigueur pour la literie et l'on y trouve des méridiennes, des produits de bain Avedan et des liaisons Internet haut débit. De plus, le client bénéficie d'un service 24 h/24 ainsi que la note personnelle de la maison : la touche « ce que vous voulez, quand vous voulez » (« Whatever, Whenever ») sur le téléphone, qu'il suffit de composer pour voir ses souhaits réalisés. La table américaine contemporaine de l'établissement, **Icon** ($$$), est tout aussi prisée des New-Yorkais que des visiteurs et des célébrités. Le **WetBar** est le club le plus fréquenté du quartier.

Spectacles et distractions

ARTS DE LA SCÈNE

Les touristes peuvent, comme les New-Yorkais, profiter toute l'année d'une multitude de spectacles. Au printemps, des troupes étrangères viennent des quatre coins du monde présenter leurs productions. L'été, le spectacle est dans la rue, riche en couleurs, et aussi dans les parcs, avec plusieurs festivals ethniques. En automne et en hiver, les différentes institutions culturelles de la ville entrent en scène et dévoilent leurs dernières créations *(la saison commence en général vers la mi-septembre pour se terminer vers la mi-mai)*. Toute découverte de New York serait incomplète sans faire, le temps d'une soirée, l'expérience d'un show de Broadway. De nombreux musées et bibliothèques proposent par ailleurs conférences, projections de films et soirées musicales. Les *boroughs* ont eux aussi beaucoup à offrir en matière d'événements culturels. *Pour obtenir un programme détaillé des spectacles et manifestations en cours, téléphoner aux numéros suivants ou consulter la rubrique Arts et loisirs des publications mentionnées à la p. 38.*

> ### ■ Numéros utiles
>
> **The Broadway Line**
> ☏ 212-302-4111
>
> **New York City on Stage**
> ☏ 212-768-1818

Musique et danse

Musique classique/opéra Ensemble	Salle	☏
Metropolitan Opera	Metropolitan Opera House entre la 62ᵉ Rue O. & la 65ᵉ Rue	212-362-6000 www.metopera .org
New York City Opera	New York State Theater Colombus Av. à la hauteur de la 63ᵉ Rue	212-870-5630 www.nyc opera.com
New York Philharmonic	Avery Fisher Hall angle de la 65ᵉ Rue & de Broadway	212-875-5656 www.newyork philharmonic.org

Salle de spectacle		
Alice Tully Hall	angle de la 65ᵉ Rue & de Broadway	212-875-5050
Brooklyn Academy of Music	30 Lafayette Av. (Brooklyn)	718-636-4100
Carnegie Hall	angle de la 57ᵉ Rue & de la 7ᵉ Av.	212-247-7800
Symphony Space	2537 Broadway	212-864-5400

Rock/Pop		
Irving Plaza	17 Irving Place	212-777-6800
Madison Square Garden	2 Penn Plaza	212-465-6741
Radio City Music Hall	1250 Av. of the Americas	212-307-7171

Danse		
Alvin Ailey Dance Co.	City Center 130, 55ᵉ Rue O.	212-581-1212 www.alvinailey .org
American Ballet Theatre	Metropolitan Opera House entre la 62ᵉ Rue O. & la 65ᵉ Rue	212-362-6000 www.abt.org
Ballet Hispanico	Lieux divers	212-362-6710 www.ballet hispanico.org
Dance Theatre of Harlem	lieux divers	212-690-2800 www.dance theatreof harlem.com
Dance Theater Workshop	219, 19ᵉ Rue O.	212-691-6500 www.dtw.org
Eliot Feld's Ballet Tech Company	Joyce Theater 175, 8ᵉ Av.	212-242-0800
Martha Graham Dance Co.	lieux divers	212-838-5886 www.martha grahamdance .org

New York City Ballet	New York State Theater Colombus Av. à la hauteur de la 63ᵉ Rue	212-870-5570 www.nyc ballet.com

Théâtre Off-Broadway

Les salles les plus réputées se trouvent dans le quartier dit de Broadway *(www.broadway.com)*, près de Times Square. Le *Broadway Theater Guide (gratuit, disponible auprès des centres d'information touristique)* donne le programme hebdomadaire des spectacles. La liste suivante est une sélection d'autres salles *(Off-Broadway, www.offbroadway.com)*, souvent situées dans Greenwich Village ou dans le quartier d'Astor Place/East Village. Ces salles présentent parfois des spectacles d'avant-garde *(Off-Off-Broadway)*.

Théâtre	Adresse	☎
Cherry Lane	38 Commerce St.	212-989-2020
La Mama, E.T.C.	74A, 4ᵉ Rue E.	212-475-7710
Pearl Theatre Co.	80 St. Mark's Place	212-598-9802
Wooster Group	Performing Garage, 33 Wooster St.	212-966-3651

Billets

Pour acheter ses billets, mieux vaut s'y prendre à l'avance car certains spectacles se jouent à guichets fermés pendant des mois. Il arrive même que des représentations affichent complet avant que les billets ne soient mis en vente au public. Pour la plupart des salles, les billets au prix normal sont vendus directement au guichet ou par les agences indiquées plus bas ; les principales cartes de crédit sont acceptées *(un supplément de 1 $ à 7 $ pourra s'ajouter au prix du billet)*. Il est possible de se procurer des places pour l'Avery Fisher Hall et l'Alice Tully Hall par l'intermédiaire du Lincoln Center Charge *(www.lincoln center .org ☎ 212-721-6500)*. Pour les autres spectacles du Lincoln Center, contacter directement sa billetterie. Quand le spectacle est à bureaux fermés, il est quelquefois possible de se procurer des billets auprès d'une officine *(ticket broker)* dont la commission est cependant élevée *(jusqu'à 25 %)*. Dans les grands hôtels, la réception se charge parfois de faire des réservations pour sa clientèle.

TKTS *(www.tdf.org ☎ 212-868-1818)* propose des billets à prix réduit *(25 % et 50 %)* pour les spectacles du jour. Ces billets doivent être retirés sur place *(paiement en espèces ou chèques de voyage uniquement)* au guichet de Times Square *(à l'angle de Broadway & de la 47ᵉ Rue ; billets pour la soirée vendus toute l'année lun.-sam. 15 h-20 h, dim. 11 h-19 h ; billets pour les matinées vendus mer. & sam. 10 h-14 h, dim. 11 h-19 h)* ou dans Downtown au South Street Seaport *(à l'angle de Front St. & John St., à l'arrière du 199 Water St. ; billets vendus le jour même pour la soirée et la veille pour la matinée toute l'année lun.-sam. 11 h-18 h, dim. 11 h-15 h30)*. Pour les spectacles moins courus, les billets sont en général faciles à obtenir, mais le choix des places est limité. Gracieusement offerts par le NYC & Company (syndicat d'initiative de la ville de New York), les **twofers** sont des coupons donnant droit à deux places pour le prix d'une. Les guichets de **Ticketmaster** *(www.ticketmaster.com ☎ 212-307-4100)* se situent dans la plupart des magasins de disques Tower Records et des pharmacies Rite-Aid, ainsi qu'au grand magasin Bloomingdale's.

© Brigitta L. House/MICHELIN

Sur Broadway.

VIE NOCTURNE

■ **Guide en ligne
des nuits new-yorkaises**

www.allny.com
www.raveclick.com
www.justwearblack.com
www.nytheatre.com

De la musique rock, western ou latino-américaine d'un des clubs de Manhattan aux airs d'un grand orchestre de jazz dans un club de danse du Theater District, du dernier show de Broadway aux bars de SoHo ou de l'East Village où s'affichent les modes les plus extravagantes, la vie nocturne de New York est assez riche pour satisfaire les goûts de chacun. Fameux pour leurs improvisations, les nombreux **clubs de jazz** *(voir liste p. 176 & 216)* de la ville jouissent d'une excellente réputation. Terminer la soirée avec un bon cappuccino dans un confortable **café** de quartier *(voir liste p. 171).*

Discothèques

Cabaret	Adresse	☎
Bar d'O	29 Bedford St.	212-627-1580
Cafe Carlyle	35, 76ᵉ Rue E.	212-570-7175
Feinstein's	540 Park Av.	212-339-4095
The Firebird Café	365, 46ᵉ Rue O.	212-586-0244
Joe's Pub	425 Lafayette St.	212-539-8777
Cocktails et danse		
Bar 89	89 Mercer St.	212-274-0989
The Rainbow Room	30 Rockefeller Plaza	212-632-5100
The Supper Club	240, 47ᵉ Rue O.	212-921-1940
Vintage	753, 9ᵉ Av.	212-581-4655

■ **« J'adore la nuit, je veux danser le boogie ! »**

© Richard Mitchell/Jacksina Co., Inc.

Le Donkey Show.

Précipitez-vous à l'El Flamingo Theater de Chelsea *(547, 21ᵉ Rue O., entre la 10ᵉ & la 11ᵉ Av.)* pour voir Studio 54 et le ***Songe d'une nuit d'été*** au spectacle ***The Donkey Show***, délirante adaptation disco-queen de l'un des chefs-d'œuvre de Shakespeare. Les acteurs, travestis dont les costumes minimalistes révèlent la musculature, encouragent les fêtards à se joindre au spectacle ; ceux qui préfèrent seulement regarder trouveront des places assises. Si vous n'êtes pas encore fan des grands succès discos, accrochez-vous et soyez prêt à monter à bord. *Location : www.thedonkeyshow.com ou Ticketmaster ☎ 212-307-4100.*

Comédie		
Caroline's Comedy Club	1626 Broadway	212-757-4100
Comedy Cellar/ Olive Tree	117 MacDougal St.	212-254-3480
Comic Strip	1568, 2e Av.	212-861-9386
Gotham Comedy Club	34 W. 22nd St.	212-367-9000
New York Comedy Club	241, 24e Rue E.	212-696-5233
Stand-up New York	236, 78e Rue O.	212-595-0850

Rock/Blues		
CBGB & OMFUG	315 Bowery	212-982-4052
Cotton Club	656, 125e Rue O.	212-663-7980
Session 73	1359, 1e Av.	212-517-4445

Latino-américain		
S.O.B.'s	204 Varick St.	212-243-4940
Zinc Bar	90 Houston St. O.	212-477-8337

Clubs de danse		
Club NY	252, 43e Rue O.	212-997-9510
Culture Club	179 Varick St.	212-414-2882
Deep	16, 22e Rue O.	212-229-2000
Nell's	246, 14e Rue O.	212-675-1567
Roseland	239, 52e Rue O.	212-247-0200

Lèche-vitrine

New York est un véritable paradis pour les amateurs de shopping. De nombreux magasins de luxe bordent la 5e Avenue *(entre les 47e & 57e Rues)* et Madison Avenue *(entre les 59e & 79e Rues)*, où le lèche-vitrine est un passe-temps favori. Nouveau venu sur Madison Avenue, le Crystal District *(entre la 58e & la 63e Rue)* déploie son élégance. À SoHo, TriBeCa et Chelsea, on trouve boutiques et galeries d'art dans le vent. New York est non seulement la capitale américaine de l'industrie de la mode, concentrée dans le Garment District *(sur la 7e Av.)*, mais aussi celle des grossistes en diamants, établis le long du Diamond and Jewelry Way *(47e Rue, entre la 5e & la 6e Av. www.diamonddistrict.org)*. L'*Official NYC Guide*, publié par le NYC & Company, fournit des renseignements détaillés sur les différents commerces, leurs adresses et leurs heures d'ouverture.

Principaux quartiers commerçants

5e Avenue – La majorité des grands magasins et les principales librairies sont concentrées entre la 34e & la 60e Rue.

On trouve tout dans les quartiers commerçants de New York.

© Scott Barrow

Principaux grands magasins :

Bergdorf Goodman	754, 5e Av.	☎ 212-753-7300
Henri Bendel	712, 5e Av.	☎ 212-247-1100
Lord & Taylor	424, 5e Av.	☎ 212-391-3344
Saks Fifth Avenue	611, 5e Av.	☎ 212-753-4000
Takashimaya	693, 5e Av.	☎ 212-350-0100

Principales librairies :

Barnes & Noble	600, 5e Av.	☎ 212-765-0590
Borders	461 Park Av.	☎ 212-839-8049
Rizzoli	31, 57e Rue O.	☎ 212-759-2424

Les enseignes les plus célèbres du monde se trouvent sur la 5e Av. :

Banana Republic	114, 5e Av.	☎ 212-366-4691
Cartier	653, 5e Av.	☎ 212-753-0111
Disney Store	711, 5e Av.	☎ 212-702-0702
FAO Schwarz	767, 5e Av.	☎ 212-644-9400
Fortunoff	681, 5e Av.	☎ 212-758-6660
Gucci	685, 5e Av.	☎ 212-826-2600
H&M	640, 5e Av.	☎ 212-489-0390
Tiffany & Co.	727, 5e Av.	☎ 212-755-8000

© Scott Barrow

Les jolies vitrines du magasin F.A.O. Schwartz attirent petits et grands.

L'élégant **complexe Trump Tower** *(725, 5e Av.)* mérite une visite, avec ses 40 boutiques de luxe et restaurants.

57e Rue – Elle compte parmi les artères commerçantes les plus prestigieuses du monde. Entre les 2e et 8e Avenues se sont établis le **Manhattan Art and Antiques Center**, de nombreuses galeries et boutiques de luxe : **Chanel** *(15, 57e Rue E. ☎ 212-355-5050)* et **Louis Vuitton** *(19, 57e Rue E. ☎ 212-371-6111)*. Au coude à coude avec ces élégantes se tient **Nike Town** *(6, 57e Rue E. ☎ 212-891-6453)*.

Lower Manhattan – Surtout connue pour son quartier des affaires, la pointe de Manhattan abonde aussi en commerces, comme le fameux magasin bon marché **Syms** *(42 Trinity Pl. www.syms.com ☎ 212-797-1199)*. Le **South Street Seaport**, à l'atmosphère de fête permanente, comprend plus de 50 magasins et restaurants, de même que le centre commercial du **Pier 17**.

Lower East Side/East Village – Les amateurs de bonnes affaires apprécieront sans doute ces deux quartiers, particulièrement aux environs d'**Orchard Street**. Ils y découvriront en effet des spécialistes de la fripe et des boutiques vendant à prix cassés vêtements de marques et mobilier haut de gamme. Noter qu'à cause du sabbat, de nombreux magasins ferment tôt le vendredi pour n'ouvrir à nouveau que le dimanche.

SoHo/TriBeCa – Bastion de l'avant-garde, et l'un des meilleurs endroits de la ville pour observer les gens les plus variés, SoHo regorge de magasins et de galeries affichant volontiers les nouvelles tendances. Peu conventionnel, TriBeCa (plus au Sud) accueille les boutiques et restaurants parmi les plus branchés de New York.

Greenwich Village – Cette enclave de bohème est réputée pour ses boutiques pittoresques, ses magasins spécialisés, ses clubs de jazz et ses cafés. Le long de Bleecker Street se sont établies des épiceries italiennes et des pâtisseries aux parfums d'Europe. Les étudiants de l'université de New York (NYU) prisent les fameux magasins de musique du Village, notamment **Tower Records** (692 Broadway www.towerrecords.com ☎ 212-505-1500).

Chelsea/Garment Center – Avec ses cafés à la mode et ses galeries d'art huppées, Chelsea est un quartier plein d'avenir. Plus au Nord, sur la 7ᵉ Avenue, se situe le cœur de l'industrie de la confection et de la vente en gros *(certaines maisons vendent au détail)*. Le quartier des fourreurs se trouve lui aussi sur la 7ᵉ Avenue, entre les 28ᵉ et 29ᵉ Rues Ouest. Les chaînes de magasins à prix modérés sont implantées sur l'Avenue of the Americas. C'est dans Chelsea que se trouvent le **Manhattan Mall** *(à l'angle de l'Av. of the Americas & de la 33ᵉ Rue O. www.manhattanmallny.com ☎ 212-946-6100)* et **Macy's Herald Square** *(151, 34ᵉ Rue O. www.macys.com ☎ 212-695-4400)*, le grand magasin le plus vaste du monde !

Upper East Side – Ce quartier offre un intéressant mélange de boutiques de mode de luxe *(surtout à l'Ouest de Lexington St.)* et de magasins à la page offrant vêtements et autres articles d'occasion. Temple du shopping haut de gamme, **Bloomingdale's** *(à l'angle de la 59ᵉ Rue & de Lexington Av. www.bloomingdales.com ☎ 212-705-2098)* est réputé pour la décoration de ses vitrines.

Madison Avenue	Adresse	☎
Baccarat	625 Madison Av.	212-826-4100
Barney's	660 Madison Av.	212-826-8900
Bebe	1044 Madison Av.	212-517-2323
Betsey Johnson	1060 Madison Av.	212-734-1257
Calvin Klein	654 Madison Av.	212-292-9000
Daum	694 Madison Av.	212-355-2060
DKNY	655 Madison Av.	212-223-3569
Emanuel Ungaro	792 Madison Av.	212-249-4090
Giorgio Armani	760 Madison Av.	212-988-9191
Polo-Ralph Lauren	867 Madison Av.	212-606-2100
Prada	841 Madison Av.	212-327-4200
Steuben	667 Madison Av.	800-424-4240
Swarovski	625 Madison Av.	212-308-1710
Valentino	747 Madison Av.	212-772-6969
Versace	815 Madison Av.	212-744-6868

Magasins franchisés

Enseigne	Adresse	☎
Coca-Cola	711, 5ᵉ Av.	212-418-9260
Disney	711, 5ᵉ Av.	212-702-0702
ESPN	1472 Broadway	212-921-3776
Hard Rock Café	221, 57ᵉ Rue O.	212-489-6565
Kate Spade	454 Broome St.	212-274-1991
NBA Store	666, 5ᵉ Av.	212-515-6221
NBC Experience Store	30 Rockefeller Plaza	212-664-3700
Nike Town	6, 57ᵉ Rue E.	212-891-6453
Original Levi's Store	750 Lexington Av.	212-826-5957
Yankees Clubhouse Shop	393, 5ᵉ Av.	212-685-4693

Salles des ventes

Que vous recherchiez un Van Gogh au prix faramineux ou que vos goûts soient plus modestes, New York possède d'excellentes salles des ventes *(auction houses)* qui valent la visite. Peintures, sculptures, objets d'art, mobilier et livres sont parmi les tentations offertes aux amateurs. Les objets sont exposés au public de trois à cinq jours avant la vente, et les visiteurs sont invités à assister et à participer aux enchères. Pour certaines prestations, il est indispensable de réserver ses places à l'avance. Appelez la salle pour connaître le calendrier des ventes.

Salle des ventes	Adresse	☎	Site Internet
Christie's	20 Rockefeller Plaza	212-636-2000	christies.com
Sotheby's	1334 York Av.	212-606-7000	sothebys.com
William Doyle Galleries	175, 87ᵉ Rue E.	212-427-2730	doylenewyork.com

Boutiques des musées

Vous cherchez un cadeau sortant de l'ordinaire ? Rendez-vous alors dans l'une des nombreuses boutiques des musées de New York. Vous y trouverez des reproductions d'objets issus des collections permanentes ou présentés lors d'expositions temporaires : bijoux, sculptures, foulards, papeterie, gravures, affiches et livres d'art.

Boutique	Adresse	☎
American Museum of Natural History	79ᵉ Rue O.	212-769-5100
Brooklyn Museum of Art	200 Eastern Pkwy.	718-638-5000
Cooper-Hewitt National Design Museum	2, 91ᵉ Rue E.	212-849-8400
The Frick Collection	1, 70ᵉ Rue E.	212-288-0700
International Center of Photography	1133 Avenue of the Americas	212-860-1777
The Metropolitan Museum of Art	5ᵉ Av. à la hauteur de la 82ᵉ Rue	212-535-7710
Museum for African Art	3601, 43ᵉ Av., Long Island	718-784-7700
Museum of the City of New York	1220, 5ᵉ Av.	212-534-1672
Museum of Contemporary Arts & Design	40, 53ᵉ Rue O.	212-956-3535
The Museum of Modern Art	11, 53ᵉ Rue O.	212-708-9400
Pierpont Morgan Library	29, 36ᵉ Rue E.	212-685-0610
Solomon R. Guggenheim Museum	1071, 5ᵉ Av.	212-423-3615
The Studio Museum in Harlem	144, 125ᵉ Rue O.	212-864-4500
Whitney Museum of American Art	945 Madison Av.	212-570-3676

Librairies

Librairie	Adresse	☎
Coliseum Books	11, 42ᵉ Rue O.	212-803-5890
Complete Traveller	199 Madison Av.	212-685-9007
Gotham Book Mart	41, 47ᵉ Rue O.	212-719-4448
Hagstrom Map & Travel Center	57, 43ᵉ Rue O.	212-398-1222
Military Bookman	29, 93ᵉ Rue O.	212-348-1280
Oscar Wilde Bookshop	15 Christopher St.	212-255-8097
Kitchen Arts & Letters	1435 Lexington Av.	212-876-5550
Strand Books	828 Broadway	212-473-1452

Livres & disques

Enseigne	Adresse	☎
Barnes & Noble	600, 5ᵉ Av.	212-765-0590
	105, 5ᵉ Av.	212-807-0099
	1972 Broadway	212-595-6859
	2289 Broadway	212-362-8835
	4 Astor Pl.	212-420-1322
	33, 17ᵉ Rue E.	212-253-0810
	675, 6ᵉ Av.	212-727-1227
	240, 86ᵉ Rue E.	212-794-1962
Borders	461 Park Av.	212-980-6785
HMV	565, 5ᵉ Av.	212-681-6700
Sony Style	550 Madison Av.	212-833-880
Tower Records & Books	692 Broadway	212-505-1500
	725, 5ᵉ Av.	212-838-8110
	1961 Broadway	212-799-2500
Virgin Megastore	1540 Broadway	212-921-1020

Marchés divers

New York est riche en marchés où il fait bon flâner. Qu'il s'agisse de fruits et légumes ou de brocante et d'antiquités, arriver tôt pour profiter du meilleur choix. Parmi les marchés les plus connus, noter les suivants : **Flower District**, un important marché aux fleurs *(à l'angle de l'Av. of the Americas & de la 28ᵉ Rue O.)*, le marché aux puces **The Annex** *(à l'angle de l'Av. of the Americas & de la 26ᵉ Rue O., ouv. w.-end 9 h-17 h ☎ 212-243-5343)*, le marché aux puces **SoHo Antiques Fair, Collectibles & Crafts** *(à l'angle de Broadway & de Grand St., ouv. w.-end 9 h-17 h ☎ 212-682-2000)* et le marché **Union Square Greenmarket** *(voir p. 183)*.

© Scott Barrow

Marchés d'alimentation

Très renommé, **Greenmarket** *(voir ci-dessus)* à Union Square Park est, au-delà du simple marché aux fleurs, le point de départ de la visite gastronomique de New York. Le voyage n'est pas complet sans un petit tour dans les marchés d'alimentation de la Grosse Pomme.

Marché	Adresse	☎
Chelsea Market	75, 5ᵉ Av.	212-620-7500
Citarella	424 Av. of the Americas	212-874-0383
Dean & Deluca	560 Broadway	212-226-6800
Eli's Manhattan	1411, 3ᵉ Av.	212-717-8100
Faicco's Pork Store	260 Bleecker St.	212-243-1974
Fairway Fruits & Vegetables	2127 Broadway	212-595-1888
Gourmet Garage	453 Broome St.	212-941-5850
Grace's Marketplace	1237, 3ᵉ Av.	212-737-0600
Vinegar Factory	431, 91ᵉ Rue E.	212-987-0885
Russ and Daughters	179 Houston Street E.	212-475-4880
Zabar's	2245 Broadway	212-787-2000

Vins & alcools

Enseigne	Adresse	☎
67 Wine & Spirits	179 Columbus Av.	212-724-6767
Acker, Merrall & Condit (AMC)	160, 72ᵉ Rue O.	212-787-1700
Astor Wines & Spirits	12 Astor Place	212-674-7500
Chelsea Wine Vault	75, 9ᵉ Av.	212-462-4244
Garnet Wines & Liquors	929 Lexington Av.	212 772-3211
Morrell & Company	1 Rockefeller Plaza	212-688-9370
Shapiro's	126 Rivington St.	212-674-4404
Sherry-Lehman	679 Madison Av.	212-838-7500

Décoration intérieure

Les New-Yorkais affirment que l'on doit absolument se fournir chez **ABC Carpet & Home** *(888 Broadway St. www.abchome.com ☎ 212-473-3000)*. La boutique **Terence Conran Shop** *(407, 59ᵉ Rue E. www.conran.com ☎ 212-755-9079)* fournit des tapis de bain, des bibelots pour la cuisine et de l'alimentation à la pointe de la mode. Les amateurs d'ustensiles de cuisine trouveront leur bonheur dans l'incroyable choix de **Bridge Kitchenware** *(214, 52ᵉ Rue E. www.bridgekit-chenware.com ☎ 212-688-4220)* et ceux qui cherchent à aménager les autres pièces de manière originale se rendront à SoHo chez **Property** *(14 Wooster St. ☎ 917-237-0123)*. **Move Lab** *(803 Washington St. www.movelab.com ☎ 212-741-5520)* dans le Meatpacking District offre un éventail de meubles et objets artisanaux moderne et sortant de l'ordinaire. **Amalgamated Home** *(9-19 Christopher St. ☎ 212-691-8695)* rassemble trois magasins en un, où l'on dénichera la lampe idéale, l'équipement de bureau original ou le mobilier à la mode que l'on cherchait.

Informations touristiques

ACCUEIL DES VISITEURS

Quatre publications gratuites *(en anglais)*, *City Guide Magazine (www.cityguide-magazine.com)*, *IN New York Magazine (www.in-newyorkmag.com)*, *Where New York* et *Official City Guide* procurent tous les détails sur les manifestations touristiques, les curiosités, le lèche-vitrine et la restauration. On pourra se les procurer auprès des hôtels ou des divers kiosques d'information des visiteurs. Le NYC & Company édite *(en anglais)* une brochure gratuite *Official NYC Guide (www.nyc-visit.com ☎ 212-397-8222 ou 800-692-8474)*. Des guides bénévoles, les Volunteer New Yorkers, organisent des visites *(durée : 2 h-4 h)* de leur quartier dans le cadre d'un programme exceptionnel *(gratuit)* intitulé **Big Apple Greeter**. Un soin tout particulier est apporté à la satisfaction des centres d'intérêt des uns et des autres ; de même, les difficultés liées à la langue sont, dans la mesure du possible, abolies *(Big Apple Greeter, 1 Centre St., Suite 2035, New York NY 10007 ; réservation à l'avance requise : www.bigapplegreeter.org ☎ 212-669-8159)*.

Il peut également s'avérer intéressant de se procurer un carnet CityPass *(Adultes 45 $, enfants 6–17 ans 36 $; www.citypass.net ☎ 707-256-0490)* qui comprend des réductions sur l'entrée à six sites majeurs de la ville (musée Guggenheim ; Empire State Building Observatory and Skyride ; Museum of Modern Art ; American Museum of Natural History ; Intrepid Sea-Air-Space Museum ; excursion dans le port en bateau Circle Line), permettant ainsi d'éviter de fastidieuses attentes. On peut l'acheter en ligne ou à l'une des six attractions participantes.

Centre d'accueil des visiteurs

NYC & Company Official Visitor Information Center
810, 7ᵉ Av., entre la 52ᵉ & la 53ᵉ Rue.
☎ *212-484-1222*   *www.nycvisit.com*
Ouv. lun.-ven. 8 h30-18 h ; w.-end & j. fériés 9 h-17 h

City Hall Park Visitor Information Kiosk
Pointe Sud de City Hall Park, sur le trottoir de Broadway à la hauteur de Park Row.
Ouv. lun.-ven. 9 h-18 h ; w.-end & j. fériés 10 h-18 h

Harlem Visitor Information Kiosk
163, 125ᵉ Rue O., à l'Est de la 7ᵉ Av.
Ouv. lun.-ven. 9 h-18 h ; w.-end & j. fériés 10 h-18 h

Times Square Visitors' Center
1560 Broadway (entre la 46ᵉ & la 47ᵉ Rue).
☎ *212-869-1890*   *www.timessquarebid.org/visitor*
Ouv. tlj 8 h-20 h. Fermé 1ᵉʳ janv. & 25 déc. Visite pédestre gratuite de Times Square : départ du centre d'accueil ven. à 12 h quel que soit le temps.

■ **New York en ligne**

Les sites suivants viennent compléter les informations données par les sites du centre d'accueil :

www.applevision-nyc.com	*www.in-newyork.com*
www.citidex.com	*www.cityguidemagazine.com*
www.newyork.citysearch.com	*www.newyorkmetro.com*
www.downtownny.com	*www.ny.com*
www.newyorkcityfood.com	*http://gonyc.about.com*

VISITE GUIDÉE

Nous suggérons, aux visiteurs ne disposant que de peu de temps, des itinéraires de 2 à 4 jours *(voir p. 18-20)*. Par ailleurs, une multitude de visites guidées s'offrent au choix du visiteur. En voici quelques-unes.

Visite de la ville

Autobus à impériale et trolley – Ces visites de Manhattan à bord d'un autobus à impériale ou d'un trolley permettent aux visiteurs de monter à n'importe lequel des 40 arrêts situés aux principales curiosités. La plupart des opérateurs divisent la ville en deux itinéraires, Lower Manhattan et Upper Manhattan, d'une durée de 3 à 4 heures ; départ toutes les 30mn ; validité du ticket 2 jours, nombre de voyages illimité. **Gray Line** *(tlj 8 h30-17 h ; 2 itinéraires 49 $, achat des tickets : Gray Line Visitor Center, 8ᵉ Av. entre la 47ᵉ & la 48ᵉ Rue ; www.newyorksightseeing.com ☎ 212-445-0848 ou 800-669-0051).*

Hélicoptère – On ne peut rêver meilleure vue de Manhattan que lors de ces vols, inoubliables mais brefs *(4-18mn)* par **Liberty Helicopters** *(départ toute l'année selon les conditions météo de l'héliport de Midtown à l'angle de la 12ᵉ Av. & de la 30ᵉ Rue O. ou de l'héliport de Downtown Pier (quai) 6 tlj 9 h-21 h (janv.-fév. : 9 h-19 h30) ; 52 $-186 $; www.libertyhelicopters.com ☎ 212-967-6464).*

■ World Yacht Dinner Cruises

Sur l'Hudson, Pier (quai) 81, 41ᵉ Rue O. www.worldyacht.com ☎ 212-630-8100. Vues imprenables de Manhattan et prestigieux dîner dansant au son de l'orchestre attendent les clients de World Yacht Cruises. Le prix *(69,95 $/personne dim.-jeu. & 79 $ ven.-sam.)* est celui d'un restaurant de grande classe. Des promenades de 3 heures sont organisées tous les soirs en saison *(avr.-déc.)*, le week-end le reste de l'année.

Visite des quartiers

Les organismes suivants proposent diverses formules à travers l'histoire et l'architecture des quartiers de New York :

Adventure on a Shoestring – *☎ 212-265-2663. 25 promenades environ, w.-end. 5 $.*

Big Onion Walking Tours – *www.bigonion.com ☎ 212-439-1090. Visite des quartiers historiques et des quartiers italien, chinois, etc. ; w.-end 2 h.*

Grand Tour of Midtown – *☎ 212-883-2468. Départ toute l'année ven. 12 h30 à l'angle de Park Av. & de la 42ᵉ Rue (vers le musée Whitney).*

IMAR – *www.imar.com ☎ 212-239-1124. Insider Marketplace possède un catalogue de plus de 300 visites.*

New York Like a Native – *www.nylikeanative.com ☎ 718-393-7537. Diverses visites de Brooklyn toute l'année. 13 $–35 $.*

Radical Walking Tours – *www.he.net/~radtours ☎ 718-492-0069. Plus d'une douzaine de promenades toute l'année. 10 $.*

Harlem Spirituals, Inc. *(voir p. 209)* – *www.harlemspirituals.com ☎ 212-391-0900.*

Excursions en bateau et ferry

Les compagnies suivantes proposent des promenades, à travers le port de New York, offrant un point de vue unique sur la statue de Liberté et les gratte-ciel de la ville :

Cédée par New York Cruise Lines, Inc.

NY Waterway

Harbour Cruise (1 h30) – *Départ du quai (Pier) 78, 38ᵉ Rue O. Tlj 10 h-16 h d'heure en heure, sauf 1ᵉʳ janv. & 25 déc.* ; 19 $.

Twilight Cruise (1 h30) – *Départ du quai (Pier) 78. Mai-sept.* ; *lun.-ven. 20 h45, w.-end 19 h15 & 20 h45 (sam. départ supplémentaire 22 h15), sauf 1ᵉʳ janv. & 25 déc.* ; 19 $.

Lower Harbor Cruise (50mn) – *Départ du quai (Pier) 17, South Street Seaport. De mai à mi-nov.* : *lun.-ven. 11 h45-15 h45, w.-end 11 h45-19 h30* ; *11 $. Pour toutes les excursions* : ✕& www.nywaterway.com ☎ 800-533-3779.

Circle Line

Full Island Cruise (3 h) – *Départ du quai (Pier) 83, 42ᵉ Rue O. Mars-déc.* ; 26 $.

Harbor Lights Cruise (2 h) – *Départ du quai (Pier) 83. Mars-nov.* ; 21 $.

Seaport Liberty Cruise (1 h) – *Départ du quai (Pier) 16, South Street Seaport. De mars à mi-déc.* ; 13 $.

Beast Speedboat Rides (30mn) – *Départ du quai (Pier) 16 et du quai (Pier) 83. Mai-oct.* ; *16 $. Pas d'excursion 1ᵉʳ janv., Thanksgiving, 24-25 déc.* ✕& ▣ www.circleline.com ☎ 212-563-3200.

Spirit Cruises – *Départ de toutes les excursions* : *quai (Pier) 61, 23ᵉ Rue O.*

Lunch cruises (2 h) – *Départ tlj 11 h30* : 30 $-39 $.

Dinner cruises (3 h) – *Départ tlj 19 h* ; 55 $-95 $. ✕& ▣ (payant) www.spirit-cruises.com ☎ 212-727-2789.

Staten Island Ferry – *Voir p. 300.*

Salles de spectacle

Pour un aperçu de l'envers du décor des plus prestigieuses salles de spectacle new-yorkaises :

Radio City Grand Tour *(voir p. 112)*, **NBC Studio Tour** *(voir p. 112)*, **Lincoln Center Tours** *(départ toute l'année du comptoir inférieur ; durée 1 h ; 10 $; www.lincoln-center.org ☎ 212-875-5350)*, Carnegie Hall Tours *(voir p. 117)*, Madison Square Garden Tour *(départ d'heure en heure de la billetterie, lun.-dim. 10 h-15 h ; 15 $; www.thegarden.com ☎ 212-465-5802)*.

VISITEURS AYANT DES BESOINS SPÉCIFIQUES

New York pour les enfants – *(Voir p. 67)* Les curiosités d'un intérêt particulier pour les enfants sont signalées par le symbole [Enfants] ; la plupart d'entre elles organisent des programmes destinés aux plus jeunes. Un magazine mensuel gratuit, *New York Family (en anglais, disponible dans les principaux sites touristiques et les librairies ☎ 914-381-7474)* possède une rubrique donnant le calendrier complet des événements à caractère familial, ainsi que des articles à l'usage des parents. Les célèbres institutions Brooklyn Children's Museum et Staten Island Children's Museum concoctent des expositions interactives pour les moins de 12 ans. La plupart des sites touristiques de New York octroient des réductions, voire l'entrée gratuite, aux moins de 18 ans. De plus, de nombreux hôtels affichent des forfaits famille et certains restaurants proposent des menus pour enfants.

Tourisme et handicapés – L'accès aux fauteuils roulants est indiqué par le symbole & dans les conditions de visite. La plupart des édifices publics, des sites touristiques, des églises, hôtels et restaurants en sont dotés. La totalité des autobus New York City Transit et certaines lignes de métro sont également accessibles en fauteuil roulant. *Pour plus d'informations, contacter MTA Customer Assistance, www.mta.nyc.ny.us ☎ 718-596-8585.* Des tarifs spéciaux sont proposés. NYC Transit organise un service de transport en commun de porte à porte pour les personnes à mobilité réduite ne pouvant utiliser les transports publics ; *pour plus d'informations, contacter ☎ 718-596-8585.* La brochure *Access for All* procure tous les détails sur de nombreux sites et lieux de loisirs new-yorkais *(en anglais, Hospital Audiences, Inc., 548 Broadway, 3rd floor, New York NY 10012 ; 5 $; www.hospitalaudiences.org ☎ 212-575-7676).*

Sports et loisirs

Sports-spectacles

Les billets pour les matchs et les autres événements sportifs sont habituelle-ment vendus sur place ou par l'intermédiaire de la billetterie **Ticketmaster** *(www.ticketmaster.com ☎ 212-307-7171)*. De nombreux spectacles et com-pétitions se déroulent au **Madison Square Garden** *(www.thegarden.com ☎ 212-465-6741)*. Si le spectacle est à guichets fermés, il est parfois possible de se procurer des billets auprès d'une agence spécialisée *(ticket agency)* moyennant une commission *(consulter les pages jaunes de l'annuaire)*.

Courses hippiques

Hippodrome	Saison	Courses	☎ Renseignements
Aqueduct	janv.-mai	Courses de pur-sang	718-641-4700
Belmont Park	mai-mi-oct., fermé août	(Courses de pur-sang, Belmont Stakes)	516-488-6000
Meadowlands	janv.-août, sept.-déc.	Courses de trot attelé et courses de pur-sang	201-935-8500
Yonkers Raceway	toute l'année	Courses attelées	914-968-4200

Attention, les saisons peuvent changer d'une année sur l'autre.

Sports d'équipe

Sport/Équipe	Saison	Stade	☎ Renseignements
⚾ Base-ball	avr.-oct.		*www.mlb.com*
NY Mets (NL)		Shea Stadium	718-507-8499
NY Yankees (AL)		Yankee Stadium	212-307-1212
🏈 Football américain	sept.-déc.		*www.nfl.com*
NY Giants (NFL)		Giants Stadium	201-935-8222
NY Jets (NFL)		Giants Stadium	201-935-3900
🏈 Football américain en salle	sept.-déc.		*www.arena football.com*
NY Dragons		Nassau Coliseum	866-235-8499
NJ Gladiators		Continental Airlines Arena	866-654-5237
🏀 Basket-ball masculin	oct.-avr.		*www.nba.com*
NY Knicks (NBA)		Madison Square Garden	212-465-5867
NJ Nets (NBA)		Continental Airlines Arena	201-935-8888
🏀 Basketball féminin	mai-août		*www.wnba.com*
NY Liberty		Madison Square Garden	212-564-9622
🏒 Hockey	oct.-avr.		*www.nhl.com*
NY Islanders (NHL)		Nassau Coliseum	800-882-4753
NY Rangers (NHL)		Madison Square Garden	212-465-6741
NJ Devils (NHL)		Continental Airlines Arena	201-935-3900
⚽ Football	avr.-nov.		*www.mlsnet.com*
NY/NJ MetroStars (MLS)		Giants Stadium	888-463-8768

Tennis

L'**US Open Tennis Championships** se déroule à l'USTA National Tennis Center de Flushing *(Flushing Meadows-Corona Park, fin août–mi-sept. www.usopen.org ☎ 718-760-6200)*. Le tournoi WTA **Chase Championships**, l'un des principaux évé-nements du tennis féminin professionnel, se tient chaque année au Madison Square Garden *(fin nov. ☎ 212-465-6500)*.

■ Les règles du base-ball

Le base-ball se joue par deux équipes de neuf joueurs répartis sur un terrain en losange dont chaque angle constitue une base. La balle est lancée à un joueur, le « batteur », qui doit la renvoyer avec sa batte le plus loin possible, de préférence hors de portée des joueurs adverses. Ceci fait, il se met aussitôt à courir à la première base puis, s'il le peut, aux suivantes avant que la balle ne soit récupérée par l'adversaire et renvoyée à la base qu'il essaie d'atteindre. Lorsqu'un joueur a fait le tour des quatre bases, son équipe marque un point. Le tour complet du losange effectué en une seule fois s'appelle un home run (coup de circuit).

Sports de loisir

Après **Central Park** *(voir p. 191)*, le plus vaste ensemble de loisirs ouvert aux New-Yorkais est celui du **Chelsea Piers** *(voir plan p. 187 ; à l'angle de la 23ᵉ Rue O. & de l'Hudson River ☎ 212-336-6666)*. Cet impressionnant complexe occupe quatre anciens embarcadères pour paquebots. Il comprend le Golf Club, un champ d'exercice ouvert et chauffé comportant 52 boxes sur quatre niveaux *(quai 59 ; ouv. tlj 6 h-00 h ; 0,17 $-0,25 $/balle ☎ 212-336-6400)*, le Sports Center *(quai 60 ; ouv. lun.-ven. 6 h-23 h, w.-end 8 h-21 h ; carte d'admission pour la journée 50 $ ☎ 212-336-6000)*, qui abrite la plus longue piste de course à pied en salle du monde, un mur d'escalade, des terrains de basket-ball, une piscine, un studio d'aérobic, des appareils de musculation de même que des salles de massage et de soins corporels ; la patinoire couverte du Sky Rink *(quai 61 ; ouv. tlj 12 h-17 h20, horaires étendus lun., mer. & sam. ; 13 $; location de patins 6 $;☎ 212-336-6100)*, une piste extérieure pour patins à roulettes *(quai 62 ; selon les conditions météo ☎ 212-336-6200)* et Field House, avec ses installations pour clubs de gymnastique, de football, de *lacrosse* (ce jeu d'origine indienne pratiqué sur un terrain gazonné par deux équipes de dix joueurs chacune doit son nom à la sorte de raquette recourbée et à long manche, terminée par un filet avec lequel on peut transporter ou renvoyer la balle, que les colons canadiens français appelaient « la crosse ») et de hockey sur gazon.

Bicyclette et jogging – Les amateurs de bicyclette et de jogging peuvent non seulement emprunter les allées de Central Park, mais aussi celles de Riverside Park et de l'East River Promenade (du côté de l'Upper East Side). Pour plus de détails sur le jogging, contacter le New York Road Runners Club *(voir Activités récréatives, p. 190)*. Et pour louer des bicyclettes près de Central Park, consulter les pages jaunes de l'annuaire de Manhattan.

Patin à glace – Patinoires de Central Park et **Chelsea Piers** *(voir p. 66)* :

The Rink au Rockefeller Plaza – *Ouv. oct.-avr. : lun.-jeu. 9 h-22 h30, ven.-sam. 8 h30-00 h, dim. & j. fériés 8 h30-22 h ; 13 $ lun.-ven., 15 $ sam.-dim. (tarifs plus élevés pendant les vacances de Noël) ; location de patins 6 $; ☎ 212-332-7654.*

Wollman Skating Rink – *Ouv. oct.-avr. : lun.-mar. 10 h-14 h30, mer.-jeu. 10 h-22 h, ven.-sam. 10 h-23 h, dim. 10 h-21 h ; 8,50 $ lun.-ven., 11 $ sam.-dim. : location de patins 4,75 $; www.wollmanskatingrink.com ☎ 212-439-6900.*

Patinage à Central Park.

Remise en forme

Les clients des grands hôtels peuvent souvent bénéficier des services de clubs sportifs privés *(se renseigner auprès de la réception)*. Quant aux membres du **YMCA** (UCJG), ils peuvent fréquenter ses centres dans le monde entier *(www.ymca.net ou ☎ 212-630-9600 pour obtenir l'adresse du centre le plus proche et la liste des activités au programme)*. Les clubs suivants ouvrent leurs installations (salles de musculation, séances d'aérobic et piscines) aux non-membres, moyennant un certain droit d'entrée à la journée *(20 $-50 $)* :

Établissement	☎

New York Health & Racquet Club

132, 45ᵉ Rue E. *(Midtown)*	212-986-3100
20, 50ᵉ Rue E. *(Midtown)*	212-593-1500
110, 56ᵉ Rue O. *(Midtown)*	212-541-7200
115, 57ᵉ Rue E. *(Midtown)*	212-826-9650
39 Whitehall St. *(Downtown)*	212-269-9800
24, 13ᵉ Rue E. *(Downtown)*	212-924-4600
1433 York Av. *(Uptown)*	212-737-6666

Crunch Fitness

54, 13ᵉ Rue E. *(Downtown)*	212-475-2018
152 Christopher St. *(Downtown)*	212-366-3725
404 Lafayette St. *(Downtown)*	212-614-0120
1109, 2ᵉ Av. *(Downtown)*	212-758-3434
162, 83ᵉ Rue O. *(Uptown)*	212-875-1902

New York Sports Clubs

50, 34ᵉ Rue O. *(Midtown)*	212-868-0820
614, 2ᵉ Av. à la hauteur de la 34ᵉ Rue *(Midtown)*	212-213-5999
575 Lexington Av. à la hauteur de la 51ᵉ Rue *(Midtown)*	212-317-9400
19, 44ᵉ Rue O. à la hauteur de la 5ᵉ Av. *(Midtown)*	212-768-3535
1601 Broadway *(15ᵉ étage)* à l'angle de la 49ᵉ Rue *(Midtown)*	212-977-8880
502 Park Av. à la hauteur de la 59ᵉ Rue *(Midtown)*	212-308-1010
270, 8ᵉ Av. *(Downtown)*	212-243-3400
151 Reade St. à la hauteur de Greenwich St. *(Downtown)*	212-571-1000
125, 7ᵉ Av. à la hauteur de la 10ᵉ Rue O. *(Downtown)*	212-206-1500
113, 23ᵉ Rue E. à la hauteur de Park Av. *(Downtown)*	212-982-4400
30 Wall St. à la hauteur de Broad St. *(Downtown)*	212-482-4800
151, 86ᵉ Rue E. à la hauteur de Lexington Av. *(Uptown)*	212-860-8630
349, 76ᵉ Rue E. à la hauteur de la 1ʳᵉ Av. *(Uptown)*	212-288-5700
61, 62ᵉ Rue O. à la hauteur de Broadway *(Uptown)*	212-265-0995
248, 80ᵉ Rue O. à la hauteur de Broadway *(Uptown)*	212-873-1500

New York et les plus jeunes

Où se restaurer

New York offre un grand choix d'établissements plaisant aux petits et grands enfants, du hot-dog au bretzel en passant par les échoppes de rues et les déjeuners à l'ESPN Zone.

Mars 2112 *À l'angle de la 51ᵉ Rue & de Broadway.* ☎ 212-582-2112
Embarquez à bord d'un ovni, direction le monde inconnu de Mars où vous trouverez nourriture, jeux et... petits hommes verts ! *www.mars2112.com*

Hard Rock Cafe *221, 57ᵉ Rue O.* ☎ 212-489-6565
Des souvenirs rock and roll sont servis avec les énormes hamburgers et les côtelettes. *www.hardrock.com*

Planet Hollywood *1540 Broadway,* ☎ 212-333-7827
à la hauteur de la 45ᵉ Rue.
Essayez de trouver une place près des objets de votre héros de cinéma favori ou de votre idole. *www.planethollywood.com*

Stardust Diner *1650 Broadway, à la hauteur* ☎ 212-956-5151
de la 51ᵉ Rue O.
Un repas classique des années 1950 à apprécier avec l'accompagnement de son personnel chantant. *www.ellensstardustdiner.com*

The Jekyll *1409 Av. of the Americas* ☎ 212-541-9517
& Hyde Club
Un des plus courus, les New-Yorkais font la queue pour un bon repas de pub dans une atmosphère de maison hantée. *www.eerie.com*

Mickey Mantle's *59ᵉ Rue entre la 5ᵉ & la 6ᵉ Av.* ☎ 212-688-7777
Passez un moment au musée du Sport, regardez un match à l'un des innombrables postes de télévision et dévorez une assiette de côtelettes fumées à l'hickory dans cet établissement qui porte le nom d'un célèbre joueur des Yankees. *www.mickeymantles.com*

ESPN Zone *1472 Broadway* ☎ 212-921-3776
Regardez les sports américains aux nombreux écrans disposés dans la salle, mangez au Studio Grill puis allez jouer à la salle Sports Arena, à l'étage. *www.espnzone.com*

Lèche-vitrine

FAO Schwarz	*767, 5ᵉ Av.* *www.fao.com*	☎ **212-644-9400**
The Disney Store	*711, 5ᵉ Av.* *www.disneystores.com*	☎ **212-702-0702**
NBA Store	*666, 5ᵉ Av.* *www.nba.com*	☎ **212-515-6221**
Nike Town	*6, 57ᵉ Rue E.* *www.niketown.com*	☎ **212-891-6453**
Pokémon Center NY	*10 Rockefeller Plaza* *www.pokemoncenter.com*	☎ **212-307-0900**
The Scholastic Store	*557 Broadway* *www.scholastic.com/sohostore*	☎ **212-343-6166**
Toys 'R' Us	*1514 Broadway* *www.toysrus.com*	☎ **646-366-8800**

Activités récréatives

Broadway City   *42ᵉ Rue O., entre la 7ᵉ & la 8ᵉ Rue.*   ☎ **212-997-0001**
Ce centre de loisirs interactif proche de Times Square propose des jeux vidéo et toute une panoplie de jeux virtuels. *www.broadwaycity.com*

Big Apple Circus   *Damrosch Park, à la hauteur*   ☎ **800-922-3772**
du Lincoln Center.
Ce haut lieu de l'enchantement marie numéros de cirque classiques, spectacles de marionnettes, défilés et chars. *www.bigapplecircus.org*

Central Park Carousel   *Central Park, à la hauteur de la 65ᵉ Rue*   ☎ **212-879-0244**
Le manège tourne depuis 1870 et ses 58 chevaux de bois raviront les plus petits. *(Avr.-nov. : tlj 10 h-18 h ; reste de l'année :w.-end 10 h-16 h30 ; 1,25 $).*

Yankee Stadium Tour   *À l'angle de la 161ᵉ Rue & River Av.*   ☎ **718-579-4531**
(Bronx).
La visite passe par le *dugout*, la salle de presse, le club-house et Monument Park. *(Visite offerte tlj à midi sauf en cas de match ; 1 h ; www.yankees.com).*

The New York Hall   *Flushing Meadows-Corona Park, 47-01,*   ☎ **718-699-0005**
of Science   *111ᵉ Rue.*
Un musée scientifique interactif proposant plus de 200 expositions. *www.nyscience.org*

Bronx Zoo   *À l'angle de Fordham Rd*   ☎ **718-367-1010**
& Bronx River Pkwy.
Ce splendide parc animalier contient plus de 1 800 mammifères, 1 200 oiseaux et un millier de reptiles et d'amphibiens. *www.bronxzoo.com*

Sony Wonder   *56ᵉ Rue, à la hauteur de Madison Av.*   ☎ **212-833-8100**
Technology Lab
Situé à Sony Plaza, ce centre pédagogique interactif explore le monde de l'électronique. *www.wondertechlab.sony.com*

■ Cyber-cafés

Vous avez besoin de consulter votre messagerie, vous ne pouvez vivre sans vérifier quotidiennement votre portefeuille d'actions ou connaître le résultat du grand match de la veille ? Ne vous inquiétez pas ! La Grosse Pomme offre à ses visiteurs de multiples moyens de surfer sur le Net. Certains hôtels proposent des postes webtv permettant de surfer sur le net sans quitter le confort de sa chambre. Pour la modique somme de 10 $, le monde tient au bout de vos doigts pendant 24 heures. Et si votre hôtel ne propose pas cette prestation, soyez sans inquiétude... les cyber-cafés poussent comme des champignons à New York.

Cyber Café Times Square – *250, 49ᵉ Rue O. Ouv. lun.-ven. 8 h-23 h, w.-end 11 h-1 h. www.cyber-cafe.com* ☎ *212-333-4109.*

Cyber Café SoHo – *273 Lafayette St., à la hauteur de Prince St. Ouv. lun.-ven. 8 h-23 h, w.-end 11 h-1 h. 12,80 $/h. www.cyber-cafe.com* ☎ *212-334-5140.*

Easy Internet Café – *Times Square/42ᵉ Rue O. Ouv. tlj 7 h-1 h. 1 $/5 h (ticket valable 1 mois). www.easyeverything.com/usa* ☎ *212-398-0775.*

Alt.coffee – *139 Avenue A. Ouv. lun.-ven. 7 h30-1 h, w.-end 9 h30-1 h. 10 $/h.* ☎ *212-259-2233.*

NY Computer Café – *247, 57ᵉ Rue E. Ouv. lun.-ven. 8 h-23 h, sam. 10 h-23 h, dim. 11 h-23 h. 12 $/h. www.nycomputercafe.com* ☎ *212-872-1704.*

Coney Island   *1015 Surf Av. (Brooklyn)*   ☎ **718-266-1234**
L'île offre un vaste choix d'activités : un parc d'attraction, une promenade célèbre et un aquarium, ainsi que le tout nouveau Keyspan Stadium, dédié au baseball. Le Coney Dog de chez Nathan's est une tradition locale ! *www.coneyislandusa.com*

Madison Square Garden   *32ᵉ Rue O., entre la 7ᵉ & la 8ᵉ Av.*   ☎ **212-465-5800**
All Access Tour
Venez voir les rouages du Madison Square Garden. Visitez les vestiaires des Knicks, des Rangers et des Liberty ; peut-être aurez-vous la chance d'apercevoir une séance d'entraînement.
(Visite tlj 10h-15h ; 1h ; adultes 16 $, enfants 12 $; www.thegarden.com).

Staten Island Ferry   ☎ **718-815-2628**
Voici l'une des rares activités **gratuites** proposées par New York : le trajet en ferry entre la ville et Staten Island. Le bateau passe à droite d'Ellis Island, offrant au passage une belle vue sur la statue de la Liberté. Au retour, New York dévoilera ses lignes splendides. *www.siferry.com*

Vue sur Manhattan depuis Roosevelt Island.

Invitation
au voyage

La ville de New York

Des élégants boulevards aux bruyantes rues commerciales, des enclaves huppées de l'Upper East Side aux quartiers bigarrés de Chelsea et de Greenwich Village, New York ne cesse d'étonner par sa diversité et sa démesure. Cette hétérogénéité se reflète de façon éloquente dans son riche patrimoine architectural, qui unit à l'austérité des tours de verre et d'acier, le charme et le raffinement des splendides demeures et des magnifiques églises édifiées au cours du 19ᵉ s. Mais la diversité de New York réside avant tout dans sa population, véritable microcosme de l'humanité, qui vit au rythme d'une intense activité culturelle et économique.

Un peu de géographie – Baignée par l'océan Atlantique que refroidit ici le courant du Labrador, la ville de New York bénéficie d'un littoral d'un millier de kilomètres, dont environ 22 km de plages. Elle se situe sur la côte Est des États-Unis, à 40°40' de latitude Nord (Naples : 40°37') et 73°58' de longitude Ouest.

La ville occupe un site portuaire remarquable, à l'embouchure de l'Hudson et de l'East River, qui est en vérité un bras de mer, tout comme l'Harlem River. Elle jouit, au Sud, d'une baie profonde que protègent deux îles : Long Island et Staten Island, anciennes moraines frontales déposées par les glaciers durant le pléistocène. Entre les deux, un détroit, les « Narrows », donne accès à sa rade, l'une des plus grandes et des plus sûres du monde, dépourvue d'écueils et toujours libre de glaces. La ville de New York englobe l'extrémité Ouest de Long Island, Manhattan, Staten Island, et au Nord, une section continentale attenante à l'Hudson. Elle comprend également d'autres petites îles, notamment Governor's Island, ancienne base de la garde côtière américaine, Roosevelt Island, lieu résidentiel prisé qui regroupait auparavant des établissements de santé et Riker's Island (au Nord de l'aéroport LaGuardia), site d'une vaste prison municipale. Liberty Island, où se dresse la statue de la Liberté, et Ellis Island, ancienne station de contrôle des immigrants, font techniquement partie du New Jersey.

Les cinq *boroughs* dont se compose la ville représentent une superficie totale d'environ 828 km². Leur plus grand axe, du Nord-Est au Sud-Ouest, mesure approximativement 56 km. L'altitude varie de 1,5 m (Battery Park, à la pointe Sud de Manhattan) à 122 m (Washington Heights, au Nord de Manhattan). Le climat, de type continental, se caractérise par des saisons très contrastées : hiver glacial et été étouffant, avec prédominance des vents d'Ouest, encore que l'on y respire le souffle vif de l'air marin *(renseignements sur le climat dans la section Renseignements pratiques)*.

Les cinq boroughs – À l'origine, New York n'occupait que l'île de **Manhattan** (comté de New York). Elle comprend, depuis 1898, quatre autres *boroughs* (sortes d'arrondissements métropolitains investis d'un statut administratif et juridique) dont les

NEW YORK ET LES ÉTATS LIMITROPHES

limites sont les mêmes que celles des comtés primitifs auxquels ils se sont substitués : **Brooklyn** (comté de Kings), **Queens** (comté de Queens), le **Bronx** (comté du Bronx) et **Staten Island** (comté de Richmond). Ces comtés, dont les noms désignent encore aujourd'hui des circonscriptions judiciaires, correspondent aux divisions administratives établies à l'époque coloniale.

Les cinq *boroughs* n'ont pas tous évolué au même rythme, et ne constituent donc pas une agglomération au sens strict du mot. Des lambeaux d'espaces libres subsistent encore à la périphérie de Brooklyn et de Queens, tandis qu'à Staten Island, c'est encore la campagne, malgré une forte poussée immobilière au cours des dernières décennies. Brooklyn, à l'extrémité Sud-Ouest de Long Island, est le *borough* new-yorkais le plus peuplé. Queens, au Nord-Est de Brooklyn, est le plus grand *borough* et celui qui connaît actuellement la croissance la plus rapide. Le Bronx, fortement développé, est le seul *borough* à faire partie du continent ; pour les résidents des banlieues affluentes du Nord, il constitue la porte d'accès à la ville. Staten Island, le moins peuplé, se transforme à un rythme soutenu depuis l'ouverture du Verrazano Narrows Bridge (1964). Enfin, Manhattan, avec ses 57 km^2 de superficie, est le plus petit des *boroughs* ; il affiche néanmoins la densité de population la plus élevée des États-Unis, avec 1 537 195 habitants. Cœur incontesté de la ville, il a pour sommets les plus beaux gratte-ciel du monde, témoins d'une activité démesurée.

L'unification des *boroughs* remonte à près d'un siècle, mais les habitants des *outer boroughs*, c'est-à-dire des *boroughs* les plus éloignés du centre, ont toujours tendance à dire qu'ils « vont en ville » lorsqu'ils se rendent à Manhattan...

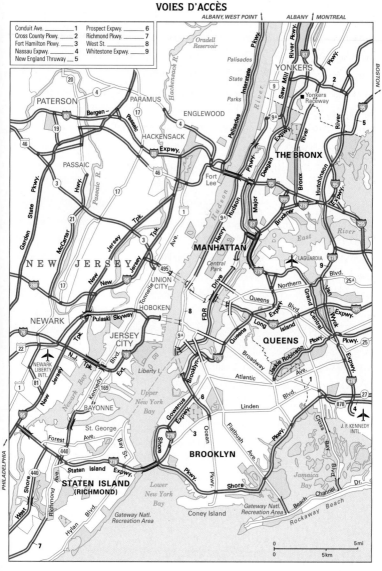

VOIES D'ACCÈS

Conduit Ave.	1	Prospect Expwy.	6
Cross County Pkwy.	2	Richmond Pkwy.	7
Fort Hamilton Pkwy.	3	West St.	8
Nassau Expwy.	4	Whitestone Expwy.	9
New England Thruway	5		

La région métropolitaine – La vaste région métropolitaine de New York inclut 22 comtés. Elle s'étend sur plus de 18 000 km² et compte environ 11 685 650 habitants. Sept de ces comtés relèvent de l'État de New York, neuf du New Jersey et six du Connecticut. Outre la ville de New York, la région englobe l'agglomération de Newark (273 546 habitants), dans le New Jersey, et dix autres villes de plus de 100 000 habitants. Parmi les organismes responsables du fonctionnement et du développement des services de transports régionaux, on compte notamment le Port Authority of New York and New Jersey et le Triborough Bridge and Tunnel Authority.

L'État de New York – La ville de New York (New York City), que les Américains appellent familièrement *The Big Apple* (la Grosse Pomme), a donné son nom à cet État, le onzième des treize États fondateurs de l'Union. Washington l'avait gratifié d'un surnom flatteur : l'*Empire State*, surnom que l'on retrouve aujourd'hui sur les plaques d'immatriculation. Quatre fois plus vaste que la Belgique, l'État de New York s'étend de l'Hudson aux Grands Lacs et aux chutes du Niagara ; au Nord, il touche au Canada. New York fut brièvement la capitale de l'État, de 1784 à 1797, année où ses fonctions politiques, administratives et gouvernementales furent transférées à Albany. Le drapeau de la ville de New York, à bandes verticales bleu, blanc et orange, est inspiré du drapeau des Pays-Bas au 17ᵉ s. De par ses couleurs, les Français ont tout naturellement tendance à le confondre avec leur emblème national.

Repères chronologiques

De Nieuw Amsterdam à New York

Avant l'arrivée des Européens, l'île de Manhattan est peuplée d'Iroquois et d'Algonquins. Elle tire d'ailleurs son nom d'un mot algonquin signifiant « île des collines ». Quelques années après l'expédition de l'explorateur Henry Hudson, soit en 1614, la Compagnie hollandaise des Indes orientales fonde la colonie de Nieuw Nederland (Nouvelle-Hollande) à l'emplacement actuel de la ville de New York et, en 1625, y établit le poste de traite de Nieuw Amsterdam. Contrairement aux autres colonies américaines, New York est créée à des fins purement commerciales, et non religieuses. Cette particularité, combinée à la difficulté d'attirer sur place une population hollandaise généralement satisfaite de son sort, donne d'emblée à la jeune colonie un visage résolument cosmopolite : parmi les nouveaux arrivants figurent des Français protestants et des ressortissants non hollandais des Pays-Bas. À la pointe Sud de l'île, on érige un fort et des batteries pour contrôler l'accès à l'Hudson. Un village prend bientôt forme au Sud d'une des lignes de défense, tandis que des fermes et des domaines, appelés *bouweries*, apparaissent plus au Nord et dans les secteurs de Brooklyn, de Queens, de Staten Island et du Bronx. Dès 1653, la petite communauté, administrée par un gouverneur général, a acquis une certaine autonomie. À la fin du 17e s., les Anglais, établis plus au Nord en Nouvelle-Angleterre, s'emparent de la colonie après la capitulation du gouverneur général Peter Stuyvesant en 1664.

1524	Explorateur florentin au service du roi François Ier, **Giovanni da Verrazano** est le premier Européen à fouler le sol de Manhattan.
1609	Recherchant une route vers le Nord pour le compte de la Compagnie hollandaise des Indes orientales, **Henry Hudson**, à bord du *Half Moon*, remonte le fleuve qui porte aujourd'hui son nom.
1614	Devenue colonie hollandaise, la région correspondant aux alentours de New York prend le nom de Nieuw Nederland (Nouvelle-Hollande). Le territoire au Nord de New York est appelé Nouvelle-Angleterre.
1625	Le premier comptoir européen à s'installer sur l'île de Manhattan est baptisé **Nieuw Amsterdam** (Nouvelle-Amsterdam). On y compte un fort et 30 maisons.
1626	**Peter Minuit**, au service de la Compagnie hollandaise des Indes occidentales, échange Manhattan aux Algonquins contre des objets de pacotille évalués pour l'équivalent de 24 dollars.
1647	**Peter Stuyvesant** est nommé gouverneur général de la Nouvelle-Hollande, poste qu'il occupera jusqu'en 1664.
1653	Nieuw Amsterdam est reconnue comme ville et dotée d'un statut. Stuyvesant fait construire une enceinte à l'emplacement de Wall Street.
1660	La ville passe de 120 à plus de 300 maisons en l'espace de quatre ans.
1664	Les Anglais s'emparent de Nieuw Amsterdam sans rencontrer de résistance, et la rebaptisent **New York** en l'honneur du duc d'York, frère du roi Charles II.

Le régime anglais

New York devient, sous le régime anglais, un important comptoir en Amérique du Nord, uniquement devancé par Boston dans le domaine des fourrures et des produits agricoles. En 1700, la pointe de l'île accueille déjà quelque 4 000 habitants et s'étend au Nord des fortifications hollandaises de Wall Street. Vers le milieu des années 1700, on assiste à la fondation de l'université Columbia et de la première bibliothèque de New York. À la même époque, la ville se découvre une passion pour le journalisme, et plusieurs gazettes voient alors le jour. Bien que l'importance de leur langue et de leur culture se soit quelque peu estompée dans les décennies suivant la reddition de Stuyvesant, nombre de familles hollandaises continuent à jouer, durant cette période, un rôle majeur dans la vie sociale, politique et commerciale de New York. Au cœur même du conflit entre les colons et la Couronne britannique, la ville est investie par les troupes anglaises tout au long de la guerre d'Indépendance.

1667	Par le traité de Breda, la Nouvelle-Hollande passe totalement sous la domination britannique, et l'anglais remplace le hollandais comme langue officielle.
1673	Les Hollandais reprennent New York sans aucune difficulté et rebaptisent la ville Nouvelle-Orange.
1674	Dans le cadre du traité de Westminster, la Nouvelle-Hollande passe définitivement à l'Angleterre.
1720	Avec 7 000 habitants, New York devient la troisième ville des colonies américaines.
1725	Premier journal new-yorkais, la *New York Gazette* est fondée par William Bradford.

1733-1734	**John Peter Zenger** lance le *New York Weekly Journal*, dans lequel il prend à parti le gouverneur. Un an plus tard, il est traduit en justice. Son acquittement marquera les débuts de la liberté de la presse.
1754	Création du **King's College**, premier établissement d'enseignement supérieur (ancêtre de l'université Columbia) de la ville. Fondation de la New York Society Library.
1763	Le traité de Paris met fin à la **guerre de Sept Ans** (1756-1763) et affirme l'autorité anglaise sur le continent nord-américain.
1765	Réunion des représentants des neuf colonies pour protester contre la loi du Timbre (Stamp Act) en vertu de laquelle le gouvernement anglais perçoit des taxes sans pour autant accorder auxdites colonies le droit d'être représentées au Parlement britannique.
1766	Abrogation de la loi du Timbre. Une statue est érigée en l'honneur de **William Pitt**, auteur principal de cette victoire politique.
1767	Les lois Townshend (Townshend Acts) imposent lourdement les colonies sur les produits importés et menacent leur autonomie. L'abrogation de ces lois, trois ans plus tard, se solde par le massacre de Boston.
1776	Le 4 juillet marque l'adoption de la **Déclaration d'Indépendance**. Le 17 novembre, Fort Washington, situé dans la partie Nord de Manhattan, tombe aux mains des Anglais qui occupent la totalité de New York jusqu'en 1783.
1783	Par le **traité de Paris** (3 septembre), l'Angleterre reconnaît l'indépendance des treize colonies américaines et évacue le pays. Retour triomphal de George Washington dans la ville.

Les débuts de l'urbanisation

New York joue brièvement le rôle de capitale fédérale. Son dynamisme économique et financier entraîne le pays tout entier dans l'ère industrielle. Tandis que la population augmente à un rythme ahurissant, en dépit des épidémies de choléra et de fièvre jaune, Manhattan poursuit son expansion vers le Nord. D'un simple boulevard résidentiel, Broadway se transforme, dès le début des années 1820, en une artère commerciale animée. Après l'inauguration du canal Érié en 1825, New York devient le plus grand port de négoce des États-Unis ainsi qu'un important centre de construction navale. L'arrivée massive d'immigrants en provenance d'Allemagne, d'Irlande et de Scandinavie double la population de New York au cours des années 1820.

1784	New York devient capitale de l'État et, un an plus tard, capitale fédérale.
1789	Le premier président des États-Unis, **George Washington**, prête serment sur le balcon du Federal Hall.
1790	Le premier recensement démographique de Manhattan dénombre 33 000 habitants. Philadelphie devient la capitale fédérale.
1792	Création du premier marché des valeurs de la ville, en plein air, sur Wall Street.
1804	Le vice-président Aaron Burr blesse mortellement son rival politique Alexander Hamilton, au cours d'un duel sur l'Hudson.
1812	**Guerre de 1812** : les États-Unis déclarent la guerre à la Grande-Bretagne. Le port de New York est durement touché en raison du blocus qui paralyse son activité jusqu'à la fin du conflit, en 1814. Inauguration du City Hall (hôtel de ville).

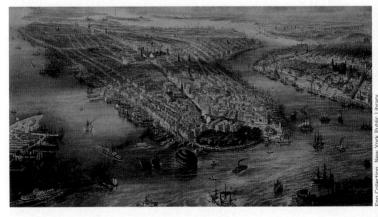

Eno Collection, New York Public Library

New York vers 1850.

1820	New York devient officiellement la plus grande ville des États-Unis, avec une population de 123 705 habitants. Le développement urbain favorise l'apparition de maladies infectieuses, dont la grande épidémie de fièvre jaune de 1822.
1825	Ouverture du **canal Érié**. Porte d'accès vers les Grands Lacs et l'Ouest, New York devient un port de première importance ; plus de 500 nouveaux commerces s'y installent.
1828	Le quartier de South Street Seaport devient le centre des activités portuaires de New York, accueillant plus de la moitié du commerce d'importation du pays et plus du tiers de l'industrie d'exportation.
1832	Une épidémie de choléra tue 4 000 habitants.
1835	Un terrible incendie détruit une partie du quartier des affaires.
1845	Un autre incendie détruit 300 édifices dans Lower Manhattan. La première ligne télégraphique relie New York à Philadelphie. La première équipe de base-ball, les New York Knickerbockers, est formée.

Croissance et corruption

L'afflux d'immigrants venus d'Europe et des Amériques favorise la croissance commerciale et industrielle de la ville, dont la population fait plus que doubler tous les vingt ans. En 1875, New York compte plus d'un million d'habitants. Des taudis envahissent les terrains inoccupés au Nord de la ville florissante, tandis que d'anciens quartiers tels que le notoire « Five Points », au Nord de l'hôtel de ville, se transforment en bidonvilles. Dans les années 1860-1870, la corruption des élus municipaux de Tammany Hall atteint son comble : la mairie escroque des millions de dollars aux contribuables. Pendant ce temps, la municipalité de Brooklyn grandit en beauté, se dotant de nombreuses résidences et d'édifices commerciaux. Forte du succès remporté par l'Exposition universelle de 1853, New York devient la véritable capitale culturelle du pays, grâce à la création de Central Park, de l'American Museum of Natural History et du Metropolitan Museum of Art.

1849	Au théâtre Astor Place, une émeute contestant la venue du comédien britannique William Macready fait 31 morts et 150 blessés.
1851	Première parution du *New York Times*.
1853	Exposition universelle au Crystal Palace, pavillon de verre et de fer bâti à l'imitation de son homologue de Londres, achevé deux ans plus tôt. L'exposition reflète les progrès techniques de la révolution industrielle.
1857	Début de l'aménagement de Central Park, dans le sillage d'une dépression économique suscitée par une panique financière. Le parc est achevé en 1876.
1860	Avec l'arrivée d'immigrants européens, principalement irlandais et allemands, la population de New York passe à 813 660 habitants. Brooklyn compte alors 279 000 habitants, soit deux fois plus qu'en 1850.
1863	La ville est secouée par les Draft Riots, émeutes menées par les classes ouvrières qui s'opposent à ce que les riches engagent des remplaçants pour combattre à leur place lors de la guerre de Sécession. Sous l'effet du mécontentement général et des tensions raciales, le conflit s'envenime, faisant 1 200 morts et 8 000 blessés.
1865	Fin de la guerre de Sécession. Après l'assassinat du président Lincoln, sa dépouille est exposée au City Hall de New York.
1868	Mise en service du premier métro aérien, le **El**, dans Lower Manhattan.
1869	Le financier **Jay Gould** qui avait tenté, de connivence avec son associé James Fisk, de contrôler le marché de l'or, provoque la panique financière du 24 septembre connue sous le nom de « Vendredi noir » *(voir p. 142)*, en liquidant toutes ses parts. Inauguration de l'American Museum of Natural History, dans l'arsenal de Central Park.
1871	Le *New York Times* dénonce la corruption de l'administration municipale de Tammany Hall, dirigée par Tweed. Ce dernier finira ses jours en prison en 1878.
1872	Inauguration du Metropolitan Museum of Art, qui emménage à son emplacement actuel en 1880.

Une cité cosmopolite

Devenu le premier centre des activités financières et bancaires du pays, Wall Street occupe une place de pointe dans l'économie mondiale dès les années 1920. Le tournant du 20e s. est marqué par des vagues d'immigration en provenance d'Europe de l'Est et du Sud. Fuyant les persécutions russes, des milliers de Juifs cherchent refuge à New York, formant à l'époque la plus grande communauté juive du monde. Les immigrants italiens fondent pour leur part le quartier de Little Italy, tout à côté du district de Chinatown, lui-même créé dans les années 1870 ; mais, en 1882, un décret d'exclusion (Chinese Exclusion Act) met fin à l'immigration chinoise et donc à l'expansion de Chinatown. À la fin des années 1880, le photographe Jacob Riis dresse un éloquent témoignage de la misère des quartiers ouvriers de New York. Les années qui suivent sont marquées par une période de réformes sociales et politiques connue sous le nom de « Progressive Era ». En 1894, le New-Yorkais Theodore Roosevelt mène une enquête sur la corruption au sein des forces policières municipales et amorce une brillante carrière politique couronnée par son accession à la présidence des États-Unis. En 1895, William Randolph Hearst s'offre le *New York Journal*. La guerre du tirage qui l'oppose à son rival Joseph Pulitzer, du *New York World*, donne naissance au journalisme à sensation, largement responsable de l'avènement de la guerre hispano-américaine.

1880-1884	Quelque deux millions d'immigrants mettent le cap sur New York. Les logements ouvriers et les ateliers insalubres se multiplient.
1882	La centrale de Thomas Edison, dans Lower Manhattan, met l'électricité à la disposition de tous.
1886	Inauguration de la statue de la Liberté.
1889	Ouverture de la première centrale téléphonique, sur Nassau Street, deux ans après la démonstration de ce nouvel appareil par l'inventeur Alexander Graham Bell, à New York.
1891	Inauguration du Carnegie Hall sous la baguette de Tchaïkovsky.
1892	Ouverture de la station de contrôle d'immigrants d'Ellis Island. Plus de 12 millions de personnes y seront recensées jusqu'au milieu des années 1920.
1898	Création du **Grand New York** comprenant cinq *boroughs* : Manhattan, Brooklyn, le Bronx, Queens et Staten Island. New York est alors la plus grande ville du monde (plus de 3 millions d'habitants).
1900	Le premier salon de l'automobile des États-Unis a lieu au Madison Square Garden.
1902	Achèvement de la construction du Flatiron Building, l'un des tout premiers gratte-ciel de New York.
1904	Mise en service du premier métro souterrain.

La vie est dure pendant la Dépression.

Culture et krach

Durant la Première Guerre mondiale, New York est le plus grand centre de transbordement de matériel militaire aux États-Unis. Dans les années 1920, le taux d'immigration baisse sous l'effet de lois limitatives, mais la population passe néanmoins de 4,8 millions en 1910 à près de 7 millions en 1930. Après le décret de la Prohibition, en 1920, le nombre de débits de boisson clandestins passe à 32 000, favorisant les activités de contrebande et l'infiltration des milieux politiques et gouvernementaux par le monde de la pègre. Greenwich Village devient un havre de bohème pour les communautés intellectuelles et artistiques de New York. Période d'effervescence dans le domaine des arts et de la littérature au sein de la communauté noire, la « Harlem Renaissance » *(voir p. 209)* accueille des auteurs tels que Zora Neale Hurston et Langston Hughes, et de légendaires musiciens de jazz comme Duke Ellington et Cab Calloway. Une foule de nouveaux théâtres bordent alors la 42e Rue, mettant en scène des comédies musicales composées dans les studios de Tin Pan Alley et destinées aux grandes salles de Broadway. Dans les années 1910, l'Armory Show et l'Ash Can School favorisent l'émergence de l'art moderne aux États-Unis. Au cours des décennies suivantes, on assiste à l'ouverture du Museum of Modern Art, du Whitney Museum of American Art et du Solomon R. Guggenheim Museum. Le 24 octobre 1929, le marché boursier de Wall Street s'effondre, mettant fin à l'insouciance des Années Folles et annonçant le début de la Grande Dépression.

1908	Première fête du Nouvel An à Times Square.
1911	Un terrible incendie dans l'atelier de confection de la Triangle Shirtwaist Company fait 145 victimes.
1913	L'exposition internationale de l'**Armory Show** *(voir p. 89)* initie le public américain à l'art moderne.
1919	Fondation de la Radio Corporation of America, suivie peu après par la création des premières chaînes de radio-diffusion, NBC et CBS.
1920	Une trentaine de personnes sont tuées lors de l'attentat du **Black Thursday** (Jeudi noir), dans Wall Street.
1925	Fondation de la prestigieuse revue *The New Yorker*. L'anthologie d'Alain Locke *The New Negro : An Interpretation* marque l'apogée de l'Harlem Renaissance.
1929	En octobre, la panique financière à la Bourse de New York marque les débuts de la Grande Dépression.
1931	Achèvement de l'Empire State Building, commencé près de deux ans plus tôt.
1932	Le maire Jimmy Walker démissionne à la suite d'un nouveau scandale politique au Tammany Hall.

Garder la tête haute

L'effondrement de l'économie au lendemain du krach de 1929 frappe durement New York, provoquant la fermeture de nombreuses usines et forçant des milliers de sans-abri à se réfugier dans les couloirs de métro et à fréquenter les soupes populaires. La construction du Rockefeller Center et la mise sur pied de deux expositions universelles parviennent à rendre à la ville un peu d'entrain, tandis que le nouveau maire Fiorello La Guardia guide ses citoyens à travers les méandres de la Dépression, supervisant d'énormes travaux publics et faisant la guerre aux gangsters, tel le notoire Lucky Luciano. Le premier complexe de logements sociaux des États-Unis, achevé en 1935, est suivi d'une douzaine de projets semblables durant la décennie suivante.

La Seconde Guerre mondiale consacre le rôle international de New York dans les secteurs de l'industrie, du commerce et des finances, et en fait le premier port du monde. Les Nations unies installent leur siège à Manhattan après la guerre, alors que la métropole recommence à bâtir. Les années 1950 s'accompagnent d'un afflux d'immigrants venus pour la plupart de Puerto Rico et d'Asie. Refuge de l'intelligentsia européenne dans les années 1950 et 1960, New York devient un véritable foyer de rayonnement culturel et artistique. Elle accueille un grand nombre de célébrités (Piet Mondrian, Jacques Lipchitz, Fernand Léger, etc.) et forme toute une génération d'artistes d'avant-garde tels Jackson Pollock, Willem de Kooning, Louise Nevelson et Andy Warhol. Les théâtres « Off-Broadway » viennent s'ajouter à une scène culturelle déjà fort active, tandis que New York s'affirme peu à peu dans le domaine du cinéma et de la télévision.

Dans les années 1960, des tensions raciales et ouvrières assaillent la ville, qui déclare faillite en 1975. Mais ces revers ne font que stimuler davantage les fiers New-Yorkais : dès 1981, le budget est équilibré. Malgré le krach de 1987, la fin des années 1980 s'accompagne de l'expansion de Wall Street, qui s'est poursuivie pendant la bulle boursière de la fin des années 1990. L'attentat du 11 septembre 2001 sur les tours du World Trade Center sonne le glas de cette situation exceptionnelle sans entamer la reconstruction de New York, qui ploie sous une pression fiscale équivalente à celle des années 1970. Les New-Yorkais semblent néanmoins avoir relevé le défi dans un spectaculaire élan de solidarité.

1934	**Fiorello H. La Guardia** est élu maire de New York, poste qu'il occupera jusqu'en 1945.
1935	L'émeute de Harlem (Harlem Riot) révèle les effets de la Dépression sur la communauté noire.
1939-1940	L'Exposition universelle de Flushing Meadow attire 44 millions de visiteurs venus découvrir les progrès technologiques de l'après-guerre.
1945	La Charte des **Nations unies** est rédigée à San Francisco, et l'organisme annonce l'établissement prochain de son siège social à New York.
1959	Lancement des travaux de construction du Lincoln Center.
1964	Inauguration du Verrazano Narrows Bridge, le plus grand pont suspendu des États-Unis, reliant Brooklyn à Staten Island. Première grande manifestation de la communauté noire dans le Nord du pays, l'**Harlem Uprising** prend cadre dans le mouvement pour l'obtention des droits civiques (Civil Rights Movement).

1964-1965	**Exposition universelle** (même emplacement qu'en 1939-1940) : en vedette, l'architecture moderne du New York State Pavilion et du Hall of Science, et l'Unisphère, structure de plus de 42 m de hauteur en forme de globe terrestre.
1965	Assassinat du militant noir Malcolm X à Harlem. En novembre, une panne d'électricité plonge le Nord-Est des États-Unis dans l'obscurité.
1968	Le maire John Lindsay visite les ghettos de New York afin d'apaiser les tensions raciales qui perturbent la ville au cours de l'été.
1973	Inauguration du World Trade Center à Manhattan.
1977	Ed Koch est élu maire.
1980	John Lennon est assassiné devant son domicile new-yorkais, le Dakota.
1989	Élection de David Dinkins, premier maire noir de New York.
1993	Explosion d'une bombe terroriste au World Trade Center. Le républicain Rudy Giuliani devient le nouveau maire de la ville.
1996	New York affronte le blizzard du siècle.
1997	New York enregistre sa plus forte fréquentation de touristes, tant nationaux qu'étrangers, avec 33 millions de visiteurs.
1999	Quelque deux millions de personnes envahissent Times Square pendant 24 heures pour célébrer le nouveau millénaire.
2001	Dans la matinée du 11 septembre 2001, New York subit l'acte terroriste le plus tragique de toute son histoire : deux avions de ligne détournés viennent s'écraser sur les tours jumelles du World Trade Center, qui s'effondrent en l'espace d'une heure et demie, causant la disparition de quelque 2 800 personnes et détruisant dans leur chute la totalité du complexe.
2002	Le milliardaire Mike Bloomberg est élu maire de la ville. Les habitants reviennent à Downtown et le nettoyage du site du World Trade Center s'achève.
2003	Une panne électrique en cascade plonge New York dans l'obscurité le jeudi 14 août à 16 h. La municipalité évalue le coût de cette panne de 29 heures à un milliard de dollars. En novembre, Port Authority rouvre la station World Trade Center du PATH.

L'économie

Le budget de New York (400 milliards de dollars) la placerait, si elle était un pays, au 15e rang de la planète. Néanmoins, après avoir connu une croissance continue durant vingt ans, la ville connaît une période d'incertitude. Les énormes ravages de l'attentat du 11 septembre 2001 ont momentanément interrompu sa vie économique alors que Wall Street devait faire face à la fin d'une bulle boursière de 18 ans qui avait rempli les coffres municipaux. Plus de 120 000 emplois disparurent entre l'été 2001 et l'été 2002 et la ville, excédentaire jusque-là, connut un déficit de 5 milliards de dollars en 2003. Malgré tout, New York ne bénéficie pas moins d'un large éventail d'atouts économiques. Avec 8 millions d'habitants, elle possède la plus forte concentration démographique du pays, et occupe une place de pointe dans les domaines de la finance, de l'industrie, du commerce et des transports. L'économie new-yorkaise engendre plus de 3,6 millions d'emplois, dont la majorité relève d'un ensemble de 200 000 compagnies représentant les secteurs les plus variés. La ville réunit à elle seule 39 des compagnies classées au palmarès de *Fortune 500* (liste des plus grandes firmes publiée dans la prestigieuse revue financière *Fortune)*. Certaines de ses rues sont synonymes d'industries clés : Wall Street (banques), Broadway (spectacles), Madison Avenue (publicité) et la 7e Avenue (confection).

Les activités portuaires – Doté d'un millier de kilomètres de côtes offrant un accès aisé vers l'Atlantique, à l'abri des glaces et des assauts de l'océan, bénéficiant d'une atmosphère généralement dépourvue de brumes et d'un fond rocheux ayant peu tendance à l'ensablement, le port de New York (le troisième des États-Unis) a joué un rôle fondamental dans le développement de la ville. Pendant que se construisaient des emplacements d'amarrage au Sud de Manhattan, le long de l'East River et de l'Hudson, New York devenait l'un des principaux centres de négoce unissant la jeune nation américaine au reste du monde. Plus récemment, la généralisation des navires porte-conteneurs nécessitant de vastes terre-pleins et l'emploi de grands portiques a entraîné le déplacement des quais les plus actifs de Manhattan vers les rivages plus vastes de Brooklyn, de Staten Island et du New Jersey où se trouve Port Newark/Elizabeth, site du plus grand terminal à conteneurs du monde. Plus de 60 lignes maritimes desservent le port de New York par lequel sont passés, en 2001, quelque 76 milliards de dollars de marchandises.

La Bourse de New York.

Puissant organisme autonome, **Port Authority of New York and New Jersey** se charge de l'organisation du trafic, de l'entretien et de l'amélioration des installations portuaires. De lui dépendent également les grands terminaux à conteneurs, six ponts et tunnels reliant la ville au New Jersey, la principale gare routière de la région *(située sur la 42ᵉ Rue O.)*, la ligne ferroviaire express PATH (Port Authority TransHudson), trois aéroports et un héliport. C'est lui qui avait construit, et qui possédait, le World Trade Center ; il conserve la propriété du site, ce qui lui permettra de jouer un rôle important dans les décisions portant sur son avenir.

Un énorme marché financier – La ville accueille deux des trois principales banques commerciales du pays, détenues par les titans Citigroup et J.P. Morgan Chase qui, à eux deux, possèdent un actif d'un billion de dollars. La déréglementation de la législation bancaire et une vague considérable de fusions et acquisitions ont récemment façonné un nouveau visage au secteur financier new-yorkais et nord-américain. Les principaux établissements financiers américains y sont représentés. La ville compte par ailleurs 219 banques étrangères, dont 20 des 25 principales succursales de banques internationales. Le secteur totalise 90 000 emplois. Principalement concentrées à Manhattan, dans le Financial District (quartier des affaires) et sur plusieurs artères du secteur Midtown (Park Avenue, Madison Avenue et la 5ᵉ Avenue), les activités bancaires se sont peu à peu étendues à d'autres *boroughs* comme Queens et Brooklyn. Plus de 85 % des opérations boursières du pays se déroulent en outre à New York, plus particulièrement au New York Stock Exchange (où s'échangent quotidiennement 42 milliards de dollars d'actions) et à l'American Stock Exchange.
L'industrie des services (notamment les assurances, le droit et la comptabilité) est étroitement liée au marché financier de New York. La ville compte ainsi plus de 900 compagnies d'assurances, 6 400 bureaux de consultation juridique et parmi les plus grands cabinets d'experts-comptables de la nation.

Les transports et les activités de la communication – New York est la seule ville des États-Unis à être desservie par trois grands aéroports (John F. Kennedy, LaGuardia et Newark Liberty). Ces derniers accueillent annuellement plus de 77 millions de voyageurs (plus de 55 millions en vols intérieurs et 22 millions en vols internationaux). Trains et bus assurent le transport quotidien d'un million de passagers (pour la plupart des banlieusards). 12 000 taxis et 235 lignes de bus sillonnent les rues de la ville ; mais les New-Yorkais leur préfèrent le métro. Le réseau s'étend de Coney Island au Nord du Bronx, égrenant quelque 468 stations le long de 1 055 km de voies empruntées quotidiennement par 4,6 millions de passagers. Un gigantesque programme de rénovation, lancé en 1982, a réhabilité ce joyau du transport new-yorkais autrefois négligé.
New York occupe également une place prépondérante dans le domaine de la communication. Quatre des principales chaînes nationales de télévision : ABC, NBC, CBS et Fox, y ont leur siège, ainsi qu'une multitude de chaînes câblées. La production cinématographique a augmenté de 33 % depuis 1993. Les secteurs de la télévision, du cinéma et du commerce emploient 70 000 personnes. New York, siège de deux grandes revues d'actualité, de quinze journaux quotidiens, de 350 magazines, de deux importantes agences de presse (Associated Press et United Press International) et de plusieurs géants de l'édition comme McGraw-Hill, Bantam et Random House, est également la capitale de l'imprimerie et de l'édition. Le secteur génère 71 000 emplois dans la ville.

La grande cité américaine est un leader international dans le domaine de la publicité et des relations publiques. Environ 32 000 personnes travaillent dans les 900 agences de publicité de la ville ; Madison Avenue demeure aujourd'hui le centre de l'activité publicitaire new-yorkaise, mais plusieurs agences ont déjà transféré leurs bureaux à Greenwich Village. Le domaine des relations publiques assure enfin l'emploi de 10 000 personnes.

L'informatique – New York possède le plus grand parc informatique du pays. Particulièrement importante dans le monde de l'édition, de la finance et de la santé, l'industrie de l'information électronique (logiciels, assistance technique, traitement des données, etc.) s'est remarquablement développée au cours des dernières années. La ville compte aujourd'hui 1 800 sociétés de services informatiques. Beaucoup d'entre elles se situent dans Manhattan, bien que plusieurs institutions comme le New York Stock Exchange aient transféré leurs opérations au Metrotech Center de Brooklyn. Les nouvelles technologies ont vu éclore un millier d'entreprises spécialisées. Le commerce électronique et la création de sites Internet employaient plus de 100 000 personnes en 1999 contre 18 000 quatre ans plus tôt, reléguant au second rang la publicité et l'édition. Plus de la moitié des employés du secteur travaillent à Silicon Alley, qui s'étend de l'extrême Sud de Manhattan à la 41e Rue, et dont le cœur bat à Flatiron District. Nombre d'entreprises ont disparu aussi vite qu'elles sont apparues (dans les jours qui ont suivi l'explosion de la bulle boursière des nouvelles technologies, le nom même de Silicon Alley était devenu tabou). Mais la construction du nouveau siège d'AOL Time Warner à Columbus Circle conforte la position de New York en tant que grande puissance des nouvelles technologies.

Corina Lecca/Polo Ralph Lauren

Présentation de la collection printemps 2001 de Ralph Lauren.

Le secteur manufacturier – Extrêmement diversifiée, l'industrie manufacturière occupe une part de plus en plus restreinte de l'économie new-yorkaise (900 000 emplois en 1950 pour 218 000 aujourd'hui). Elle comprend malgré tout 10 400 sociétés, dont un grand nombre font appel à des compétences techniques très spécialisées.

Des petits ateliers de couture qui, grâce à l'immigration, prospérèrent dès le 19e s., a émergé une **industrie de la confection** qui comprend aussi bien les grands couturiers de Midtown que les modestes fabriques de Chinatown. Malgré une concurrence étrangère de plus en plus féroce, New York reste le chef de file mondial de la confection, secteur qui occupe à lui seul près de 56 700 employés. Un quart de cette main-d'œuvre travaille dans le Garment Center (quartier de la confection, aux alentours de la 7e Avenue) où se concentrent beaucoup de stylistes et de salons de présentation ; quelques ateliers de vêtements haut de gamme y demeurent encore, mais la plupart se sont déplacés vers Chinatown, Sunset Park, Brooklyn et Queens.

L'**industrie du diamant et de la joaillerie**, dont les principaux centres d'activité se situent sur Canal Street et la 47e Rue Ouest entre la 5e Avenue et l'Avenue of the Americas, emploie 34 000 New-Yorkais, dont beaucoup possèdent un savoir-faire unique.

Quant aux industries spécialisées dans la fabrication des semi-conducteurs, de l'équipement médical et du matériel informatique, elles nécessitent elles aussi un personnel hautement qualifié.

Le tourisme – Le nombre de curiosités et d'attractions culturelles qu'offre New York, ses restaurants, ses magasins célèbres (Tiffany & Co., Saks Fifth Avenue ou encore Macy's), ses innombrables théâtres et salles de concert (plus de 300, de Broadway au Carnegie Hall, en passant par le Lincoln Center et l'Apollo) en font un grand centre de tourisme et de congrès ayant attiré 35 millions de visiteurs en 2001. Mais ce secteur fut touché de plein fouet par les attentats de 2001 : le taux de remplissage des hôtels chuta considérablement dans les mois qui suivirent et les réservations à Broadway tombèrent en chute libre. Le tourisme a repris en 2002, mais les autorités municipales estiment que le secteur a perdu 20 000 emplois.

À New York, les activités liées au monde des arts sont une industrie à part entière. Des artistes ont transformé plusieurs quartiers de Manhattan, tels que SoHo, TriBeCa et certaines parties de Chelsea ; les plus jeunes s'intéressent aux quartiers industriels de Long Island, Queens, Williamsburg et Dumbo. La ville compte plus de 500 galeries d'art. Ses 160 musées incluent des institutions renommées telles que le Metropolitan Museum of Art, le Museum of Modern Art et le Solomon R. Guggenheim Museum, ainsi que des musées thématiques portant sur la photographie, l'artisanat, la télévision et la radio, la culture juive, africaine, indienne et latine... de quoi satisfaire l'amateur d'art le plus difficile.

La population

New York, la métropole américaine la plus peuplée, a enregistré une poussée démographique dans les années 1990 telle qu'elle n'en avait plus connu depuis près d'un siècle. On recensait ainsi 7 071 639 résidents en 1980 contre 8 008 278 en 2000 ; 25 % d'entre eux étaient nés à l'étranger en 1980, 28 % en 1990 et 36 % en 2000. Ce phénomène migratoire fut amorcé vers le milieu du 19e s., avec l'arrivée d'un important contingent européen. Dans les années 1920, le taux d'immigration baissa sous l'effet de lois limitatives, mais ces dernières furent assouplies dans les années 1960, ouvrant la voie à une nouvelle immigration en provenance de l'Amérique latine, de l'Asie et du Moyen-Orient.
Au cours des années 1980 et 1990, une forte reprise de l'immigration et le rassemblement de minorités par affinités ethniques ou nationales dans certains quartiers ont considérablement modifié le paysage urbain. Citons le cas de Chinatown dont la croissance rapide a contraint les habitants de Little Italy à se déplacer vers le Nord. L'arrivée massive d'immigrants russes à Brighton Beach (Brooklyn) et celle d'immigrants dominicains à Washington Heights (au Nord de Manhattan) en sont d'autres exemples.
Aujourd'hui, le nouvel arrivant sera donc frappé par l'extraordinaire diversité ethnique et culturelle de la population new-yorkaise. Produit de cet étonnant brassage, le New-Yorkais est fier de son appartenance à une communauté dont il glorifie volontiers l'exubérante vitalité et la prospérité financière.

Évolution de la population de 1626 à 2001

1626	200	Le premier bateau de colons affrété par la Compagnie des Indes occidentales à destination de Nieuw Amsterdam comprend surtout des protestants d'origine française.
1656	1 000	Anglais, Écossais, Allemands et Scandinaves se joignent aux premiers immigrants.
1756	16 000	
1790	33 000	
1800	60 000	La population new-yorkaise compte alors environ 50 % d'habitants d'origine anglaise.
Années 1850	630 000	Importante vague d'immigration allemande, irlandaise et scandinave.
1880	1 911 700	Européens de l'Est et Italiens du Sud arrivent par grandes vagues successives jusqu'en 1924.
1900	3 437 200	Ce chiffre inclut les habitants des cinq *boroughs*, annexés en 1898.
1920	5 620 000	Après la Première Guerre mondiale, l'immigration noire en provenance du Sud des États-Unis et des Antilles s'amplifie.
1924		Instauration de lois limitatives en matière d'immigration.
1930	6 930 500	Déclin du pourcentage d'accroissement de la population new-yorkaise.
1950	7 892 000	Après la Seconde Guerre mondiale, une importante communauté portoricaine s'établit à New York.
1960	7 782 000	Installation progressive de nombreux New-Yorkais en banlieue : la ville même perd plus de 100 000 habitants de 1950 à 1960.
1970	7 896 000	L'exode des New-Yorkais vers les banlieues se poursuit, suivant un processus commun à beaucoup de cités du Nord-Est.
1980	7 071 600	
1990	7 322 600	Le nombre de New-Yorkais nés à l'étranger (plus de 2 millions) s'explique largement par un important afflux, depuis 1965, d'immigrants originaires d'Asie, d'Amérique latine et des Caraïbes.
1995	7 312 000	Légère baisse de la population.
1999	7 428 200	Accroissement de l'ordre de 100 000 nouveaux venus chaque année.
2001	8 019 033	

Une ville cosmopolite

Au 19ᵉ s. et au début du 20ᵉ s., la bonne société new-yorkaise, d'origine britannique et hollandaise, n'entretenait guère de rapports avec ceux qu'elle appelait alors les « citoyens à trait d'union » (Irlando-Américains et autres), immigrants d'horizons divers venus pourtant grossir la population des États-Unis. La structure sociale new-yorkaise ne put cependant résister aux forces du changement et aujourd'hui, son multiculturalisme en constitue sans doute le caractère le plus marquant.

La souche irlandaise – Plus d'un demi-million de New-Yorkais sont d'origine irlandaise. C'est la famine de 1846 qui déclencha un exode massif vers les États-Unis. En 1890, un quart des New-Yorkais se déclaraient d'origine irlandaise. Ceux-ci s'intéressèrent d'emblée aux affaires publiques et jouèrent un rôle actif dans l'administration de la ville. Perpétuant la tradition religieuse de leur patrie, ils ont largement contribué à répandre l'influence de l'église catholique aux États-Unis et forment encore un groupe homogène. Ils sont particulièrement connus pour leurs célébrations exubérantes à l'occasion de la Saint-Patrick, le 17 mars.

La souche italienne – Ce n'est qu'après 1870 que les Italiens arrivèrent à New York en grand nombre. La plupart étaient des ouvriers et des paysans originaires du Sud de l'Italie et de la Sicile. Certains retournèrent au pays après avoir réalisé leurs premières économies, mais la majorité persuadèrent leur famille de venir les rejoindre en Amérique. Beaucoup d'entre eux travaillaient dans l'industrie du bâtiment. Néanmoins, ces années de dur labeur, combinées à l'esprit d'entreprise, leur permirent souvent de s'établir à leur compte (dans la restauration, la construction et le camionnage). Les 700 000 Italiens d'Amérique demeurent profondément attachés aux traditions familiales et à la vie communautaire. On retrouve encore, dans le quartier de Little Italy, l'atmosphère de leur ancienne patrie.

Destination : Ellis Island (v. 1905).

Lewis W. Hine Collection. New York Public Library

La souche germanique – Parmi tous les immigrants, ce sont sans doute les Allemands et les Autrichiens qui, malgré leur grand nombre, se sont le plus rapidement intégrés. Ayant le plus souvent abandonné leur langue d'origine, ils ne forment pratiquement plus de groupe homogène et ne sont guère liés que par quelques rares traditions. Arrivés surtout dans la seconde moitié du 19ᵉ s., plus particulièrement après l'échec de la révolution de 1848-1849, les immigrants d'origine germanique s'installèrent alors autour de Tompkins Square qu'ils quittèrent par la suite pour aller habiter plus au Nord. Un petit noyau subsiste encore à Yorkville.

La communauté asiatique – Elle a augmenté de plus de 50 % au cours des années 1990 et représente aujourd'hui un total de 787 000 personnes. Arrivés en Amérique après la guerre de Sécession pour travailler pour le compte des compagnies de chemin de fer et dans les mines, les immigrants chinois étaient pour la plupart originaires de Canton. L'arrivée plus récente d'anciens résidents de Hong Kong, Shanghai et Taiwan (plus de 360 000 personnes) est venue grossir leurs effectifs. Principalement rassemblés dans Chinatown, ils ont dépassé les limites de ce quartier en constante expansion pour aller s'installer dans d'autres *boroughs*, en particulier celui de Queens.

Les Européens de l'Est – Les grandes vagues d'émigration en provenance d'Europe de l'Est étaient surtout composées, avant la Première Guerre mondiale, de minorités diverses : Ukrainiens, Polonais, Lituaniens et autres. Comme la plupart des nouveaux venus, ces derniers tendaient à se regrouper dans les mêmes quartiers que leurs compatriotes. La révolution de 1917 n'amena à New York qu'un petit nombre de Russes blancs (la majorité s'étant rendus à Paris et dans d'autres capitales européennes), mais beaucoup d'Ukrainiens et de Russes vinrent s'y installer après la Seconde Guerre mondiale. Plus récemment (années 1980-1990), l'immigration russe s'est intensifiée. L'ancienne Union soviétique est devenue la première source d'immigration, avec un nombre de nouveaux arrivants passé de 81 000 en 1990 à quelque 230 000 en 1999.

La communauté juive – Venus pour la plupart de Hollande et d'Amérique latine, les Juifs séfarades (d'origine espagnole et portugaise) immigrèrent à New York au 17ᵉ s. De 1880 à 1910, le célèbre Lower East Side, quartier des débuts et des espérances, fut le refuge de 1,5 million de Juifs ; un grand nombre s'implantèrent également à Brooklyn. Aujourd'hui, la plupart des membres de la communauté juive new-yorkaise sont de descendance ashkénaze (c'est-à-dire originaires d'Europe non-méditerra-néenne). En prenant une part active à la vie économique et culturelle de la cité, beaucoup se sont fait un nom et restent étroitement liés à l'histoire de la ville.

La communauté noire – La présence des Noirs à New York remonte à l'époque colo-niale hollandaise, mais ce n'est qu'à partir du 20ᵉ s. qu'ils arrivèrent en grand nombre. Aujourd'hui, la communauté noire de New York se compose de plus de 2 100 000 habitants, soit près du quart de la population new-yorkaise. Les premiers résidents noirs venaient du Sud des États-Unis. Les plus récents, originaires des Caraïbes, se sont établis dans le Nord de Manhattan et à Brooklyn.

La ville doit à la communauté noire de grands écrivains, des dramaturges, des inter-prètes et des musiciens célèbres (le *rhythm and blues* et le jazz ayant profondément influencé la scène musicale américaine). Les Noirs se sont peu à peu affirmés dans le domaine professionnel, et occupent aujourd'hui des postes importants dans la poli-tique et les affaires ; ainsi David Dinkins devint-il le premier maire noir de New York en 1989. Mais cette évolution est lente, comme le démontrent clairement les indices sociaux (chômage, sans-abri, mortalité infantile et abandon scolaire) et de nombreux quartiers noirs, dont certains secteurs de Harlem (Manhattan), Bedford-Stuyvesant (Brooklyn) et South Jamaica (Queens), affichent clairement les conséquences de la pauvreté (immeubles abandonnés, commerces blindés, etc.).

La communauté latino-américaine – Aux États-Unis, le terme *Latinos* désigne cou-ramment l'ensemble formé par les Portoricains, Dominicains, Mexicains, Cubains, Colombiens, Équatoriens et autres originaires d'Amérique latine. En 2000, la commu-nauté latino-américaine de New York comptait plus de 2 100 000 personnes, soit environ un quart de la population, et l'espagnol était la langue la plus parlée après l'anglais. La forte poussée démographique des Portoricains a porté leur nombre de moins d'un millier en 1910 à presque 900 000 en 1990, redescendu à 789 000 ces dix dernières années. Citoyens de l'Union, ils sont libres de voyager entre Puerto Rico et les États-Unis sans visa, et ne sont soumis à aucun quota particulier. La plus forte concentration de Portoricains se trouve dans le Bronx, mais le véritable cœur de la communauté portori-caine se concentre à East Harlem, mieux connu sous le nom de El Barrio. Certaines parties de l'Upper West Side, du Bronx, de Brooklyn et de Queens abritent également un grand nombre de Latino-Américains, fortement attachés à leur culture.

Autres groupes ethniques – Le sous-continent asiatique (Inde, Bangladesh et Pakistan) a récemment fourni de nombreux immigrants, d'où l'apparition d'une pros-père « Little India » à Jackson Heights ; une communauté grecque assez importante réside à Astoria (*voir p. 294*), dans le Queens. Le Bronx compte quant à lui un certain nombre d'Arméniens. La libéralisation des règlements liés à l'immigration a entraîné l'afflux d'autres nationalités : Coréens, Équatoriens, Vietnamiens, Haïtiens, Arabes et Sénégalais, faisant de New York le foyer de plus de 150 nationalités différentes.

La littérature

New York règne en maître sur la riche vie littéraire de l'Amérique contemporaine. Au fil des ans, les plus grands romanciers et journalistes américains, de Walt Whitman à Norman Mailer, habiteront cette ville dont ils célèbrent l'indéfectible vitalité.

Le 19ᵉ s. – Deux types d'écrivains ont marqué la scène littéraire new-yorkaise : ceux qui sont nés à New York et ceux qui s'y sont installés, comme sous l'effet d'un attrait irrésistible, adoptant la ville avec une ferveur quasi religieuse. Thomas Paine figure parmi ces derniers. Auteur du pamphlet **Le Sens commun** et célèbre patriote, il fut l'un des premiers écrivains à s'établir à New York à l'aube du 19ᵉ s., finissant ses jours à Greenwich Village. À l'époque, la métropole incarne parfaitement le courage et l'aplomb de la jeune république, bien que les thèmes ruraux dominent encore les écrits. C'est de New York qu'est issu l'un des premiers géants littéraires des États-Unis, **Washington Irving** (1783-1859). On lui doit notamment un recueil d'essais satiriques inti-tulé *Salmigondi*, dans lequel il rebaptise New York du nom de « Gotham », d'après un village anglais du 13ᵉ s. dont les habitants auraient fait mine d'être fous afin d'em-pêcher le roi d'y habiter. Citons aussi son amusante parodie *A History of New York from the Beginning of the World to the End of the Dutch Dynasty* (1809), publiée sous le nom de plume Diedrich Knickerbocker. Il est surtout célèbre pour ses récits *Rip Van Winkle* (1819) et *The Legend of Sleepy Hollow* (1820). Son contemporain **James Fenimore Cooper** (1789-1851), auteur du roman *Le Dernier des Mohicans*, vécut à New York dans les années 1820. Ses romans d'aventure ont pour cadre la haute mer et le Far West.

Autre New-Yorkais de naissance, le romancier **Herman Melville** (1819-1891) vécut ici presque toute sa vie, ce qui ne l'empêcha pas de perpétuer le thème des grands espaces et de l'aventure. Outre la célèbre épopée maritime *Moby Dick*, on lui doit aussi quelques pièces à sujet urbain, dont un essai intitulé *Bartleby the Scrivener*, offrant une perspective d'époque sur la grande métropole commerciale. **Clement Clarke Moore** (1779-1863) vécut dans le quartier de Chelsea au Sud de la 23ᵉ Rue, où il composa le célèbre poème *A Visit from St. Nicholas*, qui définissait l'image moderne du « père Noël ».

La fin du 19ᵉ s. – Vers le milieu des années 1800, les Américains prirent conscience de leur identité nationale distincte, forgée par l'esprit pionnier et le dynamisme inspiré par une économie florissante et une technologie en plein essor. La révolution industrielle modifia les conditions de vie, transformant à jamais le rôle des villes, la culture et les valeurs morales de la nation. Nul n'incarnait mieux cette nouvelle moralité que **Walt Whitman** (1819-1892), l'un des plus grands poètes américains. Né à New York, il travailla comme journaliste pour le *Brooklyn Eagle* dans les années 1840, perfectionnant un style à la fois percutant et empreint de sensualité. Peu après la publication de *Feuilles d'herbe* en 1855, il devint rédacteur au *Brooklyn Times*. Ses œuvres, telle *Crossing Brooklyn Ferry*, traduisent toute la vigueur et l'entrain de la ville.

Contrairement à tous ces auteurs venus à New York chercher fortune, **Henry James** (1843-1916) délaissa longtemps sa ville natale au profit de Londres, où il publia son plus grand succès, *Le Tour d'écrou*, en 1898. Malgré sa longue absence, il situa plusieurs de ses romans à New York, notamment *Washington Square* (1880). De retour dans la grande métropole américaine en 1907, il y écrivit *La Scène américaine*. Devenu sujet britannique, il mourut à Londres en 1916. À travers des romans tels que *Le Temps de l'innocence*, qui lui valut le prix Pulitzer, **Edith Wharton** (1862-1937) brossa un tableau inoubliable de la haute société américaine de son époque, dont elle n'hésita pas à souligner les torts autant que les vertus. C'est pendant ses séjours dans le Bronx et à Greenwich Village que le grand écrivain romantique **Edgar Allan Poe** (1809-1849) écrivit plusieurs de ses poèmes et nouvelles, dont *Le Corbeau* paru dans le *New York Evening Mirror* en 1845. Ancien journaliste pour le *New York Tribune*, **Stephen Crane** (1871-1900) fut l'un des premiers à aborder un thème urbain dans *New York City Sketches*, puis *Maggie, fille des rues* (1893), et son plus grand succès, *La Conquête du courage* (1894). Envoyé spécial pour des journaux de l'Ouest, Samuel Clemens dit **Mark Twain** (1835-1910) demeura à Greenwich Village lors de ses séjours à New York. **William Dean Howells** (1837-1920), le « doyen de la littérature américaine », arriva quant à lui à New York en 1889 pour occuper le poste de rédacteur de la revue *Harper's Magazine*. À la fin du 19ᵉ s., New York était vraiment la nouvelle capitale littéraire des États-Unis, titre autrefois réservé à Boston et Philadelphie. L'attrait de New York était tel que le poète officiel de l'Angleterre, John Masefield, accepta de laver des planchers dans un saloon afin de gagner sa vie dans le New York des années 1890.

Un havre de bohème – Dans les années 1910, l'avant-garde intellectuelle des États-Unis convergea sur Greenwich Village. Ici se retrouvaient de brillants écrivains, artistes et hommes de théâtre, dont le dramaturge **Eugene O'Neill** (1888-1953), la poétesse **Edna St. Vincent Millay** (1892-1950), l'auteur **Theodore Dreiser** (1871-1945) et le poète **Edwin Arlington Robinson** (1869-1935). Eugene O'Neill s'inspira de ses séjours à Greenwich Village en 1916 pour écrire *Le marchand de glace est passé* (1946) et son célèbre *Anna Christie* (1921) qui reçut le prix Pulitzer, tandis que Millay situa ses œuvres *Second April* et *Ranascence* dans les environs. Des révolutionnaires tels que Max Eastman, Art Young, John Reed et Floyd Dell exprimèrent leurs convictions dans les revues socialistes *Seven Arts* et *The Masses*. La poétesse **Marianne Moore** (1887-1972) arriva à New York en 1921 ; nommée rédactrice de la revue *Dial* en 1925, elle s'installa définitivement à Brooklyn. Originaire de Caroline-du-Nord, l'auteur **Thomas Wolfe** (1900-1938) s'établit ici en 1923, et écrivit *Look Homeward, Angel* (1929) et *You Can't Go Home Again* (publié en 1940). **F. Scott Fitzgerald** (1896-1940) visita New York à plusieurs reprises vers la fin des années 1920, au moment où s'affirmait la prédominance culturelle de la métropole.

Alors même que la vie artistique et intellectuelle du Village battait son plein, l'hôtel Algonquin, situé dans le secteur Midtown, accueillait plusieurs clubs littéraires : Thanatopsis, Literary Inside Straight et l'**Algonquin Round Table**. Ce dernier devint une véritable institution dirigée par le critique et conteur Alexander Woolcott, le chroniqueur Franklin P. Adams et trois membres de la prestigieuse revue *The New Yorker* : le rédacteur Harold Ross, l'auteur Dorothy Parker et l'humoriste Robert Benchley. Fondé en 1925, *The New Yorker* allait devenir l'archétype d'un nouveau journalisme américain à la fois éloquent et sophistiqué, qui aujourd'hui encore attire un fervent auditoire. Les plus grands écrivains américains du 20ᵉ s. y ont contribué, parmi lesquels les essayistes E.B. White et Edmund Wilson, les romanciers J.D. Salinger, Saul Bellow, John O'Hara et John Updike, le critique de cinéma Pauline Kael, les humoristes James Thurber et Calvin Trillin, et le musicologue Whitney Baillett.

Voix noires – La forte concentration de Noirs dans le quartier de Harlem au début du 20ᵉ s. favorisa l'éclosion d'un sentiment d'indépendance et de fierté culturelle qui se traduisit, dans les années 1920, par une période de grande vitalité artistique et culturelle connue sous le nom de « Harlem Renaissance » *(voir p. 209)*. Avant même cette époque, l'écrivain et poète d'avant-garde **Paul Laurence Dunbar** (1872-1906) célébrait la culture noire dans son œuvre *Sport of the Gods* publiée en 1902. En 1903, **William E. B. DuBois** souleva la question de la discrimination raciale dans *L'Âme du peuple noir*. En 1909, il fonda le groupe NAACP (National Association for the Advancement of Colored People) avec, entre autres, le poète James Weldon Johnson.

Mais ce sont la croissance rapide et la prospérité du quartier après 1910 qui accélérèrent l'épanouissement des arts et de la littérature noirs dans les années 1920. En 1925, l'écrivain **Alain Locke** publia l'essai *The New Negro : An Interpretation* ; celui-ci résumait les attitudes et les attentes d'une communauté noire qui trouva à New York l'appui et la liberté d'expression dont elle avait tant besoin. **Langston Hughes** (1902-

1967) dépeignit à merveille les rues de Harlem dans *The Weary Blues* (1926), pressentant qu'il ne s'agissait pas simplement d'un quartier, mais d'un véritable symbole de l'identité culturelle noire. Citons aussi les poètes Countee Cullen (1903-1946), auteur de *One Way to Heaven* (1932) et James Weldon Johnson (1871-1938), qui publia *The Book of American Negro Poetry* en 1922. Parmi les romanciers, on retient surtout Jean Toomer (1894-1967), auteur de *Cane* (1923), l'Antillais Claude McKay (1890-1948), qui écrivit *Home to Harlem* (1928), et **Zora Neale Hurston** (1891-1960), dont le célèbre *Their Eyes Were Watching God* parut en 1937, alors que l'optimisme du mouvement s'était déjà estompé sous l'effet de la Grande Dépression et des tensions raciales.

La vie littéraire à l'époque de la Dépression – La Grande Dépression marqua un moment de répit dans l'histoire littéraire de New York. Le décor urbain offrait cependant un contexte idéal pour les mystères d'Ellery Queen et les aventures du couple de limiers sophistiqués Nick et Nora Charles, héros du roman *L'Introuvable* de Dashiell Hammett. Dans les années 1930, le New-Yorkais **Henry Miller** (1891-1980) explora les rues de Paris, où il écrivit son roman novateur *Tropique du Cancer* avant de revenir dans sa ville natale en 1940, pour ensuite repartir vers la côte Ouest. Pendant ce temps, le New-Yorkais **John Dos Passos** (1896-1970) rédigeait d'habiles critiques de la nation, ayant pour titres *U.S.A.* et *Manhattan Transfer*. Célèbre auteur de *Day of the Locust*, **Nathanael West** (1903-1940), de son vrai nom Nathan Westein, quitta la métropole pour Hollywood. D'autres continuèrent à accomplir le pèlerinage vers New York, parmi lesquels le

Arthur Miller (1967).

Hulton Archive/Getty Images

poète et dramaturge espagnol Federico García Lorca *(Le Poète à New York)* et le poète russe Vladimir Maïakovsky *(Brooklyn Bridge)*.

L'après-guerre – New York émergea de la Seconde Guerre mondiale plus puissante et plus séduisante que jamais, et fermement décidée à devenir la capitale culturelle du monde. En 1948, **Norman Mailer** ébranla le monde littéraire avec son roman *Les Nus et les Morts*, remarquable ouvrage empreint du machisme et du réalisme cru de sa ville natale. Et qui pourrait oublier *Mort d'un commis voyageur* (1949), œuvre magistrale du dramaturge **Arthur Miller**. Enfin, c'est à New York que le grand poète gallois **Dylan Thomas** (1914-1953) trouva la mort, succombant aux effets d'un excès d'alcool, au White Horse Tavern.

Dans les années 1950 et 1960, New York devint la capitale culturelle du « Jet Age ». Écrivains, artistes et esthètes se réunissaient au Cedar Tavern de Greenwich Village, créant une ambiance propice à la spontanéité et à l'expérimentation chez des poètes comme Frank O'Hara et Barbara Guest, originaires de New York, et de membres du mouvement beat comme **Allen Ginsberg** (1926-1997), **Jack Kerouac** et Gregory Corso. Cette période favorisa aussi la renaissance de la littérature noire, avec les poésies d'**Amiri Baraka** (Le Roi Jones) et les œuvres de **James Baldwin** (1924-1987), qui situa l'intrigue de ses romans *Les Élus du seigneur* (1952) et *Un autre pays* (1962) à New York. **Langston Hughes** (1902-1967) repoussa les limites de la poésie et de la prose dans *Shakespeare à Harlem* (1942) et *Montage d'un rêve différé* (1951), tandis que **Ralph Ellison** (1914-1994) présageait déjà l'ère des droits civiques dans son œuvre *Homme invisible, pour qui chantes-tu ?*, publiée en 1952.

Une tradition bien vivante – Au cours d'une grève des journalistes en 1963, les rédacteurs Robert E. Silver et Barbara Epstein fondèrent l'une des plus importantes revues littéraires américaines du 20e s., *New York Review of Books*. Toujours d'actualité, New York est le point de mire de nombreuses pièces de théâtre et de comédies de mœurs, comme en attestent les œuvres de **Neil Simon** et **Wendy Wasserstein** ou les films des réalisateurs **Woody Allen** et **Spike Lee**. Dans les années 1960, le mouvement Black Arts révéla les talents littéraires de **Nikki Giovanni**, **Maya Angelou** et **Gil Scott-Heron**. **E.L. Doctorow** rendit l'esprit du New York moderne dans une série de romans tragiques et violents, dont *Ragtime* (1978) et *Billy Bathgate* (1989). La déchéance morale des années 1980 forme la trame du roman *Le Bûcher des vanités* de Tom Wolfe, publié en

1987. Deux ans plus tard, en 1989, Oscar Hijuelo célébrait l'exubérance de la communauté latine de New York dans *The Mambo Kings Play Songs of Love* (1989), roman qui lui valut d'ailleurs le prix Pulitzer. Dans *Underworld* (1997), Don DeLillo tisse une trame complexe de l'après-guerre autour du Bronx des années 1950 et 1990. Parmi les autres écrivains célèbres de New York, citons Susan Sontag, Gore Vidal et Paul Auster. Le Nuyorican Poets Café d'Alphabet City est devenu, grâce à ses critiques poétiques hebdomadaires, « La Mecque » d'un mouvement exubérant et pluriculturel. La ville continue d'attirer des écrivains des quatre coins du monde. À l'instar de leurs prédécesseurs, ils viennent ici chercher la consécration de leurs efforts, des contrats de publication ou, tout simplement, l'inspiration que procure cette ville en perpétuel mouvement.

Les arts

Occupés à fonder une nouvelle nation, les premiers colons new-yorkais se souciaient fort peu de peindre ou de sculpter, sauf à des fins purement utilitaires. Pourtant fort apprécié, le portrait était moins un art à proprement parler qu'une forme d'artisanat pratiquée par des itinérants et des peintres qui partageaient leur temps entre diverses occupations. Dans le domaine des arts décoratifs aussi, la tradition et le sens pratique prédominaient. C'est d'ailleurs grâce au pragmatisme de ses premiers citoyens que New York fut, bien avant de devenir une véritable capitale des arts, un important centre d'ébénisterie et d'orfèvrerie, comme en attestent les superbes œuvres de Duncan Phyfe et de Cornelius Kierstede.

Catskill Creek, par Thomas Cole (1845).

L'école de l'Hudson – Les peintres de cette première école de peinture véritablement américaine (1825-1875) s'inspirent avant tout du décor lyrique de la vallée de l'Hudson, au Nord de New York. **Thomas Cole** (1801-1848), Asher B. Durand, Albert Bierstadt et Frederic E. Church embrassent une vision romantique de la nature et de l'art qui se reflète dans leurs représentations épiques du continent américain. Comme bien d'autres artistes de l'époque, ils fréquentent les différentes académies d'art qui s'établissent à New York durant cette période, notamment l'Académie nationale de dessin (1825, aujourd'hui National Academy Museum) et l'Art Students League (1875).

Émergence de l'art moderne – Fondé en 1908, le « groupe des Huit », surnommé école de la Poubelle (Ashcan School) par dérision pour sa vision sans fard de la réalité urbaine, se rebelle contre le conservatisme de l'art académique. Ses membres les plus éminents (Robert Henri, George Luks et John Sloan) évoquent avec vigueur et compassion les revers de la vie urbaine, ouvrant ainsi la voie au réalisme américain du 20e s. (George Bellows et Edward Hopper). Ce refus de toute image épurée du monde se retrouve dans les photographies de Jacob Riis et de Lewis W. Hine, reflets vivides de la misère des immigrants d'alors.

De 1905 à 1917, Alfred Stieglitz expose des œuvres d'avant-garde européennes dans sa célèbre galerie, Little Galleries of the Photo Secession. Cette dernière, également connue sous l'appellation de « 291 », sert de tremplin aux premiers peintres modernistes de New York : Arthur Dove, John Marin et la compagne de Stieglitz, Georgia

O'Keeffe. Mais le véritable tournant dans l'histoire de l'art moderne aux États-Unis demeure sans conteste l'**Armory Show**, exposition internationale tenue à New York en 1913, au cours de laquelle plus de 1 300 œuvres sont présentées à un public américain déconcerté par la découverte des dernières tendances de l'art européen. Le cubiste Marcel Duchamp fait particulièrement scandale avec son *Nu descendant un escalier*, composition dans laquelle il exprime ses recherches sur la représentation du mouvement. En dépit d'un accueil décidément hostile, l'exposition attire d'importants collectionneurs et encourage la tradition du mécénat qui culminera avec la création du musée d'Art moderne en 1929, du musée Whitney d'Art américain en 1931, et de la Fondation Guggenheim *(voir p. 271)* en 1937.

Après la Première Guerre mondiale, **Stuart Davis**, Patrick Henry Bruce et Charles Sheeler explorent certains aspects de l'abstraction. Puis vient la Dépression et ses terribles conséquences, qui inspirent le réalisme social de Reginald Marsh et la peinture murale de Thomas Hart Benton.

Quelques mouvements marquants – Avant les années 1930, beaucoup d'artistes américains partent étudier à l'étranger. Mais plus tard, alors que la guerre couve et que la Dépression persiste en Europe, les États-Unis accueillent à leur tour des talents de nationalités diverses qui contribueront à créer l'ambiance artistique new-yorkaise. Les événements de 1940 amènent à New York des peintres européens comme les Français Fernand Léger et André Masson, l'Espagnol Joan Miró et les Allemands Josef Albers et Max Ernst, qui représentent une occasion sans précédent d'établir un contact direct avec des maîtres du surréalisme et de l'art abstrait. L'après-guerre voit donc naître un mouvement d'avant-garde américain, et c'est à cette même époque que New York commence à s'affirmer en tant que leader mondial dans le domaine de l'art moderne. Cette période d'intense activité artistique culmine avec l'émergence d'un mouvement essentiellement non figuratif, l'**expressionnisme abstrait** (1946-fin des années 1950), également appelé école de New York. Les expressionnistes abstraits sont partagés entre les adeptes de l'*Action Painting* ou peinture gestuelle (Jackson Pollock, Willem de Kooning, Franz Kline, Robert Motherwell et Clyfford Still), qui favorisent les larges mouvements de pinceaux, voire les projections ou les coulées de peinture, et ceux du *Color Field* ou abstraction chromatique (Mark Rothko, Barnett Newman), dont les immenses toiles saturées de couleurs enveloppent le spectateur d'un calme méditatif.

La prospérité économique qui caractérise la période d'après-guerre s'accompagne, aux États-Unis, d'un regain d'activité de la part des collectionneurs. Les galeries prolifèrent à New York qui devient peu à peu l'épicentre du monde artistique, place jusqu'alors revendiquée par une grande capitale européenne, Paris. La fin des années 1950 voit l'éclosion de nouvelles tendances artistiques nées de l'expressionnisme abstrait. On notera le tachisme ou *Stain Painting* d'Helen Frankenthaler et le néo-plasticisme ou *Hard Edge Painting* d'Al Held et de Kenneth Noland, ou encore les toiles aux formes particulières de Frank Stella. Dans les années 1960, des artistes comme Roy Lichtenstein, Robert Rauschenberg, Andy Warhol et Claes Oldenburg démystifient l'expressionnisme abstrait en utilisant dans leurs œuvres des personnages de bandes dessinées, en faisant appel à des techniques de peinture commerciale et en préconisant l'introduction d'objets hétéroclites afin de rattacher l'art à la vie populaire : ainsi se développe le **Pop Art**. Également en réaction à l'expressionnisme abstrait, les sculpteurs **minimalistes** des années 1960 (Donald Judd, Carl Andre) visent à réduire

Elizabeth Murray dans son atelier de SoHo.

les formes à leurs plus simples éléments en faisant abstraction de toute expression personnelle. Enfin, les années 1970 sont marquées par la naissance de l'art conceptuel, qui prône la préséance des idées sur les objets, et le retour à un certain réalisme (Philip Pearlstein, Chuck Close, Alex Katz et George Segal).

La scène artistique actuelle – Les années 1980 et 1990 englobent à la fois les mouvements postmodernes : néo-expressionnisme (Julian Schnabel, David Salle), graffitisme (Keith Haring, Jean-Michel Basquiat) et art néo-conceptuel (Barbara Kruger, Jenny Holzer), et les courants traditionnels de la figuration et de l'abstraction picturale. Damien Hist et les « jeunes artistes britanniques » ont investi New York lors de l'exposition « Sensation » du musée de Brooklyn, ravivant des querelles artistiques jamais éteintes avec une Vierge Marie que d'aucuns tinrent pour sacrilège ; la menace du maire de faire évacuer le musée et la controverse qui suivit piquèrent la curiosité du public. Les tendances artistiques contemporaines s'observent dans les galeries « expérimentales » de SoHo, Greenwich Village, West Chelsea et TriBeCa, dans celles plus commerciales qui longent la 57ᵉ Rue et Madison Avenue (entre les 70ᵉ et 90ᵉ Rues) et, bien sûr, dans les grands musées new-yorkais parmi lesquels le musée Whitney d'Art américain et ses fameuses biennales.

Architecture et urbanisme

Stupéfiante vitrine de l'architecture contemporaine, New York est avant tout une ville de gratte-ciel. Pourtant, derrière cet horizon de verre et d'acier en perpétuelle évolution, se cache un paysage architectural extrêmement riche en histoire et en contrastes. Des milliers d'édifices et de quartiers historiques illustrent l'évolution de la métropole, dont les lois de protection du patrimoine sont parmi les plus strictes du pays. Des élégants *brownstones (voir explication plus loin)*, si caractéristiques de la ville, aux grandioses tours des Années Folles, l'architecture est à la fois vedette et figurante dans le grand spectacle de New York.

Commerce et démocratie – L'ingénieur Cryn Fredericksz conçut les plans du fort et du village de Nieuw Amsterdam en 1625. Les premières esquisses de la colonie révèlent alors des rues étroites dessinées au gré des besoins, le long de vieux chemins à ornières au tracé irrégulier (encore visible dans Lower Manhattan), et de coquettes maisons aux avant-toits évasés, agrémentées de porches à colonnes *(voir illustration ci-après)*. Lorsque les Anglais s'emparèrent de Manhattan en 1664, ils implantèrent le style georgien, caractérisé par des façades robustes et symétriques. Dès 1700, la ville s'étendait déjà au Nord de Wall Street. Cette bouffée d'urbanisme ralentit quelque peu, mais reprit de plus belle de 1790 à 1820, lorsque la jeune république adopta le style fédéral, inspiré de l'architecture de la Rome antique. Ce nouveau courant architectural se retrouve dans les édifices publics et les hôtels particuliers de l'époque, et même dans les entrepôts et les magasins qu'on substitua en grand nombre aux anciens immeubles hollandais, comme on le voit notamment dans le quartier de South Street Seaport.

Dans les années 1830, les Américains délaissèrent le fédéral au profit du style néo-grec, qu'ils adoptèrent comme symbole de leur nouvelle nation. Un peu partout, édifices publics et maisons se dotèrent de portiques modelés sur des temples grecs, reflétant les convictions démocratiques de la nation. Dans les quartiers aisés au Nord de Houston Street, cette tendance est particulièrement bien représentée par les maisons de ville de « Row » (1831, Town & Davis), situées sur Washington Square North, et celles de

R. Corbel/MICHELIN

Maison coloniale hollandaise.

Colonnade Row (1831, Seth Greer), sur Lafayette Street, où habitaient de riches familles telles que les Delano, les Astor et les Vanderbilt. L'un des plus remarquables exemples de ce style est sans conteste le Federal Hall National Memorial, avec son superbe portique dorique fait de marbre du comté de Westchester.

Direction Nord ! – Après la guerre d'Indépendance, la ville poursuivit son expansion vers le Nord. Alors que les spéculateurs rivalisaient d'ardeur pour morceler les terrains confisqués aux loyalistes, la nécessité de recourir à un plan de développement se faisait de plus en plus pressante. Ainsi naquit le fameux **plan Randel** (œuvre de l'ingénieur civil John Randel) en 1811. Manhattan fut découpé en un quadrillage précis de douze avenues de 30,5 m de large, traversées par 155 rues perpendiculaires de 18,3 m de large, conçues expressément pour faciliter « l'achat, la vente et l'amélioration de l'immobilier ». La dimension d'un *block* (pâté de maisons) typique faisait (ce qui est toujours le cas) 61 m de large, et pouvait contenir deux rangées de lotissements de 30,5 m de profondeur chacun. On reprocha à Randel d'avoir ignoré la topographie de l'île et d'avoir prolongé le tracé trop loin vers le Nord. Randel avait pourtant bien pressenti l'ampleur de la future métropole, mais les collines et les affleurements de Manhattan durent malgré tout être nivelés au fil des années.

Tout au long du 19e s., on érigea de nouveaux lotissements résidentiels qu'on s'empressait de remplacer par des magasins, des hôtels, des restaurants et des immeubles commerciaux à peine dix ou vingt ans plus tard. En 1835, un terrible incendie dévasta 700 édifices dans le Lower Manhattan et, en 1845, un autre incendie détruisit 300 bâtiments, accélérant le cycle de construction et de reconstruction. L'évolution des transports publics favorisa elle aussi l'essor urbain : lorsqu'on remplaça dans les années 1850 les voitures à chevaux des années 1830 par des trams, la ville prit de l'expansion, atteignant Houston Street en 1820 et la 14e Rue en 1840, et se prolongeant jusqu'à la 23e Rue en 1850 et jusqu'à la 42e Rue en 1860. Mais cette croissance ne fut pas sans incidence : dans les années 1840 et 1850, les taudis se multiplièrent, et des bidonvilles envahirent les terrains jadis inoccupés de Central Park et d'Upper Manhattan.

Broadway devint le baromètre du développement urbain et architectural de Manhattan. Dès les années 1830, des hôtels remplacèrent les maisons de Broadway, déplaçant les quartiers résidentiels vers Washington Square et Greenwich Village. Vers le milieu du 19e s., Union Square était devenu une adresse enviable. En 1862, George William Curtis se plaignit de la transformation de Broadway dans la revue *Harper's Magazine* : « C'était jadis une rue bordée de maisons de brique rouge à trois étages. Maintenant, ce n'est plus qu'une route de pierre et de fer, parsemée d'édifices de marbre ». Le plan Randel n'avait prévu aucun espace vert, et les parcs privés tels que l'Elgin Botanic Garden et le St. John's devinrent bien vite de lucratifs chantiers de construction. L'aménagement de Central Park, vers le milieu du 19e s., donna à la ville les grands espaces libres dont elle avait tant besoin, rehaussant du même coup la valeur immobilière des propriétés avoisinantes.

L'éclectisme victorien – L'architecture néogothique, inspirée par l'Anglais John Ruskin, fut populaire aux États-Unis à compter des années 1840. Elle convenait particulièrement bien aux églises, comme en témoigne la splendide Trinity Church (1846, Richard Upjohn), dont le ravissante flèche et le cimetière évoquent à merveille le ténébreux romantisme qui donna naissance à ce style. Parmi d'autres exemples, citons Jefferson Market Library (1874) et l'édifice du premier Metropolitan Museum of Art (1880), tous deux conçus par Withers et Vaux, la National Academy of Design (1865, Peter B. Wight), qui se dressait autrefois à l'angle de Park Avenue et de la 23e Rue Est et, enfin, le National Arts Club (1884, Calvert Vaux), au 15 Gramercy Park South. Au milieu du 19e s., le style italianisant se propagea à travers Lower Manhattan. Ses façades rectangulaires convenaient parfaitement aux étroits lotissements d'une ville en pleine expansion, et s'adaptaient aisément tant aux maisons de ville qu'aux devantures commerciales et aux entrepôts. Premier exemple de cette architecture d'inspiration italienne, le magasin A.T. Stewart fut construit en 1846 au 280 Broadway. De rigueur pour les maisons mitoyennes ou *brownstones* de Brooklyn Heights, Gramercy Park et Harlem (dans le secteur de Chelsea, c'était plutôt la variante dite « anglo-italianisante »

qui prévalait, avec ses façades étroites et ses perrons moins élevés), le style italianisant marqua de son empreinte les nombreux bâtiments commerciaux en fonte de Lower Manhattan dans les années 1850. Le nouveau matériau se prêtait bien aux détails ornementaux. Par ailleurs, la fonte permettait de reproduire de longues rangées de fenêtres arquées, séparées par des colonnes, d'étage en étage, fait important à une époque où les édifices grandissaient en hauteur sous l'effet d'une intense poussée immobilière. Les façades étaient souvent marbrées ou peintes pour imiter la pierre, afin de rassurer un public encore méfiant devant ces structures de fonte et de verre. En 1872, on comptait près de 4,8 km de ces façades dans Lower Manhattan, dont celle de l'élégant E.V. Haughwout Building.

R. Corbel/MICHELIN

Haughwout Building.

La transformation des quartiers parisiens, menée par le baron Haussmann dans les années 1850 et 1860, suscita un profond engouement pour le style Second Empire. Marqué par des toits à la Mansart, ce style convenait parfaitement à l'extravagance de l'Âge d'or de New York et coïncida avec la construction, en 1870, du « Ladies Mile » qui s'étendait le long de la 5e Avenue et Broadway, entre la 10e Rue et Madison Square. Les boutiques et grands magasins construits à cette époque arborèrent le style Second Empire, tandis qu'un grand nombre d'anciennes maisons de ville converties en immeubles commerciaux se virent soudainement coiffées d'élégants toits mansardés parés de lucarnes ouvragées.

Croissance et urbanisation – En 1875, New York comptait un million d'habitants, et ses *boroughs* étaient eux aussi en plein essor. La construction du « El » (c'est-à-dire du métro aérien) après 1868 relia le centre-ville aux lointaines propriétés entourant Central Park, accélérant leur développement. Le métro de la 6e Avenue entra en service en 1877. En 1878, on inaugura la ligne de la 3e Avenue, qui desservait les passagers allant jusqu'à la 129e Rue. En l'espace de deux ans, deux autres lignes furent mises en service le long des 2e et 9e Avenues. Puis, en 1883, le pont de Brooklyn fut achevé, témoignant du génie architectural qui ouvrit la voie à l'ère des gratte-ciel. Rails aériens, câbles électriques, lignes de télégraphe et de téléphone transformèrent considérablement le paysage urbain. Pour en éviter l'enlaidissement progressif, la ville ordonna donc à partir de 1884 qu'on enfouisse ces éléments disgracieux sous terre. Vers la fin du 19e s., le nombre de taudis augmenta avec le nouvel afflux d'immigrants, ce qui créa de nouveaux défis tant du point de vue architectural qu'urbain. En 1867, New York passa son premier règlement sur les logements ouvriers, adoptant une deuxième version, beaucoup plus stricte, en 1879. En 1880, l'Improved Dwellings Association (association pour l'amélioration des logements) fit construire un logement ouvrier, conçu par Vaux et Radford, sur la 1re Avenue, au Nord de la 71e Rue. Mais une architecture de qualité ne réglait en rien les malaises sociaux de l'époque. Des tentatives de réforme, dans les années 1890, menèrent à la démolition de quelques taudis pour faire place à deux espaces verts : Columbus Park et Seward Park.

Pendant ce temps, New York continuait de croître. En 1869, Richard Morris Hunt construisit le premier immeuble d'habitation (maintenant démoli) de la ville, sur la 18e Rue Est. Les hôtels particuliers de la 5e Avenue cédèrent le pas à des commerces

Les « Brownstones »

Dans son autobiographie intitulée *A Backward Glance*, la romancière américaine Edith Wharton vilipende cet élément classique du paysage new-yorkais auquel elle reproche sa forme angulaire, son revêtement « couleur chocolat » et même ses pierres, « les plus affreuses que l'on ait jamais extraites ». Pourtant, le *brownstone* est devenu, au fil des ans, le symbole des anciens quartiers new-yorkais.

Ces maisons de trois ou quatre étages sont l'héritage d'une intense spéculation immobilière qui vit naître, au 19e s., de longs blocs résidentiels occupés par ces structures aux élégantes corniches et aux perrons surélevés, dont la répétition à l'infini, dans certaines rues, engendre de curieuses perspectives. Leur construction reflète les différents styles en vogue à l'époque. Le modèle italianisant, avec ses lourdes corniches et ses encorbellements, prédomina tout d'abord, pour ensuite céder le pas aux styles néo-Renaissance, néoroman et Queen Anne. Il faut préciser que dans les années 1820 et 1830, les entrepreneurs utilisaient du grès brun, matière plus économique que le calcaire et le marbre. Le terme *brownstone* s'applique aujourd'hui à toute maison mitoyenne, qu'elle soit revêtue de pierre ou de brique.

Destinées à n'abriter qu'une seule famille, ces demeures furent divisées en appartements au fur et à mesure que se détérioraient les anciens quartiers, et vinrent à symboliser la déchéance des centres urbains. Depuis plusieurs années, la tendance est à leur rendre leur aménagement d'origine ; beaucoup d'entre elles ont été reconverties en habitations unifamiliales et ont retrouvé leur cachet d'antan. Elles ont survécu dans plusieurs quartiers de Manhattan (Greenwich Village, Murray Hill, Gramercy Park, Harlem, Upper East Side et Upper West Side) et dominent le paysage architectural dans certains secteurs de Brooklyn, notamment Park Slope et Brooklyn Heights.

R. Corbel/MICHELIN

de luxe tels que Tiffany & CO., et le quartier des spectacles d'Union Square fut remplacé dans les années 1880 par le quartier Rialto, qui s'étendait le long de Broadway, de Madison Square à la 42ᵉ Rue. L'Upper West Side se développa moins rapidement que l'Upper East Side, bien qu'on y ait aménagé Riverside Drive dès 1865. L'immeuble de grand standing conçu pour le compte du propriétaire de la firme Singer, Edward S. Clark, se trouvait alors, brocardait-on, aussi éloigné du centre-ville que s'il avait été érigé dans le Dakota (région du Nord des États-Unis connue pour son isolement). Le nom Clark's Dakota Apartments (1884, J. Hardenbergh) resta attaché à ce superbe exemple d'éclectisme victorien, même si bientôt, d'autres édifices apparurent le long de la 9ᵉ Avenue, désormais desservie par le fameux métro aérien. À la fin du 19ᵉ s., il ne restait ni fermes ni champs dans le Nord de Manhattan.

L'ère industrielle – Les maisons érigées vers les années 1880 arboraient les styles caractéristiques de la fin de l'époque victorienne : le Queen Anne, avec ses chantournages pittoresques et ses façades asymétriques, le néoroman, empreint de calme et de solidité et le Beaux-Arts, symbole de l'élégance et du raffinement de la vieille Europe. Parmi les maisons de ville et les luxueuses demeures de West End Avenue et de Park Slope, à Brooklyn, et les immeubles d'habitation de Gramercy Square, se trouvaient notamment de beaux exemples de style Queen Anne. C'est à **Henry Hobson Richardson**, un résident de Staten Island, que l'on doit la vogue du néoroman. Les arches semi-circulaires et les pierres grossièrement taillées qui caractérisent ce style se retrouvent dans la caserne de pompiers de Brooklyn (1892, Frank Freeman) et dans divers édifices religieux tels que la synagogue d'Eldridge Street (1887, Herter Bros.), qui incorpore aussi des éléments gothiques et mauresques. Le style néoroman richardsonien trouve également son expression dans le DeVinne Press Building (1885, Babb, Cook & Willard), au 399 Lafayette Street.

Le succès de l'Exposition universelle de Chicago, en 1893, créa un engouement pour l'architecture d'inspiration classique, dont les plus illustres praticiens incluent **McKim, Mead & White** et **Richard Morris Hunt**. Aux premiers, on doit des édifices publics comme l'US Custom House (1907), maison des douanes située à Bowling Green, et des établissements commerciaux tel le premier magasin Tiffany, construit en 1906 au n° 409 de la 5ᵉ Avenue. Parmi leurs plus grandes réalisations, citons deux établissements d'enseignement supérieur, l'université Columbia et l'université de New York, qui datent des années 1890, et une superbe gare, Pennsylvania Railroad Station (aujourd'hui détruite), qui fut bâtie en 1910 sur le modèle des thermes romains de Caracalla.

Richard Morris Hunt conçut quant à lui la façade néoclassique du Metropolitan Museum of Art entre 1895 et 1902. Sur Broadway, plusieurs immeubles d'habitation, tels que l'opulent Ansonia Hotel (1899-1904) et l'Apthorp (1908), adoptèrent aussi le style Beaux-Arts. Ce dernier convenait bien à une métropole commerciale comme New York et se propagea dans les quartiers résidentiels de l'Upper East Side et de l'Upper West Side. La gare Grand Central Terminal (1913, Warren & Wetmore) et la New York Public Library (1911, Carrère & Hastings) sont considérées comme des exemples achevés du style Beaux-Arts. La redécouverte des styles historiques marqua l'architecture de New York au début du 20ᵉ s. Au courant Beaux-Arts s'ajoutèrent les styles colonial hollandais, georgien, Tudor et gothique, qu'on pouvait imiter à la perfection grâce à l'utilisation d'ornements en terre cuite. L'émulation de ces styles issus du passé trouva sa meilleure expression dans les théâtres de vaudeville comme l'Apollo (1914, George Keister) et les salles de spectacle de Broadway.

L'avènement du gratte-ciel – Au début du 20ᵉ s., la fulgurante croissance de New York entraîna l'apparition d'un nouveau type d'immeuble : le gratte-ciel. James Bogardus érigea le premier édifice en fonte à l'angle de Washington Street et de Murray Street en 1848 puis, en 1857, Elisha Graves Otis installa le premier ascenseur dans le E.V. Haughwout Building ; fait d'une importance majeure, car sans ascenseur, la construction d'immeubles de grande hauteur eût été vaine. Ancêtres des charpentes d'acier des gratte-ciel, les armatures de fer entrèrent dans la construction du Cooper Union en 1859, mais le premier vrai gratte-ciel entièrement supporté par une ossature métallique naquit à Chicago en 1884. En 1894, Louis Sullivan, lui-même diplômé de l'école d'architecture de Chicago, conçut l'un des premiers gratte-ciel de New York : le Bayard-Condict Building. À cette esthétique résolument

R. Corbel /MICHELIN

Woolworth Building.

fonctionnaliste, alors fort osée, la ville préféra une approche éclectique plus conven-
tionnelle, illustrée par des bâtiments tels que le Park Row Building (1899, R.H. Robertson) ou le Flatiron Building (1902, Daniel H. Burnham). L'application de styles historiques à de nouveaux concepts architecturaux trouve sans aucun doute son
expression la plus parfaite dans le grandiose Woolworth Building (1913, Cass Gilbert),
qui fut quelque temps l'immeuble le plus haut du monde (241 m).

L'accroissement de la population et l'augmentation du prix des terrains rendaient la
construction des gratte-ciel très rentable, mais leur taille souleva bien vite des controverses. En 1916, New York fut la première ville des États-Unis à adopter une **loi
réglementant la hauteur et le volume** des édifices par rapport à la largeur des rues, de manière
à éviter que celles-ci ne deviennent trop obscures ou étouffantes. Comme les façades
devaient être bâties en retrait de la rue, on vit bientôt apparaître des tours à décrochements dont la forme rappelle les ziggourats de l'ancienne Babylone. Cette silhouette
particulière, combinée aux nouvelles techniques de construction de l'époque et au
dépouillement de l'art moderne, présida à l'émergence du gratte-ciel Art déco, dont les
plus remarquables exemples se trouvent à New York. À la fin des années 1920, les surfaces planes aux ornements expressionnistes, ponctuées de fenêtres en renfoncement,
étaient devenues la marque du style Art déco, superbement illustré par les chefs-
d'œuvre que sont le Chrysler Building, coiffé d'une couronne d'acier alvéolée, et le
General Electric Building, avec son superbe parement de brique et de terre cuite, sans
oublier l'Empire State Building, qui fut pendant 40 ans le plus haut édifice du monde.

Visions d'avenir – À compter des années 1930, il ne restait plus de terrains inoccupés au Nord de Manhattan. Il fallait ou démolir et reconstruire, ou bâtir toujours
plus haut. Le quartier des affaires, à la pointe Sud de l'île, et la 5e Avenue, près de la
42e Rue, se peuplèrent de tours de bureaux, tandis que des immeubles d'habitation
apparurent aux abords de Central Park. Robert Moses, commissaire des parcs et coordonnateur des projets de construction pour la ville de New York, amorça un
programme d'expansion des espaces verts, augmentant leur superficie d'un tiers en
l'espace de deux ans. Marquant par là l'entrée de la ville dans l'ère de l'automobile,
Robert Moses et le maire Fiorello La Guardia firent construire un pont, le Triborough
Bridge ; ils mirent également un terme à la construction de métros aériens et super-
visèrent l'aménagement de l'aéroport LaGuardia.

Si la Grande Dépression mit essentiellement fin au développement de la ville pendant
une vingtaine d'années, le Rockefeller Center fut tout de même construit au cours des
années 1930, prouvant que New York était encore et toujours la capitale commerciale
du monde.

La prospérité de l'après-guerre – À la fin des années 1940, le
marché immobilier de New York sortit d'une longue léthar-
gie. Issus du style international, les gratte-ciel de cette
époque sont d'une grande sobriété esthétique. Ils rejettent l'ornementation et les silhouettes en ressauts des
dernières décennies au profit de formes monolithiques
s'élevant au-dessus de larges esplanades. L'un des premiers édifices à arborer le style international n'est nul
autre que le siège des Nations unies, dont les plans furent conçus par un comité international en 1947. Dépourvu de toute référence historique ou culturelle en
réaction au passéisme traditionnel, ce nouveau style est
superbement illustré par Lever House, conçu en 1952
par **Skidmore, Owings & Merrill**. On doit à ces derniers l'invention du mur-rideau, dont le plus remarquable
exemple est sans doute le Seagram Building
(1956), de **Ludwig Mies van der Rohe**. Le style
international vint peu à peu à symboliser la prospérité des années 1960,
comme en attestent divers édifices tel
celui de la Marine Midland Bank (1967,
Skidmore, Owings & Merrill).
Conscient de son importance culturelle
dans le monde, Manhattan s'ouvrit aux designs

R. Corbel /MICHELIN

Lever House.

novateurs, comme en fait foi l'insolite bâtiment en spirale du musée Guggenheim (1956-
1959, Frank Lloyd Wright), véritable hommage au modernisme. Citons aussi le Whitney
Museum of American Art (1966, Marcel Breuer), édifice de béton d'inspiration brutaliste, et les formes sensuelles du TWA International Building (1962, Eero Saarinen), situé
à l'aéroport John F. Kennedy. Tandis que se succédaient de nouveaux maires, Robert
Moses continuait de rebâtir la ville, l'entourant de voies rapides, détruisant les taudis et
construisant des tunnels et des ponts auxquels on reprocha d'enlaidir le paysage urbain.
La population se rebella enfin contre cette orgie de construction lors de la démolition
d'une gare ferroviaire, la Penn Station, en 1962. En 1965, la ville adopta la plus stricte
loi de protection du patrimoine du pays, s'engageant, au cours des trente prochaines
années, à préserver quelque 19 000 édifices. Lorsque les propriétaires du Grand Central
Terminal tentèrent de détruire cette structure pourtant classée, la cause se rendit jusqu'à
la Cour suprême, qui maintint la primauté des lois de protection du patrimoine.

À Manhattan, le modernisme atteignit son apogée avec l'édification des tours jumelles du World Trade Center, représentant environ 930 000 m² d'espaces de bureaux. Marqué par une géométrie brisée et des ornements stylisés d'inspiration classique, le postmodernisme est fièrement représenté par le Citicorp Center (1978, Hugh Stubbins & Associates), avec sa remarquable ligne faîtière, et le siège social d'AT&T (1982, Philip Johnson), couronné d'un toit de style Chippendale. Citons aussi les façades de verre réfléchissant du Jacob Javits Convention Center (1986, I.M. Pei & Partners) et les toitures éclectiques des édifices du World Financial Center (1985-1988, Cesar Pelli). Les années 1990 ont vu l'apparition de l'architecture dite de divertissement, éclectique formule postmoderniste qui se traduit par des façades marquant les différents niveaux et un éclairage théâtral. Times Square, où lumières et panneaux publicitaires sont de rigueur, compte tout naturellement de nombreux exemples de cette architecture de divertissement. Les immeubles de bureaux y sont plus insolites, comme en témoigne le collage stylistique et géométrique du Condé Nast Building (1999, Fox and Fowle) et du Reuters Building (2001). Le nouveau Westin Hotel (2002, Arquitectonica) explose de mille couleurs ; sa tour, fendue longitudinalement par une flèche, est faite de panneaux de verre bleus contrastant avec des rideaux orange et rose vif.

D'importantes réalisations vont dans le sens de cette renaissance de la ville : l'audacieuse conception en forme de sphère enchâssée dans un cube pour le Rose Center for Space and Earth (2000, James Polshek) du muséum d'Histoire naturelle ou l'aménagement de la « nouvelle » Penn Station, conçue à partir de son voisin, l'ancien bureau de poste central, bâtiment Beaux-Arts de McKim, Mead et White. C'est Renzo Piano qui a été choisi par le New York Times pour créer le nouveau siège du journal qui s'élèvera, comme il se doit, dans le quartier de Times Square.

Mais le projet auquel les New-Yorkais tiennent le plus est bien la reconstruction du site du World Trade Center. En février 2003, Daniel Libeskind, architecte d'origine polonaise qui a grandi dans le Bronx, a été nommé maître d'œuvre de la construction de l'ensemble qui remplacera le World Trade Center. Daniel Libeskind a prévu une tour de 1 776 pieds (58 m) en souvenir de l'année où l'Amérique accéda à l'indépendance.

Styles architecturaux

Style colonial hollandais (1620-1700) – L'architecture coloniale imite les styles européens de l'époque en les modifiant, au besoin, en fonction des matériaux et du climat de l'Amérique du Nord. Aux 17e et 18e s., l'architecture d'inspiration hollandaise se caractérise par d'étroits bâtiments tout en hauteur, coiffés de toits à pignon semblables à ceux que l'on voit le long des rues et des canaux d'Amsterdam, et dans d'autres villes portuaires où les maisons étaient taxées sur la largeur de la façade. Les domaines agricoles ou *bouweries* s'inspirent des maisons de campagne hollandaises, avec leurs toits à comble brisé en pente et leurs porches à colonnes. Dyckman House, à Manhattan, et Wyckoff House, à Brooklyn, en sont de bons exemples.

Style georgien (1720-1790) – Marquée par un goût prononcé de la symétrie et de la formalité, l'architecture d'inspiration anglaise adopte le vocabulaire classique de la Renaissance, très en vogue sous les règnes de George I et George II. Les bâtiments de bois, de brique ou de pierre, affichent des toits en croupe ou en pente, un fenestrage harmonieux et une entrée principale volontiers surmontée d'une imposte et flanquée de petites fenêtres. Van Cortlandt House illustre à merveille ce style qui, dans le cas des grands édifices publics ou religieux comme la chapelle St-Paul, se distingue par une abondance de colonnes et de frontons.

Style fédéral (1780-1830) – Il s'agit d'une version plus robuste et plus massive du style georgien, adoptée par la jeune république à la fin du 18e s. Renouant avec l'architecture de l'ancienne Rome, les bâtiments se parent de nombreuses colonnes et de frontons, surtout autour des portes d'entrée, souvent garnies d'une imposte. Les toitures sont parfois entourées d'une balustrade. L'hôtel de ville de 1811 reflète parfaitement la discrète élégance de ce style.

Style néogrec (1820-1850) – La fulgurante progression de l'idéal démocratique américain à travers le continent donne naissance à une architecture qui reprend la symétrie des temples grecs et privilégie l'utilisation des frontons. Les édifices publics arborent souvent un lanternon ou un dôme et une colonnade à étage. Les versions régionales de ce style se distinguent par un étage mansardé, un toit à faible pente, des colonnes doriques, ioniques ou corinthiennes, et un portique pourvu d'un fronton. Le Federal Hall National Memorial, sur Wall Street, est la copie conforme d'un temple de la Grèce antique.

Style néogothique (1840-1880) – Très appréciées dans l'Angleterre du 19e s., les formes pittoresques et asymétriques des façades néogothiques incorporent souvent des tours, des créneaux, des fenêtres en tiers point et des gables. Associé au mouvement romantique, le néogothique préfigure d'autres mouvements pittoresques, comme par exemple le Queen Anne. Les maisons plus modestes présentent des bordures de pignon finement ouvragées et un bardage vertical, tandis que les demeures plus luxueuses et les édifices commerciaux s'ornent de créneaux, de flèches et de gargouilles. Fortement inspiré des cathédrales de l'Europe médiévale, le style convient particulièrement bien aux églises, comme en atteste l'église de la Trinité, de Richard Upjohn.

Style italianisant (1840-1880) – Au milieu du siècle, le style italianisant, avec ses lourdes corniches et ses larges consoles, ses linteaux de fenêtre ouvragés et sa forme rectangulaire parfaitement adaptée aux espaces urbains exigus, fait fureur aux États-Unis. Plus ornementé que le sobre style georgien, inspiré lui aussi de l'architecture de la Renaissance, il se distingue par des fenêtres arquées, hautes et étroites, souvent embellies de motifs gravés ou en relief, et des perrons surélevés qui accentuent la verticalité des façades. L'influence italianisante se retrouve manifestement dans les *brownstones (voir p. 92)* new-yorkais et les façades des édifices commerciaux en fonte de Lower Manhattan, tel le E.V. Haughwout Building. Les grandes résidences adoptent la variante « villa italienne », avec dôme classique, pierres angulaires bosselées, frontons et fenêtres jumelées ou arquées.

Style Second Empire (1860-1880) – Issu de la transformation de Paris sous le baron Haussmann, dans les années 1850, ce style grandiose est marqué par des toits à la Mansart percés de lucarnes. Les façades, généralement symétriques, se distinguent par des pierres d'angle, des baies en saillie, des fenêtres flanquées de pilastres, des balustrades et une abondante ornementation classique. Citons, comme exemples, les magasins Arnold Constable et Lord & Taylor, situés sur Broadway.

Style néoroman (1860-1900) – Inspirées des forteresses médiévales, les arches arrondies, les fenêtres et portes en renfoncement et les pierres grossièrement taillées du néoroman créent une impression de permanence dans le paysage changeant de l'Amérique industrielle. Épuré par l'architecte bostonien H.H. Richardson, ce style contribue à l'éclosion d'une architecture proprement américaine. La première caserne de pompiers de Brooklyn, sur Jay Street, et l'American Museum of Natural History en sont de remarquables exemples.

Style Queen Anne (1880-1905) – Aucun autre style n'est aussi étroitement associé à l'époque victorienne. Voué principalement à l'architecture domestique, il se distingue par ses façades asymétriques, son ornementation exubérante et l'allure singulière que lui confèrent ses tours coniques, ses baies en saillie et ses lucarnes et pignons très ouvragés. Pittoresque quartier historique de Manhattan, Henderson Place Historic District compte 24 maisons de ce style bien particulier.

École de Chicago (1885-1905) – L'invention de l'ascenseur et de l'ossature d'acier favorisent la naissance des premiers gratte-ciel de Chicago dans les années 1880. Selon une philosophie résumée par l'architecte Louis Sullivan, « la forme reflète la fonction ». Les façades de brique ou de terre cuite revêtent l'aspect d'un immense quadrillage ponctué de vastes panneaux vitrés. Les tout premiers gratte-ciel présentent des éléments décoratifs néoromans et Queen Anne auxquels s'ajoutent, à compter de la fin des années 1890, des accents de style Beaux-Arts. Immeuble de douze étages situé sur Bleecker Street, le Bayard-Condict Building (1899, Louis Sullivan) comporte par exemple des motifs d'inspiration végétale caractéristiques de l'architecte.

Style néoclassique ou Beaux-Arts (1890-1920) – Sous l'influence de la fameuse école des Beaux-Arts de Paris et de l'Exposition universelle de Chicago en 1893, qui popularise les formes monumentales du style néoroman, l'architecture américaine manifeste dans son esthétique un retour à l'Antiquité classique, mais sous une forme renouvelée. À la simplicité du style néogrec, le Beaux-Arts oppose une ornementation plus somptueuse. Les édifices se parent de fenêtres arquées, de balustrades à chaque étage, de grands escaliers, de colonnes et guirlandes décoratives, et même de statues. La bibliothèque publique (1911), la grande gare centrale (1913) et le bureau des douanes (1907), à Bowling Green, en sont d'excellents exemples. Par ailleurs, le Flatiron Building (1901, Daniel Burnham) en fait un style populaire pour les gratte-ciel.

Éclectisme (1900-1925) – La plasticité de la terre cuite et la recherche de formes aptes à symboliser la naissance de l'empire américain favorisent l'exemplarité des styles du passé durant les trois premières décennies du 20e s. Le style Beaux-Arts évolue vers les styles néogeorgien et néo-Renaissance, utilisés pour les clubs privés, les maisons de ville, les hôtels et les immeubles d'habitation. Les établissements d'enseignement, tel le collège Hunter, sont plutôt conçus dans le style néogothique, dit alors *Collegiate Gothic* (gothique collégial). Le néo-colonial est le style de choix pour les maisons de banlieue, tandis que de nombreux édifices, théâtres en particulier, s'ornent d'éléments mauresques, Tudor, égyptiens et chinois. L'éclectisme des gratte-ciel atteint littéralement un sommet avec la construction du Woolworth Building, œuvre néogothique de Cass Gilbert.

Style Art déco (1925-1940) – Faisant abstraction des références historiques incorporées au décor des édifices commerciaux dans les années 1910, l'Art déco connaît ses débuts lors de l'Exposition internationale des Arts décoratifs et industriels modernes tenue à Paris en 1925. La loi adoptée à New York en 1916 *(voir p. 94)* exige que les gratte-ciel soient construits en retrait afin d'éviter que les rues ne deviennent trop obscures. Ces critères contribueront à définir l'architecture Art déco, caractérisée par des immeubles en décrochements, des fenêtres en renfoncement et, de façon plus générale, une esthétique dominée par la verticalité des lignes. Faites de pierre polie ou de terre cuite vernissée, les façades arborent des éléments décoratifs et sculpturaux très stylisés. Le Chrysler Building, l'Empire State Building et le Rockefeller Center en sont de superbes exemples.

Style international (1930-1970) – Abandonnant toute décoration au profit de lignes élancées et sculpturales, ce style très dépouillé trouve une expression particulièrement forte dans les œuvres simples et rigoureuses du célèbre architecte Mies van der Rohe. Faits de béton, de verre et d'acier, les édifices s'élèvent tels d'immenses blocs monolithiques au-dessus de larges esplanades. La Lever House (Skidmore, Owings & Merrill) et le Seagram Building (Mies van der Rohe) sont parmi les premières et les plus célèbres manifestations de cette architecture fonctionnelle.

Style postmoderne (de 1975 à aujourd'hui) – Caractérisé par la juxtaposition de références historiques et de matériaux traditionnels à des charpentes d'acier, ce style offre des surfaces de pierre et de verre réfléchissant, généralement plus colorées et nuancées que les façades épurées du style international. Les références classiques font une réapparition marquée. Le siège de AT&T (1982, Johnson & Burgee), coiffé d'un toit Chippendale d'allure plutôt fantaisiste, signale la montée de ce nouveau style, dont on voit un autre exemple dans les toits cuivrés du World Financial Center, conçu par Cesar Pelli, et les façades claires et lumineuses du nouveau Times Square.

Vue sur Central Park depuis le Plaza Hotel.

Quartiers
et monuments

Manhattan

Vue de l'Empire State Building.

Pour le nouvel arrivant, la vision la plus spectaculaire de Manhattan est celle d'un front de mer hérissé d'une multitude de gratte-ciel dressés tels des fûts de colonnes. Cœur de la vibrante activité culturelle et commerciale de New York, cette mince langue de terre est flanquée à l'Ouest par l'Hudson, et à l'Est par l'Harlem River et l'East River. Ses faibles dimensions – 21,6 km de long sur 3,7 km au point le plus large – en font le plus petit des cinq *boroughs* de la ville. Habitants des lieux, les Algonquins l'avaient surnommée « l'île des collines » pour en évoquer les paysages vallonnés dont on a toujours un aperçu dans Central Park. En 1626, le gouverneur hollandais Peter Minuit échangea l'île aux indiens contre quelques babioles. Première à être colonisée, la partie Sud de Manhattan contient encore, dans le quartier des affaires, des rues au tracé irrégulier. Après l'occupation britannique, la ville s'étendit vers le Nord selon un quadrillage ordonné de rues numérotées, principe par la suite adopté sur la majeure partie de l'île. Manhattan se divise aujourd'hui en trois grands secteurs : **Downtown** (au Sud de la 14e Rue), **Midtown** (au centre) et **Uptown** (de part et d'autre de Central Park, au-delà de la 59e Rue). Ligne de partage entre l'East Side (section Est de la ville) et le West Side (section Ouest), la 5e Avenue représente l'un des principaux axes Nord-Sud de Manhattan.

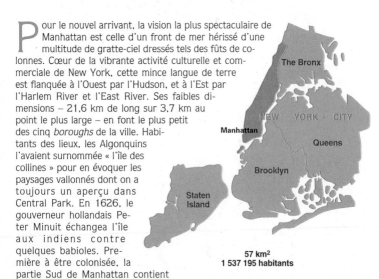

57 km²
1 537 195 habitants

Les **23 promenades** suggérées ci-après vous guideront à travers un riche éventail de curiosités : élégantes artères bordées de boutiques de luxe, pittoresques enclaves ethniques chargées d'histoire, quartiers commerçants en pleine effervescence, paysages artificiels de béton, d'acier et de verre, tours vertigineuses d'un modernisme saisissant, imposants édifices publics et fastueuses résidences privées. La section consacrée aux **musées** *(p. 224 à 273)* permettra de se renseigner sur plus de 50 institutions culturelles new-yorkaises de renom.

1 • 5th AVENUE★★★

CINQUIÈME AVENUE

MTA station 34th St. (lignes N, R)
Voir plan p. 104-105

La variété des perspectives sur les principaux gratte-ciel de la ville, le luxe des devantures et l'élégance des passants concourent à faire de **Fifth Avenue**, véritable voie triomphale de New York, un fascinant but de promenade.

Un peu d'histoire

Tracée par sections successives à partir de 1824, la 5ᵉ Avenue commença vers 1850 à supplanter Broadway. La guerre de Sécession (1861-1865) fut suivie d'une période marquée par une importante reprise immobilière, et environ 350 immeubles résidentiels y furent construits, qui coûtaient chacun au moins 20 000 dollars, une petite fortune à l'époque. Dès 1880, l'avenue s'était transformée en une artère bruyante et agitée, parcourue à grand fracas par des attelages de toutes sortes, et bordée d'hôtels particuliers, d'élégants clubs privés et de *brownstones* plus modestes. Construits vers le milieu du 19ᵉ s. aux abords de la 34ᵉ Rue, les premiers magasins chic gagnèrent peu à peu le Nord de la 5ᵉ Avenue. Dès ses débuts, la grande artère new-yorkaise avait attiré une bourgeoisie richissime. Associé commanditaire de plusieurs grands magasins, A.T. Stewart se fit par exemple bâtir une splendide demeure en marbre au croisement de la 34ᵉ Rue. Non loin de là trônait l'imposant hôtel particulier de William Astor et de sa femme Caroline, qui choisit par la suite un lieu de résidence plus au Nord, à la hauteur de la 65ᵉ Rue. Jay Gould, magnat des chemins de fer, établit quant à lui ses quartiers à l'angle de la 47ᵉ Rue, tandis que la puissante lignée des Vanderbilt s'établissait aux alentours de la 50ᵉ Rue. De ces somptueuses demeures du siècle dernier, qui valurent à la 5ᵉ Avenue le surnom de *Millionaires' Row* (l'avenue des Millionnaires), ne subsistent aujourd'hui que de rares exemples.

PROMENADE *parcours : 3,2 km*

S'il est vrai que des entreprises destinées aux marchés de masse (telles que Disney et Coca-Cola) côtoient désormais les prestigieuses boutiques de la 5ᵉ Avenue, cette dernière n'en demeure pas moins le symbole incontesté de l'élégance et du luxe new-yorkais, et une destination favorite des touristes et des riches résidents. L'activité y est fiévreuse : pour y échapper quelque temps, pénétrez dans l'une des églises qui bordent l'avenue, ou faites une pause au charmant café-jardin du musée d'Art moderne.

Point de départ : angle de la 5ᵉ Av. & de la 34ᵉ Rue O.

★★★**Empire State Building** — [Enfants] *350, 5ᵉ Av.* Depuis 1931, époque à laquelle il fut achevé, l'Empire State demeure la silhouette la plus distinctive de Manhattan, qu'il domine avec grâce et puissance du haut de ses 443 m. Cette étonnante structure aux proportions grandioses, considérée pendant plus de 40 ans comme l'édifice le plus haut du monde, fut baptisée en l'honneur de l'État de New York, surnommé l'*Empire State*. Aujourd'hui surpassée en taille par d'autres tours construites aux États-Unis et en Asie, elle n'en reste pas moins l'un des plus beaux gratte-ciel jamais bâtis. La vue, depuis son sommet, est si impressionnante qu'elle mérite à elle seule deux visites : la première de jour, pour jouir d'une vision panoramique de toute la région, et la seconde de nuit, pour apprécier le spectacle des lumières de la ville.

Un site prestigieux — À l'emplacement actuel de l'Empire State s'élevaient autrefois deux hôtels particuliers appartenant à **William Astor** et à son épouse, née Caroline Schermerhorn. En 1893, le neveu de celui-ci, William Waldorf Astor, fit raser la résidence Sud et élever l'**hôtel Waldorf**, à côté de la demeure de son oncle. Mᵐᵉ Astor la quitta bientôt et la laissa à son fils, John Jacob Astor. Celui-ci fit à son tour détruire la seconde résidence et édifier un hôtel, l'**Astoria** (1897). En dépit de brouilles familiales, les deux établissements fonctionnèrent en commun jusqu'en 1929 pour faire place alors à l'Empire State. En 1931, le nouveau Waldorf-Astoria Hotel était bâti plus au Nord, sur Park Avenue.

La construction — Les travaux, lancés par un groupe de promoteurs dirigé par Alfred E. Smith (gouverneur de l'État de New York de 1918 à 1928), furent menés avec une exceptionnelle célérité : l'inauguration du bâtiment eut lieu en mai 1931, moins de deux ans après le premier coup de pioche (octobre 1929). La construction progressa à un rythme trépidant, l'édifice s'élevant parfois même de plus d'un étage par jour. Cette immense structure reposait sur à peine deux étages de fondations. Les poutrelles d'acier qui en constituaient l'ossature métallique totalisaient un poids d'environ 54 500 tonnes ; mises bout à bout, elles auraient suffi à réaliser une voie de chemin de fer reliant New York à Baltimore.

Jon Riley/FOLIO, Inc.

L'Empire State Building.

L'opinion publique s'inquiéta, craignant de voir l'Empire State s'effondrer comme un château de cartes ; mais il s'avéra des plus solides, et on envisagea même de faire de la plateforme supérieure une aire d'amarrage pour dirigeables, idée promptement abandonnée en 1932, après une tentative qui frôla la catastrophe. Une tragédie frappa tout de même l'édifice en juillet 1945, lorsqu'un bombardier s'écrasa au niveau du 79ᵉ étage, tuant sur le coup 14 personnes dont les membres de l'équipage.

L'Empire State est surmonté d'une gigantesque antenne de télévision de 62 m de haut (soit l'équivalent de 22 étages) qui fut installée en 1985 et dont la balise lumineuse sert de repère aux avions. Les 30 étages supérieurs sont illuminés (du crépuscule à minuit) de couleurs différentes selon l'occasion ou la saison : vert pour la Saint-Patrick, bleu, blanc, rouge pour les fêtes nationales, ou bien rouge et vert à la période de Noël. Ils sont éteints les nuits de brouillard ou de mauvais temps au printemps et en automne, lors de la migration des oiseaux, afin que ceux-ci, troublés par la lumière diffuse, ne viennent s'écraser contre les parois.

■ L'Empire State Building : la démesure

L'Empire State Building (hauteur : 443 m, antenne comprise ; poids : 331 216 t), où fut tourné le célèbre *King Kong* en 1933, représente 5 600 m³ de pierre calcaire et de granit, 10 millions de briques et 662 t d'aluminium et d'acier inoxydable. Sa construction a coûté près de 40 millions de dollars. 15 000 personnes y travaillent, et 35 000 le visitent chaque jour. Un véritable bataillon d'employés nettoie une fois par mois ses 6 500 vitres. Soixante-treize ascenseurs, dont l'un permet d'atteindre le 80ᵉ étage en moins d'une minute, desservent ses 102 étages. Il faut compter environ une demi-heure pour descendre à pied son escalier de 1 860 marches. Un athlète endurci a pourtant réussi, à l'occasion de l'Empire State Building Run-Up, épreuve sportive annuelle, à en gravir 1 567 marches en un temps éclair de 10 mn 47 s.

Observatoire – *Entrée sur la 5ᵉ Av. Ouv. tlj 9 h30-00 h (horaires réduits 1ᵉʳ janv. & 24-25 déc.). 11 $.* ✗ ♿ *www.esbnyc.com* ☎ *212-736-3100. Consulter le tableau de visibilité avant d'acheter son billet.* Au 86ᵉ niveau, une plate-forme découverte révèle de magnifiques **vues★★★** de la métropole et de ses environs qui, par temps clair, portent jusqu'à une centaine de kilomètres à la ronde. Un second ascenseur mène à la rotonde vitrée du 102ᵉ niveau d'où l'on peut admirer le panorama à l'abri du vent et des intempéries.

New York Skyride – Enfants *Ouv. tlj 10 h-22 h. Spectacles toutes les 10mn. 16,50 $.* ♿ *www.skyride.com* ☎ *212-279-9777. Possibilité de billets valables également pour l'observatoire de l'Empire State Building.* Cette simulation de vol sur grand écran fera la joie des amateurs de sensations fortes. Les spectateurs prennent place à bord d'un « vaisseau » piloté par un célèbre New-Yorkais. Mais voilà qu'une panne mécanique précipite l'aéronef et ses passagers dans les corridors de verre et d'acier de Manhattan... et c'est ainsi que débute une époustouflante visite de la ville.

Continuer sur la 5ᵉ Av. en direction du Nord.

De nombreux grands magasins bordent la 5ᵉ Avenue, entre les 34ᵉ et 40ᵉ Rues. Particulièrement réputé pour la qualité de ses vêtements et la beauté de ses vitrines de Noël, le célèbre Lord & Taylor est considéré comme le plus ancien magasin new-yorkais depuis la fermeture, en 1990, de B. Altman and Co. Ce dernier, logé dans un immeuble (1906) de style néo-Renaissance somptueusement rénové, situé à la hauteur de la 34ᵉ Rue, abrite la Science, Industry and Business Library (l'une des quatre bibliothèques de recherche de la New York Public Library) ainsi que l'Oxford University Press (maison d'édition) et la City University.

★★ **New York Public Library, Humanities & Social Sciences Library** – *476, 5ᵉ Av., entre les 40ᵉ & 42ᵉ Rues O. Ouv. lun. & mer. 11 h-19 h30, mar. & ven.-sam. 10 h-18 h. Fermé les principaux jours fériés.* ♿ *www.nypl.org* ☎ *212-340-0830.* La bibliothèque publique de New York est née en 1895 de la réunion des fonds de plusieurs bibliothèques privées (Astor, Lenox, Fondation Tilden). La richesse de cette branche recherche de la bibliothèque de New York en fait la deuxième plus grande bibliothèque de recherche des États-Unis, après celle du Congrès (à

❶ The Complete Traveller
Voir plan p. 104. 199 Madison Av., à la hauteur de la 35ᵉ Rue. ☎ *212-685-9007.* Que sa destination soit insolite ou classique, le voyageur trouvera un choix considérable de guides dans ce magasin accueillant, qui est aussi la plus ancienne librairie nord-américaine spécialisée dans le voyage. Il fera un bond dans le temps en consultant la belle collection d'ouvrages anciens où figurent les éditions originales des guides de tourisme de quelques-unes des plus anciennes et des plus célèbres maisons d'édition.

Washington). Elle occupe un imposant bâtiment de marbre de style Beaux-Arts (1911, Carrère & Hastings) précédé de gradins que gardent « Patience » et « Courage », ses deux célèbres **lions** de pierre (Edward C. Potter).

Un peu d'histoire – La première exposition universelle américaine se tint en 1853 au **Crystal Palace**, bâti à l'imitation de son homologue de Londres qui avait été achevé deux ans plus tôt. Ce pavillon de verre et de fer, qui abritait un large échantillonnage d'œuvres d'art et de produits industriels, fut détruit par un incendie en 1858. À son emplacement allait être tracé le Bryant Park *(voir p. 104)*. À l'Est du Crystal Palace se trouvait le **Croton Distribution Reservoir** (1845), pseudo-fort surmonté d'un chemin de ronde, qui entourait un vaste bassin de 1,6 ha alimenté par l'eau du lac Croton (dans le comté de Westchester). Il demeura en service jusqu'en 1899, pour être remplacé douze ans plus tard par la bibliothèque publique de New York. Un peu plus au Nord, en retrait de la 42ᵉ Rue, se dressait l'armature métallique de l'**observatoire Latting**. Cette structure de 92 m de haut, qui préfigurait la tour Eiffel, comportait trois étages de plates-formes en bois ; la plus élevée offrait de superbes perspectives sur la ville, avec, au premier plan, le Croton Reservoir et le Crystal Palace. Comme ce dernier, l'observatoire ne connut qu'une brève existence : il disparut dans un incendie en 1856, trois ans à peine après sa construction.

Collections et organisation – La bibliothèque municipale de New York administre plusieurs annexes situées dans différents quartiers de la ville. Ses collections comprennent plus de 15 millions de livres et 48 millions de manuscrits, cartes, disques, enregistrements sonores et autres sources de documentation. Le bâtiment principal renferme à lui seul plus de 16 millions de manuscrits, 178 000 gravures et 370 000 cartes. Les bibliothèques de recherche, dont le financement provient de capitaux privés, réunissent 11 millions de volumes répartis en quatre endroits différents : le Center for the Humanities *(bâtiment principal)*, le Schomburg Center for Research in Black Culture, la New York Public Library for the Performing Arts *(40 Lincoln Plaza)* où sont contenues les collections liées au domaine du théâtre, de la musique et de la danse, et la Science, Industry and Business Library *(voir ci-dessus)*. Un réseau de 90 bibliothèques annexes dessert Manhattan, le Bronx et Staten Island. Les plus importantes sont situées dans le secteur Midtown : la Mid-Manhattan Library *(455, 5ᵉ Av.)*, le Donnell Library Center *(20, 53ᵉ Rue O.)* et la très célèbre Andrew Heiskell Braille and Talking Book Library pour aveugles et handicapés moteurs *(40, 20ᵉ Rue O.)*, qui contient des milliers d'ouvrages en braille et d'enregistrements divers.

Visite – Avec son entrée principale sur la 5ᵉ Avenue, la **bibliothèque publique de New York** est tout un monde de salles, d'escaliers et de couloirs démesurés. On bifurquera dans le couloir Sud, où le centre d'accueil est installé dans la toute récente (2002) **South Court**, spectaculaire verrière de six étages qui abrite également deux salles d'étude, des bureaux et un auditorium. On pourra assister à un film *(12mn)* sur l'histoire de la bibliothèque dans la salle de projection du centre d'accueil. À l'extrémité du couloir, la **DeWitt Wallace Periodical Room** *(pas d'accès par South Court)*, magnifiquement lambrissée, contient une série de treize fresques exécutées par un artiste du 20ᵉ s., Richard Haas. Derrière Astor Hall, **Gottesman Hall**, élégante salle de style Beaux-Arts rehaussée de fines arcades marbrées et d'un plafond de chêne sculpté, présente des expositions temporaires. *Prendre l'ascenseur au fond du couloir à droite pour monter au 3ᵉ niveau.*

Le troisième niveau contient des expositions faisant l'objet de changements périodiques et rassemble une série de portraits réalisés par d'éminents artistes et graveurs américains. Des peintures du 19e s. (dont un ensemble de cinq portraits de George Washington) et des expositions temporaires tirées de la collection permanente font l'intérêt de la **Salomon Room★**. Parmi les pièces rares, exposées par roulement, remarquer l'ébauche de la Déclaration d'Indépendance, écrite à la main par Jefferson, ainsi qu'une édition des travaux de Galilée, qui ne peut être lue qu'à la loupe. Le vaste hall central, **McGraw Rotunda**, est orné de boiseries et de peintures murales illustrant l'histoire de la langue écrite. Face à la salle Salomon se trouve la **Public Catalog Room**, où l'on peut consulter le catalogue général de la bibliothèque, composé de 800 volumes totalisant 10 millions de références. Un peu plus loin, la salle principale de lecture, récemment rénovée, d'une hauteur de plus de 15 m, couvre une impressionnante superficie d'environ 2 000 m². Ces dernières années, afin d'abriter les collections sans cesse grandissantes de la bibliothèque, des rayonnages supplémentaires ont été créés sous Bryant Park.

Continuer vers l'Ouest sur la 42e Rue O. jusqu'à Bryant Park.

★**Bryant Park** – *Sur l'Avenue of the Americas, entre les 40e & 42e Rues O.* Dessiné à l'emplacement du Crystal Palace et du Croton Reservoir *(voir p. 103)*, ce jardin classique constitue aujourd'hui le plus grand espace vert du secteur Midtown. Il ne demeura guère qu'un simple terrain vague jusqu'à ce que Robert Moses, alors commissaire des parcs et coordonnateur des projets de construction pour la ville de New York, n'en entreprenne le réaménagement total en 1934, selon les plans de Lusby Simpson. Malgré les efforts entrepris pour en préserver l'attrait, l'endroit devint peu à peu mal fréquenté, attirant au cours des années 1960 revendeurs de drogue et marginaux de toutes sortes. Après d'importants travaux de réhabilitation, le jardin fut rouvert au public en 1991.

Aujourd'hui, touristes et New-Yorkais viennent volontiers s'y détendre et jouir des expositions et des concerts qui y sont donnés. En été, la chaleur est étouffante à Manhattan, et le parc se transforme alors en une véritable oasis de fraîcheur et de calme. Vendeurs de hot-dogs et joueurs d'échecs attirent l'attention des passants. En soirée, des projections gratuites sont offertes sur un immense écran à ciel ouvert *(programme ☎ 212-512-5700)*.

1 Elizabeth Arden
2 Takashimaya
3 Disney Store
4 Harry Winston
5 Tiffany & Co.
6 Bergdorf Goodman
7 Van Cleef & Arpels
8 FAO Schwarz
9 Nike Town
10 Levi's Store

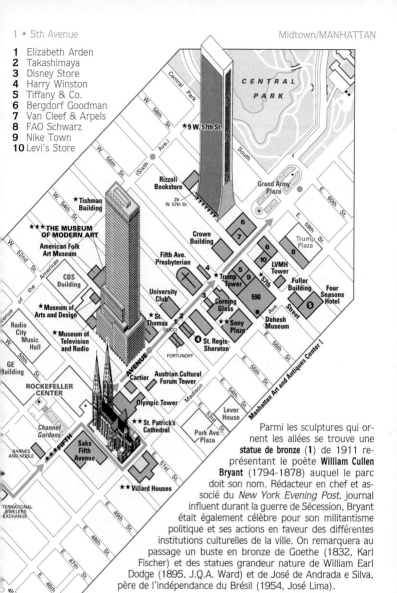

Parmi les sculptures qui ornent les allées se trouve une **statue de bronze** (1) de 1911 représentant le poète **William Cullen Bryant** (1794-1878) auquel le parc doit son nom. Rédacteur en chef et associé du *New York Evening Post*, journal influent durant la guerre de Sécession, Bryant était également célèbre pour son militantisme politique et ses actions en faveur des différentes institutions culturelles de la ville. On remarquera au passage un buste en bronze de Goethe (1832, Karl Fischer) et des statues grandeur nature de William Earl Dodge (1895, J.Q.A. Ward) et de José de Andrada e Silva, père de l'indépendance du Brésil (1954, José Lima).

Aux alentours du parc, plusieurs édifices valent d'être mentionnés. Au 40, 40ᵉ Rue Ouest se dresse un bâtiment néogothique, reconnaissable à ses briques noires et à ses finitions en terre cuite dorée. Il s'agit de l'**American Standard Building** (autrefois nommé American Radiator Building), conçu par Raymond Hood en 1924. À l'Ouest se détache la silhouette effilée du **New York Telephone Company Building** *(1095 Avenue of the Americas)*, dont les fenêtres de verre teinté s'intercalent entre des colonnes de marbre blanc. Au Nord *(1114 Av. of the Americas)*, le **Grace Building** (1974), en pierre de travertin et en verre teinté, s'élève au-dessus d'une base curviligne ; la réalisation de cette tour de 50 étages fut confiée au cabinet d'architectes Skidmore, Owings & Merrill, qui construisit la même année un bâtiment similaire au 9, 57ᵉ Rue Ouest. Noter enfin le City University Graduate Center *(33, 42ᵉ Rue O.)*, l'un des vingt centres éducatifs de la City University of New York (CUNY), et le Mall, arcade piétonnière qui

---

2 Bryant Park Grill
Voir plan p. 104. 25, 40ᵉ Rue O., entre la 5ᵉ Av. et l'Avenue of the Americas. www.ark restaurants.com ☎ *212-840-6500.* Lieu de rencontre du monde de l'édition, cet agréable restaurant se trouve directement derrière le bâtiment de la New York Public Library. Sa terrasse et sa spacieuse salle à manger offrent d'excellentes vues de Bryant Park et des innombrables citadins qui viennent se détendre sur ses belles pelouses à l'heure du déjeuner.

Gotham Book Mart
Voir plan p. 104. 41, 47ᵉ Rue O., entre la 5ᵉ Av. et l'Avenue of the Americas. ☎ 212-719-4448. Ce paradis des bibliophiles a la réputation d'être la librairie favorite des New-Yorkais. Depuis son ouverture en 1920, elle est restée à l'avant-garde de la littérature et de la poésie. On y circule parmi un véritable dédale de revues littéraires défraîchies et de livres aux couvertures usées par le temps. Qu'on le croie ou non, il y a une logique à l'entreposage de ses quelque 250 000 livres, qui traitent pour la plupart de littérature, de poésie, de cinéma et de théâtre. Les employés, tous très compétents, se feront un plaisir de vous aider à trouver une première édition signée, pourvu que vous sachiez ce que vous cherchez.

s'étire de la 42ᵉ à la 43ᵉ Rue *(entre la 5ᵉ Av. & l'Av. of the Americas)* et qui abrite à l'occasion des expositions et des concerts gratuits.

Retourner sur la 5ᵉ Av. et continuer vers le Nord.

L'agence de la **Chase Manhattan Bank** (1954, Skidmore, Owings & Merrill), située à l'angle de la 43ᵉ Rue, est l'un des premiers édifices bancaires construits en verre. Ses différents aménagements, comme par exemple l'énorme porte de la salle des coffres, sont livrés à la vue du public. Admirer le hall d'entrée, avec ses meubles en ébène de Macassar, ses sols en marbre d'Italie et ses sculptures abstraites, parmi lesquelles figure une étonnante composition métallique (1953, Harry Bertoia) suspendue au plafond.

Au coin de la 45ᵉ Rue, jeter un coup d'œil sur la décoration en faïence polychrome des étages supérieurs du **Fred F. French Building** *(551, 5ᵉ Av.).* Ce massif ouvrage de maçonnerie (1927) d'allure très chargée s'élève sur 38 étages dans une série de décrochements typiques du style de construction des années 1920.

Tourner à gauche dans la 46ᵉ Rue O. et continuer vers l'Ouest. Traverser l'Av. of the Americas.

Church of St. Mary the Virgin – *139, 46ᵉ Rue O. Ouv. lun.-ven. 7 h-19 h, sam. 10 h30-17 h30, dim. 8 h-18 h. Visites guidées sur rdv. www.stmvirgin.com ☎ 212-869-5830.* Cette église épiscopale à la façade néogothique fut fondée en 1868, mais le bâtiment actuel fut achevé en 1895. Richement décoré durant la première moitié du siècle, l'intérieur fut restauré en 1996. Remarquer, sur le bas-côté gauche, une Vierge à l'Enfant, bas-relief du 19ᵉ s. en porcelaine provenant de l'atelier florentin des Della Robbia. Les peintures murales de la chapelle de la Vierge évoquent l'Annonciation et l'Épiphanie. Admirer la chaire dans la nef et, dans le baptistère, noter l'extraordinaire couvercle conique en bois sculpté de 73 figurines coiffant les fonts baptismaux.

Dans la chapelle Notre-Dame-de-la-Miséricorde, s'arrêter devant le riche autel en marbre noir et la plaque du 15ᵉ s. représentant la mort de saint Antoine. L'abside contient, au-dessus du maître-autel, des vitraux réalisés par l'Anglais Kempe (début 20ᵉ s.). Au fond, l'orgue (1932) de facture Aeolian-Skinner possède près de 6 000 tuyaux.

Retourner sur l'Av. of the Americas. Tourner à gauche, puis à droite dans la 47ᵉ Rue O.

★**Diamond and Jewelry Way** – Environ 90 % du commerce de gros des diamants aux États-Unis passe par ce bloc de 230 m de long situé sur la 47ᵉ Rue, entre les 5ᵉ et 6ᵉ Avenues. Aussi la « rue des diamants » est-elle soigneusement surveillée et bénéficie-t-elle d'une protection efficace contre les intrus. Les discussions sur le carat, la taille, la couleur et la pureté des pierres y sont tenues dans une déconcertante pluralité de langues : espagnol, yiddish, arménien, russe et arabe. Les diamants s'amoncellent dans les boutiques riveraines, et les vitrines de l'International Jewelers Exchange, du National Jewelers Exchange, du Diamond Center of America et du New York Jewelry Center ruissellent de pierres précieuses.

Courtiers et marchands transportent habituellement leurs joyaux dans des coffrets, des mallettes, voire des sacs en papier ou tout simplement dans leurs poches. Les transactions ont parfois lieu directement sur le trottoir ou encore dans l'un des deux clubs privés de diamantaires, et sont souvent conclues par une simple poignée de main. Ceux qui osent transgresser ce code d'honneur sont mis à l'index dans tous les cercles de diamantaires du monde.

Retourner sur la 5ᵉ Av. et continuer vers le Nord.

Entre les 48ᵉ et 49ᵉ Rues, la librairie Barnes and Noble vend un choix incomparable de livres à succès. Remarquer l'immeuble du n° 601. Conçu par Ernest Flagg, qui fut également à l'origine du Singer Building dans SoHo, l'édifice (1913) a conservé sa belle façade de fonte du début du siècle et son élégant intérieur. En traversant la 49ᵉ Rue, on découvrira le grand magasin **Saks Fifth Avenue**, célèbre pour ses collections de prêt-à-porter de marque pour hommes et femmes, et pour ses superbes vitrines de Noël.

★★★Rockefeller Center – *Voir p. 110.*

★★St. Patrick's Cathedral – *Sur la 5ᵉ Av., entre les 50ᵉ & 51ᵉ Rues E. Ouv. dim.-ven. 7 h-18 h, sam. 8 h-18 h.* ♿ *www.ny-archdiocese.org/pastoral ☎ 212-753-2261.* Conçue par **James Renwick** (1818-1895), la cathédrale catholique de New York fut l'un des tout premiers exemples d'architecture religieuse néogothique aux États-Unis. Lorsque les travaux débutèrent en 1853, beaucoup de fidèles se plaignirent du fait qu'elle allait être construite en dehors de l'agglomération. Mais New York continuait à se développer vers le Nord et dès 1879, année de sa consécration, la cathédrale dominait le quartier résidentiel le plus en vogue. Aujourd'hui, ses proportions semblent modestes au regard des gratte-ciel du Rockefeller Center et des édifices voisins tels que l'Olympic Tower, dans laquelle elle se reflète.

© Brigitta L. House/MICHELIN

Cathédrale St. Patrick.

L'architecture de St. Patrick est inspirée de la célèbre cathédrale de Cologne, notamment dans l'élévation de ses deux tours à flèches aiguës (1888) qui atteignent plus de 100 m de haut. Trois portails, garnis de portes de bronze finement sculptées, s'ouvrent sur un intérieur majestueux, dont la nef, les bas-côtés et le déambulatoire sont éclairés par des vitraux d'inspiration gothique (la plupart, de facture française, proviennent de Chartres ou de Nantes). Une série de piliers de marbre supportent les voûtes sur croisée d'ogives qui s'élèvent à 34 m au-dessus du sol. Remarquer aussi le dais d'un dessin élégant qui surmonte le maître-autel (Renwick) et les orgues monumentales. Derrière l'abside se trouve la chapelle de la Vierge, ajoutée en 1906. La cathédrale est dédiée au saint patron des Irlandais qui constituent un large segment de la population new-yorkaise. Les festivités à l'occasion de la Saint-Patrick témoignent de leur vénération pour l'apôtre d'Irlande. Le jour de Pâques, la partie de la 5ᵉ Avenue autour de la cathédrale est fermée à la circulation et permet aux New-Yorkais de se promener dans leurs pimpantes tenues printanières accompagnées d'extravagants chapeaux.

Prendre la 50ᵉ Rue E. en direction de l'Est et continuer jusqu'à Madison Av.

Face à Madison Avenue, l'abside de la cathédrale St. Patrick est encadrée par deux petites maisons : le presbytère (*nᵒ 460*) et la résidence de l'archevêque (*nᵒ 452*).

★★Villard Houses (New York Palace Hotel) – *451-457 Madison Av.* Inspiré du palais de la Chancellerie à Rome, cet élégant ensemble de six hôtels particuliers fut construit en 1885 par McKim, Mead & White pour Henry Villard, fondateur de la Northern Pacific Railroad (chemin de fer reliant le Pacifique par le Nord). Les luxueuses demeures de grès brun, de style Renaissance italienne, encadrent une cour centrale anciennement destinée aux attelages. Elles furent transformées en bureaux après la Seconde Guerre mondiale et rachetées par l'archevêché de New York qui les vendit en 1976 à la chaîne d'hôtels Helmsley, à condition qu'elles soient utilisées comme salons de réception pour la clientèle du New York Palace Hotel. La demeure constitue aujourd'hui l'entrée de l'hôtel.

Pénétrer dans la cour par des grilles en fer forgé donnant sur Madison Avenue. L'aile centrale, aménagée dans le style Renaissance italienne, contient plusieurs pièces décorées de façon luxueuse. La **Gold Room**, maintenant intégrée au restaurant Le Cirque 2000, avec son plafond voûté, sa galerie des musiciens et ses peintures murales de John LaFarge, exhale l'atmosphère bourgeoise des années 1930. Orné de mosaïques vénitiennes, le vaste corridor est caractérisé par un majestueux escalier qu'embellissent les vitraux de Louis Comfort Tiffany et l'horloge zodiacale d'Augustus Saint-Gaudens ; ce dernier créa également la cheminée de marbre rouge que l'on peut admirer à l'étage supérieur.

Reprendre la 5ᵉ Av. et continuer vers le Nord.

Au n° 645 s'élève l'**Olympic Tower**. Ce magnifique édifice de verre de 51 étages (1976, Skidmore, Owings & Merrill) abrite des commerces et des bureaux et, aux étages supérieurs, des appartements de grand standing. Au rez-de-chaussée, le joaillier H. Stern s'est acquis une renommée internationale pour ses pierres précieuses du Brésil. L'Olympic Place constitue un agréable parc intérieur planté de palmiers et de plantes et agrémenté d'une cascade *(entrée sur la 5ᵉ Av.)*.

À l'angle Sud-Est de la 52ᵉ Rue se dresse un immeuble de style Renaissance abritant la bijouterie **Cartier** *(651, 5ᵉ Av.)*. L'édifice, acquis en 1917, est aujourd'hui l'un des rares exemples de demeures bourgeoises du début du 20ᵉ s. à avoir subsisté sur l'avenue.

Austrian Cultural Forum Tower – *11, 52ᵉ Rue E. Ouv. lun.-sam. 10 h-18 h. www.acfny.org ☎ 212-319-5300.* Face à l'Olympic Tower s'élève un mince et sévère édifice, à la façade de verre constellée de protubérances et d'enfoncements. Construite en 2002 par Raimund Abraham (un Autrichien qui vit à New York depuis le début des années 1970) pour le Forum culturel autrichien, la tour de 24 étages annonce le thème fondateur du forum : « métamorphoser la réalité ». La programmation, tournée vers l'avenir, qui prolonge cette mission explore le riche héritage artistique et culturel autrichien dans le contexte de la culture électronique émergente. Le bâtiment comprend une série d'espaces publics communiquants, deux étages de bibliothèque et une salle de spectacle colorée.

★**Tishman Building** – *666, 5ᵉ Av.* Avec sa façade d'aluminium embouti en pointe de diamant, cet édifice de 39 étages (1957, Isamu Noguchi) représente une belle tentative d'originalité. À l'intérieur, des halls aux curieux plafonds découpés en lamelles ondulées et une fontaine murale témoignent de l'imagination des promoteurs. L'endroit exsude l'atmosphère sereine des jardins japonais.

★**St. Thomas Church** – *À l'angle de la 53ᵉ Rue O. Ouv. lun.-ven. 7 h-18 h30, sam. 7 h-14 h, dim. 7 h-19 h. Visites guidées (1 h) dim. 12 h30.* ♿ *www.saintthomaschurch.org ☎ 212-757-7013.* L'église épiscopale St. Thomas (1913, Cram, Goodhue & Ferguson) fut bâtie à l'emplacement d'un premier sanctuaire détruit par un incendie en 1905. L'édifice, de style néogothique, ne possède qu'une seule tour. Sa façade sur la 5ᵉ Avenue est très ouvragée. Au trumeau du portail, saint Thomas accueille les fidèles tandis que les autres apôtres font la haie de chaque côté ou sont alignés au tympan. Sous les sculptures, des bas-reliefs illustrent la légende de saint Thomas, patron des architectes. Sur le côté gauche s'ouvre l'étroite « porte des Mariées », décorée de mains symboliquement enlacées.

En pénétrant dans la nef, l'œil est immédiatement attiré par l'immense **retable**★ de pierre qui, éclairé par des projecteurs, forme un contraste saisissant avec les voûtes sombres du chœur. De nombreuses niches abritent des statues de Lee Lawrie représentant le Christ, la Vierge, les apôtres et d'autres saints. Remarquer aussi les vitraux aux rouges et aux bleus profonds, la chaire et la tribune d'orgue sculptée avec virtuosité.

En face de l'église St. Thomas se dresse la remarquable façade d'acier et de verre du joaillier Fortunoff, avec à côté, la boutique italienne Gucci (habillement, chaussures), reconnaissable à sa bande rouge et vert. Au coin Nord-Ouest de la 54ᵉ Rue s'élève l'**University Club** (1899, McKim, Mead & White), imposant bâtiment de style Renaissance italienne dans la façade duquel ont été gravés (par Daniel Chester French) les blasons des principales universités américaines.

Entre les 54ᵉ et 55ᵉ Rues, attenant à une seconde boutique Gucci, remarquer le prestigieux institut de beauté Elizabeth Arden (**1**). Non loin de là, logé dans une élégante tour conçue par John Burgee en 1993, le magasin japonais Takashimaya (**2**) propose d'agréables moments de détente, dans un décor paisible et luxueux. La marchandise, choisie avec le plus grand soin, marie l'esthétisme oriental au pragmatisme occidental. À l'angle de la 55ᵉ Rue, l'élégant **hôtel St. Regis-Sheraton**, construit en 1904 dans le style Beaux-Arts pour John Jacob Astor, fut en son temps l'un des premiers établissements hôteliers de luxe de la ville. Le King Cole Bar *(voir p. 130)* contient une **fresque** de Maxfield Parrish.

Fifth Avenue Presbyterian Church – *À l'angle de la 55ᵉ Rue O. Ouv. juin-sept. : lun.-ven. 9 h-17 h, w.-end 8 h-16 h ; reste de l'année : lun.-ven. 9 h-17 h, sam. 8 h-17 h, dim. 8 h-16 h. Fermé principaux j. fériés.* ♿ *www.fapc.org ☎ 212-247-0490.* L'église presbytérienne de la 5ᵉ Avenue, érigée en 1875, est l'une des dernières églises new-yorkaises bâties en grès brun. Le sanctuaire (1 800 places assises) est doté d'une magnifique tribune d'orgue et d'une chaire en bois de frêne finement sculptée.

De l'autre côté de la rue se dresse l'amusante façade du **Disney Store** (**3**) Enfants, la plus récente chaîne commerciale à s'établir dans cette avenue autrefois réservée aux boutiques de luxe. On y trouve des articles inspirés des célèbres films d'animation des studios Disney.

L'angle Sud-Ouest de la 56ᵉ Rue est occupé par un véritable petit palais de style Renaissance qui constitue le fief du joaillier Harry Winston (**4**). À l'opposé, le **Corning Glass Building** accueille le siège new-yorkais d'une importante société de fabrication de verre fin, dont le cristal de Steuben. Construite en 1959, cette structure de 28 étages affiche les caractéristiques des gratte-ciel de cette époque : parois de verre teinté, lignes pures et esplanade extérieure ornée d'un bassin. Au rez-de-chaussée, les vitrines du magasin Steuben scintillent de beaux objets de cristal ou de verre.

★**Trump Tower** – 725, 5ᵉ Av. Cette tour de verre de 202 m de haut (1983, Der Scutt) comprenant appartements, bureaux et magasins est représentative du style des gratte-ciel des années 1980. Le bâtiment est reconnaissable à sa myriade d'étroits décrochements dans les creux desquels ont été plantés des arbres et des arbustes. À l'intérieur, un élégant centre commercial, avec des boutiques comme Asprey et Charles Jourdan, entoure sur six étages un **atrium**★ de marbre rose où plonge une cascade de 24 m.

S'arrêter à l'angle de la 57ᵉ Rue pour contempler les somptueuses vitrines de la bijouterie **Tiffany & Co.** (**5**), qui regorgent de joyaux (près de l'entrée, à gauche, remarquer le Tiffany, énorme diamant de 128 carats). Sur le trottoir d'en face trône le **Crown Building** (1921, Warren & Wetmore) dont la partie supérieure, recouverte de feuilles d'or de 23 carats, ressemble à un château. L'édifice, de style Renaissance, doit son nom à la couronne dorée qui orne son sommet. Le magasin Ferragamo, connu pour ses élégantes chaussures et ses accessoires en cuir, en occupe le rez-de-chaussée.

④ Tea Box Café, dans le magasin Takashimaya
Voir plan p. 105. 693, 5ᵉ Av., entre les 54ᵉ & 55ᵉ Rues. ☎ *212-350-0180. Thé lun.-sam. 15 h-17 h45 (horaires prolongés les j. fériés).* Endroit rêvé pour échapper à l'agitation du centre-ville, cet agréable salon de thé vous propose un décor aux tons neutres d'une grande sérénité. On y découvrira avec plaisir une incroyable variété de thés (plus d'une quarantaine, à consommer sur place ou à acheter au poids), de délicieuses pâtisseries et une surprenante glace au thé vert. Laissez-vous tenter par le copieux plateau « East-West », composé de quelques sandwichs (œufs de crabe au curry, saumon pressé avec riz et poulet *wasabi*), d'un choix de desserts (mousse au thé vert, panna cotta), de croustilles de patates douces, de fruits et de chocolats, le tout arrosé d'une inévitable tasse de thé (essayez le *sen-cha*, un thé vert sucré).

Entre les 57ᵉ et 58ᵉ Rues se trouvent les fameux magasins d'habillement **Bergdorf Goodman** (**6**) qui s'étendent de part et d'autre de l'avenue, et la joaillerie Van Cleef & Arpels (**7**) dont le trésor renferme une tiare de diamant ayant appartenu à l'impératrice Joséphine.

La silhouette du General Motors Building, tour de 50 étages (1968) revêtue de pierre en marbre blanc de Géorgie, domine le côté Est de Grand Army Plaza. À l'intérieur, admirer l'horloge animée (haute de près de 9 m) du célèbre magasin de jouets FAO Schwarz (**8**) Enfants.

Pour une description de la 5ᵉ Av. au Nord de la 59ᵉ Rue, voir la section dédiée à l'Upper East Side.

Vitrine de Noël des magasins Bergdorf Goodman's

MUSÉES *(consulter la section Musées de Manhattan)*

★★**Pierpont Morgan Library** – *29, 36ᵉ Rue E.*

★**Museum of Television and Radio** – *25, 52ᵉ Rue O.*

★**International Center of Photography** – *1133 Avenue of the Americas.*

★**Museum of Arts & Design** – *40, 53ᵉ Rue O.*

American Folk Art Museum – *45, 53ᵉ Rue O.*

Dahesh Museum – *580 Madison Av., à la hauteur de la 56ᵉ Rue.*

2 • ROCKEFELLER CENTER★★★

MTA station Rockefeller Center (lignes B, D, F)
Voir plan p. 110

Au cœur du secteur Midtown, délimité par les 5ᵉ et 7ᵉ Avenues, et les 47ᵉ et 52ᵉ Rues, le Rockefeller Center est constitué par un imposant ensemble de gratte-ciel aux lignes harmonieuses, construits pour la plupart avant la Seconde Guerre mondiale. Véritable joyau d'architecture urbaine, ce complexe à la fois commercial et culturel abrite des milliers d'employés et attire chaque jour un nombre impressionnant de touristes.

Un peu d'histoire

Les débuts – Au début du 19ᵉ s., l'emplacement aujourd'hui occupé par le Rockefeller Center faisait partie des terrains publics gérés par la ville et qui s'étendaient de l'actuel City Hall jusqu'aux environs de la 53ᵉ Rue. Aux alentours de 1800, le Dr David Hosack, professeur de botanique, en acheta 6 ha à la ville afin d'y aménager un jardin à l'intention de ses étudiants. Mais l'entretien coûtait trop cher et, en 1811, D. Hosack décida de vendre son terrain à l'État de New York qui l'offrit à son tour à l'université Columbia, laquelle le loua derechef à des fermiers pour un droit annuel de 100 dollars. Lorsque, vers 1850, le système de quadrillage régulier des rues et des avenues fut instauré à New York, on commença à bâtir à l'emplacement de l'ancien jardin botanique. Les lieux se transformèrent rapidement en un quartier résidentiel en vogue, où de splendides hôtels particuliers côtoyaient des maisons de grès brun plus modestes. On peut d'ailleurs encore voir des exemples de ces demeures dans la 53ᵉ Rue. Le quartier devint bruyant, notamment après la construction, en 1878, d'un métro aérien aujourd'hui disparu, le « El », sur la 6ᵉ Avenue. Millionnaires et bourgeois lui préférèrent alors la 5ᵉ Avenue, laissant leurs belles demeures à des habitants moins fortunés. Un certain nombre d'entre eux, lors de la Prohibition, y installèrent des *speakeasies*, c'est-à-dire des bars clandestins. Beaucoup de ces établissements douteux allaient par la suite être convertis en clubs de jazz, accueillant des artistes tels que Count Basie, Harry James et Coleman Hawkins.

Les Rockefeller – En 1870, l'industriel américain John Davison Rockefeller (1839-1937) créa la Standard Oil Company of Ohio, et devint rapidement le grand magnat américain du pétrole. En 1911, quand il se retira des affaires, son fils **John D. Rockefeller Jr** (1874-1960) reprit le flambeau. Les contributions de ce grand philanthrope à la ville de New York aidèrent à la construction du siège des Nations unies, des cloîtres et de la Riverside Church.

En 1928, par un bail passé avec l'université Columbia, « John D. », comme on l'appelait, obtenait la jouissance du terrain aujourd'hui occupé par le

Rockefeller Center pour une période de 24 ans renouvelable jusqu'en 2015 puis, d'après les nouvelles clauses de 1953, jusqu'en 2069. Au-delà de cette période, le tout reviendrait à l'université. John D. projetait, avec ses associés, de construire un gigantesque opéra, lorsque survint la grande crise financière de 1929. Se re-trouvant seul avec un bail à long terme et un loyer conséquent à payer, il décida alors de construire une véritable « ville dans la ville », un centre d'affaires qui connut le destin que l'on sait. En 1933, lors de l'inauguration du RCA Building (aujourd'hui appelé GE Building), John D. célébra l'événement en déplaçant ses bureaux du 26 Broadway au 30 Rockefeller Plaza.

Un triomphe urbain – En dix ans, 228 immeubles furent détruits et 12 édifices construits sur une superficie d'environ 5 ha. Comme prévu, cette ambitieuse réalisation relança l'économie du quartier. Le noyau central, avec le RCA Building, fut achevé en 1940. Entre 1947 et 1973, sept autres bâtiments furent ajoutés aux précédents. L'ensemble fut conçu par une équipe de sept architectes, dont Wallace K. Harrison qui fut également responsable de la création du siège des Nations unies et du Lincoln Center. Leur intention première était de pourvoir le secteur Midtown d'un complexe à la fois esthétique et fonctionnel, qui favoriserait en même temps un certain esprit de communauté. Le résultat est une impressionnante combinaison de gratte-ciel, d'espaces ouverts, de restaurants et de magasins merveilleusement bien intégrés à l'espace urbain environnant.

Aujourd'hui, les 19 bâtiments qui constituent le Rockefeller Center occupent une surface d'environ 9 ha et accueillent quelque 65 000 employés. Si l'on ajoute à ce chiffre l'impressionnante quantité de touristes qui visitent quotidiennement le complexe, la population s'élève, en semaine, à plus de 275 000 personnes par jour. Les différents immeubles sont reliés entre eux par le *concourse*, véritable dédale de galeries marchandes donnant accès au métro.

PROMENADE *parcours : 1,6 km*

Point de départ : St. Patrick's Cathedral, sur la 5e Av.

En face de la cathédrale, les 41 étages de l'**International Building** (1935) abritent des consulats, des compagnies aériennes, des agences de voyages et un bureau des passeports. Il faut pénétrer dans le hall pour admirer ses colonnes et ses murs en marbre de Tinos. Le plafond est recouvert de feuilles d'or, si fines qu'une fois fondues elles tiendraient dans la paume de la main. Sur le trottoir devant l'immeuble, admirer l'imposante statue en bronze d'Atlas supportant le monde (1937, Lee Lawrie).

Continuer vers les Channel Gardens.

★★**Channel Gardens** – ▨▨▨ *5e Av., entre les 49e & 50e Rues.* Encadrés par deux édifices de taille modeste (7 étages), la Maison française (1933) sur la gauche et le British Empire Building (1932) sur la droite, ces jardins constituent un agréable lieu de détente. Ils se composent de six bassins entourés de parterres de fleurs régulièrement renouvelés au gré des saisons. Des bancs s'offrent au promeneur fatigué d'avoir trop flâné devant les vitrines des boutiques voisines. La promenade descend en pente douce vers une sorte d'esplanade creusée en contrebas, servant en été de terrasse à d'élégants cafés-restaurants, et transformée en **patinoire** l'hiver. En haut des marches, une inscription reproduit le credo personnel de John D. Rockefeller Jr. De part et d'autre sont placées deux petites statues de Paul Manship.

Le côté Nord de l'esplanade révèle une éclatante composition de Lee Lawrie (1935) qui décore la façade Sud de l'International Building et qui représente les progrès de l'homme dans les domaines de l'art, de la science, du commerce et de l'industrie. Le côté Ouest est dominé par la célèbre statue en bronze doré de **Prométhée** (**1**) (1934, Paul

© Brigitta L. House/MICHELIN

Les Channel Gardens en automne.

Manship) venant de dérober le feu sacré pour le donner à l'humanité. Chaque année, au mois de décembre, un immense arbre de Noël de plus de 20 m de haut est élevé sur l'esplanade, que les promeneurs, attirés par la féerie des innombrables guirlandes lumineuses, viennent volontiers admirer.

Construite à l'origine pour permettre l'accès au GE Building, **Rockefeller Plaza** est une rue privée qui s'étend du Nord au Sud entre les 48ᵉ et 51ᵉ Rues. Selon les règlements locaux en vigueur, pour éviter qu'elle ne devienne domaine public, il faut la fermer au public une fois par an.

★★General Electric Building – *30 Rockefeller Plaza.* Cette tour de béton de 70 étages, anciennement nommée RCA Building, est la structure la plus élevée (259 m) du Rockefeller Center, et aussi la plus harmonieuse de par l'élancement et la pureté de ses lignes dont la rigidité est adoucie par de légers ressauts. Elle abrite les sièges de la General Electric et de la National Broadcasting Company (NBC). Une composition de style Art déco, en verre et pierre calcaire (1933, Lee Lawrie), égaye l'entrée principale, au 30 Rockefeller Plaza. À l'intérieur, le grand hall d'entrée est orné d'immenses peintures murales de l'artiste espagnol José Maria Sert évoquant l'histoire du progrès humain. Une première série de fresques avait été réalisée par l'artiste mexicain Diego Rivera mais, jugées trop radicales, les peintures avaient été subséquemment détruites.

Au 65ᵉ niveau, le légendaire **Rainbow Room★**, salle de bal et restaurant gastronomique qui rouvrit ses portes en 1987 après deux ans de restauration, offre des vues panoramiques sur le quartier du Rockefeller Center et sur Manhattan.

★Studios de la NBC – Enfants *Visite guidée (1 h) uniquement, lun.-sam. 10 h-17 h toutes les heures, dim. 10 h-16 h. Pas de visites Thanksgiving & 25 déc. 10 $. www.nbc.com ☏ 212-664-7174.* Plusieurs étages du GE Building sont occupés par les studios de télévision de la National Broadcasting Company. La visite permet de comprendre comment s'élaborent les émissions de radio et de télévision, et donne un aperçu des techniques passées et actuelles de la NBC. Les visiteurs auront par exemple l'occasion de visiter les plateaux d'émissions américaines populaires (comme *Saturday Night Live*) et de s'initier au métier de météorologue devant une caméra. Installé au niveau de la rue pour mieux encourager la participation du public, le studio de tournage du célèbre journal télévisé *Today Show* attire chaque matin de véritables foules de curieux.

De l'autre côté de la rue *(20 Rockefeller Plaza)* s'élève un nouveau complexe de 27 870 m², achevé en 1999 pour le compte de la société **Christie's**, fondée en 1766, qui procédait auparavant aux ventes aux enchères d'objets d'art sur Park Avenue.

Continuer vers l'Ouest sur la 50ᵉ Rue O. jusqu'au Radio City Music Hall.

★★Radio City Music Hall (A) – *1260 Av. of the Americas.* Véritable institution new-yorkaise, ce fameux music-hall est l'une des plus éloquentes créations Art déco de la ville. Il ouvrit ses portes en 1932 sous la direction de Samuel « Roxy » Rothafel. C'était, à l'époque, le plus grand théâtre couvert du monde. Il présentait des spectacles de variétés et ajouta plus tard à son programme la projection de films. Mais devant une inquiétante baisse de la fréquentation, l'établissement annonça sa fermeture. Il fut même question de démolir l'édifice, projet qui ne vit heureusement pas le jour sous la pression de l'opinion publique. En 1979, le music-hall allait être complètement rénové. Rouvert en 1999, Radio City sert toujours de cadre à des spectacles musicaux ainsi qu'à des concerts donnés par les meilleurs artistes.

★★★Intérieur – *Visite guidée (1 h) uniquement, toute l'année lun.-sam. 11 h-15 h ; départ du hall d'accueil toutes les 30mn. 17 $. www.radiocity.com ☏ 212-632-4041.* L'intérieur du Radio City Music Hall a retrouvé la splendeur de son style Art déco des années 1930.

Le foyer, dessiné par Donald Deskey, est éclairé par deux énormes lustres de cristal pesant chacun deux tonnes. L'œil est tour à tour attiré par un somptueux tapis dont les motifs géométriques représentent des instruments de musique, puis par un gigantesque escalier derrière lequel se détache une immense fresque d'Ezra Winter intitulée **Fountain of Youth**. De gigantesques miroirs dorés s'étirent jusqu'au plafond étincelant.

① Rainbow Room
Voir plan p. 110.
30 Rockefeller Plaza.
www.cipriani.com ☏ 212-632-5000. Il serait difficile d'imaginer un endroit plus chic et plus fondamentalement new-yorkais que cet élégant restaurant situé au 65ᵉ niveau du GE Building. Une expérience à ne pas manquer, que ce soit pour siroter un cocktail dans Rainbow Grill *(ouv. tlj 17 h-23 h30 ; veste exigée)* tout en admirant la vue ou pour passer une soirée divinement romantique au Rainbow Room *(ouv. ven. 19 h-1 h ; cravate noire)*, avec souper en tête-à-tête et pas de deux sur le plancher de danse tournant... et tout Manhattan à ses pieds.

L'auditorium aux murs arrondis, dont l'avant-scène est surmontée d'une immense arche de 18 m de haut, peut accueillir jusqu'à 5 882 personnes. Véritable chef-d'œuvre d'architecture théâtrale, la scène est équipée d'une machinerie sophistiquée : trois ascenseurs, un plateau tournant et un ascenseur desservant l'orchestre. Musiciens, orgues électriques (dont les tuyaux s'élèvent jusqu'à 10 m) et organistes peuvent disparaître, au besoin, derrière les murs ou sous la scène, sans pour autant interrompre leur jeu.

Au niveau inférieur, le salon pour dames et le fumoir forment un remarquable ensemble de style Art déco.

Les Rockettes – Enfants *Principaux spectacles : Spring Spectacular (2 semaines aux alentours de Pâques) et Christmas Spectacular (mi-nov.-5 janv.). Concerts et représentations toute l'année. Renseignements www.radiocity.com ou ☎ 212-307-4777 ; billetterie Ticketmaster ☎ 212-307-7171.* Depuis son ouverture le 27 décembre 1932, le Radio City Music Hall doit sa renommée aux Rockettes. Cette troupe de *girls*, connue dans le monde entier pour l'étonnante précision de sa chorégraphie, fut créée à St. Louis (État du Missouri) en 1925 sous le nom de Missouri Rockets. Rebaptisé Roxyettes en l'honneur de M. Rothafel, directeur du music-hall de l'époque, l'illustre groupe de danseuses devait prendre le nom de Rockettes en 1934.

Troupe des Rockettes dans son spectacle Radio City Christmas Spectacular.

Cédée par Radio City Entertainment

En sortant du Radio City Music Hall, tourner à gauche dans l'Avenue of the Americas.

Une imposante série de gratte-ciel entourés de vastes esplanades longe le côté Ouest de l'**Avenue of the Americas**★ et forme un véritable « canyon » urbain. Construites dans les années 1950 et 1960, ces tours de bureaux font partie intégrante du Rockefeller Center, sans toutefois en avoir égalé l'élégante sobriété. Pénétrer dans leurs vastes halls d'entrée pour apprécier le décor.

De l'autre côté de la 47ᵉ Rue s'élève le **Celanese Building** (1973, Harrison, Abramovitz & Harris), un bâtiment de 45 étages dont la conception n'est pas sans rappeler celle du McGraw-Hill Building ou du 1251 Avenue of the Americas.

Revenir sur ses pas et prendre l'Av. of the Americas vers le Nord.

McGraw-Hill Building – *Nº 1221.* Siège de la célèbre maison d'édition américaine, cet immeuble de verre et de granit flammé (51 étages) domine une es-

■ Mais où est donc passée la 6ᵉ Avenue ?

On comprend aisément pourquoi certains visiteurs restent perplexes lorsqu'un New-Yorkais les dirige vers la fameuse artère. En 1945, le plus célèbre maire de New York, Fiorello La Guardia, signa un décret officiel rebaptisant cette voie animée *Avenue of the Americas.* Bien qu'elle soit maintenant parée des armoiries des nations d'Amérique, la plupart des habitants de la ville tiennent fermement à l'ancien nom, refusant de reconnaître le geste grandiose de La Guardia. Quel que soit le nom que l'on adopte, l'avenue s'étend de TriBeCa à Central Park.

planade ornée d'un triangle d'acier poli haut de 15 m (1973, Athelstan Spilhaus) qui indique les positions du soleil aux solstices et aux équinoxes. De l'esplanade, on accède au hall intérieur et à la librairie McGraw-Hill. Juste derrière l'immeuble, un tunnel de verre traverse une cascade et rejoint un petit parc agrémenté d'une pièce d'eau décorative, de plantes suspendues et de quelques tables et chaises.

En traversant la rue derrière le 1251 Avenue of the Americas, remarquer un second parc rempli de fleurs et d'arbres qui offrira lui aussi au visiteur un paisible refuge loin des trottoirs bruyants.

1251 Avenue of the Americas – Ses 53 étages en font le plus haut gratte-ciel du Rockefeller Center après le GE Building, qui lui fait face sur le côté opposé de l'avenue. Ancien siège de l'Exxon Corporation, cette tour rectangulaire de 220 m de haut (1971) s'élève au-dessus d'une esplanade aménagée. La façade du bâtiment se caractérise par une alternance de pierre calcaire, de verre teinté et d'acier.

Time & Life Building – *N° 1271*. Face au Radio City Music Hall s'élèvent les parois lisses et brillantes de ce gratte-ciel (1959), le premier de son genre à avoir été construit sur ce côté de l'avenue. L'édifice, haut de presque 180 m (soit 48 étages), séduit par la pureté de ses lignes verticales qu'interrompent à peine de légers décrochements. Il abrite les bureaux d'un puissant groupe de presse contrôlant la publication de magazines à grand tirage tels que *Time*, *Life*, *Money*, *Sports Illustrated* ou encore *Fortune*. Sur deux de ses côtés s'étend un parvis, l'Americas Plaza, pavé de marbres bicolores dont le motif ondulé contraste agréablement avec la rectitude de ses bassins animés de jeux d'eau.

★**Equitable Center** – *Sur la 7e Av., entre les 51e & 52e Rues O.* Ce complexe, qui porte le nom d'une compagnie d'assurances, occupe tout un bloc jusqu'à la 7e Avenue. En son milieu se dresse l'**Equitable Tower**, élégante structure de 54 étages en granit, en calcaire et en verre (1985, Edward Larrabee Barnes). Dans le hall *(entrée sur la 7e Av.)*, admirer l'immense composition murale de Thomas Hart Benton, **America Today**, qui dépeint en dix panneaux la vie aux États-Unis à la veille de la Grande Dépression. L'atrium au pied de la tour présente une œuvre audacieuse de Roy Lichtenstein, **Mural with Blue Brushstroke** (de près de 20 m de haut) et abrite l'**Equitable Gallery** *(ouv. lun.-ven. 11 h-18 h, sam. 12 h-17 h ; fermé 1er janv. & 25-26 déc. ⬥ ☎ 212-554-4818)*, espace de 279 m² consacré aux arts visuels.

À l'Est se trouve le **PaineWebber Building** (1961) dans le hall d'entrée duquel sont régulièrement présentées des expositions temporaires *(ouv. toute l'année lun.-ven. 8 h-18 h ; fermé principaux j. fériés et pendant les montages ; ⬥ ☎ 212-713-2885)*.

★**CBS Building** – *51, 52e Rue O.* Seul gratte-ciel réalisé par le célèbre architecte Eero Saarinen (1910-1961), cette structure abstraite de 38 étages que les New-Yorkais surnomment volontiers « The Black Rock » (le rocher noir) fut achevée en 1965. Son armature de béton recouverte de granit sombre et ses colonnes triangulaires créent un effet de quadrillage. Une esplanade en contrebas et des entrées discrètes confèrent à l'édifice une allure lointaine, comme détachée de l'agitation environnante.

Derrière l'immeuble de la Columbia Broadcasting System s'élève le Deutsche Bank Building *(31, 52e Rue O.)*. Cet exemple d'architecture postmoderne, qui repose sur de gros piliers de granit rouge, fut conçu en 1987 par Roche, Dinkeloo & Associates. Dans la cour entre les deux immeubles, remarquer une grande sculpture de Jesús Bautista Moroles (1987) évoquant de vieilles ruines.

Retourner sur l'Av. of the Americas et tourner à gauche dans la 52e Rue O.

L'ancien hôtel Americana fut rebaptisé **Sheraton Center**. Le dessin de sa silhouette effilée est très élégant, particulièrement dans la ligne légèrement brisée de sa façade Sud. Le bâtiment (1962), presque entièrement revêtu de verre sur une armature de pierre, comprend 1 828 chambres réparties sur 50 étages.

Retourner sur l'Av. of the Americas et continuer vers le Nord.

Devant le bâtiment du Crédit Lyonnais *(entre les 52e & 53e Rues O.)*, une esplanade contient trois immenses sculptures de bronze (**2**) de 4 à 7 m de haut représentant la Vénus de Milo. L'ensemble, intitulé **Looking Toward the Avenue**, fut créé en 1989 par Jim Dine.

Non loin du Sheraton, le **New York Hilton and Towers** (1963) déploie sur 46 étages sa façade d'acier et de verre bleuté. L'hôtel comprend un péristyle de quatre étages où se trouvent les organes de service et les salles de réception, tandis qu'une haute tour parallélépipédique est réservée à 2 034 chambres et suites qui offrent toutes une vue de la spectaculaire ligne d'horizon de New York. À l'étage principal, près de l'entrée, les hautes parois de verre du Promenade Cafe s'ouvrent sur l'Avenue of the Americas.

De l'autre côté de la 54e Rue se trouve le Burlington House, sombre édifice de 50 étages qui termine l'impressionnante rangée de tours de l'Avenue of the Americas.

MUSÉES *(consulter la section Musées de Manhattan)*

★**Museum of Arts & Design** – *40, 53ᵉ Rue O.*

★**Museum of Television and Radio** – *25, 52ᵉ Rue O.*

★**International Center of Photography** – *1133 Avenue of the Americas.*

  American Folk Art Museum – *45, 53ᵉ Rue O.*

3 • 57th STREET★

MTA station 59th St. (lignes 4, 5, 6)
Voir plan p. 104

Voie de flânerie élégante où les commerces de luxe (antiquaires, bijouteries, galeries d'art, couturiers, etc.) déploient leurs séductions, la **57ᵉ Rue** est une artère animée qui traverse le secteur Upper Midtown et contient quelques-uns des plus beaux édifices de Manhattan. D'élégantes boutiques de mode et de vénérables commerces, dont la prestigieuse bijouterie Tiffany & Co. et le magasin d'habillement Bergdorf Goodman, se disputent la faveur d'une clientèle huppée, tandis que de nouvelles boutiques telles que Nike Town et Levi's attirent une foule jeune et bigarrée. L'extrémité Ouest de la rue accueille restaurants et clubs divers, parmi lesquels le Hard Rock Cafe et Jekyll and Hyde.

Un peu d'histoire

Le quartier abritait jadis les demeures des Vanderbilt, des Whitney, des Roosevelt et de toute une élite fortunée, et constituait, au lendemain de la guerre de Sécession, l'un des faubourgs les plus chic de la ville. L'inauguration du Carnegie Hall en 1891 fit de cette zone résidentielle le centre artistique de New-York. Les années qui suivirent la Première Guerre mondiale virent l'apparition de magasins de luxe et de boutiques spécialisées, et l'endroit se transforma peu à peu en un quartier commerçant vibrant d'activité.

Aujourd'hui, la partie Est de la 57ᵉ Rue offre un large éventail de magasins d'ameublement et de décoration, et de galeries d'art. Le **Manhattan Art and Antiques Center** *(1050, 2ᵉ Av.)* présente ainsi de ravissants étalages de porcelaines, de bijoux et de meubles, le tout dans une atmosphère de bazar urbain. La partie de la 57ᵉ Rue située à l'Ouest de Park Avenue contient quant à elle l'une des plus fortes concentrations mondiales de marchands d'objets d'art et d'antiquaires.

PROMENADE *Parcours : 1,3 km*
Point de départ : angle de la 57ᵉ Rue E. & de Lexington Av. Se diriger vers l'Ouest.

Reconnaissable à l'énorme temple d'amour stylisé qui orne son esplanade, le 135, 57ᵉ Rue Est (1987, Kohn, Pederson & Fox) forme un coin de rue original dans Manhattan. Érigé en 1975, le Galleria (nᵒ 117) se distingue par le curieux renfoncement de sa façade ; l'immeuble, bordé du côté Est par une ravissante série d'arcades, abrite un agréable espace commercial.

Entre Park Avenue et Madison Avenue, remarquer la haute silhouette de l'**hôtel Four Seasons** (I.M. Pei). La façade en pierre claire de cette tour à décrochements de 46 étages est percée d'un énorme oculus aveugle. Le hall d'accueil tout d'onyx et de calcaire offre une apparence très caverneuse.

Fuller Building – *41, 57ᵉ Rue E.* Cet édifice de style Art déco (1929) était autrefois le siège d'une célèbre société de travaux publics à laquelle l'immeuble doit d'ailleurs son nom. L'élégante structure de granit noir, surmontée d'une tour de pierre calcaire, abrite aujourd'hui une vingtaine de galeries exhibant tout un échantillonnage d'objets d'art contemporains et anciens. Dans la somptueuse entrée, remarquer les portes en bronze de

❺ FiftySevenFiftySeven Bar
Voir plan p. 105. Four Seasons Hotel, 57, 57ᵉ Rue E. *212-758-5757.* Ce superbe bar décoré de bois d'érable, d'onyx et de hauts plafonds a relancé la mode du martini à New York. Choisissez parmi quinze mixtures savoureuses (notamment le 007, le Metropolitan et le Cosmopolitan) préparées dans des shakers d'argent individuels et servies avec des cerises séchées. Des pianistes se produisent chaque vendredi et samedi soir *(à partir de 21 h).* Dessiné par Philip Johnson, le restaurant du Four Seasons (lui aussi baptisé **FiftySevenFiftySeven**) est une des tables les plus renommées de la ville *(réservation, veste et cravate exigées).*

l'ascenseur qui relatent la construction du building, tandis que la mosaïque au sol représente d'autres bâtiments dont la Fuller Construction Company était propriétaire, notamment le Flatiron Building.

LVMH Tower – *17-21, 57ᵉ Rue E.* Siège social aux États-Unis du fabricant de bagages de luxe Louis Vuitton, cette tour de verre (1999, Christian de Portzamparc) de 23 étages doit beaucoup au style postmoderne tout en s'en éloignant. La façade illuminée est constituée de couches de verre superposées, dont certaines s'écartent pour révéler de nouvelles plaques de verre, au mépris des choix monoblocs postmodernes. Les deux premiers étages de cet immeuble de 9 569 m² sont consacrés à la vente et les bureaux de Louis Vuitton Moët Hennessy occupent les étages supérieurs.

Tourner à gauche dans Madison Av. et se diriger vers la 56ᵉ Rue E.

★★Sony Plaza (anciennement AT&T Headquarters) – *550 Madison Av.* Conçu par Philip Johnson et John Burgee en association avec Henry Simmons, et terminé en 1984, cet édifice de pierre de 40 étages à la verticalité saisissante contraste avec les lignes horizontales des immeubles voisins. Sa façade de granit rose est percée de fenêtres sur un tiers seulement de sa surface, permettant ainsi une meilleure isolation. Le style du bâtiment, qualifié de postmoderne, constitue, du moins en apparence, une rupture totale avec le type de gratte-ciel de métal et de verre des années 1960 et 1970. Le toit triangulaire est coupé en son centre par une échancrure arrondie et la base de la tour, percée d'oculi, comporte une immense entrée formant une arche de 34 m de haut flanquée de colonnes qui encerclent une charmante arcade publique. Les expositions interactives du **Sony Wonder Technology Lab** 𝐄𝐧𝐟𝐚𝐧𝐭𝐬 *(ouv. toute l'année mar.-mer. & ven.-sam. 10 h-18 h, jeu. 10 h-20 h, dim. 12 h-18 h ; fermé 1ᵉʳ janv., dim. de Pâques & 25 déc. ; ✗ & http://wondertechlab.sony.com ☎ 212-833-8100)* permettront aux touche-à-tout d'explorer le monde de l'électronique de façon originale, en programmant par exemple un robot ou en participant au montage d'un vidéo-clip.

Pénétrer dans l'immeuble du 590 Madison Av. par l'entrée donnant sur la 56ᵉ Rue E.

590 Madison – Œuvre de l'architecte Edward Larrabee Barnes, ce bloc monolithique (43 étages) aux lignes sobres anciennement nommé IBM Building fut achevé en 1983. Son entrée, en retrait du reste de l'immeuble, semble défier le visiteur de pénétrer à l'intérieur. Le granit vert poli et le verre dont se compose la façade créent un motif de bandes horizontales. Un *Saurien* (1975) déchiqueté et rouge feu de près de 6 m réalisé par Alexander Calder monte la garde près de la porte. Devant le building *(du côté de la 56ᵉ Rue)*, une fontaine stylisée grossièrement taillée symbolise, par l'écoulement horizontal de son eau, les marées quotidiennes de la circulation piétonnière et automobile ; des stries énigmatiques, gravées sur ses bords, représentent le tracé des rues environnantes. Haut de quatre étages et égayé par des plantations de bambou, l'atrium, avec ses buvettes, ses tables et ses chaises, accueille en rotation des sculptures de Calder, Nevelson, Lichtenstein, Appel, etc. Le **musée Dahesh** *(voir section Musées)* vient d'emménager tout à côté de l'atrium.

Retourner sur la 57ᵉ Rue E. et continuer vers l'Ouest.

Entre Madison Avenue et la 5ᵉ Avenue, la 57ᵉ Rue compte parmi ses commerces beaucoup de boutiques aux noms prestigieux (Chanel, Hermès, Louis Vuitton et Burberry's) dont les devantures chatoyantes arborent le dernier cri en matière de mode. Noter aussi le fameux magasin d'articles de sport **Nike Town (9)** 𝐄𝐧𝐟𝐚𝐧𝐭𝐬 qui attire des foules de visiteurs venus faire du shopping dans l'espoir d'apercevoir de célèbres athlètes comme Mia Hamm ou Michael Johnson.

Au croisement de la 5ᵉ Avenue et de la 57ᵉ Rue se trouvent de grandes bijouteries comme Tiffany & Co. (**5**) et Van Cleef & Arpels (**7**). Le magasin d'habillement Bergdorf Goodman (**6**) longe la 5ᵉ Avenue.

Traverser la 5ᵉ Avenue.

Sur le côté Nord de la 57ᵉ Rue Ouest s'élève le **9 West 57th Street★** (1974, Skidmore, Owings & Merrill), dont l'étonnante silhouette ressemble à s'y méprendre à celle du Grace Building *(42ᵉ Rue E.)*. Partant en arrondi au-dessus d'un immense hall, ce bâtiment spectaculaire à la forme controversée s'élance vers le ciel pour s'arrêter à une hauteur de 50 étages. Ses murs de verre teinté entrent dans un cadre en travertin. L'image légèrement déformée des immeubles qui se reflètent sur ses murs extérieurs curvilignes produit d'étranges effets visuels. Sur le parvis, la sculpture de couleur rouge représentant le chiffre 9 est l'œuvre primée du célèbre graphiste Ivan Chermayeff. L'immeuble voisin *(nᵒ 29)* est orné à son sommet d'une croix de la Légion d'honneur. Juste à côté, la **librairie Rizzoli** *(nᵒ 31)* se distingue par son entrée voûtée et ses étagères lambrissées garnies de beaux livres.

Continuer vers l'Ouest entre l'Av. of the Americas & la 7ᵉ Av. (voir plan p. 191).

Établissement renommé, créé en 1926 par des immigrés russes comme lieu de rassemblement pour les membres du corps de ballet expatriés, le vénérable **Russian Tea Room** *(nᵒ 150)* avait malheureusement fermé en juillet 2002, tout en conservant les

■ Quelques galeries d'art

Véritable carrefour artistique de Midtown, la 57e Rue compte de nombreuses galeries. Parmi les plus réputées, on retiendra les suivantes :

Gregory Gallery *(Fuller Bldg., 8e niveau ; 41, 57e Rue E. ; www.gregory-gallery.com ☎ 212-754-2760)* parraine les artistes contemporains.

Marian Goodman *(24, 57e Rue O., 4e niveau ; www.mariangoodman.com ☎ 212-977-7160)* propose les œuvres d'artistes de renom : Dan Graham, Jeff Wall, Gerhard Richter, Lawrence Wiener, William Kentridge et Thomas Struth.

Marlborough *(40, 57e Rue O., 2e niveau ; www.marlboroughgallery.com ☎ 212-541-4900)*, mandataire d'importantes successions dont celles de James Rosati et Jacques Lipchitz, présente aussi des œuvres d'artistes contemporains parmi lesquels Fernando Botero, Red Grooms et Tom Otterness.

Michael Rosenfeld *(24, 57e Rue O., 7e niveau ; www.michaelrosenfeldart.com ☎ 212-247-0082)* se consacre à l'art américain du 20e s. dans son ensemble, avec une préférence pour les réalistes et modernistes de la période 1930-1950.

Pace Wildenstein *(32, 57e Rue E., 2e niveau ; www.pacewildenstein.com ☎ 212-421-3292)*, créée par la fusion de deux des plus importantes galeries de New York, est au premier plan de la scène artistique américaine. On y découvrira les œuvres d'artistes contemporains de renom : Robert Rauschenberg, Joel Shapiro, Kiki Smith, Jim Dine, Agnes Martin, Julian Schnabel, etc.

David Findlay Jr Fine Art *(Fuller Bldg., 11e niveau ; 41, 57e Rue E. ; ☎ 212-486-7660)* est le spécialiste des maîtres américains des 19e et 20e s., des modernistes américains des années 1910-1950 et de l'art contemporain américain.

Tibor de Nagy *(entrée par le 724, 5e Av., 12e niveau ; www.tibordenagy.com ☎ 212-262-5050)* ne se consacre qu'à la peinture américaine contemporaine.

N'oubliez pas de vous procurer le **Gallery Guide** *(disponible auprès des galeries et des centres d'information touristique)* pour obtenir des renseignements sur les expositions en cours.

---

ours dansants dorés qui ornent toujours son élégante façade Art déco. La Fédération américaine de golf a racheté l'édifice pour le convertir en musée ; son projet ayant échoué, elle a restitué au bâtiment sa vocation première et les quatre cuisines, la porcelaine, l'argenterie et même les uniformes sont de nouveau au service de la clientèle.

★**Carnegie Hall** – *154, 57e Rue O. Visite guidée (1 h) uniquement, janv.-juin & sept.-déc. : lun.-ven. 11 h30, 14 h & 15 h. 6 $. ☎ 212-247-7800.* À l'angle de la 7e Avenue, un édifice de style néo-Renaissance italienne (1891, William B. Tuthill) revêtu de brique orange abrite l'une des salles de concert les plus prestigieuses du monde. Les plus grands noms de la musique et du spectacle s'y sont produits. Bâti sous les auspices d'**Andrew Carnegie** (1835-1919), le roi de l'acier, Carnegie Hall fut inauguré en 1891 par un concert dirigé par Tchaïkovsky, qui faisait alors ses débuts en Amérique en tant que chef d'orchestre. Deux bâtiments annexes ont été adjoints au Carnegie Hall : la tour Tuthill (1896) et la tour Hardenbergh (1898). Après avoir échappé de justesse à la démolition dans les années 1960, l'édifice fut entièrement rénové en 1986. En 1990, une tour de 60 étages (Cesar Pelli & Associates) allait y être ajoutée, apportant à l'ensemble une touche de modernisme tout en augmentant l'espace consacré aux coulisses et aux musiciens. Aujourd'hui, il bénéficie de trois salles de concert : l'auditorium Isaac Stern, renommé pour la qualité de son acoustique et qui peut accueillir un public de plus de 2 800 personnes, le Weill Recital Hall, salle Belle Époque intime d'environ 270 places, et la toute nouvelle salle Zankel, de 650 places.

Un petit musée, le **Rose Museum at Carnegie Hall** *(entrée au n° 154 ; prendre l'ascenseur jusqu'au 2e niveau ; ouv. sept.-juin :tlj 11 h30-16 h ; fermé principaux j. fériés & parfois en août ; ☎ 212-903-9629)*, retrace l'histoire de ce haut lieu de la musique à l'aide de photos, de programmes de spectacles et objets divers. Remarquer les autographes d'Irving Berlin, de Duke Ellington et des Beatles, ainsi que la clarinette de Benny Goodman et la baguette d'Arturo Toscanini.

À l'angle de la 7e Avenue, admirer au Nord l'**Alwyn Court Apartments** *(182, 58e Rue O.)*, immeuble construit en 1909 par Harde & Short et dont la façade est ornée de motifs en terre cuite d'inspiration Renaissance.

Carnegie Hall

Toujours au Nord, entre les 7ᵉ et 8ᵉ Avenues, se trouve l'**Art Students League** *(nᵒ 215)*, école des Beaux-Arts fondée en 1875 par d'anciens élèves de l'Académie nationale de dessin. Conçu par Henry J. Hardenbergh en 1892, cet édifice ressemble un peu à un pavillon de chasse du temps de François Iᵉʳ. Son architecture de style Renaissance contraste étrangement avec celle du **Hard Rock Cafe** 〚Enfants〛 *(nᵒ 221)* dans la façade duquel vient s'encastrer une vieille Cadillac, et dont l'intérieur contient un bar en forme de guitare ainsi qu'une importante collection de souvenirs rappelant les grands moments du rock'n'roll.

■ Bridgemarket

Une immense salle-cathédrale sous la chaussée menant à Queensboro Bridge a retrouvé sa splendeur originelle après des dizaines d'années d'oubli. Les arcades voûtées, qui prirent le nom de Bridgemarket, accueillaient jusque dans les années 1930 un marché d'alimentation. Le marché ayant disparu pendant la Dépression, le service de la voirie municipale utilisa le site comme entrepôt.

C'est le projet de création d'un magasin et d'un restaurant par le designer britannique Terence Conran qui permit de sauver Bridgemarket. On pénètre dans la boutique de décoration et de design *(407, 59ᵉ Rue O.; www.conran.com ☎ 212-755-7249)*, ouverte en 1999, par un pavillon moderne de verre et d'acier situé sur l'esplanade accolée à Bridgemarket. Mais c'est en sous-sol que se trouve la plus grande partie du magasin.

Sous les vertigineuses voûtes Est (les plus hautes, à 12 m) se tient la brasserie chic **Guastavino's** *(409, 59ᵉ Rue E.; www.guastavinos.com ☎ 212-980-2455)*, dont le nom rend hommage aux architectes espagnols Rafael Guastavino père et fils, qui ont conçu le lieu.

Mettant les techniques traditionnelles au goût du jour, ils ont bâti des « voûtes catalanes » de 12 m de largeur avec un appareil de tuiles plates rectangulaires et de mortier. Chacune des 36 voûtes qui forment l'arcade est recouverte de tuiles, quatre autres couches de tuiles se trouvant encore dessous. La robustesse et la légèreté de l'argile permettent de construire des arcs plus larges qu'avec la pierre.

L'œuvre familiale des Guastavino a séduit d'autres New-Yorkais, et on la retrouve à l'Oyster Bar de la gare Grand Central ainsi qu'au Registry Room, sur Ellis Island.

Bridgemarket retrouve ses racines avec son autre occupant, le supermaché Food Emporium.

Musées *(consulter la section Musées de Manhattan)*

Musée Dahesh – *580 Madison Av., à la hauteur de la 56ᵉ Rue.*

4 • PARK AVENUE★★★

Pourvue de larges trottoirs et d'un terre-plein égayé de fleurs, d'arbustes et de sculptures, cette « voie royale » constitue l'un des quartiers les plus chic de la ville. Symboles de l'envahissement progressif des tours de bureaux dans le cœur de Manhattan, les gratte-ciel des grandes sociétés américaines bordent la partie de Park Avenue comprise dans le secteur Midtown. À la période de Noël, ses arbres illuminés lui donnent un air de fête.

Un peu d'histoire

De 1830 à 1890, cette partie de la 4e Avenue, qui prit plus tard le nom de Park Avenue, était parcourue par les disgracieuses voies ferrées de la New York Central Railroad Company, tandis que des ponts desservaient les rues transversales. Aussi la fumée et le fracas des convois rendaient-ils l'endroit peu agréable.

Mais la situation changea au début du 20e s. lorsque les travaux de **Grand Central Terminal** furent lancés et que l'électrification et la couverture du réseau furent réalisées, la tranchée primitive laissant place à une large avenue. L'édification d'immeubles sur pilotis au-dessus des voies ferrées et des gares de triage fut rendue possible par l'utilisation du béton, nouvelle technique qui permettait d'isoler les nouvelles constructions des vibrations provoquées par le trafic ferroviaire. Les immeubles d'habitation se multiplièrent très vite le long de cette artère (jusqu'à la hauteur de la 50e Rue), et l'ensemble du projet fut salué comme une œuvre majeure de l'architecture urbaine du début du 20e s.

Durant la période d'après-guerre, ces édifices furent peu à peu remplacés par de grandes tours de bureaux et le quartier perdit de son élégance initiale, ses immeubles cossus ayant fait place à un corridor quelque peu disparate de métal et de verre.

PROMENADE *parcours : 1,6 km*

Point de départ : angle de Park Av. & de la 46e Rue E.

★**Helmsley Building** – *N° 230.* Érigée en 1929 pour abriter le siège de la compagnie de chemins de fer New York Central Railroad, cette élégante tour surmontée d'un toit pyramidal enjambe la chaussée. La structure, dessinée par Warren & Wetmore (brillants concepteurs du Grand Central Terminal), repose sur deux voies ferrées et paraît aujourd'hui bien petite à côté du Metlife Building (ancien Pan Am Building) qui s'élève en retrait. Sa façade Nord dessine deux arches au-dessus des tunnels sous lesquels passent voitures et piétons.

Richement décoré, le hall d'entrée contient des murs de travertin et de somptueuses finitions en bronze. Lors de la construction, ce décor, dont l'opulence reflétait les aspirations grandioses de la compagnie des chemins de fer, offrait un contraste saisissant avec les immeubles de bureaux avoisinants, plus sobres. Le bâtiment fut acquis en 1977 par la chaîne Helmsley et sa façade fut redorée à l'or fin.

Au n° **270** *(entre les 47e & 48e Rues E.),* une tour de 53 étages s'élève au-dessus d'une petite esplanade piétonnière. L'édifice frappe par le contraste qu'offrent les matériaux employés : verre lisse et brillant des baies vitrées, acier mat noir et blanc

Park Avenue (Helmsley Building et MetLife Building).

Scandinavia House
Voir plan p. 121. 58 Park Av. à l'angle de la 38ᵉ Rue. Ouv. toute l'année : mar.-sam. 12 h-18 h. 3 $. www.amscan.org ☎ 212-879-9779. Les nouveaux bureaux de l'American Scandinavian Foundation (2000, Polshek Partnership) constituent le cœur américain de la culture des cinq pays nordiques. D'une modernité inflexible, l'édifice de zinc, de verre et d'épicéa dresse six étages où s'alignent des infrastructures d'exception : une salle de spectacle lambrissée, des galeries lumineuses, une boutique de souvenirs entièrement vitrée et le récent **AQ Café** *(ouv. lun.-sam. 10 h-17 h)*, géré par le célèbre Restaurant Aquavit. Les expositions temporaires ainsi qu'un ambitieux programme de films et de conférences justifient tout désir de voir et revoir ce joyau architectural.

de l'armature. Il fut construit en 1960 par Skidmore, Owings & Merrill pour la société de produits chimiques Union Carbide, et abrite aujourd'hui le siège principal de la Chase Manhattan Corporation. Comme pour beaucoup d'immeubles bâtis aux abords du Grand Central Terminal, les cages d'ascenseur n'ont pu être logées au sous-sol, et l'entrée principale ne se situe donc pas au rez-de-chaussée, mais au deuxième niveau. De l'autre côté de la rue, au n° **277**, se dresse une tour gris argent (1962, Emery Roth & Sons) de 50 étages faisant pendant à l'immeuble de la Chase Manhattan Corporation.

★**Waldorf-Astoria Hotel** – *N° 301, entre les 49ᵉ & 50ᵉ Rues E.* www.waldorfastoria.com ☎ 212-355-3000. Hôtel de renommée mondiale (1931, Schultze & Weaver), le Waldorf-Astoria comprend un personnel d'environ 1 500 employés pour un total de 1 410 chambres. Cette structure massive, reconnaissable à ses tours jumelles, fut construite pour remplacer l'ancien Waldorf-Astoria (1893) qui avait été détruit afin de laisser place à l'Empire State Building. Elle s'élève sur 47 étages depuis une base en granit de 18 étages, et se compose d'une série de décrochements en pierre calcaire et en brique qui contribuent à lui donner une discrète allure Art déco.

L'intérieur présente un mélange des plus éclectiques. Le hall principal est particulièrement intéressant, avec son sol en marbre orné d'une célèbre mosaïque intitulée **Wheel of Life**, et l'entrée du côté Est de l'hôtel contient une gigantesque horloge anglaise de bronze datant de 1893.

Les appartements et suites d'honneur du Waldorf-Astoria ont vu défiler tant de célébrités (tous les présidents des États-Unis depuis Herbert Hoover, le général MacArthur, le duc de Windsor, Henry Kissinger, Cary Grant, Frank Sinatra et bien d'autres) qu'un service du protocole a été institué afin de régler les délicates questions de préséance et d'étiquette. C'est ainsi que certains dignitaires séjournant au Waldorf-Astoria ont le privilège de voir flotter leur pavillon national devant la façade de l'hôtel.

Hall de l'hôtel Waldorf-Astoria.

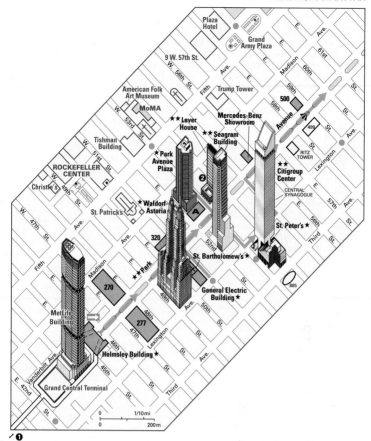

★St. Bartholomew's Church – *À l'angle de la 50ᵉ Rue E. Ouv. lun.-mer. & ven. 8 h-
18 h30, jeu. & sam. 8 h-19 h30, dim. 8 h-20 h30.* ✗ ♿ *www.stbarts.org*
☎ *212-378-0222.* Considérée comme l'une des plus belles réalisations de l'architecte Bertram G. Goodhue, l'église épiscopale St. Bartholomew est un édifice de
style néobyzantin dont la silhouette ramassée, entourée d'un charmant jardin sur-
élevé, contraste avec les gratte-ciel environnants. Elle se distingue par son dôme
polychrome et par ses murs de brique orange et de pierre calcaire grise.
La façade est percée d'un portique roman (1903), don des Vanderbilt, provenant
de la première église St. Bartholomew (Stanford White) qui se trouvait sur Madison
Avenue de 1872 à 1918. Ses trois vantaux de bronze sculpté illustrent des scènes
de l'Ancien et du Nouveau Testament, et s'ouvrent sur un intérieur de marbre
richement décoré. Dans l'abside, on remarquera, au-dessus des fenêtres en albâtre,
une mosaïque représentant la Transfiguration. Le baptistère contient quant à lui la
statue d'un ange agenouillé, œuvre du sculpteur anglais James Redfern (19ᵉ s.).
L'église possède en outre le plus grand orgue éolien de la ville.
À la fin des années 1980, St. Bartholomew fit l'objet d'un conflit amer concernant
la sauvegarde de son centre communautaire. La Cour suprême trancha la question
en 1991, défendant à l'église de démolir le centre. Celui-ci abrite désormais
l'agréable Café St. Bart's.
De l'autre côté de la rue, au **320 Park Avenue**, se dresse le siège social de la compagnie d'assurances Mutual of America. Ancienne adresse de l'ITT Building (1962),
l'édifice, rénové en 1995, comporte une base de granit gris et un mur-rideau
ponctué d'ornements en acier inoxydable. La structure est coiffée d'un mât stylisé
haut de 15,8 m.
Tourner à droite dans la 51ᵉ Rue E. et continuer vers Lexington Av.

★General Electric Building – *570 Lexington Av.* Derrière l'église St. Bartholomew
se dresse ce gratte-ciel de 51 étages (1931, Cross & Cross), merveilleuse création
Art déco avec sa flèche rouge orangé coiffée d'une couronne de pinacles, qui s'élève
d'une base quadrangulaire. Initialement conçu pour la RCA Victor Company, qui
déménagea au Rockefeller Center, l'immeuble est aujourd'hui décoré de rayons
lumineux et d'éclairs, éléments particulièrement appropriés à son locataire principal, la compagnie General Electric.

Retourner sur Park Av. et continuer vers le Nord.

★★Seagram Building – *N° 375.* Issu en 1958 de la collaboration de **Mies van der Rohe** pour le dessin général et de **Philip Johnson** pour la décoration intérieure, ce célèbre immeuble de style international fut le siège de la compagnie Joseph E. Seagram & Sons, Inc. Par son élégante sobriété, il se classe parmi les plus beaux gratte-ciel de New York. Sa tour de 38 étages s'élève en retrait de l'avenue, au-dessus d'une esplanade de granit agrémentée de bassins. Les subtils reflets mordorés de ses panneaux extérieurs et de ses fenêtres, et le raffinement de son hall d'entrée, avec ses murs de travertin, lui confèrent une allure classique.

En face du Seagram Building, un édifice de style néo-Renaissance italienne (1918) abrite le prestigieux **Racquet and Tennis Club** (**A**) *(n° 370).* Œuvre de McKim, Mead & White, il figure parmi les rares survivants d'une époque révolue, lorsque cette section de Park Avenue était bordée d'élégants immeubles résidentiels.

2 Monkey Bar
Voir plan p. 121. Hotel Elysée, 60, 54ᵉ Rue E., entre Park Av. & Madison Av. www.theglaziergroup.com ☏ 212-838-2600. Jadis fréquenté par le grand dramaturge Tennessee Williams et la comédienne Tallulah Bankhead, ce bar superbement restauré mérite une visite, avec ses peintures murales à motif de singes, ses tabourets en forme d'olive, ses airs de piano et son élégante clientèle. Essayez le Sparkling Monkey, un pétillant mélange de champagne et de chambord.

★Park Avenue Plaza – *De la 52ᵉ à la 53ᵉ Rue E., entre Park Av. & Madison Av. Entrée sur la 53ᵉ Rue.* Derrière le Racquet and Tennis Club se dresse la silhouette massive du Park Avenue Plaza (1981, Skidmore, Owings & Merrill), énorme prisme de verre dans les vitres duquel se reflètent le ciel et les tours environnantes. Cet immeuble de bureaux comprend une arcade commerciale à deux niveaux rehaussée d'une fontaine. Une œuvre monumentale de Frank Stella, intitulée *Deauville* (1970), est suspendue au-dessus du bureau d'accueil, au niveau supérieur, tandis que des expositions temporaires ornent le hall d'entrée.

★★Lever House – *N° 390 (voir illustration p. 94).* Influencé par les concepts architecturaux de Le Corbusier, l'édifice (Skidmore, Owings & Merrill) était considéré comme avant-gardiste lorsqu'il fut inauguré en 1952. Par sa forme et par les matériaux mis en œuvre (verre et acier), cet édifice de 21 étages contrastait agréablement avec les immeubles résidentiels de pierre et de béton bordant alors l'avenue. Il devait marquer l'avènement des immeubles de bureaux en verre à New York, et celui du style international dans les constructions commerciales.

De Park Av., prendre à droite la 53ᵉ Rue E. et continuer vers Lexington Av.

★★Citigroup Center – *153, 53ᵉ Rue E., à l'angle de Lexington Av.* Véritable aiguille gainée d'aluminium et de verre, la tour abritant le siège social de la Citigroup (ancienne Citicorp) présente une remarquable silhouette. Le succès du projet, réalisé en 1978 par Hugh Stubbins & Associates, entraîna une impressionnante poussée de gratte-ciel entre Lexington Avenue et la 3ᵉ Avenue. Quatre piliers gigantesques de 40 m de haut (soit l'équivalent de neuf étages) soutiennent l'étonnante structure couronnée par un sommet en biseau. Le tout culmine à une hauteur de 279 m, qui place l'édifice au cinquième rang des gratte-ciel new-yorkais. Dans l'espace laissé libre par les piliers en retrait se nichent l'église St. Peter *(voir ci-dessous)* ainsi que le **Market** (à l'intérieur d'un bâtiment de sept étages). Celui-ci abrite des boutiques et des restaurants agencés autour d'un atrium aménagé où les plantes s'épanouissent sous la verrière faisant fonction de toit. L'endroit, très animé, sert de cadre à des expositions, des concerts et des manifestations culturelles diverses.

★St. Peter's Church – *Entrée sur la 54ᵉ Rue. Ouv. tlj de l'année 9 h-21 h. Fermé principaux j. fériés.* ♿ www.saintpeters.org ☏ 212-935-2200. Le temple luthérien vendit son vaste terrain à la Citicorp à condition qu'une nouvelle église soit intégrée dans le complexe. Celle-ci, de l'extérieur, semble bien petite, comme écrasée sous l'énorme masse de la tour. L'intérieur *(visible depuis la galerie au niveau de la rue),* d'une extrême simplicité avec ses murs blancs austères et son parterre de granit, constitue une oasis de silence et de calme. Remarquer l'autel, le lutrin, la tribune, les marchepieds et les bancs, faits de chêne rouge. En sortant de la galerie, visiter la chapelle attenante, **Erol Beker Chapel of the Good Shepherd★**, sculptée par la célèbre artiste Louise Nevelson qui voulait en faire un « havre de pureté » au sein de Manhattan.

À l'angle de la 53ᵉ Rue et de la 3ᵉ Avenue s'élève une surprenante tour elliptique *(885, 3ᵉ Av.),* réalisée par Philip Johnson et John Burgee en 1986. Surnommé le « bâton de rouge à lèvres », cet immeuble à retraits successifs est paré d'un saisissant revêtement brun et rose.

Continuer sur Lexington Av. en direction du Nord, jusqu'à la 55ᵉ Rue E.

Au coin Sud-Ouest de la 55ᵉ Rue se profilent les dômes cuivrés de Central Synagogue (1870), exemple achevé du style néomauresque. Réalisée par Henry Fernbach, il s'agit de la plus vieille synagogue encore en usage à New York, et d'un important élément du patrimoine architectural de la ville.

Retourner sur la 5ᵉ Av. par la 55ᵉ Rue.

En continuant à remonter Park Avenue, on passe devant le **Mercedes-Benz Showroom** (*n° 430*), véritable symphonie de rampes et de parois réfléchissantes conçue en 1953 par **Frank Lloyd Wright** pour Max Hoffman, concessionnaire Mercedes.

Au coin de la 57ᵉ Rue s'élève la tour Ritz (*n° 465*). Exemple typique d'une tour d'appartements de Park Avenue, cet édifice couronné d'obélisques fut érigé en 1925 par Emery Roth et Carrère & Hastings pour la chaîne d'hôtels résidentiels Hearst. Entre les 58ᵉ et 59ᵉ Rues, la noire façade de verre et d'aluminium du 499 Park Avenue (1981, I.M. Pei) abrite la Banque nationale de Paris. De cet angle, la **perspective★★** (*vers le Sud*) sur les immeubles Helmsley et MetLife est magnifique.

500 Park Avenue – *À l'angle de la 59ᵉ Rue E.* Œuvre de Skidmore, Owings & Merrill (1960), cette élégante structure de onze étages (anciennement nommée Olivetti Building) semble comme écrasée par l'imposante silhouette du 500 Park Tower (1984) qui se dresse derrière elle. Sur sa façade habillée de verre, les allèges dessinent un rigoureux quadrillage.

Pour une description de Park Av. au Nord de la 59ᵉ Rue, voir la section UPPER EAST SIDE.

5 • EAST 42nd STREET★★

MTA station Grand Central (lignes 4, 5, 6)
Voir plan p. 124

Principale artère de Manhattan qu'elle traverse de part en part de l'East River à l'Hudson, la 42ᵉ Rue présente, entre le siège des Nations unies et la 5ᵉ Avenue, un riche assortiment d'immeubles dont la physionomie reflète particulièrement bien l'évolution des styles architecturaux depuis 1900.

Un peu d'histoire

Afin d'encourager leurs occupants à quitter les immeubles surpeuplés de Lower Manhattan et à s'installer plus au Nord, la 42ᵉ Rue s'ouvrit au développement immobilier en 1836. Source de nuisances, l'incessante activité ferroviaire en faisait un endroit bruyant et pollué, n'attirant guère qu'usines et brasseries. À ces dernières devaient également s'ajouter d'infects taudis dans lesquels vivaient des émigrants avec leurs chèvres et leurs cochons.

La mise en valeur du quartier commença au début du 20ᵉ s., avec la construction du Grand Central Terminal. Les disgracieuses voies ferrées furent recouvertes et, après l'achèvement de la gare en 1913, une extraordinaire reprise immobilière ouvrit la zone à la construction d'immeubles de bureaux et d'habitation ainsi que d'hôtels. Au Nord, l'hôtel Waldorf-Astoria (1931) attirait une clientèle fortunée, avec ses élégantes réceptions, tandis qu'au Sud et à l'Est, les immeubles Chanin, Chrysler et Daily News annonçaient déjà d'innovatrices tendances en matière d'architecture. Lorsque plusieurs blocs, alors occupés par des abattoirs, furent rasés en 1946 pour faire place au siège des Nations unies, cette partie de New York devint enfin un quartier à part entière.

PROMENADE *parcours : 0,8 km*

Point de départ : Grand Central Terminal, à l'angle de Park Av. & de la 42ᵉ Rue.

★★Grand Central Terminal – *Informations billets :* ☎ *718-330-1234 ; informations manifestations :* www.grandcentralterminal.com ☎ 212-340-2210. Véritable chef-d'œuvre d'urbanisme, cet édifice de style Beaux-Arts (1913, architectes : Warren & Wetmore ; ingénierie : Reed & Stem) abrite l'une des gares principales de New York. Elle a ceci de particulier qu'on ne voit pas les trains, ces derniers se dissimulant dans les galeries souterraines (étagées sur deux niveaux) qui suivent Park Avenue de la 42ᵉ à la 59ᵉ Rue Est. Un important projet de rénovation et de modernisation (construction de restaurants et de boutiques, ajout d'un énorme escalier du côté Est du grand hall, etc.) devrait permettre à l'édifice de faire peau neuve tout en résolvant certains problèmes de congestion des lieux.

Petit dépôt deviendra grand – Au début du 19ᵉ s., les trains à vapeur descendaient la 4ᵉ Avenue (aujourd'hui Park Avenue) jusqu'au dépôt de la 23ᵉ Rue, où les wagons étaient accrochés à un attelage de chevaux qui les tiraient jusqu'au terminus de la ligne, près du City Hall. Vers 1854, une ordonnance interdit le passage des locomotives à vapeur au Sud de la 42ᵉ Rue, de façon à réduire la pollution de l'air et le bruit. Le « Commodore » **Cornelius Vanderbilt** (1794-1877) qui, vers 1869, s'était

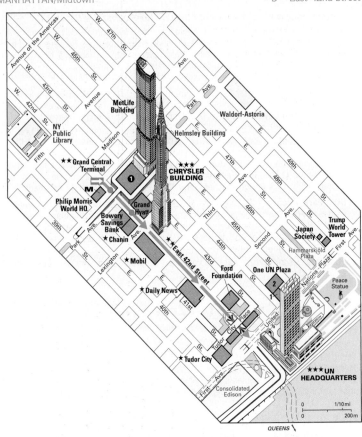

rendu propriétaire de toutes les compagnies ferroviaires de la ville, fit construire en 1871 le Grand Central Depot à l'angle de Park Avenue et de la 42ᵉ Rue. Mais en 1902, un nouvelle loi proscrivait la circulation de toute locomotive à vapeur en ville, laissant alors à la New York Central Railroad Company le choix suivant : se réinstaller en périphérie ou électrifier le réseau. La société de chemins de fer opta pour la seconde solution ; sous la direction de l'ingénieur en chef William J. Wilgus, les voies furent recouvertes et une nouvelle gare construite au-dessus. Aujourd'hui, quelque 500 trains assurent le transport quotidien d'environ 500 000 banlieusards, sans parler des passagers de grandes lignes qui transitent également par le Grand Central Terminal. Les alentours de la gare sont devenus un quartier commerçant prospère.

L'édifice – *Points restauration ouv. lun.-sam. 10 h-21 h, dim. 10 h-18 h.* Le **grand hall★**, percé d'énormes fenêtres par lesquelles s'engouffre la lumière, a des dimensions de cathédrale : 114 m de long, 36 m de large et 38 m de haut, soit l'équivalent de douze étages. Le plafond voûté est orné des signes du zodiaque (amusante particularité : leur ordre fut inversé par erreur lors de leur réalisation, en 1913). D'énormes chandeliers et de massives colonnes rehaussent le magnifique intérieur agrémenté d'imposantes colonnes. Point de rencontre traditionnel des New-Yorkais, l'horloge de cuivre et d'onyx du bureau d'information central voit défiler un flot continu de voyageurs. Lors de la récente rénovation, un escalier de marbre a été installé à l'extrémité Est du hall. Diverses sculptures et œuvres d'art ornent l'intérieur. Une multitude de boutiques bordent les rampes conduisant aux voies. Des passages souterrains relient la gare à plusieurs immeubles voisins.

 Grand Central Oyster Bar and Restaurant
Voir plan p. 124. Grand Central Terminal (niveau inférieur). www.oysterbarny .com ☎ 212-490-6650. Venez déguster les meilleurs fruits de mer en ville, dans un cadre à la fois grandiose et bruyant. Asseyez-vous au bar pour commander des huîtres Rockefeller et une soupe aux palourdes... une délicieuse tradition new-yorkaise. 80 des 400 vins proposés peuvent être servis au verre.

À l'extérieur, admirer la somptueuse façade à colonnade de Warren & Wet-more. Son fronton, doté d'une immense horloge de 4 m, se compose d'une sculpture intitulée **Transportation** (1914, Jules-Félix Coutan) où les divinités de l'Olympe (Mercure, Hercule et Minerve) fraternisent avec l'aigle américain. En dessous se dresse la statue de bronze (1869) du « Commodore » Vanderbilt.

L'ancienne tour de la Pan Am, aujourd'hui nommée **MetLife Building** (1963), domine la grande gare centrale. Conçue par une équipe d'architectes parmi lesquels figurait **Walter Gropius**, célèbre animateur du Bauhaus, elle souleva un tollé général car sa silhouette massive (59 étages) bouchait la perspective jusqu'alors dégagée sur Park Avenue. À l'époque de sa construction, la superficie du **MetLife Buiding** (223 000 m² de bureaux) n'était dépassée que par celle du bâtiment du Pentagone (district de Washington).

Traverser la 42ᵉ Rue E.

Dominant l'angle Sud-Ouest de Park Avenue et de la 42ᵉ Rue, une tour de granit et de verre de 26 étages (1963, Ulrich Franzen & Associates) abrite le **siège mondial de Philip Morris**. Au rez-de-chaussée se trouve une annexe du **Whitney Museum of American Art** (**M**) *(ouv. toute l'année lun.-ven. 11 h-18 h, jeu. 19 h30 ; fermé 1ᵉʳ janv., Thanksgiving & 25 déc. ; visites guidées mer. & ven. 13 h ; ℅ www.whitney.org ☎ 917-663-2453)* qui constitue un véritable havre de paix au milieu de ce quartier animé. Une cour *(ouv. toute l'année lun.-sam. 7 h30-21 h30, dim. & j. fériés 11 h-19 h ; ℅)* entourée de hauts murs expose de grandes sculptures du 20ᵉ s., tandis qu'une galerie adjacente abrite des expositions temporaires consacrées à l'art américain.

Continuer vers l'Est sur la 42ᵉ Rue E.

Au n° 110, remarquer le **Bowery Savings Bank Building** (1923, York & Sawyers), édifice monumental réputé pour sa luxueuse entrée revêtue de marbre et de mosaïques.

Grand Hyatt Hotel – *N° 125.* www.hyatt.com ☎ 212-883-1234. Immense structure en verre-miroir caractérisée par son plan formant un H, ce bâtiment de 30 étages (1980, Der Scutt et Gruzen & Partners) présente un contraste total avec ses voisins qui se reflètent dans ses parois argentées. Il s'agit en fait de l'ancien hôtel Commodore (1920) dont les murs de pierre ont été gainés de verre.

★**Chanin Building** – *N° 122.* Parfait exemple de style Art déco, cet édifice de 56 étages (1929, Irwin Chanin et Sloan & Robertson) comporte, à sa base, de ravissantes frises curvilignes en terre cuite typiques de l'époque. Pénétrer dans le hall pour admirer ses portes ornées de motifs stylisés, ses grilles d'aération décorées et ses boîtes aux lettres.

★★★**Chrysler Building** – *405 Lexington Av.* Cet édifice de 77 étages (1930, William Van Allen) fut, pendant une brève période, le plus haut gratte-ciel du monde (319 m). Détrôné un an plus tard par l'Empire State Building, il demeure malgré tout l'un des bâtiments les plus prestigieux de la ville, sa silhouette baroque coiffée d'une spectaculaire flèche à alvéoles se distinguant de très loin. La tour fut l'une des toutes premières à utiliser le métal comme élément essentiel de décoration. Sa façade comporte de nombreux détails évoquant l'âge d'or de l'automobile, dont d'immenses gargouilles représentant l'aigle symbolique de Chrysler (les bureaux de la firme n'occupent plus la tour depuis longtemps déjà).
Superbe exemple de style Art déco, le **hall d'entrée**★ est recouvert de marbre rouge. Noter ses ascenseurs richement décorés et son plafond peint par Edward Trumbull.

★**Mobil Building** – *N° 150.* Fruit d'une technique très poussée, ce gratte-ciel de 45 étages (1955, Harrison & Abramovitz) s'étend sur tout un bloc entre Lexington Avenue et la 3ᵉ Avenue. Sa façade est revêtue de panneaux d'acier inoxydable de 10 cm d'épaisseur, spécialement conçus pour ne pas avoir à être nettoyés : le vent décape la surface en relief, empêchant ainsi la formation de dépôts de saleté.

★**Daily News Building** – *N° 220.* Réalisé en 1930 par Howells & Hood pour le célèbre quotidien *Daily News*, le bâtiment d'origine fut l'un des premiers

Chrysler Building.

gratte-ciel new-yorkais à abandonner le style gothique alors très en vogue. Les pilastres de briques blanches de sa façade donnent au volume architectural une verticalité géométrique très moderne de conception, et créent une illusion de hauteur supérieure à ses 37 étages actuels. Un toit en terrasse – innovation remarquable à l'époque de sa construction – coiffe ce bloc monolithique. Adjonction plus récente (1958, Harrison & Abramovitz), le corps de bâtiment donnant sur la 2ᵉ Avenue reprend le motif de bandes verticales.

La composition gravée dans la pierre qui surmonte l'entrée principale est typique du graphisme des années 1930. À l'intérieur, admirer un gigantesque **globe terrestre** (diamètre : 3,7 m) qui tourne sur son axe au-dessous d'une voûte céleste suggérée par un jeu de glaces fumées. Des horloges indiquent l'heure exacte dans les diverses parties du monde. Noter aussi la rose des vents dessinée sur le sol ; y est indiquée la distance séparant les grandes cités du monde de New York.

Ford Foundation Building – *320, 43ᵉ Rue E. www.fordfound.org ☎ 212-573-5000.* Une élégante structure cubique (1967, Roche, Dinkeloo & Associates) abrite les locaux de la Fondation Ford. Créée en 1936 par Henry et Edsel Ford, cette institution privée à but non lucratif assure des activités philanthropiques dans les domaines les plus divers : défense des droits de l'homme, santé, culture, affaires internationales et autres. À ce jour, elle a apporté son soutien moral et financier à plus de 9 000 organismes répartis aux États-Unis et dans de nombreux pays étrangers.

Les douze étages de verre et d'acier de l'immeuble, maintenus par des piliers porteurs en granit, encadrent un luxuriant **jardin intérieur★** comprenant des pièces d'eau entourées de fleurs, de plantes et d'arbustes décoratifs.

★Tudor City – *Tudor City Place.* Érigés vers 1925 sur une colline surplombant le futur site des Nations unies, ces douze bâtiments de brique (six immeubles d'habitation, cinq hôtels de résidence et un hôtel) bénéficient d'un calme et d'un isolement précieux à New York. Leurs quatre-feuilles, leurs pinacles ornés de fleurons et leur décor flamboyant évoquent le style anglais Tudor. Conçu à l'intention des classes moyennes par le promoteur Fred F. French, le complexe avait pour ambition de créer un véritable village dans la ville, avec ses 3 000 appartements, son hôtel, ses boutiques et ses espaces verts privés. Les bâtiments, aujourd'hui classés, ne comportent pratiquement aucune fenêtre du côté Est car, dans les années 1920, l'actuelle esplanade de l'Organisation des Nations unies n'était qu'une zone industrielle composée de brasseries, d'abattoirs et d'usines diverses.

De Tudor City Place, sorte d'allée qui enjambe la 42ᵉ Rue *(accès par des marches à partir des 42ᵉ ou 43ᵉ Rues)*, on découvre une **vue★** superbe sur la 42ᵉ Rue à l'Ouest, et sur le siège des Nations unies à l'Est.

6 • UNITED NATIONS HEADQUARTERS★★★
SIÈGE DES NATIONS UNIES
MTA station Grand Central (lignes 4, 5, 6)
Voir plans p. 124 et 128

L'Organisation des Nations unies occupe un site de 7 ha au bord de l'East River, entre les 42ᵉ et 48ᵉ Rues. L'énorme complexe, appelé en anglais United Nations Headquarters, comprend quatre bâtiments et plusieurs jardins et constitue une zone bénéficiant du statut spécial d'extraterritorialité. Aujourd'hui composée de 191 États membres (ils n'étaient que 51 à sa fondation), l'ONU a pour mission de maintenir la paix et la sécurité internationales, de promouvoir le droit des peuples à disposer d'eux-mêmes, d'encourager le respect des droits de l'homme et des libertés fondamentales, et de favoriser les progrès économiques et sociaux dans le monde.

Un peu d'histoire

Un but ambitieux – L'ONU fut officiellement fondée le 24 juin 1945 dans le but de permettre aux nations intéressées de travailler ensemble pour une cause commune de paix et de sécurité. Elle succéda à la Société des Nations (SDN), créée après la Première Guerre mondiale, sous le mandat du président américain Woodrow Wilson.

La Charte des Nations unies se donne pour objectifs de favoriser la coopération internationale afin de résoudre les problèmes économiques, sociaux, culturels ou humanitaires, de trouver des solutions pacifiques aux conflits internationaux et de mettre un terme aux menaces ou à l'usage de la force contre toute nation. Au fil des années, l'ONU est intervenue à plusieurs reprises contre toute forme d'agression, en envoyant par exemple des forces d'urgence (Corée, 1950), en vérifiant le déroulement d'élections (Nicaragua, 1989), en assurant la paix civile (Salvador, 1991, et Bosnie dernièrement), en observant le maintien d'un cessez-le-feu (Mozambique, 1992) ou encore, en assurant le convoyage et l'escorte d'aide humanitaire (Somalie, 1993).

L'un des développements les plus frappants dans l'évolution de l'ONU est sans aucun doute l'influence croissante du Tiers Monde, résultat de l'effondrement des empires coloniaux et de la multiplication du nombre d'États accédant à l'indépendance : de 1988 à 1998, plus de 25 nations ont ainsi été ajoutées à la liste des États membres.

Les travaux – En décembre 1946, John D. Rockefeller Jr faisait don à l'ONU de 8,5 millions de dollars pour l'acquisition du site actuel sur l'East River. À l'époque, l'endroit, connu sous le nom de Turtle Bay, était essentiellement constitué de taudis, d'abattoirs et de brasseries. Principalement financée par le gouvernement américain sous forme d'un prêt sans intérêt de 65 millions de dollars, la construction même du complexe se fit sous la direction de l'architecte Wallace K. Harrison, avec pour collaborateurs des célébrités internationales telles que Le Corbusier (France), Oscar Niemeyer (Brésil) et Sven Markelius (Suède). Le bâtiment du Secrétariat fut inauguré en 1950. Deux ans plus tard, le Conseil de sécurité et l'Assemblée générale tenaient leurs premières sessions. Quant à la bibliothèque Dag Hammarskjöld (Harrison, Abramovitz & Harris), elle allait être achevée en 1961.

Siège des Nations Unies

Cédée par United Nations

Les différents organes des Nations unies – Régie par une charte composée de 111 articles, l'ONU comprend six organes principaux (l'Assemblée générale, le Conseil de sécurité, le Conseil de tutelle, le Conseil économique et social, le Secrétariat et la Cour internationale de justice) et un certain nombre d'organes auxiliaires. Elle travaille en étroite collaboration avec quatorze agences spécialisées parmi lesquelles figurent l'Organisation pour l'éducation, la science et la culture (UNESCO) à Paris, l'Organisation pour l'alimentation et l'agriculture (FAO) à Rome, et le Fonds monétaire international (FMI) à Washington. Ces différents organes et institutions forment ce que l'on appelle couramment la « famille des Nations unies ».

À la tête de l'Organisation, le secrétaire général occupe les fonctions afférentes à l'exécution des décisions ou des recommandations adoptées par l'Assemblée générale et les Conseils.

Visite – Entrée sur la 1ʳᵉ Avenue, entre la 45ᵉ et la 46ᵉ Rue. Visite guidée (1 h) uniquement, lun.-ven. 9h30-16h45, w.-end 10h-16h30. 10$. ✗ ♿ Appeler pour connaître les jours de fermeture. www.un.org ☎ 212-963-8687. Les enfants de moins de 5 ans ne sont pas admis. La file d'attente étant souvent longue à l'entrée, il est préférable d'arriver de bonne heure si l'on veut participer à la première visite guidée. Pour les visites guidées en langues étrangères, réservation le jour même après 9h30. Les sacs à main volumineux et les sacs à dos sont examinés à l'entrée. Tous les visiteurs franchissent un contrôle de sécurité à l'entrée du bâtiment de l'Assemblée générale. Il est conseillé d'acheter aussitôt son billet au guichet et de s'asseoir en attendant que la visite soit annoncée. Cette opération peut prendre 30mn ou davantage si la file d'attente est longue. Les toilettes, la cafétéria et la librairie des Nations unies se trouvent au sous-sol, où s'achève la visite.

VISITE

Les jardins

On obtiendra une excellente vue d'ensemble du complexe en se plaçant à l'angle de la 45ᵉ Rue et de la 1ʳᵉ Avenue. De ce côté s'alignent les drapeaux des nations membres de l'Organisation, rangés dans l'ordre alphabétique des États, de l'Afghanistan au Zimbabwe. Lors des sessions de l'Assemblée générale, les délégations pénètrent dans la salle de réunion selon ce même ordre à partir du pays qui s'est trouvé désigné par tirage au sort pour occuper le premier siège.

À l'angle Nord-Ouest de la 44ᵉ Rue et de la 1ʳᵉ Avenue, remarquer les deux tours de bureaux de l'**United Nations Plaza** (1976, Roche, Dinkeloo & Associates). Ces colonnes irrégulières aux façades nappées de miroirs bleu-vert constituent un parfait contrepoint à la sobre élégance de l'immeuble du Secrétariat.

Non loin de là se trouve un petit parc nommé en l'honneur de Ralph J. Bunche (premier haut fonctionnaire noir américain à travailler dans le cadre de l'ONU) et qui sert de point de ralliement à des manifestations diverses.

De l'esplanade proche de l'entrée des visiteurs s'ouvre une jolie **vue** sur d'agréables jardins ornés çà et là de sculptures, dont *Peace* (1954, Anton Augustincic), statue de la Paix offerte par la Yougoslavie. Un escalier mène à une terrasse et à une promenade au bord de l'eau, offrant de belles **vues**★ sur l'East River et sur le complexe des Nations unies. Sous la pelouse située au Nord des bâtiments se trouvent trois étages en sous-sol affectés à l'imprimerie et aux conférences.

Les bâtiments

 The World Bar
Voir plan p 128. 845 United Nations Plaza. ☎ *212-935-9361.* Sophistication et discrétion sont les maîtres mots du World Bar, situé dans le hall de la tour Trump World. Ses dorures mates et son bois blond évoquent l'univers cosmopolite des années 1960, clin d'œil au siège des Nations unies voisin. La salle se remplit dès le début de la soirée, lorsque banquettes confortables et musique douce concourent à créer l'atmosphère idéale d'une discrète diplomatie officieuse. Le cocktail maison fait preuve d'une moindre modestie : The World's Most Expensive Cocktail *(50 $)* est un savant mélange de cognac, de jus de raisin blanc, de citron pressé, de bitter additionné d'angustura, de Veuve-Cliquot... et d'or (liquide, et parfaitement assimilable).

General Assembly Building – Le bâtiment de l'Assemblée générale est une structure longiligne coiffée d'un toit élégamment incurvé abritant la grande salle de l'Assemblée. Il forme le cœur du complexe des Nations unies. Pénétrer dans le hall principal par l'une des sept portes (données par le Canada) qui percent l'immense masse de béton et de verre du mur frontal. Divers objets rehaussent l'entrée, parmi lesquels un pendule de Foucault, un modèle de Spoutnik 1, une statue de Poséidon et un fragment de roche lunaire. À gauche de l'entrée se trouve le bureau d'accueil, et à droite, la **salle de méditation**, dédiée à ceux qui donnèrent leur vie pour la paix. Juste en sortant de la pièce remarquer le vitrail de Chagall (1964) réalisé en hommage à Dag Hammarskjöld ; ce très beau panneau de verre fut offert par le personnel de l'ONU et par l'artiste en personne.

Assembly Hall – Pourvue d'un éclairage vertical, la salle de l'Assemblée générale est un auditorium de plan ovale mesurant 50 m sur 35 m. Les murs sont ornés de peintures de Fernand Léger. La tribune des orateurs est surmontée d'une estrade où siège le président de l'Assemblée qu'assistent, de chaque côté, le secrétaire général et des dignitaires de haut rang. Au-dessus, entre les panneaux lumineux qui indiquent le vote des différents membres, est fixé un macaron emblématique symbolisant l'ONU. De chaque côté se trouvent des cabines vitrées pour la radio et la télévision et, bien sûr, pour les interprètes ; car comme dans toutes les salles de conférences de l'ONU, délégués et spectateurs disposent d'écouteurs individuels permettant d'entendre la traduction simultanée des débats dans une des six langues officielles de l'Assemblée : anglais, arabe, chinois, espagnol, français et russe.

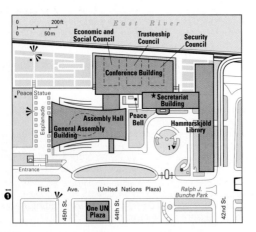

L'Assemblée générale se réunit régulièrement pour une session annuelle de trois mois qui débute en septembre, mais des sessions extraordinaires peuvent également avoir lieu à la demande du Conseil de sécurité ou de la majorité des États membres. D'une manière générale, l'Assemblée peut discuter et faire des recommandations aux États sur toutes les questions visant à assurer la paix et la sécurité internationales (à l'exception de celles soumises au Conseil de sécurité) et promouvoir la coopération entre États. Elle reçoit aussi et examine les rapports annuels des principaux organes qui en dépendent et vote le budget. Les décisions importantes doivent obtenir l'accord des deux tiers des membres présents et votant ; une majorité simple suffit pour les autres questions. L'Assemblée élit aussi son propre président et ses vice-présidents, admet les nouveaux membres sur recommandation du Conseil de sécurité et choisit les membres non permanents du même Conseil.

Conference Building – Les cinq étages du bâtiment des Conférences abritent, en commençant par le sous-sol, des installations techniques (presses d'imprimerie, studios de radio-télévision et d'enregistrement, chambres noires), des salles de conférences (le Conseil de sécurité, le Conseil économique et social et le Conseil de tutelle se réunissent en effet dans ce bâtiment), les chambres du Conseil, les salons des délégués et leur salle de réfectoire.

De nombreuses œuvres d'art offertes par les États membres décorent les lieux. Parmi celles-ci figurent un tapis persan, une mosaïque du Maroc, une tapisserie belge, deux fresques brésiliennes évoquant la Guerre et la Paix, un *Christ crucifié* de Rouault, une *sculpture sur ivoire* représentant un train dans la campagne chinoise, et le modèle réduit d'une barque royale thaïlandaise. Dans le jardin en face du bâtiment des Conférences et du Secrétariat, remarquer la **cloche de la Paix** (don du Japon), fondue avec les pièces de cuivre et de métal données par les enfants de 60 pays différents, ainsi qu'une sculpture de Henry Moore intitulée *Reclining Figure : Hand*.

Security Council – La salle du Conseil de sécurité a été ornée, aux frais de la Norvège, de tentures bleu et or, et d'une fresque de l'artiste norvégien Per Krohg symbolisant la Paix et la Liberté, l'Égalité et la Fraternité. La galerie publique peut recevoir 200 personnes.

D'après la charte, le Conseil de sécurité a la responsabilité principale du maintien de la paix et de la sécurité dans le monde. À ce titre, il dispose, dans certains cas, d'un pouvoir de décision à l'égard des États, et peut prendre des sanctions économiques ou militaires, ou envoyer des « casques bleus », force d'interposition ou de surveillance. Parmi les quinze membres du Conseil de sécurité, dix sont élus pour un mandat de deux ans, les cinq autres (délégués des grandes puissances : Chine, France, Royaume-Uni, Russie et États-Unis) étant membres permanents et possédant le droit de veto sur les questions importantes. Les membres du Conseil de sécurité se succèdent tour à tour à la présidence, chacun pour un mois *(les séances du Conseil ne sont pas publiques)*.

Trusteeship Council – L'ameublement de la salle du Conseil de tutelle a été offert par le Danemark. La paroi, revêtue de bois précieux aux chauds reflets, est ornée d'une statue de femme portant un oiseau bleu, symbole d'espoir et d'indépendance. Le Conseil de tutelle fut créé dans le but d'aider les colonies ou territoires non autonomes à exercer leur droit à l'autodétermination. Ses activités ont été suspendues depuis l'accession à l'indépendance, en octobre 1994, du dernier territoire officiellement sous tutelle : l'archipel micronésien de Belau.

Economic and Social Council – La décoration de la salle du Conseil économique et social a été réalisée grâce à des fonds suédois. L'architecture en est originale : emploi de la matière brute (murs nus) et équipement technique non dissimulé (système de chauffage visible au plafond). Le Conseil (54 membres) coordonne les efforts et les ressources des différentes nations et organisations affiliées dans le domaine économique et social. Les questions débattues par le Conseil concernent notamment l'environnement, la démographie, la santé, les transports, les droits de l'individu, la prévention du crime et la liberté d'information. Toutes les décisions du Conseil sont soumises à l'approbation de l'Assemblée générale.

★ **Secretariat Building** – *Accès interdit au public.* L'édifice du Secrétariat, tout de marbre du Vermont, de verre et d'acier, suscite l'admiration par la pureté de ses lignes, aucune saillie n'interrompant la verticalité de son élévation (39 étages). Devant le bâtiment, remarquer un grand bassin circulaire orné d'une sculpture abstraite (1964, Barbara Hepworth) intitulée *Single Form* (1) à la mémoire de Dag Hammarskjöld. Les 7 400 personnes qui travaillent ici exercent des emplois aussi variés que ceux d'interprètes, traducteurs, experts en droit international et en économie, attachés de presse, imprimeurs, bibliothécaires ou statisticiens, auxquels viennent s'ajouter les agents de sécurité de l'ONU et les jeunes guides de toutes nationalités accompagnant les quelque 500 000 visiteurs annuels.

Hammarskjöld Library – *Accès interdit au public.* La bibliothèque, financée par la Fondation Ford *(voir p. 126)*, est située à l'angle Sud-Ouest du complexe. Elle est dédiée à la mémoire de **Dag Hammarskjöld**, ancien secrétaire général et prix Nobel de la paix mort en 1961 dans un accident d'avion lors d'une mission au Congo. Les murs de marbre de l'édifice abritent 380 000 volumes à l'usage des délégués de l'ONU, des membres du Secrétariat et des chercheurs. La bibliothèque est également pourvue de quotidiens divers et de cartes (environ 80 000) et comprend des salles de lecture, un laboratoire de microfilms, un auditorium et un service d'enregistrement sur bandes.

Trump World Tower – *845 United Nations Plaza.* Dominant l'esplanade de près de 290 m, la dernière contribution de Donald Trump au paysage new-yorkais est aussi le plus haut immeuble résidentiel du monde. Du haut de ses 72 étages, cet immense parallélépipède de verre bronze (2001, Costas Kondylis & Partners) marque un retour à la simplicité moderniste ; tout change dès que l'on franchit la porte. Une tentative pour vendre à prix d'or les quatre appartements en duplex du dernier étage ayant échoué, Donald Trump a augmenté leur prix de moitié... Derek Jeter et Bill Gates font partie de ceux qui ont choisi les étages inférieurs à un prix plus modeste.

MUSÉES *(consulter la section Musées de Manhattan)*

Japan Society – *333, 47ᵉ Rue E.*

7 • BROADWAY – TIMES SQUARE★★

MTA toute ligne desservant la station 42nd St.

Voir plan p. 131

Broadway, « la plus longue rue du monde », qui traverse tout Manhattan et se prolonge au-delà du Bronx, a donné son nom à un célèbre quartier des spectacles dont Times Square est le centre, et qui s'étend approximativement de la 40ᵉ à la 53ᵉ Rue entre l'Avenue of the Americas et la 8ᵉ Avenue. Décevant pendant la journée, le quartier s'illumine pour devenir « Great White Way » (la grande voie blanche) la nuit, quand une foule disparate se presse au-dessous de ses immenses affiches lumineuses, les *spectaculars*.

Un peu d'histoire

Times Square hier – Vers la fin du 19ᵉ s., Times Square (alors connu sous le nom de Longacre Square) était un quartier d'écuries de louage et de bourreliers. Le marché aux chevaux de New York occupa jusqu'en 1910 le site actuel du Winter Garden Theater, à l'angle de la 50ᵉ Rue et de Broadway. Le square fut rebaptisé Times Square en 1904 lorsque le *New York Times* transféra ses bureaux à cette adresse.
Au coin Sud-Est de Broadway et de la 42ᵉ Rue se trouvait le légendaire hôtel Knickerbocker *(142, 42ᵉ Rue O.)* dont le King Cole Bar, alors très en vogue, contenait une fameuse composition murale de l'artiste Maxfield Parrish. Lorsque l'hôtel fut converti en immeuble de bureaux, l'œuvre de Parrish put être sauvée ; elle orne aujourd'hui les murs du nouveau King Cole Bar, au St. Regis-Sheraton *(voir p. 108)*. L'hôtel Astor (1904), l'un des plus chic de New York, se tenait sur le côté Ouest du square entre les 44ᵉ et 45ᵉ Rues avant d'être démoli en 1968 et remplacé par un immeuble de bureaux.
Au début du 20ᵉ s., Times Square vit se multiplier les salles où l'on jouait du vaudeville, la scène la plus en vue étant alors celle du prestigieux Palace Theater *(1564, Broadway)*. Ces comédies légères passèrent de mode, mais le spectacle de scène continua à attirer un public fidèle. Ouvert en 1919, le célèbre Roseland Ballroom *(239, 52ᵉ Rue O.)* devint rapidement un endroit de prédilection pour les passionnés de salles de bal rêvant de devenir des Fred Astaire et des Ginger Rogers.

Le quartier des théâtres

C'est le numéro de téléphone de Telecharge (☎ 212-239-6200) qui figure lorsque la salle ne possède pas de numéro destiné aux réservations de billets.

1) **Ambassador Theater**
(219, 49ᵉ Rue O. ;
☎ 212-239-6200)

2) **Biltmore Theater**
(261, 47ᵉ Rue O. ;
☎ 212-239-6200)

3) **Belasco Theater**
(111, 44ᵉ Rue O. ;
☎ 212-239-6200)

4) **Booth Theater**
(222, 45ᵉ Rue O. ;
☎ 212-239-6200)

5) **Broadhurst Theater**
(235, 44ᵉ Rue O. ;
☎ 212-239-6200)

6) **Broadway Theater**
(1681 Broadway ;
☎ 212-239-6200)

7) **Brooks Atkinson Theater**
(256, 47ᵉ Rue O. ;
☎ 212-719-4099)

8) **Circle in the Square**
(1633 Broadway ;
☎ 212-239-6200)

9) **Cort Theater**
(138, 48ᵉ Rue O. ;
☎ 212-239-6200)

10) **Duffy Theater**
(1553 Broadway ;
☎ 212-921-7862)

11) **Ethel Barrymore Theater**
(243, 47ᵉ Rue O. ;
☎ 212-239-6200)

12) **Eugene O'Neill Theater**
(230, 49ᵉ Rue O. ;
☎ 212-239-6200)

13) **Ford Center**
for the Performing Arts
(213, 42ᵉ Rue O. ;
☎ 212-307-4100)

14) **Gershwin Theater**
(222, 51ᵉ Rue O. ;
☎ 212-586-6510)

15) **John Golden Theater**
(252, 45ᵉ Rue O. ;
☎ 212-239-6200)

16) **Helen Hayes Theater**
(240, 44ᵉ Rue O. ;
☎ 212-944-9450)

17) **Imperial Theater**
(249, 45ᵉ Rue O. ;
☎ 212-239-6200)

18) **Lambs Theater**
(130, 44ᵉ Rue O. ;
☎ 212-239-6200)

19) **Longacre Theater**
(220, 48ᵉ Rue O. ;
☎ 212-239-6200)

20) **Lunt-Fontanne Theater**
(205, 46ᵉ Rue O. ;
☎ 212-575-9200)

21) **Lyceum Theater**
(149, 45ᵉ Rue O. ;
☎ 212-239-6200)

22) **Majestic Theater**
(247, 44ᵉ Rue O. ;
☎ 212-239-6200)

23) **Marquis Theater**
(1535 Broadway ;
☎ 212-382-0100)

24) **Al Hirschfield Theater**
(302, 45ᵉ Rue O. ;
☎ 212-239-6200)

25) **Minskoff Theater**
(200, 45ᵉ Rue O. ;
☎ 212-869-0550)

33) **Richard Rodgers Theater**
(226, 46ᵉ Rue O. ;
☎ 212-221-1211)

34) **American Airlines Theater**
(227, 42ᵉ Rue O. ;
☎ 212-719-1300)

35) **Royale Theater**
(242, 45ᵉ Rue O. ;
☎ 212-239-6200)

26) **Music Box Theater**
(239, 45ᵉ Rue O. ;
☎ 212-239-6200)

27) **Nederlander Theater**
(208, 41ᵉ Rue O. ;
☎ 212-921-8000)

28) **Neil Simon Theater**
(250, 52ᵉ Rue O. ;
☎ 212-757-8646)

29) **New Amsterdam Theater**
(214, 42ᵉ Rue O. ;
☎ 212-282-2900)

30) **New Victory Theatre**
(209, 42ᵉ Rue O. ;
☎ 646-223-3020)

31) **Palace Theater**
(1564 Broadway ;
☎ 212-730-8200)

32) **Plymouth Theater**
(236, 45ᵉ Rue O. ;
☎ 212-239-6200)

36) **Shubert Theater**
(225, 44ᵉ Rue O. ;
☎ 212-239-6200)

37) **St. James' Theater**
(246, 44ᵉ Rue O. ;
☎ 212-239-6200)

38) **Virginia Theater**
(245, 52ᵉ Rue O. ;
☎ 212-239-6200)

39) **Walter Kerr Theater**
(219, 48ᵉ Rue O. ;
☎ 212-239-6200)

40) **Winter Garden Theater**
(1634 Broadway ;
☎ 212-239-6200)

41) **Second Stage Theater**
(307, 43ᵉ Rue O. ;
☎ 212-246-4422)

Théâtres ne figurant pas sur le plan :

• **Actor's Studio** (432, 44ᵉ Rue O. ;
☎ 212-757-0870)

• **Douglas Fairbanks Theater** (432, 42ᵉ Rue O. ;
☎ 212-239-4321)

• **New Dramatists** (424, 44ᵉ Rue O. ;
☎ 212-757-6960)

• **Westside Theater** (407, 43ᵉ Rue O. ;
☎ 212-315-2244)

Timesquare aujourd'hui – Bruyant et populeux, bordé de librairies et cinémas « pour adultes », de sex shops et d'autres établissements douteux, Times Square avait conservé bien peu de sa splendeur d'antan lorsque l'administration new-yorkaise entreprit sa réhabilitation au milieu des années 1970. Elle confia l'administration de ce projet d'ampleur à l'Urban Development Corporation (UDC), créée expressément pour l'occasion. La construction du **Manhattan Plaza** (1977), ensemble de boutiques, de restaurants et de tours résidentielles réservées aux artistes de théâtre aux revenus modestes, et la conversion de bâtiments désaffectés en théâtres « Off-Off Broadway » dans ce que l'on appelle le **Theater Row** *(entre la 10ᵉ Av. & Dyer Av.)* modifièrent sensiblement les rues à l'Ouest du square. Dans les années 1980, l'achèvement de l'hôtel Marriott Marquis et la rénovation de plusieurs salles de spectacle, dont l'**Ed Sullivan Theater** (du nom d'une célèbre émission de variétés des années 1960) situé au 1697 Broadway, ont consacré cette renaissance tant attendue.

Le krach immobilier du début des années 1990 mit fin à un ambitieux plan urbanistique de l'Urban Development Corp., organisme public créé en 1968 et doté de pouvoirs élargis en matière de réhabilitation, visant à construire de grandes tours (conçues par Philip Johnson et John Burgee) aux quatre angles du square. Nullement déroutés, l'État et la municipalité décidèrent de poursuivre la revitalisation de la 42ᵉ Rue O., qu'ils confièrent à l'architecte Robert A.M. Stern et au designer Tibor Kallmann. L'acquisition de propriétés par d'importantes sociétés telles que Disney, MTV, Virgin Megastore et Condé Nast ont achevé de rendre au square son rôle de premier plan dans le monde du spectacle. Après dix ans de travaux, Times Square (destiné semble-t-il à être éternellement en construction) présente une nouvelle physionomie. Les gratte-ciel de New Reuters, Ernst & Young et Condé Nast entourent désormais le square proprement dit, et l'on est saisi par l'hôtel Westin New York (2001, Arquitectonica), à l'angle de la 43ᵉ Rue et la 8ᵉ Av., prisme coloré élevant ses 45 étages séparés par une flèche lumineuse sur toute la hauteur. Aujourd'hui, les galeries marchandes de la 42ᵉ Rue, de la 7ᵉ Av. et de Broadway, bourdonnantes de monde à toute heure, ont retrouvé leur rayonnement passé.

Les théâtres – *Pour l'achat de billets, voir p. 131.* L'un des premiers théâtres du quartier fut ouvert en 1899 par Oscar Hammerstein, à l'angle de la 42ᵉ Rue et de la 7ᵉ Avenue. Cet homme prévoyant était le grand-père d'Oscar Hammerstein (deuxième du nom), auteur de célèbres comédies musicales comme *Oklahoma !* et *South Pacific*. Au début, beaucoup de salles étaient spécialisées dans le vaudeville ou le burlesque. Les années 1920 et 1930 virent la naissance du Theater Guild et du Group Theater, qui contribuèrent à promouvoir des pièces plus classiques et des œuvres de dramaturges locaux.

Aujourd'hui, le quadrilatère privilégié formé par les 40ᵉ et 57ᵉ Rues, l'Avenue of the Americas et la 8ᵉ Avenue compte une quarantaine de grands théâtres dont les recettes représentent pour la ville un important apport financier. L'une de leurs gloires est la comédie musicale, qui souvent tient l'affiche pendant plusieurs années. Au cours des dernières décennies, des théâtres plus petits appelés « Off-Broadway » (500 places maximum) ou « Off-Off Broadway » (à peine 100 places) se sont développés dans des locaux à l'écart de Broadway, en réponse à la hausse brutale des frais de production. Ces salles, qui jouaient volontiers des pièces politiques et satiriques dans les années 1960, proposent un répertoire varié allant de l'avant-garde au classique, et encouragent le développement de nouveaux talents (auteurs, metteurs en scène et acteurs).

Les cinémas – L'essor de l'industrie cinématographique s'accompagna, dans les années 1920, de l'apparition de nombreux cinémas. Reconnaissable à sa tour coiffée d'une boule de verre, le **Paramount Building** (1926), situé entre les 43ᵉ et 44ᵉ Rues, fut érigé par la Paramount Film Corporation pour abriter une salle de projection et des bureaux. Vandalisé puis reconverti en immeuble de bureaux dans les années 1960, le bâtiment rappelle néanmoins l'âge d'or du septième art (l'occupant du rez-de-chaussée, World Westling Entertainment, a reconstitué l'auvent arqué du cinéma, par lequel on entre aujourd'hui dans le restaurant et la boutique). Le temps n'est plus où le quartier de Broadway possédait d'innombrables cinémas. Un grand nombre d'entre eux furent convertis, avant de fermer, en cinémas pour adultes et d'autres, ouverts 24 h/24, projetaient des reprises de films.

Plus au Nord, sur la 7ᵉ Avenue et sur Broadway, des salles plus grandes avaient été construites pour accueillir de deux à trois mille spectateurs. Sur leurs écrans passèrent des célébrités comme Shirley Temple, Gary Cooper, Clark Gable, Doris Day, James Dean et Marilyn Monroe. Sur toutes régnait le Roxy Theater, sur la 50ᵉ Rue, avec ses 6 300 places ; malheureusement, la « cathédrale du cinéma » a été détruite en 1961. Les autres immenses salles d'avant-guerre ont subi le même sort. Pour les remplacer, ont été construits sur la 42ᵉ Rue deux multiplexes, qui comptent 30 écrans à eux deux. Le Loews Astor Plaza, qui date des années 1970, est le seul cinéma de Times Square ne possédant qu'une seule salle.

CURIOSITÉS

★★Times Square – *Centre d'accueil au 1560 Broadway entre la 46e et la 47e Rue. Ouv. toute l'année 8 h-20 h. Fermé 1er janv. & 25 déc.* ♿ *www.timessquarebid.org/visitor* ☎ *212-768-1560. Visite gratuite de Times Square au départ du centre d'accueil tous les ven. à midi.* Situé au croisement de Broadway et de la 7e Avenue, Times Square est surtout connu pour ses **illuminations nocturnes★★★**. C'est en effet la nuit que ce quartier prend vie dans une agitation fiévreuse, quand théâtres et cinémas déversent leurs flots de spectateurs auxquels viennent s'ajouter des milliers de flâneurs déambulant à la lumière aveuglante des gigantesques enseignes au néon. Le premier panneau d'affichage électrique de la ville fit son apparition à Madison Square en 1892. Bientôt, l'industrie publicitaire gagna Times Square car l'endroit, très fréquenté, constituait un terrain particulièrement propice à toute campagne commerciale. En 1916, un décret municipal encouragea officiellement l'utilisation d'enseignes lumineuses dans Times Square (où elles sont aujourd'hui obligatoires), d'où la prolifération rapide de panneaux plus accrocheurs les uns que les autres. Particulièrement mémorable, celui des « ronds de fumée », entre les 43e et 44e Rues, qui représenta tour à tour la marque de cigarettes Camel puis Winston, attira longtemps l'attention des passants : de ses lèvres sortit chaque jour, de 1941 à 1977, plus d'un millier de ronds de fumée produits par un générateur à vapeur. Times Square est aussi le théâtre d'immenses rassemblements populaires (manifestations politiques et autres). Lors du réveillon de la Saint-Sylvestre, la foule s'y groupe pour attendre le douzième coup de minuit. Cette célèbre tradition new-yorkaise remonte à 1908.

One Times Square – Construite pour Adolph S. Ochs, propriétaire du *New York Times*, l'ancienne Times Tower domine le côté Sud du square (dont le siège a été déplacé sur la 8e Av. entre la 40e & la 41e Rue). Avec ses 25 étages, elle semblait prodigieusement haute lors de sa construction en 1904. Démolie en 1964 à l'exception de sa charpente d'acier, elle fut remplacée par un édifice revêtu de marbre blanc, aujourd'hui célèbre pour son énorme pomme, symbole de New York (The Big Apple), dont la chute annonce le commencement de l'année nouvelle. Aujourd'hui utilisée par Dow Jones, la célèbre « fermeture Éclair » qui encercle la façade fut, à son installation en 1928, la première enseigne animée du monde. Sur l'immense panneau électronique (6 m sur 12 m) situé à son sommet défilent divers messages.

NASDAQ MarketSite – *À l'angle de Broadway et de la 43e Rue. Ouv. toute l'année lun.-ven. 9 h-20 h (ven. jusqu'à 22 h), sam. 10 h-22 h, dim. 10 h-20 h (pas de visite). 5 $. www.nasdaq.com* ☎ *877-627-3271.* Le nouveau temple de la Bourse des valeurs du secteur de la haute technologie arbore le plus grand écran du monde. Quelque 18 millions d'ampoules éclairent le panneau de 1 292 m² sur lequel défilent chaque jour le logo et la valeur de près de 5 600 titres. Un studio émettant en direct se tient au rez-de-chaussée, tandis qu'à l'étage supérieur des expositions interactives permettent aux visiteurs de tester leurs compétences d'agent de change.

Marriott Marquis Hotel – *1535 Broadway. www.marriott.com* ☎ *212-398-1900 ou 800-843-4898.* Sa silhouette futuriste domine le côté Ouest de Times Square. Deuxième plus grand hôtel de Manhattan, avec ses 1 874 chambres et ses 50 étages de verre et de béton, cet édifice (1985, John C. Portman & Associates)

Times Square.

© Brigitta L. House/MICHELIN

accueille tout au long de l'année des congrès et des séminaires. Son vertigineux **atrium**, d'une hauteur de 37 étages, se place parmi les plus grands au monde. Remarquer, sur Broadway, l'immense panneau d'affichage électronique.

Virgin Megastore – *1540 Broadway. www.virginmegamagazine.com* ☎ *212-921-1020.* Ce magasin, peut-être le plus grand du monde (6 520 m²) consacré au monde de la musique et du show-business, occupe une tour de 44 étages. L'édifice abrite également des salles de cinéma et le très populaire Planet Hollywood. Encore plus vaste (10 220 m²), le magasin phare de l'enseigne ToysR US a ouvert ses portes en 2001 à deux pas de Virgin *(1514 Broadway. www.toysrustimessquare.com* ☎ *646-366-8800).*

■ Theater Row

Vingt ans après avoir été à l'origine du renouveau de Times Square, les salles Off et Off-Off de Theater Row, sur la portion de la 42ᵉ Rue située entre la 9ᵉ et la 10ᵉ Avenue, ont à leur tour été entièrement reconstruites. Un ensemble de cinq petites salles (de 90 à 200 places environ) a rouvert au printemps 2002, le Little Shubert Theatre (500 places) a ouvert ses portes en novembre 2002 et son voisin, le complexe de Playwrights Horizon, s'est réinstallé depuis janvier 2003 sur son ancien site.

Pour toutes les salles de Theater Row ci-dessous, à l'exception du Little Shubert, la location se fait auprès de Telecharge (☎ 212-239-6200).

Acorn Theater *(410, 42ᵉ Rue O.)*

Harold Clurman Theater *(410, 42ᵉ Rue O.)*

Lion Theater *(410, 42ᵉ Rue O.)*

Little Shubert Theater *(422, 42ᵉ Rue O.* ☎ *212-239-6200)*

Rodney Kirk Theater *(410, 42ᵉ Rue O.)*

Playwrights Horizon *(416, 42ᵉ Rue O.)*

Samuel Beckett Theater *(410, 42ᵉ Rue O.)*

West 42nd Street – Première étape dans le projet de réhabilitation de Times Square, la section de la 42ᵉ Rue située entre Broadway et la 8ᵉ Avenue vient de subir une profonde transformation. Le **New Amsterdam Theater (29)**, dont les travaux furent commandités en 1903 par Florenz Ziegfeld, accueillit en son temps des étoiles telles que Maurice Chevalier et l'actrice italienne Eleonora Duse. Longtemps négligé, l'édifice a aujourd'hui retrouvé sa splendeur Art déco d'antan *(visite guidée lun. 11 h-17 h :* ☎ *212-307-4747).* De l'autre côté de la rue, le **New Victory Theatre (30)**, construit en 1900 par Oscar Hammerstein, rouvrit en décembre 1995 à la suite d'une rénovation très réussie ; il sert désormais de salle de spectacle pour enfants. Le Lyric (1903) et l'Apollo (1920) ont été réunis pour constituer le **Ford Center for the Performing Arts (13)**, ouvert en 1998 (1 800 places), qui a conservé et intégré la coupole ovale et l'arc de scène, ainsi que d'autres détails architecturaux de l'Apollo *(visites guidées sam. 10 h30 et 11 h30, dim. 11 h30 ;* ☎ *212-307-4100).* L'ancien Selwyn Theater tout proche, récemment rénové et rebaptisé American Airlines Theatre, accueille la troupe Roundabout Theatre Company. Un bâtiment flambant neuf de dix étages intégrant la façade de l'immeuble Selwyn (1918) a permis d'ajouter au quartier un théâtre et des salles de répétition.

Madame Tussaud's – Enfants *234, 42ᵉ Rue O. Ouv. tlj de l'année 10 h-20 h (ven.-sam. jusqu'à 22 h). Fermeture avancée à l'occasion de certaines manifestations : consulter le site web pour plus d'informations. 25 $.* ⅙ *www.nycwax.com* ☎ *212-512-9600 ou 800-246-8872.* La plus récente filiale du musée de cire londonien met les célébrités à la portée de leur public grâce à ses 200 personnages tirés de l'histoire et de la culture populaire.

 Carnegie Delicatessen and Restaurant
Voir plan p. 131. 854, 7ᵉ Av., entre les 54ᵉ & 55ᵉ Rues. www.carnegiedeli.com ☎ *212-757-2245.* Difficile de dire ce qui a fait la renommée de ce restaurant-traiteur casher : le service plutôt cavalier ou les énormes portions de *pastrami* (viande de bœuf marinée, cuite et légèrement fumée) ? Quoi qu'il en soit, dans ce légendaire établissement, il faut endurer le premier et savourer les secondes (mais pas trop : le célèbre gâteau au fromage blanc vaut qu'on lui garde une place). Attendez-vous aussi à partager votre table ; c'est la coutume ici. Et avis aux amateurs de cinéma : le film *Broadway Danny Rose*, de Woody Allen, a été tourné ici en 1983. On a même nommé un sandwich en souvenir de l'événement.

Une première halte s'impose à l'attraction « Opening Night Party » du neuvième niveau, soirée de gala rassemblant les personnalités en vue du moment, toujours somptueusement vêtues (Ted Turner et Donald Trump, Cybill Shepherd et Hugh Grant, Barbra Streisand et Woody Allen), figées dans des postures décontractées. Quittant la soirée, les visiteurs remontent le temps avec « Madame Tussaud's Story », chambre des horreurs présentant la sinistre collection de masques mortuaires de Mme Tussaud (née Marie Grosholtz), constituée à partir des têtes des personnes guillotinées pendant la Révolution française. « Behind the Scenes » décrit le lent processus de six mois aboutissant à la création d'un personnage de cire. On reconnaîtra, parmi les derniers arrivants, Julia Roberts et Madonna.

Shubert Alley – Parallèle à Broadway se trouve le cœur du quartier des théâtres et des cinémas : Shubert Alley. Cette rue privée, réservée aux piétons, fut tracée en 1913 entre les 44e et 45e Rues. Les frères Shubert, lorsqu'ils firent construire les théâtres Booth et Shubert, durent laisser ce passage comme sortie de secours en cas d'incendie. À l'entracte ou après le spectacle, de nombreux spectateurs se retrouvent au restaurant Sardi, bien connu pour les caricatures de personnalités du théâtre qui ornent ses murs.

■ Le saviez-vous ?

Chaque année, plus de 20 millions de touristes visitent Times Square.

Environ 28 000 personnes participent au marathon annuel de New York.

Chaque tube de néon servant à illuminer les fameuses enseignes de Times Square dure en moyenne deux ans et demi.

Quelque 15 625 ml de parfum sont vaporisés, chaque jour, au magasin Bloomingdale's.

Plus de 55 000 balles de tennis sont utilisées lors du tournoi de l'US Open.

---

8 • STATUE OF LIBERTY – ELLIS ISLAND★★★

STATUE DE LA LIBERTÉ

MTA station Bowling Green (lignes 4, 5)

Voir plan ci-dessous

À l'entrée du port de New York se dresse la statue de la Liberté éclairant le Monde, dont le geste symbolique a réchauffé le cœur de millions d'immigrants fuyant parfois la misère ou la persécution. Vigie de New York, « la plus grande dame du monde » accueille solennellement, depuis plus d'un siècle, les voyageurs arrivant par la mer. À quelques vagues de là, on trouve Ellis Island, île phare de l'immigration, par laquelle transitèrent tant d'ancêtres des Américains d'aujourd'hui.

VISITE

Enfants *La statue de la Liberté a été fermée au public pour une durée indéterminée (renseignements sur les sites et numéros de tél. ci-dessous). Départ du bac (ferry) de Battery Park South (Manhattan) et de Liberty State Park (New Jersey) juil.- août :tlj 8 h30-16 h30 toutes les 30mn ; reste de l'année : tlj (sauf 25 déc.) 9 h-15 h30 toutes les 45mn. 10 $ (le billet inclut l'aller-retour en bateau et la visite des 2 sites).* ✗ ⚕ ⅷ *www.statueoflibertyferry.com Circle Line* ☎ 212-269-5755. *Billets vendus à Castle Clinton National Monument (Manhattan). Parc ouv. tlj de l'année 9 h30-17 h. Fermé 25 déc.* ✗ *www.nps.gov/stli* ☎ 212-363-3200.

★★★Statue de la Liberté

Naissance d'une idée – « J'ai dîné chez mon illustre ami M. de Laboulaye » note, un soir de l'été 1865, le jeune sculpteur français **Frédéric-Auguste Bartholdi** (1834-1904) ; « la conversation tomba sur les relations internationales. » Autour d'Édouard-René de Laboulaye, juriste et historien, un connaisseur des États-Unis et un admirateur, dans la foulée de Tocqueville, des institutions américaines, gravite un petit nombre d'intellectuels, d'artistes et d'hommes politiques libéraux. Ce soir-là, on parle de l'Amérique (la guerre de Sécession est terminée depuis peu) et on fait des projets : c'est ainsi que naît l'idée d'offrir aux Américains un monument prestigieux qui commémorerait l'amitié entre les deux peuples, scellée au temps de la guerre d'Indépendance. Modèle d'esprit d'entreprise pour les uns, démocratie exemplaire pour les autres, les États-Unis bénéficient, chez les Français de cette époque, d'un important capital de sympathie que Laboulaye compte mobiliser au service de son projet.

L'inspiration – L'idée fait son chemin de part et d'autre de l'Atlantique. Le site de la baie de New York est proposé et Bartholdi choisi pour exécuter l'œuvre. Le sculpteur, qui avait rêvé (sans résultat) d'édifier une immense statue-phare à l'entrée du tout nouveau canal de Suez, s'enthousiasme à la pensée de réaliser quelque chose d'analogue aux États-Unis : il songe à une figure gigantesque qui présenterait au monde le flambeau de la Liberté. En 1871, Bartholdi s'embarque pour l'Amérique. À l'approche de New York, Bedloe's Island (rebaptisée Liberty Island en 1956) retient son attention : il « voit » sa statue plantée là, sur cette île, il en sent l'inspiration. « Si j'ai senti cet esprit ici, écrit-il, c'est sûrement que ma statue doit être érigée ici où les hommes ont le premier aspect du Nouveau Monde, ici où la Liberté jette son rayonnement sur les deux mondes. » Et dans les jours qui

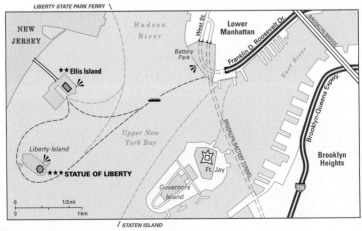

suivent, il se met à dessiner des projets dans la fièvre de la création. Sous la présidence de Laboulaye, l'Union franco-américaine groupe un comité français dirigé à Paris par Ferdinand de Lesseps et un comité américain dirigé par le sénateur Evarts ; le premier se propose de financer la statue, le second s'occupera du piédestal. Coût prévu : 250 000 dollars.

Les tribulations – En 1874, Bartholdi se met au travail. Prenant sa mère pour modèle, il exécute toute une série d'ébauches à différentes échelles (l'une d'entre elles sera achetée plus tard par la communauté américaine de Paris et placée sur la Seine, à l'extrémité de l'île des Cygnes). Pour passer aux dimensions définitives, le sculpteur fait appel au « magicien du fer », **Gustave Eiffel** (1832-1923). Celui-ci construira la charpente qui doit soutenir et amarrer les 80 tonnes de la statue, formée de plus de 300 feuilles de cuivre. Des ateliers suffisamment étendus sont trouvés dans le 17e arrondissement de Paris, au 25 de la rue de Chazelles.

C'est alors que les difficultés commencent, non pas techniques mais financières. En France, la souscription n'a réuni qu'un tiers des fonds nécessaires. Et si, à l'Exposition universelle de 1878, la tête de la statue (installée devant l'entrée du pavillon principal) a suscité la curiosité et l'enthousiasme des visiteurs, l'argent n'arrive guère. Le comité français doit avoir recours à divers expédients, notamment une prestigieuse loterie, avant de pouvoir enfin notifier aux États-Unis que l'œuvre pourra être menée à son terme. Elle l'est en 1884 et, le 4 juillet, la statue qui, de ses 46 m, domine curieusement les toits de la rue de Chazelles, est remise officiellement à l'ambassadeur des États-Unis. On procède bientôt au démontage et à l'emballage du colosse dans 220 caisses qui seront transportées outre-Atlantique aux frais de l'État.

Mais pendant ce temps, aux États-Unis, le comité américain n'a guère avancé et, malgré les bals et les spectacles organisés au profit du piédestal, les bourses tardent à se délier. Bref, on est loin de l'enthousiasme qui avait vu naître le projet. La presse française ironise ; on va même jusqu'à proposer d'ériger l'œuvre de Bartholdi en France... C'est alors qu'entre en scène le journaliste **Joseph Pulitzer** (1847-1911) qui, par une vigoureuse campagne dans le *New York World*, tente de faire honte à ses concitoyens en dénonçant leur pingrerie. Il encourage tous les Américains à contribuer au projet, comme le peuple français l'avait fait, et va même jusqu'à promettre de publier dans son journal le nom de chaque donateur, quel que soit le montant de la participation. Le message est reçu, et les contributions commencent à arriver.

L'inauguration – Lorsqu'au printemps 1885 l'*Isère*, navire de guerre français parti de Rouen, accoste à New York avec sa précieuse cargaison, le piédestal est malheureusement loin d'être achevé. Mais l'arrivée de la statue et les interventions de Pulitzer ont fini par réveiller l'amour-propre des Américains. Les fonds nécessaires sont enfin réunis. Bartholdi peut aller à New York pour conférer avec les ingénieurs et l'architecte **Richard Morris Hunt**, chargé de la réalisation du piédestal.

Les Américains, qui ont commencé à se passionner pour ce gigantesque cadeau de la France, comptent donner un éclat tout particulier à son inauguration. Celle-ci a lieu le 28 octobre 1886, déclaré jour férié à New York. Après une grande parade civile et militaire à Madison Square, les officiels s'embarquent pour Bedloe's Island. Plus de 300 navires font escorte au bateau du président de l'époque, **Grover Cleveland**.

Au pied de la statue s'entassent bientôt un grand nombre de personnalités américaines et étrangères. La délégation française est conduite par Ferdinand de Lesseps qui, depuis la mort de Laboulaye, préside l'Union franco-américaine. Les discours rendent hommage à la Liberté et à son sculpteur, Bartholdi, monté dans la statue par l'escalier intérieur, tire lui-même sur la corde qui libère le drapeau français voilant la tête auréolée, tandis que tonnent les canons et retentissent les sirènes de tous les bateaux.

La restauration – Aux premiers jours de juillet 1986, New York est à nouveau en fête. La ville célèbre le centième anniversaire de l'inauguration de la statue et marque en même temps la fin d'importants travaux de restauration. C'est en effet dès le printemps 1981 qu'une équipe d'ingénieurs français vient ausculter les entrailles de la vieille dame, et constate les outrages du temps. Car, depuis cent ans, « Miss Liberty » est exposée aux vents salés de l'Atlantique, à la pollution et aux assauts de millions de visiteurs.

À l'initiative du Comité franco-américain pour la restauration de la statue de la Liberté, un groupe d'architectes américains se joint aux ingénieurs français pour envisager les restaurations à effectuer et, en 1984, les travaux commencent sous la responsabilité de Statue of Liberty-Ellis Island Foundation, Inc. Un gigantesque échafaudage s'élève autour de la statue, qui va rester en cage pendant deux ans. La charpente métallique est consolidée. La torche, trop abîmée, est entièrement refaite, comme à l'origine, en cuivre repoussé, par des artisans champenois, et recouverte de feuilles d'or par des maîtres doreurs parisiens. L'enveloppe de cuivre est minutieusement nettoyée. Enfin, la modernisation de l'intérieur (installation de nouveaux ascenseurs, d'escaliers, création d'un musée) permet au site d'accueillir ses visiteurs dans les meilleures conditions.

■ Le saviez-vous ?

La statue de la Liberté se présente sous l'aspect d'une femme couronnée, les chaînes de la tyrannie gisant à ses pieds. De sa main gauche, elle tient le livre de la Déclaration d'Indépendance portant la date de sa proclamation, le 4 juillet 1776, tandis que sa main droite brandit la torche symbolique qui s'élève à 93 m au-dessus du niveau de la mer. Torche et couronne (dont les rayons symbolisent les sept mers et continents) sont illuminées le soir. C'est surtout du pied du monument, en levant la tête, que l'on se rendra compte des dimensions gigantesques de la statue. Elle pèse 225 tonnes, mesure 46 m de haut et possède une tête de 3 m sur 5. Son bras droit est long de 12,8 m, avec un diamètre de 3,6 m. L'index de la main qui tient la torche mesure à lui seul 2,4 m.

Visite – La brève traversée en ferry *(15mn)* permet d'apprécier des **vues★★★** superbes sur Manhattan et ses gratte-ciel, ainsi que sur la statue de la Liberté. Cette dernière reçoit chaque année environ 5 millions de visiteurs. Elle se dresse à la pointe Est de Liberty Island, au-dessus de l'ancien fort Wood (1808-1811). *De l'embarcadère du ferry, traverser le jardin en passant devant le centre d'accueil et le restaurant, jusqu'à la statue. De là les visiteurs peuvent accéder au piédestal.*

Piédestal – L'entrée des visiteurs et le hall sont attenants au piédestal. L'une des précédentes torches (1916, Gutzon Borglum) domine le centre du hall. Des panneaux situés dans la mezzanine du second étage illustrent l'évolution de la torche. Dans un coin du hall d'entrée, une vidéo décrit en continu la montée à la couronne et la vue que l'on découvre de la plate-forme d'observation.

Musée – *2e niveau du piédestal.* Après être passé devant l'ancienne torche, exposée dans le hall d'entrée, on accède par des escaliers à un petit musée consacré à l'histoire de la statue. Les esquisses de Bartholdi illustrent l'évolution de ses idées, tandis qu'une coupe de l'ouvrage montre sa disposition intérieure. Un montage audiovisuel explique la technique du repoussage utilisée pour façonner l'enveloppe en cuivre de la statue, et une belle collection de cartes postales et de souvenirs divers rappelle l'importance symbolique de la statue en Amérique comme dans le monde entier. Le musée contient également la plaque en bronze sur laquelle fut gravé le célèbre sonnet d'**Emma Lazarus** (1849-1887) à la gloire de l'Amérique, refuge des opprimés, intitulé *The New Colossus* (le nouveau colosse).

Plate-forme d'observation – *En haut du piédestal ; accès par ascenseur depuis le hall d'entrée.* Ce belvédère offre de magnifiques **vues★★★** sur le port de New York, Lower Manhattan, Financial District, le célèbre pont Verrazano Narrows et le New Jersey.

Montée à la couronne – *Déconseillée aux personnes souffrant de claustrophobie.* L'ascension (364 marches, soit 22 étages) se fait par un escalier métallique en colimaçon à l'intérieur même de la statue. De l'étroite plate-forme située au sommet, **vue** du port de New York à travers les ouvertures dans la couronne.

Avant de reprendre le ferry, emprunter la **promenade** qui borde l'île pour observer le contraste entre Manhattan, tout hérissé de gratte-ciel modernes, et Brooklyn, avec ses vieux bâtiments de moindre dimension. Le long de l'allée proche du piédestal se dressent six élégantes sculptures de Phillip Ratner représentant les personnages qui jouèrent un rôle clé dans l'histoire de la statue : Laboulaye, Bartholdi, Eiffel, Hunt, Pulitzer et Lazarus.

★★ Ellis Island

Cette petite île de 11 ha située dans la baie de New York, à mi-chemin environ entre Lower Manhattan et la statue de la Liberté, fut, pour des millions d'immigrants, la première terre américaine où ils posèrent le pied après un voyage le plus souvent long et pénible. Témoignage vivant des millions de personnes passées par ses portes, le site aujourd'hui restauré rend hommage aux ancêtres de près de 40 % des Américains.

La grande porte de l'immigration vers l'Amérique – Ellis Island fut ouverte en 1892 comme station de contrôle des nouveaux arrivants, pour remplacer Castle Garden *(voir p. 150)* devenu insuffisant devant l'ampleur des vagues d'immigrants entrant par le port de New York. De 1892 à 1954, date de sa fermeture officielle, on estime que le site vit défiler plus de 12 millions d'individus. Entre 1900 et 1924, 5 000 personnes en moyenne y passaient chaque jour. Après la Première Guerre mondiale, le quota d'immigration fut soumis à des restrictions plus sévères et Ellis Island finit par être fermée en 1954.

En 1984, Statue of Liberty-Ellis Island Foundation, Inc. entreprit de vastes efforts de restauration du bâtiment principal (le complexe comptait un total de 33 bâtiments) vers lequel, à leur arrivée, les immigrants étaient guidés. Là commençait la longue attente angoissée à l'idée de pouvoir être refusé, si bien rendue par Elia Kazan dans son film ***America, America***. Après des nombreux questionnaires et contrôles sanitaires venait enfin, dans 98 % des cas, le merveilleux moment où l'on recevait sa carte de débarquement, symbole d'une nouvelle vie où tous les espoirs étaient permis. L'édifice rouvrit ses portes en septembre 1990 en tant que musée de l'immigration *(c'est l'unique bâtiment de l'île ouvert au public)*. On a également entrepris de créer sur l'île un centre consacré à l'histoire de l'immigration ainsi qu'un site Internet permettant aux visiteurs de retrouver leurs racines familiales à partir d'une base de données informatisée *(www.ellisislandrecords.org)*.

★★ **Ellis Island Immigration Museum** – *Ellis Island, port de New York. Ouv. tlj 9 h30-17 h. Fermé 25 déc. www.ellisisland.com. ☎ 212-363-3200. Se procurer des tickets (gratuits) pour le film* **Island of Hope/Island of Tears** *dès l'arrivée dans le bâtiment principal, car les séances sont vite complètes.* Un passage couvert mène du débarcadère à l'ancien centre d'accueil des immigrants. Construit en 1900 par Boring & Tilton pour remplacer un premier bâtiment détruit par un incendie trois ans plus tôt, ce bel édifice de style Beaux-Arts en brique et pierre calcaire a désormais retrouvé l'aspect qu'il présentait entre 1918 et 1924, avec ses quatre tours coiffées d'un dôme de cuivre et ses trois grands portails cintrés. À l'intérieur sont proposées des expositions permanentes et temporaires réparties sur trois niveaux.

Premier niveau – Les visiteurs pénètrent d'abord dans la salle des bagages, où les immigrants étaient séparés de leurs biens précieux, quelquefois pour toujours. Dans l'ancien bureau des chemins de fer, une exposition intitulée « Peopling of America » fait la chronique de l'immigration aux États-Unis du 17e s. à nos jours. Parmi les points forts de la visite figurent un globe illustrant les grands mouvements d'immigration dans le monde depuis le 18e s., et « l'arbre étymologique » qui explique l'origine de nombreux mots américains. Dans l'aile Est, deux petites salles de

Musée de l'Immigration d'Ellis Island.

National Park Service

cinéma présentent un émouvant court métrage : *Island of Hope/Island of Tears* (30mn, projection toutes les demi-heures). L'aile Ouest accueille l'organisme American Family Immigration History Center où les visiteurs peuvent rechercher l'origine de leur famille dans une base de données.

Deuxième niveau – C'est dans le vaste Registry Room/Great Hall qu'avait lieu l'inspection initiale des immigrants ; là se jouait le sort des arrivants qui attendaient, alignés derrière des barrières métalliques, l'accomplissement des formalités d'entrée dans le pays. Jadis envahie par une foule provenant de tous les horizons, véritable tour de Babel où se mêlaient les langues les plus diverses, cette salle de quelque 1 600 m² n'est plus qu'un endroit vide (à l'exception de quelques bancs) et silencieux. Remarquer l'impressionnant plafond voûté, réparé en 1917 par les architectes espagnols Rafael Gustavino père et fils ; des 28 000 carreaux qui le composent, 17 seulement durent être remplacés lors de la restauration.

Dans l'aile Ouest, l'exposition « Through America's Gate » reconstitue pas à pas la procédure d'inspection qui bien souvent se terminait par la division des familles sur les marches de l'« escalier de la séparation ». Dans l'aile Est, des photos, des souvenirs divers et des commentaires enregistrés apportent un témoignage humain sur l'expérience que vécurent beaucoup d'ancêtres des Américains d'aujourd'hui. Les couloirs des deux ailes sont décorés de poignants portraits grandeur nature.

Troisième niveau – Principal point d'intérêt de l'étage, « Treasures from Home » présente une collection d'objets personnels légués au musée par des immigrants et leurs familles, allant d'un ours en peluche à une somptueuse robe de mariée. Dans « Silent Voices », de grandes photographies prises avant la restauration des lieux évoquent une inquiétante impression d'abandon ; le mobilier rappelle la routinière procédure d'enregistrement et de prise en charge des nouveaux arrivés. Une autre exposition retrace 300 ans de l'histoire d'Ellis Island, cinq maquettes détaillées illustrant le développement de l'île de 1897 à 1940. Le long du mur Nord de la mezzanine, un étroit dortoir a été meublé de façon à mieux refléter l'exiguïté des pièces dans lesquelles devaient vivre certains immigrants.

Extérieur – Face à Manhattan, un mur d'honneur de près de 200 m, American Immigrant Wall of Honor, porte les noms de plus de 500 000 personnes et familles dont les descendants ont honoré la mémoire en contribuant au projet de restauration d'Ellis Island *(pour s'informer sur les modalités d'inscription des noms : Statue of Liberty-Ellis Island Foundation, Inc. ☎ 212-883-1986)*. De la terrasse, on peut profiter de **vues**★★ splendides sur Manhattan.

9 • FINANCIAL DISTRICT – LOWER MANHATTAN★

MTA station Fulton Street (lignes 4, 5)
Voir plan p. 141

Là où s'était développé, au 17ᵉ s., le tout premier établissement de colons hollandais de la ville s'élèvent aujourd'hui de gigantesques gratte-ciel dont les impressionnantes silhouettes dominent un véritable dédale de rues étroites, le tout créant un étonnant effet de « canyon » urbain. Wall Street, sa rue la plus célèbre, est devenue le symbole de la puissance financière des États-Unis. À quelques centaines de mètres de la Bourse se trouve le secteur « Ground Zero » où s'élevaient les tours du World Trade Center. Les travaux de fouille et de reconstruction du quartier ne s'achèveront que dans quelques années.

Un peu d'histoire

New York à l'époque hollandaise – Le quartier était, au milieu du 17ᵉ s., le siège de la puissance coloniale hollandaise, alors que la cité s'appelait encore Nieuw Amsterdam. Celle-ci occupait un espace restreint protégé au Sud par un fort et au Nord par une palissade (d'où le nom de Wall Street, « rue du Mur ») allant de l'Hudson à l'East River. L'enceinte, construite en 1653 pour protéger la ville des attaques des indiens, fut en fait régulièrement démontée par les résidents qui avaient pris l'habitude de consolider leurs maisons ou de se chauffer avec les planches ou pieux ainsi récupérés. Un millier de personnes s'abritaient dans 120 maisons de bois et de brique, ces dernières à pignon et toits de tuiles vernissées. Un moulin à vent et un canal, le « Ditch », creusé en plein milieu de Broad Street, achevaient de donner à l'ensemble un caractère bien hollandais. Et pourtant, les habitants étaient d'origines diverses : en 1642, lorsque le premier hôtel de ville fut construit au 71 Pearl Street, pas moins de 18 langues auraient été parlées en ville. Sur cet ensemble régnait d'abord un agent commercial de la Compagnie hollandaise des Indes occidentales auquel succédèrent plusieurs gouverneurs parmi lesquels le célèbre Peter Stuyvesant *(voir p. 162)*. En 1664, les Anglais prirent possession de Nieuw Amsterdam et la ville changea peu à peu de physionomie. Au cours du 18ᵉ s., de coquettes habitations de style colonial georgien telle Fraunces Tavern *(voir p. 149)* commencèrent à remplacer les étroites maisons hollandaises.

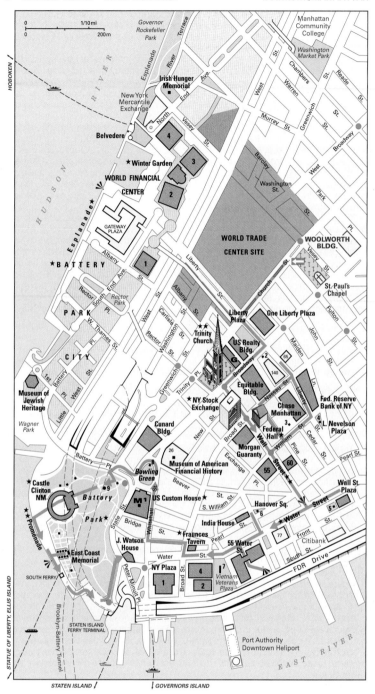

Wall Street ou la naissance d'un centre financier – Sous l'occupation anglaise, le canal fut comblé. Quant à la fameuse palissade, abattue en 1699, elle fut remplacée par une rue sur laquelle s'installa, face à Broad Street, le nouvel hôtel de ville (Federal Hall National Memorial). Wall Street devint dès lors une artère à la fois résidentielle et administrative le long de laquelle s'alignaient de riches demeures à péristyle georgien. À l'Est, après la guerre d'Indépendance, s'élevèrent des cafés et des tavernes. La célèbre **Tontine Coffee House**, construite en 1792 au coin de Water Street, fut le premier siège du New York Stock Exchange.

Le temps des affaires commença véritablement dans les années 1840, époque à laquelle maisons de commerce, entrepôts, magasins et banques s'établirent dans des bâtiments rapidement relevés après l'incendie de 1835 qui avait détruit 700 maisons du quartier. La spéculation commença à fleurir après 1860. **Jay Gould** (1836-1892), qui avait tenté – de connivence avec son associé James Fisk – de contrôler le marché de l'or à l'époque de la fameuse ruée, provoqua la panique financière du 24 septembre 1869, connue sous le nom de « Vendredi noir ».

Surnommé le « Commodore » parce qu'il s'était d'abord intéressé aux transports maritimes, **Cornelius Vanderbilt** (1794-1877) commença à étendre ses activités aux chemins de fer en 1862. D'abord propriétaire de petites lignes (celles d'Harlem, de l'Hudson et du New York Central), il créa en 1873 la célèbre liaison New York-Buffalo. À la même époque, le banquier **J. Pierpont Morgan** (1837-1913) finançait les grandes industries nouvelles : acier, pétrole et chemins de fer. Homme d'affaires impitoyable mais capable d'une grande générosité, le fondateur de la Pierpont Morgan Library eut pour successeur son fils, John Pierpont Morgan Jr, qui fit l'objet, en 1920, d'une tentative d'assassinat : le 16 septembre, une bombe dissimulée dans un chariot placé près de l'immeuble de la Morgan Guaranty Trust *(voir p. 147)* explosait en effet, épargnant Morgan Jr mais faisant une trentaine de victimes. Ultérieurement, d'autres financiers s'imposeront, qui contribueront à donner à Wall Street, dans les années 1920, la première place du marché financier mondial, supplantant Londres. Cette primauté sera conservée malgré le krach de 1929.

Le krach de 1987 fit des milliers de chômeurs. Le taux de bureaux vides atteint puis dépassa les 25 % jusqu'à ce que la municipalité favorise leur transformation en résidences au moyen d'incitations fiscales. Dès 1996, les promoteurs immobiliers avaient réagi : près de 5 000 nouveaux groupes d'immeubles furent créés. Le quartier connut un nouvel essor, favorisé par l'énergie des jeunes cadres qui vinrent y vivre et les opérations boursières juteuses qui s'y traitaient. L'attentat du 11 septembre 2001 a incité Wall Street à décentraliser ses activités. Les départs vers Midtown, entre autres, se poursuivent alors que le Financial District se métamorphose en un mélange de quartiers résidentiels et de bureaux. Wall Street continuera néanmoins à régner sur les marchés mondiaux dans les années à venir.

VISITE *parcours : 4 km*

Départ à l'angle de Church St. & Fulton St. Il est impossible d'accéder à pied au site du World Trade Center (représenté sur le plan par la zone ombrée).

★**Site du World Trade Center** – Les sept bâtiments du centre de commerce international de New York occupaient un terrain de 6,5 ha. Ils étaient regroupés autour d'une immense esplanade centrale, **Austin J. Tobin Plaza**. Inspirée de la place St-Marc de Venise, elle reliait les différents bâtiments entre eux.

Au début des années 1960, la législation accordait aux autorités portuaires de New York la réalisation du projet de David Rockefeller, président de la Chase Manhattan Bank, et de son frère Nelson alors gouverneur de New York. L'ensemble, conçu par d'éminents architectes (Minoru Yamasaki & Associates et Emery Roth & Sons), fut achevé en 1977 ; un dernier bâtiment allait y être ajouté dix ans plus tard. Le World Trade Center regroupait tous les services utiles au commerce extérieur : importation, exportation, fret, douane, banques internationales, agences commerciales, sociétés de transport et autres, et constituait en quelque sorte les « Nations unies du commerce ». 50 000 personnes y travaillaient et ses 32 000 m² représentaient 16 % de la surface de bureaux disponible dans Downtown.

Outre les différents bâtiments dont il se composait, le complexe permettait d'accéder directement au métro new-yorkais et à l'une des stations de la ligne ferroviaire PATH (Port Authority TransHudson).

Tours jumelles de 110 étages, venant au second rang du pays par la taille derrière la Sears Tower de Chicago, les **Twin Towers** s'élevaient à 411 m. Leur conception fit appel à une nouvelle technique qui faisait porter la plus grande partie du poids sur les murs extérieurs, formés de piliers métalliques très rapprochés, l'espace intérieur demeurant le plus dégagé possible grâce à l'absence de colonnes de soutien. L'ensemble des piliers était recouvert d'aluminium et relié par des poutrelles qui ceinturaient les tours à chaque étage. L'alternance des piliers et de panneaux de verre teinté conférait aux tours leur aspect reconnaissable d'« immeubles sans fenêtres ».

Une cible prisée des terroristes – Le 26 février 1993, un attentat terroriste secouait déjà la tour 1 (One WTC), faisant six morts, un millier de blessés et occasionnant la fermeture provisoire des tours jumelles, sérieusement endommagées. Le 11 septembre 2001, deux avions de ligne détournés vinrent s'écraser sur les deux tours, qui s'effondrèrent en l'espace d'une heure et demie, causant la mort et la disparition de près de 2 800 personnes et détruisant dans leur chute la totalité du complexe. Le sauvetage et le déblaiement ont commencé sans attendre : un million et demi de tonnes de gravats a été enlevée et, en mai 2002, le nettoyage s'achevait en avance sur le calendrier des travaux.

Dans les mois précédant l'attentat, le promoteur Larry Silverstein avait contracté auprès des autorités portuaires un bail emphytéotique de plusieurs milliards de dollars, toujours valable. S'il possède, grâce à ce bail, un rôle prépondérant dans la maîtrise d'œuvre de la construction de nouveaux bureaux sur le site, l'approbation des plans et le choix des entrepreneurs demeurent entre les mains des autorités publiques. Le gouverneur et le maire de New York ont mis en place la Lower Manhattan Development Corporation (LMDC) dont le rôle est de superviser la reconstruction du site et de la zone qui l'entoure.

Une première série de projets fut largement critiquée pour son côté consensuel qui ne satisfaisait personne ; la LMDC invita donc six équipes d'architectes spécialisés (où figuraient des noms comme Daniel Libeskind et Richard Meier) à soumettre de nouvelles propositions. En février 2003, le projet de Daniel Libeskind fut retenu, il prévoit d'aménager un jardin du souvenir sur les fondations existantes, exposées, et l'« empreinte » des tours jumelles. Le plan comprend également une « tour de la Liberté » de 1 776 pieds (1776 étant l'année où l'Amérique conquit son indépendance) qui dominera les bâtiments flanquant le mémorial.

La reconstruction du site est l'un des plus grands projets immobiliers de l'histoire de New York, et probablement l'un de ceux qui suscitent la plus grande émotion outre-Atlantique. Le promoteur Larry Silverstein a confié à des architectes renommés (parmi lesquels David Childs et Norman Foster, dont le projet n'a pas été retenu face à celui de Daniel Libeskind) la construction d'immeubles au sein du complexe. Un nouveau vent de batailles souffle parmi les architectes, les constructeurs et les politiciens, dont les journaux comptent les points chaque jour. Car, bien que les grandes lignes du plan de reconstruction aient été déterminées et que le public examine les huit projets du mémorial exposés récemment, le gouverneur a imposé un calendrier ambitieux : la première pierre de la première tour sera posée en août 2004, à temps pour la Convention nationale républicaine qui doit se tenir à New York.

La Port Authority a dévoilé ses propres ambitions en annonçant que Diego Calatrava, souvent qualifié de plus grand architecte du monde en matière de transports, serait chargé de la conception d'une station PATH permanente sur le site (une station provisoire a été ouverte en novembre 2003).

■ Ground Zero : un lieu dédié au souvenir

Alors que les décisions se prennent au sujet du devenir du site, l'accès au site lui-même, entièrement nettoyé, n'est encore possible qu'aux personnels habilités et aux officiels. Les visiteurs désirant voir de leurs propres yeux l'étendue des destructions et se recueillir en souvenir des victimes peuvent se rendre Church Street où un mur du souvenir a été créé. Des panneaux reprennent l'historique du site depuis l'époque précédant la construction du World Trade Center jusqu'à sa construction et à l'apogée de son rayonnement, à l'aide de textes, de photos et de plans. C'est de Liberty Street et de South Bridge, qui surplombe l'angle Sud-Ouest de Ground Zero, que l'on aura la meilleure vue sur le site. De plus, le hall et les plates-formes de la station PATH rouverte à l'extrémité Est du site plongent directement sur les fondations à nu et le cratère, qui s'enfonce à plus de vingt mètres sous le niveau de la rue.

Il faudra attendre plusieurs années pour voir l'achèvement d'un mémorial permanent, ce qui n'a pas empêché la municipalité de multiplier les initiatives afin de préserver soigneusement l'historique de l'attentat. De nombreux organismes culturels continuent à y consacrer travaux et expositions. La Société historique de New York et le Musée de la ville de New York ont fait un travail d'archivage remarquable leur permettant de monter plusieurs expositions et émissions télévisées. La chapelle Saint-Paul *(Church Street)* a conservé le mémorial spontané qui s'est peu à peu constitué sur ses grilles de fer forgé, un an de messages de condoléances écrits sur des t-shirts, des casquettes de base-ball et des fanions. **Sphere** (9) de Fritz Koenig, une sculpture de bronze de 5 m de diamètre qui était autrefois le principal ornement de l'esplanade, a été retrouvée parmi les débris puis réassemblée par F. Koenig. Cabossée, percée, elle se dresse à l'entrée de Battery Park, accompagnée d'une flamme éternelle allumée à l'occasion du premier anniversaire de l'attentat.

★**Battery Park City** – Véritable ville dans la ville, cet immense complexe commercial (plus de 50 000 personnes y travaillent) et résidentiel (9 000 habitants) occupe un site de 37 ha en bordure de l'Hudson. Sa construction n'est toujours pas achevée, et la partie habitée devrait à terme atteindre une capacité d'accueil de 25 000 personnes.

C'est le gouverneur Nelson Rockefeller qui, le premier, dans les années 1960, eut l'idée de créer un tel ensemble dans cette partie de Manhattan. Le remblaiement et les infrastructures furent achevés au milieu des années 1970, mais le projet fut suspendu en raison de la situation financière de la ville et demeura incertain. Ce n'est qu'en 1979, sous l'administration du maire Ed Koch et du gouverneur Hugh Carey, qu'un nouveau plan de développement fut adopté. Les travaux reprirent alors sans interruption et les premiers locataires emménagèrent à Gateway Plaza en 1982.

© Patti McConville/DPA, Inc.

Winter Garden, dans le World Financial Center.

Le complexe – Le **World Financial Center** (Cesar Pelli & Associates) forme le cœur de l'activité commerciale de Battery Park City. Ses quatre tours de verre et de granit, qui s'étendent de Vesey Street à Albany Street et représentent environ 651 000 m² d'espaces de bureaux, abritent les plus prestigieuses sociétés de courtage et de finance du pays : American Express, Dow Jones et Merrill Lynch. Coiffés de formes géométriques en cuivre, les bâtiments constituent un mélange assez réussi d'éléments traditionnels et contemporains qui s'harmonisent bien avec les structures plus anciennes de Lower Manhattan.

Le World Financial Center est rehaussé par la présence du **Winter Garden★** (1987), structure d'acier et de verre nichée entre les tours du World Financial Center, qui rappelle les constructions métalliques en vogue au 19ᵉ s. (comme le Crystal Palace de Londres). Un grand escalier mène à ce vaste atrium couvert où seize palmiers de 14 m de haut culminent au-dessus d'un parterre de marbre. Des manifestations culturelles s'y déroulent, et des magasins et restaurants y ont ouvert leurs portes.

La chute de débris des tours jumelles a détruit le Winter Garden, dont la restauration a été achevée pour le premier anniversaire de l'attentat. 2 000 carreaux de verre ont été remplacés, ainsi que les palmiers d'importation et plus d'un demi-million de tonnes de marbre italien. Les tours du World Financial Center ont également souffert (un fragment de la paroi de la tour Nord a heurté la façade de la tour 3, mais les dégâts ne furent qu'esthétiques). Une fois le complexe réparé, ses occupants ont pu le réintégrer.

Un modeste espace vert en pente entouré d'un mur bas domine River Terrace à l'angle de North End Avenue et Vesey Street : l'**Irish Hunger Memorial**. Un sentier le gravit, passant par une chaumière de pierre abandonnée et longeant des champs de pommes de terre en jachère, envahis par le trèfle. Du point culminant de ce mémorial de la Famine d'Irlande, à 8 m au-dessus du trottoir, on aperçoit la baie, la statue de la Liberté et Ellis Island. Le terrain en forme de coin a été aménagé sur une base de calcaire d'Irlande. Des textes sur la famine sont inscrits dans la pierre (extraits de lettres, de journaux et de témoignages, chiffrage des morts et des départs). La Grande famine irlandaise, causée par la disparition des plants de pommes de terre dévorés par le doryphore, a duré de 1845 à 1852. Un million d'Irlandais sont morts de faim et près d'un autre million sont parvenus à New York entre 1847 et 1851. On trouve également des rapports sur certaines famines plus récentes. Le mémorial, conçu par l'artiste Brian Tolle, a ouvert en juillet 2002.

Au Nord du mémorial se trouvent les bâtiments de Gateway Plaza (1982), première réalisation du quartier résidentiel de Battery Park City, qui s'étend jusqu'à Chambers Street au Nord. Parmi les immeubles de River Terrace toujours en construction, le n° 20 *(Murray St.)* s'affiche comme le premier grand ensemble « écologique ». L'immeuble protègera l'environnement par l'installation de capteurs solaires et d'une station de recyclage de l'eau, et il utilisera les techniques d'économies d'énergie dernier cri, à la fois pour les réseaux collectifs et les installations électriques individuelles. Les premiers emménagements sont prévus pour 2004. Non loin de là, l'agréable ensemble de Rector Place se compose de dix immeubles représentant un total de 2 200 appartements.

Le gigantesque complexe comprend aussi des esplanades, des sculptures en extérieur et des jardins paysagers, dont le **Belvedere** *(au Nord du Winter Garden)*, terrain de 0,6 ha planté de chênes et de féviers d'Amérique, et agrémenté de curieux pylônes sculptés par l'artiste Martin Puryear. Une jolie **esplanade★** *(2 km)*, parée de bancs et de réverbères en fonte, longe l'Hudson et procure de très belles **vues★★** du port. Suivre la promenade de planches qui mène au parc Robert F. Wagner Jr et au Museum of Jewish Heritage.

Retourner au pont South Bridge et emprunter Liberty St. en direction de l'Est.

Liberty Plaza – *Liberty St., entre Church St. & Broadway.* Ce petit square accueillant est entouré de prestigieux immeubles. Au Nord-Est se profile la masse grise du **One Liberty Plaza** (1974, Skidmore, Owings & Merrill), structure d'acier et de verre de 54 étages. Au Sud-Est, la tour de verre sombre de 55 étages du **140 Broadway** est caractéristique du style des années 1960 ; un **cube (2)** orange, réalisé en 1967 par Isamu Noguchi, égaye son esplanade. Le côté Sud du square est dominé par la silhouette de l'**US Realty Building** (1907).

Continuer vers le Sud sur Broadway.

L'US Realty Building et, derrière lui, le **Trinity Building (G)**, sont reliés par une passerelle suspendue. Les deux édifices, en pierre calcaire, ont été conçus dans un style néogothique très ouvragé afin de se combiner harmonieusement avec l'église Trinity avoisinante.

En face de la rue, l'**Equitable Building** *(n° 120)*, une immense réalisation de style Beaux-Arts (1915), se compose de deux tours reliées par une section centrale en retrait. Le complexe, qui représente un total de 111 600 m² d'espaces de bureaux pour un terrain d'assiette inférieur à 0,4 ha, souleva bien des protestations. La première ordonnance de zonage *(voir p. 94)*, passée en 1916, allait désormais fixer les plans d'occupation du sol limitant la surface totale de plancher permise pour une parcelle de terrain donnée.

★★**Trinity Church** – *Ouv. toute l'année lun.-ven. 7 h-18 h, w.-end & j. fériés 8 h-16 h. Visites guidées (30mn) 14 h (réservation conseillée). Concerts de musique classique jeu. 13 h-14 h. www.trinitywall-street.org ☎ 212-602-0872.* Ravissante église de style néogothique située sur Broadway *(à la hauteur de Wall St.)*, l'**église de la Trinité** était à l'époque de sa construction la structure la plus haute de la ville. Elle semble aujourd'hui comme écrasée par les immenses tours du quartier des affaires. Plusieurs célébrités new-yorkaises reposent dans son petit cimetière.

La première paroisse anglicane de New York – Église épiscopale, la Trinité doit sa naissance à une charte du roi Guillaume III d'Angleterre datée de 1697. Des citoyens influents contribueront à son édification, parmi lesquels **William Kidd**, corsaire ou pirate suivant les circonstances, qui habitait à

L'église de la Trinité, vue depuis Wall Street.

© Brigitta L. House/MICHELIN

Hanover Square et devait être pendu à Londres en 1701. Le premier sanctuaire (1698), éclairé par d'étroites baies, avait l'aspect d'une église de campagne. Ayant brûlé lors de l'incendie de 1776, il fut remplacé par une autre église dont le toit s'effondra en 1839. L'édifice actuel, conçu par Richard Upjohn, fut achevé en 1846. La chapelle de Tous-les-Saints (All Saints' Chapel) et l'aile Bishop Manning Memorial sont toutefois postérieures ; elles furent construites respectivement en 1913 et 1966.

Le bâtiment – L'extérieur, en grès rose, se distingue par son clocher quadrangulaire (trois de ses dix cloches datent de 1797) dont la flèche aiguë, haute de plus de 85 m, dominait fièrement, quand elle fut construite, les maisons voisines. De belles portes de bronze (Richard Morris Hunt), inspirées de celles du baptistère de Florence, donnent accès à l'intérieur où l'on remarquera, au-dessus du maître-autel de marbre blanc (1877), des vitraux très colorés dus à Upjohn. Noter aussi, à droite du chœur, la clôture et la voûte en bois de la chapelle de Tous-les-Saints. Dans une salle située à gauche du chœur, le **Trinity Museum** *(ouv. toute l'année lun.-ven. & j. fériés 9 h-15 h45, sam. 10 h-15 h45, dim. 13 h-15 h45)* retrace l'histoire de l'église de l'époque hollandaise à aujourd'hui.

Le cimetière – Le cimetière procure une halte paisible et ombragée, un coin de verdure au milieu des gratte-ciel. La plus ancienne de ses sépultures *(à droite de l'église)* est celle d'un certain Richard Churcher, mort en 1681. On repérera également les tombes de l'éditeur William Bradford Jr, de Robert Fulton, l'inventeur du bateau à vapeur, de deux secrétaires du Trésor, Alexander Hamilton et Albert Gallatin et, enfin, de Francis Lewis, l'un des signataires de la Déclaration d'Indépendance.

Tourner à gauche dans Wall St.

Véritable royaume de la finance, **Wall Street**★★ se fraye un passage entre les murailles des gratte-ciel qui l'enserrent.

★**New York Stock Exchange** – *8-18 Broad St. Par mesure de précaution, la Bourse est interdite aux visiteurs, à l'exception des groupes scolaires. Renseignements sur le site Internet : www.nyse.com* ♿ ☏ *212-656-5165.* Les 17 étages de la **Bourse** (1903) présentent une façade majestueuse, avec colonnes corinthiennes et fronton sculpté d'une allégorie symbolisant le Commerce. Devant l'entrée, un arbre rappelle le platane qui se trouvait à l'angle de Wall Street et William Street, sous lequel s'assemblaient les 24 premiers courtiers qui, en 1792, décidèrent de s'unir pour négocier les actions émises par le gouvernement et quelques sociétés, formant ainsi le premier marché de valeurs de la ville. Une simple poignée de main ou une tape sur l'épaule suffisait alors pour conclure un marché ; et quand il faisait mauvais temps, on palabrait dans les cafés.

Au début du 20e s., époque à laquelle la fraude et la débauche sévissaient parmi les fonctionnaires locaux (souvent impliqué dans des affaires de corruption, le Tammany, groupe politique new-yorkais affilié au Parti démocrate, était encore très puissant à l'époque), la Bourse gagna en popularité auprès des petits épargnants, notamment après la campagne en faveur de la participation à la Première Guerre mondiale. Vers la fin des années 1920, guidés par un invincible sentiment de prospérité, plus d'un million d'Américains investissaient dans des valeurs cotées en Bourse, un grand nombre d'entre eux empruntant jusqu'à 90 % du montant des actions. Le fameux krach du 29 octobre 1929 (communément appelé le **« Jeudi noir »**), lors duquel le New York Stock Exchange fut le théâtre d'une terrible panique financière, devait marquer le début de la Grande Dépression des années 1930. En l'espace de quelques semaines, un nombre effrayant d'investisseurs furent ruinés, et le revenu national réduit de moitié.

Aujourd'hui, des centaines d'agents de change négocient les valeurs de milliers de sociétés américaines et étrangères cotées en Bourse, parmi lesquelles figurent les plus importantes entreprises du pays. Elles représentent un marché négociable évalué à 9 billions de dollars. Chaque jour, environ 1,4 milliard de titres sont échangés pour plus de 42 milliards de dollars. Théâtre d'une incroyable activité (près de 85 millions d'Américains sont actionnaires...), la salle réservée aux opérations boursières se trouve au rez-de-chaussée du bâtiment.

Des employés surveillent les systèmes sophistiqués gérant les transactions à partir d'un parquet virtuel en 3D installé en 1999. Plusieurs expositions du **Centre pédagogique interactif** retracent l'histoire du New York Stock Exchange et décrivent le fonctionnement du marché boursier. La **galerie**★ réservée aux membres *(3e niveau)* domine le parquet où s'effectuent les transactions et permet d'en apprécier le rythme trépidant.

La Bourse de New York.

★**Federal Hall National Memorial** – *26 Wall St. Ouv. toute l'année lun.-ven. 9 h-17 h. Fermé principaux j. fériés* & *www.nps.gov/feha* ☎ *212-825-6888.* Cet impressionnant édifice en marbre du Massachusetts occupe l'un des sites new-yorkais les plus chargés d'histoire.

La construction du premier hôtel de ville de New York commença ici en 1699, sur un terrain offert par Abraham de Peyster *(voir p. 148)*. En 1702, l'administration municipale s'installa dans les locaux. Devant le bâtiment s'érigeaient le pilori où l'on exposait les malfaiteurs et le poteau où ils étaient attachés pour être flagellés. L'hôtel de ville servait également de palais de justice et de prison pour les mauvais payeurs. John Zenger y fut jugé en 1735, et la fameuse loi du Timbre (Stamp Act), imposée par les Anglais, y fut repoussée 31 ans plus tard.

Refait en 1789 sous la direction de **Pierre Charles L'Enfant** (1754-1825), ingénieur qui devait dessiner les plans de la ville de Washington, le bâtiment devint alors le « Federal Hall », c'est-à-dire le premier siège du Congrès, à l'époque de la mise sur pied de la Constitution fédérale. **George Washington** y prêta serment le 30 avril 1789, à la suite de son élection à la présidence. À l'extérieur, une **statue** de bronze (1883, John Q.A. Ward) rend hommage au grand homme d'État américain.

Transformé en bureaux, après le départ du gouvernement pour Philadelphie, l'édifice fut démantelé en 1812. Le bâtiment actuel (1842, Town & Davis) abrita jusqu'en 1862 les locaux de la Douane. Il fut par la suite affecté à la sous-direction du Trésor, et accueillit divers services avant d'être classé lieu historique en 1939, puis lieu commémoratif national en 1955. Son **intérieur** s'ordonne autour d'une splendide rotonde. Seize colonnes de marbre supportent le grand dôme et les balcons embellis de balustrades en bronze richement décorées. On peut y voir des souvenirs de George Washington ainsi qu'une exposition relative à la Constitution. Dans la partie consacrée à l'histoire de la ville et du bâtiment, plusieurs dioramas représentent les trois édifices qui se sont succédé à cet emplacement.

Morgan Guaranty Trust Company – *23 Wall St., à l'angle de Broad St.* Érigé en 1913, ce sobre bâtiment de marbre blanc conserve les traces de l'attentat perpétré contre J. Pierpont Morgan Jr. Côté Wall Street, remarquer une étroite structure de style Beaux-Arts, ornée de parements de teinte saumon, qui appartient également à la Morgan Company.

Continuer en direction de William St. Tourner à gauche, puis encore à gauche dans Pine St.

Chase Manhattan Bank – *Sur Pine St., entre Nassau St. & William St.* Née de la fusion de deux institutions financières (Chase National Bank et Bank of the Manhattan Company), la Chase Manhattan Bank occupe depuis 1961 un immeuble de prestige (Skidmore, Owings & Merrill) dont la haute silhouette luisante se distingue facilement au milieu des gratte-ciel plus anciens de cette partie du quartier des affaires. Ses 248 m de verre et d'aluminium se dressent fièrement au-dessus d'une esplanade pavée, décorée de plusieurs sculptures.

Un peu d'histoire – En 1798, une épidémie de fièvre jaune s'étant déclarée à New York, les habitants de la ville pensèrent qu'elle était due à la pollution des eaux. L'année suivante, sous l'impulsion d'**Aaron Burr** (1756-1836), il fut donc décidé de fonder la Manhattan Company afin de créer un système hydraulique pour le ravitaillement de la ville en eau potable. Un réseau de conduits souterrains en bois fut alors posé, dont on retrouve parfois encore des traces lors de travaux d'affouillement. Aaron Burr décida ensuite d'étendre les activités de la Manhattan Company au domaine de la finance et ouvrit, le 1er septembre 1799, un comptoir d'escompte et de dépôt. Cette nouvelle orientation n'arrangeait guère **Alexander Hamilton** (1755-1804), dont les intérêts étaient investis dans deux autres banques new-yorkaises. Les différends financiers que les deux hommes entretenaient, accrus par une rivalité politique de longue date, se terminèrent par un célèbre duel (11 juillet 1804) au cours duquel Alexander Hamilton fut mortellement blessé.

La Chase Bank fut quant à elle fondée en 1877 par John Thompson et son fils, qui lui donnèrent ce nom en l'honneur de **Salmon P. Chase** (1808-1873). Celui-ci, sénateur et gouverneur de l'Ohio, avait aussi servi en tant que président de la Cour suprême et secrétaire au Trésor ; à ce titre, fit promulguer le National Currency Act de 1863 qui établit aux États-Unis une monnaie uniforme et un système bancaire à l'échelle fédérale. Le portrait de Chase figure d'ailleurs sur le plus gros billet mis en circulation (10 000 $).

L'édifice – À l'origine, la Chase Manhattan Bank disposait d'un terrain assez vaste (1 ha) mais scindé en deux par une rue. La banque réussit à négocier l'achat de la portion de rue qui séparait les deux parcelles, et décida de bâtir une tour gigantesque ; sa construction prit un peu moins de cinq ans. Constitué de murs-rideaux en verre sur armature d'acier, ce gratte-ciel de 65 étages (dont cinq en sous-sol) s'élève à 248 m au-dessus d'une esplanade bien dégagée, et représente l'un des plus grands immeubles de bureaux bâtis depuis les années 1960. La chambre forte, située au 5e sous-sol, serait la plus grande du monde : plus longue qu'un terrain de football, elle pèse 985 tonnes et possède six portes de 51 cm d'épaisseur ; quatre d'entre elles font 45 tonnes chacune, et les deux autres « à peine » 30 tonnes !

Sur l'esplanade, remarquer une étonnante sculpture de Jean Dubuffet (**3**) intitulée *Group of Four Trees* (1972) et, plus à gauche, un jardin japonais en contrebas dessiné en 1964 par Isamu Noguchi.

Reprendre Pine St. Tourner à droite dans Nassau St. et continuer en direction de Liberty St.

Federal Reserve Bank of New York – ⬛ *33 Liberty St. Par mesure de sécurité, les visiteurs doivent arriver 20mn avant le début de la visite ; tous les visiteurs doivent se soumettre au détecteur de métaux. Visite guidée (1 h) uniquement, toute l'année lun.-ven. 9 h30-14 h30. Fermé principaux j. fériés. Réservation requise au moins 1 mois à l'avance. ♿ www.nyfrb.org ☎ 212-720-6130.* La Banque fédérale de réserve de New York fait face à la Chase Manhattan Bank. C'est un imposant immeuble de pierre d'inspiration néoflorentine construit en 1924, dont les quatorze étages occupent tout un bloc. La visite guidée permet notamment de voir la chambre forte. Celle-ci, enterrée à une profondeur de plus de 24 m au-dessous du niveau de la rue, contient les réserves d'or de 80 nations. Il s'agirait de la plus grande accumulation d'or au monde : environ 10 108 475 kg de métal. Les visiteurs pourront participer à FedWorks, une exposition interactive sur la politique monétaire et le rôle de la Banque fédérale de réserve.

Continuer à l'Est sur Liberty St. jusqu'à William St.

Un petit parc délimité par William Street, Pine Street et Maiden Lane, contient sept immenses sculptures en acier noir (**4**) réalisées en 1977 par **Louise Nevelson**, qui donna son nom à l'endroit.

Pour reprendre Wall St., tourner à droite dans William St.

55 Wall Street – Conçu en 1841 par Isaiah Rogers en tant que deuxième Bourse marchande, cet édifice néogrec à double colonnade superposée fut agrandi et rénové en 1907 par les architectes McKim, Mead & White. Le bâtiment abrita jusqu'en 1992 le siège de la Citibank, établissement financier créé en 1812 sous le nom de City Bank of New York pour succéder à la première banque fondée à New York, dix ans plus tôt, par Alexander Hamilton. Il accueille aujourd'hui l'hôtel Regent Wall Street. L'intérieur présente une belle décoration néoclassique, avec son grand hall de marbre et de travertin doté d'arcs et de colonnades, dominé par une coupole de 22 m de haut.

60 Wall Street – Cette tour massive de 47 étages (1988, Roche, Dinkeloo & Associates pour la banque J.P. Morgan) est l'un des gratte-ciel les plus élevés (228 m) du quartier des affaires. Sa façade de verre et de granit est ornée de pilastres classiques dont les éléments (bases, fûts et chapiteaux) se détachent en relief. Avec ses chaises, ses tables et ses plantes vertes, son hall de marbre blanc constitue un espace public accueillant. Il est décoré de treillage et d'une multitude de miroirs. La Deutsche Bank y a installé son siège de Manhattan en 2001.

Continuer à l'Est vers Water St.

Avant d'atteindre Water Street, se retourner pour admirer la **perspective★** sur le célèbre « canyon » urbain, close par la silhouette de Trinity Church.

Tourner à gauche dans Water St.

Particulièrement intéressante à visiter en semaine, **Water Street★** reflète le rythme étonnant auquel Lower Manhattan s'est développé depuis la fin des années 1960. D'une grande variété de formes, de couleurs et de matériaux, les immeubles de bureaux qui bordent la rue ont considérablement modifié la perspective du front de mer. Plusieurs plans d'urbanisation successifs ont intégré avec succès des éléments humains et récréatifs au paysage architectural.

Au croisement de Water Street et de Pine Street se dresse le **Wall Street Plaza**. Cette élégante structure de verre et d'aluminium (1973, I.M. Pei) est rehaussée par une envoûtante sculpture de Yu Yu Yang (**5**). Un peu plus loin, une plaque commémore le célèbre paquebot *Queen Elizabeth I* dont le dernier propriétaire, Morley Cho, possédait aussi le Wall Street Plaza.

Revenir vers Wall St.

En continuant au Sud sur Water Street, on passera devant l'accueillante esplanade du 77 Water Street, connue sous le nom de Bennett Park, où des bassins, des fontaines, une sculpture et des bancs forment un agréable lieu de détente.

Continuer au Sud sur Water St.

Sur la droite se trouve **Hanover Square**, calme placette plantée d'arbres contenant la statue (**6**) en bronze (1896) d'**Abraham de Peyster**, prospère marchand hollandais qui fut maire de la ville de 1691 à 1695. Parmi les boutiques qui bordaient autrefois le square se trouvait l'imprimerie de William Bradford, établie en 1693. Du côté Sud du square, remarquer **India House**, belle maison de grès brun de style italianisant érigée en 1853.

En continuant vers le Sud, on arrive au **55 Water Street**, ensemble constitué de deux immeubles qui se dressent au-dessus d'une esplanade surélevée *(accès par l'escalator sur Water St.)* d'où l'on a une **vue★** étendue sur l'East River et Brooklyn Heights.

S'arrêter à la Vietnam Veterans Plaza devant le **Vietnam Veterans Memorial (7)**. Ce monument (1985) est dédié aux soldats américains morts au combat et à tous ceux qui en revinrent. Sur le mur de granit et de verre (20 m sur 5 m), on peut lire les passages de divers textes (extraits de lettres, de journaux intimes, de poèmes) écrits par des Américains durant la guerre du ViêtNam. L'esplanade a reçu en 2001 une allée flanquée de pylônes de pierre citant les 1 700 New-Yorkais morts au cours de cette guerre.

Continuer sur Water Street.

Reliés entre eux par des placettes et par une galerie bordée de boutiques et de restaurants, les bâtiments du **New York Plaza** (n°° *1, 2 et 4*) forment un ensemble varié. Noter tout particulièrement le 4 New York Plaza, immeuble de 22 étages en brique rouge aux étroites fenêtres.

À l'angle de Broad St., tourner à droite et continuer au Nord vers Pearl St.

★**Fraunces Tavern** – *54 Pearl St.* Cette élégante demeure de brique jaune à toit d'ardoise constitue un bel exemple d'architecture coloniale néogeorgienne, avec son joli portique surmonté d'un balcon. Édifiée en 1719, c'était à l'origine une maison particulière dont le propriétaire, un huguenot français, Étienne de Lancey, avait quitté sa patrie à la suite de la révocation de l'édit de Nantes.
La maison fut transformée en taverne en 1763 sous la férule de Samuel Fraunces, Noir antillais d'allégeance française qui devint par la suite maître d'hôtel de Washington. Le gouverneur De Witt Clinton y donna un dîner en 1783 pour célébrer l'évacuation des troupes anglaises et, en décembre de la même année, la taverne fut la scène des adieux de Washington à ses hommes.
L'édifice fut restauré en 1907 par les Fils de la Révolution, organisme rassemblant les descendants des Américains qui prirent part à la guerre d'Indépendance. Un restaurant occupe le rez-de-chaussée du bâtiment. Par un escalier de bois, on accède au **musée** (*ouv. toute l'année mar.-sam. 10 h-17 h, jeu. jusqu'à 19 h, sam. 11 h-17 h; fermé principaux j. fériés; 3 $; www.frauncestavernmuseum.org* ☎ *212-425-1778*) dont les expositions permanentes et temporaires renferment des souvenirs de la guerre d'Indépendance et retracent l'histoire de New York. Des objets décoratifs y sont également exposés.
À l'Est de la taverne, on remarquera les panneaux descriptifs situés sur la place au 85 Broad Street et les trois sites archéologiques protégés par une vitrine (*en-dessous du niveau de la rue*) qui recèlent les vestiges d'une taverne du 17° s., d'un puits et de l'hôtel de ville hollandais.

Poursuivre à l'Ouest sur Pearl St. Tourner à droite dans Whitehall St. et continuer vers l'ancien bureau des Douanes américaines.

★**Former US Custom House** – *1 Bowling Green.* Le site sur lequel s'élève aujourd'hui ce magnifique immeuble de style Beaux-Arts (1907, Cass Gilbert) fut tour à tour occupé par un fort, puis par la résidence des gouverneurs de l'État (Government House, démolie en 1815). Le bâtiment présente une majestueuse façade de granit ornée de statues en marbre blanc du Tennessee. Celles du bas, réalisées par Daniel Chester French, symbolisent l'Asie, l'Amérique, l'Europe et l'Afrique, tandis que celles du haut évoquent les plus célèbres cités et nations commerçantes du monde : remarquer une femme représentant Lisbonne façonnée par Augustus Saint-Gaudens (*à gauche du blason central*) et un doge à tête de mort évoquant Venise.
En 1973, les services des Douanes furent transférés dans l'un des bâtiments du World Trade Center. Depuis 1994, l'ancien bureau des Douanes abrite une partie des collections du fascinant National Museum of the American Indian (**M¹**), consacré aux Indiens des deux Amériques.

Cunard Building – *25 Broadway, sur Bowling Green.* C'est dans cet impressionnant bâtiment de style néo-Renaissance, aujourd'hui converti en bureau de poste, que l'on pouvait autrefois se procurer des billets pour voyager à bord des bateaux de la célèbre Cunard Line. Pénétrer à l'intérieur pour admirer le superbe **hall d'entrée★** (1921, Benjamin W. Morris), qui se compose d'une rotonde haute de 21 m et d'une série de grandes fresques.

En face, au 26 Broadway, s'élève l'ancien Standard Oil Building (1922, Carrère et Hastings), qui renfermait les bureaux de John D. Rockefeller Jr. L'immeuble abrite notamment le National Museum of American Financial History **M²** (*entrée au 28 Broadway*).

Bowling Green – Parc ovale entouré d'une grille en fer forgé qui daterait de 1771, Bowling Green tient son nom de la pelouse sur laquelle les colons s'exerçaient au jeu de boules en échange d'une modeste rétribution fixée à un grain de poivre par an. C'est là qu'en 1776 des New-Yorkais assoiffés d'indépendance jetèrent à bas une statue de George III. Les maisons bourgeoises qui entouraient la place jusqu'au 19° s. ont depuis fait place aux immeubles de bureaux. À l'entrée Nord du parc, une statue en bronze (**8**) représentant un taureau en train de charger (1988) symbolise la montée du marché des valeurs.

De Bowling Green, continuer au Sud-Ouest vers Battery Park.

Sphere, de Fritz Koenig, est désormais dans Battery Park.

© Brigitta L. House/MICHELIN

*Battery Park – Ce joli parc à la pointe Sud-Ouest de Manhattan forme un îlot de verdure devant l'écran de gratte-ciel du quartier des affaires. En flânant le long de la promenade, les visiteurs pourront apprécier l'un des panoramas les plus spectaculaires de la côte Est des États-Unis. Aux 17ᵉ et 18ᵉ s. il n'y avait, à l'emplacement actuel de Battery Park, que de l'eau, le contour de Manhattan suivant approximativement le tracé délimité par State Street, Bowling Green et Pearl Street. Afin de protéger le port de l'invasion britannique durant la guerre de 1812, l'armée érigea deux forts dans les années qui précédèrent : West Battery (Castle Clinton) à moins de 100 m du littoral, et East Battery (Castle Williams) sur Governors Island. En 1870, le terrain fut remblayé entre West Battery et Manhattan, créant ainsi un agréable espace vert. Parsemé de nombreuses statues et monuments commémoratifs, Battery Park forme aujourd'hui un terre-plein de 8,5 ha qui s'étend de Bowling Green au confluent de l'Hudson et de l'East River. Toute l'année, la vue de la baie de New York, animée par le mouvement des bateaux qui entrent dans le port et qui en sortent, attire les touristes en grand nombre. Le parc sert de point de départ aux ferries vers la statue de la Liberté et Ellis Island. Sous Battery Park passe le Brooklyn-Battery Tunnel *(environ 3,2 km)* qui relie Manhattan à Brooklyn.

*Castle Clinton National Monument – *Ouv. tlj 8 h30-17 h. Fermé 25 déc. Visites guidées (25mn).* ⚐ *www.nps.gov/cacl* ☎ *212-344-7220. La grande cour intérieure comprend une billetterie (ferries et excursions en bateau pour la statue de la Liberté et Ellis Island).* Construit sur une petite île artificielle entre 1808 et 1811, West Battery faisait partie d'une série d'ouvrages fortifiés destinés à protéger le port de New York. Le fort n'allait pourtant jamais être utilisé en tant que tel. Cédé à la ville en 1824, il fut transformé en salle de concert et rebaptisé Castle Garden. La même année, les nouveaux aménagements servirent de cadre à une soirée donnée en l'honneur de La Fayette. En 1850, Castle Garden reçut la célèbre cantatrice Jenny Lind, surnommée le « rossignol suédois ». Ce fut également en ces lieux que Samuel Morse démontra pour la première fois son invention révolutionnaire, le télégraphe. En 1855, Castle Garden fut affecté au tri des immigrants (il en défila plus de 7 millions avant l'ouverture de la station de contrôle d'Ellis Island en 1892). Enfin, l'ancien New York Aquarium (aujourd'hui appelé Aquarium for Wildlife Conservancy, et qui se trouve désormais à Coney Island) occupa les lieux jusqu'en 1942. Déclaré monument national en 1950, le site fut restauré et rouvert au public en 1975. Aujourd'hui, Castle Clinton, ainsi nommé en l'honneur de De Witt Clinton, gouverneur de l'État de New York au début du 19ᵉ s., a retrouvé l'aspect sévère qu'il avait à l'origine, avec sa porte d'entrée encadrée de pilastres et ses murs de 2,4 m d'épaisseur percés de meurtrières à canons.

Promenade – De Castle Clinton à l'embarcadère des ferries pour Staten Island, la promenade dessine une courbe harmonieuse face à la baie de New York. Remarquer, au Sud du fort, la statue de Verrazano, et à proximité du South Ferry, l'East Coast Memorial** (1961) dédié à ceux qui périrent dans l'Atlantique durant la Seconde Guerre mondiale ; de chaque côté d'un aigle de bronze aux ailes déployées sont alignés quatre pylônes de granit gravés de noms.

La promenade permet d'apprécier des **vues***** splendides de la baie. On distingue successivement d'Ouest en Est : **Jersey City** et son énorme horloge Colgate, Ellis Island (ancien lieu de rassemblement des immigrants), Liberty Island (autrefois nommée Bedloe's Island) portant la colossale statue de la Liberté, Brooklyn et sa colline, Brooklyn Heights, au pied de laquelle s'alignent les docks et **Governors Island** appelée Nutten's Island du temps des Hollandais à cause des nombreux noyers qu y poussaient. En 2001, les deux anciennes fortifications de l'île ont été classées monuments historiques. Le National Park Service réaménage le site, réouverture prévue fin 2004 *(consulter le site Internet : www.nps.gov/gois)*. Au loin se profilent Bayonne (dans le New Jersey), avec ses raffineries de pétrole et son port naval, Staten Island et ses collines, et les « Narrows » au-dessus desquels apparaissent les lignes arachnéennes du pont Verrazano Narrows, à demi dissimulé par Governors Island. Cette dernière offre de beaux points de vue sur Manhattan et Brooklyn, et contient deux édifices antérieurs à 1800 : Governor's House et Fort Jay. Un autre fort, Castle Williams, y fut construit au début du 19ᵉ s. en même temps qu'était bâti Castle Clinton. Propriété du gouvernement, Governors Island abrita pendant des années une station de garde-côtes.

Continuer vers le débarcadère du ferry de Staten Island.

Sévèrement endommagé par un incendie en 1991, le terminal de Staten Island est en cours de restauration et d'agrandissement. Un projet préliminaire de Venturi et Scott Brown fut remplacé en 1996 par celui des architectes Anderson & Schwartz, qui prévoyait la construction d'une simple façade de verre. Un budget de 135 millions de dollars est consacré à la nouvelle gare maritime d'une superficie de 18 600 m², dont le plafond de la salle d'attente atteindra 23 m et qui verra Peter Minuit Plaza métamorphosée. En attendant la fin des travaux, l'ancienne gare assure toujours le transport des passagers.

Prendre à gauche State St. et continuer jusqu'à l'angle de Water St.

Au 7 State Street, une élégante maison de la fin du 18ᵉ s. (l'une des seules de cette époque à avoir subsisté sur le front de mer) abrite le mémorial d'Elizabeth Seton (1774-1821), première Américaine canonisée en 1975. La partie droite de l'édifice, **James Watson House**, ancienne demeure d'un sénateur de l'État de New York, remonte à 1792. La gracieuse colonnade ionique fut ajoutée en 1806.

MUSÉES *(consulter la section Musées de Manhattan)*

★★**National Museum of the American Indian** – *1 Bowling Green.*

Museum of American Financial History – *28 Broadway.*

Museum of Jewish Heritage – *17 First Pl., Battery Park City.*

10 • SOUTH STREET SEAPORT★★

12 Fulton St. MTA station Fulton St. (lignes 2, 3)
Voir plan p. 152

Au Sud du pont de Brooklyn, South Street Seaport, l'une des principales attractions touristiques de New York, occupe un terrain couvert par onze blocs de bâtiments faisant face à l'East River. Ce quartier représentait, au 19ᵉ s., le cœur du port de New York et un centre mondial de la navigation marchande. Le port maritime de South Street perdit peu à peu de son importance au profit des môles en eau profonde sur l'Hudson. Ses nombreuses maisons de commerce, boutiques et entrepôts, autrefois débordants d'activité, se reconvertirent tout d'abord à d'autres usages, puis furent laissés à l'abandon, et le quartier finit par tomber en décrépitude.
Dans les années 1960, la volonté de préserver ce qui restait des bâtiments anciens du port, des quais, des rues et des navires, conduisit à la création d'une zone historique et du South Street Seaport Museum. Dans les années 1980 fut lancé un important plan de développement destiné à redonner vie à l'ancien quartier portuaire. Des restaurations et quelques constructions nouvelles, dans un périmètre formé par John, South, Water et Beekman Streets, l'ont transformé en un lieu animé avec ses allées piétonnières, ses restaurants et ses boutiques, dont l'activité évoque les beaux jours du port au siècle dernier. En été, des concerts en plein air attirent sur les quais des foules de visiteurs et de curieux. ■

VISITE

Enfants *Visite libre du quartier historique, de ses boutiques et restaurants, de ses quais et du Fulton Market. Concerts, festivals, manifestations diverses gratuites toute l'année. Musée : un billet global (8 $), en vente au centre d'accueil (12-14 Fulton St. ; ouv. avr.-sept. : tlj 10 h-18 h ; reste de l'année : mer.-lun. 10 h-17 h ; fermé 1ᵉʳ janv., Thanksgiving & 25 déc. ✗ ও ◻ www.southstreetseaportmuseum.org ☎ 212-748-8600 ou 888-768-8478), comprend l'entrée aux expositions The Gallery et Historic Vessels, et permet également de profiter des programmes spéciaux organisés par le musée et des promenades guidées (1 h, tlj de l'année).*

Museum Block – Le bloc délimité par Fulton, Front, Beekman et Water Streets contient quatorze bâtiments des 18ᵉ et 19ᵉ s., pour la plupart transformés en galeries d'exposition. Le **centre d'accueil** *(voir ci-dessus)* présente une exposition permanente sur l'histoire du port maritime. Sur Water Street, aux nᵒˢ **207, 211** et

South Street Seaport.

215, remarquer trois édifices similaires : Bowne & Co. Stationers (reconstitution d'une imprimerie-papeterie du 19ᵉ s.), The Chandlery (ancien magasin d'accastillage) et The Gallery (expositions temporaires relatant l'histoire du quartier de South Street). Aux 17-19 Fulton Street, un bâtiment assez bas d'acier et de verre (1983), le **New Bogardus Building**, rappelle par son architecture les fameux immeubles en fonte de James Bogardus *(voir encadré p. 165)*.

Schermerhorn Row – Ce bel ensemble de bâtiments, reconnaissable à ses façades de brique et à ses toits inclinés, fut construit entre 1811 et 1813 dans le style fédéral pour Peter Schermerhorn, promoteur et approvisionneur de navires. Aux beaux jours de South Street, il abritait des maisons de commerce et des entrepôts. Les étages supérieurs, qui viennent d'être rénovés, sont dorénavant occupés par une exposition permanente du musée, **World Port New York**. Le rez-de-chaussée a été transformé en boutiques, de même que les édifices néogrecs situés de l'autre côté de la rue, sur Cannon's Walk.

Fulton Market Building – Jadis lieu idéal pour observer l'animation du quartier maritime et en apprécier l'atmosphère de fête permanente, ce bâtiment de brique et de granit (1983, Benjamin Thompson & Associates) abritait un marché (le quatrième construit à cet endroit depuis 1822) converti en galerie marchande.

Juste en face s'alignent les étals du **Fulton Fish Market**, marché aux poissons qui fonctionne à cet endroit depuis plus d'un siècle et demi.

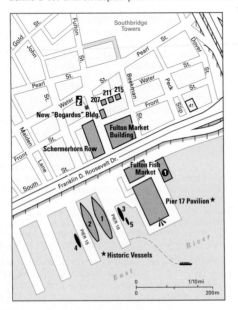

★Pier 17 Pavilion – S'élevant sur le quai 17 qui s'avance dans l'East River sur plus de 120 m, les trois étages de verre et d'acier de ce pavillon (Benjamin Thompson & Associates) comprennent une centaine de boutiques, restaurants et cafés. Depuis les vastes ponts-promenades qui surplombent la rivière sur trois côtés, on a l'illusion d'être à bord d'un navire. Les **vues★★** sont magnifiques : au Nord, sur le pont de Brooklyn ; à l'Est, sur Brooklyn même, sa colline et son front de mer ; et au Sud, sur la rade de New York.

★Navires historiques – *Pier (quai) 16. Mêmes horaires que pour le centre d'accueil (voir plus haut). Amarrée* aux quais 15 et 16 le long de South Street se trouve toute une flotte de bateaux historiques comprenant le *Peking* (**1**), un quatre-mâts à gréement carré *(1911)*, le *Wavertree* (**2**), construit pour le commerce de jute entre l'Inde et l'Europe (1885), l'*Ambrose* (**3**), premier bateau-phare en service dans l'Ambrose Channel (1907), le *Lettie G. Howard* (**4**), l'une des dernières goélettes de pêche de Gloucester (1893), et le *W.O. Decker* (**5**), remorqueur en bois de 1935.

La rade en bateau – *Départ du Pier (quai) 16 mai-sept. Aller-retour 2 h. Téléphoner pour les horaires. Réservation requise 24 h à l'avance. 25 $. www.southstseaport.org* ☎ 212-748-8786. Le South Street Seaport Museum propose des promenades en bateau dans le port de New York à bord du *Pioneer*, goélette de 1885.

Avant de quitter le quartier maritime, remarquer *(au 41 Peck Slip)* un trompe-l'œil représentant le pont de Brooklyn, réalisé par Richard Haas.

 Fulton Fish Market
Voir plan p. 152. Accolé au quai (Pier) 17. Visite guidée avr.-oct. les 1ᵉʳ & 3ᵉ mer. du mois à 6 h. ☎ 212-748-8786. Situé à proximité du quartier historique de South Street Seaport, ce célèbre marché aux poissons, logé dans un bâtiment érigé en 1869, est l'un des derniers marchés de Manhattan et le plus grand de ce genre aux États-Unis. L'activité bat son plein de minuit à 8 h du matin, lorsque les camions réfrigérés livrent leurs marchandises et que les chefs et commerçants de Manhattan viennent choisir la prise du jour. Le marché sera courant 2004 déplacé à Hunts Point (Bronx), où l'attend un nouvel espace couvert.

11 • CIVIC CENTER – BROOKLYN BRIDGE★★
CENTRE CIVIQUE – PONT DE BROOKLYN
MTA station City Hall (lignes N, R)
Voir plan p. 156

Situé au pied du pont de Brooklyn, au Nord du Financial District et à l'Ouest de Chinatown, le quartier du Civic Center englobe Foley Square et City Hall Park. Cette zone marécageuse, qui faisait autrefois partie des terrains communaux, devint au 18ᵉ s. un lieu de rassemblement fort populaire où l'on se réunissait volontiers lors de manifestations ou de fêtes diverses. La partie Nord englobait un étang (nommé Fresh Water ou Collect Pond) sur lequel John Fitch fit les essais, en 1796, d'un prototype de bateau à vapeur. À l'Ouest de cette étendue d'eau se trouvait un cimetière pour les Noirs (partiellement mis à découvert lors de fouilles archéologiques en 1993) ; selon la loi, esclaves et affranchis devaient en effet être enterrés hors des limites de la ville. Plusieurs bâtiments administratifs municipaux, régionaux ou fédéraux, se groupèrent autour du City Hall (c'est-à-dire de l'hôtel de ville), bâti en 1811. Malgré l'expansion progressive de la ville vers le Nord, le quartier, très animé en semaine, est demeuré le cœur administratif de New York.

★**CIVIC CENTER** *parcours : 1,3 km*
Point de départ : Foley Square.

Foley Square – Ce jardin public occupe l'emplacement du Collect Pond, drainé en 1808 pour faire place à un centre récréatif dont les bâtiments durent être rapidement abandonnés, le terrain ayant été mal assaini et les fondations pauvrement construites. Au début du siècle, plusieurs édifices administratifs firent leur apparition autour du square, qui reçut son nom en 1926 en l'honneur de Thomas F. Foley (1852-1925), à la fois conseiller municipal, shérif et patron d'un saloon.

Jacob K. Javits Federal Office Building and US Court of International Trade – *26 Federal Plaza.* Construite en 1967, cette tour de granit et de verre offre l'aspect d'un damier. Elle est reliée par une passerelle à un petit immeuble de verre suspendu à des poutres de béton, qui abrite le tribunal de commerce.

New York State Supreme Court – *60 Centre St.* Cet édifice néoclassique (1927) à colonnade, de forme hexagonale, accueillait autrefois la cour de justice du comté. Il présente un intérieur majestueux avec sa rotonde centrale très ouvragée, son dallage en marbre incrusté de cuivre représentant les signes du zodiaque et ses fresques d'Attilio Pusterla (années 1930).

United States Courthouse – *40 Centre St.* Le bâtiment de la Cour de justice fédérale (1936, Cass Gilbert) présente un curieux mélange de styles architecturaux. Une tour carrée de 32 étages, coiffée d'un sommet pyramidal, émerge du toit d'un temple néoclassique. Son hall d'entrée, flanqué de colonnes de marbre, contient de belles peintures murales.

Un second édifice, érigé non loin du précédent, sert lui aussi à accueillir les bureaux de la Cour de justice fédérale : il s'agit d'une tour de granit de 27 étages (1994, Kohn Pedersen Fox). Tout à côté, St. Andrew's Plaza avec ses tables, ses parasols et ses stands d'alimentation, est un endroit particulièrement agréable en été.

Continuer sur Centre St. en direction du Sud.

★**Municipal Building** – *1 Centre St.* Ce curieux ensemble, conçu en 1914 par McKim, Mead & White, se situe à l'extrémité de Chambers Street. D'une base en pierre calcaire décorée d'une colonnade néoclassique s'élève une tour de 40 étages coiffée d'une statue dorée. Celle-ci, intitulée *Civic Fame*, est la plus haute de Manhattan (7,6 m). Elle fut réalisée en 1914 par Adolph A. Weinman, qui sculpta également l'immense arc central.

Un passage piétonnier mène à un bâtiment de brique (1973) abritant les quartiers généraux de la police, et à une esplanade, Police Plaza, au centre de laquelle se dresse une imposante sculpture d'acier. Celle-ci, intitulée *Five in One* (1), fut réalisée par Bernard (Tony) Rosenthal. Elle se compose de cinq disques symbolisant les *boroughs* new-yorkais.

Surrogate's Court – *31 Chambers St.* Bel exemple d'architecture Beaux-Arts, ce bâtiment (1907, John Thomas) contient les archives de la ville (Hall of records). Ses façades de granit sont embellies d'une foule de détails sculpturaux (statues de personnages mythiques et de célèbres New-Yorkais). Dans le hall central, remarquer le plafond décoré de mosaïques, et les murs et parterres de marbre.

★**City Hall** – Les bureaux du maire et du conseil municipal occupent un édifice aux lignes pures entouré d'un ravissant parc ombragé. L'hôtel de ville actuel succéda au « Stadt Huys » hollandais installé en 1653 dans une ancienne taverne de Pearl Street (le conseil municipal se composait alors de deux bourgmestres, d'un avocat public et de cinq magistrats) et au City Hall anglais qui se tenait, au 18ᵉ s., à l'angle de Wall Street et de Broad Street où se trouve aujourd'hui le Federal Hall National Memorial. L'édifice, construit entre 1802 et 1811, est l'œuvre de **Joseph-François Mangin** et de **John McComb, Jr.** Officiellement inauguré le 5 mai 1812, il fut le théâtre d'événements mémorables. En 1824, La Fayette y fut reçu à l'occasion de son voyage triomphal en Amérique. C'est à cette époque que commencèrent, le long de Broadway, les premières parades qui marquaient la visite de dignitaires.

Dans la nuit du 9 avril 1865 parvint la nouvelle de la capitulation du général Lee (sudiste) à Appomattox. Le lendemain, toute la ville pavoisait mais l'allégresse fut de courte durée car, moins d'une semaine plus tard, Abraham Lincoln était assassiné. La dépouille du président fut exposée dans l'hôtel de ville où plus de 120 000 New-Yorkais vinrent lui rendre un dernier hommage. Puis le 25 avril, un char funèbre tiré par seize chevaux noirs remonta lentement Broadway pour gagner le dépôt de l'Hudson River Railroad où le cercueil devait être placé dans un train spécial à destination de Springfield (Illinois), terre natale de Lincoln.

Durant les années 1860, l'hôtel de ville et, tout à côté, le **Tammany Hall** (jadis situé au coin de Park Row et Frankfort Street), furent impliqués dans de sordides affaires de corruption. Le groupe politique dit « Tammany », fondé par Aaron Burr au début du 19ᵉ s., prit de l'essor sous la direction de **William M. Tweed** (1823-1878). Une fois qu'ils eurent la mainmise sur l'administration locale, Tweed et ses infâmes acolytes détournèrent sans vergogne les fonds publics. Mais dans les années 1870, le mécontentement de plusieurs personnages officiels et le portrait peu flatteur que les caricatures de Thomas Nast (publiées dans l'hebdomadaire *Harper's Weekly*) dressaient de Tweed et de sa clique provoquèrent la chute et l'emprisonnement de ce politicien véreux. Restauré en 1956, l'hôtel de ville continue à accueillir des invités de marque de passage à New York. Il constitue l'étape finale des fameuses *ticker-tape parades* lors desquelles le cortège des voitures officielles défile sous une pluie de confettis.

L'édifice – *Visite guidée (1 h) uniquement, les 2ᵉ et 4ᵉ vendredi du mois, sur réservation ☎ 212-788-3000.* Avec son harmonieuse façade néoclassique d'influence française et son superbe intérieur georgien, le City Hall figure parmi les édifices les plus élégants de la ville. À l'origine, la façade avant du bâtiment *(côté Downtown)* était revêtue de marbre, l'arrière *(côté Uptown)* présentant de simples pierres de grès brun. En 1956, le parement fut entièrement refait en pierre calcaire d'Alabama. Dans la rotonde centrale, remarquer la statue en bronze (1853-1860, William James Hubbard) de Washington, réplique d'un marbre de Jean-Antoine Houdon. Un magnifique escalier à double volée orné d'une délicate rampe en fer forgé mène à une galerie cernée de fines colonnes corinthiennes qui supportent un dôme à caissons. Ancien appartement utilisé par le gouverneur de l'État lors des visites officielles, **Governor's Room** abrite aujourd'hui un petit musée où sont exposés des meubles (notamment un bureau en acajou du 18ᵉ s. sur lequel George Washington rédigea son premier message au Congrès) et des tableaux (parmi lesquels trois œuvres de John Trumbull représentant Washington, John Jay et Alexander Hamilton). À droite se trouve une salle d'audience et, à gauche, la salle du conseil municipal, avec une statue de Thomas Jefferson réalisée par David d'Angers, ainsi qu'un portrait de La Fayette peint par Samuel F.B. Morse, célèbre inventeur du télégraphe.

Parc de l'hôtel de ville.

© Brian McGilloway/Robert Holmes Photography

Le parc – Avant la guerre d'Indépendance s'étendaient ici les prés communaux plantés de pommiers où, en juillet 1776, la Déclaration d'Indépendance fut lue en présence de Washington, de ses troupes et de patriotes tandis qu'étaient érigés des « mâts de la Liberté » et que la foule déferlait sur le Bowling Green pour prendre d'assaut la statue du monarque britannique George III. Mais, avec le retour des Anglais quelques semaines plus tard, le décor changea et les pommiers se transformèrent en potences. Une statue (1890, MacMonnies), érigée en bordure du parc *(côté Broadway)*, commémore l'un des héros de cette lutte, **Nathan Hale (2)**, dont les dernières paroles, « Mon seul regret est de n'avoir qu'une seule vie à offrir pour mon pays », sont passées à la postérité. Une autre statue (1890, John Q.A. Ward) représentant Horace Greeley, et une plaque dédiée à Joseph Pulitzer rappellent le rôle significatif que joua le quartier dans le développement de la presse new-yorkaise.

Derrière l'hôtel de ville se tient l'ancienne cour de justice du comté de New York connue sous le nom de **Tweed Courthouse**, en souvenir de William Tweed qui se serait frauduleusement attribué 10 des 14 millions de dollars alloués à la construction de l'édifice ! L'intérieur du 19ᵉ s., l'un des plus luxueux de la ville, contient de beaux escaliers en fonte et une salle du Tribunal de style néogothique. Après des années d'oubli, la ville a entrepris une campagne de rénovation de Tweed Courthouse achevée en décembre 2001 après deux ans de travaux. La cour de justice accueille aujourd'hui le siège du nouveau service municipal de l'Éducation.

Poursuivre vers le Sud par Park Row.

Park Row – La portion de rue qui borde le City Hall Park entre St. Paul's Chapel et le Municipal Building était, au 19ᵉ s., une promenade très en vue. On l'appelait « Newspaper Row » (rue des Journaux), car les bureaux de nombreux quotidiens s'y étaient installés, dont le *Times*, le *Tribune*, le *Herald*, le *World* et le *Sun*. Le croisement de Nassau Street et de Park Row formait alors le « Printing-House Square » (square des imprimeurs). Aujourd'hui, Park Row n'est plus le lieu de prédilection de la presse new-yorkaise ; sa réputation tient plus aujourd'hui à la présence du géant de l'électronique et du divertissement **J&R Music**, institution new-yorkaise dont les débuts (modestes) remontent à 1975. Dorénavant, l'ensemble des boutiques occupe la longueur du pâté de maisons...

Derrière la statue en bronze (1872) de Benjamin Franklin (**3**) tenant une copie de sa *Pennsylvania Gazette*, se détache la silhouette de l'**université Pace** dont le bâtiment principal, décoré d'un haut-relief en cuivre, entoure un jardin agrémenté d'une pièce d'eau *(visible de Spruce St.)*.

Traverser Broadway.

★★**St. Paul's Chapel** – *Broadway, entre Fulton St. & Vesey St. Ouv. toute l'année lun.-sam. 10 h-18 h, dim. 9 h-16 h. Fermé principaux j. fériés.* ♿ *www.saintpaul-schapel.org ☎ 212-233-4164. Concerts de musique classique lun. 13 h-14 h, 2 $.* Édifice public le plus ancien de Manhattan, cette petite chapelle en schiste (1766) fut construite par l'architecte écossais Thomas McBean qui s'inspira de St. Martin's-in-the-Fields, à Londres. Sa jolie flèche et son portique à fronton, percé d'une fenêtre palladienne *(côté Broadway)*, furent ajoutés en 1794. Sous le portique, remarquer le mémorial du général révolutionnaire Richard Montgomery, tombé en 1775 lors de l'attaque de Québec, qui repose sous la chapelle.

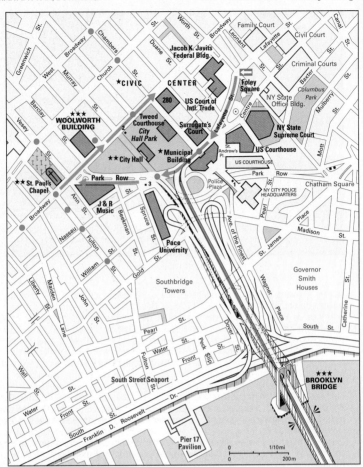

Visite – La chapelle possède un intérieur georgien (remodelé dans les années 1790) d'une élégance surprenante, avec ses murs aux tons pastel et ses lustres en cristal du début du 19ᵉ s. Noter le maître-autel, attribué à Pierre Charles L'Enfant qui dessina par la suite les plans de la ville de Washington, et la chaire crème et or, surmontée d'un cimier à plumes symbolisant la domination du prince de Galles. À gauche, on peut voir le banc où se recueillit régulièrement Washington après qu'il fut nommé président et, à droite, celui du gouverneur De Witt Clinton (avec les armoiries de l'État de New York sur le mur voisin). Aujourd'hui, les visiteurs de Ground Zero y font souvent une halte en pèlerinage.

Se diriger vers le Nord en suivant Broadway.

★★★**Woolworth Building** – *233 Broadway.* Chef-d'œuvre de Cass Gilbert, ce gratte-ciel de style néogothique, édifié en 1913, demeura l'édifice le plus élevé du monde (241 m) jusqu'à l'achèvement du Chrysler Building en 1930. Il fut créé pour F.W. Woolworth, fondateur des célèbres « Five-and-Ten-Cent Stores » (magasins populaires offrant une variété d'articles bon marché) qui le paya comptant... Le président Woodrow Wilson inaugura le bâtiment de façon originale : alors qu'il se trouvait à Washington, il se borna à pousser un bouton, et le Woolworth s'illumina subitement sous l'éclairage de 80 000 ampoules.

L'immeuble est orné de gargouilles, de pinacles, d'arcs-boutants et de fleurons. Au cours de travaux de rénovation, une grande partie de sa façade de terre cuite a été remplacée par de la pierre artificielle et les 27 étages supérieurs ont été convertis en appartements.

La somptueuse entrée s'ouvre sur un hall★★ spectaculaire d'une hauteur équivalente à trois étages, dominé par une voûte en berceau couverte de mosaïques de style byzantin. Le thème gothique est complété par des balcons embellis de fresques, un escalier en marbre, des meubles en bronze et de riches motifs dorés. Remarquer *(côté Barclay St.)* six figures caricaturales représentent les maîtres d'œuvre de la construction (parmi elles, Woolworth en train de compter sa petite monnaie et l'architecte Gilbert se cramponnant à une maquette du bâtiment).

Continuer vers le Nord jusqu'à Chambers St.

280 Broadway – Lors de son ouverture en 1846, la façade étincelante de marbre blanc de style italien du grand magasin A.T. Stewart & Co. (Trench & Snook) éclipsa les briques rouges de Manhattan. Le bâtiment occupait tout un pâté de maison et abritait le premier grand magasin du monde. De 1919 à 1950, le bâtiment accueillit la rédaction du journal *The Sun* (qui n'existe plus) ; l'horloge de cuivre qui surplombait Broadway et Chambers Street porte toujours l'inscription « *The Sun : It shines for all* » (« le soleil brille pour tous », jeu de mots sur le nom du journal). Le service municipal de l'urbanisme occupe les étages supérieurs depuis 2002, après une rénovation qui rendit au « palais de marbre » sa couleur blanche d'origine.

Tourner à l'Est dans Park Row.

Woolworth Building.

★★★ BROOKLYN BRIDGE

Pour accéder au passage piétonnier côté Manhattan : traverser Park Row et rejoindre le pont, ou descendre à la station de métro Brooklyn Bridge-City Hall. L'allée débute près du Municipal Building. Côté Brooklyn : descendre à la station de métro High St.-Brooklyn Bridge. Traversée à pied : 30mn. Les visiteurs se promenant dans le sens Manhattan-Brooklyn pourront se rendre à pied jusqu'à Brooklyn Heights.

Grande prouesse technique du 19ᵉ s., ce célèbre pont suspendu, qui détint le record mondial de longueur pendant vingt ans, fut le premier à relier les deux grands *boroughs* new-yorkais, Manhattan et Brooklyn, et joua un rôle considérable dans le développement de ce dernier. Sa fine silhouette a inspiré de nombreux écrivains (Walt Whitman), poètes et peintres (Joseph Stella). Fascinant but de promenade, surtout à la tombée de la nuit, la traversée à pied du pont permet de jouir de **vues**★★ spectaculaires sur la ville et le port. La vivacité de l'air, le grondement du flot de voitures et le réseau de câbles qui s'entrecroisent en font un cadre presque magique.

Vue de Financial District depuis le pont de Brooklyn.

■ Le pont en chiffres

Le pont de Brooklyn possède un tablier de 1 053 m de long. Sa travée centrale (longueur : 486 m) tout en acier repose sur deux pylônes en granit et domine de 41 m le niveau de l'East River. Les quatre gros câbles qui la soutiennent font 40 cm d'épaisseur et sont reliés par un vaste réseau de fils métalliques.

La construction – Maître d'œuvre d'un pont suspendu au-dessus des chutes du Niagara, **John Augustus Roebling**, Allemand émigré, est chargé en 1869 de dresser les plans du futur pont de Brooklyn. Procédant à des mesures pour l'édification des pylônes, il se fait écraser le pied ; malgré une amputation, la gangrène se déclare et il meurt trois semaines plus tard. Son fils, Washington Roebling, poursuit les travaux en appliquant de nouvelles méthodes apprises en Europe. Pour édifier les fondations, les ouvriers travaillent dans des caissons immergés et emplis d'air comprimé de façon à empêcher l'eau de s'infiltrer. Afin de supporter la pression de cet air, les hommes subissent une période de compression progressive avant le travail, puis de décompression à l'issue de celui-ci. Malgré ces précautions, certains d'entre eux souffrent de tympans crevés ; d'autres contractent même la « maladie des caissons », causée par un retour trop rapide à la pression atmosphérique, qui se manifeste par des états convulsifs pouvant se transformer en paralysie partielle ou totale. Washington Roebling n'échappe pas à ce mal. Mais, de sa chambre qui ouvre sur le chantier, il continue de diriger les travaux en s'aidant d'une paire de jumelles. Terminé en 1883, le pont coûtera 25 millions de dollars. Avec son filigrane de câbles et ses arches en pointe, il constitue un chef-d'œuvre d'esthétisme et d'ingénierie. Ses câbles, soumis à un entretien constant, et ses pylônes ont été repeints dans leurs couleurs originales (beige et brun clair) en 1972. Quant au passage piétonnier, il fut reconstruit entre 1981 et 1983.

La petite histoire – Selon les prévisions de ses constructeurs, le pont de Brooklyn devint une voie de passage très fréquentée : le jour même de son inauguration, 150 000 personnes l'empruntèrent. Mais un terrible accident se produisit moins d'une semaine après les cérémonies d'ouverture (menées par Chester Alan Arthur, 21e président des États-Unis) : une femme chuta dans les escaliers et ses hurlements déclenchèrent une panique dans la foule qui se pressait nombreuse sur le pont. Bilan : une douzaine de morts et de nombreux blessés. Au fil des ans, plusieurs individus (certains par désespoir, d'autres plutôt par goût du risque) se jetèrent du haut du pont de Brooklyn. Les plus chanceux en sortirent indemnes, comme un dénommé Steve Brodie (1886), qui allait par la suite devenir une célébrité de Broadway. Et puis, bien sûr, le pont fut l'objet de tentatives d'escroquerie de la part de personnes sans scrupules qui extorquèrent de l'argent à leurs victimes en leur imposant un droit de passage exorbitant (le péage, aujourd'hui aboli, était à l'origine d'un cent pour les piétons) ou pire, en essayant de leur « vendre » l'immense structure !

12 • CHINATOWN – LITTLE ITALY★★

MTA station Grand St. (lignes B, D, Q)
Voir plan p. 160

Situés à l'Ouest du Lower East Side, autre quartier « ethnique » de Manhattan, Chinatown et Little Italy offrent au visiteur une ambiance cosmopolite pleine des charmes du pays natal. Particulièrement animé en fin de semaine, le quartier chinois forme une ville en soi, avec ses rues étroites bordées de pittoresques échoppes et de restaurants aux senteurs exotiques. Repliée sur Mulberry Street, la « Petite Italie » continue quant à elle à attirer les foules par ses épiceries fines, ses cafés, ses pâtisseries et ses fêtes traditionnelles.

★★CHINATOWN

Les débuts – Les premiers ressortissants chinois à s'établir à New York après la guerre de Sécession vinrent en Amérique pour travailler dans les mines d'or de Californie ou pour aider à la construction du chemin de fer transcontinental. Leur nombre (environ 10 000 vers 1880) continua de s'accroître jusqu'à ce qu'un décret d'exclusion, le Chinese Exclusion Act (1882), mette fin à la montée de l'immigration. Au début du 20e s., la communauté chinoise commença à se regrouper en *tongs*, sortes d'associations conçues pour faciliter son adaptation à la culture américaine. Mais le crime organisé fit son apparition dans le quartier où sévit bientôt une véritable guerre des gangs qui se disputaient l'exploitation des fumeries et des tripots. On réglait alors ses comptes au revolver, parfois même à la hache.

Chinatown aujourd'hui – En 1943, l'abrogation du décret d'exclusion fut suivie d'une nouvelle vague d'immigrants venus de Taiwan, de Hong Kong et de Chine. Chinatown, qui occupait autrefois une zone délimitée par Baxter Street, Canal

Street, le Bowery et Worth Street, empiéta rapidement sur Little Italy et sur l'ancien quartier juif du Lower East Side qui comptent désormais de nombreuses fabriques et blanchisseries chinoises. Aujourd'hui, la communauté asiatique de New York est estimée à quelque 700 000 personnes (les trois quarts d'origine chinoise) ; environ 110 000 d'entre elles vivent à Manhattan, principalement à Chinatown. C'est surtout à l'occasion du Nouvel An chinois (*première pleine lune après le 19 janvier*) que le quartier prend tout son caractère. Dans les rues illuminées, des lions et des dragons défilent accompagnés de danseurs masqués, tandis que les pétards et les fusées sont chargés d'éloigner les mauvais esprits.

© Patti McConville/DPA, Inc.

Boutique asiatique de Pell Street.

Visite

Une promenade au cœur de Chinatown, le long de Canal, Mott, Bayard et Pell Streets, sur Catherine Street et East Broadway (artères particulièrement animées), permettra au visiteur de saisir tout ce que le quartier a de singulier : ses enseignes multicolores aux signes énigmatiques, ses bazars fleurant le camphre et le santal, ses étalages garnis de produits exotiques, où s'alignent pois mange-tout, caillé de soja, œufs de canard, nids d'hirondelle et champignons séchés semblables à d'étranges plantes sous-marines, ses magasins de souvenirs regorgeant de soieries, d'éventails, de lanternes chinoises, de jades et de bibelots de toutes sortes, ses restaurants profonds et odorants qui offrent une grande variété de spécialités gastronomiques chinoises (potage aux ailerons de requin, riz aux pousses de bambou, œufs pourris à la mode de Canton, le tout arrosé de thé vert ou d'alcool de riz) et, enfin, ses cabines téléphoniques et bâtiments divers aux toits recourbés en forme de pagode (*on remarquera tout particulièrement les immeubles du 241 Canal St.*).

À l'angle du Bowery et de Division Street, près des tours d'habitation de Confucius Plaza, se dresse la **statue** (**1**) en bronze de Confucius (551-479 avant J.-C.). De l'autre côté de l'intersection, sur Chatham Square, le Kim Lau Memorial a été érigé en 1962 à la mémoire des Américains d'origine chinoise morts au combat pour les États-Unis. Plusieurs cinémas, toutes sortes de temples (bouddhistes et autres) et un centre culturel sur Mott Street contribuent à maintenir la culture chinoise dans cette partie de la ville. Au 18 Bowery, on notera un édifice en brique rouge de style fédéral mitigé de style georgien : il s'agit de l'**Edward Mooney House**, la plus ancienne maison mitoyenne de Manhattan (datant de la guerre d'Indépendance). Plus à l'Ouest, Columbus Park, créé à l'emplacement d'anciens taudis, apporte une agréable note de verdure dans ce secteur particulièrement encombré de la ville.

❶ Le dim sum

Voir plan p. 160. Lors d'une visite dans le quartier animé de Chinatown, offrez-vous un délicieux *dim sum*, repas composé de hors-d'œuvre variés, généralement enrobés de pâte. Essayez notamment les *baos* (petits pains cuits à la vapeur), les *wontons* (boulettes de pâte farcies de poisson) et les *harkows* (boulettes de pâte farcies de crevettes cuites à la vapeur). Parmi les meilleurs restaurants servant ce type bien particulier de cuisine chinoise, citons le **Nice Restaurant** *(35 E. Broadway, entre Catherine St. & Market St. ☎ 212-406-9510)*, fort animé à l'heure du déjeuner, et le **H.S.F.** *(46 Bowery, à l'angle de Canal St. ☎ 212-374-1319)*, où un menu illustré de photos vous permettra d'identifier plus de 75 spécialités différentes.

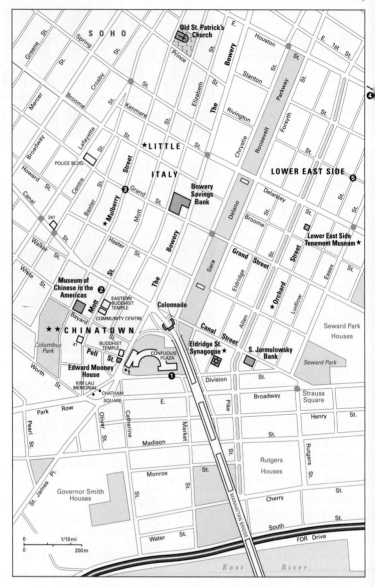

2 **Épiceries chinoises**

Voir plan p. 160. Chinatown regorge de pittoresques boutiques offrant un entassement pêle-mêle de légumes et de fruits exotiques, de bijoux de jade et d'objets de pacotille. Le **Ten Ren Tea and Ginseng Co.** *(75 Mott St.* ☎ *212-349-2286)* propose une incroyable variété de plantes séchées, utilisées dans la composition des boissons traditionnelles chinoises. On y trouvera par exemple, conservé dans de belles boîtes anciennes, du *oolong* vert (thé semi-fermenté, récolté à la main, se vendant pour la modeste somme de 125 dollars la livre!) ou du thé au jasmin (nettement plus abordable). Un peu plus loin, le supermarché chinois **Kan Mam Food Products** *(200 Canal St.* ☎ *212-571-0330)* offre un vaste choix de porcelaine chinoise. Dans l'escalier, noter la fascinante collection de produits pharmaceutiques chinois, utilisés pour soigner toutes les maladies possibles et imaginables. Les plus gourmands essaieront les glaces au gingembre, au thé vert et aux fèves rouges de **Yummy Ice Cream** *(à l'angle de Pell St. & Mott St.* ☎ *212-587-8204)*.

★LITTLE ITALY

Délimitée par Canal, Lafayette et Houston Streets et par le Bowery, Little Italy était jadis peuplée de Siciliens et d'Italiens du Sud qui émigrèrent aux États-Unis entre les années 1880 et 1920, fuyant la misère de leur pays natal. Peu d'Italiens vivent encore dans le quartier, mais ils y reviennent encore pour les réunions familiales, mariages, enterrements, festivals et célébrations traditionnelles. Le débordement des fruits et des légumes, les épiceries fines, les petits cafés d'où émanent de délicieux arômes engendrent un agréable dépaysement très apprécié des touristes.

Visite

Au Nord de Canal Street, **Mulberry Street★** est parfois appelée Via San Gennaro, car durant la fête de saint Janvier *(mi-sept.)*, le saint patron de Naples, la rue se transforme en un vaste restaurant en plein air. Au croisement de Prince et Mulberry Streets s'élève l'**ancienne église St. Patrick** (1815, J. F. Mangin). Première église catho-

---

③ Little Italy

Voir p. 160. Ce petit quartier (sans aucun doute l'un des plus charmants de la ville) a réussi à conserver tout son cachet. Attablez-vous un soir d'été à la terrasse d'un café, et regardez les gens du coin jouer aux boules et s'installer dans des chaises longues posées à même les trottoirs pour bavarder et observer la foule qui passe. Si la faim vous tenaille, faites un tour au **Ferrara Café and Bakery** *(195 Grand St. ; www.ferraracafe.com ☎ 212-226-6150)* pour déguster de riches pâtisseries et un bon *moccachina*. Les locaux préfèrent le **Caffé Napoli** *(191 Hester St. ☎ 212-226-8705)* et le **Caffé Roma** *(385 Broome St. ☎ 212-226-8413)*, plus petits et moins touristiques. Le **Puglia's** *(189 Hester St. ; www.little italy.com ☎ 212-966-6006)* est surtout connu pour ses généreuses portions de veau *parmigiani* et ses serveurs-chanteurs. Les amateurs de fruits de mer apprécieront tout particulièrement **Umberto's Clam House** *(178 Mulberry St. ; www.umbertosclamhouse.com ☎ 212-431-7545)* et **Vincent's Clam Bar** *(119 Mott St. ☎ 212-226-8133)*, véritable institution de quartier proposant un excellent choix de sauces. Chez **Le Mela** *(167 Mulberry St. ☎ 212-431-9493)* il n'y a pas de menu, puisque ce sont les serveurs... qui choisissent pour vous ! Mais n'ayez aucune crainte : le résultat est toujours délicieux et abordable. Un peu à l'écart, le restaurant **Lombardi's** *(32 Spring St. ☎ 212-941-7994)* vaut vraiment le détour pour sa délicieuse pizza cuite au four à charbon et ses sauces maison.

© Brian McGilloway/Robert Holmes Photography

■ **Quelques chiffres**

New York accueille chaque année quelque 25 millions de visiteurs.

Elle compte près de 10 300 km de rues et plus de 811 km de trottoirs.

Environ 12 000 taxis parcourent chaque jour ses artères.

En semaine, plus de 3,5 millions de personnes utilisent son métro, dont les rails constituent un réseau de 1 139 km.

La ville compte approximativement 240 théâtres, 230 hôtels représentant un total de 59 000 chambres et 17 000 restaurants.

Elle possède également 6 000 églises et synagogues, 90 établissements d'enseignement supérieur, 400 galeries d'art et 5 000 salons de mode...

---

lique de New York, elle fut remplacée en 1879 par un édifice plus grand de style néogothique situé sur la 5ᵉ Avenue. Imposante structure néo-Renaissance, le Police Building (1909) marque l'angle de Grand et Centre Streets. Il abrita les quartiers généraux de la police jusqu'en 1973, puis fut longtemps négligé avant d'être transformé en immeuble d'habitation à la fin des années 1980.

MUSÉES *(consulter la section Musées de Manhattan)*

Museum of Chinese in the America – *70 Mulberry St., 2ᵉ niveau.*

13 • LOWER EAST SIDE

MTA station Canal St. (lignes 4, 5, 6, ou N, R)
Voir plan p. 160

Délimité d'un côté par le Bowery et de l'autre par l'East River, le Lower East Side occupe la zone au-dessous de Houston Street. Il joua un rôle important dans l'histoire des États-Unis, à l'époque où les immigrants (principalement d'origine juive et ukrainienne) commençaient leur vie américaine dans ce quartier misérable et surpeuplé. L'endroit subit de nombreuses transformations alors que les nouveaux arrivants se succédaient et s'affirmaient dans le secteur. Ses rues étroites, bordées d'un ensemble éclectique d'immeubles ouvriers, de marchés en plein air et d'impressionnants lieux de culte, en font l'un des quartiers ethniques les plus caractéristiques du pays.

Un peu d'histoire

La ferme du gouverneur – Dernier gouverneur hollandais de la Nouvelle-Amsterdam de 1647 à 1664, **Peter Stuyvesant** (1592-1672) avait créé une ferme (*bouwerij* en hollandais) sur des terres qu'il avait prises aux Indiens. Celles-ci s'étendaient de Broadway à l'East River, entre les 5ᵉ et 17ᵉ Rues actuelles. Afin de faciliter l'accès à la ferme, Stuyvesant avait fait tracer une large allée rectiligne, aujourd'hui connue sous le nom de Bowery. Sa résidence personnelle se trouvait près d'une petite chapelle reconstruite en 1799 par l'un de ses descendants, l'église St. Mark's-in-the-Bowery.

Le quartier des débuts et des espérances – Fuyant les guerres, les famines ou l'intolérance, les immigrants arrivaient souvent misérables dans leur nouveau pays d'adoption, et venaient s'entasser dans les quartiers les plus pauvres des grandes villes après avoir ac-

Lower East Side (1926).

compli les formalités d'entrée dans le pays. Le Lower East Side reçut sa première vague d'immigrants (des Irlandais) vers le milieu des années 1800. De la fin du 19e s. jusqu'à la Première Guerre mondiale, le quartier vit affluer des millions d'étrangers originaires d'Europe du Sud et de l'Est qui avaient transité par la station de contrôle d'Ellis Island. Mais, dans les années 1920, les portes des États-Unis se refermèrent avec l'adoption de stricts quotas d'immigration.

On trouve encore dans le quartier beaucoup de ces immeubles d'habitation construits à l'intention des immigrants. Leurs logements, étriqués et insalubres, accueillaient des familles entières dont les conditions de vie étaient épouvantables. Des réformateurs, tel **Jacob Riis** (1849-1914), dénoncèrent la misère de ces classes urbaines défavorisées à travers photographies et reportages, alors que des groupes d'aide sociale s'établissaient pour faciliter l'assimilation des nouveaux arrivants dans la société américaine. Après avoir prospéré, beaucoup d'immigrants abandonnèrent leur quartier d'origine et partirent s'installer dans d'autres secteurs de la ville. Malgré tout, le Lower East Side n'a pas perdu son caractère cosmopolite et demeure un lieu multiculturel plein de contrastes où les visiteurs pourront aussi bien entendre parler chinois, espagnol ou yiddish qu'anglais. La jeunesse bohème s'y retrouve désormais, chassée vers le Sud par l'augmentation des prix d'Alphabet City ; sa venue s'accompagne de l'apparition de boutiques, petits cafés et discothèques.

VISITE

Visiter de préférence le dimanche, lorsque la plupart des magasins sont ouverts et que le quartier se transforme en un véritable bazar plein de vie. Itinéraire conseillé : prendre le Bowery en direction du Sud ; tourner dans Grand Street, puis Orchard Street et terminer sa promenade le long de Canal Street.

Le Bowery – Paradis du vaudeville et des revues osées, le « Broadway du pauvre », comme on l'appelait autrefois, devint après la Première Guerre mondiale le refuge des vagabonds et des ivrognes. La rue contient encore des centres d'accueil pour les sans-abri et des soupes populaires, mais aussi des magasins spécialisés en matériel électrique ou dans la vente en gros d'équipement de restaurant. Conçue en 1895 par McKim, Mead & White, la **Bowery Savings Bank** *(nº 130, non loin de Grand St.)* est l'édifice le plus frappant de tout le quartier. Ce somptueux bâtiment de style Beaux-Arts présente d'imposantes colonnes corinthiennes et un intérieur caractérisé par une voûte à caissons très ouvragée, percée d'une grande lucarne.

Grand Street – Autrefois connu pour ses boutiques de linge de maison et de robes de mariée, ce quartier situé au Nord de Chinatown est aujourd'hui fréquenté par la communauté asiatique. Étals de poissons, marchés aux légumes et restaurants s'y sont peu à peu multipliés.

★**Orchard Street** – Chaque dimanche, Orchard Street et les rues avoisinantes sont fermées à la circulation et deviennent le paradis des amateurs de bonnes affaires (vêtements et accessoires divers). Commerçants enthousiastes et marchands ambulants se disputent l'attention des passants et les invitent à examiner leurs étalages. Au nº 97, le visiteur fera un arrêt au Lower East Side Tenement Museum.

Canal Street – Cette rue, qui sépare SoHo et Little Italy (au Nord) de TriBeCa et Chinatown (au Sud), est connue pour ses bijouteries et ses marchands de diamants. Construit en 1873 pour servir de banque aux immigrants juifs nouvellement arrivés, l'immeuble de la **S. Jarmulowsky Bank** *(nºs 54-58, à la hauteur d'Orchard St.)* fut en son temps l'édifice le plus élevé de Lower East Side.

④ Katz's Delicatessen
Voir plan p. 160. 205 E. Houston St., à l'angle de Ludlow St. www.katzdeli.com ☎ 212-254-2246. C'est bien ici que fut tournée la plus mémorable scène de la comédie romantique ***Quand Harry rencontre Sally***. Katz est le plus vieux restaurant-traiteur juif (non casher) de New York. Il fait son propre *pastrami* (viande de bœuf marinée, cuite et légèrement fumée) depuis 1888. Une foule d'objets disparates décorent l'endroit, que fréquentent des jeunes cadres, des producteurs de musique rap et des habitués. À essayer pour son ambiance sympathique et ses généreuses portions.

⑤ Traditions juives
Voir plan p. 160. De la fin du 19e s. au début du 20e s., ce quartier abrita une florissante communauté européenne de l'Est dont l'influence est encore visible.
The Pickle Guys *(49 Essex St ; www.nycpickleguys.com ☎ 212-656-9739)* propose une impressionnante variété de légumes au vinaigre. Le saumon et l'esturgeon fumés du **Russian Daughters** *(175 Houston St. E. ☎ 212-475-4880)* comptent parmi les meilleurs de la ville ; faites un arrêt au **Streit's Matzoh Co.** *(150 Rivington St., à l'angle de Suffolk St. ☎ 212-475-7000)*, célèbre pour ses délicieux *matzohs* (pains azymes).

Un petit détour par Eldridge Street mène à la **synagogue**★ *(n°s 12-16)*, premier grand lieu de culte israélite construit par les Juifs d'Europe de l'Est aux États-Unis. Une association restaure actuellement les lieux pour les convertir en centre culturel et historique. Le sanctuaire (1887) présente une façade mauresque très ornée, percée d'une remarquable rosace. À l'intérieur, remarquer les murs peints au pochoir qui s'élèvent vers un plafond voûté de 21 m de hauteur *(visite guidée 1 h uniquement, toute l'année mar. & jeu. 11 h30 & 14 h30, dim. 11 h-16 h ; fermé principaux j. fériés & fêtes juives ; 5 $; www.eldridgestreet.org ☎ 212-219-0888)*.

À l'entrée du pont de Manhattan reliant Manhattan à Brooklyn, on notera la **colonnade**, ensemble architectural conçu en 1915 par Carrère & Hastings dans le cadre du mouvement « City Beautiful » se composant d'une arche encadrée de colonnes incurvées. Les effets de la pollution automobile associés aux actes de vandalisme et aux graffitis ont contribué à détériorer ce monument public qui avait jadis fière allure.

MUSÉE *(consulter la section Musées de Manhattan)*

★**Lower East Side Tenement Museum** – *90 & 97 Orchard St.*

14 • SOHO – TRIBECA★★

MTA stations Prince St. (lignes 1, 9) ou Spring St. (lignes N, R)
Voir plans p. 167 et 169

Ancienne zone industrielle délimitée par West Broadway, Canal, West Houston et Crosby Streets, **SoHo** (contraction de « South of Houston Street ») reflète aujourd'hui les dernières tendances en matière d'art, de mode et de décoration d'intérieur. Ici se trouve le New York de l'avant-garde et du pittoresque. Officiellement désigné quartier historique en 1973, ce secteur plein de charme frappera par ses immeubles en fonte du 19e s. dont il possède d'ailleurs la plus forte concentration du pays. Juste au Sud-Ouest de SoHo s'étend TriBeCa (contraction de « Triangle Below Canal »), dont les entrepôts, galeries d'art et restaurants dernier cri forment un cadre quelque peu surprenant. Ce quartier doit son nom à un promoteur immobilier qui, dans les années 1970, s'efforça d'en faire un endroit à la mode, à l'instar de SoHo. Reconnu pour son architecture commerciale du 19e s. et du début du 20e s., il se distingue notamment par ses structures en fonte et ses tours de bureaux de style Art déco datant des années 1920. Malgré la prolifération d'élégantes galeries et d'appartements coûteux, TriBeCa et SoHo abritent encore une communauté artistique d'avant-garde. C'est d'ailleurs à ce curieux mélange que les deux quartiers doivent leur charme si particulier...

Un peu d'histoire

La métamorphose d'un quartier – Zone rurale du début de la colonisation hollandaise jusqu'au 19e s., SoHo accueille la première communauté noire libre de Manhattan, constituée en 1644 par d'anciens esclaves de la Compagnie hollandaise des Indes occidentales qui leur avait accordé la jouissance des terres pour une exploitation agricole. Mais le développement de ce secteur de New York ne commença véritablement qu'au début du 19e s., époque à laquelle les voies d'eau fortement polluées de la ville furent drainées et remblayées.

En 1809, Broadway fut pavée et plusieurs personnages importants, dont James Fenimore Cooper, s'y établirent, apportant un certain prestige à ce nouveau quartier résidentiel. À la fin des années 1850, des magasins commencèrent à s'installer sur Broadway, parmi lesquels Tiffany & Co., E.V. Haughwout, Arnold Constable et Lord & Taylor, bientôt suivis de grands hôtels comme le St. Nicholas qui occupait à lui seul la majeure partie d'un bloc. Crosby, Mercer et Greene Streets virent quant à elles la prolifération de théâtres, de casinos et de maisons de prostitution. SoHo se transformait peu à peu en un quartier commerçant, et les familles bourgeoises qui y vivaient partirent s'établir plus au Nord. Durant la seconde moitié du 19e s., l'endroit devint un centre prospère de l'industrie textile. Sa remarquable architecture industrielle en fonte ou en pierre date d'ailleurs de cette époque.

Une nouvelle vocation – Vers les années 1950, le projet de construction d'une voie rapide qui traverserait Lower Manhattan menaça le quartier de démolition, mais sous la pression de l'opinion publique, ledit projet fut abandonné et, au cours des années 1960, SoHo se transforma en une pittoresque communauté artistique. Attirés par des loyers modestes, les peintres commencèrent à s'installer dans le quartier et aménagèrent d'immenses lofts dans des bâtiments industriels désaffectés offrant les qualités requises pour des ateliers : lumière et espace (jusqu'en 1971, la loi interdisait la transformation de ces anciens entrepôts ou manufactures en résidences particulières ou en espaces de travail). Peintres, sculpteurs et musiciens furent bientôt suivis par de prestigieuses galeries d'art. Devenu un quartier très prisé, SoHo a vu ses valeurs immobilières monter en flèche et beaucoup d'artistes, ne pouvant rivaliser financièrement avec les membres des professions libérales, ont dû partir vers les secteurs moins onéreux de Brooklyn, de Queens et du New Jersey. Aujourd'hui, avec ses restaurants chic, ses boutiques haut de gamme et ses cafés en vogue, SoHo est surtout fréquenté par les gens aisés et, le week-end, attire un grand nombre de touristes avides de dépaysement. Cependant, le quartier n'a pas complètement perdu sa vocation première : de petites industries ont subsisté et certains entrepôts ont conservé leur fonction originelle, surtout dans le secteur au Sud de Broome Street.

La construction en fonte

Longtemps, l'utilisation de la fonte fut limitée à la fabrication d'outils et d'ustensiles ménagers. Vers la fin du 18e s., les Anglais mirent au point une technique de construction véritablement révolutionnaire pour l'époque : l'ossature métallique, qui allait connaître un grand succès cinquante ans plus tard aux États-Unis pour l'édification des bâtiments commerciaux et industriels. Fervents adeptes de ce nouveau matériau, Daniel Badger et James Bogardus établirent tous deux des fonderies à New York dans les années 1840.

Constitués de pièces préfabriquées vendues sur catalogue, les édifices en fonte offraient de nombreux avantages. Plus légers et moins onéreux que les bâtiments en pierre, ils étaient relativement simples et rapides à construire. Grâce à leur armature métallique, qui rendait inutile l'élévation de murs porteurs et augmentait ainsi la

■ La construction en fonte

Longtemps, l'utilisation de la fonte fut limitée à la fabrication d'outils et d'ustensiles ménagers. Vers la fin du 18e s., les Anglais mirent au point une technique de construction véritablement révolutionnaire pour l'époque : l'ossature métallique, qui allait connaître un grand succès cinquante ans plus tard aux États-Unis pour l'édification des bâtiments commerciaux et industriels. Fervents adeptes de ce nouveau matériau, Daniel Badger et James Bogardus établirent tous deux des fonderies à New York dans les années 1840. Constitués de pièces préfabriquées vendues sur catalogue, les édifices en fonte offraient de nombreux avantages. Plus légers et moins onéreux que les bâtiments en pierre, ils étaient relativement simples et rapides à construire. Grâce à leur armature métallique, qui rendait inutile l'élévation de murs porteurs et augmentait ainsi la surface habitable, ces nouveaux

New York Convention & Visitors Bureau

types de constructions répondaient particulièrement bien à la fonction industrielle. Seule ou combinée à d'autres matériaux, la fonte fut également utilisée à la construction des façades. Pour un coût beaucoup moins élevé que le granit ou le marbre taillé, un commerçant pouvait doter son magasin d'une riche devanture ornée de colonnes, de voûtes, de balustrades et de corniches moulées comme des gaufres, qui imitaient les motifs architecturaux alors en vogue. On notera les étonnants placages décoratifs de style Second Empire des architectes I.F. Duckworth ou Richard Morris Hunt.

La fonte eut énormément de succès jusque dans les années 1890. Elle allait par la suite être éclipsée par l'adoption de nouveaux styles architecturaux auxquels la brique et la pierre se prêtaient mieux. De plus, le développement de la charpente d'acier et la généralisation des ascenseurs rendirent possible l'avènement d'un type de constructions plus élevées, les gratte-ciel, qu'il aurait été trop difficile de revêtir de plaques en fonte.

Remarque : une fois peinte, la fonte ressemble à s'y méprendre à de la pierre, autre matériau de construction couramment utilisé à SoHo. Hormis les traces de rouille révélatrices, le plus sûr moyen d'identifier le métal est d'utiliser un aimant !

surface habitable, ces nouveaux types de constructions répondaient particulièrement bien à la fonction industrielle. Seule ou combinée à d'autres matériaux, la fonte fut également utilisée à la construction des façades. Pour un coût beaucoup moins élevé que le granit ou le marbre taillé, un commerçant pouvait doter son magasin d'une riche devanture ornée de colonnes, de voûtes, de balustrades et de corniches moulées comme des gaufres, qui imitaient les motifs architecturaux alors en vogue. On notera les étonnants placages décoratifs de style Second Empire des architectes I.F. Duckworth ou Richard Morris Hunt.

La fonte eut énormément de succès jusque dans les années 1890. Elle allait par la suite être éclipsée par l'adoption de nouveaux styles architecturaux auxquels la brique et la pierre se prêtaient mieux. De plus, le développement de la charpente d'acier et la généralisation des ascenseurs rendirent possible l'avènement d'un type de constructions plus élevées, les gratte-ciel, qu'il aurait été trop difficile de revêtir de plaques en fonte.

Remarque : une fois peinte, la fonte ressemble à s'y méprendre à de la pierre, autre matériau de construction couramment utilisé à SoHo. Hormis les traces de rouille révélatrices, le plus sûr moyen d'identifier le métal est d'utiliser un aimant !

Un quartier branché – Durant la seconde moitié du 19ᵉ s., le déclin des activités portuaires de South Street Seaport au profit des môles en eau profonde sur l'Hudson entraîna le développement de la partie Ouest de Lower Manhattan. Le Lower West Side devint ainsi le plus important centre de commerce en gros de la viande, des fruits et légumes et des produits laitiers à New York. À cette époque, divers entrepôts destinés au stockage des marchandises furent construits pour desservir le Washington Market. Dans les années 1960, les grossistes se sont installés sur le marché de Hunts Point, dans le Bronx.

Moins embourgeoisé que SoHo, TriBeCa a conservé sa vocation industrielle d'antan. Les ouvriers du textile continuent à travailler dans les rares usines qui demeurent et dans les vestiges de leurs entrepôts de fonte, bien que la plupart de ses lofts commerciaux aient été transformés en appartements luxueux durant la poussée immobilière des années 1980.

1 S.O.B.'s (Sounds of Brazil)
Voir plan p. 169. 204 Varick St. www.sobs.com ☎ 212-243-4940. Réservation conseillée. La plus importante salle de musique *world-beat* de New York vous propose un chaleureux décor tropical et de délicieux mets brésiliens et portugais. Tous les lundis, le club offre des leçons de danses latines et l'ambiance est très animée ! Les couche-tard resteront pour les spectacles de *capoeira (sam.)*, art martial brésilien accompagné de musique de tambour et de chants scandés.

★★SOHO

La meilleure façon de découvrir SoHo est de se promener au hasard des rues en prenant le temps de faire du lèche-vitrine, de parcourir les galeries d'art et les boutiques, et de s'adonner à l'un des rituels locaux les plus populaires : observer les gens. La plupart des galeries et des musées sont fermés le lundi ; beaucoup ferment également en été.

★**Broadway** – Des signes de modernisme ont quelque peu terni ses fières devantures d'antan, mais cette rue encombrée, où quincailleries et bazars bon marché côtoient boutiques d'antiquaires, magasins de mode, galeries et divers musées comme le **New Museum of Contemporary Art** *(voir la section Musées de Manhattan)*, contient encore de remarquables exemples d'architecture.

Impressionnant bâtiment de brique et de pierre édifié en 1882, le n° 575 accueille aujourd'hui un grand magasin **Prada** conçu par Rem Koolhaas. Dans un quartier où les boutiques de stylistes ont proliféré (Vivienne Westwood, Marc Jacobs, Louis Vuitton en ont tous ouvert une, et Armani n'en possède pas une, mais deux), l'ou-

---

■ Quelques galeries d'art

Elles se situent pour la plupart sur Broadway, entre les nᵒˢ 594 et 560. On en trouve aussi quelques-unes sur Greene Street et Wooster Street. Essayez **Ronald Feldman Fine Arts** *(31 Mercer St.)* pour son exposition d'installations et la place prépondérante qui y est accordée aux artistes russes (Komar et Malamid ou Ida Applebroog). Amateur d'art contemporain européen et américain, vous trouverez votre bonheur chez **Sperone Westwater** *(415, 13ᵉ Rue O. ; www.speronewestwater.com ☎ 212-999-7337)* où vous admirerez, entre autres, les œuvres de Susan Rothenberg.

Pour vous reposer entre deux visites, faites une pause-café chez **Dean & Deluca** *(560 Broadway ; www.deandeluca.com ☎ 212-226-6800)*, qui offre un merveilleux choix de pâtisseries, mets importés, fromages et légumes issus de cultures biologiques.

verture de Prada pourrait marquer l'avènement d'une nouvelle ère commerciale moins élitiste. Le ton est donné par un ascenseur intérieur en verre occupé par un mannequin décapité portant un imperméable transparent, des panneaux vidéo omniprésents et un sol qui s'arrête brutalement, séparé du sous-sol par une paroi ondulée en bois. À l'étage inférieur, où prédomine le blanc, le translucide et les surfaces de métal brossé, ce sont les cabines d'essayage qui font sensation. Leur porte transparente se ferme en pressant un bouton au sol ; un second bouton permet de l'opacifier. Un lecteur de codes-barres, installé dans une alcôve ménagée dans la paroi, permet d'activer un écran tactile plat donnant des renseignements sur les vêtements que l'on y présente.

Aux n⁰ˢ 561-563, le **Singer Building** (1903, Ernest Flagg) est un bel exemple des gratte-ciel apparus au début du 20ᵉ s. Il s'élève sur douze étages et présente une façade ignifugée de brique et de terre cuite, allégée par des ornements en fer forgé et des surfaces vitrées. Inspiré d'un palais vénitien avec ses arcs et ses colonnes corinthiennes qui se répètent en 92 exemplaires, le remarquable **E.V. Haughwout Building★** *(n⁰ˢ 488-492)* occupe le coin Nord-Est de Broome Street. Il contient les plus anciens placages en fonte de la ville, conçus dans les ateliers de Daniel Badger en 1857. Aujourd'hui délabré, le bâtiment constituait naguère un cadre tapageur particulièrement approprié aux lustres en cristal, à l'argenterie et aux horloges qu'on y vendait. L'intérieur contient le plus vieil ascenseur Otis des États-Unis.

Rehaussé de motifs en terre cuite, le bel édifice de brique et de pierre qui se dresse à l'angle Sud-Ouest de Broome Street *(n⁰ 487)* est représentatif des immeubles de bureaux qui apparurent à SoHo dans les années 1890. De l'autre côté de Broadway

(435 Broome St.), remarquer un bâtiment insolite (1873) dont le style (néogothique victorien) se retrouve rarement dans l'architecture en fonte ; sa façade très ouvragée aurait été extrêmement coûteuse à exécuter en pierre. Aux 478-480 Broadway, une élégante façade (1874, Richard Morris Hunt) se distingue par de gracieuses colonnettes, de grandes baies vitrées et une étonnante corniche concave.

★**Greene Street** – Cette rue contient une impressionnante série de bâtiments en fonte. Ses pavés et ses larges trottoirs de granit accentuent l'atmosphère du 19ᵉ s. À l'angle Sud-Ouest de Greene Street, la remarquable façade du **112-114 Prince Street** ressemble à un placage décoratif en fonte ; il s'agit en fait d'une peinture en trompe-

l'œil réalisée sur de la brique par Richard Haas en 1975 ! La vedette revient sans aucun doute au « roi » de Greene Street, le **n° 72**, grandiose composition (1872, Isaac F. Duckworth) dotée de fenêtres en saillie. Aux **469-475 Broome Street** se dresse l'arrondi du Gunther Building (1871, Griffith Thomas), avec ses fenêtres d'angle qui suivent la courbe du bâtiment. Non loin de là, aux **91-93 Grand Street**, deux maisons de ville (1869) donnent l'impression d'avoir été construites en pierre ; ce sont en fait des plaques de métal rivées sur de la brique de façon si précise que les raccords n'apparaissent pas ; de faux joints de mortier ajoutent à l'illusion. Construite par Duckworth en 1872, la « reine » de Greene Street, aux **n°ˢ 28-30**, est un entrepôt coiffé d'un énorme toit à la Mansart. Avec sa fenêtre centrale en saillie et ses lucarnes très ouvragées, l'édifice présente les caractéristiques du style Second Empire.

Petite pause entre deux galeries.

© Brian McGilloway/Robert Holmes Photography

Spring Street – Boutiques de mode, galeries d'art et antiquaires bordent cette rue commerçante très animée. Le plus vieil immeuble du quartier (antérieur à 1808), au **n° 107**, est une maison en coin revêtue de stuc dont les modestes proportions rappellent l'époque où le quartier était encore résidentiel. Avec ses nombreuses fenêtres et ses colonnes délicatement ouvragées, le **n° 101**, édifié en 1870, représente l'une des structures en fonte les plus caractéristiques de la rue.

West Broadway – Le long de cette avenue débordante d'activité s'alignent toutes sortes de magasins d'habillement, de la simple boutique de t-shirts à celle de vêtements de luxe. Les plus célèbres galeries d'art de SoHo ont également élu domicile dans le quartier, parmi lesquelles Mary Boone *(n° 467)*, Leo Castelli and Sonnabend *(n° 420)* et OK Harris *(n° 383)*.

Canal Street – Bordée de quincailleries et de boutiques de fournitures artistiques, cette artère commerçante à la limite de SoHo et TriBeCa déborde d'activité. Remarquer, au 310 West Broadway, le SoHo Grand Hotel (1996) dont le hall d'entrée arbore un bel escalier de fonte.

★**TRIBECA** **MTA** *Voir plan p. 169*

Délimité par Broadway, Canal, Chambers et West Streets, TriBeCa se distingue par d'innombrables petits parcs et de pittoresques coins et recoins. Le nom de Washington Market a été donné au secteur qui s'étend vers le Sud le long de Greenwich et Chamber Streets où l'air était autrefois imprégné du parfum des fromages importés, des fruits secs et des épices. Les épiciers de jadis ont été remplacés par des restaurants chic (comme le Tribeca Grill de Robert de Niro). TriBeCa compte aussi d'imposants édifices commerciaux et résidentiels, et certains des restaurants les plus en vogue de New York. Enfin, plusieurs de ses rues font partie d'un arrondissement historique classé.

Promenade *parcours : 1,3 km*

Point de départ : angle de White St. & Church St. Se diriger vers l'Ouest.

À l'angle des deux rues se trouve la **Let There Be Neon Gallery** *(n° 38)*, où sont expo-sées les œuvres d'artistes américains du néon tel Rudi Stern. White Street est bordée d'édifices évoquant l'histoire commerciale et industrielle du quartier. Remarquer, à l'angle Sud-Ouest de l'Avenue of the Americas *(n°s 13-17)*, une belle structure en fonte coiffée d'un toit à la Mansart qui abrite plusieurs galeries.

Prendre l'Avenue of the Americas en direction du Nord.

Au 32 Avenue of the Americas se dresse la tour richement décorée du **New York Telephone Company Building** (1918), édifice Art déco conçu par Ralph Walker pour le compte de la société AT&T. Pénétrer dans le hall pour en admirer le parterre ainsi que les très belles mosaïques qui parent les murs et le plafond.

Prendre Walker St. vers l'Ouest, puis W. Broadway vers le Sud. À la hauteur de Finn Square, tourner à droite dans Franklin St.

Très bel exemple du style néoroman, l'immeuble de brique rose du 143 Franklin Street se distingue par ses fenêtres arquées aux motifs de figures humaines. Il abrite une célèbre galerie, **Urban Archeology**, qui expose des éléments architecturaux provenant de bâtiments voués à la démolition *(cette galerie possède un second magasin sur Lafayette St.).*

Continuer vers l'Ouest, puis tourner à gauche dans Hudson St. et continuer vers le Sud jusqu'à Harrison St.

L'angle Nord-Ouest de la rue *(2-6 Harrison St.)* est dominé par l'élégante silhouette du **New York Mercantile Exchange** (1884), qui logeait autrefois les bureaux des cour-tiers en alimentation du Washington Market. À l'intérieur, on admirera le carrelage polychrome et l'escalier de fonte finement ouvragé, tous deux d'origine. Le rez-de-chaussée abrite l'un des plus célèbres restaurants de New York, le Chanterelle.

Continuer sur Harrison St. en direction de l'Ouest, jusqu'à l'angle de Greenwich St.

Unique vestige des habitations de marchands typiques du quartier au 19ᵉ s., un groupe de maisons mitoyennes de style fédéral forme **Harrison Street Row** *(n°s 37-41).*

Continuer sur Greenwich St. en direction du Sud.

Rescapé du passé de TriBeCa, le confiseur **A.L. Bazzini Co.** *(339 Greenwich St.)* est installé dans le quartier depuis 1886. Bien que l'entreprise ait déplacé la majorité de son activité à Hunts Point et que les étages supérieurs aient été convertis en appartements dans les années 1990, elle conserve un traiteur et une épicerie fine au rez-de-chaussée, où noix de cajou, pistaches et cacahuètes sont vendues, comme jadis, dans les boîtes Bazzini ou à la livre.

Continuer jusqu'au Washington Market Park.

Avec sa jolie clôture en fer forgé au motif d'arches gothiques et son kiosque de style victorien, le **Washington Market Park** constitue une agréable oasis de verdure.

Prendre Duane St. vers l'Est, puis Hudson St. vers le Nord.

Énorme édifice Art déco sis au 60 Hudson Street, le **Western Union Building** fut construit en 1928 pour accueillir le siège social de la messagerie Western Union. Le bâtiment loge aujourd'hui plusieurs entreprises de communication.

MUSÉES *(consulter la section Musées de Manhattan)*

New Museum of Contemporary Art – *583 Broadway.*

New York City Fire Museum – *278 Spring St.*

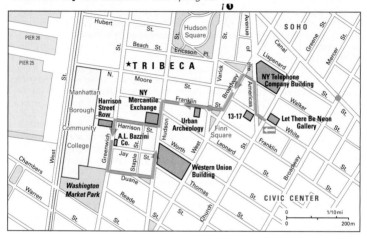

15 • GREENWICH VILLAGE★★

MTA stations Spring St. (lignes A, C, E ou 6) ou Prince St. (lignes N, R)
Voir plan p. 167

Greenwich Village s'étend de Houston Street au Sud à la 14e Rue au Nord, et de Greenwich Street à Broadway, mais son cœur bat dans un espace restreint au quartier de Washington Square et aux rues plus à l'Ouest. Là se côtoient restaurants et cafés, boutiques d'artisanat, commerces, théâtres et galeries d'art. Des maisons de style fédéral et néogrec bordent des rues étroites dont le tracé irrégulier perturbe le quadrillage ordonné de Manhattan.

Greenwich Village a deux visages. L'un, diurne, avec ses rues calmes, presque provinciales, qui s'animent les dimanches après-midi lorsque les badauds s'agglutinent pour écouter les musiciens ambulants ou se faire tirer le portrait en plein vent. L'autre, nocturne, évoque à la fois Montmartre et Saint-Germain-des-Prés : la foule composite des touristes coudoie celle des artistes, des intellectuels et des étudiants, tandis que s'emplissent les théâtres et les cinémas, et que dans les boîtes se produisent musiciens de jazz, chanteurs de blues ou de rock.

Un peu d'histoire

Un village de campagne – En 1609, lorsque Henry Hudson remonte le fleuve du même nom, le territoire verdoyant qui allait par la suite devenir Greenwich Village est coupé de bois et de rivières poissonneuses. Y vivent des Algonquins qui y ont établi le campement de Sapokanikan. Avec la domination britannique, l'endroit se peuple de colons et un petit village se forme, lequel est connu dès 1696 sous le nom de Greenwich, emprunté à une ville anglaise proche de Londres (l'actuelle dénomination Greenwich Village est redondante, car le terme *wich* signifie précisément village). Entre deux rangées de maisons de bois court la grand-rue du village, Greenwich Street, qui domine l'Hudson. Au 18e s., de riches propriétaires terriens comme les de Lancey, les Van Cortlandt, sir Peter Warren et Abraham Mortier y bâtissent des propriétés, et l'endroit devient un quartier à part entière, doté de bonnes tavernes et d'une route menant directement hors de la cité. Thomas Paine, célèbre figure révolutionnaire et auteur de pamphlets, y réside pendant quelque temps. Aux lendemains de la guerre d'Indépendance, six rues parallèles au Sud de Washington Square reçoivent les noms de célèbres généraux américains : (Alexander) MacDougal, (John) Sullivan, (William) Thompson, (David) Wooster, (Nathanael) Greene et (Hugh) Mercer.

Alors que la variole et la fièvre jaune dévastent le secteur Downtown au début du 19e s., des New-Yorkais se réfugient à Greenwich Village où l'air reste salubre : c'est ainsi que l'actuelle Bank Street, située dans la partie Nord du « Village », comme l'appellent les New-Yorkais, tient son nom des banques de Wall Street qui vinrent temporairement s'y établir au cours de la terrible épidémie de fièvre jaune de 1822. Dans les années 1830, des familles de la haute société apportent un certain cachet au quartier en y faisant bâtir d'élégantes demeures, mais déménagent plus au Nord lorsque des industries s'établissent au bord de l'eau. Des immigrants irlandais et chinois ainsi que des Noirs s'installent alors dans le Village, tandis que des Italiens élisent domicile au Sud de Washington Square, créant ainsi Little Italy. Avec ses modestes loyers, Greenwich Village attire bientôt les artistes et les écrivains à l'exemple d'**Edgar Allan Poe** (1809-1849) venu en 1845 se loger au 85, 3e Rue Ouest, où il écrit *Gordon Pym* et *La Chute de la maison Usher*.

Un havre de bohème – C'est au début du 20e s. que le Village s'installe dans sa période bohème. La fermentation des esprits est vive. Intellectuels, réformateurs sociaux et radicaux rejoignent en masse les écrivains et les artistes, donnant ainsi l'impression que toute l'avant-garde américaine s'est concentrée dans ces quelques rues de New York. Publication impertinente à l'égard de l'ordre établi, *The Masses* (créée en 1910) devient le symbole de l'esprit frondeur du Village. Le rendez-vous préféré des jeunes rebelles est le **Liberal Club** que fréquente, entre autres, le romancier social **Upton Sinclair** (1878–1968). Situé au 133 MacDougal Street, ce club organise les premières expositions de peintres cubistes, des conférences, des débats et des bals « païens » (*Pagan Routs*) qui, en raison de leur succès, seront obligés de s'installer dans un local plus vaste. Au rez-de-chaussée du Liberal Club se réunissent les anarchistes dans un restaurant tenu par une femme, Polly Holliday.

Le monde des arts est lui aussi en pleine effervescence. Un nouveau groupe de peintres, **The Eight** (également connu sous le nom d'Ash Can School), défie les concepts académiques en place et contribue à l'organisation de l'Armory Show en 1913. Les salons littéraires engendrent un climat intellectuel qui séduit de nombreux écrivains, parmi lesquels Walt Whitman, Mark Twain, Henry James, Theodore Dreiser, Richard Wright, O. Henry et Stephen Crane. Le Village attire aussi les troupes de théâtre. En 1915, les **Washington Square Players** (qui donneront naissance au Theater Guild) s'installent dans le Liberal Club et, l'année suivante, les **Provincetown Players** investissent le sous-sol d'une usine de mise en bouteilles. Parmi les membres de la troupe figure Edna St. Vincent Millay, poétesse et dramaturge. Après la Première Guerre mondiale, **F. Scott Fitzgerald** (1896-1940) deviendra l'un des auteurs les plus représentatifs de la créativité des excentriques et jazzy Années folles.

Quelques cafés

Aucun séjour à New York ne serait complet sans un après-midi de flânerie dans l'un des innombrables cafés de Greenwich Village. Souvent dénuées de caractère, les chaînes de cafés-bistros qui ont récemment envahi la ville ne font que souligner le charme des véritables *coffeehouses* new-yorkais. Le week-end, beaucoup de ces sympathiques établissements restent ouverts jusqu'au petit matin *(certains cafés peuvent rester ouverts jusqu'à 5 h du matin).*

• **Caffé del Artista** – *46 Greenwich Av.* ☏ *212-645-4431.* Un endroit très bohème, où l'on peut savourer un excellent café (essayez aussi la glace à la pistache, accompagnée d'un *biscotti* aux amandes...). Les petites salles à l'arrière du café, éclairées à la chandelle, sont particulièrement sympathiques.

• **Caffé Sha Sha** – *510 Hudson St.* ☏ *212-242-3021.* La dernière attraction de ce classique du Village est son agréable patio en arrière-salle, où l'on peut rêvasser des heures entières en été devant sa tasse de café, sa crème glacée ou sa pâtisserie. Un brunch est servi le week-end *(11 h-16 h30).*

• **Caffé Raffaella** – *134, 7ᵉ Av. S.* ☏ *212-929-7247.* Un charmant café, plein de moelleux fauteuils et de lampes éparpillées çà et là. On y sert de délicieuses pâtisseries.

• **Caffé Reggio** – *119 MacDougal St. www.cafereggio.com* ☏ *212-475-9557.* Le plus vieux bistro de New York n'a guère changé depuis 1927, sauf qu'il ne partage plus comme avant son local... avec un salon de coiffure ! La terrasse est idéale pour les longues flâneries d'été.

• **Caffè Vivaldi** – *32 Jones St.* ☏ *212-929-9384.* L'un des rares cafés dotés d'une véritable cheminée et d'une ambiance viennoise fin de siècle. Le soir, le bar est ouvert et l'atmosphère change.

• **Caffé Dante** – *79 MacDougal St.* ☏ *212-982-5275.* Ambiance décontractée, café corsé... et serveuses qui parlent italien.

Aujourd'hui, Greenwich Village s'est quelque peu embourgeoisé. La hausse des loyers a poussé nombre d'artistes et d'intellectuels vers des quartiers moins onéreux comme par exemple l'East Village ou TriBeCa. Néanmoins, tous ceux qui veulent fuir le côté conventionnel de la banlieue ou du secteur Uptown viennent volontiers rechercher l'atmosphère colorée du Village. Attirés par ce quartier d'exception qui invite le talent, propose toutes sortes de divertissements et favorise divers styles de vie (le Village accueille depuis longtemps une importante communauté gay dont la présence est également visible dans des quartiers tels que l'Upper West Side et Chelsea), ils y trouvent de quoi satisfaire leurs goûts et leurs besoins, et conséquemment, se font les ardents défenseurs du caractère unique du Village.

PROMENADE *parcours : 3,2 km*

Voir plan p. 167. Point de départ : Washington Square.

★**Washington Square** – Avec son arc majestueux placé, comme il se doit, à l'entrée de la 5ᵉ Avenue, voie triomphale de New York, ce vaste parc constitue le cœur de Greenwich Village et le principal lieu de rencontre des riverains comme des touristes. Sa partie centrale est aménagée en rond-point dans lequel s'inscrit une fontaine. Qui se douterait que les allées et les parterres du square, autrefois marécages où les colons chassaient le canard, servirent de fosse commune au 18ᵉ s. ? Un millier de squelettes furent exhumés lors des travaux de rénovation du parc dans les années 1960. Là étaient ensevelis les indigents ou les esclaves noirs des planteurs ; là aussi se déroulaient les duels et les exécutions. Autour de Washington Square, transformé dès 1826 en parc public, se développa une élégante enclave résidentielle dotée de somptueuses demeures de brique rouge. Le quartier était le fief d'une opulente aristocratie dont **Henry James** décrivit la vie dans son roman ***Washington Square***

❸ Une partie d'échecs ?
Voir plan p. 167. À l'angle Sud-Ouest de Washington Square Park. Amateurs d'échecs, apportez votre échiquier et préparez-vous à affronter les habitués de la place ! Non loin du Washington Square Park, le **Marshall Chess Club** *(23, 10ᵉ Rue O. ; www.marshallc hessclub.org ☎ 212-477-3716)* a accueilli certains des plus grands concours d'échecs du siècle, notamment le tournoi de 1956 lors duquel Bobby Fischer défit David Byrne. Si vous hésitez à rentrer à l'intérieur du bâtiment, vous pouvez toujours jeter un coup d'œil par la fenêtre.

(1881), adapté à la scène et à l'écran sous le titre *The Heiress* (*L'Héritière*). Mark Twain, O. Henry, Walt Whitman et le peintre Edward Hopper ont, eux aussi, hanté ces lieux qu'ils évoquèrent dans leurs œuvres.

Washington Square est devenu le campus « officieux » de l'université de New York à laquelle appartiennent d'ailleurs un grand nombre d'immeubles environnants. Le parc offre des loisirs pour les enfants comme les adultes, et permet même aux chiens de s'ébrouer dans un coin qui leur est réservé. Théâtre d'animations variées, l'endroit est un lieu pittoresque où une foule éclectique de flâneurs dans les tenues les plus excentriques vient écouter musiciens et tribuns de carrefour, admirer les savantes manœuvres des fervents du *frisbee* et de la planche à roulettes, ou observer les joueurs d'échecs concentrés sur leurs damiers. Deux fois par an durant trois semaines, à l'occasion du **Washington Square Outdoor Art Exhibit** *(voir Calendrier des manifestations)*, plus de 500 jeunes peintres peuvent exposer leurs créations en plein air, beaucoup d'entre eux pour la première fois.

★**Washington Arch** (**1**) – Cet arc de triomphe en marbre blanc (hauteur : 23,5 m) fut conçu en 1892 par Stanford White pour remplacer celui de bois qui commé-

© Scott Barrow
Washington Square

morait le centenaire de l'investiture du premier président des États-Unis, George Washington. Sa silhouette néoclassique n'est pas sans rappeler celle de l'arc de triomphe du Carrousel à Paris. La face Nord du monument *(vers la 5ᵉ Av.)* comporte deux statues de Washington, l'une le représentant en uniforme de général, l'autre en civil. La première est l'œuvre de Herman MacNeil. La seconde fut exécutée par A. Sterling Calder, père du célèbre sculpteur du 20ᵉ s., Alexander Calder. Sur la face Sud, noter la frise que marque au centre l'aigle américain et les initiales de George Washington. Des bas-reliefs représentant des Renommées garnissent les écoinçons. À l'Est de l'arc, la statue en bronze de **Garibaldi** (**2**), érigée en 1888, fait office de lieu de rendez-vous pour les habitants du quartier voisin, Little Italy. Héros de l'Indépendance italienne, Garibaldi séjourna en 1850 à New York.

Se diriger vers la partie Nord du square.

★**Washington Square North** – Le « Row », comme l'appellent souvent les New-Yorkais, est le côté le plus attrayant du square grâce à la présence de charmantes maisons de ville de style néogrec *(nᵒˢ 1-13 et 21-26)*. Leurs murs de brique, leurs portiques de pierre à colonnes doriques ou ioniques, leurs grilles de fonte très ouvragées donnent une idée de ce qu'était Washington Square vers 1830. Certaines demeures *(nᵒˢ 7-13)* n'ont gardé que leur façade d'origine, les intérieurs ayant été en partie démolis pour être divisés en appartements *(entrée sur la 5ᵉ Av.)*. Des personnages célèbres vécurent dans ce quartier, tels Richard Morris Hunt, **Henry James** et **Edward Hopper**. C'est dans la maison qui porte le n° 3 que John Dos Passos écrivit son roman **Manhattan Transfer**.

Remonter la 5ᵉ Av. jusqu'à Washington Mews.

Washington Mews – Située derrière Washington Square North, cette pittoresque ruelle desservait jadis les écuries *(mews)* et les quartiers des domestiques. Avec ses murs chaulés, ses arbrisseaux grimpants et son pavé villageois, elle accueille depuis longtemps artistes, écrivains et acteurs attirés par son charme discret.

Continuer au Nord sur la 5ᵉ Av., et tourner à gauche dans la 8ᵉ Rue O.

❷ The Art Bar

Voir plan p. 167. 52, 8ᵉ Av., entre Jay St. & Horatio St. ☎ *212-727-0244. Ne vous fiez pas à votre première impression. Dirigez-vous vers l'arrière de la salle et levez le rideau sur un merveilleux décor de vieux divans, de draperies de velours et de chandelles, le tout baignant dans la douce lumière d'un foyer à gaz. Une cuisine savoureuse et un bon choix de musique en font un excellent endroit pour décompresser après une journée chargée.*

Huitième Rue Ouest – Artère animée, fréquentée par une foule d'habitués et de touristes qui s'agglutinent autour de ses magasins de chaussures et de ses boutiques de fripier, la 8ᵉ Rue Ouest est devenue la principale voie commerçante du Village.

Tourner à gauche dans MacDougal St., et continuer vers MacDougal Alley.

★**MacDougal Alley** – Ses réverbères à gaz et ses maisons mitoyennes aujourd'hui transformées en studios en font, tout comme Washington Mews, une allée pleine de charme. Le célèbre sculpteur Gertrude Vanderbilt Whitney (1875-1942) y ouvrit, dans une ancienne écurie, une galerie qui allait par la suite donner naissance au Whitney Museum of American Art.

Retourner sur la 8ᵉ Rue O. Prendre à gauche l'Avenue of the Americas et regarder au Nord à l'angle de la 10ᵉ Rue O.

Extraordinaire structure néogothique de brique rouge, la **Jefferson Market Library** *(425 Avenue of the Americas)* fut bâtie selon le modèle du château de Neuschwanstein, construit pour Louis II de Bavière. Surmonté d'un clocher un peu fantasque, l'édifice (1877, Frederick Clarke Withers et Calvert Vaux) est orné de pinacles, de pignons, de tourelles, d'arcs et de fenêtres ouvragées. Il fut d'abord utilisé comme palais de justice. Menacé de démolition dans les années 1960, il échappa, sous la pression publique, à une triste fin et abrite aujourd'hui une bibliothèque, annexe de la New York Public Library.

Continuer sur l'Av. of the Americas en direction du Sud. Tourner à droite dans Waverly Pl., puis encore à droite dans Gay St.

Ancien ghetto noir dont il ne subsiste aucune trace, Gay Street est une petite rue étroite, bordée de pittoresques maisons en brique de style fédéral.

Continuer jusqu'au bout de Gay St. et tourner à gauche dans Christopher St.

Fief de la communauté gay new-yorkaise, **Christopher Street** présente une multitude de magasins extravagants. À l'angle de Waverly Place, un imposant bâtiment de forme triangulaire, le **Northern Dispensary** (1831), abritait le plus ancien établissement de santé de New York, fondé en 1827 pour délivrer des soins gratuits aux pauvres. Plus loin, à l'angle de la 4ᵉ Rue Ouest, un petit jardin, **Christopher Park**, fut au début des années 1990 au centre des controverses entourant la mise en place d'une sculpture de George Segal qui représentait deux couples homosexuels. Sur le côté Nord du parc, le **Stonewall** *(n° 51)* fut, en 1969, le théâtre de l'« émeute de Stonewall », violent affrontement entre la police et les clients de ce bar pour gays, qui donna le coup d'envoi à la création du mouvement de libération des homosexuels (Gay Liberation).

Tourner à gauche dans la 4ᵉ Rue O.

Le long de la **4ᵉ Rue Ouest** s'égrènent toutes sortes de restaurants, de cafés et de boutiques d'artisanat. Prendre le temps d'admirer la splendide composition d'arbrisseaux et de fleurs qu'offre la vue sur le jardin de **Sheridan Square**, paisible oasis de verdure dans cette rue commerçante.

Tourner à droite dans Cornelia St., à gauche dans Bleecker St., puis à droite dans Leroy St. Traverser la 7ᵉ Av. et continuer sur Leroy St. jusqu'à St. Luke's Place.

À l'Ouest de la 7ᵉ Avenue, le Village présente une série de rues sinueuses bordées d'arbres, de maisons pittoresques et de restaurants de choix. Cette zone exhale le calme d'un quartier résidentiel et contraste vivement avec les alentours plus bruyants de la 8ᵉ Rue et de Bleecker Street. Avec leurs balustrades et leurs portails en fer forgé, les maisons de style fédéral, coiffées de toits en ardoise et de cheminées en brique, évoquent l'élégance du quartier au 19ᵉ s.

© Martha Cooper

Fresque de Chico dans Hudson Street.

★St. Luke's Place – Un parc doté d'une piscine publique fait face à cette jolie rue le long de laquelle s'alignent, à l'ombre des ginkgos et des glycines, de charmantes maisons de brique et de grès brun du milieu du 19ᵉ s. C'est ici, au n° 16, que Theodore Dreiser écrivit *An American Tragedy*. Au Sud de ce secteur, entre Charlton et Vandam Streets, existait une élégante demeure, Richmond Hill, qui servit de quartier général à George Washington et plus tard de résidence à John Adams et Aaron Burr.

Tourner à droite dans Hudson St., puis encore à droite dans Morton St.

Morton Street est une rue en courbe agrémentée de beaux arbres. Certaines de ses demeures, comme par exemple les n°ˢ 42, 56 et 62, sont parées d'entrées finement ouvragées.

Tourner à gauche dans Bedford St.

Érigée en 1873, la maison qui porte le **n° 75 1/2** serait la plus étroite de New York (largeur : 2,9 m ; profondeur : 9 m). Edna St. Vincent Millay y vécut de 1923 à 1924.

Tourner à gauche dans Commerce St.

■ Chumley's

86 Bedford St. à l'angle de Barrow St. ☎ 212-675-4449. Secret le mieux gardé du Village, cet ancien bar clandestin (1922) à l'atmosphère chaleureuse sert une excellente cuisine de pub et de la bière issue du microbrassage. Mais la carte affiche également des plats sophistiqués, comme un saumon grillé et le célèbre homard Chumley. Après avoir franchi l'arche, on descend dans la salle où dominent le cuivre et le bois polis, qui servit de décor aux films *Reds* de Warren Beatty et *Accords et Désaccords* de Woody Allen. Les portraits de quelques fidèles clients écrivains (Arthur Miller, Jack Kerouac, Lillian Hellman) ornent les murs, témoins de la longue tradition de qualité du lieu. Attention, notez bien l'adresse avant de vous y rendre, le Chumley's n'ayant aucune enseigne le signalant de la rue.

Autre allée résidentielle aux multiples recoins, **Commerce Street** illustre l'atmosphère véritablement villageoise de West Greenwich. Au n° 38, une ancienne grange abrite depuis les années 1920 un théâtre d'essai, le **Cherry Lane Theater**, qui produisit en avant-première les pièces de Samuel Beckett, Eugène Ionesco et Edward Albee. Les deux maisons de brique des n°ˢ 39 et 41 (1832), appelées « Twin Sisters » (les jumelles), auraient été construites selon la légende par un marin dont les deux filles étaient incapables de vivre sous le même toit.

Tourner à gauche dans Barrow St., puis à droite dans Hudson St.

Sur le côté Ouest d'Hudson Street s'élève **St. Luke-in-the-Fields**, austère église de brique bâtie en 1822 et reconstruite après un incendie en 1981. Un peu plus au Nord, Hudson Street est animée de cafés, de boutiques et de librairies.

Tourner à droite dans Grove St., juste en face de l'église.

Tout comme Bedford Street, Grove Street est une rue empreinte de quiétude, qui semble à des lieues de la fiévreuse agitation de Manhattan. Aux n°ˢ 10-12, remarquer un enclos verdoyant, **Grove Court★**, entouré de maisons en brique de style fédéral des années 1850. Chose rare à New York, une maison de bois sur trois niveaux *(n° 17)* marque l'angle Nord de Grove Street et Bedford Street. Au 102 Bedford Street se trouve une traditionnelle maison du Village, rénovée avec extravagance en 1925.

Greenwich Village.

© Scott Barrow

Tourner à droite dans Bleecker St. et continuer jusqu'à l'Av. of the Americas.

★**Bleecker Street** – La scène change avec Bleecker Street, l'une des artères commerçantes les plus animées du Village, réputée pour ses étalages de fruits et légumes,
ses épiceries fines, ses pâtisseries et ses cafés, lieux de prédilection des amateurs
d'expresso. La partie de Bleecker Street qui s'étend entre l'Avenue of the Americas
et LaGuardia Place était un lieu très fréquenté dans les années 1960. Aujourd'hui
encore, elle regorge de petits cabarets, de cafés, de clubs de musique et de bars.

Continuer sur Bleecker St. et tourner à gauche dans MacDougal St.

Un bloc résidentiel de style fédéral *(nᵒˢ 127-131)*, édifié pour Aaron Burr, domine
le côté Ouest de la rue. Le nᵒ 133 abrite l'un des plus vieux théâtres « Off-
Broadway » : **Provincetown Playhouse**.

NEW YORK UNIVERSITY

Informations touristiques : www.nyu.edu ☎ *212-998-4636.* Plus grande université
privée des États-Unis, l'université de New York (NYU) fut fondée en 1831 par **Albert
Gallatin**, secrétaire du Trésor sous la présidence de Jefferson. Elle compte aujourd'hui
treize collèges, plus de 45 000 étudiants, et emploie quelque 14 500 personnes. Ses
principaux campus sont : Washington Square (sciences, arts et lettres, commerce,
droit et pédagogie) ; le Medical Center (médecine et dentisterie) sur la 1ʳᵉ Avenue ;
la School of Continuing Education (centre de formation continue) sur Trinity Place,
dans le quartier de Wall Street ; le Real Estate Institute (immobilier) sur la 42ᵉ Rue
Ouest ; et le NYU Institute of Fine Arts (beaux-arts) sur la 5ᵉ Avenue.

Bâtiment principal (B) – *100 Washington Square E.* Construit en 1895, cet édifice
néoclassique remplaça celui qui avait été élevé en 1836. Une impressionnante
rangée de colonnes doriques orne la façade donnant sur Washington Square. Le
rez-de-chaussée abrite la **Grey Art Gallery** *(ouv. sept.-juil. mar., jeu. & ven. 11 h-18 h,
mer. 11 h-20 h, sam. 11 h-17 h ; fermé principaux j. fériés ; 2,50 $; &
www.nyu.edu/greyart* ☎ *212-998-6780)*, dont les expositions temporaires présentent divers aspects des arts visuels : peinture, sculpture, photographie, arts
décoratifs et vidéo.

Elmer Holmes Bobst Library (C) – *70 Washington Square S. Accès réservé aux
étudiants.* Cet imposant cube de grès rouge de douze étages (soit une hauteur de
près de 46 m), à l'angle Sud-Est du parc, fut conçu par les architectes Philip
Johnson et Richard Foster en 1972. Il renferme plus de 2 millions d'ouvrages.

Passer devant le **Loeb Student Center (D)** (1959, Harrison & Abramovitz), situé à l'emplacement d'une ancienne pension de famille connue sous le nom de la « maison
des génies » (House of Genius), où séjournèrent Herman Melville, Stephen Crane
et Eugene O'Neill. Sa façade comporte trois sculptures d'aluminium (1960, Reuben
Nakian) représentant un envol d'oiseaux. Juste à côté, une église catholique de
forme triangulaire, **Holy Trinity Chapel**, se distingue par ses vitraux modernes.

Judson Memorial Baptist Church – *55 Washington Square S.* Revêtue de briques
jaunes mouchetées et de terre cuite blanche, cette structure contraste étrangement
avec l'église précédente, et offre aux regards un mélange éclectique des styles

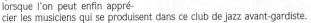

Quelques clubs de jazz

Tout voyage à New York devrait inclure une soirée de jazz. Les clubs décrits ci-dessous se trouvent à Greenwich Village ; la section consacrée à Harlem comprend également une sélection.

• **Blue Note Jazz Club** *131, 3ᵉ Rue O. www.bluenote.net* ☎ *212-475-8592*. Une acoustique hors pair et des musiciens de talent (le club accueille souvent deux grands artistes par soirée) font du Blue Note le meilleur club de jazz de New York.

R. Corbel/MICHELIN

• **Tonic** – *107 Norfolk St. www.tonicny.com* ☎ *212-358-7501*. On oublie bien vite que l'on a dû faire la queue lorsque l'on peut enfin apprécier les musiciens qui se produisent dans ce club de jazz avant-gardiste.

• **Village Vanguard** – *178, 7ᵉ Av. S. www.villagevanguard.com* ☎ *212-255-4037*. Logé dans un sous-sol obscur et enfumé, le plus ancien club de jazz de New York résonne de l'histoire du jazz et de la musique des plus grands artistes contemporains.

• **Cajun** – *129, 8ᵉ Av. à l'angle de la 16ᵉ Rue O. www.jazzatthecajun.com* ☎ *212-691-6174*. Une tranche de La Nouvelle-Orléans au cœur de Manhattan. Son groupe Dixieland accueille régulièrement, entre autres, Joe Muranyi (qui fut clarinettiste de Louis Armstrong) et le pianiste Chuck Folds (accompagnateur de Doc Cheatham).

• **Birdland** – *315, 44ᵉ Rue O. www.birdlandjazz.com* ☎ *212-581-3080*. Une clientèle raffinée, une excellente cuisine du Sud et l'un des meilleurs spectacles de jazz de New York.

• **Iridium Jazz Club** – *1650 Broadway, à la hauteur de la 51ᵉ Av. www.iridiumjazzclub.com* ☎ *212-582-2121*. Du jazz sérieux dans un décor des plus amusants. On y donne chaque soir deux représentations musicales et, le week-end, une troisième à minuit.

gréco-roman et Renaissance. Édifiée en 1893, elle est considérée comme l'une des œuvres locales les plus réussies de l'architecte Stanford White. De beaux vitraux de John LaFarge ornent son intérieur. Séparé de l'ensemble principal, le campanile sert aujourd'hui de dortoir aux étudiants.

Hagop Kevorkian Center for Near Eastern Studies (**E**) – *À l'angle de Washington Square South & Sullivan St*. Ce centre d'études sur le Proche-Orient occupe un sobre immeuble de granit conçu en 1972 par Philip Johnson et Richard Foster. Son charmant **hall d'entrée★** *(sur Sullivan St.)* recrée la cour d'une maison syrienne. Les boiseries, la fontaine et le parterre de céramique proviennent de la demeure d'un négociant de Damas (1797).

Bâtiment de brique rouge (1951) de style néogeorgien, **Vanderbilt Hall** (**F**) abrite l'école de droit. Il contient une ravissante cour d'entrée donnant sur Washington Square South.

Tisch School of the Arts (**G**) – *721 Broadway*. C'est dans ce loft que de célèbres réalisateurs (Spike Lee, Martin Scorsese et Oliver Stone) ont appris leur métier.

Sylvette (**3**) – *Dans le Silver Towers Plaza, sur Bleecker St. (entre LaGuardia Pl. & Mercer St.)*. Au centre du complexe résidentiel des **Silver Towers**, conçu en 1966 par I.M. Pei pour l'université de New York, s'élève le buste (hauteur : 11 m) de Sylvette David, jeune femme que rencontra Picasso dans les années 1950. La sculpture originale, en métal, fut agrandie avec du béton et de la pierre par Carl Nesjar et Sigurd Frager en 1968.

AUTRES CURIOSITÉS

Time Landscape – *À l'angle de LaGuardia Pl. & W. Houston St*. Aménagé par le sculpteur-paysagiste Alan Sonfist en 1978, ce jardin recrée la végétation que l'on pouvait trouver sur l'île de Manhattan avant l'arrivée des Européens. Il se compose de chênes, de sassafras, d'érables, d'herbages naturels et de fleurs sauvages.

29 Washington Place East – *À l'angle Nord-Ouest de Washington Pl. E. & Greene St.* En 1911 se produisit un terrible incendie qui embrasa les trois derniers étages des ateliers de la Triangle Shirtwaist Company, faisant 145 victimes, pour la plupart des femmes et des jeunes filles. Beaucoup s'étaient précipitées dans le vide, au-dessus de Washington Place. Sous la pression de l'opinion publique, le gouvernement vota les premières lois concernant la sécurité dans les usines. Une simple plaque commémore la tragédie, et chaque année, le 25 mars, l'International Ladies' Garment Workers Union (Union internationale des ouvriers du vêtement pour dames) organise un service commémoratif sur les lieux du drame.

Church of the Ascension – *À l'angle de la 5ᵉ Av. et de la 10ᵉ Rue O. Ouv. toute l'année lun.-ven. 12 h-13 h, dim. offices seulement.* & www.ascensionnyc.org ☎ 212-254-8620. La construction de cette église épiscopale de style néogothique (1841, Richard Upjohn) s'inscrit dans la première vague de développement du Village qui comprenait l'édification d'immeubles institutionnels importants. Remodelé en 1888 par Stanford White, son vaste intérieur abrite de beaux vitraux, des bancs et une splendide **peinture murale** (John LaFarge) représentant l'Ascension, située au-dessus de l'autel.

Un bloc plus loin au Nord, à l'angle de la 11ᵉ Rue Ouest, la **First Presbyterian Church** (1845, Joseph C. Wells), surmontée d'une tour carrée ornée d'un pinacle, reflète un style néogothique plus élaboré.

New School University – *Bâtiment principal au 66, 12ᵉ Rue O.* www.new-school.edu ☎ 212-229-6500. Cette institution d'enseignement supérieur de haut niveau fut fondée en 1919 par les historiens Charles Beard et James Harvey Robinson, le philosophe John Dewey et l'économiste Thorstein Veblen. Il s'agissait à l'origine d'un simple centre d'information pour adultes sur les problèmes économiques et politiques. Au fil des ans, l'école a beaucoup évolué et représente aujourd'hui, avec ses six départements et plus de 30 000 étudiants, l'une des universités les plus novatrices du pays. Afin d'élargir le contenu de ses programmes d'études, elle fusionna en 1970 avec la **Parsons School of Design** *(66, 5ᵉ Av., entre les 12ᵉ & 13ᵉ Rues)*. Cette dernière, créée en 1896 par William Merritt Chase, compte quelque 1 800 étudiants ; elle s'est constitué une solide réputation à travers le monde entier dans le domaine des beaux-arts, de la photographie, de l'illustration et du stylisme. En 1989, le Mannes College of Music, fondé en 1916 par le violoniste David Mannes, s'est lui aussi joint à la New School for Social Research, ajoutant un conservatoire de musique classique à la vaste gamme de ses programmes d'enseignement.

MUSÉES *(consulter la section Musées de Manhattan)*

★★**Forbes Galleries** – *62, 5ᵉ Av.*

16 • ASTOR PLACE – EAST VILLAGE★

MTA station Astor Place (lignes 4, 5, 6)
Voir plan p. 181

Ce quartier par endroits délabré, où évolue une faune hétéroclite, se situe à l'Est de Broadway entre Houston Street et la 14ᵉ Rue. Très animé, le secteur offre maintes occasions d'assister à des spectacles variés : danse, théâtre d'essai, arts visuels et arts d'interprétation. Beaucoup de bars et de restaurants à la mode se sont implantés aux environs de **NoHo** (North of Houston) et d'Astor Place. Plus à l'Est, vers la 2ᵉ Avenue et l'Avenue A, une multitude de marchands de bric-à-brac, de boutiques de produits ethniques, de boulangeries et de cafés seront autant de découvertes à faire, surtout en soirée.

Un peu d'histoire

Au 17ᵉ s., le quartier faisait partie d'une ferme de 243 ha qui appartenait au gouverneur **Peter Stuyvesant**. Au début du 19ᵉ s., d'élégantes maisons de ville embellissaient le secteur (aujourd'hui commercial) à l'Ouest de la 2ᵉ Avenue, tandis que plus à l'Est s'étendait une zone ouvrière peuplée, jusqu'au début du 20ᵉ s., d'immigrants polonais, ukrainiens et allemands. Au fil des ans, les loyers modérés et l'ambiance bohème du quartier attirèrent tour à tour les écrivains de la génération beatnik (comme Jack Kerouac et William S. Burroughs), les hippies, les punks et toutes les variantes possibles de la contre-culture new-yorkaise. Dans les années 1980, de célèbres groupes de rock (B-52's et Talking Heads) se firent un nom au **CBGB Club** *(315 Bowery)*, centre du mouvement musical *underground*. Des travestis se produisaient alors dans les boîtes de nuit à la mode comme le Pyramid *(101 Av. A)*. Transformé par Arata Isozaki et décoré par les artistes Francesco Clemente et Keith Haring, le **Palladium** *(126, 14ᵉ Rue E.)*, qui avait accueilli dans les années 1920 l'Académie de musique, devint en 1985 l'une des discothèques les plus en vogue de la ville. Lieu de prédilection des sans-abri, **Tompkins Square Park** *(à l'Est de l'Av. A)* constituait jadis le cœur d'un quartier allemand appelé Kleindeutschland (Petite Allemagne). Il fut la scène d'émeutes lors de la panique financière de 1873, puis à nouveau en 1991 lorsque la police délogea les clochards qui y vivaient et le ferma provisoirement. Aujourd'hui, le quartier s'est quelque peu embourgeoisé, mais il contient toujours des logements sociaux (surtout dans la zone appelée « Alphabet City », définie par les avenues A, B, C et D), et a conservé beaucoup de son parfum avant-gardiste.

■ Off-Off Broadway

Outre le **Public Theater**, East Village renferme de nombreux théâtres Off-Off Broadway dont on retiendra ici quelques noms. Le **Theater for the New City** *(155, 1ʳᵉ Av., à l'angle de la 10ᵉ Rue ; www.theaterforthenewcity.net* ☎ *212-254-1109)* présente par exemple une variété d'œuvres expérimentales et inédites de dramaturges américains, qu'il s'agisse de pièces de théâtre, de comédies musicales ou de manifestations socioculturelles. Le légendaire **La Mama etc.** *(74A, 4ᵉ Rue E, entre les 2ᵉ & 3ᵉ Av. ; www.lamama.org* ☎ *212-475-7710)*, dirigé par Ellen Stewart, présente quant à lui des troupes venues des quatre coins du monde. Des œuvres majeures telles *Torch Song Trilogy*, *Godspell* et *Blue Man Tubes* y ont été créées. Ancienne école convertie en centre culturel il y a une vingtaine d'années, le **P.S. 122** *(150, 1ʳᵉ Av. ; www.ps122.org* ☎ *212-477-5288)* est la doyenne des scènes. N'oubliez pas de visiter les deux galeries, l'une consacrée à des œuvres contemporaines du monde entier, l'autre à des œuvres d'art performance.

ASTOR PLACE

La bouche de métro d'Astor Place, qui date de 1904, est la fierté de cette rue animée qui relie la 3ᵉ Avenue à Broadway. Tout comme la station en sous-sol, elle a fait l'objet d'une restauration qui lui a rendu sa belle allure d'antan. Son bas-relief, décoré de motifs de castors, rend hommage à **John Jacob Astor**, magnat de la traite des peaux de castors au 19ᵉ s. Juste en face de l'entrée du métro, on remarquera une sculpture de Bernard (Tony) Rosenthal intitulée *Alamo*, représentant un énorme cube noir en acier.

Cooper Union for the Advancement of Science and Art – Entre les 3ᵉ et 4ᵉ Avenues sont installés les bâtiments de la Cooper Union for the Advancement of Science and Art. Axée sur l'architecture, l'ingénierie et les arts, cette institution gratuite d'enseignement supérieur fut fondée en 1859 par **Peter Cooper** (1791-1883), industriel autodidacte qui voulait permettre aux étudiants de la classe ouvrière de recevoir l'instruction dont il n'avait lui-même jamais bénéficié. Première structure à poutres d'acier aux États-Unis, le **Cooper Union Foundation Building★** accueille régulièrement des spectacles artistiques, des ballets, des soirées littéraires et des conférences ouvertes au public. De nombreuses célébrités y ont pris la parole, parmi lesquelles Gloria Steinem, Jimmy Carter, Susan B. Anthony et Abraham Lincoln. Ce dernier y prononça en 1860 son discours contre l'esclavage, *Le droit fait la force*, considéré comme le point de départ de son ascension vers la présidence américaine.

Lafayette Street – Au début du 19ᵉ s., ce secteur correspondait aux Vauxhall Gardens, lieu de détente très prisé du public, avec ses cafés en plein air et ses bars. En 1825, John Jacob Astor (alors l'homme le plus riche d'Amérique) entreprit d'en faire un quartier résidentiel très en vogue. Aux nᵒˢ 428-434 s'aligne une série de colonnes corinthiennes en marbre de Westchester, dont l'aspect aristocratique s'impose : il s'agit de **Colonnade Row**, qui se nommait à l'origine La Grange Terrace, du nom du château de La Fayette aux environs de Paris. À l'époque de sa construction (1833), l'ensemble comprenait neuf superbes maisons de style néogrec qui figuraient parmi les adresses les plus prestigieuses de la ville : Cornelius Vanderbilt et Warren Delano (grand-père de Franklin Roosevelt), par exemple, y vécurent.

① Cuisine ethnique
Voir plan p. 181. C'est dans East Village que l'on trouve parmi les meilleurs restaurants ukrainiens de New York. Goûtez au fameux *bortsch*, aux généreuses portions de *pierogis* (boulettes de pâte farcies de fromage, de viande ou de chou) et aux *blintzes* (crêpes farcies de fruits ou de fromage blanc). L'un des restaurants les plus connus du quartier est sans doute le **Kiev** *(117, 2ᵉ Av.* ☎ *212-420-9600)*, ouvert 24 h/24, et dont le menu plaira à votre palais autant qu'à votre portefeuille. Le **Veselka** *(144, 2ᵉ Av.* ☎ *212-228-9682)* propose quant à lui des mets d'Europe de l'Est à des prix dérisoires.

Le gigantesque bâtiment de brique et de pierre situé en face de Colonnade Row abritait l'Astor Library, bibliothèque fondée en 1854 par John Jacob Astor, qui fut à l'origine de la New York Public Library. Plus de 100 000 volumes étaient mis à la disposition des lecteurs à titre gratuit, idée révolutionnaire pour l'époque. En 1967, l'impresario Joseph Papp transforma l'édifice alors abandonné en un théâtre, le **Public Theater** (n° 425), où se déroule le New York Shakespeare Festival. Ses six salles proposent des représentations en tous genres : pièces de théâtre, films, mais aussi comédies musicales ; ainsi, les premières de *Hair* (1967) et de *A Chorus Line* (1975) ont eu lieu ici.

Un bloc à l'Ouest de Lafayette Street, au 700 Broadway, se dresse le siège social de la **National Audubon Society** (v. 1892, George Brown Post), célèbre organisme dédié à la protection des milieux naturels. Au début des années 1990, l'Audubon Society rénova ce bel immeuble de style néoroman avec le plus grand souci de l'environnement, établissant de nouvelles normes en matière de design écologique.

2 Little India

Voir plan p. 181. Sur la 6ᵉ Av., entre la 1ʳᵉ Av. & la 2ᵉ Av. L'arôme du curry et le son des sitars émanent des nombreux restaurants indiens qui bordent cette rue animée. On y sert une cuisine indienne épicée, délicieuse et à bon prix. Premier restaurant indien de la rue, **Mitali** (334, 6ᵉ Rue E. ☎ 212-533-2508) offre un succulent agneau *vindaloo*. En remontant la rue, on trouve chez **Gandhi** (345, 6ᵉ Rue E. ☎ 212-614-9718) d'excellents pains (*pooris*, *naans* et *parathas*). Et si vous n'êtes pas du genre timide, pourquoi ne pas fêter votre anniversaire au **Rose of India** (308, 6ᵉ Rue E. ☎ 212-533-5011) : des serveurs au visage impassible vous apporteront une glace à la mangue ou un gâteau au miel coiffé d'une chandelle au son d'une musique disco indienne.

3 McSorley's Old Ale House

Voir plan p. 181. 15, 7ᵉ Rue E. ☎ 212-473-9148. Fondée en 1854, cette taverne (anciennement appelée McSorley's Saloon) est immortalisée dans les tableaux de John Sloan et les nouvelles de l'écrivain Joseph Mitchell. Les femmes furent longtemps bannies de cet établissement aujourd'hui fort populaire auprès des étudiants. Essayez la bière maison (blonde ou brune) qui n'a rien à envier aux bières des nouvelles microbrasseries.

EAST VILLAGE

La principale artère de ce quartier à la fois pittoresque et animé est la **2ᵉ Avenue**, où se concentrait la communauté intellectuelle juive durant la première moitié du 20ᵉ s. On y trouve l'Entermedia Theater (189, 2ᵉ Av.), anciennement nommé Yiddish Art Theater, ainsi qu'une foule de restaurants ethniques (ukrainiens, antillais, russes, chinois, yéménites, italiens, japonais, tibétains, mexicains et israéliens) proposant des repas bon marché. Entre les 1ʳᵉ et 2ᵉ Avenues, la 6ᵉ Rue Est est bordée de restaurants indiens, d'où son nom : « Curry Lane » ou **Little India**. Dans le bric-à-brac hétéroclite des boutiques et étals de **St. Mark's Place** (*entre les 2ᵉ & 3ᵉ Av.*), le visiteur pourra fureter à loisir et, peut-être, trouver son bonheur.

St. Mark's-in-the-Bowery Church – *À l'angle de la 10ᵉ Rue E. & de la 2ᵉ Av.* Plus ancien lieu de culte de Manhattan après St. Paul's Chapel, cette église épiscopale de style georgien fut construite en 1799 sur le site où se trouvait, en 1660, la chapelle familiale de Peter Stuyvesant. Son clocher néogrec fut ajouté en 1828. Endommagée par un incendie en 1978, l'église fut restaurée et rouverte au culte en 1983. Elle propose des séances de lecture et des représentations théâtrales (*sept.-juin toutes les semaines*).

Non loin de là, dans le St. Mark's Historic District, on trouve deux des rares demeures de style fédéral que compte encore la ville : **Nicholas William Stuyvesant House** (44 Stuyvesant St.), construite en 1795, et **Stuyvesant-Fish House** (n° 21), datant de 1804. Également sur Stuyvesant Street, **Renwick Triangle** (23-25 Stuyvesant St. & 114-128, 10ᵉ Rue E.) est un ensemble de maisons mitoyennes dessinées par James Renwick en 1861. Elles partageaient autrefois un grand jardin avec Stuyvesant-Fish House.

MUSÉE *(consulter la section Musées de Manhattan)*

★**Merchant's House Museum** – *29, 4ᵉ Rue E.*

17 • GRAMERCY PARK – UNION SQUARE★

MTA station 23rd St. (lignes N, R)
Voir plan p. 181

Situé au Nord d'East Village et à l'Est de Chelsea, ce secteur animé, délimité par les 26ᵉ et 14ᵉ Rues et les 2ᵉ et 5ᵉ Avenues, forme une jolie enclave dans cette partie plutôt quelconque de la ville. On y trouve en effet des vestiges d'un élégant quartier, englouti par des structures commerciales au début du 20ᵉ s. Aujourd'hui très en vogue, le charme un peu suranné de cette zone résidentielle attire une population essentiellement composée de jeunes cadres. Les rues, bordées d'édifices datant du milieu du 19ᵉ s., accueillent toute une gamme de commerces : agences publicitaires, maisons d'édition, restaurants, boîtes de nuit et boutiques à la mode.

PROMENADE *parcours : 3,2 km*

Point de départ : Madison Square.

Madison Square – *De la 23ᵉ à la 26ᵉ Rue E., entre Madison Av. & la 5ᵉ Av.* Créé en 1847 sur un terrain marécageux, Madison Square servait à l'origine de place d'armes. À l'exemple d'Union Square, l'endroit devint, dans la seconde moitié du 19ᵉ s., un quartier résidentiel entouré d'hôtels à la mode, de grands restaurants et de magasins de luxe.

Madison Square fut longtemps associé à différents événements sportifs. Dès ses débuts y furent disputées les premières parties d'un jeu nouveau, le base-ball. De 1853 à 1856, une sorte de cirque appelé l'Hippodrome, qui pouvait accueillir plus de 10 000 spectateurs, s'installa dans un ancien dépôt de chemin de fer situé au Nord-Est. En 1879, l'édifice fut rebaptisé **Madison Square Garden**. À la fin du 19ᵉ s., il fut remplacé par un stade de 8 000 places réalisé par l'architecte et homme du monde **Stanford White**. En 1906, celui-ci fut assassiné dans le jardin suspendu par Henry K. Thaw, dont l'épouse, l'actrice Evelyn Nesbitt, avait eu une aventure avec l'architecte avant son mariage. Détruit en 1925 pour faire place à l'immeuble de la compagnie d'assurances New York Life, le « Garden », comme on l'appelait alors, fut reconstruit sur la 49ᵉ Rue Ouest, entre les 8ᵉ et 9ᵉ Avenues ; en 1968, le nouveau Madison Square Garden ouvrait ses portes à son emplacement actuel.

Aujourd'hui, Madison Square forme un agréable îlot de verdure dans Manhattan. L'endroit a quelque peu perdu de son éclat d'antan, mais plusieurs édifices qui l'entourent méritent d'être mentionnés. Là où se trouvait jadis le fameux « Garden » *(à l'angle Nord-Est du square, entre les 26ᵉ & 27ᵉ Rues E.)* s'élève désormais le New York Life Insurance Building, immeuble de style néogothique pourvu d'impressionnantes gargouilles, qui fut conçu en 1928 par Cass Gilbert. À l'angle de la 25ᵉ Rue Est, un élégant bâtiment en marbre blanc (1899), à la façade agrémentée de colonnes corinthiennes, abrite la **Division d'appel de la Cour suprême de l'État de New York** (Appellate Division of the Supreme Court of the State). L'édifice est couronné de figures allégoriques et de statues de grands législateurs du passé, dont Moïse, Justinien et Confucius ; celle de droite, qui représentait Mahomet, fut retirée à la demande des musulmans de New York, le Coran interdisant toute représentation humaine du Prophète. Pénétrer à l'intérieur du bâtiment pour admirer le vestibule, dont les colonnes de marbre jaune supportent un plafond doré. Plus au Sud, entre les 23ᵉ et 24ᵉ Rues Est, la **Metropolitan Life Insurance Company Tower** (1909, Le Brun & Sons), dont le sommet, qui atteint 213 m, évoque le campanile de St-Marc à Venise. Les aiguilles des minutes de son énorme horloge à quatre faces pèsent chacune environ 453 kg, et celles des heures 317 kg.

★**Flatiron Building** – À l'extrémité Sud du square, un curieux bâtiment de style néo-Renaissance forme proue. Il s'agit de l'un des premiers gratte-ciel new-yorkais dont la forme triangulaire inhabituelle, qui rappelle celle d'un fer à repasser, lui a valu son nom. Ce bâtiment de 22 étages (1902, Daniel H. Burnham), en brique et en pierre calcaire, fut construit pour la Fuller Construction Company, société de travaux publics qui était également propriétaire du Fuller Building sur la 57ᵉ Rue Est.

Suivre la 23ᵉ Rue E. vers l'Est et tourner à droite dans Park Av.

Une église de style néogothique en grès rouge, Calvary Episcopal Church (1846), occupe l'angle Nord-Est de Park Avenue. Elle fut conçue par James Renwick, l'architecte de la cathédrale St-Patrick.

Tourner à gauche dans la 21ᵉ Rue E. et continuer vers l'Est.

★**Gramercy Park** – Le square et son quartier constituent une charmante enclave résidentielle au sein d'un secteur commerçant moins attrayant. Gramercy Park, dont le dessin s'inspire des squares résidentiels londoniens, fut aménagé en 1831 par Samuel B. Ruggles à l'emplacement d'un ancien marais dont le nom hollandais *Krom Moeraije* (petit marais tordu) se déforma par la suite en Gramercy. Ruggles vendit plus de 60 parcelles de terrain autour du square, accordant aux riverains la jouissance exclusive du parc. Il contribua également au développement de Lexington Avenue et d'Irving Place, ainsi nommé en l'honneur de son ami Washington Irving. Les premières demeures bourgeoises, qui apparurent dans les années 1840, attirèrent très vite de riches résidents et l'endroit devint un beau quartier. Mais après quelques décennies, il diminua de prestige et les premiers immeubles collectifs firent leur apparition. Au début du 20ᵉ s., un grand nombre d'artistes et d'intellectuels s'installèrent dans les anciennes maisons de ville, transformées pour la plupart en appartements.

Entouré d'une grille en fonte de 2,4 m de haut, Gramercy Park est aujourd'hui l'unique parc privé de New York : seuls y ont accès (avec une clé) les propriétaires et locataires des maisons voisines. Au centre est érigée la statue (1916, Edmont Quinn) du tragédien Edwin Booth dans son rôle favori : Hamlet.

Se promener autour du parc.

La face Ouest de Gramercy Park (la plus belle) présente une harmonieuse succession de demeures néoclassiques de brique rouge. On remarquera tout particulièrement les portiques et le raffinement du décor en fonte des nᵒˢ **3 et 4** (Alexander Jackson Davis), évoquant l'architecture de la Nouvelle-Orléans. Le nᵒ 4 fut habité par James Harper, l'un des maires de New York (1844) et co-fondateur de la maison d'édition Harper & Bros. ; le bâtiment possède encore ses *Mayor's lamps*, réverbères dont le premier officier municipal pouvait exiger l'installation pour mieux signaler sa résidence.

Le côté Sud du square abrite, côte à côte, deux institutions de renom. Le siège du National Arts Club, au **nᵒ 15**, fut

le domicile de **Samuel Tilden**, adversaire du Tammany *(voir p. 154)*, gouverneur de l'État de New York de 1874 à 1876 et candidat démocrate défait aux élections présidentielles de 1876. L'édifice (1884, Calvert Vaux), de style néogothique victorien, est orné de détails sculpturaux divers (fleurs, oiseaux, auteurs et penseurs célèbres). Craignant pour sa vie (il avait contribué à la chute de la clique tammaniste de William Tweed), Tilden fit construire un passage souterrain vers la 19ᵉ Rue pour fuir en cas de nécessité. Au **nᵒ 16** se tient le Players Club, fondé en 1888 par **Edwin Booth**, frère de John Wilkes Booth qui assassina le président Lincoln. La façade, rénovée par Stanford White (du célèbre cabinet d'architectes McKim, Mead & White), est dotée d'une véranda en fer forgé aux motifs compliqués. Noter au passage les réverbères tarabiscotés. Au nᵒ 19 demeurait enfin Mᵐᵉ Stuyvesant Fish, qui succéda à Mᵐᵉ Astor *(voir p. 101)* dans le rôle d'animatrice de la bonne société new-yorkaise.

Sur le côté Est du square, remarquer deux immeubles d'habitation : le **n° 34**, en brique rouge (1883), se distingue par une tourelle octogonale ; le n° 36, de style néogothique (1910), arbore une façade recouverte de terre cuite blanche, ornée de deux chevaliers en armure.

Suivre la 20ᵉ Rue E. et traverser Park Av.

★**Theodore Roosevelt Birthplace National Historic Site** – *28, 20ᵉ Rue E. Visite guidée (30mn) uniquement . Ouv. toute l'année mar.-sam. 9 h-17 h. Fermé principaux j. fériés. 2 $. www.nps.gov/thrb ☎ 212-260-1616.* Cette maison victorienne en grès brun fut reconstituée à l'emplacement de l'ancienne demeure de **Theodore Roosevelt** (1858-1919) qui y vécut jusqu'à l'âge de 14 ans. Diplômé de Harvard, propriétaire d'un ranch dans le Dakota, organisateur des Rough Riders (régiment de cavalerie volontaire), chasseur-naturaliste et auteur d'une trentaine de livres, « Teddy » Roosevelt (d'où le nom donné aux ours en peluche, *teddy bears*) était un personnage pittoresque. Vice-président de McKinley en 1901, il lui succéda après son assassinat avant d'être élu de son plein droit en 1904. Roosevelt refusa de se représenter aux présidentielles de 1908 et fut battu à celles de 1912. Il reçut le prix Nobel de la paix pour ses efforts de médiation entre la Russie et le Japon. Trente-deuxième président des États-Unis, Franklin Delano Roosevelt était un cousin éloigné de Teddy dont il épousa la nièce Eleanor en 1905.

Visite – Édifiée en 1848, la maison d'origine, qui comptait trois étages, fut détruite en 1916 pour être remplacée par un immeuble commercial. Trois ans plus tard, des notables de la ville firent son acquisition et celle du bâtiment attenant (qui appartenait autrefois à l'oncle de Teddy, Robert) et édifièrent un mémorial en hommage au président disparu. Le musée ouvrit ses portes en 1923. Il comprend cinq pièces au décor d'époque, contenant des objets de famille. Dans la pièce située à droite de l'entrée, des lettres, illustrations et souvenirs divers retracent la carrière de l'homme politique. Au premier étage, on trouvera le salon, la bibliothèque et la salle à manger. L'étage suivant comprend la chambre des parents, la nursery et la *lion's room* qui présente les trophées de chasse de Theodore Roosevelt et son bureau.

Retourner sur Park Av. Continuer en direction du Sud et prendre à gauche la 19ᵉ Rue E.

Entre Irving Place et la 3ᵉ Avenue, la 19ᵉ Rue Est est gracieusement bordée d'arbres. Rénovées dans les années 1920 par Frederick J. Sterner, ses maisons aux façades revêtues de stuc créent un harmonieux ensemble. On notera le n° 141 avec ses poteaux d'attache pour les chevaux, et le n° 146, où l'artiste George Bellows (1882-1925) vécut de 1910 jusqu'à sa mort.

Prendre à droite la 3ᵉ Av., puis à gauche la 17ᵉ Rue E.

Stuyvesant Square – Légué à la ville en 1836 par la famille Stuyvesant, le square faisait partie, au 19ᵉ s., d'un élégant quartier résidentiel. Il dessine aujourd'hui un rectangle de verdure coupé en deux par la 2ᵉ Avenue, ce qui lui a enlevé beaucoup de son charme d'antan. À l'Est, le parc est entouré d'hôpitaux par-delà lesquels on distingue les grands ensembles de Stuyvesant Town. Au Nord *(n° 245)* se tient la Sidney Webster House (1883), unique résidence conçue par Richard Morris Hunt qui subsiste encore à New York.

Le côté Ouest du square témoigne encore de l'élégance du quartier. Sur Rutherford Place, deux édifices prêtent à l'endroit l'apparence d'une place de village : **Friends Meeting House** (lieu d'assemblée des Quakers), austère bâtiment de brique rouge datant de 1860, et l'**église épiscopale St. George**, structure néoromane de grès brun (1856, Blesch & Eidlitz). Cette dernière, qui fut détruite par un incendie en 1865 et reconstruite selon ses caractéristiques originales, compta parmi ses paroissiens le célèbre J.P. Morgan. Dans le square, devant l'église, se tient une statue en bronze (1936, Gertrude Vanderbilt Whitney) de Peter Stuyvesant, reconnaissable à sa jambe de bois.

Prendre la 15ᵉ Rue E. en direction de l'Ouest jusqu'à Union Square.

À l'angle d'Irving Place s'élève le **Consolidated Edison Company Building**, siège social de l'entreprise qui alimente en électricité et en gaz la majeure partie de New York. Le bâtiment (1915), coiffé d'une grande horloge, fut conçu par Henry Hardenbergh, qui dessina également les plans du Dakota et de l'hôtel Plaza.

Union Square – *De la 14ᵉ à la 17ᵉ Rue E., entre Park Av. & University Pl.* Aujourd'hui célèbre pour son marché, Union Square fut créé au début du 19ᵉ s. pour servir de relais aux diligences en route pour Albany. En 1836, le square marquait la limite Nord de la ville. Son centre était occupé par un jardin clos de grilles que l'on fermait au crépuscule. Vingt ans plus tard, c'était un endroit aristocratique qui rivalisait de distinction avec Astor Place. Mais au fur et à mesure que New York se développait vers le Nord, les résidences cossues de la haute société cédèrent la place à des salles de spectacle, à l'Académie de musique (aujourd'hui le Palladium, *voir p. 177*) et à des établissements commerciaux comme la joaillerie Tiffany, la librairie Brentano's ou le restaurant Delmonico's. Au début du 20ᵉ s., Union Square

© Martha Cooper

Marché d'Union Square

connut de grands rassemblements populaires, tel celui qui marqua, le 22 août 1927, l'exécution des anarchistes Sacco et Vanzetti à Boston. Dans la bagarre, plusieurs participants furent blessés.

Le jardin du square contient trois statues intéressantes : les deux premières, réalisées par Henry Kirke Brown, représentent George Washington *(au Sud)* et Abraham Lincoln *(au Nord)* ; la troisième, dédiée à La Fayette *(à l'Est)*, est l'œuvre de Bartholdi, mieux connu comme sculpteur de la statue de la Liberté.

AUTRES CURIOSITÉS

Grace Church – *802 Broadway, à la hauteur de la 10e Rue E. Ouv. sept.- juin :mar.-ven. 12 h-13 h ; reste de l'année :mer. 12 h-13 h. Dim. réservé aux offices religieux. Fermé principaux j. fériés.* ⎕ *www.gracechurchnyc.org* ☎ *212-254-2000.* Fondée à l'origine par la paroisse de la Trinité en 1808, cette église épiscopale fut construite en 1846 par James Renwick qui conçut par la suite les plans de la cathédrale St. Patrick. Remarquable par l'acuité du profil de sa flèche, Grace Church est un bel exemple du style néogothique. En 1863, P.T. Barnum réussit à convaincre le recteur d'y célébrer le mariage de deux nains de son cirque : Charles S. Stratton, plus connu sous le nom de Tom Pouce, et Lavinia Warren. À gauche de l'église, le presbytère (également dû à Renwick) est l'une des premières résidences de style néogothique de New York.

Little Church Around the Corner (Church of the Transfiguration) – *1, 29e Rue E. Ouv. tlj de l'année 8 h-18 h. Visites guidées (30mn) dim. 12 h30.* ⎕ *www.littlechurch.org* ☎ *212-684-6770.* Cette charmante église, dotée d'un paisible jardin, paraît encore plus petite comparée aux gratte-ciel voisins et surtout à l'Empire State Building. Bâtie en brique rouge vers le milieu du 19e s. dans le style gothique anglo-saxon dit « campagnard », cette église épiscopale acquit

④ Marché d'Union Square
Voir plan p. 181. De la 17e Rue E. à la 14e Rue, entre Park Av. & University Pl. www.cenyc.org Les lundi, mercredi, vendredi et samedi matins, les fermiers de la région viennent ici proposer leurs produits. La marchandise varie bien sûr au gré des saisons, mais on trouve toujours un merveilleux choix de fines herbes et de pommes de terre, de la volaille et des œufs frais, de superbes fleurs fraîches et séchées, de succulentes conserves, du bon pain frais et d'exquises pâtisseries.

⑤ Strand Bookstore
Voir plan p. 181. 828 Broadway. www.strand books.com ☎ *212-473- 1452.* Derrière une façade plutôt quelconque se cache la plus grande librairie de livres d'occasion de New York. On y trouve plus de deux millions d'ouvrages vendus à d'excellents prix. Le troisième niveau est l'endroit idéal pour trouver cette première édition tant recherchée. Ne manquez pas de visiter aussi le sous-sol pour ses livres d'art et d'histoire.

son surnom en 1870. C'est cette année-là que le pasteur d'une église voisine re-fusa de célébrer le service funèbre d'un acteur, les comédiens étant alors mis à l'in-dex par certains membres du clergé. Les amis du défunt décidèrent de tenter leur chance à la « petite église au coin de la rue » dont le pasteur passait pour être ac-commodant. Il le fut en effet (un monument a immortalisé son action charitable) et depuis ce temps, les gens du spectacle, reconnaissants, accordent leur préférence à la paroisse qui est devenue l'une des plus fréquentées pour les mariages.

L'intérieur contient de remarquables vitraux commémorant certains grands acteurs new-yorkais. On remarquera celui, dessiné en 1898 par John LaFarge, qui repré-sente Edwin Booth dans le rôle de Hamlet, et celui du vestibule *(conduisant au croisillon Sud)*, enrichi de diamants bruts, dédié à la mémoire de l'acteur espagnol José Maria Muñoz. Au-dessus du maître-autel, retable de la Transfiguration dessiné par Frederick Clark Withers.

MUSÉES   *(Voir la section Musées de Manhattan)*

★**Merchant's House Museum** – *29, 4ᵉ Rue E.*

★★**The Forbes Galleries** – *62, 5ᵉ Av., à la hauteur de la 14ᵉ Rue.*

18 • CHELSEA – GARMENT CENTER★

MTA station 23rd St. (lignes 1, 9)
Voir plan p. 187

À l'Ouest de l'Avenue of the Americas, entre les 14ᵉ et 30ᵉ Rues, s'étend le quartier de Chelsea, lieu à la fois pittoresque et varié où se côtoient des immeubles commer-ciaux rajeunis, des rues ombragées bordées d'élégants *brownstones* et des artères animées. Son importante communauté artistique, tout comme son allure haut de gamme, contrastent avec la grisaille commerciale du quartier de la confection (Garment Center), situé plus au Nord.

Un peu d'histoire

L'histoire de Chelsea, dont le nom évoque le célèbre faubourg londonien, remonte à l'année 1750, lorsque le capitaine Thomas Clarke y établit sa résidence le long de l'Hudson. En 1813, l'écrivain Clement Clark Moore hérita du domaine campagnard de son grand-père. Mais l'attrait champêtre de la région avait déjà commencé à s'es-tomper lorsqu'on y aménagea, en 1820, deux grandes avenues (les 8ᵉ et 9ᵉAv) entrecoupées de nombreuses rues secondaires. Moore, tout en déplorant cette trans-formation, succomba bien vite à l'inexorable marche du progrès. Il conçut un plan visant à réaménager sa propriété en un élégant district résidentiel, agrémenté de squares gazonnés et de maisons de ville précédées de spacieuses cours d'entrée, char-mants attributs qui ont d'ailleurs survécu jusqu'à ce jour. Malgré les plans de Moore, le quartier attira surtout une population de classe moyenne. En 1851, l'arrivée du chemin de fer de la Hudson River Railroad le long de la 11ᵉ Avenue signala le début de la vocation commerciale de Chelsea, et on vit apparaître abattoirs, brasseries et immeubles ouvriers. Puis, de 1905 à 1915, l'industrie cinématographique s'y établit, attirant une communauté artistique encore florissante de nos jours.

La revitalisation du quartier est surtout évidente dans le secteur Ouest, où de nom-breux entrepôts du 19ᵉ s. ont été transformés en galeries, théâtres et autres lieux de spectacle, parmi lesquels le **Kitchen** *(512, 19ᵉ Rue O.)* ainsi qu'une annexe du Dia Center for the Arts. Surplombant l'Hudson, le gigantesque complexe récréatif de **Chelsea Piers** propose une grande variété d'activités sportives (golf, escalade, etc.). La zone histo-rique qui s'étend de la 19ᵉ à la 23ᵉ Rue, entre les 9ᵉ et 10ᵉ Avenues, renferme l'une des plus grandes concentrations de maisons de ville de styles néogrec et italianisant à New York. Depuis quelques années, cette enclave finement restaurée attire une pros-père communauté gay. La 8ᵉ Avenue accueille le célèbre **Joyce Theater** *(nᵒ 175)*, tandis que la 7ᵉ Avenue est bordée de bistros et de magasins en vogue.

Juste au Nord de Chelsea, de la 29ᵉ à la 40ᵉ Rue Ouest, entre Broadway et la 8ᵉ Avenue, se trouve le secteur commercial du **Garment Center** qu'occupait, à la fin du 19ᵉ s., un quar-tier de maisons closes. L'industrie de la confection déménagea ici dans les années 1920, délaissant le Lower East Side. Aujourd'hui, des boutiques de tissus et d'agréments bordent les rues, congestionnées par le va-et-vient continuel des camions et des employés manœuvrant de lourds portemanteaux. À la fermeture, une étourdissante activité accom-pagne l'exode des travailleurs, qui laissent derrière eux des rues curieusement tranquilles.

PROMENADE *parcours : 2,8 km*

Dia : Chelsea – *548, 22ᵉ Rue O. Ouv. mi-sept.-mi-juin mer.-dim. 12 h-18 h. 6 $.* ✗ *www.diaart.org* ☎ *212-989-5566.* Basé tout d'abord à SoHo, ce centre des arts possède, depuis 1987, une annexe dans le secteur Ouest de Chelsea. Les quatre étages d'un entrepôt rénové servent chacun de cadre à un projet de grande envergure conçu par un seul artiste, et exposé pour un minimum d'un an. Le toit-terrasse, d'où l'on jouit de très belles vues sur l'Hudson, comporte un petit café ainsi qu'un curieux pavillon de verre réfléchissant, réalisé par Dan Graham.

Le Dia a ouvert en 2003 une immense galerie dans une ancienne usine Nabisco à Beacon *(96 km au Nord de New York)*. Baptisée **Dia : Beacon**, elle accueille les œuvres de grande taille issues des collections de la galerie mère.

Continuer sur la 22ᵉ Rue O. en direction de l'Est.

Vingt-deuxième Rue Ouest – Le secteur à l'Est de la 10ᵉ Avenue compte plusieurs immeubles de style néogrec datant de la première moitié du 19ᵉ s., agrémentés de cours d'entrée typiques du quartier. Noter, au n° 444, une maison construite pour Clement Clarke Moore en 1835. On découvre également, aux n°ˢ 414-416 et 436-438, deux des quatre résidences qui faisaient face à l'ancien domaine de Clarke (appelé « Chelsea »), jadis situé juste à l'Ouest de la 9ᵉ Avenue, entre les 22ᵉ et 23ᵉ Rues. Remarquer aussi, aux n°ˢ 400-412, les corniches et les étages en soussol d'une rangée de maisons de style italianisant datant de 1856. À l'angle de la 9ᵉ Avenue, on aperçoit vers le Sud, aux n°ˢ 183-187 1/2, un groupe de maisons en bois représentatives de l'architecture d'antan.

Continuer sur la 9ᵉ Av. en direction du Sud, jusqu'à la 20ᵉ Rue O.

General Theological Seminary – *175, 9ᵉ Av.* Le séminaire de New York s'étend sur tout un bloc entre les 9ᵉ et 10ᵉ Avenues. Sur la première, à l'entrée, un immeuble moderne (1960) d'aspect assez quelconque abrite une importante bibliothèque et des bureaux administratifs. Les bâtiments de grès et de brique du séminaire sont groupés autour d'une cour centrale gazonnée, évoquant l'ambiance d'un campus anglais. Noter tout particulièrement le **West Building** (1836), l'un des plus vieux édifices de style néogothique de New York.

À l'Ouest du séminaire se pressent les charmantes maisons de style néogrec de **Cushman Row** *(406-418, 20ᵉ Rue O.)*, avec leur balustrades en fer forgé et leurs spacieuses cours avant. Elles furent construites en 1840 pour Alonzo Cushman, un ami de Clément Moore qui fit fortune dans le développement immobilier de Chelsea.

Continuer sur la 20ᵉ Rue O. en direction de l'Est.

St. Peter's Episcopal Church – *346, 20ᵉ Rue O.* Première église paroissiale de style gothique anglais construite aux États-Unis, St. Peter's fut édifiée en 1836 en même temps que le bâtiment Ouest du séminaire et servit de modèle à de nom-

❶ Le Gamin Café

Voir plan p. 187. 183, 9ᵉ Av. www.legamin.com ☎ 212-243-8864. Des plans du métro parisien et d'anciennes affiches françaises ornent les murs de ce café de Chelsea, qui sert des croque-monsieur, des crêpes, et de grands bols de délicieux café au lait. Le service, assuré par un personnel essentiellement français, est parfois lent ; en revanche, vous pouvez rester à table aussi longtemps que le cœur vous en dit.

❷ Galeries d'art

Voir plan p. 187. Chelsea a peu à peu converti ses garages et ses lofts en galeries d'art, dont nous donnerons ici quelques exemples. Cette véritable vogue commença avec le **Dia Center for the Arts** *(548, 22ᵉ Rue O.)* qui s'installa dans le quartier en 1987. L'une des plus anciennes galeries de SoHo et l'une des premières à coloniser Chelsea, la **Paula Cooper Gallery** *(534, 21ᵉ Rue O. ☎ 212-255-1105)* est la championne de l'art conceptuel et minimaliste. Dans ses deux sites, la spacieuse galerie **Matthew Marks** *(522, 22ᵉ Rue O. et 523, 24ᵉ Rue O. ; www.matthewmarks.com ☎ 212-243-0200)* expose des œuvres de grands artistes contemporains. Plus au Nord se trouve **Greene Naftali** *(526, 26ᵉ Rue O. ☎ 212-463-7770)*, qui s'intéresse à l'art contemporain international. Autre émigrée de SoHo, la **Barbara Gladstone Gallery** *(515, 24ᵉ Rue O. ☎ 212-206-9300)* s'est installée dans de vastes locaux où elle expose les œuvres de grands artistes vidéo et conceptuels.

❸ El Cid Tapas

Voir plan p. 187. 322, 15ᵉ Rue O. ☎ 212-929-9332. C'est dans ce restaurant sans prétention que l'on dégustera les meilleures *tapas* (petits hors-d'œuvre espagnols) de New York, accompagnées d'une délicieuse sangria. L'établissement compte tout au plus une douzaine de tables très rapprochées et un bar. Alors, pour pouvoir goûter aux savoureuses asperges blanches à la vinaigrette, aux crevettes grillées à l'ail et aux *tortillas* (omelettes additionnées de pommes de terre, de fromage et de jambon), réservez votre table. Le repas se termine par un verre de sherry, offert gracieusement par la maison.

breux édifices religieux. Le presbytère (1832), d'inspiration néogrecque, servait à l'origine de chapelle. Tout à côté, au n° 336, l'Atlantic Theater (théâtre « Off-Broadway » spécialisé dans les pièces d'avant-garde américaines) occupe l'ancienne maison paroissiale bâtie en 1854.

Continuer vers l'Est. Tourner à gauche dans la 8ᵉ Av., puis à droite dans la 23ᵉ Rue O.

Hotel Chelsea – 222, 23ᵉ Rue O. (entre les 7ᵉ & 8ᵉ Av.). www.hotelchelsea.com ☎ 212-343-3700. Au cœur même de l'ancien quartier des théâtres se dresse l'un des tout premiers immeubles en copropriété de la ville. Cet édifice d'aspect éclectique (1884, Hubert, Pirrson & Co.), orné de balcons en fer forgé arborant un motif de tournesol caractéristique du style Queen Anne, devint une résidence hôtelière en 1905. Beaucoup d'écrivains et d'artistes fréquentèrent ce légendaire établissement : Dylan Thomas, Mark Twain, Jackson Pollock et Andy Warhol, dont le film *Chelsea Girls* fut tourné sur les lieux. Le hall, quelque peu vieilli, expose les œuvres de clients d'hier et d'aujourd'hui.

Continuer vers l'Est. Prendre à gauche la 7ᵉ Av., et continuer vers le Nord jusqu'à la 27ᵉ Rue O.

Du côté Ouest de la 7ᵉ Avenue, entre les 26ᵉ et 28ᵉ Rues, se dresse le **Fashion Institute of Technology** *(www.fitnyc.edu ☎ 212-217-7675)*, école de stylisme de grande renommée. La 28ᵉ Rue forme le centre d'un important marché aux fleurs : le **Flower Market**. Plus au Nord, sur la 29ᵉ Rue, se trouve le **Fur Market**, plus vaste marché aux fourrures du monde. C'est ici que les spécialistes de la fourrure créent des chapeaux et des manteaux qui reflètent les dernières tendances de la mode.

Continuer sur la 7ᵉ Av. en direction du Nord jusqu'à la 33ᵉ Rue O.

Madison Square Garden et Pennsylvania Station – Ici se dressait autrefois l'ancienne Pennsylvania Station, gare conçue en 1906 par McKim, Mead & White. Considéré comme le chef-d'œuvre du célèbre bureau d'architectes, l'immeuble de fonte et de verre fut néanmoins démoli dans les années 1960 et remplacé par la structure plutôt quelconque que l'on voit aujourd'hui. L'énorme controverse qui entoura cette démolition donna naissance au premier règlement de conservation de la ville qui, aujourd'hui encore, demeure l'un des plus stricts du pays (et pourtant, on envisage maintenant de démolir la gare actuelle pour en construire une nouvelle...).

Le complexe ferroviaire dessert trois lignes (Amtrak, New Jersey Transit et Long Island Railroad) qui passent sous l'Hudson et l'East River. On projette de transformer le bureau de poste voisin en une nouvelle gare afin de délester Pennsylvania Station d'une part de son trafic et de réparer une injustice administrative.

■ **Marché aux puces de la 26ᵉ Rue**

Chaque week-end, des brocanteurs amateurs se réunissent sur un terrain inoccupé situé sur l'Avenue of the Americas, entre les 26ᵉ et 27ᵉ Rues, pour vendre un incroyable bric-à-brac d'objets anciens et de curiosités en tous genres. Ce marché de plein air, l'un des plus grands de New York, attire une foule disparate d'acheteurs avertis et de flâneurs. Vous y trouverez peut-être le cadeau idéal, mais n'oubliez pas de marchander ; et surtout, vérifiez l'état de tout objet avant de payer...

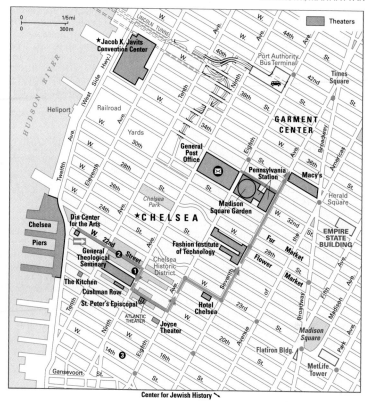

Center for Jewish History ↘

Le **Madison Square Garden Sports Center** occupe les cinq derniers étages de l'immeuble. C'est le quatrième centre sportif à porter ce nom depuis la construction du premier en 1879, à l'angle de Madison Avenue et de la 27e Rue *(voir p. 180)*. Le centre sportif, qui peut accueillir 20 000 spectateurs, abrite une équipe de basket (les New York Knickerbockers) et une équipe de hockey (les New York Rangers). On y assiste aussi à des expositions canines et des concours hippiques, des concerts, des spectacles de patinage artistique et de cirque, des matchs de boxe et des tournois de tennis. *Renseignements sur les visites : www.thegarden.com*

Continuer sur la 33e Rue O. en direction de l'Ouest jusqu'à la 8e Av.

General Post Office – *À l'angle de la 8e Av. & de la 33e Rue.* Ornée d'imposantes colonnes corinthiennes, l'immense structure de granit du James A. Farley Building (1908, McKim, Mead & White) s'étale sur deux blocs. La corniche porte une inscription, librement adaptée d'un texte de l'historien Hérodote, qui évoque la tâche incessante des employés de la poste. Les services postaux n'occupant plus la totalité du bâtiment depuis longtemps déjà, on envisage de le rénover pour accueillir le nouveau terminal ferroviaire de Penn Station *(achèvement des travaux prévu en 2008)*.

Retourner à la 7e Av. et continuer en direction du Nord jusqu'à la 34e Rue.

Macy's – *Bordé par la 7e Av., Broadway & les 34e et 35e Rues. www.macys.com* ☎ *212-695-4400.* « Le plus grand magasin du monde » se divise en deux sections : l'aile Est (1901) de facture classique, et l'aile Ouest (1931) de style Art déco. En plus d'offrir une marchandise remarquablement variée, Macy's organise chaque année de célèbres événements : exposition florale *(printemps)*, feux d'artifice du 4 juillet (fête nationale des États-Unis) et défilé de Thanksgiving *(automne)*. À la période des fêtes, les enfants viennent en grand nombre pour la traditionnelle visite au père Noël, immortalisée dans le classique du cinéma américain, *Miracle on 34th Street*.

AUTRES CURIOSITÉS

★**Jacob K. Javits Convention Center** – *655, 34e Rue O.* Le palais des congrès de New York tient son nom d'un ancien sénateur de l'État de New York, Jacob K. Javits (1904-1986). Il s'agit d'un édifice relativement peu élevé s'étendant le long de l'Hudson, de la 34e à la 39e Rue Ouest. Conçu par I.M. Pei$ & Partners en 1986, le centre dispose d'une surface totale de 167 400 m² et renferme deux grands halls

Mais pourquoi surnomme-t-on donc New York **The Big Apple** (la grosse pomme) ? Pour les musiciens et gens du show-business des années 1920 et 1930, un engagement à New York était alors le couronnement de toute carrière artistique. Ils vinrent à considérer la grande métropole américaine comme « la belle pomme bien luisante, située tout en haut de l'arbre du succès », d'où la fameuse expression...

d'exposition, plus d'une centaine de salles de réunion, des restaurants et des aires de service. Il peut accueillir chaque jour 85 000 personnes. Particulièrement remarquable sur le plan architectural, le hall d'exposition principal est constitué par une énorme armature d'acier. Ses quelque 76 000 tubes et ses 19 000 bagues lui donnent l'aspect d'un gigantesque jeu de construction. L'ossature métallique, extrêmement souple, est maintenue par des colonnes de 27 m de haut ; elle fait office de poutrelles, de murs et de toit.

Center for Jewish History – *15, 16ᵉ Rue O. Ouv. toute l'année lun.-jeu. 9 h-17 h, ven. 9 h-16 h, dim. 11 h-17 h. Fermé les principaux j. fériés & fêtes juives. Musée de l'université Yeshiva : ouv. mar.-jeu. & dim. 11 h-17 h. 6 $. ✗ ♿ Programme des expositions : www.cjh.org ☎ _212-294-8301.* Cet établissement (2000) est issu de l'astucieux aménagement de quatre *brownstones* de Chelsea, réunis en un bâtiment unique. Le centre, qui abrite cinq organisations (YIVO Institute for Jewish Research, le musée de l'université Yeshiva, l'institut Leo Baeck, American Jewish Historical Society et American Sephardi Federation), contient la collection d'objets culturels et historiques juifs la plus volumineuse hors d'Israël. Les étudiants ont à leur disposition quelque 100 millions de documents archivés (manuscrits et photos), une bibliothèque de 500 000 volumes et des dizaines de milliers d'objets usuels, artistiques ou rituels exposés dans le splendide atrium et les galeries. Le centre bénéficie également d'une salle de lecture, d'un café casher et d'un théâtre.

19 • CENTRAL PARK★★★

Voir plan p. 191

Véritable oasis au sein de la trépidante métropole, Central Park déferle son immense tapis de verdure (341 ha) pour le plus grand plaisir des quelque 20 millions de personnes qui, chaque année, empruntent ses sentiers boisés ou se prélassent sur ses vastes pelouses. Lieu récréatif par excellence, ce rectangle délimité dans sa longueur par les 59e et 110e Rues, et dans sa largeur par la 5e Avenue et Central Park Ouest, offre aux visiteurs une étonnante variété d'activités sportives et culturelles.

Un peu d'histoire

Une heureuse acquisition – Pressentant la nécessité d'aménager des espaces verts dans la ville en pleine croissance, **William Cullen Bryant**, poète et éditeur du *New York Evening Post*, lança, en 1850, une campagne de presse visant à promouvoir la création d'un grand parc public. Avec l'aide des célèbres écrivains Washington Irving et George Bancroft, et l'appui de citoyens engagés, Bryant persuada la municipalité d'acquérir une « terre en friche, laide et répugnante » située bien au-delà de la 42e Rue, qui marquait à l'époque la limite Nord de New York. Après avoir acheté ce terrain marécageux alors habité par des squatters pratiquant l'élevage des chèvres et des cochons, la ville organisa un concours d'aménagement que remportèrent les architectes-paysagistes **Frederick Law Olmsted** (1822-1903) et **Calvert Vaux** (1824-1895).

Central Park au printemps.

Les travaux de défrichement commencèrent en 1857, avec une équipe de 30 000 personnes constituée principalement de travailleurs irlandais, et 400 chevaux. Malgré une résistance acharnée de la part des squatters, qui bombardèrent les ouvriers de pierres, le projet suivit son cours. Plusieurs millions de mètres cubes de terre furent déplacés et, après 19 années de drainage, de plantation, de construction de ponts et de routes et d'ingénieuses créations de paysages, le parc prit, à peu de chose près, la forme qu'on lui connaît aujourd'hui.

Olmsted et Vaux marièrent habilement les éléments naturels et artificiels, empruntant au style romantique très en vogue au milieu du 19e s. Dans certaines parties du parc où la fine couche de terre couvre à peine la roche, une végétation éparse souligne l'aspect accidenté du paysage. Dans la partie Nord, les collines et les vallons, les rochers escarpés, les arbres et les buissons composent un décor d'une grande beauté. Ailleurs, les champs et les anciens pâturages sur lesquels paissaient les moutons jusqu'en 1934 ont conservé leur charme pastoral malgré la présence de chemins pavés. Lacs et étangs couvrent environ 75 ha. Une ambiance plus solennelle règne sur le Mall et le Conservatory Garden.

Un parc très prisé – Central Park connut, dès ses débuts, une grande popularité auprès des New-Yorkais. Aussitôt ouvert, il devint le terrain de parade des plus beaux attelages qui s'alignaient à l'entrée du parc, attirant sur eux les regards envieux de la foule. Victorias, broughams, phaétons et bogeys véhiculaient les dames de la haute

Renseignements pratiques ....Indicatif téléphonique : 212

Comment s'y rendre – **Métro** *(côté Ouest du parc)* : **MTA** stations 57th St. (lignes N, R), 59th St. (lignes B, C ou 1, 9), 72nd St., 81st St., 86th St., 96th St. et 103rd St. (lignes B, C), ainsi que Cathedral Pkwy. **Bus** *(côté Est du parc)* : M1, M2, M3, M4. **Voiture** : aucun terrain de stationnement à l'intérieur du parc.

Comment s'y déplacer – Central Park offre aux visiteurs plus de 40 km d'allées (revêtues), quatre routes transversales ou *transverse roads* à la hauteur des 65ᵉ, 79ᵉ, 85ᵉ et 97ᵉ Rues, et deux artères *(West Drive* et *East Drive)* fermées à la circulation automobile le week-end, les jours fériés et à certaines heures de la journée, de manière à permettre aux cyclistes, coureurs et promeneurs de circuler en toute quiétude.

Sécurité – Central Park est équipé d'un grand nombre de postes d'appel d'urgence. Malgré la fréquence des rondes de police (à cheval, en voiture et en patins à roulettes), il est fortement déconseillé de se promener dans les zones isolées du parc ou de s'y aventurer la nuit.

Où s'informer – Pour obtenir des renseignements sur les manifestations en cours et les installations récréatives à la disposition du public, ☎ *360-3444 (message enregistré)* ou consulter le site Internet *www.centralparknyc.org.* Pour se procurer des plans du parc ainsi qu'un programme des activités, s'adresser aux centres d'accueil du parc *(tél. pour les horaires saisonniers)* : **The Dairy** *(65ᵉ Rue ;* ☎ *794-6564)*, **Belvedere Castle** *(79ᵉ Rue ;* ☎ *772-0210)*, **North Meadow Recreation Center** *(97ᵉ Rue ;* ☎ *348-4867)* et **Charles A. Dana Discovery Center** *(à l'angle de la 110ᵉ Rue & la 5ᵉ Av. ;* ☎ *860-1370)*. Pour tout renseignement complémentaire, s'adresser à Central Park Conservancy *(*☎ *310-6600)*.

Activités récréatives – Le **jogging** est sans aucun doute le sport le plus populaire à Central Park ; pour tout renseignement, contacter le NY Runners Club *(www.nyrrc.org* ☎ *860-4455)*. Le parc est équipé de terrains de base-ball et de football *(situés dans le parc ; autorisation préalable obligatoire ; 8 $; www.nycparks.org* ☎ *408-0209)*, de **courts de tennis** *(au milieu du parc à la hauteur de la 94ᵉ Rue & de la 96ᵉ Rue ; ouv. avr.-nov. ; 5 $/jour ;* ☎ *360-8133)* et de pistes de patinage ; leçons de **patinage sur glace** et location de patins en saison à Wollman Rink *(côté Est du parc entre la 62ᵉ & la 63ᵉ Rue ; lun.-ven. 8,50 $, w.-end 11 $; www.wollmanskatingrink.com* ☎ *439-6900)* et Lasker Rink *(au milieu du parc entre la 106ᵉ & la 108ᵉ Rue ; 4,50 $;* ☎ *534-7639)*. Location de **patins à roulettes** au Wollman Rink *(utilisation dans le parc uniquement ; 15 $/jour protections comprises ; caution 100 $; leçons* ☎ *396-1010)*. Il est également possible de louer au Loeb Boathouse des **bicyclettes** *(mars-oct. : tlj 10 h-19 h ; 10-15 $/h ;* ☎ *517-2233)*, des **barques** *(mars-oct. : tlj 10 h-17 h ; 10 $/h)* et des **gondoles** *(mai-sept. : lun.-ven. 17 h-21 h, w.-end 14 h-21 h ; 30 $/30mn ; réservation conseillée ;* ☎ *517-2233)*. Central Park possède en outre près de 7 km d'allées cavalières pour les amoureux d'**équitation** *(centre équestre Claremont Stables, 175, 89ᵉ Rue O. ; ouv. toute l'année lun.-ven. 6 h-22 h, w.-end 6 h-17 h ; 50 $/h ; monte à l'anglaise requise ;* ☎ *724-5100)*.

Tourisme-découverte – Des **promenades guidées** gratuites *(renseignements : Central Park Conservancy* ☎ *360-2726)* permettent de découvrir l'histoire, la géologie, la faune et la flore de Central Park. Les **visites à bicyclette** combinent exercice et pédagogie *(départs tlj 10 h, 13 h & 16 h ; 35 $ guide & location de bicyclette compris ; www.centralparkbiketour.com* ☎ *212-541-8759)*. Il est également possible de louer, près de l'hôtel Plaza à l'angle Sud-Est de Central Park et à la Tavern On the Green, une **calèche** *(tlj de l'année 24 h/24, sauf lorsque la température est inférieure à –8 °C ou supérieure à 31 °C ; 1-4 passagers ; 34 $/20mn, 54 $/50mn ; www.centralpark.org* ☎ *246-0520)*.

Pour les enfants – **Enfants** Le zoo **Wildlife Center** *(ouv. avr.-oct : tlj 10 h-17 h ; reste de l'année :10 h-16 h30 ; adultes 6 $, enfants 3-12 ans 1 $;* ☎ *439-6500)*, le **manège** *(ouv. mai-oct : tlj 10 h-18 h ; reste de l'année : w.-end 10 h-16 h30 ;* ☎ *879-0244)*, les spectacles de marionnettes du **Swedish Cottage Marionette Theatre** *(toute l'année mar.-ven. 10 h30 & midi, sam. 13 h ; 6 $/adulte, 5 $/enfant ; réservation requise* ☎ *988-9093)* et les diverses installations récréatives du parc plairont particulièrement aux enfants, tout comme les expositions d'histoire naturelle et les programmes proposés par le **Henry Luce Nature Observatory** *(voir Belvedere Castle)* et le **Charles A. Dana Discovery Centre** *(voir ci-dessus)*. Noter aussi les activités *(escalade, courses et circuits d'aventures)* organisées à leur intention par le **North Meadow Recreation Center** *(à la hauteur de la 97ᵉ Rue ;* ☎ *348-4867)*. L'été, lorsque le temps le permet, les jeunes visiteurs pourront également se baigner au Lasker Pool *(tlj 11 h-15 h & 16 h-19 h)*, attraper les poissons du lac Harlem Meer et les remettre à l'eau *(cannes à pêche et appâts disponibles au Dana Discovery Center)*, et écouter des contes devant la statue de Hans Christian Andersen.

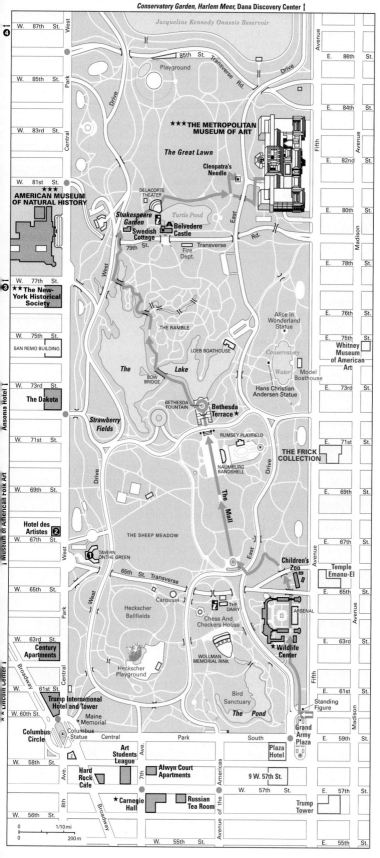

Jacqueline Kennedy Onassis Reservoir

W. 87th St.   West   Avenue   E. 86th St.
❹

W. 85th St.   85th St. Transverse Rd.   Drive   E. 84th St.

Playground

W. 83rd St.   Park   Central   ★★★ THE METROPOLITAN MUSEUM OF ART   E. 82nd St.   Fifth   Avenue

The Great Lawn

W. 81st St.   Cleopatra's Needle   E. 80th St.

★★★ AMERICAN MUSEUM OF NATURAL HISTORY

DELACORTE THEATER   *Turtle Pond*

Shakespeare Garden   Belvedere Castle   East   E. 78th St.   Madison

Swedish Cottage   Transverse
79th St.   Fire Dept.

W. 77th St.   Rd.
❸ ★★ The New-York Historical Society

W. 75th St.   THE RAMBLE   Alice in Wonderland Statue   E. 76th St.

SAN REMO BUILDING   *Conservatory*   E. 75th St.   Whitney Museum of American Art

LOEB BOATHOUSE   *Water*   Model Boathouse

W. 73rd St.   *The*   *Lake*   Hans Christian Andersen Statue   E. 73rd St.

The Dakota   BOW BRIDGE

BETHESDA FOUNTAIN   Bethesda Terrace ★

Strawberry Fields

W. 71st St.   RUMSEY PLAYFIELD   E. 71st St.   THE FRICK COLLECTION

NAUMBURG BANDSHELL

W. 69th St.   Drive   E. 69th St.

Hotel des Artistes ❷

W. 67th St.   THE SHEEP MEADOW   *The Mall*   East   Children's Zoo   Temple Emanu-El

TAVERN ON THE GREEN

W. 65th St.   65th St. Transverse   E. 65th St.

Carousel   THE DAIRY

Heckscher Ballfields   Chess And Checkers House   ARSENAL

W. 63rd St.   WOLLMAN MEMORIAL RINK   ★ Wildlife Center   E. 63rd St.

Century Apartments

Heckscher Playground

W. 61st St.   Bird Sanctuary   Standing Figure   E. 61st St.

Trump International Hotel and Tower

W. 60th St.   Maine Memorial   *The*   *Pond*   Grand Army Plaza

Columbus Circle   Columbus Statue   Central   Park   South   Plaza Hotel   E. 59th St.

W. 58th St.   Art Students League   Ave.   Americas   Trump Tower

Hard Rock Cafe   Alwyn Court Apartments   9 W. 57th St.   E. 57th St.

7th   W. 57th St.

W. 56th St.   ★ Carnegie Hall   Russian Tea Room

0   1/10mi
0   200 m

W. 55th St.   E. 55th St.

société, élégamment vêtues, qui jaugeaient d'un œil sans indulgence les équipages rivaux. Les trotteurs, alors très en vogue, traversaient le parc dans les claquements de fouet pour rejoindre les pistes d'entraînement de Harlem. À compter de 1875, tout vrai gentleman se devait de conduire son propre attelage à quatre chevaux. C'est ainsi que, dès 1858, Leonard Jerome, grand-père maternel de Winston Churchill fonda, avec le financier et sportif August Belmont, le prestigieux Coaching Club. Puis, avec les années 1890, apparut la vogue du vélocipède. D'abord jugé immoral en raison de la liberté excessive qu'il conférait aux mouvements des jeunes femmes et des tournures vestimentaires qu'exigeait sa pratique, le vélo suscita un tel engouement que les allées de Central Park regorgèrent bientôt de femmes cyclistes.

Au début des années 1930, Central Park servit de refuge aux victimes de la Grande Dépression et l'ancien réservoir du Belvédère se transforma en un bidonville surnommé par dérision « Hooverville », allusion à Herbert Hoover, président des États-Unis de 1929 à 1933. À cette triste époque succédèrent plusieurs décennies de paix et de prospérité. Survint ensuite la période « hippie » des années 1960, durant laquelle le parc devint un lieu de rassemblement de la contre-culture et l'antre des arnaqueurs et des revendeurs de drogue. Le parc fut peu à peu négligé, surtout à cause d'une insuffisance de fonds. Cependant, en 1980, un organisme privé à but non lucratif appelé le Central Park Conservancy fut créé afin d'entreprendre d'importants travaux de réhabilitation. Mandaté par la ville de New York, le Conservancy lança une campagne de financement qui permit de réunir plus de 300 millions de dollars et de rendre au parc sa splendeur passée.

VISITE

Pénétrer dans Central Park par Grand Army Plaza, à l'angle de Central Park South et de la 60ᵉ Rue.

En approchant de Scholar's Gate, remarquer près de l'entrée la statue de bronze dite **Standing Figure** (1984), par Willem de Kooning.

Se diriger vers le Centre de protection de la vie animale, au Nord de l'entrée.

Juste avant le Centre, un regard vers l'Ouest permet d'apercevoir le Wollman Memorial Rink, qui sert de patinoire l'hiver et de piste de patinage à roulettes l'été. Vers le Sud, un charmant **étang** (The Pond) en croissant de lune, entouré d'une luxuriante végétation, cerne une zone de protection des oiseaux occupant un affleurement rocheux.

Entrer dans le Centre de protection.

★**Central Park Wildlife Center** – 〈Enfants〉 *Côté Est du parc entre la 63ᵉ & la 66ᵉ Rue. Plan disponible à l'entrée. Ouv. avr.-oct. : lun.-ven. 10 h-17 h, w.-end & j. fériés 10 h-17 h30 ; reste de l'année : tlj 10 h-16 h30. 6 $ (ce prix inclut l'entrée des enfants au zoo).* ✕ & www.centralparknyc.org ☎ 212-439-6500. Ce zoo accueille plus de 450 animaux représentant une centaine d'espèces. Trois régions climatiques habilement reconstituées se côtoient sur le terrain de 2 ha : la zone tropicale, les régions tempérées et le cercle polaire.

Après avoir été rénové, le **zoo des enfants** (Children's Zoo) a rouvert ses portes en été 1997. Il présente des animaux domestiques et quelques espèces sauvages. Ne manquez pas de voir, au-dessus de l'arche d'entrée, l'horloge Delacorte, avec son mouvement de figurines animales en bronze brandissant des instruments de musique *(les rotations ont lieu chaque demi-heure de 8 h à 18 h).*

Noter, du côté de la 5ᵉ Avenue, un austère bâtiment de pierre grise et de brique rouge d'inspiration néogothique. Il s'agit de l'ancien arsenal de l'État de New York construit dans les années 1840, qui abrite aujourd'hui les quartiers généraux de l'administration des parcs et des services récréatifs de New York.

Quitter le zoo par le Nord et passer sous la 65ᵉ Rue. Prendre à gauche à la fourche, puis tourner à gauche pour emprunter le large escalier permettant de traverser East Drive puis de gagner l'extrémité Sud du Mall, marquée par la statue de Shakespeare.

Le Mall – Cette large allée rectiligne, bordée d'ormes et de bustes d'écrivains célèbres, contraste avec l'allure généralement moins classique du parc. À son extrémité Nord se dresse le Naumburg Bandshell, auditorium jadis très populaire qui n'est cependant plus utilisé. Les soirées musicales d'été se déroulent maintenant au Rumsey Playfield, plus à l'Est. Par ailleurs, de grands concerts et des rassemblements caritatifs ont parfois lieu sur le Great Lawn, derrière le Metropolitan Museum. À l'Ouest du Mall, le **Sheep Meadow** attire de grandes foules sur ses collines vallonnées, d'où l'on a de superbes vues sur la ligne d'horizon de la ville.

Bien à l'Ouest du Sheep Meadow, près de l'entrée sur la 66ᵉ Rue Ouest, se trouve la célèbre Tavern On the Green, charmant restaurant aménagé dans une ancienne bergerie (1870).

Du Mall, descendre les escaliers jusqu'à Bethesda Terrace.

★**Bethesda Terrace** – Point de mire du parc, cette jolie esplanade rappelle une cour espagnole avec son pont à arcades orné de frises finement ouvragées, son grand escalier et sa fontaine couronnée d'une statue d'Emma Stebbins intitulée **Angel of the Waters** (1868).

① Tavern on the Green

Voir plan p. 191. Côté Ouest de Central Park, au coin de la 67e Rue O. www.tavernonthegreen .com ☎ 212-873-3200. Les vitraux, les miroirs et les lustres en cristal de ce célèbre restaurant ont de quoi égayer la plus terne journée. Par beau temps, installez-vous à la terrasse et contemplez les vues du parc à travers un rideau d'arbres décorés de milliers de petites lumières. Site d'innombrables films et émissions télévisées, la Tavern On the Green sert aussi de point d'arrivée au fameux marathon de New York.

Cédée par NYC & CO

Le lac – Avec ses rives escarpées, le lac semble avoir été transplanté depuis quelque lointaine montagne. Un gracieux pont de fer, Bow Bridge, l'un des sujets favoris des photographes, le franchit non loin de la fontaine Bethesda.

Juste à l'Ouest du lac se trouvent les **Strawberry Fields** et l'International Garden of Peace, dédié à la mémoire de **John Lennon**, ancien membre des Beatles. S'étalant sur plus d'un hectare, ce jardin commémoratif réunit 161 espèces de plantes représentant les différents pays du monde. Il se situe à quelques pas du premier immeuble résidentiel de luxe de New York, le Dakota, où vécut John Lennon jusqu'à son assassinat.

Au bord Est du lac, Loeb Boathouse est très fréquentée l'été par les promeneurs affamés. Entre le lac et la 5e Avenue, un petit étang, Conservatory Water, attire les marins en herbe et leurs modèles miniatures. Au Nord du lac, les visiteurs découvriront une colline boisée, le **Ramble**, dont les sentiers paisibles invitent à la promenade.

Pour éviter de s'égarer sur le Ramble, il est préférable de ne pas s'écarter des sentiers situés sur le côté Ouest, en essayant de ne pas perdre le lac de vue. Il faut franchir deux ponts avant d'arriver à West Drive. Prendre West Drive en direction du Nord.

Swedish Cottage – Enfants École suédoise en miniature, cet exquis bâtiment en rondins fut construit à l'étranger et expédié aux États-Unis par bateau en pièces détachées. Édifié en 1877 dans Central Park, le cottage (restauré en 1998) accueille aujourd'hui le **Marionette Theatre**, qui présente des spectacles toute l'année *(voir horaires et tarifs p.).*

Une flânerie le long des sentiers de **Shakespeare Garden**, adjacent au cottage, mène à la rencontre de nombreuses espèces de fleurs, de plantes, d'arbres et d'arbustes évoqués dans l'œuvre du chantre d'Avon. Des citations du dramaturge ayant trait aux jardins sont inscrites sur de petites plaques. De vastes bancs permettent aux visiteurs de se reposer.

Monter les escaliers jusqu'au Belvedere Castle.

Henry Luce Nature Observatory (**A**) – Enfants *Situé dans Belvedere Castle. Ouv. mar.-dim. 10 h-17 h. Fermé principaux j. fériés. www.centralparknyc.org ☎ 212-772-0210.* Inauguré en mai 1996, ce centre d'interprétation de la nature accueille des expositions interactives sur la flore et la faune du parc. L'un de ses principaux attraits est une collection de modèles en papier mâché représentant les oiseaux qui fréquentent le parc. Le centre occupe deux étages du **Belvedere Castle**, reproduction (1872) d'un château médiéval écossais, coiffé de merlons et créneaux, conçu par Calvert Vaux. La structure domine toute la partie Nord du parc, du haut de Vista Rock, procurant d'excellentes vues des quartiers environnants. Un sentier d'interprétation géologique part de l'observatoire pour se rendre jusqu'à l'American Museum of Natural History.

② Café des Artistes

Voir plan p. 191. 1, 67e Rue O. ☎ 212-877-3500. Tenue de ville exigée au dîner. Doté d'un des décors les plus romantiques de New York et d'une adresse prestigieuse (le rez-de-chaussée du légendaire hôtel des Artistes), cet élégant restaurant est fréquenté par une clientèle riche et célèbre. Son intérieur possède d'intéressantes peintures murales réalisées par Howard Chandler Christy en 1934. Les petits budgets préféreront s'en tenir aux desserts ; ils sont d'ailleurs exquis...

Sportifs à Central Park.

Juste au Nord de Belvedere Castle se trouvent l'étang de la Tortue (Turtle Pond) et le Delacorte Theater. Au-delà s'étend l'immense pelouse du **Great Lawn**, aménagée sur le site du Receiving Reservoir, creusé en 1862 afin d'approvisionner la ville en eau. Aujourd'hui, ce vaste espace accueille régulièrement les concerts d'artistes de renommée internationale (Luciano Pavarotti, Elton John, etc.).

De Belvedere Castle, marcher vers le Nord-Est en direction du Metropolitan Museum of Art, dont l'imposante silhouette se dessine à travers les arbres. Juste avant d'atteindre le musée, remarquer **Cleopatra's Needle**, obélisque de 23 m de hauteur provenant d'Héliopolis. Ce monument de granit rose du 16ᵉ s. avant J.-C. fut offert à la ville de New York en 1880 par le khédive Ismail Pacha. Ses hiéroglyphes, dont la traduction est reproduite sur des plaques, racontent l'histoire du pharaon Thoutmès III.

AUTRES CURIOSITÉS

Au Nord de la 96ᵉ Rue s'étend le secteur d'Upper Park. De nombreuses améliorations, ainsi qu'une surveillance accrue, ont contribué à la redécouverte de cette partie de Central Park dans laquelle beaucoup hésitent à s'aventurer, la jugeant dangereuse. Juste au Sud de la 96ᵉ Rue, le Jacqueline Kennedy Onassis Reservoir est entouré d'une piste de course et d'un sentier cavalier.

Conservatory Garden – *Entrée sur la 103ᵉ Rue E., face au Museo del Barrio.* Pour visiter les seuls jardins classiques du parc, passer par Vanderbilt Gate, portail en fer forgé très ouvragé, réalisé à Paris en 1894 pour l'opulente résidence Vanderbilt sur la 5ᵉ Avenue. Aménagé en 1936, le jardin devint très populaire, surtout pour les célébrations de mariages. Il a retrouvé son éclat d'origine grâce à un vaste programme de réhabilitation. Face à l'entrée se trouve le Central Garden, pelouse encadrée par deux allées de pommiers sauvages donnant sur une pergola de glycines. Le South Garden est embelli de 175 variétés de plantes vivaces. Enfin, le North Garden est un jardin à la française présentant chaque année de magnifiques aménagements floraux (20 000 tulipes au printemps, 5 000 chrysanthèmes en automne).

Harlem Meer – *110ᵉ Rue E., à la hauteur de la 5ᵉ Av.* Harlem Meer (« lac » en hollandais) était jadis une charmante étendue d'eau, aux rives échancrées. Bordé de béton dans les années 1940, puis presque abandonné, le lac fut dragué au cours des dernières années, puis peuplé d'achigans à grande bouche et crapets à oreilles bleues. Une piscine et une patinoire (Lasker Pool and Skating Rink) marquent la limite Ouest du lac. Situé à son extrémité Nord, le **Charles A. Dana Discovery Center** Enfants propose des expositions sur la nature. C'est un excellent point de départ pour la découverte de la partie Nord du parc.

MUSÉES *(consulter la section Musées de Manhattan)*

★★★**American Museum of Natural History** – *Central Park West, entre la 77ᵉ Rue O. & la 81ᵉ Rue*

★★★**The Frick Collection** – *5ᵉ Av., à la hauteur de la 70ᵉ Rue E.*

★★★**Metropolitan Museum of Art** – *5ᵉ Av., à la hauteur de la 82ᵉ Rue E.*

★★**Musée Guggenheim** – *1071, 5ᵉ Av.*

★★**Museum of the City of New York** – *5ᵉ Av., à la hauteur de la 103ᵉ Rue.*

★★**The New-York Historical Society** – *2, 77ᵉ Rue O., à la hauteur de Central Park West.*

★**Cooper-Hewitt National Design Museum** – *2, 91ᵉ Rue E.*

★**Jewish Museum** – *1109, 5ᵉ Av.*

★**Neue Galerie** – *1048, 5ᵉ Av., à la hauteur de la 86ᵉ Rue.*

20 • UPPER EAST SIDE★★

MTA station Grand Army Plaza (lignes N, R)
Voir plan p. 198-199

Reconnue avant tout comme le fief des gens riches et célèbres, cette section de Manhattan qui s'étend de la 59ᵉ à la 97ᵉ Rue, entre Central Park et l'East River, englobe une grande variété de quartiers. Les secteurs les plus recherchés, situés à proximité du parc, abritent plusieurs grands musées et une impressionnante concentration de galeries d'art, d'élégants magasins, de restaurants et de résidences luxueuses. Les quartiers à l'Est de Lexington Avenue contrastent par leur atmosphère plus décontractée et leur mélange hétéroclite de gratte-ciel, de bars, de pizzerias, de magasins d'épicerie fine et de parkings couverts.

Un peu d'histoire

Jusqu'au 19ᵉ s., l'East Side était un endroit essentiellement rural, parsemé de quelques fermes et de baraques construites par des squatters. Les premiers signes de l'urbanisation se manifestèrent à **Yorkville**, un hameau situé au Sud de Harlem, et dont le centre donne aujourd'hui sur la 86ᵉ Rue, à l'Est de Lexington Avenue. Vers la fin du 18ᵉ s., plusieurs grandes familles d'origine allemande, parmi lesquelles les Schermerhorn, les

La gentry new-yorkaise

À l'époque où New York n'était encore qu'une simple colonie, la haute société locale se composait de familles hollandaises établies, dont la fortune provenait des terres acquises par la Compagnie des Indes orientales. Avec l'arrivée d'immigrants français, anglais, allemands et écossais, le négoce devint une importante source de revenu. De nouvelles fortunes remplacèrent peu à peu la vieille garde, et de riches entrepreneurs tels J. Pierpont Morgan, John Rockefeller, Jay Fisk et Jay Gould éclipsèrent les illustres familles d'antan.

Jusqu'au milieu du 18ᵉ s., les réunions sociales se limitaient le plus souvent à de simples discussions politiques entre hommes d'affaires. Les grandes soirées mondaines, qui se déroulaient selon un protocole très strict décrit par Edith Wharton dans son roman *L'Âge de l'innocence*, devinrent à la mode au 19ᵉ s. Le snobisme atteignit son apogée en 1882 lorsque Caroline Astor, aidée de l'arbitre de la bonne société, Ward McAllister, lança l'idée du bal des « Quatre Cents », pour lequel Mme Astor devait envoyer 400 invitations, pas une de plus, sous prétexte que la gentry new-yorkaise ne comptait pas plus de 400 personnes. On imagine l'angoisse des candidats et le dépit des évincés...

Ward McAllister décrit fort bien cette ère d'extravagance dans son œuvre *Society As I Have Found It* (1890), expliquant qu'à l'époque, les fortunes ne se calculaient plus en millions, mais en dizaines de millions de dollars. Les bals somptueux, auxquels assistaient beaucoup de jeunes gandins de l'aristocratie européenne dont les titres de noblesse étaient bien plus impressionnants que le compte en banque, demeurèrent la norme jusque dans les années 1920, lorsque la Grande Dépression frappa la ville et que les nouvelles populations d'immigrants changèrent à tout jamais la structure sociale de New York.

Astor et les Rhinelander, y avaient fait construire leurs maisons de campagne. Cependant, tout comme son quartier voisin **Carnegie Hill** *(entre les 86ᵉ & 96ᵉ Rues, à l'Est de la 5ᵉ Av.),* Yorkville devint bientôt la banlieue de la classe moyenne allemande, dont une forte proportion travaillait dans les usines de pianos et les brasseries environnantes.

Après la guerre de Sécession, les nouvelles lignes de transport en commun mises en place sur Madison Avenue et sur les 2ᵉ et 3ᵉ Avenues favorisèrent le développement du secteur situé au Sud de la 86ᵉ Rue. Puis, au début des années 1880, le quartier se transforma sous l'effet d'une intense spéculation immobilière ; les rues furent rapidement bordées de *brownstones*, puis d'églises, de synagogues, d'armureries et d'associations de bienfaisance.

La haute société ne tarda pas à gagner les lieux, attirée par les larges parcelles de terrain qui s'étendaient le long de la 5ᵉ Avenue et dans les environs ; c'est ainsi que l'« avenue des millionnaires », avec ses somptueuses demeures et ses élégants clubs privés, fut prolongée vers le Nord. En 1898, l'audacieux Andrew Carnegie acheta des terrains situés dans les secteurs éloignés de la 90ᵉ Rue Est et de la 5ᵉ Avenue. D'éminents financiers tels qu'Otto Kahn lui rachetèrent des terres au Nord de la 90ᵉ Rue, tandis que l'altière Mᵐᵉ Astor, les Gould et les Whitney s'installaient plus bas, entre les 60ᵉ et 80ᵉ Rues.

Dans les années 1920, des immeubles résidentiels de grand standing remplacèrent les maisons de ville. Au fil des ans, l'East Side a attiré de vieilles familles new-yorkaises, mais aussi de nombreuses célébrités (Greta Garbo, Andy Warhol, Richard Nixon, Woody Allen) et une forte proportion de résidents issus du milieu de la finance. Aujourd'hui, le quartier de Yorkville a particulièrement changé et a perdu son caractère européen, sa population d'origine allemande, hongroise et tchèque arrivée vers les années 1950 ayant peu à peu cédé la place à un important contingent de cadres. Synonyme de richesse et de culture, l'Upper East Side se distingue avant tout par son élégance et son raffinement. Une promenade le long de ses prestigieuses artères (la 5ᵉ Avenue, Park Avenue, Madison Avenue et Lexington Avenue) et de ses rues paisibles révèle un heureux mariage de résidences luxueuses, de galeries d'art exclusives et de commerces haut de gamme.

★★FIFTH AVENUE

Les curiosités ci-dessous sont présentées du Sud au Nord.

© Brigitta L. House/MICHELIN

La 5ᵉ Avenue.

La section de la **5ᵉ Avenue** située aux abords de Central Park forme depuis longtemps le plus prestigieux quartier résidentiel de New York. Des appartements splendides côtoient d'anciens hôtels particuliers convertis pour la plupart en musées, en consulats, en clubs privés ou en institutions culturelles. L'immense square fleuri du **Grand Army Plaza★★** marque la limite entre la partie résidentielle de la 5ᵉ Avenue et sa partie commerciale, avec ses boutiques haut de gamme. On remarquera la **fontaine Pulitzer** (1915), dont les gracieuses cascades constituent le point de mire du square et, juste au Nord, la statue équestre du général William Tecumseh Sherman (1903, Augustus Saint-Gaudens).

Parmi les grands hôtels qui entourent le square, mentionnons notamment le prestigieux **hôtel Plaza★** (1907), conçu par Henry J. Hardenbergh dans le style Renaissance française. Véritable institution new-yorkaise, il accueille de nombreuses réceptions et des bals de bienfaisance qui attirent la fine fleur de l'élite sociale. Presque aussi célèbre que le Plaza, l'hôtel Savoy se dressait de l'autre côté du square jusqu'en 1966, époque à laquelle il fut remplacé par le General Motors Building. Face à la 59ᵉ Rue s'élève l'hôtel Sherry-Netherland (1927) dont la gracieuse tour surplombe le parc. L'angle Nord de la 60ᵉ Rue est dominé par l'hôtel Pierre (1930), le plus récent des grands établissements hôteliers érigés autour du square.

Plusieurs personnes en vue habitèrent au 810, 5ᵉ Avenue *(à l'angle de la 62ᵉ Rue)*, parmi lesquelles William Randolph Hearst, Richard Nixon et Nelson Rockefeller. À l'angle Sud de la 64ᵉ Rue, noter une demeure de style Renaissance toscane, bâtie en 1896 pour le magnat du charbon Edward S. Berwind. Au 3, 64ᵉ Rue Est, la **New India House** abrite le consulat de l'Inde et la délégation indienne aux Nations unies. Construit en 1903 par Warren & Wetmore (architectes du Grand Central Terminal), l'édifice servait autrefois de résidence à la fille de Mᵐᵉ Astor ; remarquer son entrée somptueuse, ses hautes fenêtres et son toit mansardé à lucarnes.

Situé à l'emplacement de l'ancien hôtel particulier de Mᵐᵉ Astor, au 1, 65ᵉ Rue Est, le **Temple Emanu-El**a *(1, 65ᵉ Rue E. ; horaires : www.emanuelnyc.org ☎ 212-744-1400)* fut construit en 1929 dans le style roman byzantin. Principale synagogue réformée de New York et la plus grande du monde, elle contient une nef majestueuse, haute de 31 m, qui peut recevoir jusqu'à 2 500 fidèles. Son plafond, ses colonnes de marbre à chapiteaux sculptés en méplat et sa grande voûte revêtue de mosaïques rappellent l'architecture des basiliques d'Orient. Dans le sanctuaire, l'Arche sainte renferme les rouleaux de la Torah.

L'ancienne résidence de Henry C. Frick, agrémentée de parterres fleuris, occupe tout un bloc entre les 70ᵉ et 71ᵉ Rues et rassemble l'impressionnante collection Frick de grands maîtres *(voir p. 232)*.

À l'angle de la 75ᵉ Rue, une belle grille de fer forgé entoure **Harkness House** (1900), palais italien construit pour Edward S. Harkness, fils d'un associé de John D. Rockefeller. Le bâtiment accueille maintenant le siège du Commonwealth Fund, association philanthropique.

Célèbre école des Beaux-Arts relevant de l'université de New York, le **New York University Institute of Fine Arts** *(1, 78ᵉ Rue E.)* occupe la James B. Duke House qui fut construite en 1912 pour l'un des fondateurs de l'American Tobacco Company. Œuvre d'Horace Trumbauer, cet édifice néoclassique inspiré d'un château bordelais de style Louis XV fut légué à l'université par l'épouse de M. Duke en 1957. L'institut dispense aux étudiants des 2ᵉ et 3ᵉ cycles des cours d'art, d'architecture et de muséographie.

L'ancienne résidence de Payne Whitney *(nᵒ 972)*, conçue par McKim, Mead & White en 1906, accueille les services culturels et de presse du consulat de France. À l'angle Sud-Est de la 79ᵉ Rue, l'**Ukrainian Institute of America** occupe la Stuyvesant Fish House, reconnaissable à sa tourelle.

L'un des premiers et des plus luxueux immeubles résidentiels érigés sur la 5ᵉ Avenue se trouve à l'angle Nord-Est de la 80ᵉ Rue, au nᵒ 998. Achevée en 1914, cette construction de style Renaissance conçue par McKim, Mead & White attira une clientèle opulente et inspira la création d'innombrables structures similaires sur la 5ᵉ Avenue, Madison et Park Avenues. Entre les 80ᵉ et 84ᵉ Rues, du côté de Central Park, se dresse l'imposante façade du fameux Metropolitan Museum of Art.

★Madison Avenue

Bordée de galeries d'art, de nombreux commerces de luxe et de boutiques de haute couture, cette avenue est surtout fréquentée par des gens aisés dont l'élégance rivalise avec celle des somptueux étalages. La plupart des magasins de mode sont situés au Sud de la 79ᵉ Rue, mais la partie au Nord de la 96ᵉ Rue avec ses librairies, ses magasins de quartier et ses bistros en vogue ne manque pas non plus d'attraits. De superbes *brownstones*, dont l'élégance fit de cette artère un secteur résidentiel privilégié au 19ᵉ s., subsistent encore, rehaussés de belles devantures au rez-de-chaussée. Plusieurs immeubles de grand standing et de prestigieux hôtels-résidences, dont l'**hôtel Carlyle** *(35, 76ᵉ Rue E.)*, bâti en 1929, accentuent l'allure distinguée de l'avenue. Remarquer aussi, au nᵒ 867, la maison de Gertrude Rhinelander Waldo (1895), inspirée d'un château de la Renaissance française. L'édifice était destiné à une excentrique douairière qui n'occupa jamais les lieux ; il abrite aujourd'hui la boutique Polo-Ralph Lauren. Le 945 Madison Avenue sert quant à lui de cadre au fameux Whitney Museum of American Art.

L'élite fortunée et les célébrités ne se rendent pas uniquement sur Madison Avenue pour courir les magasins... La célèbre chapelle funéraire Frank E. Campbell, située à l'angle de la 81ᵉ Rue, assura les services funèbres de Tennessee Williams, Judy Garland, John Lennon et Arturo Toscanini.

★Park Avenue

Un mail soigneusement aménagé et des immeubles résidentiels d'une sobre élégance caractérisent ce boulevard à l'allure européenne, qui s'appelait à l'origine la 4ᵉ Avenue. Dans les années 1870 et 1880, cette voie à double sens aujourd'hui très convoitée n'était pas fréquentée par la haute société. Elle était alors bordée d'hôpitaux et d'établissements d'enseignement qui profitaient du bas prix des terrains jouxtant les voies ferrées de la 4ᵉ Avenue. On y trouvait notamment, à l'angle de la 68ᵉ Rue, le Normal College for Women, école normale pour jeunes femmes fondée en 1870 et rebaptisée **Hunter College** en 1914. Au début du 20ᵉ s., la New York Central Railroad couvrit ses voies jusqu'à la 96ᵉ Rue : Park Avenue était née.

➊ Payard Patisserie & Bistro

Voir plan p. 199. 1032 Lexington Av. www.payard .com ☎ 212-717-5252. Ce bistro très français et très chic procure une pause bienfaisante lorsque l'on ressent le besoin de reprendre des forces au beau milieu d'une expédition de lèche-vitrine. On peut y déguster de savoureux canapés, quiches et pâtisseries et tout un choix de délicieux cafés et thés. Les plus affamés se régaleront d'une bouillabaisse ou du foie gras maison. *Ouvert lun.-sam. petit déjeuner–dîner, y compris à l'heure du thé.*

Fauchon

1383, 3ᵉ Av., à la hauteur de la 78ᵉ Rue. www.fauchon .com ☎ 212-517-9600. La légendaire enseigne d'épicerie fine a récemment ouvert sa troisième boutique dans l'Upper East Side. Son pâté de légumes, au parfum enrichi de betteraves, de poivrons, de fenouil ou de carottes, ses sorbets et ses marrons glacés au cognac ne laisseront personne indifférent. Sans compter les célèbres conserves (canard à l'orange ou foie gras d'oie et de canard au poivre). Les deux autres boutiques de Fauchon sont au 424 Park Avenue *(à la hauteur de la 56ᵉ Rue ☎ 212-308-5919)* et au 1000 Madison Avenue *(à la hauteur de la 77ᵉ Rue ☎ 212-570-2211).*

Elle ne tarda pas à devenir une adresse à la mode bordée de nombreux hôtels particuliers. Le magnifique bloc d'immeubles georgiens du côté Ouest de l'avenue, entre les 68ᵉ et 69ᵉ Rues *(nᵒˢ 680-686)*, en est un exemple parfait : il s'agit de quatre résidences privées construites entre 1909 et 1926, qui abritent aujourd'hui différentes institutions diplomatiques et culturelles. Le quartier compte en outre de nombreux organismes de grande renommée tel le **Grolier Club** *(47, 60ᵉ Rue E.)*, fondé en 1884 et ainsi appelé en l'honneur de Jean Grolier, bibliophile français qui vécut au 16ᵉ s. Les 90 000 volumes de cette bibliothèque privée sont destinés exclusivement à la recherche, mais le club organise régulièrement, à l'intention du public, des salons sur les arts littéraires qui ont lieu dans le hall d'exposition au premier niveau *(ouv. sept.-juil. : lun.-sam. 10 h-17 h ; ♿ www.grolierclub.org ☎ 212-838-6690).*

L'imposante maison de brique au 125, 65ᵉ Rue Est abrite les bureaux du **China Institute** qui offre une variété de cours, de conférences et d'expositions sur la Chine. Les galeries du premier niveau *(ouv. toute l'année lun.-sam. 10 h-17 h ; fermé principaux j. fériés ; 5 $; www.chinainstitute.org ☎ 212-744-8181)* proposent au public toutes sortes d'expositions.

Conçue par Charles W. Clinton, la forteresse monumentale qui occupe le bloc entre les 66e et 67e Rues abrite la caserne du septième régiment, plus connue sous le nom de **Seventh Regiment Armory** (1877), quartier général de la garde nationale de New York.

Lexington Avenue

Un mélange sympathique de *brownstones*, de cafés, d'immeubles d'habitation et de librairies confère à cette artère animée une atmosphère de petit quartier. À l'angle de la 59e Rue, on remarquera le célèbre grand magasin **Bloomingdale's**, de style Art déco. Ici, la mode ne s'applique pas seulement aux vêtements, mais à toute marchandise, des confiseries aux rideaux de douche dernier cri.

Située au n° 869, l'église **St. Vincent Ferrer** *(ouv. tlj 7h30-18h30 ; j. fériés 7h30-15h ; visites guidées ; ☎ 212-744-2080)*, conçue en 1918 pour l'ordre dominicain par Bertram Goodhue, présente une magnifique rosace dominant la façade de granit ornée de sculptures de Lee Lawrie. Noter aussi le prieuré (1880), de style gothique victorien.

199

2 **Lèche-vitrine...**
Voir plan p. 199. La partie de Madison Avenue située entre les 72ᵉ et 59ᵉ Rues est devenue synonyme de boutiques de haute couture et de magasins de luxe. Le style Polo perdure chez **Polo-Ralph Lauren** *(867 Madison Av. ; www.polo.com ☎ 212-606-2100).* Si vous aimez la mode européenne, visitez les boutiques **Emmanuel Ungaro** *(792, Madison Av. ☎ 212-249-4090),* **Valentino** *(747 Madison Av. ; www.valentino.it ☎ 212-772-6969)* et **Giorgio Armani** *(760 Madison Av. ; www.giorgio armani.com ☎ 212-988-9191).* Plus au Sud se trouve un magasin dont les neuf étages proposent un grand choix de vêtements pour hommes et femmes : **Barney's** *(660 Madison Av. ; www.barneys.com ☎ 212-826-8900).* Véritable icône de la mode américaine, **Calvin Klein** vend, outre ses fameux vêtements, toute une ligne d'articles pour la maison *(654 Madison Av. ☎ 212-292-9000).*

Kitchen Arts & Letters
Voir plan p. 199. 1435, Lexington Av. ☎ 212-876-5550. La librairie **Kitchen Arts and Letters** se consacre exclusivement à la nourriture et au vin, avec quelque 12 000 titres allant des traditionnelles compilations de recettes aux ouvrages épuisés. On y trouve aussi d'anciennes publicités et des articles culinaires d'autrefois.

À l'angle de la 76ᵉ Rue Est et de Lexington Avenue se dresse l'imposante église catholique **St. Jean Baptiste** *(ouv. toute l'année lun.-ven. 7 h30-18 h30, w.-end 8 h-18 h30 ; ☎ 212-288-5082),* fondée en 1913 par des Canadiens français. L'intérieur, rehaussé de feuilles d'or, comprend un autel somptueux et un orgue de style français.

AUTRES CURIOSITÉS

Islamic Cultural Center of New York – *1711, 3ᵉ Av., à la hauteur de la 96ᵉ Rue. Ouv. sur rendez-vous. ♿ ☎ 212-722-5234. Les femmes sont priées de se couvrir la tête avec un foulard et de porter des manches longues.* Achevé en 1991 d'après les plans de Skidmore, Owings & Merrill, cet édifice de marbre rose destiné aux 400 000 fidèles musulmans de la ville est la principale mosquée de New York. Elle renferme une grandiose salle de prière surmontée d'un dôme haut de deux étages où la lumière pénètre par le biais d'un mur de verre orné de motifs orientaux. D'un côté de la mosquée se dresse un minaret de douze étages, du haut duquel les fidèles sont appelés à la prière.

Carl Schurz Park – *S'étend le long d'East End Av., de la 84ᵉ à la 90ᵉ Rue.* Cette agréable étendue de verdure, achevée en 1891 et retransformée en 1938, longe l'East End Avenue et offre de belles vues sur l'East River. Le parc doit son nom à un célèbre immigrant allemand du 19ᵉ s. qui vécut à Yorkville et fut sénateur ainsi que membre du cabinet du président Hayes. À l'extrémité Nord du parc se trouve Gracie Mansion, résidence officielle du maire de New York. Enfin, face au parc, de l'autre côté d'East End Avenue, à la hauteur de la 86ᵉ Rue, remarquer **Henderson Place Historic District**, quartier historique comprenant 24 maisons à tourelles (1881) construites dans le style Queen Anne.

Roosevelt Island – *Accès par le métro :* MTA *train S de la 63ᵉ St. et Lexington Av., ou par le tramway : départ de la 2ᵉ Av. & de la 59ᵉ Rue tlj 6 h-2 h (w.-end 3 h30) toutes les 15 mn. Aller simple 1,50 $. ♿ www.rioc.com ☎ 212-832-4543. Un plan (25 ¢) est disponible au guichet du tramway à Manhattan. Accès en voiture à partir de Queens par le pont partant de la 36ᵉ Av. La circulation automobile étant limitée sur l'île, les visiteurs devront laisser leur véhicule sur Main Street ou au Motorgate Garage (juste à la sortie du pont) et prendre un minibus.* Modèle d'urbanisme des années 1970, Roosevelt Island (longueur : 4 km ; largeur : 244 m ; superficie : 59,5 ha) s'avance dans l'East River, à 275 m des côtes de Manhattan. On l'appelait autrefois « Welfare Island » (l'île de Bienfaisance), à cause de ses hôpitaux pour les pauvres. Elle est reliée à Manhattan par un pont, par le métro et par un « tramway aérien » qui offre de belles vues sur la rivière pendant les quatre minutes de traversée.
Le complexe de Roosevelt Island a été prévu pour loger des familles de toutes conditions sociales et comprend des commerces, des écoles, deux hôpitaux, des parcs et divers centres de loisirs. De célèbres urbanistes et architectes (Johanson & Bhavnani, et Sert, Jackson & Associates) ont conçu la première phase sur des plans de Philip Johnson et de John Burgee. La tranche baptisée Manhattan Park est l'œuvre de Gruzen Sampton Steinglass ; elle comporte 1 108 logements. La construction de Southtown, qui apportera 2 000 appartements supplémentaires, se poursuit depuis 2001 près de la gare du tramway. Trois des curiosités de l'île ont été restaurées : la **Chapel of the Good Shepherd**, bâtie en 1889, la **Blackwell Farm**

House (1796), l'une des plus anciennes fermes de New York datant de la guerre d'Indépendance, et le **phare** construit en 1872 par James Renwick. Vestige du New York City Lunatic Asylum, premier hôpital psychiatrique de la ville, l'Octagon Tower est en cours de rénovation. Une promenade au bord de l'eau, de part et d'autre de l'île, offre de beaux points de vue sur Manhattan et la rivière.

MUSÉES *(consulter la section Musées de Manhattan)*

La partie de la 5e Avenue située entre les 70e et 103e Rues est surnommée **Museum Mile**.

★★**Whitney Museum of American Art** – *945, Madison Av.*

★**Asia Society and Museum** – *725 Park Av.*

★★★**Frick Collection** – *1, 70e Rue E.*

★★★**Metropolitan Museum of Art** – *5e Av., à la hauteur de la 82e Rue E.*

★★**Museum of the City of New York** – *5e Av., à la hauteur de la 103e Rue.*

★★**Solomon R. Guggenheim Museum** – *1071, 5e Av.*

★**Cooper-Hewitt National Design Museum** – *2, 91e Rue E.*

★**Neue Galerie** – *1048, 5e Av., à la hauteur de la 86e Rue.*

★**Jewish Museum** – *1109, 5e Av.*

El Museo del Barrio – *1230, 5e Av.*

National Academy of Design Museum – *1083, 5e Av.*

21 • UPPER WEST SIDE★★

[MTA] toute ligne desservant la station Columbus Circle-59th St.
Voir plans p. 191 et 205

Bordé à l'Ouest par l'Hudson et à l'Est par Central Park, l'Upper West Side s'étend au Nord de Columbus Circle et englobe un grand nombre d'institutions culturelles new-yorkaises de renom, dont le Lincoln Center, Columbia University et l'American Museum of Natural History. Ce quartier cosmopolite, chargé d'histoire, compte relativement peu de gratte-ciel, mais possède en revanche parmi les plus belles maisons mitoyennes de Manhattan.

Un peu d'histoire

La métamorphose d'un quartier – Au 19e s., Bloomingdale était un endroit encore rural où les chèvres erraient en toute liberté, et qui ne comprenait guère que des taudis et quelques tavernes. La mise en valeur du quartier commença en 1884, avec la construction du premier immeuble résidentiel de luxe de New York, à l'angle de la 72e Rue Ouest et de Central Park West. Ce bel édifice se trouvait dans un secteur alors si excentré de la ville qu'il fut nommé, non sans humour, le « Dakota ». Vers la fin des années 1880, des immeubles locatifs destinés aux classes moyennes commencèrent à apparaître le long d'Amsterdam et de Columbus Avenues, et d'élégantes maisons mitoyennes furent édifiées le long des rues perpendiculaires. Les années 1890 virent l'apparition d'ateliers d'artistes et d'un nouveau type de constructions : les **hôtels-résidences**. Ces derniers offraient à leurs locataires des suites luxueuses dotées de salons, de salles à manger, de chambres et de salles de bains, mais dépourvues de cuisines, les résidents prenant leurs repas dans la salle à manger commune ou se les faisant servir à l'étage par l'intermédiaire d'un monte-plats. Les superbes maisons du West Side logeaient quant à elles une classe sociale aisée composée de banquiers, d'avocats, de membres des professions libérales et, par la suite, de riches familles juives originaires du Lower East Side.
Dans les années 1960, les vieux immeubles collectifs attirèrent, par leurs loyers modiques, quelques fervents de la vie de bohème, tandis que des opérations de rénovation urbaine apportaient une plus grande diversité au quartier. La revalorisation des anciennes maisons mitoyennes a entraîné un certain embourgeoisement de l'Upper West Side dont beaucoup de jeunes cadres apprécient aujourd'hui l'ambiance sympathique. Les paisibles blocs résidentiels bordés d'arbres contrastent avec l'agitation de Broadway, artère commerçante du quartier où l'on trouve de tout, des magasins de chaussures aux restaurants, en passant par les épiceries fines.

Des édifices aussi célèbres que leurs résidents – Plusieurs immeubles résidentiels de luxe, à l'Ouest de Central Park, attirent depuis longtemps une clientèle de choix. Au 1, 72e Rue Ouest se trouve par exemple le fameux **Dakota** (1884), dont les fleurons et les pignons gothiques très ornés servirent de cadre au film de Roman Polanski, *Rosemary's Baby* (1968). Œuvre d'Henry Hardenbergh, architecte de l'hôtel Plaza, le Dakota contient des appartements de grand standing, certains comptant jusqu'à 20 pièces. Plusieurs célébrités y ont vécu, parmi lesquelles Leonard Bernstein, Lauren Bacall et **John Lennon**, qui fut assassiné devant l'entrée de l'immeuble en 1980.

Deux bâtiments à tours jumelles, construits au début des années 1930, dominent Central Park West : les **Century Apartments** *(n° 25)*, superbe réalisation Art déco d'Irwin Chanin, et l'élégant San Remo *(n° 145-146)*, refuge de grandes stars du show-business, dont Dustin Hoffman, Paul Simon et Diane Keaton. Construit en 1904, le somptueux **hôtel Ansonia** *(2101-2119 Broadway)* était un hôtel-résidence très en vogue, fréquenté par des clients renommés, tels Babe Ruth et Arturo Toscanini. D'autres célébrités comme Norman Rockwell, Rudolf Valentino et Noel Coward habitèrent le célèbre **hôtel des Artistes** *(1, 67ᵉ Rue O.)*, érigé en 1907 pour abriter des ateliers en duplex.

> ### ③ Marchés d'alimentation
> *Voir plan p 191.* L'Upper West Side est particulièrement réputé pour ses épiceries fines, dont l'une des plus célèbres est **Zabar's** *(2245 Broadway ; www.zabars.com ☏ 212-787-2000)*. On y trouve une incroyable variété d'aliments provenant des quatre coins du monde, ainsi qu'un excellent choix d'articles de cuisine. Cet ancien restaurant-traiteur juif vend aujourd'hui plus de 453 kg de saumon fumé par semaine. Si le café attenant à l'épicerie semble ordinaire, on y sert pourtant l'un des meilleurs cappuccinos en ville. De l'autre côté de la rue, **H&H Bagels** *(2239 Broadway ; www.hhbagels.com ☏ 212-595-8003)* produit plus de 50 000 *bagels* (petits pains ronds) par jour. Pour une merveilleuse sélection de fruits et légumes, visitez le **Fairway Fruits and Vegetables** *(2127 Broadway ; www.fairwaymarket.com ☏ 212-595-1888)*, où la variété de champignons vaut à elle seule le détour. Enfin, **Citarella** *(2135 Broadway ; www.citarella.com ☏ 212-874-0383)* propose toutes sortes de salades de fruits de mer à emporter, et un excellent choix de poissons.
>
>
> © Brigitta L. House/MICHELIN
>
> Zabar's, une fête pour les sens.

CURIOSITÉS

L'éloignement entre les différents pôles d'intérêt du secteur est un obstacle à la visite pédestre ; néanmoins, nous suggérons de commencer par les abords du Lincoln Center, de poursuivre vers le Nord avec la cathédrale St. John the Divine et l'université Columbia, pour terminer par une promenade dans Columbus ou Amsterdam Avenues, artères renommées pour leurs boutiques et leurs distractions nocturnes (en particulier au Sud de la 86ᵉ Rue).

Moins élégant que le secteur à l'Est de Central Park, l'Upper West Side a cependant beaucoup à offrir au visiteur, avec entre autres curiosités le Lincoln Center, l'université Columbia et le mémorial Grant. Dans les années 1970, beaucoup de jeunes emménagèrent dans le quartier et **Columbus Avenue**, le long de laquelle se succédaient autrefois quincailleries, blanchisseries et marchés, se couvrit presque du jour au lendemain de magasins spécialisés et de cafés-terrasses. Plus récemment, **Amsterdam Avenue** a, elle aussi, bénéficié d'un regain d'activité et compte aujourd'hui plusieurs bars et bistros très fréquentés.

Columbus Circle *Voir plan p. 191*

Une statue de Christophe Colomb, érigée en 1894, domine la place circulaire. La colonne qui la porte est ornée de trois proues de navire en bronze représentant les caravelles de sa flotte : la *Niña*, la *Pinta* et la *Santa Maria*. À l'entrée de Central Park se trouve le Maine Memorial (1913), dédié aux 260 marins du cuirassé *Maine* détruit dans le port de La Havane en 1898.

Cette artère mouvementée a beaucoup changé ces dernières années : le New York Coliseum (1956), autrefois situé du côté Ouest de la place a été détruit en 2000. Il a été remplacé en 2003 par la salle de spectacle Jazz at Lincoln Center et par les deux tours du **Time Warner Center**, qui comprend une galerie marchande de luxe, un hôtel et des appartements de grand standing.

Au Nord se dresse la tour du **Trump International Hotel and Tower**, qui abrite de luxueux appartements et chambres d'hôtel. Cet édifice de 45 étages (anciennement appelé Gulf Western Building) arbore un nouveau revêtement de verre teinté or, signé Philip Johnson et Costas Kondylis.

Au Sud, au 2 Columbus Circle, s'élève une structure de marbre blanc haute de dix étages (1965, Edward Durell Stone), qui rappelle un palais vénitien. Le musée d'Art contemporain et de Design a récemment annoncé qu'il viendrait s'y installer après des travaux qui pourraient modifier la façade si représentative du quartier.

★★ Lincoln Center *Voir plan p. 10*
Sur Broadway, entre les 62ᵉ & 67ᵉ Rues O.

Consacré au théâtre, à la musique et à la danse, le Lincoln Center for the Performing Arts rassemble, dans un espace relativement restreint (6 ha environ), cinq grandes salles de théâtre et de concert, une bibliothèque, un théâtre en plein air et deux esplanades *(des représentations gratuites y sont données en été)*. Ses bâtiments revêtus de verre et de travertin crème importé d'Italie composent un élégant ensemble capable d'accueillir 13 666 spectateurs à la fois. Douze organismes artistiques y siègent, dont le Metropolitan Opera, l'orchestre philharmonique de New York, le New York City Ballet, le New York City Opera, le Jazz at Lincoln Center, la Julliard School, le Lincoln Center for the Performing Arts, Inc., le Lincoln Center Theater, la bibliothèque New York Public Library for the Performing Arts et l'École américaine de ballet.

C'est en 1955 que naquit l'idée de construire un grand centre culturel où pourraient être représentés simultanément opéras, ballets, pièces de théâtre et concerts. Un comité fut formé en 1956, présidé par John D. Rockefeller III et, l'année suivante, la ville achetait le terrain nécessaire dans un quartier alors très pauvre (qui servit d'ailleurs, avant sa démolition, de cadre à la fameuse comédie musicale *West Side Story*). Malgré d'intenses controverses (il fallait abattre 188 immeubles et reloger quelque 1 600 personnes) le projet fut mené à bien.

Une équipe d'architectes dirigée par le célèbre Wallace K. Harrison, qui avait participé à la conception du siège des Nations unies et du Rockefeller Center, se mit à l'œuvre, analysant les avantages et les inconvénients d'une soixantaine de salles de théâtre ou de concert du monde entier avant de concevoir les plans définitifs. Le financement total, estimé à environ 350 millions de dollars, fut principalement assuré par des contributions privées. Les travaux débutèrent en 1959 avec la construction de l'Avery Fisher Hall, et s'achevèrent dix ans plus tard par l'inauguration du Juilliard School Building. Structure à usages multiples, le Samuel B. and David Rose Building fut ajouté à l'ensemble en 1991.

Visite – *Salles de représentation : visite guidée (1 h) uniquement, départ du Metropolitan Opera (niveau inférieur). Ouv. tlj 10 h-17 h. Fermé 1ᵉʳ janv., Thanksgiving & 25 déc. Permet de voir le Metropolitan Opera, le New York State Theater et l'Avery Fisher Hall. 9,50 $. Réservation conseillée.* ✗ ♿ 🅿 *www.lincolncenter.org* ☎ *212-875-5350.*

Metropolitan Opera House (Lincoln Center).

Le coin des mélomanes
Voir plan p. 191. L'Upper West Side accueille certains des plus grands musiciens du pays et offre d'excellents spectacles à longueur d'année. Les amateurs de musique classique feront un arrêt à la **Manhattan School of Music**, qui occupe l'ancien local de la Juilliard School, conservatoire de renommée internationale *(120 Claremont Av., à l'angle de la 120ᵉ Rue. ☎ 212-749-2802)*. Les concerts en soirée sont généralement très abordables et les récitals donnés par les étudiants sont gratuits. Le **Symphony Space** *(2537 Broadway ; www.symphonyspace.org ☎ 212-864-5400)* vaut lui aussi la visite. Ses programmes très variés incluent des spectacles peu ordinaires (comme par exemple un concert de 24 heures entièrement consacré à Ravel) et des lectures d'auteurs classiques et modernes effectuées par de remarquables acteurs, tant de Broadway que de Hollywood.

Metropolitan Opera House – *Visite des coulisses (1 h30) : départ du hall principal oct.-juin : lun.-ven. 15 h30. 10 $. Réservation requise.* ♿ ▯ *www.operaed.org* ☎ *212-769-7020.* Inauguré en 1966 avec **Antoine et Cléopâtre** de Samuel Barber, cet Opéra (3 788 places assises) a remplacé le célèbre « Met » situé à l'angle de Broadway et de la 39ᵉ Rue, qui ferma ses portes en avril 1966 et fut par la suite démoli. Son architecture est due à Wallace K. Harrison. La façade, ornée d'une colonnade de marbre blanc dont la hauteur équivaut à celle d'un immeuble de dix étages, sert de toile de fond à l'esplanade principale. L'édifice abrite deux troupes, le Metropolitan Opera et l'American Ballet Theater. Il comprend sept salles de répétition et des magasins pouvant abriter six décors complets. L'entrée est ornée de deux peintures murales de Chagall, les **Sources de la musique** et le **Triomphe de la musique**. Des chandeliers en cristal, offerts par l'Autriche, rehaussent le somptueux escalier à double révolution revêtu de rouge.

Avery Fisher Hall – Œuvre de l'architecte Max Abramovitz, l'Avery Fisher Hall (anciennement nommé Philharmonic Hall) se trouve à droite de l'esplanade principale. Il fut rebaptisé en 1973 en l'honneur d'Avery Fisher, fondateur de la Fisher Radio. La salle proprement dite (2 742 places assises) est le siège de l'illustre New York Philharmonic Orchestra, le plus ancien orchestre du pays, qui se produisait auparavant au Carnegie Hall.

New York State Theater – Ce théâtre dépend de la ville de New York. Il est dirigé par le City Center of Music and Drama, sous l'égide duquel fonctionnent ses compagnies de ballet (New York City Ballet) et d'opéra (New York City Opera). Le bâtiment qu'il occupe (1964, Philip Johnson) peut recevoir jusqu'à 2 792 spectateurs.

Le Lincoln Center compte également un théâtre de plein air, le Guggenheim Bandshell (derrière l'opéra, au Sud, dans le Damrosch Park), souvent utilisé pour des concerts gratuits. Toujours derrière l'opéra, au Nord, la **New York Public Library for the Performing Arts** *(ouv. toute l'année lun.-sam. 12 h-18 h (jeu. jusqu'à 20 h) ; fermé principaux j. fériés ; visite guidée de 1 h mar. 14 h ;* ♿ *www.nypl.org* ☎ *212-870-1630).* Conçue en 1965 par Skidmore, Owings & Merrill, elle comprend une vaste collection sur la musique (manuscrits, cahiers, enregistrements, photographies d'archives et costumes), un musée des arts du spectacle et un auditorium de 200 places. Les deux petites scènes du Vivian Beaumont Theater (récemment rénové) et du Mitzi E. Newhouse Theater, construites d'après les plans de Eero Saarinen, sont le domaine de la Lincoln Center Theater Company, fondée en 1980. De l'autre côté de la 66ᵉ Rue Ouest, le Juilliard Building (1968, Pietro Belluschi, Catalano & Westerman) est relié aux autres bâtiments du Lincoln Center par une passerelle. Il abrite la célèbre **Juilliard School**, conservatoire destiné à former musiciens, danseurs, chanteurs et acteurs, et l'Alice Tully Hall, petite salle de concert utilisée par la Chamber Music Society du Lincoln Center. C'est ici que se tient également, chaque automne, le Festival du film de New York *(voir p. 25).*

Levain Bakery
167, 74ᵉ Rue O. à la hauteur d'Amsterdam Av. www.levainbakery.com ☎ *212-874-6080.* Les plus grands et les plus délicieux cookies aux pépites de chocolat de Manhattan sortent des fours de cette boulangerie-pâtisserie en sous-sol. Craquants à l'extérieur, moelleux à l'intérieur et riches en pépites fondantes, ils sont irrésistibles pour tout amateur de chocolat. Les autres préféreront les cookies aux raisins et aux flocons d'avoine ou les panières débordant de scones, brioches et sandwichs, à déguster sur place ou à emporter.

★★Cathedral of St. John the Divine *Voir plan p. 199*

Amsterdam Av., à la hauteur de la 112ᵉ Rue O. Ouv. tlj 9 h-17 h. Visite guidée (1 h) mar.-sam. 11 h, dim. 13 h. 5 $. & www.stjohndivine.org ☎ 212-316-7540.

La plus grande cathédrale du monde selon certains et siège du diocèse de New York, cet imposant édifice de pierre de style gothique, toujours en construction, peut accueillir jusqu'à 3 000 fidèles. C'est aussi le cadre de fréquents spectacles de musique, de théâtre, d'art et de danse. Le terrain qu'il occupe (5 ha), situé sur Amsterdam Avenue entre Cathedral Parkway et la 113ᵉ Rue Ouest, comprend sept bâtiments annexes et des jardins.

Une entreprise ardue – L'idée de doter l'immense métropole américaine d'une cathédrale digne d'elle revient en grande partie à Horatio Potter, évêque épiscopalien de New York qui présenta son ambitieux projet lors d'un congrès diocésain en 1872. Vingt ans plus tard, son neveu et successeur, Henry Potter, choisis-

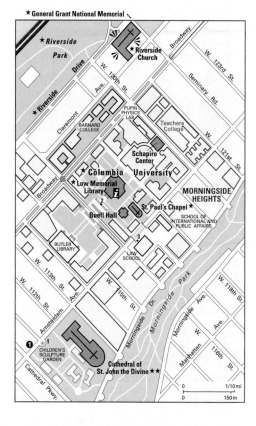

sait comme site définitif le quartier de Morningside Heights *(limite Ouest de Manhattan, entre Cathedral Pkwy. & la 125ᵉ Rue)* et la première pierre était posée. Très vite, les constructeurs se heurtèrent à des difficultés techniques. Le plan initial, conçu en 1888 par les architectes Heins & LaFarge, s'inspirait du style roman européen. Vingt-cinq ans plus tard, Ralph Adams Cram allait adopter le style gothique pour la poursuite des travaux. La croisée du transept et le chœur furent achevés en 1916, et la construction de la nef commença en 1925. Il reste encore aujourd'hui un siècle de travaux à faire (achèvement des tours, de la flèche centrale, du revêtement intérieur en pierre calcaire) et les finitions (statuaire et sculptures).

Visite – La façade Ouest, très large, est flanquée de deux tours carrées qui, une fois achevées, atteindront 81 m de haut (tours de Notre-Dame de Paris : 69 m). Son **portail**★ central se compose d'un double ensemble de portes de bronze fondues à Paris par Ferdinand Barbedienne (qui avait également fait le moulage de la statue de la Liberté). Ces dernières pèsent chacune 2,7 tonnes ; leurs panneaux sont ciselés de scènes évoquant *(à gauche)* l'Ancien et *(à droite)* le Nouveau Testament. Le trumeau porte une statue de saint Jean l'Évangéliste, et le tympan est orné d'une rosace au centre de laquelle trône le Christ en majesté.

Le narthex (ou vestibule) abrite d'étonnants vitraux provenant des ateliers d'Ernest W. Lakeman, qui représentent *(à gauche)* la Création et *(à droite)* des scènes symboliques de la doctrine chrétienne. On remarquera aussi d'intéressantes icônes grecques et des peintures de la Vierge à l'Enfant datant du 15ᵉ s. La **nef** centrale, aussi large que la 112ᵉ Rue, mesure plus de 75 m de long. Les voûtes culminent à 38 m (celles de Notre-Dame de Paris atteignent 35 m). Quatorze autels latéraux sont dédiés aux domaines de l'éducation, de l'art, de la médecine et de la religion. De belles tapisseries du 17ᵉ s., tissées à Mortlake en Angleterre, décorent cette partie de l'édifice ; inspirées d'esquisses de Raphaël, elles décrivent les actes des apôtres.

La croisée du transept (30 m de large), dessinée d'après les plans originaux de Heins & LaFarge, expose un second groupe de tapisseries du 17ᵉ s. provenant d'Italie, qui représentent des scènes du Nouveau Testament. On admirera d'ici la grande

Portail de la cathédrale St. John the Divine.

rose, réalisée dans les ateliers Connick dans les années 1920 ; elle sertit des vitraux composés de 10 000 morceaux de verre. Le chœur, de style roman, se termine par un majestueux rond-point formé par huit colonnes de granit pesant chacune 118 tonnes. Jeter un coup d'œil sur les stalles de chêne sculpté et sur les deux trônes d'évêque, l'un et l'autre entourés d'une clôture de marbre blanc, dont les niches abritent les statues des personnages marquants de la chrétienté (de saint Paul à Washington et Lincoln). Gandhi, Martin Luther King, Albert Einstein et Susan B. Anthony ont été représentés dans le bloc de pierre représentant le 20ᵉ s. Le déambulatoire comprend sept chapelles. On y verra, du côté Sud, plusieurs tableaux de l'école italienne du 16ᵉ s., une Annonciation en terre cuite vernissée (15ᵉ s., école des Della Robbia) ainsi qu'un tissu du 16ᵉ s., historié d'une Adoration des Mages. Le baptistère, au Nord du chœur, est décoré de personnages liés à l'histoire de New York, dont Peter Stuyvesant, reconnaissable à sa jambe de bois. La boutique de souvenirs est située dans la tour Sud. À l'Est du croisillon Sud, le Jardin biblique (Biblical Garden) se compose d'espèces végétales mentionnées dans l'Écriture sainte. Œuvre de Greg Wyatt, artiste en résidence de la cathédrale, la fontaine de la Paix (Peace Fountain – **1**) célèbre le triomphe du Bien sur le Mal. Elle domine le jardin des Sculptures (Children's Sculpture Garden) au Sud, où des représentations d'animaux réalisées par de jeunes New-Yorkais ont été coulées dans du bronze.

★Columbia University *Voir plan p. 205*

De la 114ᵉ à la 120ᵉ Rue O., entre Amsterdam Av. & Broadway. Entrée principale sur la 116ᵉ Rue O. Centre d'accueil dans la Low Memorial Library (ouv. lun.-ven. 9 h-17 h). Accès libre au campus. Visite guidée (45mn) de la plupart des bâtiments (lun.-ven. 11 h & 14 h). ╳ ⅋ www.columbia.edu ☎ 212-854-4900.

Elle n'est « ni sportive comme Yale, ni aristocratique comme Princeton, ni Vieille Amérique comme Harvard ; elle est avant tout pratique et forge des hommes d'action », disait de Columbia Paul Morand. Cette école *Ivy League (voir p. 321)*, l'une des plus anciennes et des plus riches du pays, compte aujourd'hui près de 22 000 étudiants et environ 5 000 professeurs et chercheurs. Son campus principal, situé à Morningside Heights sur le site de l'ancien asile d'aliénés, s'étend sur un terrain de plus de 14 ha. Le campus de l'université de Columbia fut construit sur le site d'un ancien hôpital psychiatrique, le Bloomingdale Insane Asylum. Selon le style Beaux-Arts alors cher à l'époque, les premiers bâtiments ont été édifiés autour d'une esplanade centrale rectangulaire. Les belles façades de brique et de calcaire et les pelouses verdoyantes entrecroisées d'allées composent une harmonieuse perspective entre la Butler Library (1934) au Sud, et la Low Memorial Library au Nord, dont Charles McKim prévoyait de faire, en 1894, l'élément central de son projet. Au début du 20ᵉ s., l'université commença à dépasser les limites de l'ancien campus avec, en 1926, l'ajout de la Casa Italiana, conçue par McKim, Mead & White et, plus récemment, des immeubles de la faculté de droit et de l'École d'affaires publiques et internationales, tous deux situés sur Amsterdam Avenue.

De King's College à Columbia University – Fondé en 1754 par George II d'Angleterre, King's College s'établit tout d'abord dans la sacristie de Trinity Church. Sa première classe comptait à peine huit élèves ! Beaucoup de célébrités sortirent de ses rangs, dont **Alexander Hamilton** qui fut tout d'abord aide de camp de Washington, puis secrétaire au Trésor, et John Jay, premier président de la Cour suprême américaine.

En 1784, après la guerre d'Indépendance, l'école rouvrit ses portes sous le nom de Columbia College. En 1897, elle s'installa à son emplacement actuel après une quarantaine d'années passées à l'angle de Madison Avenue et de la 49ᵉ Rue Est. C'est au cours du 20ᵉ s. que l'université acquit sa réputation d'excellence. Parmi ses éminents administrateurs, citons Dwight D. Eisenhower, qui fut recteur de l'université de 1948 à 1953, date à laquelle il démissionna pour devenir président des États-Unis. L'université de Columbia est un établissement mixte d'enseignement privé comptant un total de 69 départements. Y sont professées les disciplines les plus diverses. Le Columbia's Business College et le Barnard College (collège d'arts libéraux pour femmes, fondé en 1889), situé sur le côté Ouest de Broadway *(entre les 116ᵉ & 120ᵉ Rues)*, assurent les programmes de premier cycle.

★**Low Memorial Library** – Offert à l'université par Seth Low, recteur de 1890 à 1901, cet élégant édifice néoclassique achevé en 1907 (Charles McKim) pastiche l'art romain. Il abritait à l'origine une bibliothèque, mais depuis 1934, sert de centre administratif et de hall d'exposition. Pénétrer à l'intérieur pour admirer sa magnifique rotonde de marbre dotée de majestueuses colonnes et coiffée d'un dôme de 40 m de hauteur.

Temple Hoyne Buell Hall – Seul vestige de l'ancien asile d'aliénés, le plus vieux bâtiment du campus (1878) abrite aujourd'hui un centre d'étude de l'architecture américaine. De fréquentes expositions ont lieu dans les galeries du rez-de-chaussée *(ouv. au public)*. La Maison française, le centre culturel français de l'université, est installée au dernier étage.

★**St. Paul's Chapel** – Élégante construction d'inspiration Renaissance italienne (1907, Isaac Phelps & Stokes), cette chapelle présente un bel intérieur voûté rehaussé d'étonnants chandeliers en fonte et d'un carrelage de couleur saumon. Certains détails, dont la chaire sculptée, les stalles du chœur et le buffet d'orgue, rappellent l'église Santa Croce de Florence. L'édifice bénéficiant d'une acoustique exceptionnelle, des concerts y sont régulièrement donnés.

Schapiro Center – Ce bâtiment d'inspiration classique (1992, Hellmuth, Obata & Kassabaum) comprend des laboratoires de pointe consacrés à la recherche dans des domaines tels que la microélectronique ou l'image vidéo. Une passerelle de verre le relie aux Pupin Physics Laboratories (1927). C'est également là que fut initié le Manhattan Project, comité de recherche à l'origine du développement de l'énergie atomique aux États-Unis.

1 **The Hungarian Pastry Shop**
Voir plan p. 205.
À l'angle de la 111ᵉ Rue & d'Amsterdam Av. ☎ 212-866-4230. Depuis 1961, les étudiants de Columbia et de Barnard fréquentent volontiers ce café à l'ambiance bohème où ils viennent étudier, discuter ou simplement passer le temps. L'intérieur, aux murs couleur aubergine, révèle comme il se doit une ambiance studieuse et plutôt enfumée : lieu idéal pour analyser l'œuvre de Kafka tout en sirotant un *caffè Viennese* (demandez surtout qu'on vous le serve avec une bonne portion de crème fouettée). Le choix de pâtisseries comprend entre autres des *kolaches* (petits pains fourrés à la confiture) et des *strudels* (gâteaux parfumés à la cannelle et garnis de fruits), et bien d'autres desserts typiques de l'Europe de l'Est. De la terrasse, belle vue du Morningside Park.

Sculptures extérieures – Le campus contient plusieurs sculptures d'artistes américains et européens. Sur les marches de l'escalier menant à Low Memorial Library repose la statue en bronze de l'**Alma Mater** (**2**), symbole de l'université ; cette œuvre de Daniel Chester French (1903) fut l'objet d'un attentat à la bombe lors des émeutes estudiantines de 1968. On admirera la réplique du célèbre **Penseur** de Rodin, réalisée en 1930 d'après le bronze de 1880 *(devant le Philosophy Hall, à l'Est de la Low Library)*, ainsi qu'une statue de George Grey Barnard (1899) initialement prévue pour le Dakota, intitulée **Great God Pan** *(à l'Ouest de la Low Library)*. Parmi les œuvres modernes figurent **Bellerophon Taming Pegasus** (**3**) de Jacques Lipchitz (1967), à l'entrée de la faculté de droit, **Tightrope Walker** (1979) de Kees Verkade et **Three Way Piece : Points** (1967) de Henry Moore, sur l'esplanade dominant Amsterdam Avenue ; enfin, **Curl** (1968) de Clement Meadmore, en face de la faculté de gestion *(Uris Hall, derrière la Low Library)*.

★**Riverside Park and Drive** *Voir plan p. 205*

Conçus en 1875 par Frederick Law Olmsted (architecte-paysagiste de Central Park), ce parc et cette allée qui bordent la rivière bénéficient de vues splendides et d'un terrain en pente le long de l'Hudson. Lieu de résidence privilégié des artistes et des musiciens, l'avenue serpente sous des ormes majestueux, bordée de jolies maisons mitoyennes du 19ᵉ s., d'opulents hôtels particuliers datant du début du 20ᵉ s. et d'élégants immeubles résidentiels ; on y découvrira en outre des passages piétonniers et de magnifiques panoramas.

Le parc, qui s'étend de la 72ᵉ à la 155ᵉ Rue Ouest, comprend d'importants monuments new-yorkais *(la zone située en dessous de la 100ᵉ Rue est particulièrement intéressante à visiter)*. Parmi ceux-ci figurent le mémorial abritant la dépouille du général Grant, le Soldiers' and Sailors' Monument érigé en 1902 à la mémoire des victimes de la guerre de Sécession *(89ᵉ Rue O.)*, la statue de Jeanne d'Arc *(93ᵉ Rue O.)*, le Firemen's Memorial en l'honneur des pompiers *(100ᵉ Rue O.)* et la statue de bronze d'Eleanor Roosevelt *(entrée Sud du parc)* réalisée par Penelope Jencks en 1996. On remarquera également, sur la 91ᵉ Rue, un magnifique jardin à l'anglaise entretenu par les résidents du quartier.

★**Riverside Church** *Voir plan p. 205*

Riverside Dr., entre les 120ᵉ & 122ᵉ Rues O. Si le portail Ouest est fermé, utiliser l'entrée sur Claremont St. Ouv. tlj 9 h-17 h. Visite guidée dim. 12 h30 (réservation requise). ✗ ♿ 🅿 ☎ 212-870-6700.

Connue pour ses idées réformistes, l'église de Riverside est un lieu de culte pluriconfessionnel d'affiliation protestante et un important foyer municipal offrant un large éventail de services sociaux et de programmes culturels. Elle occupe un bel édifice néogothique, inspiré de la cathédrale de Chartres, qui domine le quartier du haut de ses 21 étages. Son clocher (122 m) contient le plus grand carillon du monde, composé d'un jeu de 74 cloches. John D. Rockefeller Jr contribua financièrement à l'édification du bâtiment actuel, en pierre calcaire, conçu en 1927 par Allen & Collens et Henry C. Pelton (l'aile Sud fut ajoutée en 1960).

Visite – Le magnifique portail Ouest *(côté Riverside Dr.)* est orné de statues-colonnes représentant à gauche les prophètes de l'Ancien Testament et, à droite, ceux du Nouveau Testament. Son tympan évoque le Christ en majesté entre les symboles des Évangélistes. Pénétrer dans le narthex où ont été remontés deux **vitraux**★ décrivant la vie du Christ, exécutés au 16ᵉ s. pour la cathédrale de Bruges. Du narthex, on accède à la nef (30 m de haut sur 65 m de long) qui peut accueillir jusqu'à 2 500 fidèles ; ses baies supérieures sont des copies de celles de la cathédrale de Chartres. Remarquer la clôture du chœur, ornée de 80 figures d'hommes et de femmes (dont Luther, Milton, Lincoln et Pasteur) qui illustrèrent, au cours de leur existence, les principes de la morale chrétienne. Revenir au narthex où un passage mène à une ravissante **chapelle** de style néoroman. Pour accéder à la plate-forme d'observation *(ouv. mar.-dim. 11 h-16 h)*, prendre l'ascenseur jusqu'au 20ᵉ niveau puis monter les 147 dernières marches à pied. Du sommet, on peut jouir d'un remarquable **panorama**★★ sur Riverside Park, l'Hudson et le littoral du New Jersey.

★**General Grant National Memorial** *Voir plan p. 205*

Riverside Dr., à la hauteur de la 122ᵉ Rue O. Ouv. tlj 9 h-17 h. Fermé 1ᵉʳ janv., Thanksgiving & 25 déc. Visite guidée (40mn). www.nps.gov/gegr ☎ 212-666-1640.

Plus connu sous le nom de Grant's Tomb (le tombeau de Grant), ce mémorial abrite la dépouille d'**Ulysses Simpson Grant** (1822-1885) et de son épouse Julia Dent Grant (1826-1902). Le célèbre général américain s'illustra dans les rangs des Nordistes durant la guerre de Sécession et devint le dix-huitième président des États-Unis (1869-1877).

Extérieurement, l'édifice en granit blanc se présente comme un pastiche de mausolée romain surmonté d'un toit conique. Il fut conçu en 1890 par John H. Duncan, et sa construction dura six ans. Au fronton sont placées deux figures allégoriques de la Paix entre lesquelles est gravée la célèbre formule du général « *Let us have peace* » (Que la paix soit avec nous), extraite de la réponse qu'il adressa au Parti républicain en 1868, par laquelle il acceptait sa nomination comme candidat à la présidence. L'intérieur, aux parois revêtues de marbre blanc, n'est pas sans rappeler le tombeau de Napoléon aux Invalides. Des fenêtres en claire-voie dispensent un demi-jour ambré qui contribue à accentuer l'ambiance solennelle du lieu. Au centre, la crypte circulaire, coiffée d'un remarquable dôme à caissons, contient les sarcophages de porphyre dans lesquels gisent Ulysses Grant et son épouse. Dans des niches tout autour veillent les bustes des compagnons d'armes du général : Sherman, Sheridan, Thomas, Ord et McPherson. Deux salles présentent des souvenirs du général Grant et de la guerre de Sécession.

Dehors, sur les côtés du monument, des bancs de mosaïques aux formes diverses ont été dessinés par Pedro Silva au début des années 1970 dans le cadre d'un projet municipal visant à susciter la participation des jeunes du quartier.

MUSEES *(consulter la section Musées de Manhattan)*

★★★**American Museum of Natural History** – *Central Park West, entre la 77ᵉ & la 81ᵉ Rue.*

★★**New York Historical Society** – *2, 77ᵉ Rue O.*

Eva & Morris Feld Gallery of the Museum of American Folk Art – *2 Lincoln Square.*

22 • HARLEM★

Le célèbre quartier de Harlem, où réside une importante partie des communautés noire et hispanique de New York, couvre la quasi-totalité du Nord de Manhattan. Il s'étend approximativement, dans sa section Ouest, au-delà de la 125e Rue et de la 110e Rue et, dans sa section Est, au-delà de la 106e Rue. On peut considérer qu'il y a deux Harlem : East Harlem ou « El Barrio » à l'Est de la 5e Av. et au Nord de la 106e Rue, fief de la communauté portoricaine, et le Harlem central à l'Ouest de la 5e Av., avec pour frontière Sud la 110e Rue, pour frontière Ouest Morningside Av., St. Nicholas Av. et Edgecombe Av. et, pour frontière Nord, Harlem River. Aucun autre quartier de New York n'a autant fasciné, inspiré et déconcerté que Harlem. Pour beaucoup, il demeure le symbole de la culture noire américaine et détient son riche héritage ; pour d'autres, il n'est que dégradation urbaine et faillite de la politique sociale. Pour la plupart de ses visiteurs, Harlem est bien plus que cela : une communauté qui célèbre son histoire et sa culture après avoir dû livrer bataille pour obtenir une place au soleil. Ses trésors architecturaux méritent à eux seuls que l'on visite ce quartier d'une étonnante diversité.

Un peu d'histoire

Nieuw Haarlem – Fondé en 1658 par le gouverneur hollandais Peter Stuyvesant au Nord de Manhattan, Niew Haarlem se composait principalement de fermes et demeura rural jusqu'à l'inauguration en 1837 du prolongement de la ligne New York and Harlem Railroad à la 4e Av. (devenue Park Av.). Mais c'est à la fin du 19e s. que le village connut un véritable développement avec la construction de lignes ferroviaires aériennes à l'Ouest de la vallée. À la fin des années 1880, Harlem était devenu l'un des faubourgs de New York les plus cotés grâce à ses grands magasins, son opéra, le Symphony Hall et le Yacht Club.
Au début du 20e s., l'effondrement du marché immobilier, principalement dû à une construction à outrance, entraîna la faillite des spéculateurs. Les propriétaires louèrent leurs biens à des familles noires de la classe ouvrière à la recherche de meilleures conditions de vie. Dès 1920, la population noire de Central Harlem était estimée à près de 60 000 personnes.

Harlem Renaissance – Harlem connut son apogée durant les Années folles. Les fêtards venaient y terminer la nuit dans le bruit et l'alcool en fréquentant, à l'époque de la Prohibition, les débits de boissons clandestins et cabarets du genre du légendaire **Cotton Club** sur Lenox Avenue, où ils pouvaient écouter les grands musiciens de jazz Duke Ellington, Count Basie et Cab Calloway (noter qu'à cette époque, beaucoup d'établissements de Harlem n'acceptaient qu'une clientèle blanche). Surnommée « le nouveau mouvement nègre », cette époque, aujourd'hui baptisée « Harlem Renaissance », favorisa l'émergence d'écrivains et d'artistes et le quartier devint un havre de la bourgeoisie noire. Des écrivains comme Langston Hugues et Zora Neale Hurston célébrèrent leur « négritude » et divers artistes, inspirés par l'imagerie africaine, créèrent quelques-unes des œuvres majeures du 20e s. Cette période d'essor et de créativité prit malheureusement fin avec la grande crise de 1929. Une nouvelle vague d'immigrants venus du Sud des États-Unis et des Caraïbes contribua à cimenter la communauté noire après la Seconde Guerre mondiale ; les emplois se faisaient rares. Malgré la bonne santé du jazz, les artistes délaissèrent peu à peu Harlem, lui préférant d'autres quartiers de New York, Greenwich Village en particulier. Dans les années 1960, le nom de Harlem fut principalement associé à celui du célèbre activiste noir **Malcolm X**. Ce défenseur des droits civiques, qui s'était joint au mouvement indépendantiste des Black Muslims (il travailla quelque temps au Temple of Islam, à l'angle de la 116e Rue et de Lenox Avenue), s'en sépara pour créer une branche dissidente. Il fut assassiné en 1965 à l'Au-

---

Visite de Harlem

Les quartiers de Harlem sont pour la plupart sans danger, mais il est tout de même préférable de les visiter pendant la journée, la plupart des rues transversales étant mal éclairées la nuit. Le cas échéant, prendre un taxi si l'on désire se rendre dans un club de jazz ou dîner au restaurant. Tous les lieux mentionnés n'apparaissent pas sur la carte des principales curiosités ; il est recommandé, en raison des grandes distances qui les séparent, de suivre une visite guidée.

La compagnie **Harlem Spirituals, Inc.** propose les visites guidées suivantes : visite nocturne avec repas « soul » et concert de jazz *(5 h ; lun., jeu. & sam. 19 h ; 99 $)* ; visite le dimanche avec gospels et brunch « soul » *(5 h ; dim. 9 h30 ; 79 $)* ; visite en milieu de semaine avec gospels *(4 h ; mer. 9 h ; 44 $)*. Point de départ des visites : 690, 8e Av. entre la 43e et la 44e Rues. Réservation requise. Pas de visite 1er janv., Thanksgiving & 25 déc. ♿ *www.harlemspirituals.com* ☎ *212-391-0900.*

dubon Ballroom, sur la 166e Rue Ouest. Plus récemment, Harlem est devenu le lieu de résidence d'éminents fonctionnaires tel David Dinkins, premier maire noir de la ville. L'ancien président Bill Clinton a choisi d'installer son bureau sur la 125e Rue, d'où il lui est aisé de se rendre à son domicile de Westchester County.

Harlem aujourd'hui – La population connut un rapide déclin à la fin des années 1950. Sévèrement touchés par l'inflation, la réglementation des loyers et le vandalisme, certains propriétaires de Harlem ont simplement abandonné leurs immeubles ou les ont incendiés pour récupérer l'argent des assurances, laissant derrière eux un paysage lugubre de décombres et de logements sociaux. Le climat de violence et d'insécurité a forcé de nombreuses familles de la classe moyenne à partir en banlieue. La réhabilitation du quartier est lente, mais la ville de New York, ayant hérité de milliers d'immeubles pour défaut de paiement des impôts fonciers, a lancé au cours des dernières années plusieurs programmes de reconstruction et de rénovation dont la remise en état, en 1992, des maisons mitoyennes du 19e s. situées aux nos 8-62, 130e Rue Ouest. D'autres secteurs historiques témoignent du glorieux passé de Harlem, comme Hamilton Heights, Audubon Terrace, Mount Morris Park et les élégantes maisons de brique de **Strivers Row**, sur la 139e Rue Ouest (le mot *Strivers* désignant l'éminente bourgeoisie noire qui s'y installa dans les années 1920).

Le centre de Harlem connaît aujourd'hui un extraordinaire renouveau économique. La plupart des bâtiments abandonnés, en cours de réhabilitation, deviendront des logements abordables ; des fonds privés sont investis dans de nouvelles boutiques, des restaurants et des bureaux. Des édifices historiques sont restaurés. Le légendaire **Apollo Theater** *(voir p. 211)* dont les revues nègres ont fait la gloire dans les années 1930, propose divers spectacles et son Wednesday's Amateur Night attire les stars en herbe. Le quartier continue à se développer et des chaînes de magasins telles que H&M et Disney s'y installent ; pour certains de ses habitants les plus anciens, il devra néanmoins tout mettre en œuvre pour conserver son identité et demeurer le symbole de la fierté, des luttes, des joies et des réalisations de la communauté noire nord-américaine.

125e RUE ET ENVIRONS

Artère bourdonnante de l'activité commerçante des boutiques de mode, des magasins à prix réduits et des vendeurs ambulants, la 125e Rue (aussi appelée Martin Luther King Jr Boulevard) fut le théâtre de marches, rassemblements et manifestations du Mouvement pour les droits civiques. Elle se développe à un rythme inconnu jusqu'alors et, de la réfection des vitrines aux projets commerciaux à grande échelle, le cœur de Harlem voit sa physionomie se transformer.

Harlem Tourist Center and Harlem Gift Shop – *2224 Frederick Douglass Bd, entre la 119e & la 120e Rue. Ouv. tlj 10 h-19 h. Fermé 25 déc.* ♿ *www.hatt.org* ☎ *212-749-5700.* Les visiteurs pourront se procurer tous les renseignements touristiques nécessaires (plans, documentation, calendrier des manifestations) auprès du centre d'accueil de Harlem. La boutique de souvenirs propose des objets artisanaux créés par des artistes du quartier ; les visiteurs pourront également s'y inscrire pour une visite guidée *(visite pédestre, 15 $)* de Harlem.

Franco's Boulevard – Des fresques colorées exécutées par Franco Gaskin, artiste autodidacte de Harlem, décorent les grilles des boutiques de la 125e Rue. Il faut, pour les admirer, arpenter la rue avant l'ouverture des commerces *(10 h)*.

Lenox Avenue vue de la 132ᵉ Rue Ouest (vers 1928) R. Corbel/MICHELIN

Apollo Theater – *253, 125ᵉ Rue O., entre Frederick Douglass Bd & Adam Clayton Powell Jr Bd.* & *www.apollotheater.com* ☎ *212-531-5337.* Lorsqu'il ouvrit en 1914, le théâtre s'appelait Hurtig & Seamon's New Burlesque Theatre et n'acceptait qu'un public de Blancs. Vingt ans plus tard, ayant changé de nom et de direction, l'Apollo devenait « La Mecque » de la musique noire. Le spectacle « Amateur Night at the Apollo », créé en 1934, vit les débuts et la découverte de légendes comme Ella Fitzgerald, Sarah Vaughn, James Brown et Michael Jackson. La tradition se perpétua dans les années 1960 avec la « revue Motown ». Le théâtre ferma ses portes dans les années 1970, pour rouvrir en 1981. « Amateur Night » existe toujours, le spectacle est même devenu une référence pour les musiciens sélectionnés. La rénovation de la façade et de sa marquise a été achevée en 2003.

> ### ■ Pig Foot Mary
>
> Lillian « Pig Foot Mary » Harris (Mary au pied de cochon), immigrée analphabète arrivée à New York en 1901, débuta dans le West Side de Manhattan, où se concentrait alors la population noire de New York, en vendant des pieds de cochons bouillis dans une poussette. Lorsque Harlem se développa, elle installa un étal au coin de la 135ᵉ Rue et de Lenox Avenue, où elle continua son activité tout en investissant ses bénéfices avec intelligence. On dit qu'à sa mort Lillian Harris possédait un demi-million de dollars dans l'immobilier.

Harlem USA – À l'angle de la 125ᵉ Rue O. et de Frederick Douglass Bd. Ce centre commercial au chiffre d'affaires impressionnant compte parmi ses nombreux locataires un magasin Disney Store, HMV Records et Magic Johnson Theaters. Il joue, depuis son ouverture au printemps 2000, un rôle important dans le renouveau économique de Harlem.

Theresa Hotel – *2082-2096 Adam Clayton Powell Jr Bd, à l'angle de la 125ᵉ Rue.* Élégant bâtiment de brique blanche, maçonnerie et terre cuite (1913, George & Edward Blum), l'hôtel est doté d'un toit triangulaire qui cache un château d'eau disgracieux. Dans les années 1940, le Theresa était devenu le rendez-vous mondain des célébrités et politiciens noirs. C'est ici également que vécut le secrétaire d'État au commerce **Ronald H. Brown**, ancien président du Parti démocrate. L'hôtel acquit en 1960 une célébrité internationale en accueillant Fidel Castro ; il hébergea également des groupes ralliés à la cause noire comme celui que dirigea Malcolm X, « Organization for African Unity », ainsi que « March on Washington » de A. Philip Randolph. L'établissement a été converti en immeuble de bureaux.

Ephesus Seventh Day Adventist Church – *267 Lenox Av. à la hauteur de la 123ᵉ Rue.* L'édifice religieux accueillait jusqu'en 1930 l'église réformée hollandaise. Puis l'église aventiste d'Éphèse du Septième Jour loua les locaux pour en devenir propriétaire en 1939. Walter J. Turnbull fonda en 1968 la chorale Ephesus Church Choir of Central Harlem, devenue par la suite **Boys Choir of Harlem**. La chorale, dont le but premier est de venir en aide aux enfants défavorisés, est devenue l'une des plus célèbres de Harlem ; elle se produit à Broadway et sa renommée dépasse les frontières. L'école Choir Academy a vu le jour en 1986.

Strivers Row et environs

Le secteur qui entoure la 135ᵉ Rue connut son essor lors du mouvement Harlem Renaissance et devint un centre culturel et social. Le quartier historique, qui doit son nom à Striver's Row, se compose de belles demeures du 19ᵉ s. sur la 138ᵉ Rue O. et la 139ᵉ Rue. O. entre Adam Clayton Powell Jr Bd et Frederick Douglass Bd. Sa principale curiosité est l'alignement de maisons mitoyennes de brique brune construites par l'architecte new-yorkais Stanford White sur la partie Nord de la 139ᵉ Rue.

Schomburg Center for Research in Black Culture – *515 Malcolm X Bd. Ouv. toute l'année mar.-mer. 12 h-20 h, jeu.-ven. 12 h-18 h, sam. 10 h-18 h. Collections spéciales ouv. lun.-mer. 12 h-17 h, ven.-sam. 10 h-17 h. Fermé principaux j. fériés.* ﾖ *www.nypl.org* ☎ *212-491-2200.* Cette annexe de la bibliothèque publique de New York renferme parmi les plus importantes archives du monde consacrées à la civilisation noire. Figure influente de l'« Harlem Renaissance », le Portoricain **Arthur Schomburg** (1874-1938) eut le premier l'idée de rassembler une telle collection. Aujourd'hui, plus de 5 millions de livres, de photographies, de manuscrits, de films, d'enregistrements et d'objets d'art sont conservés dans le bâtiment principal, conçu en 1905 par McKim, Mead & White (restauré en 1990), et dans une annexe plus récente, construite en 1980. Noter le buste d'Ira Aldridge par Pietro Calvi (le tragédien noir du 19ᵉ s. y est représenté en Othello) ainsi que l'installation *Rivers*, hommage à Langston Hugues et Arthur Schomburg, située dans le vestibule. En outre, le centre organise régulièrement des expositions et des forums.

① **Sylvia's**
Voir plan p. 10. 328 Lenox Av., entre les 126ᵉ & 127ᵉ Rues. www.sylviassoulfood.com ☎ *212-996-0660.* Le plus célèbre restaurant de *soul food* (cuisine des Noirs du Sud des États-Unis) à Harlem sert régulièrement de cadre à d'importantes réunions politiques et culturelles. Essayez les délicieux *greens* (légumes à feuilles), les *candied yams* (ignames glacées) et l'inévitable *Southern fried chicken* (poulet frit à la mode du Sud). Et venez pour le brunch du dimanche *(12 h-16 h)*, qui se déroule au son de la musique gospel.

Harlem YMCA – *180 & 181, 135ᵉ Rue O.* Les géants de la littérature que sont Langston Hughes, Richard Wright et Ralph Ellison ne furent pas quelques-uns des artistes du 20ᵉ s. à se sentir chez eux à l'association Harlem YMCA. Le groupe, fondé en 1867 sous le nom de Colored Men's Associated, était alors installé dans un petit local de Greenwich Village. Bien que dissident jusqu'en 1901, il était placé sous l'égide de l'association New York City YMCA. Il put intégrer de nouveaux quartiers sur la 53ᵉ Rue à Manhattan (dans la « Bohème noire des Cinquantièmes rues Ouest ») grâce au pasteur C.T. Walker de l'église baptiste du Mont Olivier. L'association Harlem YMCA s'installa au 181, 135ᵉ Rue O. en 1919 ; les locaux s'avérant bientôt insuffisants, un imposant bâtiment néocolonial fut bâti en 1932 sur le trottoir opposé *(n° 180).*

Harlem en 1935 (135e Rue et Lexington Av.).

African American Walk of Fame – *135e Rue O., entre Adam Clayton Powell Jr Bd & Frederick Douglass Bd. Au milieu du pâté d'immeubles, sur chaque trottoir.* Commandé en 1995 par la chambre de commerce de Harlem dans le cadre de la réhabilitation de la 135e Rue, African American Walk of Fame est une série de plaques de bronze sculptées par les artistes new-yorkais Otto Neals et Ogundipe Fayoumi. Les plaques rendent hommage aux membres de la communauté d'origine africaine ayant participé au développement de la musique, des sciences, des arts et de leur communauté. Partir du 236, 135e Rue O. et se diriger vers l'Ouest jusqu'à Frederick Douglass Bd puis traverser la rue. L'alignement prend fin au 219, 135e Rue O.

Florence Mills Home – *220, 135e Rue O.* Condamné au début des années 1990, ce bâtiment de maçonnerie blanche abrita Florence Mills (1896-1927) de 1910 à sa mort. Elle fut l'un des membres les plus célèbres du mouvement Harlem Renaissance et participa à d'innombrables revues musicales, parmi lesquelles *Shuffle Along*, la première revue entièrement jouée par des Noirs ayant pu se produire à Broadway.

Small's Paradise – *2294 1/2 Adam Clayton Powell Jr. Bd à la hauteur de la 135e Rue.* Dès son ouverture en 1925, le Small's fut « le club le plus chaud de Harlem ». Les clients étaient priés de respecter le règlement strict de l'établissement : interdiction de crier et de jeter les bouteilles par terre. Ceux qui désobéissaient étaient jetés dehors sur un simple regard du maître d'hôtel. À l'inverse du Cotton Club, le Small's était parfaitement intégré, Noirs et Blancs s'y côtoyaient librement et dansaient sur la musique des groupes les plus à la mode, parmi lesquels figura l'orchestre du pianiste Charlie Johnson. L'immeuble est en travaux afin d'accueillir la Thurgood Marshall Academy, qui sera le premier lycée construit à Harlem depuis un demi-siècle.

Mother A.M.E. Zion – *140-148, 137e Rue O., entre Adam Clayton Powell Jr Bd & Malcolm X Bd.* ☎ *212-234-1544.*

❷ Londel's
Voir plan p. 10. 2620 Frederick Douglass Bd, entre la 139e & la 140e Rue. Ouv. mar.-sam. 11h30-16h (déjeuner), 17h-23h (dîner) ; dim. 9h-12h (petit déjeuner) & 12h-17h (brunch). ☎ *212-234-6114.* Établissement chic niché au cœur du Striver's Row, le Londel's est le rendez-vous des célébrités locales et hommes politiques en vue. Demander une des spécialités de la maison, un saumon de l'Atlantique au champagne. Concerts de jazz le vendredi soir et le samedi soir.

❸ Home Sweet Harlem Café
Voir plan p. 10. 270, 135e Rue O., entre Adam Clayton Powell Jr Bd & Frederick Douglass Bd. Ouv. lun.-ven. 7h30-19h30, sam. 10h-19h30, dim. 10h-16h. ☎ *212-926-9616.* Voici un petit café pittoresque, au cadre confortable, qui offre au visiteur épuisé un grand choix de plats chauds, cafés, thés et en-cas.

L'église est affectueusement surnommée « Mother Zion » ; fondée en 1796 par des membres insatisfaits de l'église méthodiste de John Street, elle est la plus ancienne église noire de l'État de New York. Point d'ancrage de la communauté, elle la suivit dans ses pérégrinations, des rues Leonard et Church (aujourd'hui TriBeCa) à la 10e Rue O. et Bleecker Street (Greenwich Village) jusqu'à son emplacement actuel (1925). L'édifice néogothique fut dessiné par George W. Foster Jr, l'un des tout premiers architectes noirs inscrits à New York. Au 19e s., elle était connue comme « église de la liberté », en référence au réseau Underground Railroad d'esclaves en fuite, dont elle constituait l'une des haltes.

■ Les Negro Spirituals

Très rares étaient les Noirs pratiquant les religions occidentales jusqu'à leur conversion massive au christianisme à la fin des années 1700. Néanmoins, dès la fin du 18e s., les Negro Spirituals, qui font souvent figure de chants d'esclaves, faisaient partie intégrante de leur vie. Bien que les airs soient tirés de cantiques protestants, leur rythme reflète les traditions musicales africaines, comme celle de l'appel et de la réponse où un chœur fait écho au verset d'un soliste. La simplicité des textes et des airs fait pendant à l'émotion qui imprègne chaque chant ; les mélodies sont accompagnées de ces *blue notes* (bémols) qui, plus tard, caractériseront le blues et le jazz. La musique soul se nourrit de Negro Spirituals, qui sont aussi le moyen de propager l'histoire orale des esclaves noirs. Qui ne connaît, en effet, *Nobody Knows the Trouble I've Seen*, *Go Down Moses*, *Joshua Fit the Battle of Jericho*, *Roll Jordan Roll*.

Abyssinian Baptist Church – *132, 138e Rue O.* Érigée en 1923, cette église baptiste de style néogothique abrite la plus ancienne congrégation noire de New York, fondée en 1808. Elle prit de l'importance dans les années 1930 sous la direction d'**Adam Clayton Powell Jr** (1908-1972), pasteur très controversé et défenseur des droits civiques, qui fut élu au Congrès en 1944. À la suite d'une enquête financière menée par le gouvernement, Powell allait être démis de son siège en 1967, pour y être réintégré deux ans plus tard. Une salle dédiée à la mémoire du révérend Powell retrace sa carrière à l'aide de photographies et de documents divers.

■ L'histoire en photos

Harlem vit se succéder de nombreux artistes reconnus, aujourd'hui considérés comme des historiens visuels. **James Van Der Zee**, l'un des photographes de Harlem les plus vénérés et respectés, installa en 1916 son premier studio sur la 135e Rue O., à quelques pas de la bibliothèque publique ; il déménagea par la suite au 272 Lenox Avenue. **Austin Hansen**, né à St. Croix, fut photographe de guerre pour la marine américaine pendant la Seconde Guerre mondiale ; après les hostilités, il ouvrit un atelier au 232, 135e Rue O. Ses volumineuses archives furent léguées au Schomburg Center. Les jumeaux **Morgan et Marvin Smith** vinrent de leur Kentucky natal en 1933 suivre des études d'art auprès du sculpteur Augusta Savage, du mouvement Renaissance, et du peintre Romare Bearden. Leur premier studio (1939) était situé au 141, 125e Rue O., le second au 253, 125e Rue O., à proximité de l'Apollo Theatre.

Renaissance Theater and Renaissance Ballroom & Casino – *2341-2359 Adam Clayton Powell Jr Bd.* Le club Renaissance (ou « Renny ») occupe entièrement le pâté délimité par la 137e et la 138e Rue. La salle de spectacle fut inaugurée en 1921, la salle de bal et le casino en 1923. Quelques-uns des plus grands noms du jazz (l'orchestre de Fletcher Henderson et celui de Chick Webb) ont joué pour la salle de danse. Le basket-ball noir professionnel y vit le jour ; l'équipe des Rens (ou Rennies) joua des matchs d'exhibition dans la salle de danse et connut même, jusque dans les années 1940, une rivalité amicale avec les Boston Celtics. Une réhabilitation de l'édifice est à l'étude.

Hamilton Heights/Sugar Hill et environs

Ces hauteurs dominant Harlem englobent le quartier historique compris entre les 140e et 145e Rues Ouest, à l'Est d'Amsterdam Avenue. L'endroit faisait initialement partie d'un domaine de 14 ha appartenant à **Alexander Hamilton** (1757-1804). Parmi les pittoresques immeubles mitoyens à pignons de Convent Avenue et Hamilton Terrace figurent plusieurs résidences peu ordinaires bâties dans les années 1880, dont les façades comportent des éléments caractéristiques de l'architecture flamande et hollandaise. On remarquera également l'imposante St. Luke's Episcopal Church *(285 Convent Av.)*, église épiscopale en grès de style néoroman construite en 1892.

Quartier noir résidentiel composé d'élégants immeubles de trois ou quatre étages, **Sugar Hill**L★, entre Edgecombe et St. Nicholas Avenues, attira de nombreuses célébrités, dont Duke Ellington et Cab Calloway (musiciens de jazz), Thurgood Marshall (juriste) et Langston Hughes (écrivain). Un peu plus au Sud se trouve le campus du City College, fondé en 1897 (14 000 étudiants).

★**Morris-Jumel Mansion** – *À l'angle de la 160ᵉ Rue O. & d'Edgecombe Av. Ouv. toute l'année mer.-dim. 10 h-16 h. Fermé principaux j. fériés. 3 $. www.morris-jumel.org ☎ 212-923-8008.* Situé au sommet d'une colline d'où se découvrent des vues plongeantes sur la vallée de l'Harlem, ce splendide hôtel particulier de style georgien est le dernier vestige de l'époque coloniale new-yorkaise dans cette partie de Manhattan. Mount Morris fut édifié en 1765 pour le colonel Roger Morris, un loyaliste qui regagna l'Angleterre au début de la guerre d'Indépendance. Durant la bataille d'Harlem Heights en 1776, la propriété servit de quartier général à George Washington. En 1810, un riche négociant en vins d'origine française, Étienne Jumel, acquit le domaine pour sa femme, Eliza Bowen, et le restaura. Lors de la seconde abdication de Napoléon, les Jumel, qui venaient de débarquer à Rochefort à l'occasion d'un voyage en France, proposèrent à l'Empereur de le faire passer en Amérique sur leur bateau, l'*Élise*. Désireux de ne pas abandonner ses fidèles et encore confiant dans la magnanimité britannique, Napoléon repoussa cette offre mais, reconnaissant, fit présent aux Jumel de sa voiture et de sa malle de voyage. Un an après la mort d'Étienne Jumel en 1832, sa veuve se remaria avec Aaron Burr, troisième vice-président des États-Unis (la cérémonie eut lieu dans le salon du rez-de-chaussée). Mais les époux se séparèrent un an plus tard et le divorce fut prononcé le jour de la mort de Burr, en 1836.

Salle à manger de la résidence Morris-Jumel.

Cédée par Morris-Jumel Mansion

La demeure, construite en brique, se distingue par ses façades en bois, ses pierres d'angle et son joli portique de style fédéral. Le rez-de-chaussée comprend *(à l'arrière)* une salle de réception de forme octogonale, et *(à l'avant)* un salon décoré de meubles Empire et d'un lustre français. À l'étage, remarquer la chambre de Mᵐᵉ Jumel et son boudoir, où sont exposés des meubles ayant appartenu à la famille Bonaparte ; les chaises en acajou sont particulièrement belles.

Le site précédemment décrit fait aujourd'hui partie d'un quartier historique, le **Jumel Terrace Historic District**, comprenant une vingtaine de maisons en bois construites dans les années 1880 le long de Sylvan Terrace, allée qui servait à l'origine d'accès à la résidence des Jumel.

Ralph Ellison Apartment – *749 St. Nicholas Av., entre la 147ᵉ & la 148ᵉ Rue.* Ralph Ellison fut un des auteurs de l'ère post-Renaissance qui s'installèrent à Harlem dans les années 1930. C'est à l'association YMCA qu'il rencontra Langston Hughes, lequel l'introduisit dans les cercles littéraires de Harlem et l'encouragea à écrire. Il écrivit son roman *Homme invisible, pour qui chantes-tu ?* alors qu'il vivait dans cet appartement.

Duke Ellington Apartment – *935 St. Nicholas Av. à l'angle de la 157ᵉ Rue.* Il fut l'un des compositeurs majeurs de l'Amérique et influença un grand nombre de musiciens. Duke Ellington vint à Harlem en 1923 pour diriger l'orchestre du Cotton Club, d'où il anima ensuite une émission radiophonique. Il composa et enregistra

■ Jazz à Harlem

Duke Ellington et son orchestre (1945)

La première salle de danse de Harlem fut le Manhattan Casino à l'angle de la 155e Rue et de la 8e Avenue, où l'orchestre de James Reese tenait la vedette. New York fut prise d'une frénésie de jazz dans les Années folles : certains ne vivaient plus que pour les spectacles nocturnes de Harlem. Des clubs comme le Small's Paradise attiraient les foules et certains orchestres, comme les Whashingtonians de Duke Ellington, décidèrent de tenter leur chance à la Grosse Pomme. Harlem, devenue la capitale incontestée du jazz, demeura une pépinière d'artistes et un nouveau type de jazz émergea dans les années 1940 avec l'arrivée d'innovateurs tels que Miles Davis, Charlie Parker et John Coltrane. Ce succès se prolongea jusque dans les années 1960, mais les musiciens se tournèrent peu à peu vers Greenwich Village et l'Europe. Le jazz vit actuellement une nouvelle renaissance. Les clubs indiqués ci-dessous vous feront vibrer au son de l'authentique jazz de Harlem :

St. Nicks Pub – *773 St. Nicholas Av., entre la 148e & la 149e Rue. Ouv. le soir.* ☎ *212-283-9728.* Ne pas rater les concerts échevelés *(lun.-ven. en soirée)*, grande tradition du pub depuis les années 1920. Un immense succès célèbre à des kilomètres à la ronde.

Showman's – *375, 125e Rue O., entre St. Nicholas Av. & Morningside Av. Ouv. lun.-sam.* ☎ *212-864-8941.* Incontournable depuis 1942, l'établissement propose un mélange de jazz et de blues. Son public est composé d'habitués des environs et tout le monde semble se connaître. Les visiteurs sont accueillis comme de vieux amis.

The Lenox Lounge – *288 Lenox Av., entre la 124e & la 125e Rue. Ouv. le soir. www.lenoxlounge.com* ☎ *212-427-0253.* Lorsque les producteurs de cinéma font des repérages à Harlem à la recherche d'un authentique club des Années folles, ils n'ont guère besoin d'aller loin que le Lounge, bien connu des musiciens et des habitants. En dépit d'une récente rénovation, le club a conservé sa décoration Art déco. Le public est composé d'habitants du quartier aussi bien que de visiteurs.

The Cotton Club – *656, 125e Rue O., à la hauteur de Riverside Dr. Ouv. le soir. www.cottonclub-newyork.com* ☎ *212-663-7980.* Le Cotton Club original, installé sur Lenox Avenue, ouvrit ses portes en 1923 ; il s'agissait d'un établissement élégant destiné au divertissement des citadins blancs, mais aussi de l'un des débits de la bière Madden's #1 sur la côte Ouest. Owney Madden, le propriétaire du Cotton Club, gangster et trafiquant d'alcool notoire, plaça à sa direction l'ancien boxeur Jack Johnson. Malgré sa sévère application de la ségrégation, le club, réputé pour ses revues nègres, son chœur et, vers 1927, son nouveau chef d'orchestre Duke Ellington, devint rapidement l'un des rendez-vous obligés de Harlem. Quelques-uns des plus grands noms du jazz se sont produits au Cotton Club : Lena Horne, Josephine Baker, Cab Calloway et Louis Armstrong. Après l'abolition de la prohibition et le marasme économique de la Dépression, le Cotton Club s'installa dans Downtown ; sa fermeture en 1940 marqua la fin d'une époque. Racheté, il rouvrit à la fin des années 1970 à son emplacement actuel de Harlem.

certains des plus grands standards de l'histoire du jazz (*Mood Indigo*, 1931 et *It Don't Mean a Thing If It Ain't Got That Swing*, 1932). **Billy Strayhorn**, son pianiste, arrangeur et cocompositeur vivait à proximité ; c'est lui qui écrivit *Take the A Train* (l'un des morceaux les plus reconnaissables de Duke Ellington), allusion à la ligne qui passait sous St. Nicholas Avenue.

Hamilton Grange National Memorial – *287 Convent Av.* Construite en 1801 par John McComb Jr, architecte de l'hôtel de ville, cet édifice de style fédéral servit tour à tour de maison de campagne puis de demeure principale à Alexander Hamilton. Ce dernier devait trouver la mort en 1804 au cours d'un duel l'opposant à son rival, Aaron Burr. La maison fut déplacée d'une centaine de mètres en 1889 et sa façade arrière, s'ouvrant dorénavant sur la rue, fut modifiée en conséquence. St. Luke's Church en fit son presbytère, avant qu'elle ne devienne la propriété du National Park Service.

555 Edgecombe Avenue – *Angle Sud-Ouest de la 160ᵉ Rue.* L'imposant édifice de brique blanche et terre cuite a appartenu à l'évêque Charles Emmanuel « Sweet Daddy » Grace, fondateur du mouvement United House of Prayer for All People. Il abrita quelques célébrités noires comme l'athlète **Jesse Owens**, la championne de tennis **Althea Gibson**, l'explorateur arctique **Mathew Henson**, le grand musicien de jazz **Count Basie** et l'acteur légendaire **Paul Robeson**.

409 Edgecombe Avenue – *À l'angle du viaduc de la 155ᵉ Rue & de St. Nicholas Pl.* D'abord baptisé Parkway Apartments, cet élégant et imposant immeuble au sommet de Coogan's Bluff était l'adresse la plus prestigieuse de Sugar Hill ; certains des intellectuels les plus éminents de Harlem y ont élu domicile. On compte parmi ses résidents **Thurgood Marshall**, premier juge noir de la Cour suprême, l'historien **W.E.B. Dubois**, éditeur de *The Crisis*, cofondateur de la National Association for the Advancement of Colored People (NAACP) et l'un des pères du mouvement Harlem Renaissance, ainsi que **Walter F. White**, directeur général de la NAACP.

MUSÉES *(consulter la section Musées de Manhattan)*

★**Audubon Terrace** – *Sur Broadway, entre la 155ᵉ & la 156ᵉ Rue.*

★**Studio Museum in Harlem** – *144, 125ᵉ Rue O.*

23 • The CLOISTERS★★★

Le musée des CLOÎTRES

[MTA] station 190th St.-Overlook Terrace (ligne A)
ou bus n° 4 (arrêt Fort Tryon Park-The Cloisters)
Voir plan p. 222

Isolé sur une colline de Fort Tryon Park, le musée des Cloîtres ou **Cloisters**, vu de l'extérieur, apparaît comme un monastère fortifié, vision insolite du Vieux Monde égaré dans le Nouveau pour le plaisir de l'amateur d'art médiéval.

Un peu d'histoire

À la base, on trouve une collection de sculptures médiévales que le sculpteur **George Grey Barnard** (1863-1938) avait achetées au cours de ses voyages en Europe au début du 20ᵉ s. et qu'il avait présentées au public, en 1914, dans un bâtiment en brique édifié sur Fort Washington Avenue. On voyait là, déjà, des éléments provenant des cloîtres de Saint-Guilhem-le-Désert, Saint-Michel-de-Cuxa, Bonnefont-en-Comminges et Trie, localités situées dans le Midi de la France, en Languedoc, dans le Roussillon, en Comminges et en Gascogne.

En 1925, le milliardaire américain **John D. Rockefeller Jr** fit don d'une somme considérable au Metropolitan Museum of Art pour l'achat de la collection Barnard et l'amélioration de sa présentation. À la même époque, la famille Rockefeller fit également don de plus de 40 sculptures issues de sa collection privée. En 1930, John D. décida d'offrir à la ville de vastes terrains (correspondant aujourd'hui à Fort Tryon Park) dont il était propriétaire et d'y faire élever au Nord, par l'architecte bostonien **Charles Collens** (à l'origine de l'église de Riverside), les bâtiments actuels, achevés en 1938. Depuis, de nombreux legs et une politique d'acquisitions bien menée ont considérablement enrichi ce musée toujours administré par le Metropolitan Museum of Art.

Visite

Ouv. mars-oct. : mar.-dim. 9 h30-17 h15 ; reste de l'année : mar.-dim. 9 h30-16 h45. Fermé 1ᵉʳ janv., Thanksgiving & 25 déc. 12 $. Visites guidées mar.-ven. 15 h, dim. midi. ✕*(mai-oct.)* ▣ *www.metmuseum.org* ☎ *212-923-3700.*

La partie centrale s'ordonne autour d'une tour carrée inspirée du clocher roman de St-Michel-de-Cuxa, dans les Pyrénées. L'ensemble, composé d'une série de cloîtres, de chapelles et de salles diverses, offre l'apparence d'une ancienne abbaye.

Comme beaucoup d'édifices religieux d'Europe, les cloîtres ne présentent pas une unité totale de style, certains bâtiments étant gothiques et d'autres romans, mais grâce à l'uniformité de la patine des pierres et à des proportions heureusement réparties, l'harmonie de l'édifice ne souffre pas dans son ensemble de son caractère artificiel. On fera le tour de l'enceinte fortifiée pour jouir des perspectives variées sur l'imposant monastère, Fort Tryon Park et l'Hudson. À l'Est, l'entrée se présente sous la forme d'une poterne, tandis que la sortie se fait par une voie bosselée de pavés provenant d'anciennes rues de New York.

Niveau supérieur

Fuentidueña Chapel – Elle est essentiellement consacrée à l'art roman espagnol. Son abside provient de l'église St-Martin de Fuentidueña, en Vieille-Castille, et date du 12e s. Remarquer les chapiteaux historiés (avec à droite le prophète Daniel dans la fosse aux lions, et à gauche l'Adoration des Mages) ainsi qu'une statue de saint Martin *(à gauche, contre un pilier)* faisant face à une Annonciation. Dans le mur, deux niches servaient, l'une pour les burettes, l'autre pour le lavement des mains du prêtre.
Au cul-de-four, une fresque représente la Vierge en majesté avec les trois Mages et les archanges Michel et Gabriel : elle ornait autrefois les murs de l'église catalane San Juan de Tredos. Dans la nef a été remontée la porte (12e s.) d'une église de S. Leonardo al Frigido (Toscane) en marbre de Carrare. À sa gauche, les fonts baptismaux, également toscans, ont été sculptés dans un marbre blond en l'honneur de Rainier de Pise ; ils datent de 1160, l'année de la mort du saint homme. Dans le chevet, du plafond pendent deux chaînes soutenant un Christ roman d'une grande spiritualité qui proviendrait du couvent de Santa Clara (près de Palencia, Espagne).

Romanesque Hall – L'entrée poitevine est voûtée en plein cintre, selon les caractéristiques de l'art roman. Les chapiteaux sont sculptés à gauche d'oiseaux gracieux picorant des feuilles d'acanthe et, à droite, d'animaux imaginaires surmontés d'un délicat motif végétal.
Bel exemple de transition entre le style roman et le style gothique, le portail donnant sur le cloître de St-Guilhem provient de l'église de Reugny, près de Montluçon, et date de la fin du 12e s. Celui de style gothique (13e s.) menant à la chapelle de Langon ornait le transept de l'église de l'ancien monastère du Moutiers-St-Jean en Bourgogne : remarquer les deux statues pouvant représenter *(à gauche)* Clovis, premier roi chrétien et *(à droite)* son fils Clotaire, qui protégea l'abbaye fondée par son père à la fin du 5e s.

St-Guilhem Cloister – Il a été reconstitué avec des colonnes et des chapiteaux du cloître de l'abbaye bénédictine de St-Guilhem-le-Désert (à l'Est de Montpellier). Désaffectée à la Révolution française, ses bâtiments monastiques furent dépecés, et les colonnes du cloître reléguées dans un jardin où elles servaient de tonnelle quand George Grey Barnard les acheta en 1906. On admire la vigueur et la liberté de facture des chapiteaux (12e-13e s.) au décor végétal très fouillé et qui, pour nombre d'entre eux, témoignent d'une inspiration romaine ; plusieurs colonnes sont, elles aussi, sculptées de motifs stylisés et végétaux.

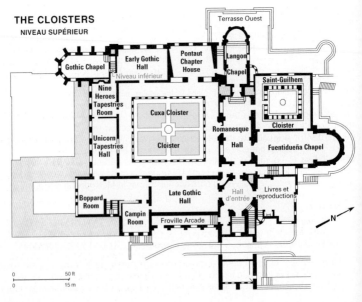

THE CLOISTERS
NIVEAU SUPÉRIEUR

The Metropolitan Museum of Art, Cloisters Collection

Salle capitulaire de Pontaut

Au centre du cloître, la fontaine est faite d'un chapiteau roman de l'église St-Sauveur à Figeac, dans le Quercy. Les consoles portant les arches transversales proviennent de l'abbaye de Sauve-Majeure, près de Bordeaux.

Langon Chapel – Les éléments anciens de cette chapelle se trouvaient dans le chœur de l'église romane Notre-Dame-du-Bourg à Langon, près de Bordeaux. Désaffectée à la Révolution et utilisée comme salle de réunion pour le club des Jacobins, elle fut transformée d'abord en salle de bal, puis en cinéma. Un ciborium en marbre italien du 12ᵉ s. abrite une poignante Vierge en bois de bouleau sculpté provenant d'Autun, en Bourgogne.

Pontaut Chapter House – Notre-Dame-de-Pontaut fut tout d'abord une abbaye bénédictine, puis cistercienne, sise près de St-Sever, dans les Landes. Sa **salle capitulaire** constitue un exemple de style transition roman-gothique, sobrement harmonieux. Au travers des baies, largement ouvertes sur le cloître, les frères convers (religieux chargés des travaux domestiques) suivaient le déroulement du chapitre, tandis que les moines s'asseyaient à l'intérieur, le long du mur, sur un banc de pierre qui a été conservé. Les chapiteaux sont remarquables par la simplicité et la fermeté des motifs géométriques ou végétaux qui les ornent.

St-Michel-de-Cuxa Cloister – Ce cloître roman, le plus grand du musée, ne représente cependant que la moitié de la structure initiale. Les éléments qui le composent proviennent du monastère bénédictin de St-Michel-de-Cuxa (aux environs de Prades, dans les Pyrénées-Orientales) qui fut, au Moyen Âge, l'un des foyers de culture et d'art du Roussillon. Pillé sous la Révolution française, St-Michel-de-Cuxa vit, dans le courant du 19ᵉ s., les galeries de son cloître éparpillées.
C'est en 1913 que Barnard parvint à retrouver et réussit à acheter un peu plus de la moitié des chapiteaux d'origine, 12 fûts de colonnes, 25 bases et 7 arcs. Les éléments manquants ont été refaits en utilisant le même marbre rose des Pyrénées. On détaillera les chapiteaux vigoureusement sculptés de motifs végétaux, de personnages grotesques et d'animaux fantastiques d'inspiration orientale ; noter l'absence presque totale de scènes religieuses.

Early Gothic Hall – *La salle du gothique primitif est fermée pour une durée indéterminée.*

Nine Heroes Tapestries Room – La porte, provenant du cloître de St-Michel-de-Cuxa, est surmontée d'arcs en accolade de style gothique flamboyant. La salle abrite de précieuses **tapisseries★** (1410) ayant pour sujets les **Neuf Preux**, thème très en faveur au Moyen Âge, mettant en scène trois héros hébreux (David, Josué, Judas Maccabée), trois héros païens (Hector, Alexandre, César) et trois héros chrétiens (Arthur, Charlemagne, Godefroi de Bouillon), auxquels répondaient des héroïnes féminines, les Neuf Preuses.
La série exposée ici montre cinq des Neuf Preux : David qu'on reconnaît à la harpe timbrant son écu, Josué, Alexandre, César et le roi Arthur, dont le manteau et la bannière portent les trois couronnes d'Angleterre, d'Écosse et de Bretagne. Des personnages moins importants (musiciens, courtisans, guerriers, cardinaux et évêques) escortent les héros et dressent un édifiant portrait de la société médiévale. Les armes fleurdelisées du Berry, discernables sur le fragment consacré aux héros hébreux, laissent penser que les tapisseries furent tissées à l'intention de

Jean de Berry, mécène et frère du roi Charles V. Avant de passer dans la salle suivante, admirer la porte gothique (16ᵉ s.) en lave de Volvic, provenant d'Auvergne, dont le tympan représente deux licornes.

Unicorn Tapestries Hall – Par leur finesse d'exécution, leur réalisme dans les expressions et les attitudes, leur précision dans les détails et leur harmonie dans les coloris, les **tapisseries de la Licorne**★ représentent l'un des plus beaux exemples d'ouvrages à l'aiguille exécutés durant l'âge d'or de la tapisserie (fin 15ᵉ s.-début 16ᵉ s.). L'ensemble, qui relate une Chasse à la Licorne (la licorne étant un animal fabuleux, à longue corne, dont le Moyen Âge avait fait le symbole de la pureté), se compose de sept tapisseries qui se trouvaient au château de Verteuil en Charente, propriété des La Rochefoucauld. Six d'entre elles furent achetées en 1922 par John D. Rockefeller Jr ; la septième fut ajoutée à la collection en 1938. Près de la cheminée en calcaire du 15ᵉ s. (Alençon, Normandie), une dent de narval ressemble étrangement à une corne de licorne.

Boppard Room – Cette salle tient son nom de la cité rhénane de Boppard en Allemagne d'où proviennent six vitraux (fin du 15ᵉ s.) qui décoraient jadis l'église des Carmélites de cette ville. On y voit aussi un beau retable en albâtre sculpté du 15ᵉ s. (Saragosse, Espagne) et un lutrin en cuivre exécuté aux Pays-Bas au 16ᵉ s.

Burgos Tapestry Hall – *La salle dite des tapisseries de Burgos est fermée pour travaux.*

Campin Room – Cette pièce, dont le plafond provient d'un palais espagnol, a été garnie d'objets domestiques médiévaux destinés à recréer l'atmosphère de l'époque : table et bancs, lustre en bronze et cage à oiseaux en fer du 15ᵉ s. (la seule du Moyen Âge à avoir subsisté). Au-dessus du coffre est placé le fameux **triptyque de Mérode**, par Robert Campin. Le panneau principal évoque l'Annonciation avec un luxe de détails familiers pleins de charme. Les volets montrent les donateurs à gauche, et saint Joseph à droite, dans son atelier de charpentier : dans cette dernière scène, on remarque avec amusement la souricière, et on apprécie l'extrême minutie du décor en arrière-plan.

Late Gothic Hall – On a voulu donner à la vaste salle consacrée au **gothique tardif** l'apparence d'un réfectoire de monastère. Elle est éclairée par quatre fenêtres du 15ᵉ s. provenant du couvent dominicain de Sens (Bourgogne). Elle renferme un magnifique retable espagnol du 15ᵉ s. en bois peint, sculpté et doré. Admirer l'Adoration des Mages (fin du 15ᵉ s., Allemagne) ainsi qu'une Vierge à genoux d'une grande pureté de lignes (fin du 15ᵉ s., Italie). Sur une console au-dessus de la porte, on remarquera des statues représentant Dieu le Père, le Christ et la Vierge (15ᵉ s., Autriche).

Niveau inférieur *Voir plan p. 221*

Gothic Chapel – Inspirée de la chapelle St-Nazaire à Carcassonne et de l'église de Monsempron (Lot-et-Garonne), la **chapelle gothique** constitue un cadre parfait pour une intéressante collection de dalles funéraires et de gisants. Parmi les seconds, citons la très belle effigie de Jean d'Alluye (13ᵉ s.) provenant de l'abbaye de la Clarté-Dieu en Touraine, et quatre mausolées des comtes d'Urgel (14ᵉ s.), d'origine catalane. Les tombes proviennent du monastère de Santa Maria de Bellpuig à Les Avellanes, au Nord de Lérida (Espagne). Quant aux vitraux des fenêtres absidales (14ᵉ s.), ils sont originaires d'Autriche.

Bonnefont Cloister – Sur deux de ses côtés, ce cloître est bordé de colonnes géminées dont les doubles chapiteaux de marbre gris-blanc des carrières de St-Béat appartenaient au cloître (13ᵉ-14ᵉ s.) de l'ancienne abbaye cistercienne de Bonnefont-en-Comminges, dans les Pyrénées. Les deux autres côtés forment terrasses sur Fort Tryon Park et la vallée de l'Hudson. Un jardin de simples (plantes médicinales) médiévales accroît le charme de cet endroit.

Trie Cloister – Il évoque la sérénité et le recueillement monacal, en raison de ses dimensions réduites. Ses chapiteaux, de la fin du 15ᵉ s., sont ornés de blasons ou historiés de scènes religieuses : ceux de la galerie Sud relatent des épisodes de la vie du Christ. Au centre de la cour, la fontaine (15ᵉ-16ᵉ s.), composée de deux parties découvertes dans la région des Vosges, est surmontée d'une croix portant, d'un côté, le Christ entre la Vierge et saint Jean, de l'autre, sainte Anne, la Vierge et deux saints.

Glass Gallery – Cette salle doit son nom à ses vitraux (15ᵉ-16ᵉ s.) représentant, entre autres, des scènes de l'Ancien et du Nouveau Testament. Elle contient une belle collection de statues des 15ᵉ et 16ᵉ s. en bois, en albâtre, en pierre et en ivoire, et une Nativité peinte dans l'atelier de Roger van der Weyden (15ᵉ s., Flandre). À l'extrémité de la galerie, remarquer une curieuse clôture d'escalier en bois sculpté (16ᵉ s.) provenant d'une maison d'Abbeville, dans la Somme.

THE CLOISTERS
NIVEAU INFÉRIEUR

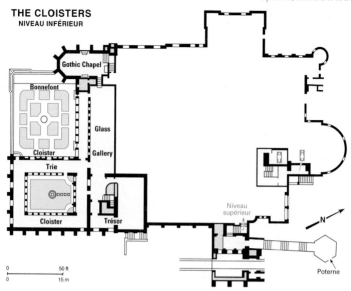

Trésor – Parmi les objets les plus remarquables figure une croix du 12ᵉ s., sculptée dans une défense de morse, qui provient du monastère de Bury St. Edmund's dans le Suffolk (Angleterre). Cette croix est couverte, sur les deux faces, de personnages, d'inscriptions et de scènes minuscules illustrant l'Ancien et le Nouveau Testament. Sur une face, on voit le Christ devant Pilate, la Déposition du corps, la Résurrection et l'Ascension. Sur le dos de la croix, les petits personnages aux longues barbes représentent les prophètes qui avaient annoncé la venue du Messie. Les bras de la croix se terminent par les symboles des évangélistes finement sculptés : le lion de saint Marc, l'aigle de saint Jean et le taureau de saint Luc.

Dans la même salle sont exposés des émaux de Limoges du 13ᵉ s., des reliquaires, un grain de chapelet en orme dont l'intérieur évidé abrite une minuscule représentation de la Passion (15ᵉ s., Allemagne). De superbes tentures brodées de fil de soie et d'or représentent des scènes bibliques. Remarquer une tapisserie allemande de la fin du 14ᵉ s. illustrant des scènes de la vie du Christ et des passages de l'Ancien Testament. On verra également un ensemble de 35 panneaux de stalles (début 16ᵉ s.) de style gothique tardif provenant probablement de l'abbaye de Jumièges en Normandie, et décorés de scènes de la vie du Christ et de la Vierge. Dans une vitrine, admirer les **Belles Heures** du duc Jean de Berry, chef-d'œuvre de l'enluminure du 15ᵉ s.

AUTRES CURIOSITÉS

★★**Fort Tryon Park** – Voir plan p. 222. Aménagé par Frederick Law Olmsted Jr, sur les collines dominant l'Hudson, ce parc verdoyant et tranquille donne l'impression d'être situé à cent lieues de New York, et on s'y prend à oublier la présence de la grande cité. Relativement peu étendu (environ 25 ha), il est coupé de vallonnements pittoresques tandis que des terrasses habilement aménagées offrent de nombreuses perspectives sur le fleuve. Au 19ᵉ s., il y avait encore là des pacages et des fermes qui avaient remplacé les campements indiens du temps de la colonisation. John D. Rockefeller Jr acquit le site en 1909 et en fit don à la ville en 1930.

Un belvédère a été aménagé sur le site du **fort Tryon** qui tenait son nom du dernier gouverneur civil anglais de New York, William Tryon. Le fort couronnait une éminence à 76 m au-dessus de l'Hudson, et servait d'avant-poste au fort Washington qui fut le dernier point de résistance contre l'invasion anglaise de Manhattan pendant la guerre d'Indépendance. C'est là que l'héroïne américaine Margaret Corbin remplaça son mari tué au combat et, dans la lutte, fut grièvement blessée. Avec la chute du fort Washington, le 16 novembre 1776, les Anglais occupèrent New York qui resta entre leurs mains pendant sept ans. Il n'y a pas si longtemps, on y trouvait encore des boulets de canon, des boutons d'uniforme et des boucles de ceinturon.

Du belvédère se dégagent aujourd'hui des **vues**★ splendides sur l'Hudson et sur le pont George Washington d'un côté, et sur l'East River de l'autre.

Entre Fort Tryon et Margaret Corbin Plaza, le chemin suit le faîte de la colline qui dévale jusqu'aux rives de l'Hudson. À droite, un peu en contrebas, apparaît un petit jardin, le Heather Garden.

Inwood Hill Park – *Il est imprudent de se promener seul dans le parc.* Situé à l'extrémité Nord-Ouest de Manhattan, ce parc est séparé de Fort Tryon Park par un étranglement au creux duquel se nichent quelques immeubles résidentiels. Le terrain, boisé et vallonné, n'a guère changé depuis le temps où il se nommait Shora-Kapkok et était peuplé d'Indiens. Pendant la guerre d'Indépendance, des soldats anglais et des mercenaires allemands à la solde des Britanniques y furent cantonnés. Aujourd'hui, le parc est plutôt vide en semaine. Mais le dimanche, ses futaies servent volontiers de cadre aux pique-niques des New-Yorkais venus s'y détendre.

Non loin du parc, au Nord-Est, le long de l'Harlem River, s'étend Baker Field, terrain de jeux de l'université Columbia. Plus à l'Est, à l'angle de la 204e Rue Ouest et de Broadway, se trouve **Dyckman Farmhouse Museum** *(ouv. toute l'année mar.-dim. 10 h-16 h ; fermé principaux j. fériés ; 1 $; www.dyckman.org ☎ 212-304-9422)*, seule ferme coloniale hollandaise (restaurée) du 18e s. à subsister dans Manhattan. Pourvue d'un mobilier d'époque et agrémentée d'un charmant jardin de plantes, elle témoigne de la vie en Amérique au temps des colonies.

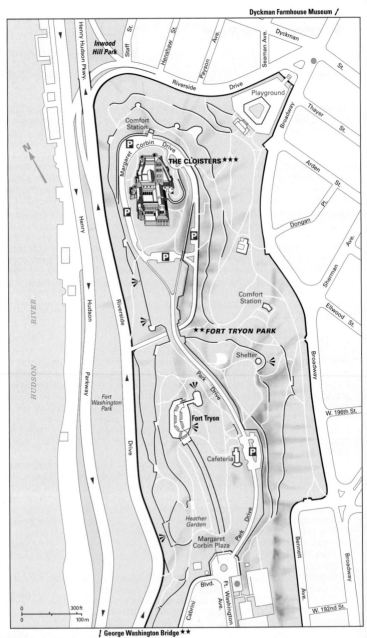

★★George Washington Bridge – *Péage côté New Jersey.* ☏ *800-221-9903.* Ce pont à péage, reliant la 179e Rue (Manhattan) à Fort Lee (New Jersey), fut longtemps le plus long du monde et demeure l'unique pont suspendu à quatorze voies. Conçu par **O.H. Amman**, ingénieur à l'origine du Verrazano Narrows Bridge, et par l'architecte Cass Gilbert, il fut ouvert à la circu-

■ **Quelques chiffres**

Extraordinaire prouesse technique, le pont George Washington enjambe l'Hudson de son unique travée (longueur : 1 066 m). Le sommet des pylônes porteurs s'élève à 184 m, et les câbles de soutien mesurent environ 91 cm de diamètre. Huit files de voitures peuvent circuler sur le tablier supérieur, à 76 m au-dessus du niveau du fleuve. Le tablier inférieur peut recevoir six files de voitures.

lation le 25 octobre 1931 et coûta environ 59 millions de dollars. En 1959, l'accroissement constant du trafic nécessita l'ajout d'un second tablier formant un étage inférieur, qui allait être inauguré en 1962. Dans le même temps, des voies d'accès furent aménagées par le truchement d'échangeurs.

On aura la meilleure vue du pont en effectuant la promenade en bateau *(voir p. 63)* autour de Manhattan, ou en parcourant l'Henry Hudson Parkway qui longe le fleuve. Au Nord, remarquer un petit phare rouge, **Little Red Lighthouse** *(visite avr.- oct. : sur rendez-vous ☏ 212-304-2365)*, sur Jeffrey's Hook, minuscule langue de terre sur l'Hudson située à la hauteur de la 178e Rue, au pied d'une des piles du pont. Seul phare de Manhattan, cette structure en fonte se trouvait autrefois dans le New Jersey. Déplacée sur ce site en 1921 pour mieux guider la marche des navires, elle fut désaffectée après la construction du pont George Washington, lui-même équipé de balises lumineuses.

(classés par ordre alphabétique)

AMERICAN FOLK ART MUSEUM

Musée d'ART POPULAIRE AMÉRICAIN
45, 53ᵉ Rue O. **MTA** station 53rd St. (lignes E, F)
Voir plan p. 105

Ouv. toute l'année mar.-dim. 10 h-18 h (ven. jusqu'à 20 h). Fermé principaux j. fériés. 9 $. ✗ ⓖ www.folkartmuseum.org ☎ 212-595-9533.

Installé en face du Lincoln Center et dans un immeuble flambant neuf proche du Museum of Modern Art, le musée (fondé en 1961) a reçu la mission de préserver et faire connaître l'art populaire américain du 18ᵉ s. à nos jours. Le nouveau bâtiment de huit étages (2001, Williams, Tsien & Ass.) accueille 500 des quelque 4 000 œuvres de la collection permanente, réparties sur sept niveaux autour d'un atrium ; le Lincoln Center *(2 Lincoln Sq. ; ouv. tlj 11 h-19 h30, lun. jusqu'à 18 h ; ☎ 212-595-9533)* est toujours l'hôte d'expositions temporaires et itinérantes.

La collection permanente est composée d'objets créés le plus souvent par des artistes et artisans autodidactes : girouettes du 19ᵉ s., manège figurant l'oncle Sam à bicyclette, ravissant portrait par Ammi Phillips *(Girl in Red Dress with Cat and Dog)* ou une multitude de toiles et manuscrits à l'inspiration onirique par Henry Darger, de Chicago, n'en sont que quelques exemples.

AMERICAN MUSEUM OF NATURAL HISTORY★★★

Muséum américain d'HISTOIRE NATURELLE
Central Park W., entre les 77ᵉ & 81ᵉ Rues
MTA stations 81st St. (lignes B, C) ou 79th St. (lignes 1, 9)
Voir plan p. 191

Le muséum, l'un des plus grands de son genre au monde, joue en partie le rôle de musée de l'homme et compte parmi les institutions new-yorkaises les plus vénérées. Ses remarquables collections (minéralogie, paléontologie, ethnographie, etc.), qui concernent les multiples aspects du monde naturel mais aussi humain, feront de la visite une promenade enrichissante.

Un peu d'histoire

Le bâtiment – Fondé en 1869 par Albert S. Bickmore, le muséum occupa tout d'abord l'arsenal de Central Park. D'aspect colossal, la structure actuelle, qui comprend aujourd'hui 23 bâtiments reliés les uns aux autres (Calvert Vaux conçut le tout premier édifice), fut commencée en 1874, la première pierre ayant été posée par le général Uysses S. Grant, alors président des États-Unis. Le muséum devait être inauguré trois ans plus tard par le successeur de Grant, le président Rutherford B. Hayes.

Terminé dans les années 1930, l'énorme complexe présente un curieux mélange de styles en raison des campagnes de construction menées sous la direction d'architectes différents. Dessiné par l'architecte John Russell Pope, l'imposant hall surmonté d'une rotonde fut dédié en 1936 à la mémoire du 26ᵉ président des États-Unis, **Theodore Roosevelt**. Dans son enfance, Roosevelt s'intéressait à la taxidermie et aux collections et il fit don au musée de certaines de ses plus anciennes acquisitions, à savoir : une chauve-souris, une tortue, quatre œufs d'oiseau, douze souris et le crâne d'un écureuil. Il conserva cette passion toute sa vie et ne cessa jamais de faire don de spécimens rapportés de ses expéditions dans le monde entier.

Le muséum connut en 1996 une rénovation qui restaura la majesté des galeries du 4ᵉ niveau, mettant au jour les colonnes en fonte, arches et fenêtres jusqu'alors cachées. Mais c'est le nouveau **Rose Center for Earth and Space★★**, situé dans la partie Nord du muséum *(81ᵉ Rue O.)*, ouvert depuis février 2000, qui mérite l'attention. Grâce à lui, la surface d'exposition a été augmentée de 25 %. Un bâtiment de verre de sept étages traite des découvertes les plus récentes tandis que le planétarium Hayden, rénové, se tient sous une gigantesque sphère dans laquelle les astronomes bénéficieront d'une présentation ultramoderne de l'espace. Une bibliothèque de huit étages *(77ᵉ Rue O.)* abrite un fonds de 450 000 volumes consacrés à l'histoire naturelle.

Les collections – Elles comprennent plus de 30 millions d'objets et de spécimens amassés depuis 1869 au cours de plus d'un millier d'expéditions. Seule une petite partie de ces collections est exposée au public, dans une quarantaine de salles réparties sur quatre étages. D'un grand intérêt, les **dioramas** présentent de façon très vivante les animaux naturalisés : le sol et la végétation sont fidèlement reproduits, tandis que les fonds de paysages ont été peints d'après des esquisses réalisées sur le terrain, les éclairages contribuant à donner l'illusion de la réalité.

Visite du muséum

Enfants *Ouv. tlj 10 h-17 h45. Fermé Thanksgiving & 25 déc. Adultes 12 $, enfants 7 $ (visite du Rose Center comprise). Forfaits incluant le musée, le Rose Center et le planétarium Hayden : adultes 22 $, enfants 13 $.* ✗ ♿ *www.amnh.org* ☎ *212-769-5100.*

Il est impossible de visiter en totalité un musée aussi gigantesque que celui-ci en une journée. Si vous souhaitez procéder à une visite approfondie, prévoyez d'y consacrer deux jours en ménageant quelques pauses, au cours desquelles vous pourrez soit aller faire quelques pas dans Central Park, soit réparer vos forces dans l'un des restaurants d'Amsterdam Avenue, toute proche. Le muséum lui-même propose trois salles de restauration : Museum Food Court *(sous-sol, ouv. tlj 11 h-16 h45)* propose un service de restauration complet et varié ; son voisin, le Big Dipper Ice Cream Café *(horaires variables selon la saison)* présente toute une panoplie de desserts ; sandwichs et salades sont proposés au Café On 4 *(4ᵉ niveau, côté Central Park West ; ouv. w.-end 11 h-16 h45)* ; les amateurs de cuisine vietnamienne choisiront le Café Pho *(hall côté 77ᵉ Rue ; horaires variables selon la saison)* installé dans un marché asiatique.

La visite dans le cadre d'une seule journée est possible en se référant aux descriptions suivantes, qui ne visent qu'à faire ressortir, pour chaque étage, les points saillants des collections, ou en établissant un programme de visite en fonction de ses goûts *(se procurer un plan détaillé du muséum à l'accueil)*. Quelques salles peuvent être fermées pour travaux ou dévolues à des expositions temporaires. Vous pouvez encore vous référer aux écrans tactiles placés ici et là pour vous diriger ou obtenir quelques précisions sur les œuvres.

VISITE

Entrée principale – Située du côté de Central Park, celle-ci ouvre sur le hall principal du musée *(2ᵉ niveau)* qui donne sur l'imposante façade longue de près de 250 m (une autre entrée, sur la 77ᵉ Rue Ouest, mène au premier niveau et à l'Imax Theater). Remarquer avant d'entrer la colonnade ionique du Theodore Roosevelt Memorial Hall qui porte les statues des explorateurs et naturalistes Daniel Boone, John James Audubon et Lewis & Clark. Une statue équestre (1940, James Earle Fraser), représentant Roosevelt entouré d'un Indien d'Amérique et d'un Afro-Américain, monte la garde à l'entrée du hall.

Commencer la visite par le Theodore Roosevelt Memorial Hall, au 2ᵉ niveau.

Deuxième niveau – La rotonde centrale est dominée par l'immense squelette (16,8 m de haut, soit l'équivalent de cinq étages) d'un **barosaure**, dinosaure herbivore de la période jurassique. Ce spécimen, figé dans une pause quelque peu fantaisiste, est en fait une réplique en résine et mousse synthétique des ossements fossilisés, trop fragiles pour être assemblés.

À l'Ouest du hall d'entrée s'ouvre la spectaculaire **salle des mammifères d'Afrique**★ (Hall of African Mammals) dédiée à la mémoire de Carl Akeley, dont les dioramas si réalistes révolutionnèrent le domaine muséologique au début du 20ᵉ s. On y voit un impressionnant troupeau d'éléphants en état d'alerte et, sur les côtés, de remarquables scènes représentant des zèbres, des antilopes, des gorilles, des lions et des gazelles dans leur cadre naturel. Dans les galeries de cette salle, à hauteur du troisième niveau, d'autres dioramas présentent différentes espèces de singes, des rhinocéros, des léopards et des hyènes. Une autre attraction est la **salle des oiseaux des mers du Sud** (Hall of Oceanic Birds), au Nord de l'entrée donnant sur Central Park West. Elle abrite des espèces naturalisées de Nouvelle-Guinée, de Nouvelle-Zélande et d'autres provenances. Sous la voûte, un vol d'albatros se détache sur un fond de ciel bleu.

Consacrée au continent africain, la **salle des peuples d'Afrique** (Hall of African Peoples) en étudie les hommes et les cultures. Dans la **salle du Mexique et de l'Amérique centrale** (Hall of Mexico and Central America), on peut admirer une remarquable collection d'art précolombien, tout particulièrement en ce qui concerne les civilisations aztèque et maya (ornements en or datant d'il y a 2 500 ans et sculptures en argile et en pierre de Veracruz). La **salle des peuples d'Amérique du Sud** (Hall of South American Peoples) expose de nombreux trésors des Andes et d'Amazonie, illustrant les croyances religieuses et l'organisation sociale des cultures d'hier et d'aujourd'hui. Remarquer un *manto* Paracas (pièce de coton triangulaire décorée de motifs polychromes, Pérou) de 2 500 ans d'âge.

La **salle des peuples d'Asie**★ (Hall of Asian Peoples) présente quant à elle une exposition sur le continent asiatique de la préhistoire au 19ᵉ s. La vie quotidienne dans différents pays (de l'Arabie au Japon en passant par la Sibérie et l'Inde), les cérémonies et les rites sont illustrés par des dioramas et des scènes grandeur nature. Avec une collection de plus de 60 000 objets, il s'agit de l'une des plus importantes expositions de ce type hors d'Asie.

Squelette de barosaure (Theodore Roosevelt Memorial Hall).

Premier niveau – On verra, dans le hall d'entrée donnant sur la 77ᵉ Rue, un canoë de guerre haida (1878) provenant des îles de la Reine-Charlotte, au large de la Colombie-Britannique (Canada) ; taillée dans une seule pièce de cèdre, l'embarcation peut contenir une trentaine de passagers. La **salle des Indiens de la côte du Nord-Ouest★** (Hall of Northwest Coast Indians) contient de superbes mâts totémiques, des outils et des objets d'artisanat amérindien et inuit.

À gauche de l'entrée, la **salle des mollusques** (Hall of Mollusks and Our World) illustre l'importance des coquillages et leur utilisation dans différentes sociétés autour du globe. La **salle de la biologie et de l'évolution★** (Hall of Human Biology and Evolution) explore la place de l'homme dans l'univers naturel, et évoque la complexité et les merveilles de la vie à travers les âges et dans l'ensemble du royaume animal. L'exposition se penche d'abord sur les caractéristiques que nous partageons avec d'autres espèces et sur celles qui nous sont propres. Le visiteur est invité à découvrir ces différences à travers toutes sortes de présentations, notamment un amusant diorama mettant en vedette une famille de squelettes assise devant un téléviseur. Dans la deuxième partie de la salle, consacrée au thème de l'évolution, dioramas et collections de fossiles illustrent l'étonnante diversité de nos ancêtres. Un fascinant diorama décrit par ailleurs le travail des archéologues. La dernière partie traite des origines de la créativité humaine à la fin des périodes glaciaires. Le visiteur peut ainsi appréhender la façon dont l'être humain prend peu à peu sa place au sein du règne animal.

Une météorite de 34 tonnes trouvée au Groenland en 1895, baptisée Ahnighito, est le clou de la visite de la **salle des météorites★** (Hall of Meteorites). On y trouve plus de 130 spécimens ayant permis l'étude du système solaire à travers la nature, l'histoire et le rôle des météorites. Une des pièces les plus célèbres est celle dont la chute, après avoir creusé un cratère de près de 300 km au Yucatan il y a 65 millions d'années, aurait été à l'origine de la disparition des dinosaures.

Dans la **salle des minéraux et des gemmes★★** (Halls of Minerals and Gems), on écarquille les yeux devant plus de 6 000 rubis, émeraudes, diamants et autres, dont le Star of India, le plus gros saphir du monde (563 carats).

La **salle de la biodiversité★** (Hall of Biodiversity) fourmille d'une quantité de formes de vie destinées à rendre la variété et l'interaction de la vie sur terre. L'exposition délivre également un puissant message écologique à propos de l'influence que l'être humain exerce sur la biodiversité. Le mur Ouest présente 1 500 spécimens et maquettes qui illustrent les miracles de la biodiversité. Le clou de l'exposition est le **diorama** de la forêt tropicale humide africaine de Dzanga-Sangha. Ce décor luxuriant comprend 160 répliques d'espèces et plus de 500 000 feuilles soigneusement reproduites.

La salle des mammifères d'Amérique du Nord (North American Mammals) et celle des forêts nord-américaines (North American Forests) sont également fort intéressantes. Consacrée à l'océanographie et à la biologie des poissons, la **section de la vie marine** (Hall of Ocean Life) présente l'immense **maquette** d'une baleine bleue longue de 29 m, suspendue en position de plongée. Un jeu de lumières et de sons subaquatiques plonge le visiteur dans l'habitat des baleines. Les dioramas présentés sur les deux étages de la section ont été restaurés et complétés. Celui de la mezzanine est dorénavant enrichi de huit nouvelles vitrines qui présentent les écosystèmes océaniques (estuaires, mers polaires, hauts-fonds) en s'aidant des technologies les plus récentes.

Dans l'Imax Theater, auditorium de 996 places équipé d'un gigantesque écran (hauteur : équivalent de quatre étages ; largeur : une vingtaine de mètres), ont lieu des projections de films.

Troisième niveau – La **salle des reptiles et des batraciens** (Hall of Reptiles and Amphibians) abrite le plus grand lézard du monde actuel, le varan de Komodo (3 m), tandis que la **salle des primates** (Hall of Primates) rassemble les lointains cousins de l'homme. À l'Ouest de cette galerie, des expositions sur les Amérindiens des forêts de l'Est et des plaines présentent des huttes reconstituées, des armes, des outils et divers objets de la vie quotidienne. La **salle des oiseaux d'Amérique du Nord** (Hall of North American Birds) regroupe de nombreuses espèces tel le dindon sauvage, dont Benjamin Franklin voulait d'ailleurs faire l'oiseau national des États-Unis.
Inspirée par les travaux et les idées de la célèbre ethnologue Margaret Mead (1901-1978), la **salle des peuples du Pacifique★** (Hall of the Pacific Peoples) contient des objets appartenant à six régions culturelles du Pacifique : l'Australie, l'Indonésie, les Philippines, la Mélanésie, la Micronésie et la Polynésie. Une grande vitrine, au centre de la salle, contient des masques sacrés, des personnages sculptés et des boucliers vivement décorés, représentatifs de l'art riche et varié des peuples du bassin du fleuve Sepik, en Nouvelle-Guinée.

Quatrième niveau – *Commencer la visite au centre d'orientation.* Achevées en 1996, les six **salles des fossiles★★** (Fossil Halls) constituent un véritable tour de force visuel et intellectuel, et une inoubliable incursion dans le monde de la préhistoire. Délaissant les formules de présentation traditionnelles, les conservateurs ont réussi à créer des expositions interactives illustrant les liens entre les espèces et leur évolution à travers le temps, suivant le principe de l'arbre généalogique. Vu l'incroyable quantité d'informations qu'on y présente, il est préférable de commencer par une visite au centre d'orientation. On passe ensuite à la **salle des premiers vertébrés** (Hall of Vertebrate Origins), où l'on peut suivre l'évolution des vertébrés depuis l'apparition des tout premiers poissons jusqu'aux dinosaures et aux mammifères. Au fur et à mesure que se ramifie l'arbre, de nouvelles caractéristiques émergent (mandibules, quatre membres, mains préhensiles et ainsi de suite), reflétant le processus évolutif. De part et d'autre du tronc principal, des alcôves renferment des présentations détaillées sur des animaux possédant certaines similarités biologiques. Le musée renferme la plus grande collection de fossiles vertébrés du monde ; les amateurs de paléontologie seront donc servis à souhait. Dans la **salle des dinosaures sauripelviens** (Hall of Saurischian Dinosaurs), caractérisés par des doigts préhensiles, un immense apatosaure et un *Tyrannosaurus Rex* dominent de haut un petit *Archaeopteryx Lithographica*. Dans la **salle des dinosaures avipelviens** (Hall of Ornithischian Dinosaurs), dont les os pubiens sont orientés vers l'arrière, remarquer la « momie » qui est en fait l'empreinte fossilisée d'une carcasse d'hadrosaure. Découvert en 1908, ce fossile est si bien conservé qu'il montre clairement la texture de la peau. Les deux salles de dinosaures renferment au total plus de 100 spécimens, dont 85 % sont d'authentiques fossiles. Enfin, la **salle des mammifères et de leurs ancêtres** (Mammals and Their Extinct Relatives) abrite mammouths, mastodontes, machairodontes et mégathériums.

★★Rose Center for Earth and Space – *Ouv. tlj 10 h-17 h45 (ven. jusqu'à 20 h45). Fermé Thanksgiving & 25 déc. Billet combiné pour la visite du musée et du centre spatial 12 $ (22 $ avec le spectacle). Audioguides (75 mn, compris dans le prix du billet). Séances de spectacle (planétarium Hayden) toute la journée lun.-sam. 10 h30-16 h30 (ven. jusqu'à 19 h30). Achat de billets à l'avance : www.amnh.org* ☎ *212-769-5200.* Le centre est accessible par le musée *(1er & 2e niveau)* ou par sa propre entrée voûtée *(81e Rue)*. Sa description des mystères du cosmos marie une science extrêmement pointue à des expositions visuelles impressionnantes. La visite peut débuter par le spectacle des étoiles au **space theater** situé dans Hayden Sphere. Ce programme numérique, le plus techniquement avancé actuellement, emmène les spectateurs, en une chevauchée virtuelle de la Voie lactée aux confins de l'univers connu, à l'aide de cartes en 3D mises au point avec la NASA.
À l'extérieur de la salle de spectacle, une exposition de plus de 120 m baptisée « Échelles de l'univers » (Scales of the Universe) donne à voir l'immensité de l'espace par des maquettes, des écrans tactiles et des panneaux explicatifs. Des maquettes de planètes de notre système solaire surplombent l'exposition. Pluton est absente : le centre a pris la décision (controversée) de ravaler la neuvième planète au rang d'astéroïde. Une présentation du Big Bang *(2mn)* évoque la naissance de l'univers à grands renforts de laser et de son multistéréophonique. Pour sortir, les visiteurs descendent une rampe en spirale qui les mène *(1er niveau)* à la **salle de la planète Terre★** (Hall of

---

■ **Des stars sous les étoiles**

Le Rose Center résonne de jazz chaque premier vendredi du mois. Un verre de boisson hispanique à la main, on écoute les musiciens en picorant dans les assiettes de tapas espagnoles du Tapas Bar. Concerts 17 h30-18 h30 et 19 h-20 h.

Rose Center for Earth and Space.

Planet Earth), consacrée aux caractéristiques géologiques et climatiques du globe. L'exposition du sous-sol est intitulée **salle de l'univers**★ (Hall of the Universe) ; elle miroite et bourdonne des images vidéo de dernière minute du télescope Hubble, de représentations de phénomènes cosmiques et d'objets divers, parmi lesquels la météorite Willamette (15 tonnes).

ASIA SOCIETY AND MUSEUM★

725 Park Av. **MTA** station 68th St. (ligne 6)
Voir plan p. 199

Ouv. toute l'année mar.-dim. 11 h-18 h (ven. jusqu'à 21 h). Fermé les principaux j. fériés. 7 $. ✗ ⬤ *www.asiasociety.org* ☎ *212-517-2742.*

Fondée en 1956 par John D. Rockefeller, troisième du nom, pour faire connaître au public la richesse des cultures d'Orient, l'Asia Society occupe un bâtiment de huit étages en grès et en granit rose (1981) qui fut conçu par l'architecte Edward Larrabee Barnes. Elle offre un cadre élégant pour ses expositions d'art oriental, et organise toute l'année des conférences, des projections de films et des spectacles.
Une importante rénovation (achevée en 2001) conçue par l'architecte new-yorkais Bartholomew Voorsanger a doublé les espaces intérieurs publics et les salles d'exposition ; un jardin d'hiver a ainsi été aménagé. Dans le nouveau centre d'accueil *(Visitor Center and Asian Arts Learning Center)*, les visiteurs obtiendront, en consultant des consoles interactives, des informations approfondies sur les expositions et les manifestations ainsi que des renseignements sur les autres lieux traitant d'art oriental.
La superbe collection d'art oriental de John D. Rockefeller et de son épouse, léguée à la société en 1978, est présentée dans les salles les plus récentes. On peut y admirer des bronzes indiens, des céramiques chinoises et japonaises, de somptueux paravents peints, des sculptures sur bois et des manuscrits, ainsi que des bas-reliefs de pierre (Asie du Sud-Est) d'un effet saisissant.

AUDUBON TERRACE★

Sur Broadway, entre les 155ᵉ et 156ᵉ Rues
MTA station 157th St. (ligne 1) ou 155th St. (ligne B)

Plusieurs musées et organismes culturels relativement peu connus du public se groupent, au Nord-Ouest de Harlem, autour d'une vaste place où se dressait jadis la maison de campagne du fameux naturaliste John Audubon, que celui-ci avait baptisée Minniesland. Les bâtiments actuels furent construits au début du 20ᵉ s. dans le style néoclassique par Charles Pratt Huntington, neveu de **Archer M. Huntington** *(voir Index)*, qui conçut le projet en 1908 et en assura le financement.

★★ **Hispanic Society of America** – *Ouv. toute l'année mar.-sam. 10 h-16 h30, dim. 13 h-16 h. Fermé principaux j. fériés. www.hispanicsociety.org* ☎ *212-926-2234.* Ce petit musée offre un fascinant panorama de la civilisation hispanique depuis l'époque préromaine, et abrite une riche collection de toiles de maîtres. Il occupe un bâtiment de deux étages devant lequel trône une statue en bronze du Cid (1927, Anna Hyatt Huntington), et possède un intérieur à la fois somptueux et bien agencé.

La galerie du rez-de-chaussée, aménagée en cour intérieure de style Renaissance, offre une importante sélection d'objets traditionnels et rituels (stalles d'église, tabernacles, parements d'autel), de pièces d'argenterie, d'outils préhistoriques, de gisants Renaissance et de tissus brochés. Remarquer, dans l'entrée, deux portraits peints par Goya, dont l'un représente la duchesse d'Albe (18ᵉ s.) et, à droite de la galerie, la porte mudéjare (15ᵉ s.), entourée de carreaux de faïence aux couleurs vives ; encore plus à droite, la salle Sorolla contient plusieurs toiles de Sorolla y Bastida. Toujours au même étage se trouve une bibliothèque de recherche. Décorée de **portraits** réalisés par le Greco, Morales, Ribera, Vélasquez et Goya, la galerie supérieure expose quant à elle une riche collection de faïences, de céramiques et de porcelaines, d'objets en métal, de poteries mordorées et de bijoux.

★**American Numismatic Society** – *Ouv. toute l'année mar.-sam. 9 h30-16 h30. Fermé principaux j. fériés.* ☎ *212-234-3130.* Fondé en 1858, ce petit musée renferme l'une des plus grandes collections de pièces et de médailles au monde ainsi qu'une vaste bibliothèque de recherche et de riches archives. Au rez-de-chaussée, deux galeries exposent des médailles choisies spécialement pour leur intérêt artistique ou historique, et proposent des expositions temporaires sur le thème de la monnaie et de son rôle dans les différents pays du monde. Ne pas manquer de voir « Le Monde des pièces » (The World of Coins), qui fait l'historique du monnayage de l'Antiquité jusqu'à nos jours.

American Academy of Arts and Letters – *Ouv. pendant les expositions mars & mi-mai-mi-juin : jeu.-dim. 13 h-16 h.* ☎ *212-368-5900.* Les 250 membres de cet institut, le plus prestigieux du pays dans le domaine des arts et des lettres, ont été choisis parmi les architectes, écrivains, compositeurs et artistes américains les plus distingués. Deux fois par an, l'Académie présente des œuvres d'art et des manuscrits *(téléphoner pour tout renseignement sur les activités au programme).*

COOPER-HEWITT NATIONAL DESIGN Museum★

2, 91ᵉ Rue E. MTA stations 86th St. ou 96th St. (lignes 4, 5, 6)
Voir plan p. 10

En 1897, **Sarah**, **Eleanor** et **Amy Hewitt** décidaient de créer un musée des Arts décoratifs à New York. Rattaché depuis 1967 au prestigieux institut américain Smithsonian, il illustre les tendances actuelles et passées en matière de design, dans les domaines les plus divers : industrie, architecture, décoration d'intérieur, mode et publicité.

Un peu d'histoire

L'édifice – Le résultat des goûts et des recherches des sœurs Hewitt fut tout d'abord exposé au Cooper Union of New York, école supérieure d'art, d'architecture et de techniques industrielles fondée par leur grand-père, Peter Cooper. Depuis 1972, la

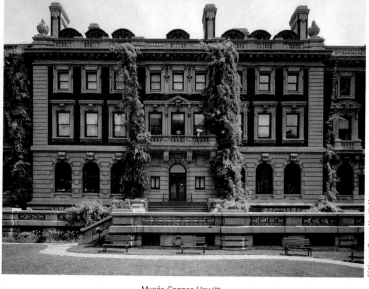

Musée Cooper-Hewitt.

collection occupe l'ancien hôtel particulier de style Beaux-Arts (1898) d'**Andrew Carnegie** (1835-1919). Entouré d'une clôture de fer forgé et d'un charmant jardin, ce manoir comptait à l'origine 64 pièces réparties sur six étages. D'importants travaux de rénovation achevés en 1998 ont permis d'améliorer la surface d'exposition. Logé dans deux maisons de ville du 19e s. reliées à la demeure principale par une passerelle, un important centre de documentation, le **Design Resource Center**, a ouvert ses portes la même année. La collection permanente y est logée.

Les collections – Le musée possède aujourd'hui quelque 250 000 objets, dont certains vieux de plus de 3 000 ans. Il compte parmi ses pièces maîtresses une collection de 50 000 **estampes** et **dessins** originaux, dont des œuvres d'artistes américains tels Frederic Church et Winslow Homer, ou italiens tels Andrea Mantegna (15e s.) et Giorgio De Chirico (20e s.). Le musée possède également une collection de textiles du 3e s. avant J.-C., des objets décoratifs en argent, en bronze et en fer forgé, des bijoux et des pièces d'orfèvrerie, des papiers peints et des cartons à chapeau, de la porcelaine, des verres et des poteries, des meubles, des boiseries, des cages à oiseaux chinoises des 18e et 19e s., et de splendides pendules.

VISITE

Ouv. toute l'année mar.-jeu. 10 h-17 h, ven. 10 h-21 h, sam. 10 h-18 h, dim. 12 h-18 h. Fermé principaux j. fériés. 10 $. ✕ ♿ *www.si.edu/ndm* ☎ *212-849-8400. NB : la collection permanente peut être visitée sur rendez-vous pris à l'avance uniquement. Visite de la bibliothèque (le même jour) sur rendez-vous uniquement.*

Des expositions thématiques, renouvelées régulièrement, mettent l'accent sur un aspect spécifique du design ou sur un type particulier d'objet décoratif ou fonctionnel, et présentent une partie du fonds permanent. Le troisième niveau abrite une bibliothèque dotée de photographies et documents d'archives sur les couleurs, les motifs, les textiles et la décoration d'intérieur. À l'arrière de la résidence, une terrasse domine un spacieux jardin orné de plantes saisonnières.

DAHESH Museum

580 Madison Av., à la hauteur de la 56e Rue MTA station 51st St. (ligne 6)
Voir plan p. 105

Ouv. mar.-dim. 11 h-18 h (jusqu'à 21 h le 1er jeu. du mois). Fermé principaux j. fériés. 9 $. ♿ *www.daheshmuseum.org* ☎ *212-759-0606.*

Installé de 1995 à 2003 sur la 5e Avenue au cœur du secteur Midtown, le musée Dahesh a été déplacé sur Madison Avenue. Il abrite une collection d'art européen de facture académique et romantique, constituée par un influent écrivain et philosophe libanais. Chaque année, le musée présente des expositions tirées de sa collection permanente, qui compte notamment des créations de Rosa Bonheur, John Ward, Adolphe Bouguereau et Constant Troyon, ainsi que des photographies et œuvres des 19e et 20e s. empruntées à d'autres institutions. Sont également organisés des cycles de conférences, des spectacles musicaux et toutes sortes d'activités culturelles.

EL MUSEO DEL BARRIO

1230, 5e Av. MTA station 103rd St. (ligne 6)
Voir plan p. 10

Ouv. toute l'année mer.-dim. 11 h-17 h. Fermé principaux j. fériés. 6 $. ♿ *www.elmuseo.org* ☎ *212-831-7272.*

Centre culturel de la communauté hispanique de Harlem, ce petit musée (1969) occupe l'aile gauche d'un imposant bâtiment en fer à cheval donnant sur la 5e Avenue. Consacré à l'art portoricain et latino-américain, il présente des objets des Caraïbes, des peintures et des sculptures contemporaines ainsi qu'une collection de statuettes religieuses faites à la main, les Santos de Palo. Le musée organise également conférences et ateliers divers, et joue un rôle important au sein de la communauté latino-américaine de New York.

Siège de l'une des plus célèbres revues économiques américaines, le Forbes Building (1925, Carrère et Hastings) abrite, depuis 1985, des collections fort éclectiques rassemblées par l'éditeur **Malcolm Forbes** (1919-1990) et sa famille. Bien connues pour leurs splendides pièces de Fabergé (que Forbes découvrit en recherchant un boîtier à cigarettes en or pour son épouse), les galeries contiennent également des milliers de soldats de plomb présentés dans des scènes historiques, les œuvres d'artistes les plus divers ainsi que des documents manuscrits.

VISITE

Ouvert toute l'année, mar.-sam. 10 h-16 h. Fermé principaux j. fériés. ♿ ☎ 212-206-5548.

Les pièces maîtresses de la collection de plus de 200 objets d'art créés par l'orfèvre et joaillier russe Peter Carl Fabergé sont les fameux **œufs de Pâques★** que ses ateliers façonnèrent pour la famille impériale russe entre 1885 et 1916. Sur un total de 45 œufs recensés dans le monde, les galeries Forbes en possèdent aujourd'hui une douzaine. Décorés d'or, d'argent, de pierres précieuses et d'émaux, ces objets d'une exquise fantaisie réservent parfois d'amusantes surprises. Trois d'entre eux méritent un examen particulier : l'œuf représentant un oranger (Orange Tree Egg), dans lequel un oiseau mécanique apparaît et se met à chan-

Œuf Fabergé.

ter quand on fait tourner une certaine orange, l'œuf du couronnement (Coronation Egg), réplique du carrosse impérial, et l'œuf représentant un coq (Chanticleer Egg) qui, toutes les heures, pousse son cri en battant des ailes.

Forbes acheta son premier soldat de plomb à une vente aux enchères dans les années 1960 (les figurines de son enfance ne sont plus qu'un souvenir). On peut admirer quelque 12 000 **petits soldats** de la collection Forbes, qui en compte plus de 100 000. Les soldats miniatures, disposés dans des scènes évoquant des événements historiques, figurent dans les reconstitutions de batailles célèbres telles que la guerre de Troie et la défaite qu'Alexandre le Grand infligea aux Perses, ainsi que des affrontements entre cow-boys et Indiens.

La flottille de Forbes, qui compte plus de 500 bâtiments miniatures, va de l'arche de Noé aux paquebots, en passant par les navires à aubes. Commencée en 1970, la collection se compose de modèles réduits en étain et en fonte fabriqués de 1870 à 1955.

Pour le fervent d'art ancien comme pour le simple amateur de jolies choses, la visite de la collection Frick constituera l'un des moments les plus agréables d'un voyage à New York. Riche d'œuvres très variées (toiles de maîtres, mobilier, arts décoratifs) acquises sur une période de quarante ans, ce musée sans égal offre encore l'aspect d'une résidence privée à l'ambiance intime et raffinée.

Un peu d'histoire

Magnat de l'acier et du charbon de Pittsburgh, **Henry Clay Frick** (1849-1919) commença à collectionner des œuvres d'art dès le premier voyage qu'il fit en Europe avec son ami Andrew Mellon. D'abord intéressé par la peinture anglaise du 18ᵉ s., Frick enrichit peu à peu sa collection de sculptures (surtout en bronze), de gravures et de dessins, d'émaux, de meubles, de tapis et de porcelaines. En 1913, il fit ériger un magnifique hôtel particulier à l'emplacement de l'ancienne bibliothèque Lennox, afin d'y exposer les trésors qu'il avait amassés. Les plans de cette magnifique demeure de quarante pièces furent confiés au célèbre cabinet d'architectes Carrère & Hastings, à l'origine de la bibliothèque municipale. Frick légua la propriété et la collection à un conseil d'administration chargé d'en faire un musée après sa mort. Après des travaux de rénovation et d'agrandissement menés par John Russell Pope, l'ensemble fut entièrement transformé en musée en 1935, et présente aujourd'hui des œuvres du 14ᵉ au 19ᵉ s.

VISITE

Ouv. toute l'année mar.-sam. 10 h-18 h (ven. jusqu'à 21 h), dim. 13 h-18 h. Fermé principaux j. fériés. 12 $. Les enfants de moins de 10 ans ne sont pas admis ; les 10-16 ans doivent être accompagnés d'un adulte. Visite audioguidée gratuite. &. www.frick.org ☎ 212-288-0700. Nous vous recommandons, avant de visiter la demeure, de voir le film de présentation projeté toutes les 30mn dans le salon de musique.

Entrance Hall – Sur le côté droit du vestibule pavé de marbre, on remarque, dans une niche, un buste de Henry Clay Frick (1922) par Malvina Hoffman.

Boucher Room – Reconstitution d'un boudoir du 18ᵉ s., intime et raffiné. Les huit compositions du peintre rococo François Boucher (1703-1770), commandées par Mᵐᵉ de Pompadour en 1752, représentent les Arts et les Sciences. Certains meubles français du 18ᵉ s. ont été réalisés par les fameux ébénistes Carlin et Riesener.

Anteroom – Cette pièce expose le plus ancien portrait (v. 1470) connu du peintre flamand Hans Memling, avec un paysage en arrière-plan.

Dining room – La **salle à manger** est ornée de portraits anglais du 18ᵉ s. aux séduisants coloris réalisés par Hogarth, Romney et Reynolds, et d'un chef-d'œuvre de Gainsborough, *St. James' Park*. Noter aussi les seaux à vin argentés (18ᵉ s., Angleterre) et les porcelaines chinoises, dont deux vases bleu cobalt sur le manteau de cheminée.

West Vestibule – Ce couloir accueille la série des *Quatre saisons* (1775, par François Boucher), dessus de portes réalisés pour Mᵐᵉ de Pompadour. Sur le splendide bureau marqueté attribué à André Charles Boulle, on admirera une horloge marquetée, par Balthazar Martinot. Remarquer aussi le buste en terre cuite du miniaturiste suédois Peter Adolf Hall, exécuté en 1775 par le sculpteur français Boizot.

Fragonard Room – Elle tient son nom d'une série de onze peintures décoratives de Jean-Honoré Fragonard (1732-1806), d'une grâce inimitable, intitulée *Les Progrès de l'amour*. Commandés par Mᵐᵉ du Barry, favorite de Louis XV, pour son pavillon de Louveciennes, les quatre plus grands panneaux décrivent le cheminement de l'amour dans un cœur féminin : *La Poursuite*, *La Rencontre*, *L'Amant couronné* et les *Lettres d'amour*. Un superbe mobilier français accompagne ces chefs-d'œuvre : canapés et sièges recouverts de tapisseries de Beauvais d'après Boucher et Oudry, commode Louis XVI de La Croix, deux magnifiques trépieds, l'un recouvert de lapis-lazuli, l'autre de porcelaine de Sèvres ; enfin, sur la cheminée, un buste en marbre de la comtesse du Cayla, par Houdon (1777).

South Hall – Du mobilier se détachent un secrétaire Louis XVI et une commode réalisés par Jean-Henri Riesener pour la reine Marie-Antoinette. Parmi les peintures, signaler un portrait de Boucher représentant l'épouse du maître et deux petits Vermeer (17ᵉ s.), dont *L'Officier et la Jeune Fille*, d'une radieuse luminosité. Au pied de l'escalier se trouve une horloge Louis XV comportant un baromètre. Installé en 1914, un grand orgue associe élégamment marbre et dorures.

Living Hall – On peut y admirer un bureau d'André Charles Boulle et deux meubles en marqueterie inspirés de son style, ainsi que des chefs-d'œuvre de la peinture du 16ᵉ s. L'école vénitienne est évoquée par un *Saint François* que Bellini a placé dans

La salle Fragonard.

un paysage d'une grande finesse, et par deux portraits de Titien : *L'Arétin* et l'*Homme à la toque rouge*, empreint de sensualité. La fascinante représentation de *Saint Jérôme* en cardinal, exécutée par le Greco, représente l'école espagnole. L'école allemande s'affirme dans deux portraits par Holbein le Jeune témoignant d'un sens aigu de l'observation, ceux de Thomas More et de Thomas Cromwell.

Library – Sur les rayonnages de la **bibliothèque** lambrissée s'alignent livres d'art, de fiction et de poésie. Sur la cheminée, on remarque un portrait de Henry Clay Frick, peint par John Johansen en 1943. De beaux ensembles de porcelaines chinoises et de petits bronzes italiens et français des 16e et 17e s. sont exposés ici. Parmi la série de peintures anglaises des 18e et 19e s., remarquer celle de John Constable intitulée *Salisbury Cathedral from the Bishop's Garden*.

North Hall – Au-dessus de la table Louis XVI en marbre gris se trouve le célèbre portrait (par Ingres) de la comtesse d'Haussonville, petite-fille de Mme de Staël. Le buste de marbre, dû à Houdon, représente le marquis de Miromesnil, garde des Sceaux sous Louis XVI. Noter aussi le *Portail de Valenciennes* de Watteau, *La Répétition* d'Edgar Degas et *Vétheuil en hiver* de Monet.

West Gallery – Cette salle, décorée de meubles italiens du 16e s., présente des portraits et des paysages des écoles hollandaise, française, espagnole et anglaise. Parmi les premiers, citons *Lodovico Capponi*, page de Cosme Ier de Médicis, par Bronzino (16e s., Florence), un Greco de la période italienne *(Vincenzo Anastagi)*, des toiles de Frans Hals, trois splendides Rembrandt (*Autoportrait*, *Nicolas Ruts* et *Le Cavalier polonais*), deux œuvres célèbres de Van Dyck reproduisant les traits de Frans Snyders, peintre anversois de natures mortes, et ceux de sa femme Margareta, *Philippe IV d'Espagne* par Vélasquez. La galerie expose d'autres tableaux bien connus, parmi lesquels la *Forge* de Goya et deux peintures allégoriques de Véronèse. On admirera également des paysages de Van Ruisdael et de Hobbema (école hollandaise, 17e s.), une vue du port de Dieppe par Turner et l'*Éducation de la Vierge*, œuvre d'Étienne de La Tour longtemps attribuée à son père, le célèbre Georges de La Tour.

Enamel Room – Plusieurs œuvres italiennes primitives et de la Renaissance font escorte à une très belle collection d'**émaux** peints de Limoges (16e et 17e s.), aux coloris bleus et verts intenses. Plusieurs pièces sont signées de Léonard Limosin, émailleur et peintre du 16e s., chef de file de l'école de Limoges. S'arrêter devant le *Saint Jean l'Évangéliste* de Piero della Francesca, et admirer une *Madone à l'Enfant avec saint Laurent et saint Julien* par Gentile da Fabriano, ainsi qu'un *Couronnement de la Vierge* de Veneziano.

Oval Room – Le salon ovale abrite une réplique grandeur nature de Diane, réalisée en terre cuite par Houdon (école française, 18e s.). La statue d'origine avait été exécutée pour le duc de Saxe-Cobourg et acquise par l'impératrice Catherine II de Russie.

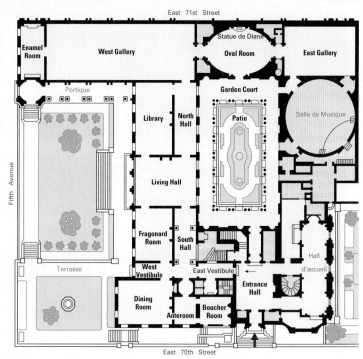

East 71st Street

Fifth Avenue

East 70th Street

East Gallery – On y voit un véritable cocktail de peintures d'époques et d'écoles diverses, mais d'une grande qualité : le *Sermon sur la montagne* de Claude le Lorrain, un Greuze sentimental, la *Dévideuse de laine*, la *Vue d'un quai d'Anvers* par Jacob Van Ruisdael, où la voile du bateau à gauche paraît capter toute la lumière, et le portrait par David de la **comtesse Daru**, épouse de l'intendant général des armées napoléoniennes. La seule nature morte de la collection est la *Nature morte aux prunes* de Chardin. Sont également exposés des portraits dus à Goya, Gainsborough et Van Dyck.

Patio – C'est l'un des endroits les plus agréables du musée, frais en été grâce à son pavement de marbre, son bassin, sa fontaine, ses plantes tropicales et ses fleurs. Tout d'abord conçu pour accueillir les attelages, l'espace a été rénové par John Russell Pope en 1935. Se placer à l'extrémité Sud pour admirer la perspective terminée par la statue de Diane de Houdon *(salon ovale)*. Parmi les sculptures, remarquer deux bronzes : l'ange de Jehan Barbet (école française, 15ᵉ s.) et la nymphe de Stoldo Lorenzi. Signalons parmi les tableaux *La Corrida* d'Édouard Manet, accrochée au mur Ouest et, au mur Nord, *Symphonie en gris et vert : l'océan* par Whistler.

GRACIE Mansion★
Résidence GRACIE
East End Av., à la hauteur de la 88ᵉ Rue MTA station 86th St. (lignes 4, 5, 6)
Voir plan p. 10

Visite guidée (1 h) uniquement, fin mars-mi-nov. : mer. 10 h, 11 h, 13 h & 14 h. Réservation requise. 4 $. www.nyc.gov ☎ 212-570-4751.

Situé dans la partie Nord du Carl Schurz Park, îlot de verdure en bordure de l'East River, ce manoir campagnard de style fédéral à la façade ocre et blanche ornée de volets verts date de 1799. Il doit son nom à Archibald Gracie, riche marchand qui reçut en son temps de nombreuses personnalités américaines, parmi lesquelles Alexander Hamilton et John Quincy Adams. L'édifice changea plusieurs fois de mains avant d'être acquis par la ville en 1896. Il tomba quelque temps à l'abandon, fut repris par le Museum of the City of New York en 1924 puis devint, à partir de 1942, la résidence officielle du maire en fonction. D'importants efforts de restauration, menés sous l'administration d'Edward Koch, permettent aujourd'hui d'admirer un magnifique parterre marbré dans l'entrée, ainsi qu'un beau mobilier d'époque (styles Empire et fédéral).

International Center of PHOTOGRAPHY★

1133 Avenue of the Americas **MTA** tous les trains pour la station 42nd St.
Voir plan p. 10

Ouv. toute l'année mar.-ven. 10 h-17 h (ven. jusqu'à 20 h), w.-end 10 h-18 h. Fermé principaux j. fériés. 10 $. ✗ ♿ *www.icp.org* ☎ *212-857-0000.*

Fondé par Cornell Capa en 1974, le **Centre international de la photographie** organise des expositions majeures sur le travail de photographes et journalistes « engagés » ou explorant les liens entre représentation photographique et politique, mémoire ou culture populaire. L'annexe située dans Midtown, ouverte en 1989, fit d'abord pendant à l'édifice original à l'angle de la 5ᵉ Avenue et de la 94ᵉ Rue ; après d'importants travaux de rénovation et d'agrandissement (2000) et la fermeture du site d'Uptown (2001), elle devint l'unique espace d'exposition de l'ICP. Elle bénéficie aujourd'hui d'un espace supérieur à celui des deux anciens bâtiments, d'un café et d'une boutique de souvenirs bien achalandée. Une douzaine d'expositions par an sont tirées de la collection du musée (60 000 documents), mais aussi d'œuvres prêtées par d'autres musées tels que l'éminente institution George Eastman House de Rochester (État de New York). Le public a pu apprécier dernièrement les travaux de William Henry Fox Talbot, W. Eugene Smith et Garry Winogrand.

INTREPID SEA-AIR-SPACE Museum

L'INTREPID, Musée aéronaval et de l'Espace
Pier (quai) 86, à l'angle de la 46ᵉ Rue O. et de la 12ᵉ Av. **MTA** toute ligne desservant la station 42nd St., puis bus M42 jusqu'au quai de la 42ᵉ Rue.
Voir plan p. 10

Enfants *Ouv. avr.-sept. : lun.-ven. 10 h-18 h, w.-end 10 h-19 h ; reste de l'année : mar.-dim. 10 h-17 h. Fermé 1ᵉʳ janv., Thanksgiving & 25 déc. 14 $. Visite guidée (30mn).* ✗ ♿ *www.intrepidmuseum.org* ☎ *212-245-0072.*

Ancré à un môle de l'Hudson, le porte-avions *USS Intrepid* est un vétéran de la Seconde Guerre mondiale et de la guerre du Viêt Nam. Il servit également de navire de récupération lors des vols spatiaux Mercury et Gemini, et participa au blocus cubain lors de la crise des missiles en 1963. Construit en 1943 et désarmé en 1974, le navire sert désormais de musée aéronaval.
L'attrait principal de la visite est sans doute le porte-avions lui-même (longueur : 274 m ; poids : 42 000 tonnes). Avec ses 1 600 portes et écoutilles et ses quelque 32 200 km de câbles électriques, il s'agit d'une véritable ville flottante, qui accueillait en son temps un équipage de 3 500 hommes. L'entrée principale du musée s'ouvre sur un pont-hangar divisé en quatre aires d'exposition consacrées à la marine, l'aviation, la technologie spatiale et les porte-avions. À l'extrémité Est *(pont avant)* du navire, un film *(17mn)* intitulé *Air Power at Sea* présente la vie quotidienne à bord d'un porte-avions. Intrepid Hall renferme quant à lui des expositions sur la Seconde Guerre mondiale et Pearl Harbor (où le navire fut attaqué par deux kamikazes en novembre 1944). Pioneer Hall présente une vidéo *(12mn)* : *The Fighting I*, évoquant l'histoire de l'*Intrepid*. Technologies Hall *(pont arrière)* abrite une maquette grandeur nature de la capsule spatiale Gemini, ainsi que des fusées et des armes sophistiquées, et aborde le thème des naufrages et des missions spatiales.
Sur le pont d'envol, on peut voir de près des avions qui semblent sur le point de décoller. Noter surtout le Lockheed **A-12 Blackbird**, premier avion monoplace capable de voler à Mach 3 (trois fois la vitesse du son) et un avion supersonique Concorde qui a volé pour British Airways jusqu'en 2003. Au-dessus de ce pont, les visiteurs peuvent explorer le dédale de couloirs à leur gré et emprunter les échelles qui mènent au pont de navigation. Le prix d'admission comprend des visites guidées *(20mn chacune)* du destroyer *USS Edson* et de l'*USS Growler* (1958), sous-marin lance-missiles *(en raison du nombre limité de personnes par visite, il faut prévoir une certaine attente)*, mais n'inclut pas la participation à des simulations de vol à bord du supersonique de chasse F 18 *(supplément : 5 $).*

JAPAN SOCIETY

333, 47ᵉ Rue E. **MTA** toute ligne desservant la station Grand Central.
Voir plan p. 10

Uniquement ouv. au public lors d'expositions, mar.-ven. 11 h-18 h, w.-end 11 h-17 h. 5 $. ♿ *www.japansociety.org* ☎ *212-752-3015.*

La Japan Society (organisation culturelle et éducative) occupe un bâtiment noir très bas à deux pas du siège des Nations unies. L'intérieur, à la fois sobre et serein, contient une salle d'exposition, un auditorium, une bibliothèque, un centre linguistique, plusieurs salles de conférences et un jardin. Des expositions temporaires sont régulièrement consacrées à la musique et à la danse, au cinéma et à l'art japonais.

JEWISH Museum★

1109, 5ᵉ Av., à la hauteur de la 92ᵉ Rue **MTA** station 86th St. (lignes 4, 5, 6)
Voir plan p. 10

Ouv. toute l'année dim.-jeu. 11 h-17 h45 (jeu. jusqu'à 20 h), ven. 11 h-15 h. Fermé les principaux j. fériés & fêtes juives. 10 $. Visite guidée (45mn). ✗ ♿ *www.the jewishmuseum.org* ☎ *212-423-3200.*

Fondé en 1904, ce musée se trouvait à l'origine dans le Jewish Theological Seminary of America *(3080 Broadway)*. Une élégante demeure de style gothique français (1908) dont les propriétaires, Félix et Frieda Warburg, firent don à l'école de théologie juive en 1947, lui sert aujourd'hui de cadre. Rénovée par l'architecte Kevin Roche en 1993, la maison abrite désormais une superbe collection de plus de 28 000 pièces témoignant de 4 000 ans d'histoire à travers des documents historiques et littéraires, des objets de culte, des souvenirs du mouvement sioniste, des œuvres d'art d'hier et d'aujourd'hui, ainsi que des documents enregistrés.

Principal point d'intérêt du musée, l'exposition permanente intitulée « Culture and Continuity : The Jewish Journey » occupe 17 galeries réparties sur deux étages *(elle commence au 4ᵉ niveau et se poursuit au 3ᵉ niveau)*. Elle retrace l'évolution, l'étendue et la diversité de la culture juive à travers le monde, de l'Antiquité au 20ᵉ s. Parmi ses principaux attraits, notons d'anciens vases rituels et des images du culte, une arche de bois sculpté du 12ᵉ s. abritant la Torah, une mosaïque persane provenant d'une synagogue du 16ᵉ s., des textiles rares et d'exquises reliures d'or et d'argent finement ouvragées. La dernière salle présente des œuvres contemporaines relatives à l'expérience juive.

Au troisième niveau, le Goodkind Resource Center abrite les archives nationales juives de radio-télédiffusion. Le musée propose aussi des expositions temporaires et une salle touche-à-tout pour les enfants *(**Enfants** 4ᵉ niveau)*, ainsi que des cycles de conférences, des films, des spectacles, des séances de lecture et des programmes spéciaux.

LOWER EAST SIDE TENEMENT Museum★

Musée du LOGEMENT OUVRIER DANS LOWER EAST SIDE
90 et 97 Orchard St. **MTA** stations Delancey St. (ligne F) ou Grand St. (lignes B, D)
Voir plan p. 160

Enfants *Centre d'accueil/boutique de souvenirs (90 Orchard St. à la hauteur de Broome St.) ouv. tlj 11 h-17 h,* ♿. *Logement ouvrier (97 Orchard St.) : visite guidée uniquement, départ toutes les 30mn du centre d'accueil mar.-ven. 13 h-16 h (avr.-nov. : jeu. 18 h & 19 h), w.-end 11 h-16 h30. 8 $. Visite de l'appartement Confino :* **Enfants** *w.-end 12 h, 13 h, 14 h & 15 h. www.tenement.org* ☎ *212-431-0233.*

Fondé en 1988, le musée dépeint la vie des immigrants dans un immeuble de cinq étages au cœur du quartier autrefois le plus densément peuplé des États-Unis. Ce bâtiment a abrité jusqu'à 7 000 personnes de 1863 à 1935 : les familles étaient nombreuses, souvent composées d'ouvriers des usines voisines qui, après de longues

Appartement typique d'immigrants italiens

Yuki Tung/Lower East Side Tenement Museum

heures de travail, se relayaient pour dormir, un même lit ayant plusieurs occupants à tour de rôle. Le musée évoque leur histoire au moyen d'anecdotes, objets usuels, photographies et coupures de presse décrits dans la visite guidée des trois appartements exigus. Bien que similaires dans leur conception, les trois logements ont été restaurés afin de mettre en lumière les modifications apportées par leurs habitants : la famille Gumpertz (1878, d'origine allemande), la famille Rogarshevsky (1921, d'origine lithuanienne) et la famille Baldizzi (1935, d'origine sicilienne).

Une visite séparée **Enfants**, plus intime, emmène les visiteurs explorer l'appartement occupé par les Confino, famille de Juifs séfarades venue de Turquie au tout début du 20ᵉ s. La jeune guide qui répond aux questions et narre d'amusantes anecdotes est une comédienne jouant le rôle de l'adolescente Victoria Confino. Elle raconte avec esprit comment le travail était distribué, les mariages arrangés et le loyer calculé (15 $/mois, charbon inclus).

Une petite salle de cinéma (*à côté du centre d'accueil*) projette en continu des films offrant un aperçu historique du quartier. Le musée organise également une grande variété de promenades pédestres, d'expositions artistiques et de spectacles (*téléphoner pour tout renseignement*).

MERCHANT'S HOUSE Museum★

29, 4ᵉ Rue E. **MTA** stations Astor Place (ligne 6) ou 8th St. (lignes R, N)
Voir plan p. 181

Ouv. toute l'année jeu.-lun. 13 h-17 h. Fermé principaux j. fériés. 6 $. Visite guidée (1 h) w.-end. www.merchantshouse.com ☎ 212-777-1089.

Bâtie en 1832, cette jolie maison urbaine en brique de style néogrec a été réaménagée en musée pour illustrer le style de vie d'une famille bourgeoise au 19ᵉ s.

Édifiée par Joseph Brewster dans un groupe de six maisons identiques, elle fut achetée en 1835 par un riche marchand, Seabury Tredwell, et demeura dans sa famille pendant près de cent ans. C'est la seule demeure du 19ᵉ s., dans Manhattan, à avoir conservé son mobilier et ses objets d'origine.

Au n° 37 de la même rue se trouve une autre maison de style néogrec, avec ses deux colonnes ioniques supportant une corniche en bois. Construite à l'origine pour le puissant homme d'affaires Samuel Tredwell Skidmore, elle est aujourd'hui dans un triste état de délabrement.

■ LOUIS ARMSTRONG HOUSE MUSEUM

34-56 107ᵉ Rue **MTA** (ligne 7) jusqu'à l'intersection entre la 103ᵉ rue et Corona Plaza

Ouv. tlj sf lun. 10 h-17 h, w.-end 12 h-17 h. 5 $. Visite guidée uniquement, dép. toutes les heures. ♿ ☎ 212-478-8274. www.satchmo.net

Située dans la zone résidentielle de Corona (Queens) et à proximité du Shea Stadium, cette maison de brique rouge fut la résidence du très célèbre jazzman Louis Armstrong de 1943 à sa mort en 1971. Au décès de son épouse Lucille, en 1983, l'édifice devint propriété de la ville qui en fit un musée (2003).

La maison meublée d'effets personnels et d'objets usuels donne un extraordinaire aperçu du quotidien de Louis Armstrong et nous présente l'un des plus grands artistes des États-Unis comme quelqu'un de modeste, sans prétentions qui, bien qu'il ait eu les moyens de vivre dans les quartiers les plus huppés, avait choisi de rester dans Corona. L'intérieur décoré dans le style en vigueur après-guerre reflète les goûts de Lucille et de son décorateur, privilégiant les beiges clairs et les papiers peints gaufrés. Bien que Louis Amstrong fut sur les routes 300 jours par an, sa présence en ces lieux est très forte. Il laissa plus de mille heures d'enregistrements de sa vie quotidienne, dont la visite offre quelques extraits ; on peut ainsi, en passant dans la salle à manger, l'entendre improviser sur les choux de Bruxelles de son repas !

L'entrée du musée et de la boutique de souvenirs se trouve au niveau du garage où elle côtoie une exposition de pièces tirées des archives de Louis Armstrong, aujourd'hui entreposées au Queens College.

METROPOLITAN MUSEUM OF ART★★★

Sur la 5ᵉ Av., à la hauteur de la 82ᵉ Rue. **MTA** station 86th St. (lignes 4, 5, 6)
Voir plan p. 199

Le « Met », comme on dit à New York, abrite des collections immenses qui constituent une véritable encyclopédie des arts représentant plus de 5 000 ans d'humanité, de la préhistoire au 20ᵉ s. Dotée de moyens matériels importants, cette prestigieuse institution muséologique, l'une des plus grandes du monde, accueille chaque année plus de 5 millions de visiteurs.

Un peu d'histoire

Le bâtiment – Fondé le 13 avril 1870 par des membres de l'Union League Club de New York, le Metropolitan Museum of Art ouvrit ses portes en 1872 dans un local provisoire, l'académie de danse de Dodsworth, au 681, 5ᵉ Avenue. Il déménagea à son emplacement actuel en 1880. Érigé sur un terrain appartenant à la ville de New York, le premier édifice (un bâtiment en brique rouge de style néogothique qui fut incorporé au complexe actuel et dont seule la façade reste visible dans le pavillon Lehman) fut dessiné par Jacob Wrey Mould et **Calvert Vaux**, le célèbre paysagiste qui collabora avec Frederick Law Olmsted à la création de Central Park.

Conçue par Richard Morris Hunt, la façade monumentale *(5ᵉ Av.)* en calcaire gris de l'Indiana, de style Beaux-Arts, fut achevée en 1902, mais sa décoration ne fut jamais terminée. L'aile Sud-Ouest fut ajoutée en 1888, tandis que les ailes Sud et Nord, dessinées par McKim, Mead & White, furent respectivement construites en 1911 et 1913. Entreprise en 1881, la construction de la bibliothèque de 300 000 volumes Thomas J. Watson (Brown, Lawford & Forbes), subventionnée par des fonds privés, s'acheva en 1965. Accueillant aujourd'hui une collection d'une fois et demie cette capacité, elle devra, pour s'agrandir, occuper une cour adjacente. Des plans d'agrandissement du musée, confiés en grande partie au cabinet d'architectes Roche, Dinkeloo & Associates, se succèdent depuis 1970, avec l'ajout de l'aile Robert Lehman (1975), de l'aile Sackler avec le temple de Dendur (1978), de l'aile américaine (1980) et des ailes Michael C. Rockefeller (1982), Lila Acheson Wallace (1987) et Henry R. Kravis (1991). Reliant le bâtiment principal à l'aile Lila Acheson Wallace, la cour intérieure Carroll et Milton Petrie, inaugurée en 1990, est consacrée à la sculpture européenne ; cet îlot de verdure ensoleillé constitue une étape reposante pour le visiteur fatigué d'avoir trop flâné devant les merveilleuses collections du musée. En 1997, la rénovation du bâtiment doubla presque l'espace consacré à l'art chinois, et une nouvelle exposition permanente d'art coréen s'ouvrit au cours de l'année 1998 dans le cadre de la présentation de l'art asiatique du « Met ». La deuxième des trois phases du programme de rénovation et d'agrandissement des galeries grecque et romaine s'est achevée avec le dévoilement en avril 2000 des nouvelles galeries chypriotes. La troisième phase en cours *(achèvement des travaux prévu en 2005)* verra le principal café du musée converti en une cour consacrée à la sculpture romaine, dotée d'une galerie en mezzanine dédiée à l'art étrusque.

Les collections – Le Metropolitan reçut un sarcophage romain en guise de premier don. Le général di Cesnola, ancien consul à Chypre, devait par la suite vendre au musée sa collection d'antiquités chypriotes (plus de 6 000 au total) et Catherine L. Wolfe, en

Entrée du « Met ».

1877, léguer une collection de 143 tableaux hollandais et flamands. Depuis, les fonds du Metropolitan ont considérablement augmenté grâce à la générosité de riches mécènes (les familles Astor, Morgan, Rockefeller, Marquand, Hearn, Altman, Bache, Lehman, Wrightsman). Ils se composent aujourd'hui de près de 3 millions d'objets d'art, dont un quart à peine est exposé. Outre les expositions spéciales et les concerts, le musée propose un programme explicatif à l'usage des écoles, des visites guidées des galeries, des conférences, des cours et des projections dans le cadre du Centre éducatif Ruth and Harold D. Uris.

Principaux départements *Voir plan p. 240*

Il y en a 19, répartis ci-dessous en 15 unités.

Les œuvres capitales figurent dans des encadrés de couleur présentés dans le sens de la visite.

Visite

Ouv. toute l'année mar.-dim. 9 h30-17 h30 (ven.-sam. jusqu'à 21 h). Ouv. lun. fériés (Columbus Day, semaine de Noël, Martin Luther King Jr Day, Presidents Day & Memorial Day). Fermé 1ᵉʳ janv., Thanksgiving & 25 déc. Contribution suggérée 12 $ (billet valable le même jour pour les Cloîtres, voir p. 217). Visite guidée (1 h). Location de matériel pour visite audioguidée dans le grand hall et à l'entrée des expositions temporaires (6 $). ✗ ﴾ 🅿 www.metmuseum.org ☎ 212-879-5500.

L'entrée principale se trouve sur la 5ᵉ Avenue, face à la 82ᵉ Rue. On pénètre dans le grand hall autour duquel se groupent les services : vestiaires, bureau d'accueil, boutiques de souvenirs (livres d'art, reproductions de bijoux anciens, cadeaux divers). En 1999, le musée a mis en place une nouvelle visite audioguidée *(Key to the Met Audio Guide)* commentant certaines œuvres réparties dans les différentes salles. Une de ses versions, qui relate l'histoire de l'art à travers 58 chefs-d'œuvre, est disponible en six langues. Du mardi au jeudi, plusieurs galeries sont ouvertes par roulement le matin ou l'après-midi. Rappelons que certaines salles peuvent être momentanément fermées ou certaines œuvres déplacées *(renseignements au bureau d'accueil du grand hall ou sur le site Internet du musée).*

Si les files d'attente sont longues, emprunter l'entrée située à la hauteur de la 81ᵉ Rue qui mène au centre Uris pour l'éducation *(rez-de-chaussée du musée)*, où se trouve un centre d'accueil et de vente de billets. Prendre ensuite l'ascenseur jusqu'au premier étage. Vous trouverez la nouvelle cafétéria au rez-de-chaussée, sous Medieval Hall. Un petit café se tient à l'extrémité Ouest de la cour Englehard (aile consacrée à l'art américain) et le Petrie Court Café offre maintenant une restauration assise (réservation recommandée ☎ 212-570-3964). Pendant la saison chaude, le Roof Garden Café, dans le jardin aménagé sur le toit, permet aux visiteurs de prendre un en-cas tout en admirant des sculptures contemporaines et des vues éblouissantes. Le Great Hall Balcony Bar (grande salle) est ouvert les vendredi et samedi de 16 h à la fermeture. Il y a des bancs dans de nombreuses salles, mais gardez à l'esprit ces autres endroits agréables du premier étage où l'on peut se reposer que sont le temple de Dendur et la grande salle. Le pavillon Lehman renferme un patio retiré. Au deuxième étage, la cour Astor située dans les salles consacrées à la Chine constitue une pause agréable.

★★★ART AMÉRICAIN *1ᵉʳ, 2ᵉ et 3ᵉ niveaux. Voir plan p. 242.*

Située dans la partie Nord-Ouest du musée, cette vaste collection retrace sur plusieurs étages l'histoire de l'art américain à travers des expositions d'art décoratif, de peinture et de sculpture. Chaque étage dispose d'une aire d'orientation décrivant l'évolution des styles, autour de laquelle s'agencent des reconstitutions d'intérieurs (25 au total) et des salles abritant des meubles, des éléments architecturaux et des objets décoratifs représentatifs de chaque époque.
Les peintures du 18ᵉ au 20ᵉ s. sont exposées pour la plupart au deuxième niveau, tandis que les sculptures, les vitraux et les vestiges architecturaux occupent la magnifique cour intérieure du Charles Engelhard Court, au premier niveau. De déli-

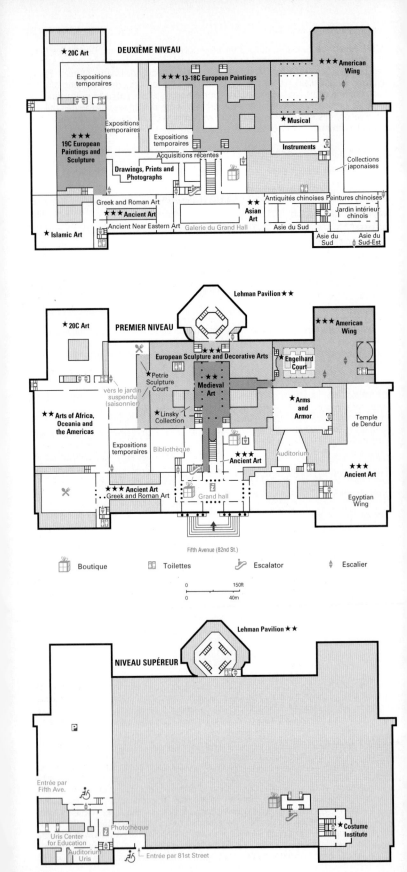

DEUXIÈME NIVEAU

★ 20C Art

★★★ 13-18C European Paintings

★★★ American Wing

Expositions temporaires

Expositions temporaires

★★★ 19C European Paintings and Sculpture

Expositions temporaires

Acquisitions récentes

★ Musical Instruments

Drawings, Prints and Photographs

Collections japonaises

Greek and Roman Art

★★★ Ancient Art

★★ Asian Art

Antiquités chinoises   Peintures chinoises

Jardin intérieur chinois

Ancient Near Eastern Art   Galerie du Grand Hall

Asie du Sud

★ Islamic Art

Asie du Sud

Asie du Sud-Est

PREMIER NIVEAU

Lehman Pavilion ★★

★ 20C Art

★★★ American Wing

European Sculpture and Decorative Arts

Engelhard Court

★ Petrie Sculpture Court

★★ Medieval Art

vers le jardin suspendu (saisonnier)

★★ Arts of Africa, Oceania and the Americas

★ Linsky Collection

★ Arms and Armor

Temple de Dendur

Expositions temporaires

Bibliothèque

★★★ Ancient Art

Auditorium

★★★ Ancient Art

★★★ Ancient Art Greek and Roman Art

Grand hall

Egyptian Wing

Fifth Avenue (82nd St.)

🎁 Boutique   🚻 Toilettes   Escalator   Escalier

| 0 | | 150ft |
| 0 | | 40m |

NIVEAU SUPÉREUR

Lehman Pavilion ★★

P

Entrée par Fifth Ave.

Uris Center for Education

Photothèque

Auditorium Uris

Entrée par 81st Street

★ Costume Institute

Cour Engelhard dans l'aile consacrée à l'art américain.

cates verreries et céramiques, ainsi que des pièces d'étain et d'orfèvrerie, entourent la galerie qui surplombe la cour. *Pour suivre l'évolution chronologique du design d'intérieur et de l'art décoratif au fil des siècles, commencer la visite au troisième niveau.*

Troisième niveau

Période coloniale – *Salles 301-312.* Le style colonial englobe une grande variété de mobiliers, allant des simples pièces jacobiennes (héritage des « Pères Pèlerins » qui furent parmi les premiers colons des États-Unis) aux élégants meubles Chippendale. C'est au troisième niveau que se trouvent les intérieurs reconstitués des débuts de la colonie, dont l'aspect médiéval se caractérise par des meubles robustes aux formes angulaires et aux pilastres tournés. On passe ensuite à des pièces au décor plus raffiné, qui marient des éléments d'inspiration française, anglaise et hollandaise. Dès 1690, les demeures coloniales affichent un plus grand confort et une variété de nouvelles formes, grâce à l'introduction d'un style que l'on connaît aujourd'hui sous le nom William and Mary (d'après les monarques anglais de l'époque). Des commodes hautes remplacent les armoires trapues et les coffres rustiques, tandis que des fauteuils rembourrés éloignent les courants d'air. Les premiers contacts avec l'Extrême-Orient favoriseront l'apparition de motifs chinois. Comparer le décor austère et fonctionnel de la sombre Hart Room *(salle 303)*, datée de 1674, à celui de la Wentworth Room *(salle 312)* qui, en 1695, annonce déjà la transition avec le 18e s.

| **Orientation Gallery** | Meetinghouse Gallery |

Deuxième niveau

Élégance et raffinement – *Salles 201-216.* Dès 1725, les pieds de meubles se galbent et deviennent gracieux sous l'influence des styles Queen Anne et baroque. Vers le milieu du siècle, les designers américains adoptent l'extravagant répertoire rococo du célèbre ébéniste anglais Thomas Chippendale, auquel on doit notamment le fameux pied en forme de serre et de boule. Miroirs, cristal et métaux polis garnissent les intérieurs des grandes résidences, auxquelles le papier peint ajoute couleur et raffinement. Les ébénistes américains parent les commodes et les bureaux de formes ondoyantes, tandis que les grands centres de fabrication du meuble de Boston, New York et Philadelphie adoptent chacun leurs styles particuliers, que l'on peut comparer dans les salles 204 et 205. Les façades d'immeubles se revêtent de portiques à frontons et de baies palladiennes caractéristiques du style géorgien, présageant le déploiement des styles néoclassiques. Dans les campagnes, les immigrants (d'origine hollandaise et allemande notamment) perpétuent les traditions de leur pays, combinant le désir de liberté et de réussite qui les attira vers le Nouveau Monde à la volonté de reproduire dans leur nouvelle patrie tous les conforts de leur foyer européen.

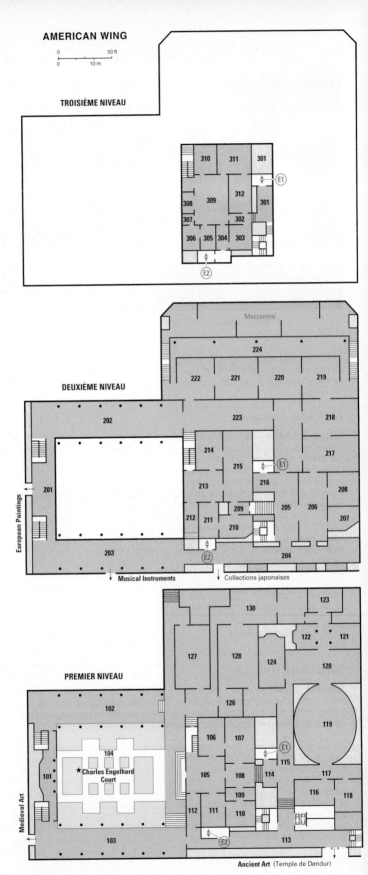

AMERICAN WING

0 — 50 ft
0 — 10 m

TROISIÈME NIVEAU

310	311	301
		(E1)
308	309	312
		301
307		302
306	305	304	303

(E2)

DEUXIÈME NIVEAU

Mezzanine

224

222 | 221 | 220 | 219

202

223 | 218

214

217

215 | (E1)

201

213 | 216

208

212 | 211 | 209 | 205 | 206

210 | 207

European Paintings

203 | 204

(E2)

↓ Musical Instruments   ↓ Collections japonaises

PREMIER NIVEAU

123

130

122 | 121

127 | 128 | 124 | 120

102

126

119

106 | 107

★ Charles Engelhard Court

104

105 | 108 | 114 | 115 (E1)

101

117

109 | 116 | 118

112 | 111 | 110

Medieval Art

103 | 113

(E2)

Ancient Art (Temple de Dendur) ↓

242

| Orientation Gallery | Alexandria Ballroom | Pennsylvania German Room |

Portraitistes et patriotes – *Salles 217-224 et niveau mezzanine.* Tout comme le mobilier et l'architecture, la peinture américaine trouve sa source dans les objets utilitaires et la philosophie puritaine des débuts de la colonie. Les premiers colons, qui n'avaient guère de temps à consacrer à l'art, s'intéressaient cependant aux portraits. Des tableaux naïfs et sans perspective des portraitistes itinérants émergèrent les œuvres plus riches et épanouies de peintres tels que John Singleton Copley. Inspirés par la révolution américaine, les artistes peignirent de grandes fresques allégoriques dans le genre néoclassique, immortalisant des événements et des actes d'héroïsme (fait ironique, plusieurs de ces peintres émigrèrent à Londres afin d'étudier dans l'atelier de leur compatriote Benjamin West). Mais le portrait prédominait encore, comme si l'on avait voulu personnifier la nouvelle nation. Des innombrables portraits réalisés par **Gilbert Stuart**, on reconnaît surtout celui de George Washington, président de la nouvelle république.

Au fur et à mesure que s'ouvrait l'Ouest du pays, les artistes tournèrent peu à peu leur attention vers de nouvelles contrées. William Sidney Mount et **George Caleb Bingham** peignirent des scènes de genre, évoquant la vie des pionniers avec toute la rigueur du classicisme. La représentation des paysages se développa avec les artistes de l'école de l'Hudson. **Thomas Cole**, **Frederic Church** et Albert Bierstadt célébrèrent avec lyrisme la grandeur et la beauté de la nature ; les salles 220 et 221 témoignent de la resplendissante luminosité de leurs œuvres.

Pour **Winslow Homer** et Eastman Johnson, l'héroïsme était le résultat de l'initiative humaine. À la fin du 19ᵉ s., la peinture américaine reflétait les diverses influences transmises par des artistes américains qui étudiaient et travaillaient en Europe. James Abbott McNeill Whistler, qui passa une partie de sa vie en dehors des États-Unis, délaissa le réalisme pour s'intéresser au jeu de la lumière et des couleurs. **John Singer Sargent** exécuta des portraits flatteurs de la haute société, qui contrastaient avec le réalisme pénétrant des toiles de Thomas Eakins. Mary Cassatt, protégée d'Edgar Degas, appliqua les teintes lumineuses de l'impressionnisme à ses tableaux intimistes, qui avaient généralement pour thème des femmes et des enfants.

Situé au niveau mezzanine, le Henry R. Luce Center for the Study of American Art présente une collection d'art américain raffiné ; son fichier électronique AWARE (American Wing Art Research) contient tous les détails sur 8 500 peintures, sculptures, pièces d'ameublement et objets décoratifs alignés dans de grandes vitrines.

Gilbert Stuart ....*George Washington* (1795)
Thomas Cole ....*View from Mount Holyoke... (The Oxbow)* (1836)
George Caleb Bingham ....*Fur Traders Descending the Missouri* (v. 1845)
Asher B. Durand ....*The Beeches* (1845)
Frederic Church ....*The Heart of the Andes* (1859)
Thomas Eakins ....*Max Schmitt in a Single Scull* (1871)
Winslow Homer ....*Snap the Whip* (1872)
John Singer Sargent ....*Madame X* (1884)

Premier niveau

Mobilier – *Salles 101-124, 126-128 et 130.* Après la guerre d'Indépendance, les Américains souscrivirent au courant néoclassique anglais, qu'ils qualifièrent de « fédéral » en l'honneur de leur nouvelle république. Au premier niveau, la salle d'orientation 109 décrit l'architecture et le mobilier de cette époque. Lancé, en Angleterre, par George Hepplewhite et Thomas Sheraton, le style fédéral se distingue par des lignes simples, des motifs classiques et de gracieuses proportions. Urnes, pilastres et guirlandes ornent les meubles, les manteaux de cheminée et les façades d'immeubles. De la France napoléonienne arriva bientôt un autre courant néoclassique, le style Empire, qui substitua des formes massives et une exubérante ornementation d'inspiration antique à la finesse du style fédéral.

■ Étoiles de nuit

Au premier niveau, un gracieux balcon surplombe la Charles Engelhard Court tel une tiare. Durant le jour, le soleil illumine les objets de verre et d'argent qui y sont exposés. Mais c'est en soirée que la collection revêt toute sa splendeur, lorsque les facettes de verre taillé et gravé captent la lumière et que les lampes Tiffany dégagent leur douce lueur. Des projecteurs illuminent des chopes, des plateaux et des écuelles d'argent poli du 17ᵉ s., et soulignent les reliefs des extravagantes soupières et aiguières victoriennes. Plus bas, au niveau de la cour intérieure, un éclairage en contre-jour accentue les riches coloris des vitraux, tandis que les sculptures se confondent à l'ombrage des plantes. Au-delà de l'enclos de verre, les lumières de la ville semblent imiter l'éclat de cette scintillante collection.

The Metropolitan Museum of Art, gift of Ruth and Frank Stanton

Grapevine, vitrail (ateliers Tiffany).

Le néoclassicisme américain atteignit son apogée dans l'atelier new-yorkais de l'ébéniste **Duncan Phyfe**, dont les meubles ornent les salles Richmond et la galerie 121, petit salon de style néogrec. Après 1820, l'engouement pour les styles anciens s'amplifia, et les designers et architectes empruntèrent une vaste gamme de motifs et de formes aux répertoires de l'Égypte ancienne, de la période gothique, de la Renaissance et du rococo. Grâce à la révolution industrielle, on pouvait dorénavant produire en série un grand nombre de meubles très ornementés, aux formes et aux étoffes extravagantes si prisées des Victoriens. Dans la salle 120 sont exposés des meubles représentatifs du mouvement des « réminiscences » *(revivals)* qui se succédèrent de 1820 jusqu'au début du 20ᵉ s. Vers la fin du 19ᵉ s., les designers rompirent avec l'historicisme et la frivolité des décennies passées, auxquels on opposa la simplicité et la fabrication manuelle. Le mobilier d'art de cette époque présente des éléments d'inspiration japonaise et de délicats motifs naturalistes. Les partisans du mouvement anglais Arts and Crafts (né du désir de rénover les arts et métiers), qui eut des émules aux États-Unis, créèrent un mobilier à la fois solide et fonctionnel, aux lignes austères. Ces styles, ainsi que des pièces des frères Herter, de Stickley, de Van Erp et d'autres, sont bien représentés dans la salle Deedee Wigmore *(salle 130)*. Celle-ci s'est vue complétée en 2002 d'une salle consacrée à Louis Comfort Tiffany qui donne à voir l'éclectisme de son travail : deux vitraux, de nombreux vases Favrile, des lampes, des pièces de joaillerie... sans oublier tableaux et dessins exposés par roulement.

Plus loin, le White Stair Hall (1884, McKim, Mead & White), tiré d'une maison Queen Anne de Buffalo, présente un savoir-faire similaire. **Frank Lloyd Wright** qualifiait ainsi ses meubles, aux lignes géométriques particulièrement prononcées, de « sculptures architecturales ». On peut en voir des exemples dans la salle 127, qui contient une pièce entièrement conçue par Wright en 1912 pour le compte de Francis Little.

Orientation Gallery	
Richmond Room	
Frank Lloyd Wright	Salon de Francis Little (1912-1914)

Sculpture – *Charles Engelhard Court*. De nombreuses pièces exposées dans cette agréable **cour intérieure★** datent de la fin du 19ᵉ s. et du début du 20ᵉ s., période très active pour des sculpteurs américains tels que Daniel Chester French, Augustus Saint-Gaudens et Frederick MacMonnies, qui s'inspirèrent du style néoclassique pour représenter le pouvoir édifiant de l'art et la gloire de la république. Ce fut aussi une période marquée par la prolifération des motifs végétaux, admirablement illustrés par les vitraux et les mosaïques de **Louis Comfort Tiffany**, et par l'ornementation architecturale de **Louis Sullivan**.

Martin E. Thompson	Façade de la banque des États-Unis (1824)
Louis Comfort Tiffany	*Grapevine* (vitrail)
Louis Sullivan	Escalier de la bourse de Chicago (1893)

★★★ ANTIQUITÉS *1ᵉʳ et 2ᵉ niveaux*

Cette remarquable section présente de riches collections d'antiquités égyptiennes, grecques, romaines et orientales.

Antiquités égyptiennes *Salles 1-32*

Présentées par ordre chronologique, les collections égyptiennes comprennent environ 36 000 sculptures, objets funéraires, bas-reliefs et bijoux soigneusement amassés depuis 1874. Ces véritables trésors illustrent l'art et la civilisation de l'Égypte ancienne de la période prédynastique (5000-3000 avant J.-C.) à la période copte (41 après J.-C.).

Commencer la visite par la salle d'orientation *(salle 1)* qui renferme un tableau chronologique, une carte murale, des objets et sculptures prédynastiques et toutes sortes de renseignements permettant de situer dans le temps les époques historiques et de localiser les œuvres. Pénétrer ensuite dans le *mastaba* de Pernebi, dignitaire de la Vᵉ dynastie. Ce type de structure funéraire, en forme de pyramide tronquée, était alors fréquent parmi les membres de la famille royale et de l'élite égyptienne.

Les salles suivantes sont organisées par période dynastique. Les Égyptiens mesuraient le temps en fonction des règnes pharaoniques, qui se succédaient selon un système patrilinéaire. L'histoire de l'Égypte ancienne alterne entre des règnes pharaoniques très centralisés et des périodes d'instabilité marquées par la domination étrangère. Malgré tout, la culture matérielle présente une remarquable continuité au fil des siècles.

Période archaïque (Iʳᵉ et IIᵉ dynastie) – L'Égypte émergea de la préhistoire avec l'unification de deux régions dont les cultures étaient foncièrement différentes, mais pour lesquelles l'économie était étroitement liée à la présence du Nil. Au Nord du delta (Basse-Égypte) vivait un peuple de fermiers. Le Sud (Haute-Égypte) était dominé par des nomades dirigés par des princes ambitieux, qui conquièrent toute la vallée du Nil, unifiant le pays et façonnant une culture distincte sans pour autant éliminer les distinctions artistiques, religieuses et politiques entre le Nord et le Sud.

Ancien Empire (de la IIIᵉ à la VIIIᵉ dynastie) – C'est au cours de cette période de 500 ans que furent construites les fameuses pyramides de Gizeh. L'immensité et la splendeur de ces monuments rappellent l'immense pouvoir des pharaons et la croyance populaire en leur divinité suprême. Une seule pyramide pouvait être composée de plus de 2 millions de blocs de pierre calcaire pesant chacun plus de 2 tonnes. Confrontée à d'insoutenables problèmes de main-d'œuvre et d'organisation, l'ère des pyramides devait bientôt prendre fin. À compter de la Vᵉ dynastie (v. 2500 avant J.-C.), les Égyptiens (qui avaient toujours vu en leurs souverains une incarnation vivante du Soleil) se mirent à leur attribuer des caractéristiques partiellement humaines, tout en leur reconnaissant une parenté avec Rê, le dieu du Soleil. Ébranlé par cette nouvelle croyance, le gouvernement central s'écroula. Des gouverneurs locaux allaient alors diriger le pays pendant plus d'un siècle (IXᵉ et Xᵉ dynastie).

Moyen Empire (XIᵉ et XIIᵉ dynastie) – Le Thébain Mentouhotep Iᵉʳ rétablit l'unité de l'Égypte vers 2133 avant J.-C., suscitant une période d'effervescence culturelle et de prospérité qui dura 350 ans. Durant cette période, les pratiques funéraires se développèrent considérablement : la momification devint un véritable art, et les objets associés au culte du défunt se multiplièrent. La sculpture devint moins stylisée, comme le démontre l'expression bien humaine des statues de l'époque. Les salles 3 et 4 renferment un ensemble de **figurines** (l'un des plus complets et des plus riches que l'on ait découverts) provenant du tombeau de Meketrê, qui évoquent les activités de la vie quotidienne et dont les thèmes se retrouvent dans l'iconographie rituelle d'alors. Les **bijoux royaux** de la salle 8 attestent du haut degré de perfection atteint par les artisans du Moyen Empire. On remarquera tout particulièrement le superbe pectoral d'or de la princesse Sat-Hator-Younet (un présent de son père), que beaucoup considèrent comme l'un des plus remarquables joyaux de l'Égypte ancienne. La XIIᵉ dynastie déclina vers 1800 avant J.-C., cédant la place à une sombre période intermédiaire (de la XIIIᵉ à la XVIIᵉ dynastie) sous domination étrangère.

Nouvel Empire (de la XVIIIᵉ à la XXᵉ dynastie) – Une fois de plus, des leaders émergèrent du Sud du pays pour expulser les envahisseurs et rétablir le gouvernement égyptien vers 1570 avant J.-C. Une politique d'expansion et de conquête visant à protéger l'Égypte de nouvelles invasions permit au royaume de s'étendre de la Nubie jusqu'à l'Euphrate supérieur. Cet âge de prospérité et d'épanouissement artistique fut marqué par les règnes d'**Hatchepsout** (l'une des rares femmes à accéder au trône), d'Akhénaton et de son épouse Néfertiti, de Toutankhamon, de l'illustre Ramsès II et de ses successeurs. Dans la salle 12 sont exposées des statues d'Hatchepsout, à laquelle les sculpteurs accordèrent tous les emblèmes du pouvoir royal et souvent même une barbe, sans pour autant déguiser ses attributs féminins. Achevé vers 1500 avant J.-C., son célèbre temple funéraire de Deir El-Bahari est une véritable merveille de L'Antiquité. Répudiant la religion officielle, Akhénaton

Temple de Dendur.

tenta de convertir le peuple au monothéisme. Son successeur et demi-frère Touthankamon mit fin à cette véritable révolution religieuse en rétablissant le polythéisme. Grand conquérant, Toutmosis III porta le Nouvel Empire à son apogée. La salle 14 expose toutes sortes d'artefacts en or, en bronze, en albâtre, en ivoire, en faïence et même en verre, qui évoquent le luxe de son époque et frappent par la qualité de l'exécution. Ramsès III réussit à éloigner des envahisseurs au cours de la XXᵉ dynastie, mais les querelles intestines mirent fin au règne des pharaons. De la XXIᵉ à la XXXᵉ dynastie, l'Égypte tomba sous la domination éthiopienne, assyrienne, perse et grecque, ne retrouvant que passagèrement son indépendance.

Égypte ptolémaïque, romaine et byzantine (305 avant J.-C.–641 après J.-C.) – Les salles 26 et 29 sont consacrées à de superbes reproductions de peintures qui décoraient autrefois des temples et des tombes. La dynastie macédonienne des Ptolémée régna sur l'Égypte jusqu'à ce que la mort de Cléopâtre, en l'an 30 avant J.-C., ne signale la fin des monarchies hellénistiques. Avec l'empereur Auguste, l'Égypte passa sous la domination de Rome. Construit durant cette période, le **temple de Dendur**★ occupe la salle 25. Ce superbe exemple d'architecture monumentale fut offert aux États-Unis par l'Égypte dans les années 1960 en reconnaissance de l'aide apportée pour sauver les temples de Nubie (notamment le fameux site archéologique d'Abou Simbel), alors menacés d'être submergés par les eaux du barrage d'Assouan. Les salles d'étude voisines contiennent une riche collection de momies, objets d'art funéraire, papyrus et figurines de faïence. Noter aussi les remarquables **portraits du Fayoum** *(salle 31)*, peints à l'encaustique (procédé selon lequel les couleurs sont délayées avec de la cire) au 2ᵉ s. Exécutés par des artistes grecs, ces masques funéraires reflètent l'introduction des techniques de peinture européennes en Égypte. Descendants directs des Égyptiens de l'ère pharaonique, les Coptes produisirent quant à eux des œuvres dans lesquelles se retrouve un curieux mélange de symboles du premier monachisme chrétien et d'éléments mythologiques empruntés au vocabulaire pictural de l'Égypte ancienne.

Antiquités grecques et romaines

Au Sud du grand hall se trouvent huit salles récemment réaménagées, consacrées à la Grèce antique. La première, Belfert Court, présente une collection qui couvre la période s'échelonnant du néolithique au 6ᵉ s. avant J.-C. : terres cuites, figurines de marbre, pierres précieuses gravées et sculptures. Toutes sortes d'artefacts allant du 6ᵉ au 4ᵉ s. avant J.-C. sont disposés, en une progression plus ou moins chronologique, dans la somptueuse salle Jaharis et dans les six salles qui l'entourent. Avec son étourdissant plafond voûté en berceau, ses verrières et ses murs de calcaire, la majestueuse salle Jaharis compose un écrin où la sculpture monumentale (dont la statue d'une amazone blessée et celle du héros grec Protésilas) prend toute sa dimension. À l'extrémité du hall se dresse un immense chapiteau ionique du 4ᵉ s. avant J.-C.

S'ouvrant à la gauche du hall, la salle Steinhardt contient une belle collection de monuments funéraires athéniens (6ᵉ s. avant J.-C.) ; la période archaïque trouve son expression la plus parfaite dans une superbe statue de jeune homme ou *kouros*, un des plus anciens exemples qui nous soient parvenus entiers. À noter également une haute stèle attique coiffée d'un sphinx, la plus belle conservée à ce jour. Des vases de terre cuite de la même période, aux décors noirs inspirés de la mythologie et de la vie quotidienne, sont exposés de l'autre côté du hall dans la salle Bothmer I. La salle Bothmer II présente des vases et des récipients à motifs rouges, technique apparue vers 530 avant J.-C.

La salle Wiener abrite certaines des plus belles stèles funéraires en marbre du musée (milieu du 5ᵉ s. avant J.-C.-début du 4ᵉ s. avant J.-C.), dont la virtuosité des reliefs reflète l'importance sans précédent prise par l'art à cette époque. Des vases peints de la même période se trouvent dans la salle Stavros et Danaë Costopoulos ainsi que dans la salle Spyros et Euridice Costopoulos (cette dernière comprenant également une exposition de bijoux macédoniens et autres œuvres exécutées à la veille de l'ère hellénistique). Une dernière salle rassemble des bustes romains du 2ᵉ s. de notre ère. La cour voisine, précédemment occupée par le café du musée, accueille aujourd'hui un jardin de sculptures romaines en cours d'aménagement, dernière phase d'une décennie de rénovations apportées aux sections des antiquités grecques et romaines.

Deuxième niveau – Quatre nouvelles salles sont consacrées à l'art chypriote ; elles présentent quelque 600 objets, du néolithique (v. 7000 avant J.-C.) à la fin de la période romaine (800), issus pour la plupart de la célèbre collection Cesnola qui comprenait 35 000 pièces réunies de 1873 à 1876 par le général Luigi Palma di Cesnola, premier dirigeant du musée. Il fut établi que certaines de ces pièces étaient fausses ou surévaluées ; la collection demeure malgré tout la plus riche hors de Chypre, en particulier dans les domaines de la sculpture, des bronzes, des terres cuites et de l'orfèvrerie.

La salle préhistorique montre combien les artistes chypriotes ont travaillé dans un relatif isolement, produisant des récipients zoomorphiques de terre cuite ; néanmoins, l'île était devenue, à la fin de l'âge du bronze, un site important de production du cuivre et un carrefour commercial en Méditerranée orientale. Vases de faïence, bijoux d'or et d'argent, figurines de terre cuite et, surtout, objets de bronze affichent la prolifération des styles adoptés aussi bien que le maintien des traditions locales. À la période archaïque, Chypre fut occupée par une succession de peuples étrangers : aux Grecs succédèrent les Phéniciens, les Assyriens, les Égyptiens puis les Perses, chacun imprimant sa marque sur la culture et l'art insulaires. Ce phénomène est particulièrement frappant sur le sarcophage d'Amathus, à la polychromie bien conservée, ainsi que sur les deux sarcophages gréco-phéniciens de la fin du 5ᵉ s. avant J.-C. qui flanquent la porte.

La salle dédiée à l'art classique chypriote (5ᵉ et 4ᵉ s. avant J.-C.) abrite sculptures, terres cuites, vases, joaillerie et pièces de monnaie, mais également des exemples d'art funéraire de plus en plus influencés par le modèle grec. On affirmait, pendant la période hellénistique et la période romaine, qu'Aphrodite était née à Chypre. C'est pourquoi la salle rassemblant les pièces de cette époque regorge d'art votif (remarquer les deux jeunes garçons à figure de chérubin).

Antiquités orientales *2ᵉ niveau*

Les sculptures, poteries et objets en métal de cette collection, fondée en 1956, datent d'une période s'étendant du 6ᵉ millénaire avant J.-C. jusqu'aux débuts de l'islam. Ils proviennent des territoires compris entre la Turquie à l'Ouest, la vallée de l'Indus à l'Est, les montagnes du Caucase au Nord et l'Arabie au Sud. Les nombreuses civilisations qui occupèrent cette région produisirent des artefacts d'une grande beauté. On pense notamment aux pièces d'or et d'argent finement ciselées de l'Empire achéménide (perse) et aux immenses lions ailés de l'Assyrie. D'autres points forts de cette collection incluent des sculptures en pierre de Sumer, le berceau de la civilisation mésopotamienne (irakienne) vers 3000 avant J.-C., des ivoires de l'ancienne Anatolie (Turquie) et des bronzes d'Iran. La salle Sackler, voisine de la mezzanine de la grande salle, est une reconstitution à l'échelle de la salle d'audience du palais édifié à Nimrud (Irak) par le roi assyrien Assurnazirpal II au 9ᵉ s. avant notre ère. D'extraordinaires bas-reliefs et statues provenant du palais ornent les murs de la salle. Tout aussi splendide est la frise mésopotamienne du 6ᵉ s. avant J.-C. représentant des lions de brique émaillée, qui décorait jadis la voie processionnelle reliant la porte d'Ishtar et le temple du dieu Mardouk dans la Babylone de Nabuchodonosor.

★★★SCULPTURES ET ARTS DÉCORATIFS EUROPÉENS *1er niveau*

Ce département, l'un des plus grands du musée, représente un total de plus de 60 000 œuvres de la Renaissance au début du 20ᵉ s. Sculpture, mobilier, céramique, ébénisterie, verrerie, orfèvrerie et textiles constituent le gros de la collection. Une place privilégiée est accordée aux meubles français et anglais, et aux porcelaines françaises et allemandes, que l'on pourra admirer dans d'exquises reconstitutions d'**intérieurs d'époque**★★.

Salles de la Renaissance et salles italiennes – *Salles 1-3, 5 et 8-10*. On y remarque les marqueteries d'une chapelle modelée sur celle du château de la Bastie d'Urfé, en Forez (1550) ; une chambre aux murs de bois sculpté, contenant un poêle en porcelaine (Flims, Suisse) ; une chambre rococo venant du palais Sagredo, à Venise (début du 18e s.). La reconstitution du minuscule *studiolo* du palais de Federico da Montefeltro à Gubbio en Italie est tout à fait étonnante. Cette pièce, créée vers 1470 pour servir de retraite privée au duc, est un chef-d'œuvre de perspective linéaire, concept nouveau à l'époque. Des boiseries marquetées aux motifs complexes, illustrant l'art de l'incrustation, donnent une illusion de profondeur et une unité de perspective globale à l'espace trapézoïdal. Les scènes qui y sont représentées se rapportent aux centres d'intérêt intellectuels du duc. Au milieu de la salle 2 est exposée une énorme table incrustée d'albâtre et de pierres semi-précieuses, qui fut dessinée par l'architecte Jacopo Barozzi da Vignola pour le palais Farnèse à Rome (16e s.). Un vestibule précède la chambre rococo *(salle 9)* du palais vénitien de Sagredo (début du 18e s.). Sont également exposées des majoliques italiennes d'Urbino, Gubbio et Deruta (16e s.) et des faïences françaises et hollandaises (Delft).

Salles anglaises – *Salles 14-20*. Pour suivre l'évolution des arts décoratifs anglais de 1660 à 1840, commencer par la salle 19 dans laquelle un escalier baroque sculpté par Gibbons, provenant de Cassiobury Park (Hertfordshire), illustre les tendances du 17e s. Le style rococo, en vogue au milieu du 18e s., est évoqué *(salle 20)* par le spectaculaire décor de stuc de la salle à manger du château de Kirtlington Park (Oxfordshire), aujourd'hui aménagée en salon. La salle 17 contient un salon qui se trouvait autrefois à Croome Court (Warwickshire). Il fut dessiné par l'architecte Robert Adam (1728-1792) qui élabora un style de décoration intérieure inspiré de l'Antiquité. Les murs sont tendus de tapisseries des Gobelins rouge foncé dessinées par François Boucher et réalisées pour Lord Coventry, le propriétaire. La splendide salle à manger *(salle 16)* de Lansdowne House (Londres) est également due à Adam. Les couleurs pastel, les pilastres, les niches garnies de statues antiques et les stucs « pompéiens » contrastent subtilement avec la table et les chaises d'acajou dont la teinte sombre met en valeur l'éclat de l'argenterie et du lustre. Dans les salles 15 et 18, remarquer la collection très variée d'objets décoratifs anglais du 18e s.

Salles françaises – *Salles 21-29 et 32-35*. Ces salles renferment une magnifique collection d'arts décoratifs français du 18e s. Dans la galerie d'accès *(salle 33)* a été reconstituée la devanture d'une boutique parisienne de 1775, ornée de pilastres et de paniers à fleurs typiques de l'époque Louis XVI. On accède ensuite à deux élégants salons *(salles 34 et 35)* : un boudoir rococo provenant de l'hôtel de Crillon, avec un mobilier du château de Saint-Cloud, dont un lit de repos de Marie-Antoinette, et un salon arrondi aux lambris délicats et aux meubles néoclassiques.

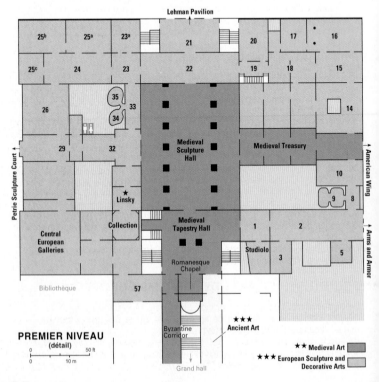

PREMIER NIVEAU (détail)

La reconstitution d'un intérieur de style Louis XV *(salle 23)* est ornée de la réplique d'un portrait de Louis XV enfant, peint par Rigaud, dont l'original se trouve à Versailles. Les superbes porcelaines de la Sèvres Alcove Gallery se distinguent par leur bleu turquoise qui, avec le bleu nuit, a fait la réputation de la célèbre manufacture française. Derrière cette alcôve, le gracieux salon de l'hôtel parisien de Lauzun *(salle 23a)* contient des meubles précieux rehaussés de plaques en porcelaine de Sèvres. Remarquer aussi des meubles signés Carlin, Weisweiler et Bernard II van Risenburgh.

Quatre reconstitutions d'ensembles mobiliers du 18e s. donnent sur la galerie Louis XVI *(salle 24)* dont on admirera les meubles laqués japonais. Le salon blanc et or de l'hôtel de Varengeville à Paris *(salle 25a)* met en valeur des meubles Louis XV, notamment le bureau du roi provenant du château de Versailles. Le salon rococo bleu et or du palais Paar à Vienne *(salle 25b)* se distingue par son mobilier précieux, une table à écrire signée Van Risenburgh et un lustre en cristal. Le salon néoclassique de l'hôtel de Cabris à Grasse *(salle 25c)* contient de magnifiques boiseries de chêne. Parmi les merveilles exposées figurent un nécessaire de voyage et une table convertible pouvant être utilisée pour déjeuner, lire ou faire sa toilette. Le salon de l'hôtel de Tessé à Paris *(salle 26)*, revêtu de boiseries grises et or, possède un tapis de la Savonnerie (17e s.) et des meubles conçus par Riesener pour Marie-Antoinette.

Enfin, les dernières salles sont consacrées au 17e s., règnes de Louis XIII et Louis XIV. Dans la chambre d'apparat de style Louis XIV, remarquer une série de tentures brodées représentant des allégories des saisons et des éléments, plusieurs meubles Boulle (ébéniste du roi et de sa cour à partir de 1672), et une cheminée monumentale sculptée d'après des dessins de Jean Le Pautre.

Salles d'Europe centrale – Noter les faïences du 18e s., les porcelaines de Meissen et les pièces en verre émaillé de Bohême (1730). Les meubles de jardin ornés de motifs floraux furent réalisés à la demande du prince-évêque Adam Friedrich von Seinsheim pour son pavillon au château de Seehof (près de Bamberg, en Allemagne).

★**Collection Linsky** – Réunie sur une période de quarante ans par Jack et Belle Linsky, cette collection comprend quelque 375 œuvres d'art réparties sur sept salles conçues pour évoquer le cadre intime d'une demeure privée. Tableaux de maîtres européens, bronzes Renaissance et baroques, porcelaines de divers pays, mobilier français du 18e s., bijoux et pièces d'orfèvrerie font partie des œuvres choisies par ce couple de collectionneurs pour leur qualité et leur beauté.

De nombreuses toiles représentent les écoles italienne, flamande, française, hollandaise et allemande, dont une Madone à l'Enfant du Vénitien Carlo Crivelli (15e s.) et la première œuvre datée de Rubens : le portrait, peint sur cuivre, d'un architecte ou géographe (1597). Parmi les bronzes, noter la représentation très expressive d'un moine copiste monté sur un dragon (12e s.) et celle d'un satyre (16e s., Antico). La reconstitution d'un intérieur de la fin du 18e s. contient une commode de David Roentgen et un charmant secrétaire revêtu d'acajou et de bois d'amarante, exécuté par Jean-François Œben pour Mme de Pompadour. Plus de 200 porcelaines rococo provenant des manufactures de Meissen et Chantilly viennent compléter la décoration. On remarquera aussi des figurines en porcelaine de la manufacture impériale de Saint-Pétersbourg (fin du 18e s.).

★**Cour Petrie de sculpture européenne** – Cet espace aéré est l'une des belles cours aménagées du musée ; d'imposantes sculptures italiennes et françaises s'y dressent parmi les fontaines et les îlots de verdure. Un café situé à son extrémité permet d'admirer la vue sur Central Park et l'aiguille de Cléopâtre, l'obélisque offert à la ville de New York par le pacha d'Égypte. Les salles adjacentes de l'aile Kravis, où sont présentés des objets et meubles du 19e s. et du début du 20e s., renouent avec les arts décoratifs européens.

★★★PEINTURE EUROPÉENNE DU 13e AU 18e S

2e niveau. Voir plan p. 252.

Cette collection, dont les pièces sont regroupées par école, est essentiellement consacrée à la peinture italienne, française, hollandaise et flamande, bien qu'elle comprenne aussi des tableaux d'artistes anglais et espagnols. Religion, histoire, portraits, mythologie, natures mortes et paysages en forment les grands thèmes, illustrant l'évolution des styles et des techniques des débuts de la Renaissance au siècle des Lumières. Commencer la visite en haut de l'escalier principal, au deuxième niveau.

Italie – *Salles 1, 3-9, 19, 20, 22, 29 et 30.* Remarquable renouveau culturel, artistique et scientifique, la Renaissance se manifesta d'abord dans le Nord de l'Italie, notamment dans la ville de Florence, où Giotto se détacha de l'emprise du byzantinisme (caractérisé par un espace peu approfondi), pour donner à ses personnages volume et poids. Aux paysages plats des tableaux médiévaux, les Florentins substituèrent des toiles marquées par un nouveau sens de la perspective. Pourtant, à une centaine de kilomètres de là, dans la ville de Sienne, des artistes tels que Giovanni di Paolo et **Sassetta** continuaient à peindre, à l'instar de leurs prédécesseurs, des toiles aux surfaces planes. Au 15ᵉ s., Florence était un véritable carrefour artistique, où l'on expérimentait volontiers avec les jeux de lumière, les formes et les sujets. Trois des plus grands esprits de la Renaissance s'y trouvaient en 1504 : Léonard de Vinci, Michel-Ange et **Raphaël**. Bien d'autres villes italiennes adoptèrent leur propre style mais, à compter du 16ᵉ s., Venise en vint à dominer le monde artistique. C'est là que Titien, le Tintoret et Véronèse composèrent leurs immenses tableaux caractérisés par le chatoiement des couleurs et des personnages en gros plan évoluant sur un fond de paysages très réalistes. Leurs œuvres anticipaient l'ampleur et le mouvement des tableaux baroques, que l'on retrouve dans les toiles lumineuses de **Tiepolo** (18ᵉ s.). Le mouvement baroque signala la fin de la suprématie artistique de l'Italie, au moment même où son influence se faisait sentir partout en Europe.

Giotto	*L'Épiphanie* (v. 1320)
Sassetta	*Le Voyage des Rois mages* (v. 1435)
Filippo Lippi	*Homme et femme à la fenêtre* (v. 1435)
Botticelli	*La Dernière Communion de saint Jérôme* (v. 1491)
Raphaël	*Vierge à l'Enfant* (v. 1505)
Titien	*Vénus et le joueur de luth* (v. 1565)
Tiepolo	*Le Triomphe de Marius* (v. 1729)

Europe du Nord – *Salles 11-14 et 23-28.* Plus au Nord, d'autres sentiments artistiques prévalaient. L'Église catholique continua à exercer son influence sur les peintres de la jeune école flamande *(salles 23-25),* dont les œuvres présentent un curieux mélange de thèmes dévots et macabres caractéristique du style gothique. En Flandre, les artistes découvrirent les avantages de la peinture à l'huile, qui donnait à leurs toiles une douce transparence et une qualité de nuance que ne permettait pas l'utilisation des traditionnelles peintures a tempera longtemps privilégiées des Italiens. Les peintres originaires d'Europe du Nord, en commençant par **Jan Van Eyck**, au 15ᵉ s., passèrent maîtres dans l'observation et la représentation des menus détails. Un siècle plus tard, **Pieter Bruegel**, dit l'Ancien, créa des tableaux de genre qui illustraient déjà par leur tempérament, sinon par leur sujet, le déclin du style gothique. Comparer son regard satirique, quoique médiéval, avec le somptueux style baroque de **Rubens**, qui brisa l'emprise de l'Église sur l'expression et les thèmes artistiques.

La Jeune Fille à l'aiguière, par Vermeer (v. 1660)

Au 17ᵉ s., les peintres hollandais célébrèrent leur récente indépendance de l'Espagne en peignant des paysages, des portraits et des scènes de la vie quotidienne. D'abord sombre et grave, la peinture hollandaise atteignit son apogée avec les œuvres de **Rembrandt** (le musée en possède vingt), qui raviva la terne palette de ses compatriotes : remarquer, dans la **salle 13★**, l'exquise luminosité qui se dégage de ses personnages aux traits pourtant bien quelconques. **Vermeer** étudia l'effet de la lumière sur les surfaces et les textures pour créer des toiles d'une extrême richesse de détail. Artiste méticuleux, il peignit à peine 35 tableaux au cours de sa carrière.

Jan Van Eyck	*La Crucifixion* et *Le Jugement dernier* (v. 1425)
Bruegel l'Ancien	*Les Moissonneurs* (1565)
Rubens	*Vénus et Adonis* (v. 1635)
Rembrandt	*Aristote contemplant le buste d'Homère* (1653)
Vermeer	*La Jeune Fille à l'aiguière* (v. 1660)

France – *Salles 2, 10, 17-18*. Relativement bref, l'âge d'or de la peinture hollandaise coïncida avec la montée de l'école française. La France avait produit de nombreux chefs-d'œuvre d'art religieux et d'architecture durant le Moyen Âge, mais sa peinture mit plus de temps à s'affirmer. En invitant maints artistes italiens à la cour, les souverains français des 15ᵉ et 16ᵉ s., pleins d'admiration envers le génie artistique de l'Italie, avaient en effet découragé l'initiative des peintres français. Au 17ᵉ s., **Nicolas Poussin** quitta sa patrie pour aller à Rome, où il vécut et produisit des œuvres combinant la grandeur du style classique et le drame du style baroque. À l'aube du 18ᵉ s., un style ostentatoire, issu de l'opulence et de la formalité de la monarchie pré-révolutionnaire, devint à la mode. Très apprécié dans la décoration d'intérieur, l'extravagant style rococo se reflète dans les pastorales de **François Boucher**, d'**Antoine Watteau** et de Jean-Honoré Fragonard. Jean-Baptiste Chardin peignit quant à lui des personnes et des objets ordinaires, avec toute la grandeur et nulle trace de la grandiloquence de ses contemporains. Dans l'ambiance révolutionnaire de la fin du 18ᵉ s., les artistes rejetèrent soudainement l'ornementation excessive qu'ils associaient à l'extravagance condamnable de la noblesse. Menés par Jacques Louis David, les partisans du néoclassicisme considéraient les vertus républicaines et les proportions précises de l'Antiquité comme un contrepoids idéal aux frivolités du style rococo.

Poussin	*L'Enlèvement des Sabines* (v. 1636)
Watteau	*Le Mezzetin* (1717-1719)
Boucher	*La Toilette de Vénus* (1751)
David	*La Mort de Socrate* (v. 1787)

Espagne – *Salles 16, 21 et 29*. Grand peintre espagnol d'origine crétoise, Doménikos Theotokópoulos, dit **le Greco**, produisit au 16ᵉ s. des œuvres révélatrices d'un mysticisme exalté, auxquelles le déséquilibre des formes, l'austérité du chromatisme et le mépris du détail confèrent une allure résolument moderne. Comparer ses toiles aux tableaux plus réalistes de **Diego Vélasquez**, Bartolomé Murillo et Francisco de Zurbaran. Au 18ᵉ s., **Goya** peignit des portraits pleins d'un identique souci naturaliste, qui inspirèrent les peintres français du 19ᵉ s. Se libérant peu à peu des conventions stylistiques de son époque, il préfigure pour beaucoup l'art moderne.

Le Greco	*Vue de Tolède* (v. 1597)
Vélasquez	*Juan de Pareja* (v. 1648)
Goya	*Don Manuel Osorio Manrique de Zuñiga* (v. 1786)

Angleterre – *Salle 15*. Comme les peintres de la cour (tel l'Allemand Hans Holbein) étaient le plus souvent originaires d'Europe continentale, la peinture anglaise avait peu d'occasions d'évoluer. Il fallut attendre le 18ᵉ s. pour que William Hogarth, surtout connu pour ses gravures satiriques, ne lance un style proprement anglais qui rejetait la solennité des peintres européens de l'époque. Surtout célèbres pour leurs élégants portraits, **Joshua Reynolds**, **Thomas Gainsborough** et Thomas Lawrence représentaient le summum de la tradition académique. On note toutefois, dans les paysages anglais de John Constable, un aperçu de cette luminosité qui allait tant intriguer les peintres du 19ᵉ s.

Gainsborough	*Mrs. Grace Dalrymple Elliott* (v. 1778)
Reynolds	*Colonel George K.H. Coussmaker* (1782)

★★★ PEINTURES ET SCULPTURES EUROPÉENNES DU 19ᵉ S.

2ᵉ niveau. Voir plan ci-contre.

Grâce à un généreux don et à une importante collection de tableaux français du 19ᵉ s. léguée par Walter Annenberg au début des années 1990, le musée a pu réaménager la section consacrée aux peintures et sculptures européennes du 19ᵉ s. Achevées en 1993, ces 21 salles ont été décorées dans le style Beaux-Arts, et sont divisées par mouvements artistiques, des tableaux académiques du Salon *(ci-dessous)* aux toiles avant-gardistes des post-impressionnistes. Les expositions soulignent les points forts de la collection (tels que les bronzes de Degas) tout en rendant hommage aux bienfaiteurs du musée.

Le Salon – Afin de mieux expliquer pourquoi l'impressionnisme et d'autres mouvements artistiques du 19ᵉ s. firent à leur époque scandale, le musée présente, le long des couloirs qui entourent les salles, des peintures et des sculptures conformes aux canons esthétiques d'alors. Chaque œuvre exposée fut admise au fameux Salon de Paris. Régi par les normes conservatrices de l'Académie des beaux-arts, ce dernier exerça une profonde influence sur l'opinion publique au 19ᵉ s. Il ne sut toutefois empêcher le succès des toiles impressionnistes et « avant-gardistes » dont il avait pourtant rejeté avec indignation le non-conformisme. Remarquer au passage de très belles œuvres d'**Auguste Rodin**, dont la vibration de la lumière sur la surface se rapproche des techniques impressionnistes de son époque.

EUROPEAN PAINTINGS
DEUXIÈME NIVEAU

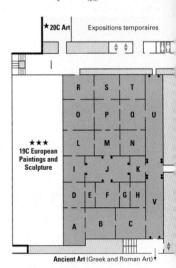

Rosa Bonheur	*Marché aux chevaux* (1852)
Gustave Moreau	*Œdipe et le Sphinx* (1864)
Auguste Rodin	*La Main de Dieu*

Néoclassicisme, romantisme et réalisme – Des idéaux humanistes du siècle des Lumières naquirent deux grands courants artistiques : le néoclassicisme et le romantisme. Inspirés par les découvertes archéologiques de Pompéi et d'Herculanum vers le milieu du siècle, les tenants du néoclassicisme, Jacques Louis David en particulier *(voir Peinture européenne du 13ᵉ au 18ᵉ s., salle 2)*, s'inspiraient de l'art antique grec et romain. **Ingres** fut le meilleur portraitiste de l'époque, célèbre pour ses lignes pures et raffinées. Rejetant ce souci de précision, les peintres romantiques étaient plus libres dans leur choix de couleurs et leur touche, s'inspirant de l'exotisme et de la grandeur des événements et des lieux historiques. Précurseur de l'impressionnisme, le grand maître romantique Eugène Delacroix déclara qu'il ne peignait pas un sabre, mais bien son éclat. Les peintres anglais John Constable et **J.M.W. Turner** s'intéressèrent à la lumière et à l'atmosphère d'une toile, préfigurant eux aussi l'impressionnisme. Vers le milieu du 19ᵉ s., le mouvement réaliste (opposé aux valeurs du classicisme et à la bravoure du romantisme) émergea. Ses adeptes observaient et reproduisaient sans fard l'univers qui les entourait. Inspirés par l'œuvre de Camille Corot, les peintres de l'école de Barbizon peignirent directement d'après nature, utilisant une palette plutôt sombre, comme dans les œuvres de Gustave Courbet et **Jean-François Millet**, et représentant le plus souvent des gens ordinaires. Leurs paysages, et surtout leurs feuilles, révèlent un souci des jeux d'ombre et de lumière qui devait pleinement s'épanouir avec les impressionnistes.

Ingres	*Madame Leblanc*
Turner	*Le Grand Canal à Venise* (v. 1835)
Delacroix	*L'Enlèvement de Rébecca* (1846)
Millet	*Paysage d'automne avec un troupeau de dindes*

Impressionnisme – En utilisant les teintes sombres et les sujets ordinaires de ses contemporains tout en restant attentif au rendu de la lumière, **Édouard Manet** incarne le passage du réalisme à l'impressionnisme. C'est la fameuse toile de **Claude Monet** intitulée *Impression, soleil levant* (1872) qui inspira à un critique le terme alors péjo-

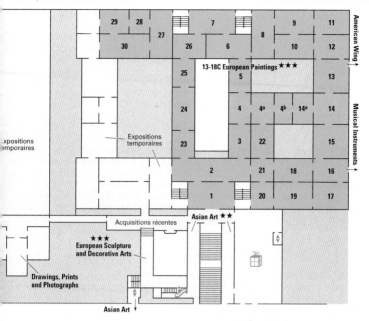

ratif d'« impressionnisme ». Les adeptes de ce mouvement créèrent des toiles qui semblaient à tout point de vue si radicales que le Salon les refusa. Nullement découragés, les impressionnistes montèrent huit expositions de 1874 à 1886, et gagnèrent finalement la faveur du public. Ils s'efforçaient de traduire, dans leurs œuvres, les sensations visuelles à l'aide de tons purs juxtaposés, supprimant les lourds traits qui délinéaient traditionnellement les formes, et à l'extrême, présentant les sujets comme un simple agencement de couleurs et de lumière. Conscients du caractère éphémère de leur quête artistique, ils peignaient à coups de pinceau rapides afin de saisir le moment et de capter une impression fugitive, travaillant souvent dehors pour mieux surprendre les effets passagers des rayons de soleil. De la cathédrale de Rouen de Monet, magnifique sous le soleil éclatant de midi, aux gracieuses jeunes filles d'Auguste Renoir, leurs toiles nous offrent un monde à la fois lumineux et coloré.

Manet	....	*En bateau* (1874)
Monet	....	*Terrasse à Sainte-Adresse* (1867)
Renoir	....	*Madame Charpentier et ses enfants* (1878)
Degas	....	*Danseuse de quatorze ans* (1880)

Post-impressionnisme – Par sa nature et la diversité de ses adeptes, le phénomène impressionniste, bien que de brève durée, ouvrit la voie à une foule d'interprétations artistiques. À la fois fondé sur les préceptes de l'impressionnisme et en réaction à celui-ci, le post-impressionnisme devait à jamais transformer les techniques traditionnelles de la peinture. Au cœur de cette activité se trouvaient **Paul Cézanne**, **Paul Gauguin** et **Georges Seurat** qui, après s'être laissés tenter par la spontanéité du mouvement impressionniste, s'en détachèrent pour explorer des formes d'expression moins éphémères, et arrivèrent chacun à leur propre vision artistique. Favorisant une composition équilibrée et rigoureuse, Cézanne influença profondément les cubistes de la génération suivante et annonça les recherches picturales du 20e s. Fortement teinté d'exotisme, le symbolisme de Gauguin prête à ses œuvres une spiritualité marquée par l'emploi de couleurs vives et l'abandon du système perspectif traditionnel. Prônant la division de la touche et des tons, Seurat réduisit quant à lui ses images à un niveau quasi moléculaire, pour les reconstruire ensuite à l'aide de points subtilement dosés. D'autres tendances post-impressionnistes se manifesteront dans les tableaux mouvementés de **Vincent Van Gogh** et les caricatures de Toulouse-Lautrec.

Cézanne	....	*Les Joueurs de cartes* (1890)
Gauguin	....	*La Orana Maria* (v. 1891)
Seurat	....	*Étude pour Le Dimanche d'été à la Grande Jatte* (1884)
Van Gogh	....	*Cyprès* (1889)

★★COLLECTION LEHMAN

Considérée comme l'une des plus belles collections des États-Unis, elle est disposée dans les onze salles du pavillon Lehman, dont sept reconstituent certaines pièces de la résidence de Robert Lehman sur la 54e Rue Ouest, ainsi que dans d'autres salles du sous-sol. Présentés par roulement, les quelque 3 000 objets d'art qui la composent furent rassemblés par le financier Philip Lehman et son fils Robert. La collection est particulièrement célèbre pour ses peintures italiennes des 14e et 15e s., avec des toiles de Sassetta *(Saint Antoine au désert)*, di Paolo *(Adam et Ève chassés du Paradis)*, Botticelli *(L'Annonciation)*, Bellini *(La Vierge à l'Enfant)* et Crivelli. Parmi les peintres de la Renaissance flamande, française et allemande, remarquer les œuvres de Petrus Christus *(Saint Éloi)*, Gérard David, Hans Memling et Cranach l'Ancien. Pour les périodes ultérieures (écoles hollandaise et espagnole des 18e et 19e s.), la peinture est représentée par Rembrandt, le Greco *(Christ portant la croix)* et Goya. Les peintres français des 19e et 20e s. sont à l'honneur, avec des œuvres d'Ingres *(Portrait de la princesse de Broglie)*, de Renoir, ainsi que de Bonnard et Vuillard. Les intérieurs reconstitués contiennent également de magnifiques objets décoratifs : tapisseries, meubles anciens, verrerie vénitienne, bronzes et émaux. Au niveau inférieur se trouve une sélection de dessins de Dürer et de Rembrandt, et environ 200 dessins vénitiens du 18e s.

★★ART MÉDIÉVAL   *1er niveau. Voir plan p. 248.*

Riche de plus de 4 000 œuvres, cette impressionnante collection retrace l'évolution de l'art depuis la chute de l'Empire romain (4e s.) jusqu'à la Renaissance (16e s.). Ères paléochrétienne et byzantine (remarquable orfèvrerie), période des grandes invasions, haut Moyen Âge, styles roman et gothique (travail du métal, vitraux, tapisseries) y sont tour à tour représentés. *Noter qu'une partie des collections d'art médiéval du Metropolitan est exposée au musée des Cloîtres (voir p. 217).*
De nombreuses pièces de l'art liturgique et profane ayant fleuri au cours du millénaire que dura l'Empire byzantin ont été disposées dans les couloirs flanquant l'escalier principal. Le couloir de droite s'attache à l'art profane de la période primitive, avec des objets issus des peuples francs, goths ou autres, vivant aux frontières de l'empire. Noter les ivoires et émaux caractéristiques ainsi que les six plateaux d'argent gravés de scènes de la vie de David provenant du Second Trésor de Chypre (7e s.). Le couloir de gauche, consacré à l'art liturgique de l'Église byzantine et à l'art profane intermédiaire et tardif, présente le calice d'Antioche que le Christ aurait utilisé pour la Cène. Parmi les beaux exemples de l'orfèvrerie du haut Moyen Âge, on remarque des pièces en vermeil et niellées (incrustées d'émail noir sur fond blanc) faisant partie du trésor de Vermand (Nord de la France). Sur la gauche, le patio du château de Vélez Blanco (Espagne) date de 1515 environ ; les arcades de marbre, récemment restaurées, ont été transportées pierre par pierre au milieu du 20e s. Sous l'escalier, une crypte reconstituée présente des pièces d'art égypto-byzantin disposées sous de basses voûtes de brique. Les murs élevés derrière les escaliers dans les années 1950 ont été abattus afin de dégager l'espace en forme d'abside qui relie les couloirs. Un splendide lion (1000-1100 après J.-C.), l'un des rares bronzes monumentaux de l'époque parvenus jusqu'à nous, garde le lieu. Remarquer les trois arches donnant sur la salle principale, vestiges d'un portail roman en marbre provenant de San Gemini (Ombrie).

Tapisseries médiévales – Issues principalement des ateliers flamands d'Arras, de Bruxelles et de Tournai, ces **tapisseries** ont été tissées entre le 14e s. et le début du 16e s. Elles jouaient alors un rôle plus utilitaire que décoratif, étant destinées à protéger des courants d'air et de l'humidité. Commencée au début du 15e s., l'*Annonciation* est inspirée d'un dessin de Melchior Broederlam, peintre à la cour de Bourgogne. De belles tentures exécutées pour Charles le Téméraire, duc de Bourgogne, représentent Hector recevant les armes pendant la guerre de Troie. De grands vitraux de la période gothique tardive, provenant de Cologne et d'Angleterre, ornent deux des murs de la salle.

Galerie des sculptures médiévales – Avec ses colonnes massives, cette galerie a été habilement aménagée pour évoquer l'ambiance d'une église. Dans l'axe de la nef, la splendide **grille★** baroque en fer forgé (1764), qui atteint presque le plafond, provient de la cathédrale de Valladolid (Espagne). À Noël, un grand arbre est exposé devant elle avec une crèche napolitaine du 18e s.
De nombreux bas-reliefs et statues permettent de suivre l'évolution de la sculpture gothique européenne du 13e au 16e s. Les plus belles pièces proviennent de Bourgogne, d'Italie et d'Allemagne. On remarquera tout particulièrement une Vierge à l'Enfant du 15e s. de Poligny (France) et, dans la même galerie, une série de panneaux représentant les sacrements : le baptême, le mariage et l'extrême-onction.

Trésor médiéval – Rassemblant châsses, reliquaires et objets de culte, le trésor abrite aussi deux beaux groupes sculptés (école française, début du 16e s.) provenant de la chapelle du château de Biron en Périgord : ce sont une Mise au tombeau et une Pietà.

Dans des vitrines situées au centre de la salle et le long des murs sont disposées de précieuses pièces d'orfèvrerie religieuse : situle (seau destiné à recevoir l'eau bénite) ottonienne en ivoire ; châsse du 13ᵉ s. à décor d'émaux de Limoges et scènes de la vie du Christ en cuivre doré ; reliquaire de saint Yrieix (13ᵉ s., Limousin), qui renfermait jadis des fragments de son crâne ; croix processionnelle recouverte d'argent (12ᵉ s., Espagne). Des émaux romans et gothiques rivalisent avec des ivoires français des 13ᵉ, 14ᵉ et 15ᵉ s., parmi lesquels un rosaire à grains figurant des têtes de mort.

En se dirigeant vers l'aile américaine, remarquer *(sur la droite)* une étonnante selle allemande en os dont le décor, sculpté en méplat, évoque des scènes d'amour courtois.

★★ ART D'AFRIQUE, D'OCÉANIE ET DES AMÉRIQUES

1ᵉʳ niveau

Avec plus de 8 000 objets (utilitaires ou cérémoniels), cette remarquable collection d'art primitif témoigne par sa richesse de l'activité artistique des sociétés du sub-Sahara, des îles du Pacifique et du continent américain d'il y a 3 000 ans jusqu'à nos jours. Elle provient de plusieurs fonds, le principal (environ 3 500 pièces) ayant été donné au Metropolitan par le gouverneur Nelson Rockefeller. Cette aile du musée est d'ailleurs dédiée à son fils Michael qui trouva la mort en 1961 à l'âge de 23 ans, au cours d'un voyage en Nouvelle-Guinée. Les multiples objets que le jeune homme rapporta de ses expéditions chez les Asmat d'Irian Jaya comptent parmi les plus intéressants, surtout de remarquables mâts totémiques et des boucliers richement décorés. *Les salles sont aménagées de façon à former une boucle. L'itinéraire proposé part de l'entrée proche des antiquités grecques et romaines, pour aboutir à la sortie menant à la sculpture et aux arts décoratifs européens.*

Afrique – Essentiellement religieux, l'art africain est dominé par la sculpture sur bois, matériau utilisé pour fabriquer des masques et des statues servant aux séances d'initiation et aux cérémonies funéraires. La première salle présente un ensemble de sculptures dogons (Mali) monumentales. Remarquer la statue d'un homme, les bras levés.

S'inspirant des animaux pour créer des masques ou des couvre-chefs, les Bambaras (Mali) ont créé de magnifiques coiffures représentant des antilopes stylisées aux lignes verticales harmonieuses. On peut voir aussi des masques senoufo (Côte-d'Ivoire), à l'aspect féroce, composés de mâchoires et de dents de crocodile, de cornes d'antilope et de défenses de phacochère. Parmi les sculptures bambaras, noter la représentation d'une mère et de son enfant.

À gauche de l'entrée, l'exposition présente des statues, des masques et un tabouret de chef d'origine buli, des figurines en bois et des objets en ivoire du Zaïre (dont un magnifique masque lega), et un superbe reliquaire fang qui protégeait la châsse où étaient conservés les ossements des ancêtres.

Joyau de la section d'art africain, la collection d'objets en bronze provenant de l'ancienne cour royale du Bénin présente des plaques, des animaux, des statues et des têtes (16ᵉ-19ᵉ s.) ornées de coiffures et de colliers. Dans une vitrine, remarquer un **masque en ivoire** royal, lui aussi du Bénin, dont la coiffure se compose notamment de représentations de têtes de marchands portugais qui débarquèrent au Nigeria au 15ᵉ s. Admirer également une coiffe à double face provenant de la tribu Ekoi (Nigeria) et un masque en bois sculpté par les Ibibio.

Océanie – Les arts traditionnels océaniens, d'une grande variété, comprennent des objets sculptés, gravés ou peints, à but rituel ou pour l'usage quotidien, parmi lesquels un tambour superbement sculpté des îles Australes et un **bouclier** de cérémonie incrusté de nacre des îles Salomon. Des peintures sur écorce, qui décoraient le toit d'une maison de cérémonie, sont exposées dans la première salle (essentiellement consacrée à la Nouvelle-Guinée), au-dessus de boucliers aux décorations élaborées, de masques, de poutres et de tambours de toute beauté.

En entrant dans la grande galerie aux parois vitrées, on aperçoit un remarquable ensemble composé de neuf **mâts totémiques** ou *mbis* ; ces sculptures délicates, d'origine asmat, s'élèvent jusqu'à 6 m de haut. Toujours dans la même galerie, admirer des sculptures minutieusement ouvragées de Nouvelle-Irlande, des figurines en fougère arborescente, un haut tambour à fentes des Nouvelles-Hébrides et un totem en forme de crocodile long de 7,5 m provenant de Papouasie.

Amériques – Le trésor Jan Mitchell, dans la première salle, rassemble les collections de bijoux, vases et masques en or d'Amérique centrale et du Sud. On y verra par exemple un pendentif (13ᵉ-16ᵉ s.,Colombie) représentant un petit personnage surmonté d'une coiffe raffinée, et des boucles d'oreilles mochica, véritable mosaïque de pierres colorées et de nacre (3ᵉ-6ᵉ s., Pérou). Le remarquable **masque funéraire** (11ᵉ-9ᵉ s. avant J.-C., Pérou) peint de couleurs vives, le somptueux ensemble de plumes jaunes et bleues richement décorées (fin 7ᵉ -8ᵉ s.) sur le mur à droite, et l'ensemble de vases en argent et d'anciennes poteries sont d'origine péruvienne.

Masque funéraire du Pérou

La salle suivante présente les arts d'Amérique centrale. Parmi les œuvres exposées figure une **statue maya assise** (6ᵉ s.), rarissime objet en bois de cette civilisation qui soit parvenu jusqu'à nous. Dans les vitrines le long du mur s'alignent des « personnages souriants » (7ᵉ-8ᵉ s.) provenant de Veracruz. Les objets en pierre ornés de motifs (jougs, haches et autres) sont associés à un ancien jeu de balle rituel. Une superbe colonne de pierre du Mexique illustre l'habileté des sculpteurs mayas, tandis qu'un masque de jade finement ouvragé témoigne des talents artistiques des Olmèques du Mexique (13ᵉ-5ᵉ s. avant J.-C.).

★ ARMES ET ARMURES *1ᵉʳ niveau*

Les dix salles de ce département présentent une importante collection de plus de 14 000 armes et armures de tous les pays, davantage destinées à la parade qu'à des fins militaires. Les salles Ouest, organisées autour d'un hall central, abritent des armes européennes (certaines, très rares, ayant appartenu à différents souverains), tandis que les salles Est sont consacrées aux armes d'Orient (Chine, Japon, Inde, Turquie et Iran).

Dans le hall sont exposées d'impressionnantes armures de joute et de tournoi et des caparaçons exécutés par Wolfgang Grosschedel et Kunz Lochner au 16ᵉ s. Les vitrines contiennent des armes finement ciselées au-dessus desquelles sont accrochés drapeaux et bannières aux couleurs vives. Des armes et armures ayant servi durant les croisades, un heaume censé avoir appartenu à Jeanne d'Arc et plusieurs boucliers illustrent la période antérieure au 16ᵉ s. Les pièces les plus remarquables sont le heaume de François Iᵉʳ, œuvre du célèbre armurier milanais Filippo Negroli, le bouclier gravé (1555) fabriqué par Étienne Delaune pour le roi Henri II, et une armure d'Anne de Montmorency, connétable de France. Les armes en acier trempé, fabriquées pour la plupart en Allemagne et en Italie, comprennent des dagues, des épées, des rapières, des hallebardes, des lances et des piques. Voir l'épée à pommeau ciselé du marquis de Spinola (16ᵉ s.). Parmi les armes à feu, noter le pistolet à double barillet (v. 1540), l'un des tout premiers de la sorte, réalisé par l'armurier munichois Peter Peck pour Charles Quint, ainsi qu'une paire de pistolets à silex (1786) ayant appartenu à l'impératrice Catherine II de Russie.

Les armes à feu européennes et américaines sont regroupées dans une petite salle au Nord. Les salles Est permettent quant à elle de suivre l'évolution des moyens individuels de défense et d'attaque des pays d'Extrême-Orient et du Proche-Orient. On y remarquera des casques en forme de turban (fin du 15ᵉ s., Iran), des sabres et leurs fourreaux incrustés d'émeraudes, de diamants et de pierres précieuses diverses, et (joyau de la collection japonaise) un *yoroï* (14ᵉ s.), armure composée d'un revêtement de cuir et d'une jupe de protection à quatre panneaux.

★ ART D'EXTRÊME-ORIENT *2ᵉ niveau (accès également possible par l'ascenseur ou par l'escalier de l'aile égyptienne) et 3ᵉ niveau.*

Occupant la mezzanine au-dessus du grand hall et la partie Nord et Nord-Est du 2ᵉ niveau, des céramiques, des œuvres de ferronnerie, des peintures, des sculptures, des bronzes, des jades et des textiles permettent de suivre l'évolution artistique de la Chine, du Japon, de la Corée, de l'Asie méridionale et du Sud-Est asiatique sur une période allant du 2ᵉ millénaire avant J.-C. jusqu'à nos jours. Le musée possède la plus vaste collection d'art d'Extrême-Orient du monde occidental. Une salle présente, dans le cadre d'expositions temporaires, l'art coréen du néolithique au 19ᵉ s.

Chine – La mezzanine de la grande salle présente 22 siècles de céramique chinoise. Une immense peinture murale (14ᵉ s., *province de Shanxi*) figurant Bouddha et ses disciples, sur le mur Nord de la galerie Arthur M. Sackler, constitue un magnifique décor pour l'importante collection de sculptures bouddhiques chinoises des 5ᵉ et 6ᵉ s. À gauche commencent les salles consacrées à l'art chinois ancien depuis le néolithique (3ᵉ millénaire avant J.-C.) jusqu'à la dynastie Tang (10ᵉ s.). Ces expositions rassemblent des objets de jade, des céramiques, des vases rituels en bronze et des objets funéraires. Des travaux récents ont permis de doubler la surface consacrée à la peinture chinoise, la calligraphie et les arts décoratifs. Des peintures chinoises couvrant quatre dynasties : Song (960-1279), Yuan (1279-1368), Ming (1368-1644) et Qing (1644-1911), ainsi que des œuvres modernes, représentant des paysages, des fleurs ou des thèmes bouddhistes et taoïstes, sont exposées par roulement. Au centre des salles de peinture, le **jardin intérieur chinois**★ *(Astor Court)* est une reconstitution d'une cour et de la salle d'étude d'une maison de Suzhou datant de l'époque Ming. Véritable oasis de calme, ce jardin soigneusement agencé recrée une atmosphère favorable à la méditation, avec sa terrasse *(face à l'entrée)*, son demi-pavillon *(à gauche)*, son allée *(à droite)* et ses fenêtres treillissées *(mur Sud)*. La salle d'étude, construite selon la technique traditionnelle de l'assemblage à tenons et mortaises, renferme un ravissant mobilier.

Au troisième niveau, de nombreuses salles à l'atmosphère feutrée renferment d'élégants objets d'art décoratif chinois : étoffes, ivoires, pièces en bambou et en buis, laques rouges et jades.

Corée – On accède à la galerie consacrée à l'art coréen par le couloir des antiquités chinoises, à côté de l'aile Sackler. On y verra une collection de poteries et de pièces de l'âge du bronze, de peintures et de céramiques bouddhiques. Remarquer la série de coffrets en bois laqué délicatement incrustés.

Sud et Sud-Est asiatiques – Dix-huit remarquables salles ont été ouvertes en 1993 afin d'exposer quelque 1 300 œuvres d'art provenant de régions allant du Népal à la Birmanie. Les premières salles, à droite de la fresque de la salle Sackler, retracent l'histoire de l'art du sous-continent indien ; elles présentent une grande diversité d'œuvres d'art, parmi lesquelles des représentations de Bouddha, Shiva, Vishnou et autres divinités moins connues. Les bronzes de la dynastie Chola (9ᵉ-13ᵉ s.) et la statuaire de l'âge d'or de la dynastie Gupta (4ᵉ-6ᵉ s.) rehaussent les objets indiens. Parmi les ravissants bronzes, on remarquera des déesses Shiva en forme d'éventail et un Ganesh debout. Trois salles communicantes du troisième niveau renferment des peintures de cour indiennes et de l'imagerie religieuse du Tibet et du Népal. Des œuvres khmères monumentales de l'époque de l'empire d'Angkor (8ᵉ-14ᵉ s.), visibles dans les salles consacrées à l'Asie du Sud-Est, constituent l'une des plus importantes collections de ce type en dehors du Cambodge.

Japon – Dans des salles du deuxième niveau, les collections japonaises présentent par roulement des peintures, des sculptures, des laques, des impressions à la planche, des parchemins, des paravents et des kimonos. On trouve également une salle de réception de style shoin reproduite d'après une salle du temple Onoji (17ᵉ s.), près de Kyoto, ainsi qu'une sculpture intitulée **Water Stone**, exécutée par Isamu Noguchi.

★INSTITUT DU COSTUME *Niveau inférieur*

Ce centre d'étude du costume, fondé en 1937, rassemble une vaste collection (environ 40 000 pièces) de vêtements occidentaux et de costumes régionaux traditionnels d'hier et d'aujourd'hui (anciens habits de cour, tenues de soirée et autres) provenant de chaque continent. Les créations de grands couturiers français et américains illustrent la mode contemporaine. Toujours par roulement, des expositions permettent de comprendre les liens entre mode et histoire sociale.

★ART ISLAMIQUE *2ᵉ niveau*

La section Art islamique est fermée pour travaux jusqu'au printemps 2007. Une partie de la collection est visible dans la mezzanine de la grande salle.

Particulièrement réputée pour ses objets en verre et en métal, ses miniatures et ses tapis anciens, la collection d'art islamique du Metropolitan couvre la période du 7ᵉ au 19ᵉ s. et reflète la grande diversité du monde musulman. Fondé par Mahomet en Arabie, l'islam gagne l'Asie aux 8ᵉ et 9ᵉ s., puis les rivages de la Méditerranée jusqu'en Espagne. L'art islamique se retrouve donc dans des régions très variées : Mésopotamie, Perse, Maroc, Égypte, Syrie et Inde.

Dans la première salle, une carte murale et des panneaux explicatifs montrent les différentes zones d'influence de la culture musulmane. L'opulence d'une maison syrienne du 18ᵉ s. apparaît dans le plafond décoré, les murs peints et dorés, le magnifique pavement de marbre et la fontaine d'une salle de réception. La salle 2, consacrée aux fouilles de Nishapur, florissante cité de Perse (9ᵉ-12ᵉ s.), contient de rares peintures murales et des objets en métal, en pierre, en verre et en céramique dont certains sont gravés d'inscriptions et d'arabesques.

Au fil des siècles, les œuvres présentées sont de plus en plus raffinées. On trouve, dans la salle 4b, des carreaux de faïence, des boiseries à entrelacs et des objets de métal de la période des mamelouks. Le **plafond en bois** (début du 16ᵉ s.) vient de l'Espagne mauresque. La porte égyptienne à deux battants (14ᵉ s.) illustre, par l'extrême raffinement des dessins géométriques gravés dans le bois et l'ivoire, la maîtrise des artisans arabes. Plus loin, on admire des sculptures en ivoire, des céramiques et verres peints, des lampes religieuses décorées, des poteries d'Iran, des vases de jade et des bijoux indiens (17ᵉ s.). En salle 4c, un **mihrab** (niche indiquant la direction de La Mecque dans les mosquées) d'Ispahan datant de 1354 présente un assemblage de mosaïques où les caractères coufiques se mêlent aux motifs floraux et géométriques.

La peinture, qui trouve ici toute son expression dans l'illustration de manuscrits, est représentée par une merveilleuse collection de **miniatures** persanes, indiennes et turques. Le joyau en est une série de délicieuses peintures fines provenant du **Shah Nameh** ou **Livre des rois**, décrivant l'épopée du peuple iranien en lutte contre le conquérant arabe *(salle 6)*.

De somptueux tapis *(salles 7 et 8)* témoignent de l'importance et du niveau de perfection des ateliers de tissage d'Égypte, de Perse, d'Inde et de Turquie. Remarquer, en salle 8, un heaume ottoman doré et un tapis de prière, très rare, utilisé à la cour de l'empereur ottoman (fin du 16ᵉ s.).

★INSTRUMENTS DE MUSIQUE *2ᵉ niveau*

Avec les audioguides (location à l'Acoustic Guides Desk, 1ᵉʳ niveau), on peut entendre les instruments jouant de la musique d'époque.

Ce département présente une collection originale de plus de 4 000 instruments de musique de toutes époques provenant du monde entier. Les salles Ouest, consacrées aux instruments européens, contiennent le plus ancien piano connu (1720), trois Stradivarius (violons réalisés par le célèbre luthier de Crémone), deux guitares classiques ayant appartenu à Andrés Segovia, faites en palissandre, épicéa et acajou, et une étonnante suite de clavecins et de pianos décorés de marqueteries, de sculptures et de peintures, dont l'épinette réalisée en 1540, à Venise, pour la duchesse d'Urbino. On verra aussi des splendides virginals (ancêtres du piano) ornés de peintures (16ᵉ s., Flandre), des luths, des cithares et des guitares du 17ᵉ s., et des instruments à vent en coquillage, en os, en peau de chèvre et en porcelaine de Meissen. Dans les salles Est sont exposés des instruments asiatiques, américains et africains parfois très rares, parmi lesquels un *sesando* (sorte de cithare en feuilles de palmier) indonésien, un *mayuri* (sitar) indien et une crécelle des îles de la Reine-Charlotte (au large de la Colombie-Britannique). Le plus souvent choisis en fonction de leur rôle dans la société et de leurs qualités musicales, la plupart de ces instruments, en état de marche, sont parfois utilisés pour des concerts.

★VINGTIÈME SIÈCLE *Aile Lila Acheson Wallace*

Les salles consacrées à l'art du 20ᵉ s. proposent une sélection de 8 000 peintures, sculptures, œuvres sur papier et objets décoratifs répartis sur trois étages et dans une cour au plafond vitré *(niveau mezzanine)*. Un **jardin★** sur les toits *(ouv. mai-nov.)* présente un panorama de la sculpture contemporaine tout en offrant de splendides **vues** sur Manhattan. On y verra par exemple les **Bourgeois de Calais** de Rodin. Parmi les modernes s'imposent des artistes européens comme Bonnard, Matisse et Picasso **(Gertrude Stein)**, ou encore le peintre allemand Paul Klee dont le musée possède 90 tableaux depuis l'acquisition, en 1984, de la collection Berggruen. Le département d'art contemporain du Metropolitan met cependant l'emphase sur l'école américaine, en particulier sur le groupe des Huit, les expressionnistes abstraits et les minimalistes. Grâce à la générosité de Florene May Schoenborn, Klaus G. et Amelia Perls, le Metropolitan s'est récemment enrichi d'œuvres cubistes de Picasso, Braque, Brancusi et Gris. En 1998, un legs de 85 chefs-d'œuvre par l'administratrice Natasha Gelman vint enrichir le fonds moderne du Met d'œuvres de Matisse, Picasso, Braque et Modigliani, entre autres. Les salles Gelman (2001) ont été conçues afin d'en exposer une partie. Aménagées selon un ordre chronologique, elles comprennent des œuvres fauves et cubistes, en particulier les pendants de Braque **(Nature morte avec une paire de banderilles)** et Picasso **(Nature morte avec une bouteille de rhum)**, toiles peintes en une semaine par les deux artistes au cours d'un séjour commun dans les Pyrénées en 1911. Toiles surréalistes et œuvres postérieures à 1940 sont également présentes.

Du début du 20ᵉ s., on retiendra **Portrait of a German Officer** de Marsden Hartley, **Cow's Skull : Red, White and Blue** de Georgia O'Keeffe ainsi que **Wall Street, Appropriately Gilt** de Florine Stettheimer. Au lendemain de la Seconde Guerre mondiale, New York devint centre mondial de l'art et assista au développement de l'expressionnisme abstrait, avec pour représentants Jackson Pollock *(Autumn Rhythm)*, Willem de Kooning *(Easter Monday)* et Mark Rothko *(Untitled Number 13)*. Parmi les œuvres les plus récentes, on trouve *Stepping Out* de Roy Lichtenstein et *House of Fire* de James Rosenquist. David Hockney, Clyfford Still, Frank Stella, Ellsworth Kelly et d'autres artistes américains ou européens donnent un aperçu de l'art des années 1970, 1980 et 1990. Le département expose aussi des sculptures d'Archipenko et de Giacometti, Kiki Smith et Isamu Noguchi.

DESSINS, GRAVURES ET PHOTOGRAPHIES *2e niveau*

Entrée en haut et à gauche de l'escalier principal du musée. Pour connaître le programme, s'adresser à l'accueil.

Exposée par roulement, la collection de dessins de ce département comprend plus de 4000 œuvres d'artistes italiens et français (15e-19e s.) comme Michel-Ange, Pietro da Cortona, Romanino di Brescia, Poussin, David et Delacroix. Les écoles hollandaise et espagnole sont également représentées par des dessins de Rubens, Rembrandt et Goya.

La riche collection de gravures du Metropolitan illustre toutes sortes de techniques (gravure sur bois, lithographie, etc.) et porte une attention particulière aux images allemandes (15e s.), italiennes (18e s.) et françaises (19e s.). Parmi les œuvres les plus anciennes et les plus précieuses, citons la *Bataille d'hommes nus* d'Antonio Pollaiuolo, la *Bacchanale* d'Andrea Mantegna, les *Cavaliers de l'Apocalypse* d'Albrecht Dürer et *Faust dans son étude* de Rembrandt. Pour le 18e s., remarquer des œuvres de Hogarth (école anglaise), Piranèse (école italienne), Fragonard (école française) et Goya (école espagnole), et pour le 19e s., des œuvres de Daumier *(Rue Transnonain)* et de Toulouse-Lautrec *(Aristide Bruant)*.

L'essentiel de la collection de photographies se compose des clichés d'Alfred Stieglitz, acquis par le musée entre 1928 et 1949, ainsi que des archives Walter Evans acquises en 1994. Diane Arbus, Cindy Sherman et Shirley Levine font partie des photographes d'après-guerre exposés au Met. Le musée, confronté à une collection grandissante, envisage de créer un centre de l'image et de la photographie.

MOUNT VERNON HOTEL Museum & Garden

421, 61e Rue E. **MTA** station 59th St. (lignes 4, 5, 6 ou R, N)
Voir plan p. 10

Visite guidée (1 h) uniquement, toute l'année mar.-dim. 11 h-16 h (juin-juil. : mar. jusqu'à 21 h). Fermé août, 1er janv., Thanksgiving & 25 déc. 4 $. ☎ 212-838-6878.

Construite en 1799, cette résidence en pierre de style fédéral (l'une des seules de cette époque à avoir subsisté à New York) se trouve aujourd'hui dans un quartier commerçant de Manhattan. Elle fut bâtie sur un vaste domaine de 10 ha qui appartenait au colonel William Smith et à son épouse Abigail Adams Smith, fille du président John Adams. Le couple endetté avait dû céder la propriété à un négociant nommé William T. Robinson. Ce dernier fit construire un manoir et des dépendances, dont ce bâtiment qui servait à l'origine de remise et d'écurie. Après que le manoir eut brûlé en 1826, la remise, épargnée par les flammes, fut transformée, la même année, en une auberge connue sous le nom de Mount Vernon Hotel. L'édifice fut racheté et restauré en 1924 par les Colonial Dames of America qui lui rendirent son apparence du 19e s. Neuf pièces décorées de meubles et d'objets des 18e et 19e s. ainsi qu'un très beau jardin sont ouverts au public.

Museum of AMERICAN FINANCIAL HISTORY

Musée de l'HISTOIRE FINANCIÈRE AMÉRICAINE
28 Broadway **MTA** Station Bowling Green (lignes 4, 5)
Voir plan p. 141

Ouv. toute l'année mar.-sam. 10 h-16 h. Fermé les principaux j. fériés. 2 $. www.financialhistory.org ☎ 212-908-4110.

Au cœur du principal centre financier des États-Unis, cette petite annexe de l'institut Smithsonian occupe depuis 1988 des locaux de l'ancien Standard Oil Building de John D. Rockefeller (1928, Carrère & Hastings). Le musée a pour vocation de conserver et exposer des objets relatifs à la finance afin de transmettre ce savoir au public. Des expositions temporaires présentent le développement financier du pays par le biais de documents, d'objets et de photographies tirés de son propre fonds et des archives du Smithsonian. Remarquer le billet de 100 000 $ qui figure dans l'exposition *High Notes* consacrée aux plus grosses coupures imprimées dans le monde. Ne pas manquer la boutique située au niveau supérieur où l'on peut acheter des titres datant du 19e s. ou un rapport annuel ancien.

Museum of ARTS AND DESIGN★

MUSÉE DES ARTS ET DU DESIGN
40, 53ᵉ Rue O. **MTA** station Fifth Av. (lignes E, V)
Voir plan p. 105

Ouv. tlj 10 h-18 h (jeu. 20 h). Fermé principaux j. fériés. 8 $ (contribution au choix jeu. après 18 h). ♿ *www.americancraftmuseum.org* ☎ *212-956-3535.*

Le musée se situe dans une tour de granit rose tacheté (1986, Roche, Dinkeloo & Associates), flanquée de colonnes stylisées et de larges fenêtres en verre fumé. Il sera réaménagé fin 2005 dans un bâtiment nettement plus vaste de Two Columbus Circle *(angle Sud-Ouest de Central Park).* Créé en 1956 par l'American Craft Council, ce remarquable musée illustre par ses expositions permanentes et temporaires la variété et l'esprit de l'artisanat contemporain du monde entier, et associe les tendances d'avant-garde aux techniques plus traditionnelles.
Le lieu est mis en valeur, du point de vue architectural, par un atrium à quatre étages et un élégant escalier en spirale dont la forme rappelle la célèbre rampe hélicoïdale du musée Guggenheim. L'escalier conduit à plusieurs galeries présentant les dernières acquisitions ainsi que des expositions dont les thèmes couvrent une multitude de techniques (tissus, céramiques, techniques mixtes, objets en bois, en métal, en verre ou en matières synthétiques).

Moon Viewing Chair (1999) par Clifton Monteith.

Museum of CHINESE IN THE AMERICAS

Musée des CHINOIS DANS LES AMÉRIQUES
70 Mulberry St. (2ᵉ niveau) **MTA** stations Canal St. (lignes J, M, N, R, Q, W ou 6)
ou Grand St. (lignes B, D)
Voir plan p. 160

Ouv. toute l'année mar.-dim. 12 h-17 h. Fermé les principaux j. fériés & Nouvel An chinois. 3 $. www.moca-nyc.org ☎ *212-619-4785.*

Créé en 1980, ce petit musée retrace l'histoire et la culture des Chinois de New York, et a pour mission de favoriser la connaissance des communautés chinoises d'Amérique. Conçue par l'architecte sino-américain Billie Tsien, la galerie principale expose en permanence une surprenante collection d'objets et de documents sonores. La seconde galerie monte des expositions temporaires mettant l'accent sur des thèmes particuliers tels que les arts et la culture.
Des manifestations ouvertes au public ainsi que des visites pédestres de Chinatown sont par ailleurs organisées.

Museum of JEWISH HERITAGE

Musée du PATRIMOINE JUIF

18 First Place, Battery Park City **MTA** station Bowling Green (lignes 4, 5)
Voir plan p. 141

Ouv. toute l'année dim.-jeu. 10 h-17 h45 (mer. jusqu'à 20 h), ven. 10 h-15 h. Fermé Thanksgiving et fêtes juives (ferm. 15 h les veilles de fête juive). 7 $. &
www.mjhnyc.org ☎ *212-509-6130.*

Établi à la pointe Sud de Battery Park, ce musée, qui regarde la statue de la Liberté et Ellis Island, constitue un complément approprié à ses illustres voisins. Il les a rejoints en 1997 et témoigne de la lutte de l'humanité pour la liberté.

Les six faces planes de l'édifice et les six niveaux de toiture qui le surmontent représentent les pointes de l'étoile de David et symbolisent près de 6 millions de victimes de l'Holocauste. Conçu par Roche, Dinkeloo & Assocs., ce modeste bâtiment de 2 787 m² (haut de 26 m) contribue à réduire l'échelle de la ville sur la rive du fleuve qui longe Battery Park, tout en donnant des références culturelles et historiques à un quartier réputé pour sa puissance financière.

Sur trois étages, des objets, des photographies et des présentations vidéo et audio retracent l'histoire du peuple juif des années 1880 aux années 1930, les horreurs de l'Holocauste et le renouveau juif moderne, symbolisé par l'imposante Torah qui domine la salle du troisième étage, dont le plafond laisse entrevoir le ciel.

La construction d'une imposante aile Est démarrée en octobre 2000 s'est achevée en 2004. Elle comprend une salle de spectacle, une bibliothèque, un espace d'exposition supplémentaire, un café, des bureaux ainsi que des salles d'étude. Un jardin commémoratif a été aménagé le long du port de New York.

Museum of MODERN ART★★★

Musée d'ART MODERNE

45-20, 33ᵉ Rue, à la hauteur de Queens Blvd (Queens) **MTA** station 33rd St.
(ligne 7 omnibus)
Voir plan p. 105

Les innombrables chefs-d'œuvre rassemblés dans ses murs font du musée d'Art moderne de New York l'une des institutions culturelles les plus prestigieuses du monde. Le MoMA, comme on l'appelle familièrement, propose un panorama artistique sans égal. Ses fabuleuses collections couvrent l'ensemble des arts visuels : peinture, dessin, sculpture, mais aussi photographie, arts graphiques et arts industriels, architecture, design et art vidéo. Le musée abrite également la plus grande cinémathèque du pays.

Un peu d'histoire

De riches mécènes – Le musée fut fondé en 1929 sous l'impulsion d'Abby Aldrich Rockefeller, de Lillie P. Bliss et de Mary Quinn Sullivan, dans le cadre d'une campagne destinée à faire connaître l'art moderne aux États-Unis. La première exposition, consacrée aux post-impressionnistes (peu connus à l'époque), eut lieu en automne de la même année dans des locaux provisoires. Célèbre historien d'art, le directeur fondateur **Alfred H. Barr Jr** allait par la suite définir la philosophie du lieu en laissant une place égale aux idées et aux objets. Grand novateur dans le domaine des arts, A.H. Barr introduisit le concept alors révolutionnaire d'un musée dont les collections seraient classées par départements et fit place, dans ses expositions, à des disciplines peu reconnues comme la photographie, le design et l'architecture.

Le bâtiment – *Le bâtiment du 11, 53ᵉ Rue est actuellement fermé pour travaux. Les collections du musée sont provisoirement visibles dans une ancienne usine d'agrafeuses de Long Island (Queens) où elles ont été transférées pour la durée des travaux.* Dessiné par Philip Goodwin et Edward Durell Stone en 1939, cet édifice de marbre et de verre est actuellement en cours de rénovation et d'agrandissement. Il s'agit d'un des premiers exemples du style « international » (terme d'ailleurs introduit en 1932 par Henry Russell Hitchcock et Philip Johnson à l'occasion d'une exposition rétrospective d'architecture moderne organisée par le musée) aux États-Unis. Le jardin des Sculptures et l'aile Est furent ajoutés en 1964, selon les plans de Philip Johnson. Plus récemment (à partir de 1979), un important programme de rénovation et de construction mené par Cesar Pelli a permis de doubler l'espace des salles d'exposition et d'ajouter à l'ensemble une structure de verre, Garden Hall, ainsi qu'une tour résidentielle de 44 étages totalement indépendante du musée *(à l'Ouest)*. En 1997, Yoshio Taniguchi fut chargé des nouveaux travaux d'agrandissement et de rénovation du musée. Une annexe à l'aile Nord-Ouest de quelque 2 km² sera consacrée à de nouvelles salles d'exposition. Les bâtiments de l'aile Est seront transformés et réservés à la formation et à la recherche. Le nouveau programme de travaux prévoit une grande allée piétonnière reliant la 53ᵉ Rue à la 54ᵉ Rue, des espaces plus flexibles consacrés à l'art contemporain, ainsi que des salles à l'architecture originale, destinées aux pièces maîtresses des collections du musée.

Le MoMA du Queens : le bâtiment – C'est en juin 2002 que l'ancienne fabrique d'agrafeuses Swingline a ouvert au public les portes de son édifice rectangulaire de Queens Boulevard, rebaptisé pour l'occasion « MoMA QNS ». Le musée a conservé la façade de stuc bleu qui a rendu le bâtiment célèbre dans le quartier. Les visiteurs arrivant par le train de la ligne 7 aperçoivent un singulier trompe-l'œil sur le toit, composé d'un groupe abstrait de boîtes assemblées de façon à brièvement composer le mot « MoMA » avant de reformer un ensemble abstrait. Les collections sont organisées en expositions temporaires ; les pièces maîtresses sont par ailleurs disposées par période et par style (Van Gogh, Matisse, Seurat, Picasso, Pollock, Rauschenberg et Warhol sont présents). Le bâtiment accueille également les bureaux, les ateliers de restauration et un entrepôt. Ces espaces de travail seront agrandis lorsque les œuvres exposées retourneront à Manhattan en 2005.

Les collections – En 1931, Lillie P. Bliss faisait don au musée de 235 œuvres d'art, dont plusieurs Cézanne, Gauguin, Seurat et Redon. Outre ses 14 000 films, le fonds se compose aujourd'hui de plus de 100 000 acquisitions, réparties de la façon suivante : peinture et sculpture (art occidental de 1880 à nos jours), dessins (dadaïsme, mouvement surréaliste, cubisme, école de Paris, avant-garde russe, courant américain), gravures et illustrations (arts bibliographiques et techniques de la gravure, y compris des lithographies de Picasso), photographie (depuis son invention ; œuvres de Stieglitz, Cartier-Bresson, Weston, Kertész, Lange et Friedlander), architecture et design (maquettes de Frank Lloyd Wright et Mies van der Rohe, mobilier Bauhaus, verrerie Tiffany, affiches constructivistes russes), cinéma et vidéo (films muets, expérimentaux, animés, documentaires, longs métrages et épreuves de tournage provenant des quatre coins du monde).

VISITER LE MUSÉE

Ouv. toute l'année jeu.-lun. 10 h-17 h (ven. jusqu'à 19 h45). Fermé Thanksgiving & 25 déc. 12 $. Visite guidée (1 h). ✗ ♿ www.moma.org ☎ 212-708-9400.

Attention : pendant les travaux d'agrandissement et de rénovation, de nombreuses salles d'exposition ainsi que la section « Collection Highlights » *(voir ci-dessous)* seront transférées au musée provisoire du Queens, la boutique de souvenirs Design Store de Manhattan (44, 53ᵉ Rue O.) continuera son activité, mais la librairie sera fermée. La programmation cinématographique du MoMA sera projetée au Gramercy Theatre (127, 23ᵉ Rue E., entre Lexington Av. & Park Av.).
Les week-ends, une navette gratuite de la compagnie Queens Artlink relie la 53ᵉ Rue O. et le MoMA QNS *(départ du bus toutes les heures 10 h-16 h, retour toutes les heures 10 h30-17 h30)*. Une seconde navette part du MoMA QNS et passe par P.S.1, SculptureCenter, Socrates Sculpture Park, l'American Museum of the Moving Image, le musée Noguchi et le Museum for African Art avant de revenir au MoMA QNS *(départ toutes les heures 10 h45-16 h45)*. Nous donnerons, dans les lignes suivantes, une analyse succincte présentant les artistes et les diverses tendances de l'art moderne, ainsi qu'une idée générale de l'étendue de la collection présente ; il faut néanmoins conserver à l'esprit que seule une infime partie de ces œuvres sera visible jusqu'à l'inauguration des nouvelles installations de Midtown *(2005)*. Pour plus d'informations concernant le programme des expositions en cours, contacter le musée ou consulter son site Internet.

VISITE

Post-impressionnisme – Ce terme englobe plusieurs mouvements qui apparurent en Europe entre 1880 et 1905 en réaction aux impressionnistes. Ces derniers cherchaient à traduire les vibrations lumineuses et les impressions colorées par des touches irrégulières, accordant une place prépondérante à l'éclairage, son analyse et ses effets (les *Nymphéas* de Claude Monet). Par contraste, les post-impressionnistes tels le visionnaire Vincent Van Gogh *(La Nuit étoilée)*, le lucide observateur des mœurs qu'était Henri de Toulouse-Lautrec, ou encore Paul Cézanne, sur la voie du cubisme, mettront l'accent sur les formes au moyen de lignes expressives et de traits simplifiés. Un grand nombre d'entre eux embrassant également le symbolisme et les thèmes religieux. Le mouvement post-impressionniste englobe aussi le cercle des Nabis (« prophètes » en hébreu), groupe de peintres français (dont Pierre Bonnard, Paul Gauguin et Édouard Vuillard) privilégiant les aplats de couleurs pures, et les adeptes du néo-impressionnisme (pointillisme et divisionnisme) comme Georges Seurat *(Un soir à Honfleur)*.

Fauvisme et cubisme « cézannien » – En 1905, le critique Louis Vauxcelles avait comparé le Salon d'automne de Paris, où exposaient entre autres Henri Matisse *(Le Grand Intérieur rouge)*, André Derain *(Les Baigneuses)* et Maurice de Vlaminck *(Automne)*, à une véritable « cage aux fauves », tant les œuvres exposées exaltaient les couleurs pures et les coups de pinceau impulsifs. Ce mouvement ne dura guère plus de deux ans, mais les compositions franches et spontanées qui en découlèrent eurent un impact retentissant sur le développement de l'expressionnisme européen.

C'est à la même époque que Picasso, inspiré par l'art africain et les œuvres tardives de Cézanne, devait créer le premier choc esthétique d'un cubisme naissant dans son œuvre intitulée *Les Demoiselles d'Avignon* (1907).

Cubisme – Initiateurs du mouvement cubiste, Pablo Picasso et Georges Braque se démarquent radicalement de l'art occidental traditionnel en dissociant les éléments réels des objets qu'ils ont sous les yeux, et en traduisant leur vision picturale par un ensemble de lignes ou de formes souvent géométriques. Chez Braque, le jeu des formes devient plus important que les formes mêmes ; noter son *Homme à la guitare* (1911), remarquable par l'économie des moyens employés. Le cubisme influencera de nombreux autres artistes du début du 20ᵉ s., comme l'Espagnol Juan Gris *(Guitar and Flowers)*, considéré par beaucoup comme le précurseur de l'art abstrait.

Expressionnisme – Fondé sur une approche artistique émotionnelle selon laquelle la valeur de toute création se mesure à l'intensité de l'expression, ce mouvement se développe en Allemagne entre 1905 et 1925. S'inspirant des travaux des symbolistes Edvard Munch et Gustav Klimt *(Hope II)*, de la gravure sur bois médiévale et de l'art tribal africain, les expressionnistes privilégient la distorsion des formes, les stylisations extrêmes et les combinaisons de couleurs vives afin de rejeter un naturalisme qu'ils jugent superficiel. Au cœur du mouvement, signalons Die Brücke (Le Pont), école fondée à Dresde en 1905 et dirigée par Ernst Kirchner *(Street, Dresden* et *Street, Berlin)*, et Der Blaue Reiter (Le Cavalier bleu), groupe d'expressionnistes munichois créé en 1911, avec en particulier Paul Klee et Wassily Kandinsky, dont l'œuvre intitulée *Picture with an Archer* exprime un désir d'abandon de toute forme identifiable. L'expressionnisme compte, parmi ses représentants les plus caractéristiques, l'Autrichien Oskar Kokoschka, connu pour ses portraits et ses autoportraits d'un grand lyrisme.

Futurisme et débuts de l'art abstrait – Le mouvement futuriste se manifeste pour la première fois en 1909, lorsque le poète F.T. Marinetti déclare : « La splendeur du monde s'est enrichie d'une nouvelle forme de beauté, la beauté de la vitesse ». Les adeptes du futurisme veulent que tous les aspects de l'art et de la culture (cinéma, architecture, musique, littérature, peinture) se débarrassent du carcan de la tradition et cherchent à exprimer la beauté dynamique de la civilisation moderne. Sous l'influence du cubisme, le mouvement se tourne vers l'abstraction : sa turbulente énergie est particulièrement évidente dans les peintures *(Dynamisme d'un joueur de football)* et les sculptures *(Development of a Bottle in Space* et *Forme unique de continuité dans l'espace)* d'Umberto Boccioni.

La décomposition des couleurs et des formes influencera aussi les œuvres éthérées de Marc Chagall et les tableaux de Robert Delaunay, Fernand Léger et Casimir Malevitch *(Woman with Water Pails : Dynamic Arrangement)*, l'un des grands maîtres de l'art abstrait naissant. À son état pur, l'art abstrait (non figuratif) cherche à émouvoir par le simple effet des formes et des couleurs. Le mouvement naît en Russie avant la Première Guerre mondiale. Vers 1914, Kandinsky pose les bases de l'abstraction géométrique avec ses œuvres sans référence à des objets ou à des situations reconnaissables *(Four Seasons Series)*.

Giorgio De Chirico – Ce peintre italien, qui allait plus tard rejeter le modernisme, créa des scènes à la fois troublantes et invraisemblables. Précurseur des surréalistes, il vécut à Paris de 1911 à 1915, produisant une série de toiles énigmatiques dans lesquelles il juxtaposait des personnages ou des statues à des symboles du progrès moderne, avec en arrière-plan des villages italiens abandonnés, d'aspect mélancolique. En 1915, De Chirico retourna en Italie, où il fonda le mouvement dit « peinture métaphysique » avec le futuriste Carlo Carrá. Ses toiles prirent un caractère surréaliste de plus en plus marqué, avec l'introduction progressive d'objets bizarres, souvent même méconnaissables, présentés dans une perspective inhabituelle et rehaussés par de vifs contrastes d'ombre et de lumière.

Collage et dadaïsme – Picasso – Duchamp – L'étude du rapport entre des objets réels et la perception de leur réalité se reflète dans les papiers collés de Picasso, Braque et Juan Gris : les formes découpées représentent des objets banals, que les artistes décomposent et réduisent à leur plus simple expression à l'aide de matériaux familiers tels que papier et carton ondulé.

Le collage (et l'idée de juxtaposer des objets insolites et des matériaux inattendus) devint un élément important du dadaïsme. Ce mouvement, qui dura de 1915 à environ 1923, s'opposait aux valeurs bourgeoises et à la brutalité insensée de la guerre. Ses membres créèrent des œuvres qui se présentaient comme des parodies de la réalité, et dont le but essentiel était de choquer. Le terme *dada* fut choisi au hasard dans le dictionnaire. Un collage typique pouvait être constitué de bouts de papier déchirés au hasard, tandis qu'une pelle à neige ou une cuvette de W.-C. se transformait soudainement en sculpture. Parmi les représentants de ce mouvement nihiliste, on retiendra les noms de Jean Arp, Marcel Duchamp *(Le Passage de la vierge à la mariée* et *Roue de bicyclette)*, Francis Picabia, ou encore l'Allemand Kurt Schwitters et l'expatrié américain Man Ray.

Mondrian – Peintre abstrait d'origine hollandaise, Piet Mondrian peignit d'abord des paysages de style académique. Sous l'influence du cubisme, il se détourna de l'art figuratif et fonda, en 1917, la revue *De Stijl* (le style) avec un groupe d'artistes, de poètes et d'architectes. Inspiré du néoplasticisme prôné par Mondrian, le mouvement De Stijl préconisait la recherche de la vérité dans l'abstraction géométrique. Mondrian envisageait un nouvel art abstrait fondé sur la pureté de l'expression plastique, représentant la vie contemporaine à travers l'harmonie des lignes et des angles droits, des carrés, des rectangles et des couleurs primaires contrastant avec la non-couleur (blanc, gris, noir). Mondrian créa beaucoup de ses premières œuvres avec de simples traits de fusain (**Pier and Ocean**, 1914). Dans les années 1940, il produisit des tableaux aux couleurs primaires d'une grande vitalité qui reflètent son enthousiasme pour le modern jazz et les rythmes saccadés de la vie urbaine (**Broadway Boogie-Woogie**).

Constructivisme russe et suprématisme – Le mouvement constructiviste (1917-1920) fut fondé par les sculpteurs russes Naum Gabo, Antoine Pevsner et Vladimir Tatlin, dont les œuvres en bois, en verre, en métal et en plastique symbolisaient le progrès d'une ère industrielle encore jeune. Important représentant de ce courant artistique, le photographe et décorateur Alexandre Rodtchenko devint célèbre pour ses compositions linéaires minimalistes et ses constructions suspendues (**Oval Hanging Construction Number 12**). Partageant les mêmes préoccupations esthétiques, Eliezer Lissitzky contribua largement à répandre les théories constructivistes en Europe par l'intermédiaire de ses tableaux et de ses photomontages. Il inspira notamment la sculpture abstraite du Hongrois László Moholy-Nagy (**Nickel Construction**), qui enseigna au Bauhaus de 1923 à 1929.

Au moment où se développait le constructivisme, Casimir Malevitch dévoila son fameux **Carré blanc sur fond blanc** (1918), élément d'une série d'œuvres voulant incarner l'esprit de la nouvelle société socialiste, desquelles émanait « la suprématie de la perception ou de l'émotion pure » et qui réduisaient les références picturales aux formes géométriques les plus élémentaires. Ainsi naquit le suprématisme, mouvement fondé sur la recherche de la vérité et de la spiritualité à travers des images non figuratives.

Matisse – Riches de couleurs pures employées par tons juxtaposés, les œuvres fauves de Matisse traduisent sa recherche d'ordre et de composition dans les années qui suivirent le Salon d'automne de 1905. Parmi les premiers bienfaiteurs de l'artiste figuraient deux riches marchands russes, Ivan Morosov et Sergei Shchukin, qui amassèrent d'importantes collections d'art moderne avant la Première Guerre mondiale. On remarquera la très belle étude intitulée **La Danse** (1909), réalisée pour Shchukin, et dans laquelle les formes sont déjà cernées d'un trait souple et fluide fort expressif. Le collage **Memory of Oceania** (1952) correspond à une période plus tardive dans laquelle se reflète une vision très personnelle du champ pictural, vision qui devait peu à peu évoluer vers une recherche de dépouillement et de concision.

Brancusi et Picasso – L'un des modernistes les plus inventifs et les plus influents fut sans aucun doute le sculpteur roumain Constantin Brancusi. Formé à Bucarest, il passa ses années les plus productives à Paris. Après avoir travaillé brièvement avec Rodin, Brancusi se détourna du réalisme académique, réduisant ses sujets (le plus souvent des animaux et des oiseaux) à des formes pures et mystérieuses semblant émerger sans effort du bois (**The Cock**), de la pierre (**Fish**) ou du métal (**Oiseau dans l'espace**). Sa recherche de formes élémentaires le porta parfois à créer plusieurs versions d'une même sculpture, dans des matériaux différents.

Dans la même salle, le tableau intitulé **Trois musiciens**, réalisé par Picasso en 1921, illustre la phase cubiste parvenue à maturité, tandis que **Trois femmes à la fontaine** représente une nouvelle exploration de la forme féminine, qui prend soudainement un aspect robuste, voire grotesque, et s'éloigne délibérément des plans abstraits du cubisme.

Klee et Schwitters – Les toiles de l'artiste suisse Paul Klee pour lequel, selon sa célèbre formule, « l'art ne reproduit pas le visible, il rend visible », révèlent sa fascination pour les espaces abstraits et les séquences chromatiques. Klee participa à une exposition du Blaue Reiter en 1911 et enseigna au Bauhaus de 1920 à 1930. Associées tour à tour au surréalisme, au symbolisme, à l'expressionnisme et au constructivisme, ses compositions embrassent de nombreux mouvements allant de l'abstrait au figuratif, et sont empreintes d'une forte charge émotionnelle. Contemporain de Klee, le peintre, poète et sculpteur allemand Kurt Schwitters est surtout célèbre pour ses œuvres de la série des **Merz**. Fidèle à l'esprit du dadaïsme, il choisit au hasard une syllabe du mot allemand *kommerzial* pour résumer sa démarche artistique et sa vie. Dans ses collages (**Merz Picture 32A** et **Merz 458**), ce véritable pionnier s'exprime à travers toutes sortes de matériaux détériorés.

Surréalisme – Le poète André Breton fonda ce mouvement d'avant-garde à Paris. Le surréalisme, qui s'imposa dans les années 1920 et 1930, s'inspirait du nihilisme des dadaïstes et du symbolisme français, tradition poétique fondée sur l'exploration du subconscient. En tant qu'ami et admirateur de Breton, Pablo Picasso fut influencé par le surréalisme, y puisant une nouvelle énergie créatrice illustrée par ses peintures *(Seated Bather* et *Girl Before a Mirror)* et ses sculptures démesurées et difformes *(Tête de femme* et *Tête de guerrier)*. Mais Picasso ne souscrivit jamais entièrement au surréalisme, qui se divisait en deux écoles. La première, représentée par Joan Miró *(Hirondelle/Amour)*, Jean Arp *(Bells, Navels)* et Max Ernst *(A Friend's Reunion)*, projetait une vision symbolique, voire hallucinatoire, du monde. La seconde s'exprimait par des scènes à la fois réalistes et mystérieuses, que l'on retrouve dans les œuvres volontiers macabres de René Magritte *(Le Faux Miroir)* et Salvador Dalí *(La Persistance de la mémoire)*. Parmi les sculptures surréalistes les plus violentes, remarquer la représentation d'une femme égorgée (1932) d'Alberto Giacometti et *Object* (1936) de Meret Oppenheim figurant une tasse, une soucoupe et une petite cuillère recouvertes de fourrure.

Beckmann et Orozco – Après la Première Guerre mondiale, la souffrance humaine et la contestation sociale devinrent des thèmes fréquents dans l'art moderne. Apparu en Allemagne en 1923, le terme *Neue Sachlichkeit* (nouvelle objectivité) englobe les compositions d'artistes tels que Georg Grosz et Max Beckmann, dont les distorsions et la causticité dénoncent le vide spirituel de la société allemande et les effets de la guerre. Diego Rivera *(Flower Festival : Feast of Santa Anita)*, David Alfaro Siqueiros *(Collective Suicide)* et José Clemente Orozco sont à l'origine de la renaissance du muralisme mexicain (v. 1920-v. 1940). Leurs œuvres glorifient les traditions folkloriques, les gens du peuple et les idéaux de la révolution mexicaine. Bien que n'ayant jamais adhéré au mouvement, Frida Kahlo *(Self-Portrait with Cropped Hair)* adopta un style populaire aux traits vigoureux empruntant des éléments au surréalisme.

Peinture et sculpture des années 1940 – Aux lendemains de la Seconde Guerre mondiale, la recherche d'une expression plastique contemporaine se détourna du réalisme pour explorer des techniques de peinture et de sculpture intuitives qui traduisaient le vide spirituel et l'isolement. Parmi les grands artistes qui travaillèrent à Paris à cette époque, citons le sculpteur suisse Alberto Giacometti, dont les sujets humains et animaux aux contours indistincts *(Man Pointing* et *Dog)* évoquent un intense sentiment d'aliénation et de dissipation, et le peintre français Jean Dubuffet. Réfractaire à la culture traditionnelle, ce dernier peignit des personnages flous *(Joe Bosquet in Bed)* à l'aide d'un mélange délibérément rudimentaire de peinture, de boue, de plâtre et de gravier. André Masson *(Meditations on an Oak Leaf)* et le peintre anglais Francis Bacon, dont les toiles inquiétantes s'inspiraient souvent de photos d'événements horribles, s'intéressèrent aussi aux textures irrégulières créées à l'aide de pigments, de sable et de colle. Les personnages inconsistants et les teintes fluides d'Arshile Gorky *(Summation)* firent de ce peintre américain, fortement influencé par Picasso, Miró et Roberto Matta Echaurren, l'un des grands précurseurs de l'expressionnisme abstrait.

Art américain de 1920 à 1945 – Associé à la Grande Dépression des années 1930, le mouvement régionaliste américain marque un retour aux sources en réaction à l'art sophistiqué des décennies précédentes. Représentatifs de ce courant conservateur, les peintres Thomas Hart Benton et Grant Wood illustrent de façon réaliste des thèmes folkloriques tels que la vie quotidienne dans les petites villes. Installée dans le Sud-Ouest, Georgia O'Keeffe représente la nature en fragments symboliques particulièrement isolés *(Abstraction Blue)*. Edward Hopper *(House by the Railroad)* et Andrew Wyeth *(Christina's World)* font partie des peintres figuratifs les plus éminents et sont connus pour leurs scènes réalistes souvent mélancoliques et leurs paysages rêveurs. Charles Sheeler créa des œuvres moins sentimentales, tout comme le précisionniste Stuart Davis, dont les toiles *(Visa* et *Lucky Strike)* préfigurèrent le pop art.

Débuts de l'expressionnisme abstrait – Essentiellement non figuratif, cet important mouvement cherche à cerner des vérités artistiques et sociales par l'utilisation de textures, de couleurs, de formes et de lignes pures. Apparu dans les années 1940 aux États-Unis, il fut fondé en réaction au surréalisme et à l'expressionnisme, par un groupe de peintres et de sculpteurs new-yorkais. Les techniques de l'expressionnisme abstrait varient beaucoup, mais rejettent unanimement les valeurs picturales traditionnelles au profit d'une émotion et d'une spontanéité sans fard. Dans les « assemblages » énigmatiques de Joseph Cornell *(Roses des Vents* et *Taglioni's Jewel Casket)*, les objets sont présentés comme des formes, des textures et des ombres répétitives. Rappelant le surréalisme, l'œuvre intitulée *Agonie* (1947), d'Arshile Gorky, frémit de passion et de vide. Parmi les autres chefs de file du mouvement expressionniste abstrait, citons Jackson Pollock, Mark Rothko et William de Kooning.

Jackson Pollock – Célèbre virtuose américain de l'*Action Painting* ou peinture gestuelle, dans laquelle l'artiste adopte une façon de peindre où intervient largement l'instinct, Pollock semble s'engager dans un véritable corps à corps avec la toile, les coulées ou les projections de peinture devenant son mode d'expression privilégié. En 1947, Pollock commença à travailler sur d'immenses toiles posées à même le sol, laissant couler ou projetant la peinture sur le canevas tout en contrôlant l'évolution de l'image. Au lieu des huiles traditionnelles, il utilisait des peintures émail *(Echo)* ou métalliques plus appropriées à la technique du *dripping* (peinture s'écoulant d'une boîte percée de trous). Son but était de créer et d'improviser librement, au fur et à mesure que les sinueuses lignes de couleurs et de textures s'accumulaient sur la toile, produisant une composition mouvementée et dynamique qui ne pouvait jamais être reproduite intégralement.

Les années 1950 – L'expressionnisme abstrait demeura très populaire jusque dans les années 1950 où il prit les formes les plus diverses. Le terme *Color Field* (ou abstraction chromatique) sert à décrire les œuvres d'artistes tels Mark Rothko, Clyfford Still ou Barnett Newman, dont les tableaux lyriques explorent les possibilités expressives des grands aplats de couleur. Ad Reinhardt réduisit ses abstractions géométriques à des compositions monochromes (généralement rouges ou bleues) tout comme Robert Motherwell *(Elegy to the Spanish Republic, 108)*, qui composa des œuvres pleines de hardiesse. Les tableaux de Franz Kline étaient plus calligraphiques *(Chief)*. Parmi les sculpteurs figurent Louise Nevelson, dont l'œuvre *Sky Cathedral* (1958) est faite de 38 coffrets de bois remplis de formes peintes en noir, ainsi que David Smith, qui créa des sculptures non figuratives au caractère dynamique, travaillant avec du métal peint.

Johns, Rauschenberg et Twombly – Robert Rauschenberg et Jasper Johns firent preuve, au cours de leur carrière, d'une approche expérimentale à l'égard de la matière tout en rejetant les limites imposées, selon eux, par l'abstraction pure. Au début des années 1960, Rauschenberg créa d'immenses sérigraphies et de curieuses combinaisons de peinture, de papier journal, de tissus et d'objets hétéroclites : morceaux de couvre-lits matelassés *(Bed)*, plaques d'immatriculation *(First Landing Jump)*, etc. Dans ses œuvres aux confins du rêve et de la réalité, Jasper Johns eut également recours à des objets et symboles familiers. Quant aux créations monumentales de Cy Twombly, toutes chargées de connotations expressionnistes abstraites, elles révèlent des gribouillis enfantins, des coulées et des projections de peinture *(The Italians)*.

Art abstrait et pop art – Dans les années 1960 et 1970, des artistes tels que Kenneth Nolan, Frank Stella, Helen Frankenthaler *(Mauve District)*, Ellsworth Kelly et Agnes Martin produisirent des œuvres profondément minimalistes dans lesquelles la réflexion sur l'art primait sur la pratique artistique, d'où l'utilisation de formes et de couleurs d'une simplicité souvent trompeuse. De son côté, le pop art célébrait la culture populaire diffusée par les mass media, préconisant l'introduction dans l'art d'objets de la vie courante (boîtes de conserves, mégots, etc.). Né en Grande-Bretagne et aux États-Unis vers 1955, ce mouvement dura jusqu'au début des années 1960. Parmi ses artistes les plus célèbres, citons Andy Warhol *(Gold Marilyn Monroe* et *Campbell's Soup Cans)*, James Rosenquist *(F-111)*, Claes Oldenburg et Roy Lichtenstein *(Girl with Ball)*.

Museum of TELEVISION AND RADIO ★

25, 52ᵉ Rue O. **MTA** stations 53rd St. (lignes E, F) ou 51st St. (ligne 6)
Voir plan p. 105

Enfants *Ouv. toute l'année mar.-dim. 12 h-18 h (jeu. jusqu'à 20 h). Salles de spectacle ouv. ven. jusqu'à 21 h. Fermé principaux j. fériés. 10 $. Visite guidée (1 h).* ♿ *www.mtr.org* ☎ *212-621-6800.*

Entièrement consacré à l'un des aspects les plus populaires de la culture américaine contemporaine, la télévision et la radio, ce musée fut créé en 1975 par William S. Paley, ancien président de la CBS (Columbia Broadcasting System). Il occupe depuis 1991 un immeuble de 17 étages (John Burgee et Philip Johnson) recouvert d'un parement de calcaire. L'intérieur contient plusieurs auditoriums et de nombreuses salles de projection, ainsi qu'une immense médiathèque *(4ᵉ niveau)* pourvue d'un fichier central informatisé.

Les visiteurs ont accès, sur simple demande, à plus de 110 000 bandes vidéo et enregistrements sonores divers (émissions et publicités) qu'ils peuvent consulter sur place dans des cabines audiovisuelles équipées à cet effet. Le fonds documentaire, très varié (films d'archives, reportages, comédies et autres), illustre les développements de la radiodiffusion et de la télévision au cours des 70 dernières années. Le musée organise également des programmes thématiques tout au long de l'année.

Museum of THE CITY OF NEW YORK★★

Musée de la VILLE DE NEW YORK

5ᵉ Av., à la hauteur de la 103ᵉ Rue **MTA** station 103rd St. (ligne 6)

Voir plan p. 10

Première institution américaine consacrée à l'histoire d'une ville, ce musée (1923) recrée le visage de New York, du modeste comptoir hollandais à la florissante métropole internationale. Situé à l'origine dans Gracie Mansion, il occupe depuis 1929 un bâtiment de style néogeorgien, face à Central Park. Les collections, très riches, présentent des souvenirs, des objets d'art décoratif, des meubles, de l'argenterie, des estampes et des peintures. Un projet d'installation à Tweed Courthouse n'ayant pu se concrétiser, le musée continue de chercher une nouvelle implantation.

VISITE

Enfants *Ouv. toute l'année mer.-dim. 10 h-17 h. Fermé principaux j. fériés. 7 $.* ♿ *www.mcny.org* ☎ *212-534-1672.*

Niveau inférieur – La salle des pompiers bénévoles (Volunteer Fire Gallery) retrace l'histoire des sapeurs-pompiers new-yorkais à l'aide d'estampes, de témoignages, d'objets et d'engins relatifs à la lutte contre le feu, comme une voiture hippomobile à impériale.

Premier niveau – *Entrée principale.* Dominée par un magnifique escalier en colimaçon, une rotonde élevée délimite deux galeries allongées qui abritent des expositions temporaires. À gauche de l'entrée se trouvent le bureau d'accueil et la boutique du musée.

Deuxième niveau – Six reconstitutions d'**intérieurs d'époque**, dont une pièce de séjour à la hollandaise (17ᵉ s.) et un salon de la fin du 19ᵉ s., font revivre le décor intérieur d'autrefois et témoignent de l'évolution de l'habitat new-yorkais. On remarquera tout particulièrement une fenêtre dont les vitraux furent réalisés à Paris pour la demeure de H.G. Marquand. Au même étage est exposée une belle collection de pièces d'**orfèvrerie** ancienne : services à thé, chopes à bière à monogrammes et autres. Répartis sur plusieurs salles, les meubles de salon comptent parmi eux un cabinet-bibliothèque ayant appartenu à la chanteuse Jenny Lind, qui contient sept volumes sur les oiseaux d'Amérique, du célèbre naturaliste Audubon. D'autres salles présentent l'histoire maritime de New York à l'aide de tableaux, de modèles réduits de navires et de figures de proue sculptées.

Troisième niveau – La galerie des jouets (Toy Gallery) propose une remarquable sélection de plus de 10 000 objets classés par thème, notamment de magnifiques **maisons de poupées**★ recréant les intérieurs typiques de plusieurs époques. On admirera le pavillon Ann Anthony (1769), peuplé de personnages de cire, et la maison Stettheimer, qui représente un *brownstone* new-yorkais des années 1920, avec ses reproductions miniatures d'œuvres de Marcel Duchamp et d'autres artistes d'avant-garde.
Dans le vestibule principal, des tableaux permettent de constater l'évolution du paysage urbain de 1800 à 1900.

Cinquième niveau – Deux pièces somptueusement décorées provenant de la résidence de John D. Rockefeller (1860), qui s'élevait à l'emplacement actuel du jardin des Sculptures du musée d'Art moderne, illustrent le style cossu de l'ère victorienne. La chambre à coucher se distingue par ses tissus d'ameublement damassés et ses murs vert foncé ornés de tableaux aux cadres dorés. Le dressing, de style Renaissance américaine, contient des meubles en palissandre réalisés par l'ébéniste George Schasty. Dans l'alcôve Flagler, remarquer deux tableaux de Childe Hassam au-dessus d'un piano Steinway.

NATIONAL ACADEMY OF DESIGN Museum

Musée de l'ACADÉMIE NATIONALE DE DESSIN

1083, 5ᵉ Av. **MTA** station 86th St. (lignes 4, 5, 6)

Voir plan p. 199

Ouv. toute l'année mer. & jeu. 12 h-17 h, ven.-dim. 11 h-18 h. Fermé 1ᵉʳ janv., Thanksgiving & 25 déc. 8 $. ♿ *www.nationalacademy.org* ☎ *212-369-4880.*

C'était à l'origine une Académie nationale de dessin, fondée en 1825 par d'éminents artistes américains tels que Thomas Cole, Samuel F.B. Morse et Rembrandt Peale, afin « d'aider une association d'artistes créée dans le but d'enseigner et d'organiser des expositions ». Cette institution compte parmi les plus anciennes organisations culturelles du pays dirigées par des artistes. Son école des beaux-arts et sa collection permanente furent établies dans la tradition des vénérables académies d'art européennes.
Un petit bâtiment Beaux-Arts de forme arrondie abrite le musée, qui possède aujourd'hui l'une des plus belles collections d'art américain du pays. En effet, tout candidat désirant devenir membre de l'Académie étant tenu d'offrir son portrait et l'une de ses

créations les plus représentatives, la collection s'est enrichie d'œuvres d'artistes célèbres des 19ᵉ et 20ᵉ s., comme Winslow Homer, John Singer Sargent, Augustus Saint-Gaudens, Isabel Bishop, Thomas Eakins, N.C. Wyeth et Andrew Wyeth. De nos jours, des expositions de peinture, de sculpture, de gravures ou d'architecture des 19ᵉ et 20ᵉ s. (Chuck Close, Jasper Johns et Jim Dine) sont régulièrement organisées.

Au premier niveau, une charmante librairie revêtue de jolies boiseries mène à une entrée (dallage de marbre) dominée par un splendide escalier circulaire. Remarquer la statue de Diane, réalisée par Anna Huntington Hyatt, épouse de **Archer M. Huntington** qui, après avoir vécu dans la demeure depuis 1902, en fit don à l'Académie en 1940. Le deuxième niveau est consacré à des expositions itinérantes. Récemment rénové, le quatrième niveau expose par roulement les œuvres issues de la collection permanente d'art américain des 19ᵉ, 20ᵉ et 21ᵉ s.

L'Académie dispense également des cours de dessin, de peinture, de sculpture et d'arts graphiques par le biais de son école des beaux-arts, la plus ancienne de la ville.

NATIONAL MUSEUM
OF THE AMERICAN INDIAN★★

Musée national des INDIENS D'AMÉRIQUE
1 Bowling Green MTA station Bowling Green (lignes 4, 5)
Voir plan p. 141

Placé sous l'égide du centre Heye du prestigieux institut américain Smithsonian, ce remarquable musée occupe, depuis 1994, l'immeuble de style Beaux-Arts (1907, Cass Gilbert) de l'ancienne douane de New York. La très belle sélection d'objets qu'il expose provient d'une collection de plus d'un million d'artefacts amassés durant la première moitié du 20ᵉ s. par le New-Yorkais George Gustav Heye. Elle illustre l'histoire et les cultures des peuples autochtones de l'Amérique du Nord et du Sud et de l'Amérique centrale, de la préhistoire à nos jours.

Visite

Ⓔⓝⓕⓐⓝⓣⓢ *Ouv. tlj 10 h-17 h (jeu. jusqu'à 20 h). Fermé 25 déc. Visite guidée lun.-ven. 14 h.* ♿ *www.americanindian.si.edu* ☏ *212-514-3767.*

Agencées aux abords d'une superbe **rotondea**, les trois galeries du musée, rénovées, proposent des expositions temporaires dont le propos est, outre de présenter la culture des peuples amérindiens, d'en faire perdurer ses aspects toujours vivaces. Les objets exposés, principalement issus de la collection Heye, illustrent ce propos de la façon la plus exhaustive : l'art contemporain y côtoie l'artisanat traditionnel et les études historiques.

Au niveau principal, un centre de documentation renferme une bibliothèque, et propose expositions touche-à-tout et activités d'informatique interactives. Le musée, qui sert aussi de centre éducatif et encourage la participation des visiteurs, soutient par ailleurs des programmes de musique, de danse, de lecture de contes et légendes, d'art et de théâtre. Les visiteurs trouveront, dans ses deux boutiques de cadeaux, des bijoux, des objets d'artisanat et un beau choix de livres.

Pam Dewey/National Museum of the American Indian

Coiffe haïda.

New Museum of CONTEMPORARY ART

Nouveau musée d'ART CONTEMPORAIN

583 Broadway **MTA** stations Spring St. (ligne 6) ou Prince St. (lignes N, R)

Voir plan p. 167

Ouv. toute l'année mar.-dim. 12 h-18 h (jeu. jusqu'à 20 h). Fermé principaux j. fériés. 6 $ (3 $ jeu. après 18 h). & *www.newmuseum.org* ☎ *212-219-1222.*

Ce musée d'Art contemporain, fondé en 1977, s'intéresse aux œuvres novatrices et expérimentales. Il ne propose aucune exposition permanente, préférant organiser de 15 à 20 expositions temporaires chaque année. Une vitrine donnant sur la rue offre à la vue de tous des montages ou « spectacles » thématiques accrocheurs, voire provocants, qui ne manquent pas de retenir l'attention du passant et l'invitent, sinon à participer, du moins à réagir.

La boutique est particulièrement bien achalandée : catalogues d'expositions, publications muséologiques, livres, mais aussi jeux, bijoux, etc.

NEW YORK CITY FIRE Museum

Musée des POMPIERS DE NEW YORK

278 Spring St. **MTA** stations W. Houston St. (lignes 1, 9) ou Spring St. (lignes C, E)

Voir plan p. 167

Enfants *Ouv. toute l'année mar.-sam. 10 h-17 h, dim. 10 h-16 h. Fermé principaux j. fériés. 4 $.* & *www.nycfiremuseum.org* ☎ *212-691-1303.*

Installé dans une caserne de pompiers bâtie en 1904, ce musée rassemble la plus belle collection américaine d'engins et d'objets (du 18e s. à nos jours) relatifs à la lutte contre le feu.

On y trouve un fascinant mélange d'insignes, de seaux, de voitures à bras, hippomobiles ou à moteur, de clairons, de casques et de plaques d'assurance incendie. On notera également une bouche à incendie (la première fut installée à New York en 1818), un mât de descente (sorte de tube vertical inventé à Chicago en 1858, et permettant aux pompiers de se laisser rapidement glisser, dès que l'alarme a été donnée, de la caserne jusqu'au garage où sont entreposés les véhicules de service), et surtout... la dépouille empaillée d'un chien, qui servit de son vivant (1929-1939) en tant que membre honoraire d'une caserne de sapeurs-pompiers de Brooklyn.

Depuis le 11 septembre 2002, une exposition permanente rend hommage aux 343 pompiers qui perdirent la vie dans les décombres des tours du World Trade Center après l'attentat du 11 septembre 2001, ainsi qu'à l'héroïsme des hommes ayant participé à la recherche des victimes.

NEW YORK HISTORICAL SOCIETY★★

SOCIÉTÉ HISTORIQUE DE NEW YORK

2, 77e Rue O. **MTA** stations 81st St. (lignes B, C) ou 79th St. (lignes 1, 9)

Voir plan p. 191

Ouv. toute l'année mar.-dim. 11 h-18 h. 8 $. Visite de la collection de gravures, de photographies et de dessins industriels (3e niveau) sur rendez-vous. www.nyhistory.org ☎ *212-873-3400.*

En dépit de l'apparence quelque peu surchargée de son édifice néoclassique (1908) qui fait face à Central Park, la société historique de New York gère le trésor de ses collections selon une approche profondément moderne. Mieux, le visiteur pourra souvent profiter de ses grandes vitrines bien conçues sans devoir subir l'affluence des institutions plus vastes.

La société, qui est aussi le plus ancien musée de la ville, a été fondée en 1804 dans le but de préserver l'histoire du pays ; elle a, depuis, réuni une collection qui couvre trois siècles de l'héritage national. Après une récente campagne de rénovation et l'inauguration en novembre 2000 du **centre d'étude de la culture américaine Henry Luce★**, le musée expose ses acquisitions dans un cadre plus achevé que par le passé.

Elle est ainsi devenue dépositaire des objets ayant un rapport avec l'attentat du 11 septembre 2001 sur le World Trade Center.

Les quatre salles principales du premier niveau accueillent de grandes expositions temporaires, dont la plupart des éléments proviennent des archives de la société. Certaines toiles de la collection permanente sont visibles dans le grand hall, mais la plupart sont exposées par roulement dans la galerie Luman Reed et la salle Dexter (2e niveau). C'est ainsi que l'on pourra apprécier *The Course of the Empire* (Thomas Cole) et autres œuvres de l'école de l'Hudson, qui côtoient des paysages et des portraits plus petits par Rembrandt Peale, entre autres. Une bibliothèque de recherche réputée renferme la collection de lithographies et de photographies (3e niveau, ouv. sur rendez-vous uniquement).

Le centre Henry Luce (4e niveau) présente un fascinant rassemblement de presque 40 000 objets (soit 90 % de la collection du musée). Les vitrines regorgent de jeux de société, lunettes, lampes Tiffany, matériel de lutte contre l'incendie, horloges, bustes, porcelaine, agencés par type et accompagnés d'une passionnante description détaillée.

Ouv. ven.-lun. 11 h-18 h (ven. jusqu'à 21 h). Fermé les principaux j. fériés. 10 $.♿
www.neuegalerie.org ☎ 212-628-6200.

Le plus récent des musées de la 5ᵉ Avenue a été fondé en 2001 par le géant des cosmétiques Ronald Lauder, qui désirait y abriter sa collection d'art allemand et autrichien du début du 20ᵉ s. ainsi que celle de son ami, le marchand d'art Serge Sabarsky, décédé en 1996.

Il a pour cadre l'ancienne résidence de Mᵐᵉ Cornelius Vanderbilt III, un hôtel particulier Beaux-Arts de style Louis XIII (1914, Carrère & Hastings) qui a conservé le parfum du charme et du faste de la Belle Époque. Le Cafe Sabarsky, dans le hall, retrouve ainsi l'atmosphère d'un café viennois de l'époque. Les salles du deuxième niveau, l'une lambrissée, l'autre entièrement habillée de marbre, s'articulent autour de l'escalier central ; elles sont consacrées à l'art autrichien, les œuvres de Gustav Klimt (*Chapeau à la plume noire*, 1910) et Egon Schiele constituant le cœur de la collection. Remarquer également de belles pièces d'art décoratif et de mobilier dues aux membres de la Wiener Werstatte. Le troisième niveau accueille la collection d'art allemand, qui met l'accent sur les mouvements Blaue Reiter, Neue Sachlickkeit et Bauhaus (Wassily Kandinsky, Paul Klee et George Grosz sont présents). L'étage accueille des expositions temporaires en été et en automne.

PIERPONT MORGAN Library★★

Bibliothèque PIERPONT MORGAN

Haut lieu de la culture, cette bibliothèque recèle en ses murs somptueux des collections de quelque 350 000 livres rares, manuscrits, dessins, estampes et œuvres diverses rassemblées par le banquier **J. Pierpont Morgan** (1837-1913), collectionneur insatiable passionné d'art, de littérature et d'histoire, ce qui explique l'accumulation stupéfiante de tous ces objets.

Les bâtiments – Bel exemple de style néo-Renaissance italienne, le bâtiment principal *(33, 36ᵉ Rue E.)*, que le riche homme d'affaires avait fait élever par la firme McKim, Mead & White en 1902 pour abriter sa collection qu'il souhaitait voir accessible au public après sa mort, fut terminé quatre ans plus tard, non sans quelques heurts entre Morgan et l'architecte Charles McKim. L'annexe *(entrée principale)* fut bâtie en 1928 à l'angle de Madison Avenue par le fils de Morgan. Bâtiment principal et annexe abritent aujourd'hui un véritable musée des Beaux-Arts et une remarquable bibliothèque d'étude disposant de précieux ouvrages sur le développement des civilisations occidentales. L'annexe est reliée par une cour vitrée accueillant un restaurant *(ouv. midi & après-midi)* à une grande maison de grès brun *(à l'angle de Madison Av. & de la 37ᵉ Rue)*, ancienne résidence du jeune Morgan hébergeant aujourd'hui une librairie et, au quatrième niveau, le nouveau Thaw Conservation Center dédié à la préservation et à la conservation des documents sur papier.

L'institution, confrontée à une collection envahissante, s'est engagée dans un important projet d'agrandissement qui la contraint à fermer ses portes au public pour plusieurs années. C'est le célébrissime architecte Renzo Piano qui a été choisi pour dessiner les trois pavillons de verre et d'acier, qui viendront s'ajouter aux bâtiments anciens sans altérer leur caractère. L'espace d'exposition ainsi doublé se verra complété d'un grand auditorium, et les espaces d'étude et de stockage seront agrandis. L'entrée se fera dorénavant par le plus grand des trois pavillons, qui ouvrira sur Madison Avenue.

VISITE

La bibliothèque Pierpont Morgan est actuellement fermée pour travaux (achèvement prévu automne 2005). Une partie des collections fait l'objet d'une exposition itinérante à travers le pays, intitulée « Facets of the Morgan ». Certaines pièces de la collection d'art médiéval sont visibles au Metropolitan Museum of Art, dans la salle des tapisseries (Tapestry Hall, jusqu'à juin 2005). www.morganlibrary.org
☎ 212-685-0610.

Ancien cabinet de travail (West Room) – La somptuosité de cette pièce se manifeste dans son **plafond** sculpté et peint (16ᵉ s.), ses tentures de damas rouge, ses vitraux (15ᵉ-17ᵉ s.) et ses meubles de bois noir. Peintures et statuettes, émaux et orfèvreries du Moyen Âge et de la Renaissance se fondent dans le décor de la pièce. La cheminée de marbre (15ᵉ s.), du sculpteur florentin Desiderio da Settignano, est surmontée d'un portrait de Morgan exécuté par Frank Holl. Parmi les peintures, on notera un *Portrait de Maure* du Tintoret (1570, Italie), une Madone de Perugino, des portraits en médaillon de Martin Luther et de sa femme par Lucas Cranach l'Ancien (16ᵉ s., Allemagne) et un petit portrait attribué aux élèves de François Clouet.

Bibliothèque (East Room) – Cette pièce, garnie de triples rayonnages allant du sol au plafond, présente des enluminures du Moyen Âge et de la Renaissance (dont certaines datent du 5ᵉ s.), joyaux d'une collection qui compte par ailleurs des milliers de lettres et de manuscrits autographes, des incunables, de superbes reliures dorées incrustées de pierres précieuses, des dessins d'artistes divers (Dürer, Rembrandt, Rubens et bien d'autres) et de nombreuses partitions manuscrites de Mozart, Beethoven, Haydn et Mahler. Les trois exemplaires de la **Bible de Gutenberg** que possède le musée sont exposés à tour de rôle. Parmi les nombreuses œuvres d'art qui ornent la pièce, on admirera une somptueuse tapisserie flamande du 16ᵉ s. représentant le Triomphe de l'Avarice, accrochée au-dessus de la cheminée en marbre. Le plafond sculpté comporte des lunettes et des écoinçons peints représentant les signes du zodiaque.

SOLOMON R. GUGGENHEIM Museum★★

1071, 5ᵉ Av. **MTA** station 86th St. (lignes 4, 5, 6)
Voir plan p. 191

Véritable monument à la gloire du modernisme, le musée Solomon R. Guggenheim occupe un curieux édifice en spirale conçu par le célèbre Frank Lloyd Wright. Il présente un intérêt particulier pour son architecture insolite autant que pour sa collection d'art contemporain.

Un peu d'histoire

Un collectionneur acharné – Grand amateur d'art, **Solomon R. Guggenheim** (1861-1949) était issu d'une famille d'immigrants suisses allemands qui firent fortune au 19ᵉ s. dans l'extraction des métaux précieux. Avec son épouse, Irène Rothschild, ce distingué mécène s'intéressa d'abord aux tableaux de maîtres. Au début du 20ᵉ s., sous l'impulsion de leur conseillère artistique, Hilla Rebay, le couple se tourna vers l'art non figuratif (Kandinsky, Mondrian, Moholy-Nagy et autres). La Fondation Solomon R. Guggenheim fut créée en 1937 afin de promouvoir et encourager les arts et l'enseignement artistique. Six ans plus tard, Rebay chargea Frank Lloyd Wright de dresser les plans d'un édifice qui abriterait les merveilles amassées par Solomon Guggenheim. Ce dernier mourut malheureusement en 1949, sept ans avant la mise en chantier du musée. La Fondation continua néanmoins de gérer sa remarquable collection, depuis lors enrichie de nouvelles acquisitions. En 1963, **Justin K. Thannhauser**, marchand d'objets d'art et fervent admirateur d'art moderne, légua par exemple au musée 75 œuvres impressionnistes et post-impressionnistes. Douze ans plus tard, la nièce de Solomon Guggenheim, Peggy, faisait à son tour don d'une série d'œuvres dadaïstes et surréalistes jusque-là hébergées dans son palais vénitien. Le musée, qui possédait depuis 1992 une annexe dans le quartier de SoHo *(aujourd'hui fermée)*, a ouvert en 1997 deux antennes à l'étranger, l'une à Bilbao (Espagne), l'autre à Berlin et, en 2001, deux musées à Las Vegas dont l'un est jumelé avec le musée de l'Hermitage à Saint-Pétersbourg.

Le bâtiment – Père de l'architecture moderne américaine, **Frank Lloyd Wright** (1867-1959) révolutionna les idées de son temps en associant des matériaux naturels à d'audacieuses formes géométriques. Il était un critique acerbe de l'architecture new-yorkaise, et le musée Guggenheim (1956-1959) fut d'ailleurs sa seule commande importante pour la grande métropole. Wright considérait ce qu'il nommait « mon Panthéon » comme le couronnement de sa carrière (noter en passant qu'il s'agit de l'œuvre de Wright la plus visitée, et l'un des bâtiments américains les plus célèbres). Dès le début, l'édifice, basé sur un plan en spirale d'une grande complexité, suscita de nombreuses controverses. Ses formes osées détonnaient dans le décor environnant (à ceux qui traitaient son musée de « brioche indigeste » ou de « machine à laver », Wright répliquait : « Un bâtiment ne se juge pas plus sur son extérieur qu'une automobile »). De plus, sa rampe hélicoïdale et ses murs légèrement inclinés en porte-à-faux vers l'extérieur furent un véritable casse-tête lors de la construction, puis de l'agencement des collections. Pour cette raison, le musée subit, au fil des ans, de nombreuses transformations qui lui ôtèrent son cachet typiquement « Frank Lloyd Wrightien ». Cependant, les travaux de rénovation exécutés par Gwathmey, Siegel & Associates en 1992 ont redonné au bâtiment son apparence d'origine. Le musée a élargi sa mission pédagogique depuis 2001, avec l'ouverture du Sackler Center for Arts Education, dont les espaces d'exposition se doublent de salles de création multimédia ainsi que d'un centre de documentation et d'une salle de spectacle, le New Media Theater.
De Central Park, sur la 5ᵉ Avenue, on peut observer le musée dans sa totalité, dominé par un tronc de cône renversé (le « Nautilus » Building) présentant quatre spires au-dessus d'un entablement. À gauche, une petite aile arrondie (le « Monitor » Building), dont la forme suggère une passerelle de navire, se détache sur une tour de couleur crème (dix étages) qui fut ajoutée à l'ensemble en 1992. Sur le trottoir, des cercles métalliques rappellent le motif circulaire de l'édifice et se poursuivent jusque dans l'entrée en pierre de travertin.

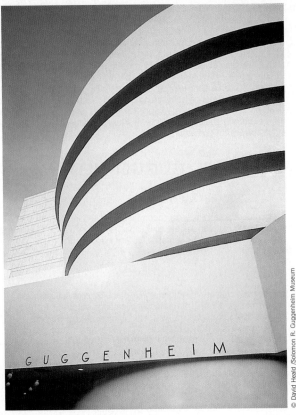

Le musée Guggenheim

VISITE

Ouv. toute l'année ven.-mer. 10 h-17 h45 (ven. jusqu'à 20 h). Fermé 25 déc. 15 $ (ven. 18 h-20 h contribution à l'appréciation du visiteur). Visite guidée. ✗ ♿ *www.guggenheim.org* ☎ *212-423-3500.*

Véritable kaléidoscope de formes arrondies qui se transforment à chaque niveau et se répètent dans les balustrades, le mobilier et les cages d'ascenseur, le Guggenheim possède sans aucun doute l'un des espaces intérieurs les plus spectaculaires de la ville. Sa fameuse rampe hélicoïdale, qui se déroule en pente douce sur plus de 400 m, dessert sur quatre niveaux les galeries de la nouvelle annexe. Aux trois derniers étages du Monitor Building, d'autres galeries aux larges baies vitrées offrent un panorama intéressant sur le musée et sur Central Park. Sur la terrasse extérieure (*5ᵉ niveau*), on remarquera la sculpture de David Smith intitulée *Cubi XXVII*.

Collections – Parmi les quelque 6 000 œuvres (peintures, sculptures, aquarelles, estampes, etc.) conservées au Guggenheim, on peut citer la plus grande collection de Kandinsky du pays (195 œuvres), plus de 75 Klee, et d'importants ensembles de Chagall, Delaunay, Dubuffet, Mondrian, Léger et Gris. En 1990, la collection Panza di Biumo enrichit les fonds du musée de quelque 300 œuvres contemporaines (années 1960-1970) réalisées par les adeptes de l'art minimal, tels Carl André, Dan Flavin et Robert Morris. En 1993, plus de 200 œuvres du photographe Robert Mapplethorpe vinrent s'ajouter à l'ensemble. Plus récemment, la fondation Bohen a fait don au musée de 275 œuvres d'art contemporain (vidéo, photo, peinture, sculpture et installation) dues à des artistes aussi bien reconnus que débutants. Des pièces issues de la **collection Thannhauser**★ sont exposées en permanence au deuxième niveau du Monitor Building. Parmi celles-ci, on remarquera un paysage pré-impressionniste intitulé *Les Coteaux de l'Hermitage à Pontoise* par Pissarro (v. 1867) ainsi que des toiles de Renoir *(Femme au perroquet)*, Manet *(Devant le miroir* et *La Comtesse Albassi)*, Van Gogh *(Le Viaduc* et *Montagnes à Saint-Rémy)* et Toulouse-Lautrec *(Au salon)*. On trouvera également des natures mortes de Cézanne et de petites sculptures de Degas et de Maillol. Picasso est particulièrement bien représenté, avec quelques œuvres de jeunesse *(Au bout de la route* et *Le Moulin de la Galette)* et une toile de 1931, *Pichet et compotier sur une table*. Le musée propose régulièrement des expositions temporaires dans la galerie principale et dans son annexe adjacente.

STUDIO MUSEUM IN HARLEM★

144, 125ᵉ Rue O. **MTA** station 125th St. (ligne 2)
Voir plan p. 10

Ouv. toute l'année mer.-ven. 12 h-18 h (ven. jusqu'à 20 h), w.-end 10 h-18 h. Fermé principaux j. fériés. 7 $. ᴕ www.studiomuseum.org ☎ 212-864-4500.

Créé en 1968 comme espace de travail pour les artistes noirs, ce petit musée est devenu un important centre culturel. Récemment agrandi, il a été doté d'un auditorium et d'un café. Il organise chaque année environ huit expositions temporaires et présente, par rotations de 18 mois, des œuvres tirées de sa collection permanente (environ 1 600 pièces), réalisées par des artistes noirs renommés (comme Romare Bearden, Alvin Loving, Faith Ringgold et Betye Saar) ou en voie de l'être. Au rez-de-chaussée, une boutique de cadeaux propose des bijoux, des objets artisanaux et des livres.

WHITNEY Museum of American Art★★

945 Madison Av. **MTA** station 77th St. (ligne 6)
Voir plan p. 199

Un bâtiment très sobre, dessiné par Marcel Breuer et Hamilton Smith, abrite depuis 1966 l'une des plus belles collections d'art américain du 20ᵉ s. au monde. Avec ses trois étages en encorbellement qui dominent un jardin de sculptures, l'édifice constitue un exemple saisissant d'architecture dite « brutaliste ».

VISITE

Ouv. mar.-jeu. & w.-end 11 h-18 h, ven. 13 h-21 h. Fermé 1ᵉʳ janv., Thanksgiving & 25 déc. 12 $ (ven. 18 h-21 h contribution à l'appréciation du visiteur). Visite guidée (1 h). ✗ ᴕ www.whitney.org ☎ 212-570-3676 ou 800-944-8639. Le musée dispose d'une annexe au Philip Morris Building (voir p. 125), dans le secteur Midtown.

Collectionneuse acharnée d'objets d'art, elle-même sculpteur, **Gertrude Vanderbilt Whitney** (1875-1942) avait installé une galerie dans son atelier de Greenwich Village pour y exposer sa collection personnelle d'œuvres d'artistes américains contemporains. Cette galerie donna naissance, en 1931, au musée Whitney dont le fonds se compose aujourd'hui de plus de 10 000 créations de peintres tels que Hopper, de Kooning, Kelly, Gorky, Prendergast, Demuth et Motherwell, ou encore de sculpteurs comme Calder, Nevelson, Noguchi et David Smith.

De nombreuses expositions présentent, tout au long de l'année, des œuvres issues de la collection permanente et permettent au visiteur de découvrir les grands courants des arts plastiques américains du 20ᵉ s. ; les thèmes abordés sont audacieux, novateurs, voire polémiques. Une section spéciale est consacrée à l'art vidéo et cinématographique d'avant-garde. Depuis 1932, le musée organise en outre des biennales présentant au public un échantillon de l'art américain contemporain.

La **collection permanente** est exposée par roulement dans les salles des deuxième et cinquième niveaux. On y trouve des œuvres américaines de la première moitié du 20ᵉ s. dues à des artistes tels que Marsden Hartley, Georgia O'Keeffe, Stuart Davis et Arshile Gorky. Par ailleurs, une nouvelle collection d'œuvres postérieures à la Seconde Guerre mondiale vient compléter cette première exposition, avec Philip Guston, Jasper Johns, Alex Katz, Lee Krasner, Jackson Pollock, Kiki Smith et Andy Warhol.

Early Sunday Morning, (1930) par Edward Hopper

Le Bronx

Jardin botanique : la roseraie Peggy Rockefeller.

The Bronx

Manhattan

Queens

Brooklyn

Staten Island

NEW YORK CITY

109 km²
1 332 650 habitants

Seul *borough* de New York à se trouver sur le continent, le Bronx illustre parfaitement les contradictions d'un milieu urbain parvenu à maturité. Dans la partie Sud, à prédominance ouvrière, se pressent d'innombrables HLM et immeubles vétustes, alors qu'au Nord s'étalent des quartiers aisés tels que Riverdale, où trônent d'opulentes résidences entourées de magnifiques jardins. L'Est du *borough* possède quant à lui le plus grand parc de New York, Pelham Bay, avec sa plage de sable très en vogue, Orchard Beach. Aujourd'hui, le Bronx affiche une toute nouvelle vitalité grâce aux efforts d'associations locales et de fondations privées vouées à sa conservation.

Le Bronx doit son nom à un certain Johannes Bronck, émigré suédois venu s'installer en ces lieux en juin 1639. Son développement n'intervint qu'au cours de la seconde moitié du 19e s. autour du village de Morrisania (**AZ**), qui correspond aujourd'hui au secteur situé aux environs de la 3e Avenue et de la 161e Rue. Le village fut ainsi nommé pour deux membres d'une même famille : Lewis Morris, l'un des signataires de la Déclaration d'Indépendance, et le gouverneur Morris, membre de la convention constitutionnelle.

Au moment où la colonisation du Bronx battait son plein, le journaliste John Mullaly lança un mouvement visant à acheter des parcelles de terrain en vue d'y aménager des parcs. C'est pourquoi les espaces verts occupent aujourd'hui près de 25 % de la superficie du *borough*. En 1891, la New York University ouvrit, près de Morris Heights, un campus universitaire relevant désormais du Bronx Community College. Le Bronx compte actuellement onze établissements d'enseignement supérieur.

Le *borough* faisait partie du comté de Westchester avant d'être incorporé à la ville de New York en 1898. Lorsque la première ligne de métro reliant le Bronx à Manhattan fut inaugurée en 1904, de nombreux immigrants s'établirent dans la région, y compris une importante communauté juive originaire d'Europe de l'Est et d'Europe centrale, qui réunissait dès 1949 près de 50 % de la population du Bronx. Au cours des années 1950 et 1960, les communautés noires et portoricaines quittèrent les taudis de Manhattan pour les quartiers de Hunts Point et de Morrisania, dans le Sud du Bronx. De nos jours, les hispanophones représentent environ la moitié de la population du *borough*.

BRONX PARK *Voir plan ci-après*

★★★**Bronx Zoo** – 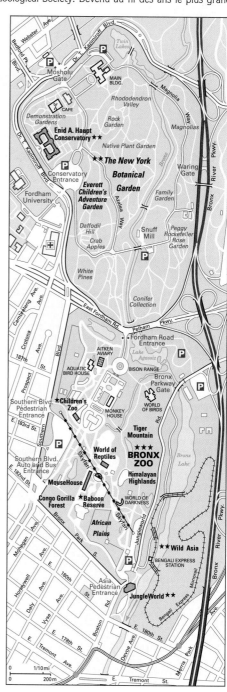 *Bronx River Parkway, à la hauteur de Fordham Rd.* [MTA] *descendre à la station Pelham Parkway (ligne 2) pour gagner l'entrée Bronx Parkway Entrance. Ouv. avr.-oct. : lun.-ven. 10 h-17 h, w.-end & j. fériés 10 h-17 h30 ; reste de l'année : tlj 10 h-16 h30. 8 $ (entrée libre mer.). Visite guidée sur réservation. De nombreuses attractions ferment 15-30mn avant la fermeture du zoo.* ✗ ⴲ ▣ *(7 $) www.bronxzoo.com* ☎ *718-367-1010.* Véritable leader en matière de gestion des animaux en captivité et de techniques d'exposition, ce merveilleux jardin zoologique (le plus grand du pays en milieu urbain) se trouve dans Bronx Park, lui-même aménagé à la fin du 19ᵉ s. sur les rives de la Bronx River. Il fut inauguré en 1899 par la New York Zoological Society. Devenu au fil des ans le plus grand parc zoologique du pays, il a vu ses fonctions évoluer vers la préservation des espèces, tandis que la société prenait le nom de Wildlife Conservation Society (WCS). Ses 107 ha de forêt abritent plus de 2 000 mammifères, un millier d'oiseaux, un autre millier de reptiles et amphibiens, ainsi que plus de 2 000 invertébrés, qui évoluent dans des espaces récréant le plus fidèlement possible leurs habitats naturels.

Visite – Pour obtenir une vue d'ensemble du site, emprunter le train-navette *(Zoo Shuttle : départ, si le temps le permet, de Zoo Terrace et Wild Asia ; mai-oct. ; aller simple 20mn, 2 $; commentaire à bord)* qui traverse le zoo de part en part, ou le téléphérique *(Skyfari : départs, si le temps le permet, de Zoo Terrace et African Plains aux mêmes périodes et pour le même prix que la navette)* qui offre de belles vues du complexe. Les visiteurs peuvent également se promener à pied.

Inauguré en 1941, le secteur des **Plaines d'Afrique** fut le premier habitat naturel reconstitué au zoo. On y découvre une riche variété d'animaux des plaines (girafes, gazelles, nyalas, damalisques à front blanc, etc.) qui évoluent librement d'un côté du fossé, habilement dissimulé, qui les sépare d'un antre de lions. Parmi les autres pôles d'attraction, noter la **réserve de babouins★**, où babouins geladas, bouquetins et damans s'ébattent dans un habitat récréant les hautes terres de l'Éthiopie. Les **Hautes Terres himalayennes** (Himalayan High-

Léopard des neiges

lands Habitat) abritent des léopards des neiges ainsi que des pandas, des faisans et des grues. Le monorail *(Bengali Express : départs de Wild Asia, dans les mêmes conditions que la navette)* traverse l'**Asie sauvage**★★ (Wild Asia), terrain boisé et accidenté de 14 ha, permettant d'observer des tigres d'Indochine, des gaurs de Thaïlande, des pandas et des rhinocéros d'Asie. Le **Monde de la jungle**★★ (JungleWorld) est un complexe intérieur recréant sur 1 ha l'environnement tropical humide d'une jungle asiatique, où des oiseaux tels que le mainate religieux volent en toute liberté au-dessus d'une faune variée composée de gibbons à mains blanches, de tapirs de Malaisie et de gavials de l'Inde. On y trouve aussi des panthères noires, des kangourous arboricoles et des singes à dos argenté. Le **Monde des reptiles** (World of Reptiles), l'un des plus vieux espaces d'exposition encore en usage, rassemble une variété de reptiles, y compris serpents et crocodiles. Parmi les autres attractions, on notera la Volière Aitken (Aitken Aviary) et la Maison des oiseaux aquatiques (Aquatic Bird House), le Monde de la nuit *(World of Darkness : fermeture 15mn avant celle du zoo)*, le Monde des oiseaux (World of Birds), où des milliers d'oiseaux exotiques vivent dans leur milieu naturel reconstitué, et la **Maison des souris** (Mouse House), entièrement consacrée aux rongeurs (plus de 30 espèces). Ne pas manquer l'Enclos des bisons (Bison Range), ainsi que les chevaux sauvages de Mongolie et l'étrange cerf du père David (sabots de vache, cou de chameau, queue d'âne, bois de cerf, etc.), deux espèces disparues à l'état sauvage. Le **zoo pour enfants**★ *(Children's Zoo : 3 $)* abrite plus de 500 animaux dans leur habitat familier : marais, bois et champs. D'amusants chiens de prairie, une toile d'araignée faite de corde et une petite ferme où les enfants peuvent nourrir des animaux domestiques viennent compléter ce paisible tableau. La **Forêt des gorilles du Congo** *(Congo Gorilla Forest : 3 $)* a ouvert au cours de l'été 1999. Cette forêt de 2,63 ha abrite des gorilles des plaines de l'Ouest, des ouistitis mignons, des okapis, des mandrills, ainsi que des colobes noir et blanc. Les visiteurs peuvent choisir à quel programme de protection de la WCS ils destinent leur billet d'entrée.

La **Montagne des tigres** (Tiger Mountain), reconstitution de la vallée de l'Amur qui sépare la Chine et la Russie, a ouvert en 2003. Un groupe de tigres de Sibérie y a été acclimaté, et l'on peut observer les ébats des félins au bassin de Tiger Ridge avant de se rendre à la salle interactive où l'on prendra la mesure de l'action entreprise par la WCS pour protéger cette espèce en danger.

★★**The New York Botanical Garden** – *À l'angle de la 200ᵉ Rue & de Kazimiroff Blvd.* **MTA** *station Bedford Park Blvd (lignes D ou 4) ; marcher en direction de l'Est jusqu'à l'entrée (Garden Gate) sur Southern Blvd. Ou ligne Metro North au départ de Grand Central, station Botanical Garden. Ouv. avr.-oct. : mar.-dim. 10 h-18 h ; reste de l'année : mar.-dim. 10 h-16 h. Fermé Thanksgiving & 25 déc. 6 $ (tram et certains jardins en supplément). Visite guidée.* ✕ ⚐ ☎(5 $) www.nybg.org ☎ 718-817-8700. Situé juste au Nord du zoo, ce jardin de 100 ha est l'un des plus vastes et des plus anciens du pays (1891). Au fil des sentiers, on découvrira des milliers de variétés de plantes et de fleurs qui s'épanouissent au printemps et au début de l'été. Parmi les attractions les plus courues, citons la roseraie, le jardin de rocaille, le jardin de plantes indigènes, la collection de lys, le Home Gardening Center et 20 ha de forêt.

Construite en 1901, l'immense serre victorienne **Enid A. Haupt Conservatory**★★ a été dessinée sur le modèle des palais de cristal du 19ᵉ s. Elle présente « A World of Plants », écovisite des biomes de la planète, depuis les forêts pluviales aux déserts arides. Spécialement aménagé à l'intention des enfants, **Everett Children's Adventure**

Garden [Enfants] *(3 $)* leur proposera des expositions interactives les initiant de façon originale à la biologie et l'écologie. Ouvert en 2002, le **Plant Science Center** est constitué du bâtiment principal de style Beaux-Arts ainsi que d'un édifice de cinq étages dessiné pour le centre par James Polshek. Le plus ancien des deux ouvrages met à la disposition du public la salle de lecture de la bibliothèque, une bibliothèque de livres rares, une salle d'exposition et le ravissante rotonde aux orchidées. Le plus récent renferme le cœur du nouveau centre de recherches, un herbarium contenant 7 millions de spécimens. Situé près de splendides jardins, le Garden Café & Terrace Room offre un endroit paisible pour prendre le déjeuner.

AUTOUR DU BRONX *Voir plan p. 278-279*

★**Yankee Stadium (AZ)** – [Enfants] *À l'angle de la 161e Rue & de River Av.* [MTA] *station 161st St. (lignes 4 ou C, D). Renseignements sur les visites : www.yankees.com* ☎ *718-579-4531.* Le premier Yankee Stadium avait été construit en 1923 par un magnat de la bière, le colonel Jacob Ruppert, pour l'équipe de base-ball dont il était propriétaire : les Yankees. Y triomphait à cette époque le grand Babe Ruth, batteur incomparable qui, durant la saison de 1927, réussit 60 « coups de circuit », record qu'il tint pendant plusieurs dizaines d'années. Ruth était si populaire qu'à sa mort, en 1948, 100 000 personnes défilèrent devant son cercueil, exposé dans la rotonde du stade. À l'intérieur, une série de plaques de bronze rappelle à Monument Park son souvenir ainsi que celui d'autres illustres joueurs ou dirigeants : Lou Gehrig, Mickey Mantle et Edward Grant Barrow. Signalons aussi que Joe Di Maggio, passé à la postérité pour avoir été un temps mari de Marilyn Monroe, fut une vedette de l'équipe.

Complètement rénové entre 1974 et 1976, le Yankee Stadium est aujourd'hui un vaste ensemble moderne d'une capacité de 57 545 places. Il offre désormais une vue dégagée du terrain, et comporte des escaliers roulants pour desservir les tribunes supérieures, ainsi que des panneaux électroniques pour afficher les scores. L'année 2002 connut une affluence record avec 3,4 millions de spectateurs, faisant taire (au moins provisoirement) les incessantes doléances de George Steinbrenner, propriétaire de l'équipe, qui réclame un nouveau stade à cor et à cri.

Valentine-Varian House (BX) – *3266 Bainbridge Av., à la hauteur de la 208e Rue E.* [MTA] *stations 205th St. (ligne D) ou Mosholu Parkway (ligne 4). Ouv. mar.-ven. 9h-17h, sam. 10h-16h, dim. 13h-17h. Fermé principaux j. fériés et mi-déc.-mi-janv. 3 $. www.bronxhistoricalsociety.org* ☎ *718-881-8900.* À l'origine, cette maison de pierre était située de l'autre côté de la rue, sur un terrain acquis en 1758 par Isaac Valentine. L'endroit, qui fut pendant la guerre d'Indépendance le théâtre de nombreuses escarmouches, fut racheté en 1791 par Isaac Varian, riche fermier dont le fils devait devenir le 63e maire de New York. La demeure, qui s'élève à son emplacement actuel depuis 1965, abrite aujourd'hui le **musée d'Histoire du Bronx**, où l'on peut admirer une très belle collection de gravures, de lithographies et de photographies.

Poe Cottage (AY) – *À l'angle de E. Kingsbridge Rd. & Grand Concourse.* [MTA] *station Kingsbridge Rd. (lignes D ou 4). Ouv. mar.-ven. 9h-17h, sam. 10h-16h, dim. 13h-17h. Fermé principaux j. fériés & mi-déc.-mi-janv. 3 $. www.bronxhistoricalsociety.org* ☎ *718-881-8900.* C'est dans cette petite maison de bois construite en 1812 que l'écrivain **Edgar Allan Poe** vécut trois ans (1846-1849) et écrivit *Annabel Lee*, *The Bells*, *Ulalume* et *Eureka*. Poe s'était retiré dans ce cottage, loin de l'agitation

❶ Arthur Avenue

Voir plan p. 278. Les New-Yorkais considèrent ce petit quartier d'épiceries et de restaurants italiens comme la véritable Petite Italie. Sa population est en effet à prédominance italienne (et non chinoise), et l'ambiance y est moins touristique que dans le secteur Little Italy de Manhattan. Commencez votre visite par un marché : **Arthur Avenue Retail Market** (*n° 2344*), où les commerçants étalent une incroyable variété de marchandises allant du *parmigiano reggiano* aux œufs et au veau en tranches. Parmi les meilleurs étals, citons **Mike & Sons** pour leurs délicieux fromages, et la **Terranova Bakery** pour son excellent pain croustillant. Pour un repas inoubliable, faites un arrêt chez **Dominick's** (*n° 2335* ☎ *718-733-2807*), le légendaire restaurant italien où les serveurs calculent mentalement la note (il n'y a ni menu, ni addition) et où la foule est toujours animée. Pour un *antipasto* aux fruits de mer, avec moules, calmars et homard en sauce tomate piquante, essayez **Mario's** (*n° 2342* ☎ *718-584-1188*). Cet établissement légèrement plus chic, fondé en 1919, a été rendu célèbre par le roman *Le Parrain* de Mario Puzo.

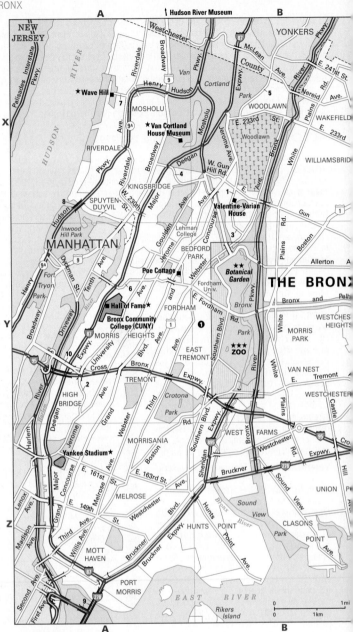

de New York, dans l'espoir de sauver de la tuberculose son épouse Virginia Clemm, qui devait tristement succomber à la maladie en 1847. Le brillant écrivain mourut lui-même deux ans plus tard à Baltimore, ravagé par l'alcoolisme ; il avait à peine 40 ans. La maison, transférée de l'autre côté de la rue en 1913, fut transformée en musée en 1917. À l'intérieur sont présentés des souvenirs de l'auteur de ces **Contes extraordinaires** qui fascinèrent tant Baudelaire *(projection de diapositives : 20mn)*.

★**Van Cortlandt House Museum** (AX) – *Entrée à l'angle de Broadway & de la 246ᵉ Rue.* MTA *station 242nd St.-Van Cortlandt Park (ligne 1). Ouv. toute l'année mar.-ven. 10 h-15 h, w.-end 11 h-16 h. Fermé principaux j. fériés. 2 $.* ☎ *718-543-3344.* Construite en 1748, cette demeure coloniale a été admirablement conservée par la National Society of Colonial Dames et par la ville. George Washington y aurait couché et tenu conseil ici avant de faire son entrée triomphale à New York, en novembre 1783. Reconstitué avec le plus grand soin, le mobilier intérieur reflète le raffinement et l'art de vivre de la petite noblesse new-yorkaise des 18ᵉ et 19ᵉ s. Parmi les neuf pièces ouvertes au public, remarquer le salon hollandais, la cuisine et la nursery, contenant l'une des plus vieilles maisons de poupées d'Amérique.

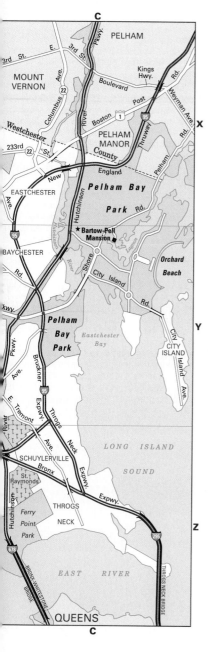

Bronx Community College (**AY**) – *À l'angle de University Av. & de la 181e Rue O.* MTA *station Burnside Av. (ligne 4) ; longer vers l'Ouest 4 blocs sur University Av., puis prendre vers le Nord en direction du campus. www.cuny.edu/bcc.* Fondé en 1891 pour être le campus de la New York University dans le Bronx, ce groupe de 18 bâtiments est aujourd'hui occupé par le Bronx Community College. D'un calme provincial, il est perché sur les hauteurs proches de l'Harlem River.

★ **Hall of Fame for Great Americans** – *Hall of Fame Terrace, à la hauteur de la 181e Rue O. Ouv. tlj 10h-17h.* ✕ ♿ 🅿 ☎ *718-289-5161.* Cette « galerie de la renommée », de style Beaux-Arts, forme une sorte de colonnade de 192 m de long évoquant un mausolée. Le monument (1900, Stanford White) fut érigé à la mémoire des hommes et femmes illustres des États-Unis. Choisis au moins 25 ans après leur décès, les candidats (artistes, écrivains, politiciens, savants, etc.) sont sélectionnés par un comité spécial. Parmi les 102 personnages ainsi honorés, citons Harriet Beecher Stowe, George Washington Carver, Edgar Allan Poe, Walt Whitman, John James Audubon, Susan B. Anthony, les frères Wright, Henry Wadsworth Longfellow, Washington Irving et les présidents Ulysses S. Grant, Thomas Jefferson et Abraham Lincoln.

Pelham Bay Park (CXY) – MTA *station Pelham Bay Park (ligne 6).* Le plus grand parc de la ville offre un très grand nombre d'activités de plein air, comme le golf, la marche, le cyclisme, le tennis, l'équitation, les jeux de balle et la pêche. L'endroit le plus populaire est **Orchard Beach**, plage de sable fin de plus d'un kilomètre de long, très fréquentée les jours de canicule.

★**Bartow-Pell Mansion Museum** (CY) – *Ouv. toute l'année mer. & w.-end 12 h-16 h. Fermé 1er janv., dim. de Pâques, week-end de Thanksgiving, 25 déc. & 3 dernières sem. d'août. 2,50 $.* ◻ ☎ *718-885-1461.* L'histoire de ce site remonte à 1654, époque à laquelle Thomas Pell acheta le terrain aux Indiens siwanoys. Robert Bartow, descendant de Pell, éleva (entre 1836 et 1842) le manoir en pierre de style néoclassique qui domine le détroit de Long Island. L'intérieur raffiné révèle une architecture néogrecque (escalier elliptique) et un mobilier de style Empire américain. Un ancien hangar à voitures *(ouv. avr.-oct.)* construit dans les années 1840 sert de centre d'interprétation.

★**Wave Hill** (AX) – *675, 252e Rue O.* MTA *station 231st St. (lignes 1, 9) puis bus 7, 10 ou 24 jusqu'à l'arrêt 252nd St. ; traverser ensuite le pont autoroutier et emprunter à gauche la 249e Rue, puis tourner à droite dans la 252e Rue. Ouv. mi-avr.-mi-oct. : mar.-dim. 9 h-17 h30 (mer. jusqu'à 21 h) ; reste de l'année : mar.-dim. 9 h-16 h30. Fermé principaux j. fériés. 4 $ (gratuit mar. et mi-nov.-mi-mars).* ✗ ⴕ ◻ *www.wavehill.org* ☎ *718-549-3200.* Ouvert au public depuis 1965, ce domaine de 11 ha au bord de l'Hudson possède de magnifiques serres et jardins, des prairies ondoyantes et des bois luxuriants. Le site englobe également l'ancienne maison de campagne (1843) de William Lewis Morris, qu'acheta par la suite le riche éditeur William Appleton. La famille de Theodore Roosevelt vécut ici en 1870 et Mark Twain loua le domaine en 1901. Parmi les autres célébrités qui y habitèrent, citons le chef d'orchestre Arturo Toscanini et George Perkins, associé de J.P. Morgan. Rénovée en 1960, la demeure sert maintenant de centre d'accueil des visiteurs.

Le principal attrait de Wave Hill est sans doute son **site**★★ spectaculaire au bord de l'Hudson. Ses 7 ha de jardins, superbement aménagés, renferment plus de 3 000 espèces de plantes et de nombreuses essences d'arbres. On notera tout particulièrement les serres, le charmant jardin aquatique et le jardin d'herbes, aux parfums envoûtants. On peut y suivre des programmes d'histoire de l'aménagement paysager, d'horticulture et de gestion des sols.

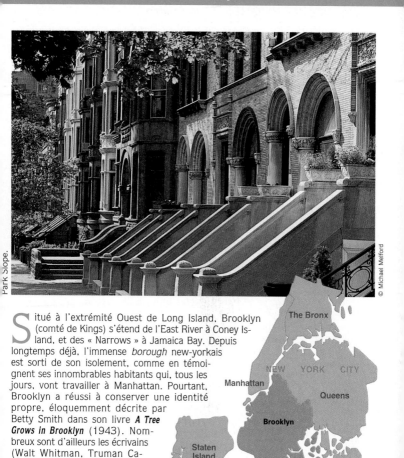

Park Slope.

© Michael Melford

S itué à l'extrémité Ouest de Long Island, Brooklyn (comté de Kings) s'étend de l'East River à Coney Island, et des « Narrows » à Jamaica Bay. Depuis longtemps déjà, l'immense *borough* new-yorkais est sorti de son isolement, comme en témoignent ses innombrables habitants qui, tous les jours, vont travailler à Manhattan. Pourtant, Brooklyn a réussi à conserver une identité propre, éloquemment décrite par Betty Smith dans son livre ***A Tree Grows in Brooklyn*** (1943). Nombreux sont d'ailleurs les écrivains (Walt Whitman, Truman Capote, Herman Melville, John Dos Passos, Thomas Wolfe, Arthur Miller, Richard Wright, Norman Mailer), artistes et acteurs (Mel Brooks, Woody Allen) qui y séjournèrent.

210 km²
2 268 297 habitants

Fondée en 1636 par des colons hollandais qui la baptisèrent Breuckelen en souvenir d'une petite ville des environs d'Utrecht, Brooklyn se situait à l'origine sur Wallabout Bay. La ville s'étendit peu à peu le long de la côte en direction de l'Ouest. Au 18ᵉ s., un bac la reliait à Manhattan. Au début du 19ᵉ s., Brooklyn était devenu un agréable secteur résidentiel où nombre de riches New-Yorkais choisirent d'élire domicile tout en continuant à travailler à Manhattan.

En 1834, Brooklyn obtint le statut de ville indépendante. L'endroit comptait alors 30 000 habitants. Devenu un important centre industriel et commercial, il fut rattaché à New York en 1898, après avoir absorbé plusieurs villages dont les noms servent encore à désigner ses différents quartiers.

Depuis 1883, date de l'achèvement du célèbre pont de Brooklyn, le *borough* est directement relié à Manhattan. En 1903 s'y ajouta le Williamsburg Bridge, puis en 1909, le Manhattan Bridge. La première ligne de métro desservant Brooklyn fut réalisée en 1905. Plus récemment, le Brooklyn-Battery Tunnel, terminé en 1950, et le pont Verrazano Narrows, ouvert en 1964, sont venus faciliter les communications entre Brooklyn et les autres municipalités.

Brooklyn frappe par son gigantisme et son véritable labyrinthe de rues et d'avenues s'allongeant à l'infini, bordées de maisons sans caractère. Sous cette apparente uniformité se cache pourtant une grande diversité de quartiers : Park Slope, zone résidentielle de choix, Brooklyn Heights, charmante enclave très « vieille Amérique », Williamsburg, secteur ouvrier dominé par les communautés juive hassidique, espagnole et italienne, Brighton Beach, florissante communauté russe, Flatbush, avec ses élégantes demeures privées et ses rues commerçantes animées, Bensonhurst, où réside une importante population d'origine italienne ; enfin Bedford-Stuyvesant, un quartier noir remarquable par ses nombreuses rues bordées de belles *brownstones* anciennes.

★★ BROOKLYN HEIGHTS *Voir plan ci-après*

Zone fortifiée pendant la guerre d'Indépendance, Brooklyn Heights fut le quartier général de Washington pendant la bataille de Long Island. L'endroit fait aujourd'hui penser à une petite ville de province au calme reposant. Ses rues étroites sont bordées d'arbres, de *brownstones* et de maisons de ville dont l'aspect illustre un peu tous les styles de l'architecture américaine du 19ᵉ s.

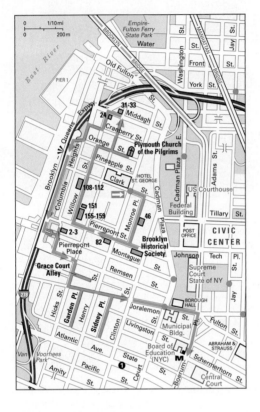

Promenade

Parcours : 4,5 km. Point de départ : Monroe Pl. **MTA** *station Clark St. (lignes 2, 3).*

En sortant du métro, marcher en direction de Monroe Place et passer devant l'hôtel St. George *(à l'angle de Clark St. & Monroe St.)*, qui fut jadis le plus grand établissement hôtelier de New York. Seule une petite partie du bâtiment *(donnant sur Henry St.)* fonctionne encore en tant qu'hôtel, le reste ayant été converti en immeuble d'habitation.

Tourner dans Monroe Pl.

Au **46 Monroe Place** s'élève une maison de brique et de grès de style néogrec dont on remarquera les urnes en fer forgé, disposées sur des socles de pierre. Les ananas qui surmontaient ces urnes étaient autrefois un symbole d'hospitalité.

Prendre à gauche Pierrepont St.

La **Brooklyn Historical Society** *(nº 128)* se fait l'interprète de l'histoire de Brooklyn au moyen de livres, de documents et d'objets divers. Elle organise également des expositions, des programmes éducatifs, des concerts et des visites commentées, et abrite le seul musée d'histoire *(ouv. mer.-sam. 10 h-17 h (ven. jusqu'à 20 h), dim. 12 h-17 h ; 6 $; www.brooklynhistory.org ☎ 718-222-4111)* du *borough*, dont l'édifice classé de style Queen-Anne (1881) a rouvert ses portes en 2003 après avoir été entièrement rénové.

Revenir sur ses pas et continuer jusqu'à l'angle de Henry St.

Le **82 Pierrepont Street** est un splendide exemple de style roman richardsonien, avec ses murs massifs, ses arches arrondies et ses bas-reliefs. Cet ancien hôtel particulier, construit en 1890, fut par la suite agrandi et converti en appartements. En tournant dans Willow Street, remarquer aux **nᵒˢ 155, 157 et 159**, trois demeures de style fédéral aux portes finement travaillées. Le nº 159 est relié par un tunnel au **nº 151**, ancienne écurie transformée en appartement. De l'autre côté de la rue, les **nᵒˢ 108-112** sont de pittoresques exemples de style Queen Anne, mixture de styles roman, gothique et Renaissance utilisant les matériaux les plus divers.

Continuer sur Willow St. et prendre à droite Orange St.

Au nº 75, un simple édifice de brique abrite la **Plymouth Church of the Pilgrims** *(visite guidée 1 h30 uniquement, toute l'année dim. 11 h-14 h ; réservation requise ☎ 718-624-4743)*, première église congrégationaliste de Brooklyn bâtie en 1846. Connu pour ses sentiments anti-esclavagistes et ses convictions progressistes, Henry Ward Beecher y délivra pendant une quarantaine d'années ses sermons passionnés. Abraham Lincoln assista deux fois au culte en 1860, et d'éminents orateurs y prononcèrent des allocutions. Dans le Hillis Hall, remarquer de beaux vitraux dus à Tiffany.

Revenir vers Hicks St. et tourner à gauche dans Middagh St.

Des maisons de style fédéral, construites dans les années 1820, bordent la rue. Les mieux conservées se trouvent aux n°s **31-33** (maison à double pignon) et au **n° 24**.

Reprendre Willow St. jusqu'à Cranberry St. et continuer vers l'East River jusqu'à Brooklyn Heights Esplanade.

L'esplanade qui domine le port offre des **vues★★★** superbes sur Financial District. Le spectacle est particulièrement impressionnant au crépuscule, lorsque s'allument, au-delà du fleuve, les innombrables lumières des gratte-ciel. Derrière l'esplanade s'alignent des maisons dotées de charmants jardinets.

Suivre la terrasse jusqu'à son extrémité. Prendre à gauche Pierrepont St., puis à droite Pierrepont Pl.

Sur **Pierrepont Place**, on admire, aux n°s **2 et 3**, deux des plus élégantes demeures en grès brun de New York.

Poursuivre sur Pierrepont Pl., qui prend le nom de Montague Terrace, et prendre à gauche Remsen St. puis à droite Hicks St.

Sur la gauche se trouve **Grace Court Alley**, pittoresque ruelle qui desservait les communs des belles demeures de Remsen Street.

Continuer sur Hicks St., et prendre à gauche Joralemon St.

À l'angle de Hicks Street et de Joralemon Street se trouvait la maison de campagne de Philip Livingston, l'un des signataires de la Déclaration d'Indépendance. Le général Washington aurait réuni en ces lieux, le 29 août 1776, son état-major, pour préparer un plan d'évacuation de son armée.

Continuer sur Joralemon St. en direction de l'Est jusqu'à la hauteur de Court St.

Le Civic Center contraste avec le quartier

❶ Atlantic Avenue

Voir plan p. 282. L'artère principale des quartiers libanais et moyen-orientaux de Brooklyn est devenue l'une des destinations culinaires favorites des New-Yorkais. Essayez les brochettes à l'agneau et les feuilles de vigne farcies, et laissez-vous séduire par une incroyable sélection d'épices en tous genres. Parmi les meilleures adresses à retenir, citons le **Tripoli** *(n° 156 ; www.tripolirestaurant.com* ☎ *718-596-5800)*, restaurant un peu kitsch où l'on sert *hommos* (condiment fait de pois chiches pilés avec de la crème de sésame), *falafel* (à base de farine de pois chiche très épicée) et desserts au miel, et où sont présentés des spectacles chaque samedi soir. Si vous voulez emporter quelques gâteries, visitez l'épicerie **Sahadi's Importing Co.** *(n° 187 ; www.sahadis.com* ☎ *718-624-4550)* pour des pistaches libanaises, de la féta (fromage de brebis), des épices et du café. Terminez enfin votre promenade à la **Waterfront Ale House** *(n° 155* ☎ *718-522-3794)*, dont les 50 variétés de bière feront plaisir aux plus difficiles.

résidentiel par la masse de ses bâtiments administratifs tels que l'ancienne mairie de Brooklyn (Borough Hall) et la poste principale, de style roman richardsonien. En descendant Fulton Street, on pourra faire des emplettes dans un célèbre grand magasin, Abraham & Strauss.

Continuer sur Joralemon St., et prendre à droite Boerum Pl.

★**New York Transit Museum (M)** – *À l'angle de Boerum Pl. et Schermerhorn St. Ouv. toute l'année mar.-ven. 10 h-16 h, w.-end 12 h-17 h. 5 $.* ♿ *www.mta.info/mta/museum* ☎ *718-694-1600.* Le musée, aménagé dans l'ancienne gare de trolley de Court Street construite dans les années 1930, a rouvert en 2003 après avoir été entièrement refait. Sur les voies, les anciennes voitures du métro souterrain et aérien remontent aux premières heures du réseau il y a un siècle, dont l'histoire est retracée sur le quai. Le poste d'aiguillage *(au bout du quai)* permet de suivre les trains en service sous Brooklyn, figurés par des LED. clignotantes. Au niveau supérieur, l'exposition permanente « Steel, Stone and Backbone » relate la construction du métro. Une nouvelle exposition intitulée « On the Streets » s'intéresse aux bus et aux trolleys. Une intersection virtuelle permet aux visiteurs de suivre un bus d'aujourd'hui ou un autre des années 1960.

Les murs de la galerie R-46 sont recouverts d'affiches de films tournés dans le métro. On peut également assister à des projections et des conférences. De plus, le musée possède une galerie annexe et une boutique dans la gare de Grand Central Terminal, ainsi qu'une boutique et un kiosque au centre d'accueil de Times Square *(Broadway, entre la 46e & la 47e Rue).*

QUARTIER DE PROSPECT PARK *Voir plan ci-contre*

★**Prospect Park** – ⬛**MTA** *station Grand Army Plaza (lignes 2, 3). Promenade en trolley gratuite les week-ends et j. fériés de 12 h à 17 h ; départs d'heure en heure du parking de Wollman Rink. La montée peut s'effectuer à chacun des 10 arrêts.* ♿ ☎ *718-788-0055.* Parcouru de chemins et de sentiers divers, cet agréable parc

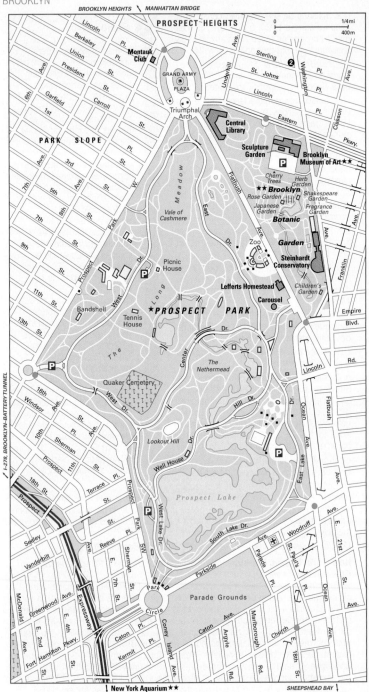

aux pelouses entrecoupées de bouquets d'arbres, de ruisseaux et d'un lac, s'étend sur plus de 210 ha. Il fut dessiné en 1860 par Frederick Law Olmsted et Calvert Vaux, à l'origine de Central Park. L'entrée principale du parc est située sur Grand Army Plaza, majestueuse place ovale ornée d'un monument à la mémoire du président Kennedy et d'une arche dédiée aux victimes de la guerre de Sécession.

Lefferts Homestead – Enfants MTA *station Prospect Park (lignes D ou S). Ouv. juil.-août : mer.-ven. 13h-16h, w.-end 13h-17h ; mi avr.-juin & sept. : jeu.-ven. 13h-16h, w.-end 13h-17h ; oct.-nov. : ven.-dim. 13h-16h. Visite guidée (1h).* ♿ ☎ 718-965-6505. Un gracieux toit à la Mansart coiffe cette ferme de style colonial du 18ᵉ s., remontée à l'intérieur du parc en 1918 et transformée en musée pour enfants.

Prendre le temps de faire un tour de **manège** [Enfants] *(mi-mai-fin oct. : jeu.-ven. 11 h-16 h, w.-end & j. fériés 11 h-18 h ; 0,50 $; ✗ ⟨ @ 718-965-8999)* non loin de la demeure.

★★**Brooklyn Botanic Garden** – *900 Washington Av.* [MTA] *stations Eastern Parkway (lignes 2, 3) ou Prospect Park (ligne Q). Ouv. avr.-sept. : mar.-ven. 8 h-18 h, w.-end 10 h-18 h ; reste de l'année : mar.-ven. 8 h-16 h30, w.-end 10 h-16 h30. Fermé principaux j. fériés. 5 $ (gratuit mar. & sam. 10 h-12 h). Visite guidée (1 h) le week-end. ✗ ⟨ ▣ (payant) www.bbg.org @ 718-623-7200.* Situé à l'Est de Prospect Park et au Sud du Brooklyn Museum of Art, ce jardin botanique de 20 ha séduit par sa variété. Véritable oasis de fraîcheur, il contient l'une des plus belles collections de roses du pays. Ne pas manquer les belles allées de cerisiers, la rocaille, le jardin de la flore locale, le bassin aux nénuphars, l'étang japonais, le jardin des simples et celui des senteurs, conçu à l'intention des aveugles. Les bâtiments de la **serre Steinhardt** *(ouv. avr.-sept. : mar.-dim. 10 h-17 h30 ; reste de l'année : mar.-dim. 10 h-16 h)* abritent une flore très riche. On y verra notamment un espace réservé aux plantes tropicales, un autre consacré aux plantes aquatiques, et la plus grande collection de bonsaïs des États-Unis.

Jardin botanique de Brooklyn.

© Michael Melford

Central Library – [MTA] *stations Eastern Parkway (lignes 2, 3) ou 107th Av. (ligne D). Ouv. toute l'année lun. & ven.-sam. 10 h-18 h, mar.-jeu. 9 h-20 h, dim. 13 h-17 h. Fermé principaux j. fériés. ✗ ⟨ www.brooklynpubliclibrary.org @ 718-780-7700.*
La bibliothèque municipale de Brooklyn est un énorme bâtiment de forme triangulaire (1941) contenant environ 1 600 000 ouvrages. Cinquante-huit annexes réparties dans le *borough* dépendent d'elle.

Park Slope – Situé à l'Ouest de Prospect Park, c'est l'un des plus beaux quartiers résidentiels de Brooklyn. Avec ses larges allées ombragées, ponctuées de flèches d'églises et de jolies maisons de ville, il illustre le Brooklyn du 19ᵉ s. Les demeures reflètent les tendances architecturales de la période comprise entre la guerre de Sécession et la Première Guerre mondiale.

Montauk Club – *À l'angle Nord-Est de Lincoln Place & de la 8ᵉ Av.* Cette maison de

❷ Tom's Luncheonette
Voir plan p. 284.
782 Washington Av., à la hauteur de Sterling Pl.
@ *718-636-9738.* Endroit idéal pour prendre un bon petit- déjeuner, ce sympathique bistro familial est tenu par Tom, sa femme et leurs enfants. Comme le dit si bien Gus, l'un des fils : « Nous n'avons pas de clients, seulement des amis ». Après une visite au Brooklyn Museum of Art ou au jardin botanique, prenez le temps de savourer un *cherry-lime Rickey* (eau gazeuse sucrée parfumée à la cerise et au citron vert) ou une délicieuse crème renversée.

grès et de brique fut construite en 1891 et rappelle, par son architecture, un palais vénitien. Ses frises évoquent des scènes ayant trait à l'histoire des Indiens montauks.

★★BROOKLYN MUSEUM OF ART *Voir plan p. 284*

200 Eastern Parkway. 🚇 *station Eastern Parkway (lignes 2, 3).*

Installé dans un énorme bâtiment de style Beaux-Arts dessiné par le célèbre cabinet d'architectes McKim, Mead & White, le musée de Brooklyn possède une étonnante collection de plus de 1,5 million d'objets, allant des antiquités égyptiennes à l'art contemporain américain.

Ouvert au public en 1897, l'édifice n'allait jamais être achevé selon les plans d'origine, bien que sa construction ait duré jusqu'aux premières années du 20ᵉ s. Divers éléments, notamment l'aile Ouest et la façade centrale, avec son fronton et son péristyle, furent ajoutés au début des années 1900. En 1934, le bureau d'architectes chargé du projet résilia son contrat et la construction de l'ensemble fut interrompue. Mais en 1986, le musée confiait aux architectes Arata Isozaki et James Stewart Polshek la délicate tâche d'achever les travaux tout en améliorant la surface d'exposition existante. La première phase, achevée en 1993, a permis la remise à neuf de l'aile Ouest (aile Morris A. and Meyer Schapiro) avec une extension de la surface d'exposition sur trois étages et la mise à disposition du public d'une salle de spectacle de 460 places, l'auditorium Iris et B. Gerald Cantor. La seconde phase prévoyait la construction d'un pavillon de verre sur la façade Beaux-Arts d'Eastern Parkway, ce qui a doublé la surface du hall d'entrée. Ouvrant sur l'extérieur, il remplace le grand escalier d'entrée qui, trop raide pour de nombreux visiteurs, fut supprimé dans les années 1930.

Visite

Ouv. toute l'année mer.-ven. 10 h-17 h, w.-end 11 h-18 h (23 h le premier sam. du mois). Fermé 1ᵉʳ janv., Thanksgiving & 25 déc. 6 $ (gratuit 17 h-23 h le premier samedi du mois). Visite guidée sur réservation. 🍴 ♿ 🅿 *(payant) www.brooklyn museum.org* ☎ *718-638-5000. Quelques salles peuvent être fermées et les œuvres mentionnées retirées des salles ou exposées ailleurs en raison des travaux de rénovation en cours ou du fait que le musée applique une politique de rotation des expositions.*

Premier niveau – Dédié aux arts primitifs, cet étage rassemble une collection éclectique d'objets réunis, en grande partie, par Stewart Culin, conservateur du musée au début du 20ᵉ s. La galerie africaine présente des objets rituels et domestiques : de très belles statuettes en bois, des masques et des boucliers cérémoniels ainsi que des bâtons de sorciers. Les salles consacrées aux Indiens d'Amérique du Sud et du Nord contiennent des artéfacts précolombiens et de somptueux mâts totémiques façonnés par les Haïdas (tribu de la côte Nord-Ouest). Des sculptures, des instruments de musique et des coiffures originaires de Nouvelle-Guinée, de Nouvelle-Zélande et des îles Salomon illustrent l'art des peuplades d'Océanie. Au même étage, le grand hall d'entrée accueille à longueur d'année des expositions temporaires consacrées à l'art contemporain. Des salles adjacentes exposent aussi des œuvres tirées de la collection permanente du musée.

Deuxième niveau – Cet étage est consacré à l'art d'Extrême-Orient et du Moyen-Orient. Plusieurs galeries présentent des œuvres de Chine, de Corée, du Japon, d'Asie du Sud-Est et d'Inde. La section chinoise contient un bel ensemble de bronzes et de jades, des porcelaines et des peintures. Celle d'art coréen et japonais expose des sculptures, des céramiques, des peintures, des objets en métal ouvragé et des estampes. Des peintures bouddhistes, des céramiques, des tapis et des tissus en provenance du Népal et du Tibet viennent compléter la collection, poteries et statues dominent dans la galerie consacrée à l'Inde, sans parler de miniatures persanes, de tapis et d'objets divers venant de la ville de Nishapur, qui donnent un aperçu de l'art islamique.

Troisième niveau – L'extraordinaire **collection égyptienne**★★ de l'aile Schapiro se divise en deux sections. La première retrace l'évolution de la civilisation du Nil du règne d'Amenotep IV (1350 avant J.-C.) jusqu'à la fin de la période ptolémaïque. La seconde offre une approche plus thématique (temples, rites funéraires, etc.). On admirera les sarcophages et les cercueils richement décorés renfermant les momies, un magnifique buste du pharaon Ptolémée II, l'étrange sarcophage d'un ibis sacré en bois doré et argent, et de gracieux objets précieux en albâtre ou en pierre.

La collection égyptienne couvre toute la longueur du musée depuis l'ouverture de nouvelles salles en 2003. Le nombre d'objets exposés a doublé pour dépasser 1 100 pièces, dont beaucoup sont montrées pour la première fois. Les nouvelles galeries suivent la même disposition : une section chronologique remonte jusqu'à la période prédynastique (4 400 avant J.-C.) pour retracer l'histoire égyptienne jusqu'au règne d'Amenotep III ; une section thématique étudie la permanence et le changement à travers la religion, la culture et la technologie. Des bas-reliefs assyriens provenant du palais d'Assurbanipal à Nimrud (Irak) retiendront également l'attention dans la galerie Kevorkian, récemment réorganisée.

La collection de peinture européenne a été replacée dans la cour Beaux-Arts. Sa disposition passe en revue le concept du temps à travers quatre thèmes : le portrait, le paysage, la narration, la vie rurale et urbaine. Les impressionnistes sont bien représentés avec Degas, Monet, Morisot, Sisley et Pissarro.

Quatrième niveau – Le principal attrait de cet étage largement consacré aux arts décoratifs vient d'une fascinante série de reconstitutions d'intérieurs américains (salons, petits salons, salles à manger des milieux modestes et aisés) du 17ᵉ s. à nos jours, ornés de pièces d'argenterie et d'étain, de céramiques et de meubles issus de la collection du musée. On remarquera tout particulièrement l'intérieur hollandais de la Jan Martense Schenck House (v. 1625), ainsi qu'une série de meubles « fantaisie » du 19ᵉ s. (un certain nombre de salles, dont celles de la Schenck House, sont fermées pour travaux jusqu'en 2006). La superbe collection de vêtements américains et européens de différentes époques n'est visible qu'occasionnellement, afin de protéger les pièces les plus fragiles.

Cinquième niveau – Cet étage est consacré à la **peinture américaine**★★ et la sculpture européenne et américaine.
Dans la **rotonde**★ (Iris and B. Gerald Cantor Rotunda Gallery) sont exposées 58 sculptures de Rodin : portraits, formes inachevées, compositions empreintes de sensualité, sujets mythologiques, et tout un groupe de sculptures rattachées à ses créations les plus célèbres : *La Porte de l'Enfer*, *Balzac* et *Les Bourgeois de Calais*. Plus grandes que nature, elles sont disposées afin de permettre aux visiteurs de les admirer sous tous les angles. Remarquer aussi l'***Âge d'airain***, pour lequel Rodin fut accusé d'avoir procédé à un moulage directement sur le modèle vivant tant l'œuvre était réaliste, et la ***Belle heaulmière***, image de la vieillesse et de la déchéance physique. La petite salle adjacente propose une belle collection de peintures de la Renaissance italienne. Remarquer notamment un splendide *Saint Jacques* de l'artiste vénitien Carlo Crivelli (15ᵉ s.), ainsi que des œuvres de Sano di Pietro, Alvise Vivarini et Maso di Banco.
Mondialement connue, la superbe collection de **peintures américaines**★★ comprend des œuvres de Copley, Cole *(The Pic-Nic)*, Eakins, Homer *(In the Mountains)*, Bierstadt *(A Storm in the Rocky Mountains, Mt. Rosalie*, achevée en 1866), Sargent *(Paul Helleu Sketching, and His Wife)*, Cassatt, Chase, Durand *(First Harvest in the Wilderness)*, Saint-Gaudens et Bellows. Grâce au legs Lowenthal, la collection de peintures et sculptures américaines modernes s'est enrichie de 31 œuvres d'artistes bien connus comme Georgia O'Keeffe, Max Weber, Marsden Hartley et Stuart Davis.
Le musée a totalement modifié la disposition des œuvres depuis la création, en 2001, du Luce Center for American Art. La nouvelle organisation, qui marie peinture, sculpture et art décoratif en des juxtapositions historiques et stylistiques, explore huit thèmes (le paysage, la guerre de Sécession, le monde moderne, la vie quotidienne en sont quelques-uns) sous l'intitulé « American Identities » (identités américaines). Un centre public d'études offrira prochainement à la vue du public quelque 3 000 pièces tirées du fonds du musée.

Au fil des ans, le musée a par ailleurs rassemblé, dans son **jardin des sculptures** *(derrière le bâtiment principal, près du parc de stationnement)*, une impressionnante collection de linteaux, de chapiteaux, de frises et d'ornements divers sauvés d'immeubles en démolition.

AUTOUR DE BROOKLYN *Voir plan ci-après*

★**Shore Parkway** (**ACYZ**) – De Bay Ridge jusqu'à Queens et à l'aéroport John F. Kennedy, cette agréable route panoramique suit de près le rivage atlantique en procurant des vues successives sur le pont Verrazano Narrows et sur Staten Island, les Rockaways et Jamaica Bay. Par une belle journée ensoleillée, lorsque l'éclat de la lumière et le scintillement des flots s'allient à l'immensité des horizons, la promenade offrira un dépaysement total par rapport à Manhattan pourtant si proche...

★★**Verrazano Narrows Bridge** (**AZ**) – *Péage : 7$/voiture, payables aux guichets Ouest uniquement.* MTA *station 95th St. & 4th Av. (ligne R).* Dressant sa silhouette arachnéenne au-dessus des « Narrows », les célèbres détroits qui donnent accès à la baie de New York, ce pont suspendu (le plus long des États-Unis) relie Brooklyn à Staten Island. Il porte le nom de **Giovanni da Verrazano**, marchand florentin au service du roi François Iᵉʳ, qui découvrit le site de New York en 1524. À l'entrée du pont (côté Brooklyn), un monument commémoratif a été érigé avec des pierres du château de Verrazano,

---

■ Quelques chiffres

Longueur totale : 2,04 km. Plus longue travée : 1,3 km. Hauteur des pylônes par rapport au niveau de l'eau : 210 m. Diamètre des plus gros câbles : 1 m. Le pont, sous lequel sont passés les plus grands transatlantiques, comporte deux étages à six voies de circulation chacun, mais ne possède pas de passage pour les piétons.

en Toscane, et des galets de Dieppe, d'où partit le grand navigateur. Le gigantesque ouvrage, dont les travaux furent lancés en janvier 1959, doit sa réalisation à la Triborough Bridge and Tunnel Authority. Il fut inauguré le 21 novembre 1964 en présence du gouverneur Nelson Rockefeller et de l'ingénieur en chef, O.H. Amman, qui conçut également le pont George Washington.

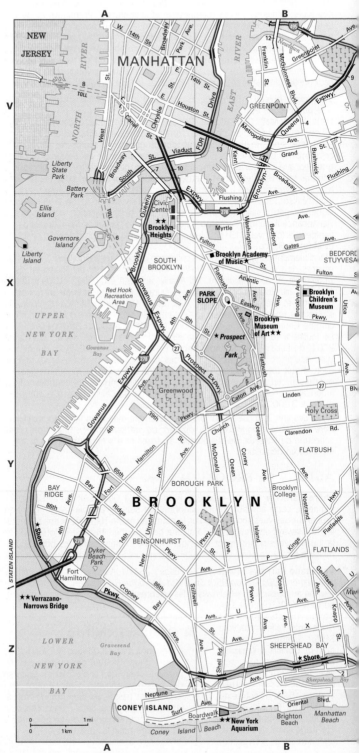

Coney Island (**ABZ**) – *1015 Surf Av. www.coneyislandusa.com* ☎ *718-266-1234* ▮MTA▮ *lignes B, N, F ou D.* Au Sud de Brooklyn, cette presqu'île baignée par l'océan Atlantique fut jadis une station balnéaire très prisée du public, offrant de nombreux amusements. À son apogée, au début du 20ᵉ s., elle attirait certains dimanches d'été plus d'un million de visiteurs. La **promenade de planches** (5,6 km), la plage et quelques attractions continuent à attirer de nombreux visiteurs pour qui l'endroit reste un agréable lieu de détente.

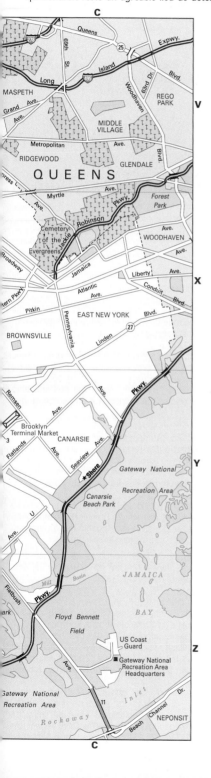

© Martha Cooper

Le défilé des sirènes à Coney Island

Du temps des Hollandais, il n'y avait là qu'une île sablonneuse, peuplée uniquement de lapins, ce qui lui avait valu le surnom de Konijn Eiland (île des Lapins), que les Anglais transformèrent en Coney Island. Dès 1830, les vastes plages de l'île commencèrent à être fréquentées, principalement par les gens fortunés. Coney Island s'enorgueillissait alors d'hôtels élégants, d'un hippodrome, de casinos et de salons de thé. Puis, vers 1880, la station se transforma en un lieu de divertissements à bon marché, et la fréquentation changea peu à peu. Les premières montagnes russes, ayant fait leur apparition en 1884, furent complétées une dizaine d'années plus tard par une grande roue (Ferris wheel, du nom de son inventeur, l'ingénieur George W.G. Ferris, qui la construisit pour l'Exposition universelle de Chicago en 1893) et un manège de chevaux de bois. La principale curiosité de Coney Island était donc son parc d'attractions dans lequel grand 8 et grande roue rivalisaient avec les trains fantômes, manèges divers et stands de tir. La vedette fut longtemps la **tour à parachutes**, structure (aujourd'hui désaffectée) de 75 m de haut érigée à l'occasion de la foire de 1939-1940. Elle permettait aux amateurs de sensations fortes de descendre dans un fauteuil suspendu à un parachute que guidaient des câbles.

La période faste de Coney Island s'acheva dans les années 1940. La fréquentation diminua, les commerces périclitèrent et les bâtiments tombèrent peu à peu en décrépitude... Aujourd'hui, la majeure partie des terrains de l'ancien parc d'attractions sont à l'abandon. Néanmoins, pour de nombreux New-Yorkais, une balade le long de la plage sur les **planches** de Coney Island est un agréable entracte dans une chaude journée estivale. La grande roue fonctionne toujours, ainsi que les terrifiantes montagnes russes Cyclone en bois (1927).

Aujourd'hui, les grandes attractions ont disparu et Coney Island n'est plus ce qu'elle était. Mais, entre le surf et le charme suranné des stands branlants, la foule estivale se presse toujours les jours de canicule. Le pittoresque défilé des Sirènes, ou **Mermaid Parade** *(fin juin)*, attire chaque année son million de spectateurs.

★★ **New York Aquarium** (BZ) — Enfants *À l'angle de la 8ᵉ Rue O. & de Surf Av.* MTA *station Stillwell Av.-New York Aquarium (ligne W). Ouv. tlj 10 h-17 h (w.-end jusqu'à 17 h30) ; horaires de fermeture variables selon la saison. 11 $. ✗ ⛐ 🅿 (payant) www.nyaquarium.com ☎ 718-265-3474.* L'aquarium de New York, premier aquarium public américain créé en 1896, se trouvait à l'origine dans l'édifice devenu aujourd'hui le Monument national de fort Clinton *(voir p. 150)* et y demeura jusqu'en 1942, époque à laquelle il fut transféré dans le Bronx Zoo. En 1957, il devait enfin déménager à la présente adresse. Dans les bassins extérieurs évoluent des baleines (l'aquarium fut d'ailleurs le premier à élever des bélugas en captivité), des phoques, des otaries et un morse du Pacifique. On peut également voir une colonie de pingouins, et un bassin à requins dans lequel diverses espèces semblent faire bon ménage.

Dans les aquariums intérieurs, parfois décorés de coraux, s'ébattent quelque 10 000 spécimens appartenant à plus de 300 espèces des quatre coins du monde : poissons des récifs du Pacifique, piranhas, nautiles (mollusques à coquille spiralée), anémones de mer et autres. Le centre pédagogique **Explore The Shore** réunit une soixantaine d'expositions sur plus de 1 850 m². On y découvre un bassin à marées, la reproduction d'un récif corallien vivant où de petits poissons filent comme des flèches au milieu d'anémones et d'anatifes, et un bateau de la Nouvelle-Angleterre équipé pour la pêche au homard. Inaugurée à l'automne 2002, l'exposition « **Alien Stingers** », voisine d'« Explore The Shore », rassemble des dizaines d'espèces de méduses, de coraux et d'anémones de toutes les mers du globe. Enfin, Sea Cliffs donne au visiteur l'occasion d'admirer morses, loutres de mer, otaries à fourrure et manchots dans leur habitat naturel reconstitué. *Programme du spectacle des otaries disponible à l'accueil.*

Brooklyn Children's Museum (BX) – Enfants *145 Brooklyn Av., à l'angle de St. Mark's Av.* MTA *station Kingston Av. (ligne 3). Prendre Eastern Parkway vers l'Ouest et tourner à droite dans Brooklyn Av. ; continuer vers le Nord jusqu'à la hauteur de St. Mark's Av. Ouv. juil.-août : lun. & mer.-ven. 12 h-17 h (ven. jusqu'à 18 h30), w.-end 10 h-17 h ; reste de l'année : mer.-ven. 14 h-17 h, w.-end 10 h-17 h. Fermé principaux j. fériés. 4 $.* & *www.bchildmus.org* ☎ *718-735-4400.* Fondé en 1899 à Brower Park, ce musée fut l'un des premiers de son genre à être tout spécialement destiné aux enfants. Il occupe depuis 1977 un bâtiment aux couleurs vives. Invités à participer aux activités, les jeunes visiteurs y trouveront des expositions touche-à-tout allant de l'histoire aux arts de la scène, en passant par les sciences. Le musée organise également divers ateliers à l'intention des familles, et offre des spectacles tout au long de l'année.

Brooklyn Academy of Music (BX*) – 30 Lafayette Av. Programme indiqué dans la presse locale.* ✗ & 🅿 *www.bam.org* ☎ *718-636-4100.* Fondée en 1859, l'académie de musique de Brooklyn est la plus ancienne scène de la ville. Son premier bâtiment sur Brooklyn Heights ayant été détruit, elle fut transférée à Fort Greene. Les briques de son imposante façade Beaux-Arts cachent un élégant opéra de 1 100 places où se sont produits Enrico Caruso, Isadora Duncan, Arturo Toscanini, Paul Robeson et, plus récemment, Philip Glass, Laurie Anderson et les danseurs de la compagnie de Merce Cunningham. Elle est généralement considérée comme le site d'accueil privilégié de l'avant-garde, et la richesse de sa programmation des dernières années confirme son dynamisme. Son apparence désuète ne doit pas faire oublier que ses installations techniques et son acoustique sont de tout premier ordre. Outre ses spectacles, l'académie offre une programmation éclectique dans les quatre salles de sa nouvelle cinémathèque (1998), Rose Cinemas. À quelques centaines de mètres *(651 Fulton Street)*, une deuxième salle de spectacle de 900 places, Harvey Theater (l'ancien Majestic), accueille l'orchestre philharmonique de Brooklyn.

Shea Stadium.

Dennis O'Clair/Tony Stone Images

Le plus vaste *borough* de New York fut nommé en l'honneur de Catherine de Bragance, épouse de Charles II d'Angleterre (1630-1685). Il se situe sur Long Island, à l'Est de Brooklyn, et s'étend de l'East River, au Nord, à Jamaica Bay et l'océan Atlantique, au Sud. Véritable carrefour aérien avec la présence de deux aéroports majeurs, Queens est pourtant et avant tout un secteur résidentiel, où vivent d'importantes communautés asiatiques et latino-américaines. En 1642, des colons hollandais fondèrent un petit village à Maspeth, mais ce n'est qu'en 1645 que la première communauté permanente de Queens fut établie, à Vlissingen (Flushing). Le début de la colonie fut marqué par des

The Bronx

NEW YORK CITY

Manhattan

Queens

Brooklyn

Staten Island

311 km²
2 229 379 habitants

conflits religieux opposant Anglais et Hollandais. En 1662, ces derniers arrêtèrent **John Bowne** pour avoir permis à des membres de la secte protestante des Quakers de se réunir dans sa maison. Bowne défendit sa cause, ouvrant la voie à la liberté religieuse dans les colonies.

Jusqu'au milieu du 19ᵉ s., Queens ne comptait qu'une faible population répartie dans ses fermes éparses et ses petits villages. Mais la croissance spectaculaire de New York précipita l'urbanisation du *borough*, vers lequel se dirigèrent de nombreux immigrants allemands et irlandais. Lorsque Queens s'affilia à la métropole à la fin du 19ᵉ s., quelque 150 000 personnes y habitaient. Dans les années 1920, l'industrie du cinéma muet découvrit le *borough* et ouvrit 20 studios à Astoria, avant de mettre le cap sur Hollywood. Peu après l'Exposition universelle de 1939, Queens acquit la réputation d'une zone récréative et sportive, image qu'elle revendique aujourd'hui encore.

Les années 1970 virent l'éclosion d'une organisation politique active dans le *borough*. De ses rangs devait s'élever Mario Cuomo, gouverneur de New York de 1982 à 1994. Aujourd'hui, Queens comprend une section industrielle autour de Long Island City, où des artistes ont rénové d'anciens ateliers, et une aire résidentielle au Sud-Est, du côté de Forest Hills et de Jamaica. Les sportifs continuent d'affluer au champ de courses de l'Aqueduct Race Track (**CZ**) et aux stades de l'USTA National Tennis Center (**BX**) et de Shea Stadium (**BX**), tandis que les amoureux de la nature se rendent au parc du Gateway National Recreation Area.

QUEENS ET ENVIRONS *Voir plan p. 296-297*

Compte tenu des distances qui séparent les sites et de leur emplacement excentré, il est préférable de visiter Queens en voiture. Cependant, une navette gratuite affrétée par Queens Artlink part de la 53ᵉ Rue O. pour rejoindre le MoMA QNS (départ toutes les heures 10h-16h, retour toutes les heures 10h30-15h30). Une seconde navette fait une boucle au départ du MoMA QNS en passant par P.S. 1, le SculptureCenter, le Socrates Sculpture Park, l'American Museum of the Moving Image, le musée Noguchi et le Museum for African Art (départ du MoMA QNS toutes les heures 10h45-16h45).

★★**Isamu Noguchi Garden Museum** (**AX**) – *32-37 Vernon Blvd. Entrée sur la 33ᵉ Rue.* ▨**MTA** *station Broadway (ligne N) ; aller vers l'Ouest jusqu'à Vernon Blvd et le prendre à gauche. Navettes sam.-dim. au départ de Manhattan ; appeler le musée pour connaître les horaires. Ouv. avr.-oct. : mer.-ven. 10h-17h, w.-end 11h-18h. 4 $. Visite guidée (1 h) à 14h.* ✗ *www.noguchi.org* ☎ *718-721-1932.*
Les relations à la fois conflictuelles et harmonieuses entre l'homme et la nature caractérisent la sculpture de cet Américain d'origine japonaise, **Isamu Noguchi** (1904-1988), célèbre pour ses jardins (Unesco, Paris), ses espaces publics (Hart Plaza, Detroit), ses fontaines et ses terrains de jeu (Playscapes, Atlanta). Le grand artiste choisit tour à tour la pierre, le bois, le métal et la lumière (comme dans le cas de ses fameuses sculptures *akari*) pour s'exprimer, et créa même des décors de théâtre pour les chorégraphes Martha Graham et George Balanchine.
Des expositions temporaires illustrent la carrière multiforme de Noguchi. Dehors, un paisible jardin, dans lequel ont été disséminées quelques sculptures, est planté de pins japonais noirs.

Narrow Gate, Water Stone et Dance d'Isamu Nogachi.

John Berens/Isamu Noguchi Foundations and Garden Museum/Advertising Agency LLC

★**American Museum of the Moving Image**, à **Astoria** (**AX**) – ▨**Enfants** *À l'angle de la 35ᵉ Av. et de la 36ᵉ Rue.* ▨**MTA** *station Steinway St. (lignes R, V ou G). Prendre Steinway St. en direction du Sud et tourner à droite dans la 35ᵉ Av. Ouv. toute l'année mer.-jeu. 12h-17h, ven. 12h-20h, w.-end 11h-18h30. Fermé Memorial Day, fête du Travail, Thanksgiving & 25 déc. 10 $.* ✗ ♿ *www.movingimage.us* ☎ *718-784-0077.* Aménagé sur le site des anciens studios Astoria (eux-mêmes construits par la Paramount Pictures dans les années 1920), ce musée (1988) est consacré au cinéma, à la télévision et aux médias électroniques. Les visiteurs peuvent créer leurs propres animations, essayer divers effets sonores ou doubler un acteur dans un film célèbre. Les collections comprennent des photographies (portraits, tournages), du matériel d'effets spéciaux et de cinéma, des costumes, accessoires et souvenirs de la télévision et de l'industrie cinématographique, des extraits de films, vidéo-clips et spots publicitaires. Projections de films et débats se déroulent tout au long de l'année.

★**Museum for African Art** (**AX**) – *36-01, 43ᵉ Av., à la hauteur de la 36ᵉ Rue.* ▨**MTA** *station 33rd St. (ligne 7) ; marcher jusqu'à la 36ᵉ Rue puis tourner à gauche et continuer jusqu'à la 43ᵉ Av. Ouv. lun. & jeu.-ven. 10h-17h, w.-end 11h-17h.*

Fermé principaux j. fériés. 6 $. www.africanart.org ☎ 718-784-7700. Les États-Unis ne possèdent que deux musées entièrement dévolus à l'art africain, celui-ci en est un. Alors que la collection permanente, vouée à la recherche, demeure assez limitée, les expositions temporaires explorent largement l'éventail de l'art ancien et contemporain : peintures, sculptures, textiles et masques sont ainsi mis à l'honneur. Installé dans l'Upper East Side et baptisé Center for African Art à sa création en 1984, le musée a, depuis, organisé une quarantaine d'expositions itinérantes traitant des traditions artistiques et de l'héritage culturel du continent africain. Il s'est installé en 1993 dans SoHo, où Maya Lin, connue pour son travail au mémorial des vétérans du Viêtnam de Washington, a dessiné son aménagement intérieur. En septembre 2002, l'institution fut provisoirement logée dans le Queens jusqu'à l'achèvement du nouvel immeuble de Manhattan, qui l'accueillera à l'angle de la 110ᵉ et de la 5ᵉ Avenue.

La salle principale s'intéresse aux masques, et les acquisitions les plus récentes sont présentées dans la Focus Gallery. Une boutique colorée vend des objets d'artisanat traditionnel (poterie, vêtements, vannerie et bijoux) issus de toute l'Afrique. Le musée organise également des concerts et différents spectacles de danse et de théâtre.

MoMA QNS (**AY**) – *45-20, 33ᵉ Rue, à la hauteur de Queens Blvd. Voir Museum of Modern Art dans la section Musées de Manhattan.*

❶ Astoria
Voir plan p. 296. Dans cette petite enclave ethnique à prédominance grecque, beaucoup de résidents ne parlent pas anglais. Au café **Omonia** *(3220 Broadway ☎ 718-274-6650),* vous découvrirez de succulents *baklavas* (gâteaux orientaux au miel et aux amandes) et un bel assortiment de friandises. **Karyatis** *(3503 Broadway ☎ 718-204-0666),* l'un des meilleurs restaurants d'Astoria, propose des fruits de mer grillés et des spécialités grecques comme la *moussaka* (plat d'aubergines et de farce de viande) ou les préparations d'agneau et de veau. Le restaurant **Elias Corner** *(à l'angle de la 24ᵉ Av. & de la 31ᵉ Rue ☎ 718-932-1510)* offre un grand choix de mets grecs : côtelettes d'agneau, fruits de mer et brochettes de poulet. Avant de quitter le quartier, visiter le **Titan Deli** *(25-56, 31ᵉ Rue, à la hauteur de la 28ᵉ Av. ☎ 718-626-7771)* pour faire provision d'olives, de feta et de pain *pita*.

P.S.1 Contemporary Art Center (**AY**) – *22-25 Jackson Av., à la hauteur de la 46ᵉ Av.* MTA *station Courthouse Sq. (ligne 7 omnibus). Ouv. toute le jeu.-lun. 12 h-18 h. Fermé 1ᵉʳ janv., Thanksgiving & 25 déc. 5 $. X www.ps1.org ☎ 718-784-2084.* Établi dans une ancienne école publique (d'où les initiales P.S.), ce centre est consacré à l'exposition d'œuvres contemporaines dues à de nouveaux artistes qui commencent à être connus dans pratiquement toutes les disciplines. Ce complexe de cinq étages entièrement rénové comprend une salle de projection de films et de vidéos ainsi que des ateliers d'artistes et des espaces d'exposition extérieurs. Au début de l'année 1999, des projets de fusion ont été annoncés entre le Museum of Modern Art et le P.S.1, dont les expositions à la pointe du progrès permettront au MoMA d'élargir sa présentation des œuvres d'art les plus récentes.

Jamaica Bay Wildlife Refuge (**CZ**) – MTA *station Broad Channel (ligne A). Suivre ensuite Noel Rd. jusqu'à Cross Bay Blvd. et tourner à droite (1,3 km). Centre d'accueil (ouv. tlj 6 h-17 h) sur la gauche. Ouv. tlj de l'année du lever au coucher du soleil.* ☐ *☎ 718-318-4340.* Cette paisible réserve naturelle, bordée au Nord par l'aéroport Kennedy, est riche en oiseaux terrestres et aquatiques, pour la plupart migrateurs. Elle fait partie du Gateway National Recreation Area, l'un des plus grands parcs urbains des États-Unis.

Un **sentier de nature★** à travers les marais offre de jolies vues sur Manhattan, à l'Ouest *(3 km ; 1 h30 ; se procurer un permis gratuit au centre d'accueil).*

Cross Bay Boulevard conduit plus au Sud à **Rockaway Beach★** (MTA *toute station située entre les arrêts 25th St. et 116th St. ; lignes A, C, H),* bande de terre qui s'étire sur 8 km et qui, par beau temps, attire les New-Yorkais venus respirer l'air marin.

Jamaica Center for Arts and Learning (**CY**) – *161-04 Jamaica Av.* MTA *station Jamaica Center (lignes E, J, Z), puis prendre Jamaica Av. vers le Nord et tourner à droite dans la 161ᵉ Rue. Ouv. toute l'année lun.-ven. 9 h-18 h (mer. 20 h), sam. 10 h-17 h. Fermé principaux j. fériés.* ♿ *☎ 718-658-7400.* Créé en 1972, ce centre culturel propose des expositions artistiques et offre des cours divers (arts du spectacle et autres).

Reformed Church of Newtown, à **Elmhurst** (**BY**) – *85-15 Broadway.* MTA *station Grand Av.-Newtown (ligne R ou G). Ouv. mar.-sam. 10 h-17 h, dim. 8 h45-16 h. Fermé principaux j. fériés.* ☎ *718-592-4466.* Fondée en 1731, cette église réformée hollandaise fut entièrement reconstruite en style néogrec en 1831.

Flushing (**CX**) – Une petite communauté portant le nom hollandais de Vlissingen (lequel se transforma plus tard en Flushing) fut établie sur ce site en 1645. Très vite, l'histoire locale fut illustrée par les **Quakers**, secte religieuse prônant un pacifisme total. Les Quakers furent souvent persécutés, notamment à Flushing même où leur chef, John Bowne, résida quelque temps. Le culte quaker est pratiqué dans des édifices sans aucun ornement, les Friends' Meeting Houses, dont Flushing possède l'un des plus vieux exemples aux États-Unis (*Northern Blvd près de Linden Pl.*). Au 137-15 Northern Boulevard, remarquer l'**ancien hôtel de ville** de Flushing. Restauré selon son apparence d'antan, ce bâtiment de style néoroman (1862) accueille aujourd'hui des expositions d'art et des concerts.

Bowne House (**CX A**) – *37-01 Bowne St.* MTA *station Main St. (ligne 7). Visite guidée (2 h) uniquement. Mi-janv.-mi-déc. : mar. & w.-end 14 h30 & 16 h30. Fermé principaux j. fériés (sauf 4 juil.). 4 $.* ☐ ☎ *718-359-0528.* Cette demeure, la plus ancienne de Queens, date en partie de 1661. Elle fut habitée par neuf générations successives de Bowne, dont John Bowne (*voir p. 284*), et contient un mobilier des 17e et 18e s. ainsi que des étains, peintures et documents divers.

Kingsland Homestead (**CX B**) – *143-35, 37e Av. (Flushing). Ouv. toute l'année mar. & w.-end 14 h30-16 h30. Fermé principaux j. fériés. 3 $. Visite guidée (1 h).* ☐ *www.queenshistoricalsociety.org* ☎ *718-939-0647.* Bâtie vers 1785, cette vieille ferme allie traditions hollandaise et anglaise, notamment par sa porte d'entrée et sa cheminée centrale. Elle abrite aujourd'hui un musée d'histoire ainsi que les bureaux de la Queens Historical Society.

Flushing Meadows-Corona Park (**BCXY**) – *Jadis un marécage puis une décharge publique, ce parc de 516 ha fut aménagé pour recevoir la première foire de New York en 1939. À cette occasion avaient été creusé le* **Meadow Lake**, *long de 1,2 km, et édifiés plusieurs bâtiments, dont le* **New York City Building**. *Ce dernier accueillit les séances des Nations unies de 1946 à 1949. Il abrite à présent un musée d'art ainsi qu'une patinoire.*

Queens Museum of Art (**CY M¹**) – À l'intérieur du New York City Building (*près de l'Unisphere*). MTA *station Willets Point/Shea Stadium (ligne 7) ; suivre le balisage jusqu'au musée. Ouv. mar.-ven. 10 h-17 h, w.-end 12 h-17 h. Fermé principaux j. fériés. 5 $.* ☐ *www.queensmuseum.org* ☎ *718-592-9700.* Dépassant sa première vocation de centre artistique, le musée propose aujourd'hui des expositions d'art moderne et contemporain avec une large ouverture sur le monde ; remarquer une immense maquette (870 m²) de New York intitulée **Panorama of New York City**★. Cette dernière, construite pour l'Exposition universelle de 1964-1965, reproduit les cinq *boroughs* avec des milliers d'édifices, des parcs et une infrastructure détaillée. Le musée abrite aussi une collection de photographies et d'objets divers relatant l'histoire du New York City Building.

New York Hall of Science (**C**) – Enfants *Ouv. juil.-août : lun. 9 h30-14 h, mar.-dim. 9 h30-17 h ; reste de l'année : lun.-mer. 9 h30-14 h, jeu.-dim. 9 h30-17 h. Fermé principaux j. fériés. 6 $.* ✗ & ☐ *(5 $) www.nyhallsci.org* ☎ *718-699-0005.* Vestige de l'Exposition universelle de 1964-1965, ce musée des Sciences et de la Technologie a vraiment de quoi plaire à tous. Ses collections de microbiologie et de physique quantique sont particulièrement intéressantes. Traversez l'« Univers des microbes » (World of Microbes), puis actionnez vous-même une hélice d'avion avec vos pieds, avant de visiter l'exposition multimédia du Science Center. Et ne manquez surtout pas l'**Unisphere** (**D**), structure haute de 43 m située à l'arrière du musée.

Le **Shea Stadium** (**BX**), au Nord du Flushing Meadows-Corona Park, date de la même époque que le musée des Sciences et de la Technologie. Utilisé par l'équipe de base-ball des New York Mets, ce stade de 55 300 places accueillit les Beatles en 1965, et le pape Jean-Paul II en 1979.

Queens County Farm Museum – Enfants *73-50 Little Neck Pkwy., dans Floral Park. Suivre Long Island Expressway jusqu'à la sortie 32. Continuer vers le Sud sur Little Neck Pkwy. jusqu'à l'entrée du musée.* MTA *station Kew Gardens (lignes E, F), puis bus Q46 (arrêt Little Neck Parkway) ; remonter ensuite à pied vers le Nord. Ouv. toute l'année lun.-ven. 9 h-17 h, w.-end 10 h-17 h. Fermé principaux j. fériés.* & *www.queensfarm.org* ☎ *718-347-3276.* Ce musée de plein air s'étend sur un terrain de 19 ha. Avec ses sentiers, ses champs et ses bâtiments de ferme, il apporte une note de fraîcheur loin de l'animation de la ville. La ferme flamande du 18e s. (*visite guidée uniquement, 30mn ; w.-end 12 h-17 h*) avec son mobilier d'origine, les serres, les granges, les hangars et le parc à animaux offrent, aux enfants surtout, un aperçu fort intéressant des origines rurales de Queens.

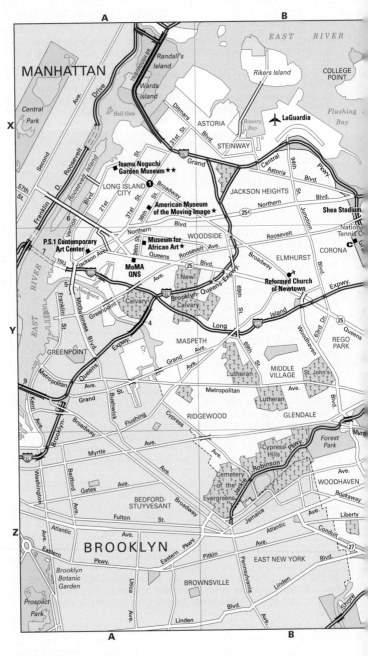

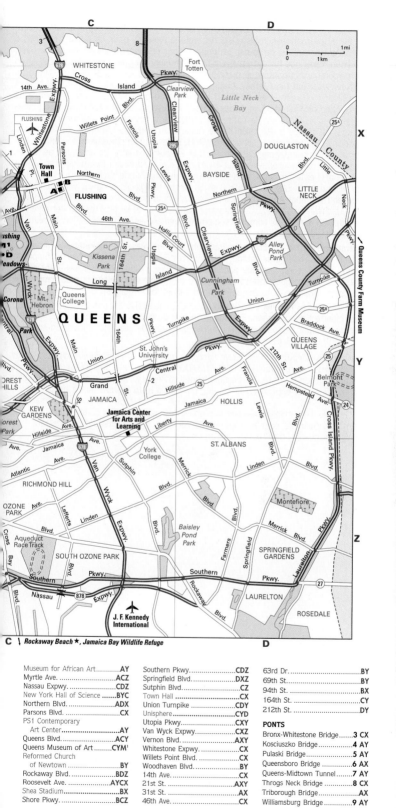

C \ *Rockaway Beach ★, Jamaica Bay Wildlife Refuge*

John F. Kennedy International Airport (**CZ**) – *Pour l'accès, consulter les Renseignements pratiques p. 29. www.panynj.gov* ☎ *718-244-4444.* L'un des aéroports les plus fréquentés du monde, JFK, comme on l'appelle, couvre environ 2 000 ha à l'extrémité Sud-Est de Queens, le long de Jamaica Bay. Il assure surtout le trafic international, mais aussi des vols intérieurs ; pour ce qui est du fret, il reçoit environ 35 % de toutes les importations et exportations aériennes du pays. C'est en 1942 que fut entreprise, à l'emplacement du golf d'Idlewild, la réalisation de ce complexe gigantesque placé à partir de 1947 sous l'égide du Port Authority of New York and New Jersey. Inauguré en 1948, le New York International Airport reçut son nom actuel en 1963 en hommage au président disparu. Le centre de fret aérien de l'aéroport, le 4e des États-Unis, a reçu quelque 1,7 million de tonnes de fret en 1997. Dans le cadre du projet de rénovation de l'aéroport, dont le budget se chiffre à 10 milliards de dollars, un nouveau bâtiment, le terminal 1 (Bodouva & Associates), achevé en 1998, s'élève à l'emplacement de l'ancien terminal de la compagnie Eastern Airlines et abrite quatre compagnies aériennes étrangères. Un nouveau terminal 4 (2001) comprend deux niveaux différents pour les départs et les arrivées, ainsi qu'une galerie marchande avec boutiques et points de restauration. Les terminaux 8 et 9 seront remplacés progressivement par un nouveau terminal American Airlines, qui s'étendra au Nord de l'aéroport *(ouverture prévue en 2007)*. Ce nouveau bâtiment sera le plus grand terminal de l'aéroport, avec 220 comptoirs d'embarquement accompagnés d'un bureau de douane et d'immigration.

International Arrivals Building – Le bâtiment des arrivées internationales (longueur : 610 m) fut conçu par le cabinet d'architectes Skidmore, Owings & Merrill. Sa partie centrale voûtée est occupée par le hall d'arrivée, les parties latérales étant réservées aux compagnies étrangères. À côté de l'immeuble s'élève la plus haute tour de contrôle aérien d'Amérique du Nord (98 m, onze étages).

★**TWA International Terminal** – Construit en 1962, cet édifice est une œuvre majeure de l'architecte Eero Saarinen. Évoquant un grand oiseau aux ailes déployées, le bâtiment principal se compose de quatre voûtes en berceau qui s'interpénètrent et reposent sur quatre points.

LaGuardia Airport (**BX**) – *Pour l'accès, consulter les Renseignements pratiques p. 29. www.panynj.gov* ☎ *718-533-3400.* Situé à 13 km du secteur Midtown de Manhattan, en bordure des baies Flushing et Bowery, ce grand aéroport fut édifié en 1939 et fut baptisé en l'honneur de **Fiorello H. La Guardia**, maire de la ville de 1934 à 1945 et lui-même pilote. En dépit de sa taille relativement modeste, LaGuardia est capable d'assurer la plupart des vols intérieurs de la région. Le bâtiment du terminal central a connu de récentes transformations permettant une meilleure gestion du flux des passagers.

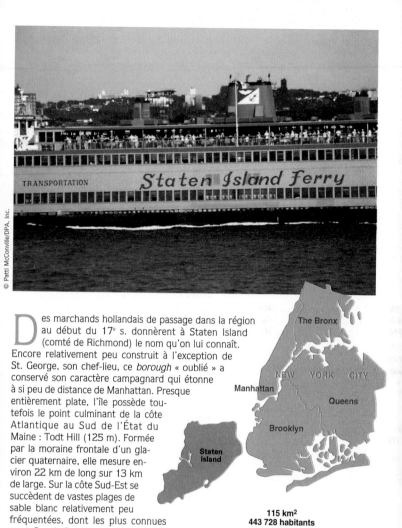

© Patti McConville/DPA. Inc.

TRANSPORTATION — Staten Island ferry

The Bronx

NEW YORK CITY

Manhattan

Queens

Brooklyn

Staten Island

115 km²
443 728 habitants

Des marchands hollandais de passage dans la région au début du 17ᵉ s. donnèrent à Staten Island (comté de Richmond) le nom qu'on lui connaît. Encore relativement peu construit à l'exception de St. George, son chef-lieu, ce *borough* « oublié » a conservé son caractère campagnard qui étonne à si peu de distance de Manhattan. Presque entièrement plate, l'île possède toutefois le point culminant de la côte Atlantique au Sud de l'État du Maine : Todt Hill (125 m). Formée par la moraine frontale d'un glacier quaternaire, elle mesure environ 22 km de long sur 13 km de large. Sur la côte Sud-Est se succèdent de vastes plages de sable blanc relativement peu fréquentées, dont les plus connues sont South Beach et le Gateway National Recreation Area (ce dernier comprenant Great Kills Park et Miller Field).

Ce n'est qu'en 1661 que des familles hollandaises et françaises protestantes fondèrent la première colonie permanente de Staten Island, à Oude Dorp. Au cours des deux siècles suivants, l'île connut une longue période de prospérité, à la faveur d'une industrie agricole destinée à l'approvisionnement des marchés de Manhattan et du New Jersey. Après s'être jointe aux autres *boroughs* en 1898, Staten Island se développa rapidement, attirant à la fois des immigrants industrieux vers ses fermes et ses usines, et toute une classe aisée vers ses hôtels de villégiature. Cette poussée démographique prit fin après la Première Guerre mondiale, lorsque beaucoup d'insulaires partirent chercher fortune sur le continent. Mais elle reprit en 1964 avec l'ouverture du Verrazano Narrows Bridge, qui s'accompagna d'un nouvel afflux d'habitants venus de Manhattan s'établir ici pour échapper à l'agitation de la grande métropole.

Aujourd'hui, Staten Island est avant tout une ville-dortoir, beaucoup plus proche du New Jersey que de New York par son économie et sa culture. En 1993, en réaction aux problèmes urbains des dernières années, les habitants de l'île se sont prononcés en faveur d'une séparation administrative de Manhattan. Le problème n'est plus en tête des questions politiques, la décision finale appartient néanmoins à l'Assemblée législative de l'État à Albany, qui devra statuer.

299

STATEN ISLAND ET ENVIRONS *Voir plan p. 301*

Pour visiter les sites suivants, prendre le bus au départ de la gare maritime de St. George ou, pour certaines directions, le Staten Island Rapid Transit.

★**Staten Island Ferry** –  *Départ de la gare maritime de Whitehall (Manhattan), avec arrivée à celle de St. George (Staten Island), tlj 24 h/24 toutes les 30 mn (toutes les heures à partir de 23 h). Traversée 30 mn. 3 $/voiture (gratuit pour les piétons).* ✗ ⚒ ⊡ *(5,50 $, au terminal St. George uniquement) www.siferry.com* ☎ *718-815-2628.* Toute visite de New York devrait prévoir une traversée sur le célèbre ferry de Staten Island, dont l'exploitation fit la fortune des Vanderbilt. Sur son trajet de 8 km *(30 mn)* exposé aux vents, le ferry longe la statue de la Liberté et offre des **vues**★★★ magnifiques sur Manhattan et la baie. Il fonctionne jour et nuit et transporte environ 20 millions de passagers par an.

St. George (BY) – Siège du gouvernement du comté et du *borough* depuis 1920, cette petite ville d'aspect provincial à la pointe Nord-Est de Staten Island, face à Manhattan, est entourée de pavillons de banlieue et de jardins. C'est devant St. George qu'était imposée, dans les années 1850, la quarantaine aux navires arrivant d'Outre-Atlantique. La gare maritime, rénovée en 2003, comporte aujourd'hui un mur transparent de 12 m de haut, des boutiques, des restaurants et une esplanade.

Staten Island Ferry Collection of SIIAS (BY M¹) –  *Dans la grande salle d'attente de la gare maritime de St. George. Ouv. toute l'année 9 h-15 h. Fermé principaux j. fériés. 1 $.* ✗ ⚒ ☎ *718-727-1135.* Cette modeste exposition relate l'histoire du ferry de Staten Island au moyen de photographies et d'objets divers. On remarquera notamment des roues à aubes, des sifflets et des modèles réduits d'une grande précision. La boutique du musée offre des souvenirs et des pièces d'art nautique.

Staten Island Institute of Arts and Sciences (BY M²) –  *75 Stuyvesant Place. De la gare maritime de Staten Island, marcher en direction de l'Ouest et tourner à gauche dans Wall St. Continuer jusqu'à la hauteur de Stuyvesant Place. Ouv. toute l'année lun.-sam. 9 h-17 h, dim. 13 h-17 h. Fermé principaux j. fériés. 2,50 $.* ⚒ ⊡ ☎ *718-727-1135.* Fondée en 1881, la plus vieille institution culturelle de Staten Island présente d'intéressantes collections illustrant l'histoire, la géologie, la flore et la faune de l'île. Elle propose par ailleurs de fréquentes expositions de peinture, de sculpture, d'arts graphiques, de mobilier et de photographie.

★**Alice Austen House Museum** (BY A) – *2 Hylan Blvd. De la gare maritime de Staten Island, prendre le bus S51. Ouv. mars-déc. : jeu.-dim. 12 h-17 h. Fermé dim. de Pâques, Thanksgiving & 25 déc. 2 $.* ⚒ ☎ *718-816-4506.* Photographe d'avant-garde, Alice Austen (1866-1952) dressa un fascinant témoignage de la vie à New York au tournant du 20e s., capturant à la fois le faste des réunions mondaines et d'émouvantes scènes de la vie immigrante. Son cottage victorien, aujourd'hui restauré, abrite des épreuves tirées de ses négatifs sur plaques de verre, ainsi que des expositions temporaires. De la véranda, on obtient de très belles **vues**★★ du port et de Manhattan en arrière-plan.

Maison d'Alice Austen

Snug Harbor Cultural Center (BY) – *1000 Richmond Terrace. De la gare maritime de Staten Island, prendre le bus S40. Ouv. tlj du lever au coucher du soleil. Fermé 1er janv., Thanksgiving & 25 déc. Visite guidée (45mn) w.-end 14 h, sauf en hiver. ✕ ㅎ 🅿 ☎ 718-448-2500.* Établie en 1801, cette ancienne maison de retraite pour marins se compose de 28 bâtiments (restaurés) répartis sur un terrain de 33,5 ha. Certains, de style néogrec, surplombent le bras de mer Kill van Kull. Parmi eux figure le **Newhouse Center for Contemporary Art** *(Bât. C ; ouv. mer.-ven. & dim. 11 h-17 h, sam. 11 h-19 h ; 2 $)* qui, parallèlement aux expositions, accueille des artistes dans une trentaine d'ateliers. Des concerts, expositions et spectacles divers sont donnés toute l'année à Snug Harbor.

Staten Island Botanical Garden – *Ouv. tlj du lever au coucher du soleil. ✕ ㅎ 🅿 www.sibg.org ☎ 718-273-8200.* Une promenade à travers ce charmant jardin révèle des parterres à l'anglaise, un jardin d'herbes conçu pour attirer les papillons et une serre où poussent des orchidées et diverses autres plantes tropicales.

Staten Island Children's Museum – Enfants *Ouv. juil.-août : mar.-dim. 11 h-17 h ; reste de l'année : mar.-dim. 12 h-17 h. Fermé 2e-4e sem. de sept. & principaux j. fériés. 4 $. ✕ ㅎ 🅿 ☎ 718-273-2060.* Ce musée s'adresse tout spécialement aux enfants de deux à douze ans. Les activités qu'il propose leur permettent de s'éduquer par le jeu, l'image, les travaux manuels et la visite sur le terrain.

Staten Island Zoo (BY) – Enfants *614 Broadway. De la gare maritime de Staten Island, prendre le bus S48 jusqu'à l'angle de Forest Av. & Broadway. Tourner à gauche dans Broadway et continuer jusqu'au zoo. Ouv. tlj 10 h-16 h45. Fermé 1er janv., Thanksgiving & 25 déc. 5 $ (gratuit mer. après 14 h).* ✗ ♿ 🅿 *www.statenislandzoo.org* ☎ *718-442-3100.* Aménagé dans Barrett Park, ce petit zoo ouvert en 1936 possède une importante collection de serpents et de reptiles.

★**Jacques Marchais Museum of Tibetan Art (BZ B)** – *338 Lighthouse Av. De la gare maritime de Staten Island, prendre le bus S74 jusqu'à Lighthouse Av. Tourner à droite et remonter la colline. Ouv. mer.-dim. 13 h-17 h. Fermé Thanksgiving & 25 déc.-1er janv. 5 $. Visite guidée. www.tibetanmuseum.com* ☎ *718-987-3500.* Perché sur Lighthouse Hill dans des jardins enchanteurs, ce musée possède une remarquable collection d'objets d'art illustrant la culture, la religion et la mythologie du Tibet, du Népal, de la Chine, de la Mongolie et de l'Inde. L'ensemble a été aménagé de manière à évoquer un petit temple de montagne bouddhiste. Parmi les œuvres exposées figurent un autel bouddhiste ainsi qu'une *thangka* tibétaine, grand parchemin représentant la verte Tara, déesse de la compassion universelle. Cette œuvre picturale peinte au 17e s. a été minutieusement restaurée par un artiste tibétain, Pema Wangyal, selon des techniques artisanales traditionnelles.

Greenbelt Environmental Education Dept./High Rock Park (BY C) – *200 Nevada Av. De la gare maritime de Staten Island, prendre le bus S62 jusqu'à l'angle de Victory Blvd & Manor Rd. puis le S54 jusqu'à Rockland Av. Tourner à droite dans Nevada Av. Ouv. tlj 9 h-17 h.* 🅿 *www.sigreenbelt.org* ☎ *718-667-2165.* Cette réserve forestière au centre de l'île, dont le terrain varié, la faune et la flore font un agréable but de promenade, présente une cinquantaine de kilomètres de sentiers. Des aires de jeux, un golf 18 trous et la réplique d'un manège Belle Époque ajoutent à son attrait. Le Greenbelt organise des stages et ateliers sur l'environnement *(sur rendez-vous)*, et accueille un large éventail de manifestations. Il vient de se doter d'un nouveau centre de nature *(2003).*

★**Historic Richmond Town (BZ)** – Enfants *441 Clarke Av. De Richmond Rd., prendre à gauche St. Patrick's Place puis à droite Clarke Av., ou prendre le bus S74 au départ de la gare maritime de Staten Island. Ouv. juil.-août : mer.-ven. 10 h-17 h, w.-end 13 h-17 h ; reste de l'année :mer.-dim. 13 h-17 h. Fermé 1er janv., dim. de Pâques, Thanksgiving & 25 déc. 5 $.* ✗ 🅿 ☎ *718-351-1611.* Billets en vente au centre d'accueil du palais de justice *(voir ci-dessous).* Situé dans Richmond Town, l'un des premiers établissements de l'île qui en est aussi le centre géographique, ce village historique se compose de 27 bâtiments restaurés, tous ouverts au public. Maisons, boutiques d'artisanat, ateliers, école, animés par les villageois en costume d'époque, retracent la vie de cette communauté du 17e au 19e s. À l'occasion, des artisans procèdent à des démonstrations de techniques d'antan.

 Old Bermuda Inn Restaurant
Voir plan p. 301.
2512 Arthur Kill Rd., à l'angle de Bloomingdale Rd. & de Rossville Av. ☎ *718-948-7600.* Cette luxueuse résidence victorienne, construite en 1830, abrite désormais un restaurant. On y trouve des salles dotées de cheminées, des serveurs en costumes d'époque, des antiquités dignes d'un musée, des portraits des vieilles familles de Staten Island... et même un sympathique fantôme, qui serait l'ancienne maîtresse de maison, Martha Mesereau, attendant le retour de son mari après la guerre de Sécession. La cuisine est bonne et les prix abordables. Essayez donc le brunch du dimanche : il vaut à lui seul la traversée en ferry.

Visitor Orientation Center – Le centre d'accueil des visiteurs occupe un imposant édifice de style néogrec (1837), qui fut le troisième **palais de justice** construit à cet usage du temps où le gouvernement du comté siégeait à Richmond Town.

Staten Island Historical Society Museum – Certaines parties de cet élégant bâtiment en brique datent du 19e s., époque à laquelle il servait de bureau au greffier du tribunal de comté et au tribunal des successions. Divers objets et documents exposés retracent l'histoire de l'île.

Stephens-Black House – Ce bâtiment, situé face au bureau d'accueil, fut la résidence de la famille Stephen D. Stephens qui tint le magasin adjacent jusqu'en 1870. La maison est garnie de meubles datant du milieu du 19e s., et la boutique renferme des marchandises vendues à l'époque de la guerre de Sécession. De part et d'autre, l'**imprimerie** (Print Shop) et la **ferblanterie** (Tinsmith Shop) sont des bâtiments d'origine. Selon la saison, on y voit des artisans travailler comme autrefois, pour le plus grand plaisir des visiteurs. Des souvenirs nostalgiques de l'enfance (poupées, jeux et jouets) sont présentés aux étages supérieurs de **Bennett House.**

De l'autre côté de Richmond Road s'élève une demeure de style colonial hollandais, **Guyon-Lake-Tysen House**, construite au milieu du 18e s. Son aménagement intérieur est très représentatif de l'époque. Des démonstrations de tissage et de filage sont proposées en saison.

Treasure House – Il s'agit d'une ancienne tannerie établie au début du 18e s. par un protestant français émigré. Un siècle plus tard, le propriétaire des lieux découvrait un trésor dissimulé dans les murs : 7 000 dollars en or.

Voorlezer House – Construit à la fin du 17e s., ce bâtiment fut utilisé à l'origine comme église, résidence du clerc *(voorlezer)* et comme école paroissiale. Il s'agirait d'ailleurs peut-être du plus ancien établissement d'enseignement primaire des États-Unis.

Moravian Cemetery (BY) – *Ce paisible cimetière dépend d'une église des Frères Moraves, secte fondée au 15e s. en Bohême (Moravie). Ralliés au protestantisme durant le 17e s., les Frères Moraves professaient une doctrine austère fondée sur la stricte observation des préceptes de la Bible. L'église blanche, à l'entrée, fut reconstruite en 1845 par la famille Vanderbilt dont l'un des membres avait adhéré à la secte au 17e s. L'église d'origine (1763), de style colonial hollandais, sert aujourd'hui de bureau administratif.*

Conference House (AZ) – *7455 Hylan Blvd. Prendre le bus S78 au départ de la gare maritime de Staten Island. Arrêt : Craig Av. Se diriger vers Satterlee au Sud, puis prendre à droite. Ouv. mai-déc. : ven.-dim. 13 h-16 h. 2 $. www.nycparks.org* ☎ *718-984-6046.* Situé à la pointe Sud-Ouest de Staten Island, ce bâtiment fut baptisé en souvenir des négociations qui s'y déroulèrent entre Anglais et Américains (John Adams et Benjamin Franklin) le 11 septembre 1776 après la bataille de Long Island, dans une vaine tentative de mettre fin à la menace de la guerre d'Indépendance. L'édifice (17e s.), restauré, abrite aujourd'hui un musée historique. Son intérieur, orné d'objets du 18e s., évoque l'époque à laquelle vivait le propriétaire original des lieux, le colonel Christopher Billtop. Du rivage s'offrent de magnifiques vues sur la rivière, la baie et l'État du New Jersey.

Kykuit, vallée de l'Hudson.

Environs
de New York

RENSEIGNEMENTS PRATIQUES

Comment s'y rendre

Train – La vallée de l'Hudson est desservie par les trains *(voir p. 30)* du New Jersey Transit et d'Amtrak au départ de la gare de Penn Station (Manhattan), et par ceux de Metro-North (au départ de la gare du Grand Central Terminal). Les trains du Long Island Railroad se prennent quant à eux au départ de Penn Station.

À savoir

Où s'informer – Le visiteur trouvera, auprès des offices suivants, des cartes et toutes sortes de renseignements sur l'hébergement, les événements saisonniers et les loisirs : **Historic Hudson Valley** *(www.hudsonvalley.org* ☎ *914-631-8200)* ; **Hudson Valley Tourism** *(www.travelhudsonvalley.org* ☎ *800-232-4782)* ; **Long Island Convention & Visitors Bureau** *(www.licvb.com* ☎ *631-951-3440 ou 877-FUN-ONLI, appel gratuit aux États-Unis)*.

Hébergement – **Motels** et **hôtels** : Poughkeepsie, Newburgh, Rhinebeck ou Tarrytown (vallée de l'Hudson) ; Bay Shore ou Montauk (Long Island). **Bed and Breakfasts** : Cold Spring, Warwick ou Rhinebeck (vallée de l'Hudson) ; Shelter Island ou les Hamptons (Long Island).
Réservations (Bed and Beakfasts) : American Country Collection *(1353 Union St., Schenectady NY 12308 ; www.bandbreservations.com* ☎ *518-370-4948 ou 800-810-4948)* ; A Reasonable Alternative *(117 Spring St., Port Jefferson NY 11777 ; www.areasonablealternative.com* ☎ *631-928-4034)*.

Camping – Parcs d'État *(www.nysparks.com)* : Harriman *(Bear Mountain* ☎ *845-786-2701)*, Fahnestock *(Carmel* ☎ *845-225-7207)* et Mills-Norrie *(Staatsburg* ☎ *845-889-4646)* pour la vallée de l'Hudson ; Hither Hills *(Montauk* ☎ *631-668-2554)*, Heckscher *(East Slip* ☎ *631-581-2100)* et Wildwood *(Wading River* ☎ *631-929-4314)* pour Long Island. Les deux régions possèdent également de nombreux terrains de camping relevant du secteur privé.

À faire

Croisières – Promenades en bateau sur le cours inférieur de l'Hudson : **Great Hudson Sailing Center** *(départ de Haverstraw avr.-oct. ; 2 h ; www.greathudson-sailing.com* ☎ *845-429-1557 ou 800-237-1557)* et **Hudson Highlands Cruises** *(départ de West Haverstraw & West Point mai-oct. ; 1 h-3 h ; www.comman-derboat.com* ☎ *845-534-7245)*. **Croisières d'observation des baleines** *(départ de Montauk juil.-août ; Viking Fleet : www.vikingfleet.com* ☎ *631-668-5700)*.

Activités récréatives – **Cyclisme** : location de bicyclettes dans de nombreuses localités de la région ; pour plus de détails, contacter les organismes mentionnés à la rubrique Où s'informer *(voir ci-dessus)*. **Rails-to-Trails Conservancy** *(www.rail-strails.org* ☎ *202-7331-9696)* entretient d'anciennes voies ferrées converties en pistes cyclables et en sentiers de marche.
Randonnée : pour tout renseignement et pour se procurer des cartes, s'adresser à **New York-New Jersey Trail Conference** *(www.nynjtc.org* ☎ *201-512-9348)* ou à **Long Island Greenbelt Trail Conference** *(www.hike-li.com/ligtc* ☎ *631-360-0753)*.
Équitation : activité très populaire à Long Island, où les locations de chevaux sont fort nombreuses ; centres équestres à Stanfordville et Peekskill (vallée de l'Hudson).

Plages – Plusieurs parcs d'État possèdent des plages publiques, dont nous mentionnerons ici quelques exemples : **Heckscher** à East Islip *(*☎ *631-581-2100)*, **Hither Hills** à Montauk *(*☎ *631-669-2554)*, **Jones Beach** à Wantagh *(*☎ *631-785-1600)*, **Orient Beach** à Orient *(*☎ *631-323-2440)*, **Robert Moses** à Fire Island *(*☎ *631-669-0449)*, **Sunken Meadow** à Kings Park *(*☎ *631-269-4333)* et **Wildwood** à Wading River *(*☎ *631-929-4314)*. De juillet à septembre, la température de l'eau est suffisamment plaisante pour pouvoir s'adonner aux joies de la baignade.

HUDSON RIVER Valley★★★

Vallée de l'HUDSON

Voir carte p. 310

Informations touristiques ☎ 845-291-2136 ou www.enjoyhv.com

L'Hudson prend sa source dans les Adirondacks et se jette dans la mer après avoir parcouru plus de 500 km. Il est relié aux Grands Lacs par le canal Érié, qui fut autrefois une voie très fréquentée entre les villes d'Albany (capitale de l'État de New York) et de Buffalo (sur le lac Érié, près du Niagara). Ce fleuve majestueux, qui traverse un décor romantique, voire grandiose, où alternent tour à tour montagnes escarpées et pics boisés, a été célébré par les écrivains et surtout, au milieu du 19e s., par les peintres de l'école de l'Hudson, dont les plus illustres représentants sont Thomas Cole, Albert Bierstadt et Frederic Edwin Church.

PROMENADE EN VOITURE *environ 290 km aller-retour*

Cet itinéraire ne couvre que le cours inférieur de l'Hudson qu'il faut longer de préférence à l'automne, lorsque l'été indien revêt d'or le manteau de forêts dévalant jusqu'au fleuve. Nous recommandons à ceux qui ne disposent que d'une journée de remonter la vallée par la rive Est et de revenir par la rive Ouest afin d'éviter d'avoir le soleil dans les yeux. Les routes 9 à l'aller, et 9 West au retour, procureront quelques échappées sur l'Hudson.

Rive Est

Quitter Manhattan par l'Henry Hudson Pkwy., puis prendre la Saw Mill River Pkwy. vers le Nord. Sortie 9, Executive Blvd. Suivre ce dernier jusqu'à sa fin. Tourner à gauche dans Broadway puis prendre la première à droite Odell Av. À la fin d'Odell Av., tourner à gauche dans Warburton Av., et continuer sur 2 km.

Hudson River Museum, à **Yonkers** – *511 Warburton Av. Ouv. toute l'année mer.-dim. 12 h-17 h (mai-sept. : ven. jusqu'à 21 h). Fermé principaux j. fériés. 5 $.* ✗ ⌖ 🅿 *www.hrm.org* ☎ *914-963-4550.* Située sur les berges de l'Hudson, Glenview est une demeure en pierre de style victorien, qui fut construite en 1876 pour John Trevor, homme d'affaires local. L'intérieur comprend plusieurs pièces restaurées, de style Eastlake et néogothique, évoquant la vie d'une famille de la haute bourgeoisie au 19e s. Une aile moderne, ajoutée en 1969, propose des expositions temporaires sur l'art, l'histoire et la science.

Consacré au monde des étoiles, l'Andrus Planetarium présente des spectacles d'astronomie à l'aide du planétaire Zeiss M1015 *(ven. gratuit jusqu'à 19 h ; w.-end 13 h30, 14 h30 & 15 h30 ; 5 $).*

Après Yonkers, quitter le Saw Mill River Pkwy. à la sortie Ashford Av.-Dobbs Ferry. Suivre Ashford Av. vers l'Ouest, puis prendre à droite Broadway (route 9). Après Irvington, prendre à gauche W. Sunnyside Lane.

★**Sunnyside**, à **Tarrytown** – *W. Sunnyside Lane (accès par la route 9). Visite guidée (1 h) uniquement. Mars : w.-end 10 h-16 h ; avr.-oct. : mer.-lun. 10 h-17 h ; nov.-déc. mer.-lun. 10 h-16 h. Fermé janv.-fév., Thanksgiving & 25 déc. 9 $. Forfait possible pour la visite de Sunnyside, Philipsburg et Van Cortlandt.* 🅿 *www.hudsonvalley.org* ☎ *914-591-8763.* Sunnyside est l'ancienne propriété de l'humoriste et

Sunnyside, la demeure de Washington Irving.

● **The Castle at Tarrytown**
À Tarrytown, 400 Benedict Av. www.castleonthehudson.com ☎ 914-631-1980 ou 800-616-4487.
Avec ses airs de château médiéval (tours et fenêtres en cintre ne manquent pas à l'appel), la demeure est juchée sur une colline dominant l'Hudson à 15 km au Nord de New York. À l'intérieur, vitraux, tapis orientaux et tapisseries anciennes réchauffent poutres et pierres. Les 31 chambres sont dûment décorées de lits ventrus à baldaquin et de lustres. Il faut absolument essayer la table de l'**Equus**, où vous attend dans la vénérable Oak Room un festin de turbot aux jeunes artichauts ou de veau aux cardons en sauce à l'échalote.

érudit **Washington Irving** (1783-1859), qui l'acheta en 1835 et y vécut de temps à autre durant les 25 dernières années de sa vie. Pittoresque mélange d'influences hollandaise, écossaise et espagnole, la maison (aujourd'hui convertie en musée) contient de nombreux meubles et souvenirs de l'écrivain qui, sous le nom de Diedrich Knickerbocker, publia la parodie du premier guide touristique sur New York, ironisant sur la période hollandaise. La bibliothèque est d'un intérêt particulier. Le domaine s'étend sur la rive orientale de l'Hudson, et ses 8 ha, aménagés dans le style paysager du 19ᵉ s., offrent des vues splendides du fleuve.

Continuer sur la route 9 en direction du Nord.

★**Lyndhurst**, à **Tarrytown** – *Route 9. Ouv. mi-avr.-oct. : mar.-dim. 10 h-17 h ; reste de l'année : sam.-dim. 10 h-16 h. Fermé 1ᵉʳ janv., Thanksgiving & 25 déc. 10 $. Visite guidée.* ✗ *(l'été)* ▯ *www.lyndhurst.org* ☎ *914-631-4481.* Perchée sur une falaise boisée dominant le fleuve, la pittoresque silhouette de Lyndhurst évoque de loin une demeure seigneuriale des bords du Rhin. C'était à l'origine une villa de deux étages qui fut construite en 1838 par Alexander Jackson Davis pour un ancien maire de New York, William Paulding. La maison fut agrandie en 1865 pour son propriétaire suivant, George Merritt. En 1880, le riche financier Jay Gould racheta cette propriété de 27 ha, et Lyndhurst resta dans sa famille jusqu'à la mort de sa fille, la duchesse de Talleyrand-Périgord, en 1961. Éclatante expression de style néogothique, la demeure compte d'innombrables tourelles, pinacles et porches qui accentuent sa forme irrégulière. À l'intérieur, les éléments décoratifs gothiques dominent : plafonds voûtés et nervurés, vitraux, arches et mobilier très lourd. Dans la salle à manger, noter les colonnettes en simili marbre et les tentures murales en cuir, très en vogue au 19ᵉ s. Dehors, se promener à pied ou en voiture pour jouir de jolies vues sur la demeure et les jardins.

Continuer sur la route 9 en direction du Nord jusqu'à Sleepy Hollow (anciennement North Tarrytown).

★**Philipsburg Manor**, à **Sleepy Hollow** – *Route 9. Visite guidée (1 h) uniquement. Mars : w.-end 10 h-16 h ; avr.-oct. : mer.-lun. 10 h-17 h ; nov.-déc. : mer.-lun. 10 h-16 h. Fermé janv.-fév., Thanksgiving & 25 déc. 9 $. Forfait possible pour la visite de Sunnyside, Philipsburg et Van Cortlandt.* ✗ ▯ *www.hudsonvalley.org* ☎ *914-631-3992.* Ce site évoque l'époque du régime seigneurial sous lequel fut

Philipsburg Manor.

colonisée une grande partie de la vallée de l'Hudson. À son apogée, la famille Philips jouissait d'une charte royale lui octroyant le contrôle de 21 053 ha de terres le long de l'Hudson. Elle fit construire, sur le bord de la Pocantino River, un manoir de pierre qui servait avant tout de bureau et de moulin à eau ; c'est ici que les fermiers censitaires faisaient moudre le grain qu'ils offraient en redevance pour la jouissance de leur terre. L'exploitation de trois moulins, jointe à un florissant réseau de négoce et à une non moins prospère entreprise de navigation, firent du clan Philips la plus riche famille des colonies. Outre l'ancien manoir, que l'on a meublé d'après le contenu d'un inventaire testamentaire, la propriété contient un moulin reconstruit ainsi qu'une grange et une maison de ferme.

■ Les seigneurs du fleuve

En 1629, la Compagnie hollandaise des Indes occidentales consentit à ses actionnaires des terrains bordant l'Hudson, afin d'encourager la colonisation privée de la Nouvelle Hollande sans y insuffler de capitaux ; chacun des planteurs (surnommés « patroons » ou « protecteurs ») s'engageait à y envoyer, sous 4 ans, 50 métayers chargés d'exploiter sa bande de 25 km le long du fleuve. Unique en Amérique, ce système féodal ne connut pas le succès escompté : les propriétaires absents négligeant leurs terres n'attiraient que de rares colons. Néanmoins, lorsque les Anglais prirent possession du territoire en 1664, ils convertirent ces « protectorats » en domaines seigneuriaux, continuant à attribuer les terres longeant le fleuve à de riches familles. Le terrain disponible se raréfiant, les fermiers furent contraints de se métayer et, peu à peu, des familles comme les Van Rensselaer, les Beekman et les Livingston formèrent le « gratin » de ce qu'il faut bien appeler la « noblesse » locale. De violents soulèvements de métayers conduisirent à l'élaboration de la nouvelle constitution de 1846 qui abolissait les « baux féodaux ». Les nouvelles générations de l'aristocratie américaine (celle des Vanderbilt, des Gould et des Rockefeller) ne tardèrent pas à construire des demeures au milieu des vénérables propriétés de la vallée de l'Hudson. Aujourd'hui, une remarquable concentration de demeures et domaines historiques témoigne de ce que fut la colonisation hollandaise.

★★ Kykuit – *Route 9 Nord. Visite guidée (2 h) uniquement, départ du centre d'accueil de Philipsburg Manor. Mai-oct. : mer.-lun. 9 h-16 h. Fermé nov.-avr. 22 $. Réservation conseillée.* ✗ ♿ 🅿 *www.hudsonvalley.org* ☎ *914-631-8200 poste 619.*

L'une des dernières grandes résidences à être construites dans la vallée de l'Hudson, Kykuit (« poste d'observation » en néerlandais) retrace la vie de quatre générations de la famille Rockefeller. **John D. Rockefeller Jr** *(voir Index)* la fit construire pour son père, le fondateur de la grande société pétrolière Standard Oil. Bâtie entre 1906 et 1913, la demeure laissait beaucoup à désirer. On y apporta donc de nombreuses modifications, notamment l'ajout d'une façade d'inspiration Beaux-Arts. Le nouvel aménagement convenait mieux à l'agencement des pièces, qui illustrent bien le style néoclassique adapté aux grandes maisons de campagne anglaises (noter particulièrement les ornements de plâtre). Le décor actuel évoque le séjour de **Nelson Rockefeller** (ancien gouverneur de l'État de New York) et de sa femme Happy, qui emménagèrent ici en 1963 (les parents de Nelson y

© Scott Barrow

Le Bon Samaritain (vitrail), exécuté par Marc Chagall pour Union Church.

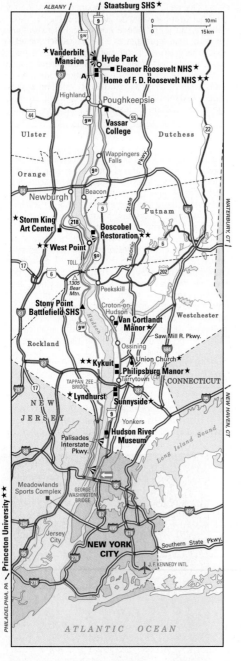

avaient vécu auparavant). La maison regorgea bientôt d'antiquités, de céramiques des dynasties Han, Tang et Ming, de porcelaines fines, et d'œuvres tirées de la **collection**★ de Nelson Rockefeller, dont la passion pour l'art contemporain, notamment la sculpture, lui venait de sa mère, l'une des fondatrices du musée d'Art moderne de New York. Parmi les trésors exposés dans les galeries du sous-sol se trouve une remarquable tapisserie de Picasso.

Les **jardins**★ et terrasses de Kykuit, conçus dans le style Beaux-Arts par William Welles Bosworth (auquel on doit aussi la façade de la maison), s'inspirent des jardins en terrasse de l'Italie. Nelson y disposa, avec le plus grand soin, quelque 70 sculptures qui ne font qu'amplifier la beauté des lieux. De superbes **vues**★ de la rivière, surtout depuis la véranda Ouest, se conjuguent à la splendeur des jardins et des œuvres d'art pour composer des tableaux d'une grande beauté.

Juste au Nord de Kykuit, sur Bedford Road (route 448), s'élève l'**Union Church of Pocantico Hills**★ (ouv. avr.-déc. : lun. & mer.-ven. 11h-17h, sam. 10h-17h, dim. 14h-17h ; fermé janv.-mars, Thanksgiving & 25 déc. ; 4$; & ▣ www.hudsonvalley.org ☎ 914-332-6659), temple protestant non confessionnel érigé sur la propriété des Rockefeller en 1921. Son attrait principal est un groupe de **vitraux**★ conçus par Henri Matisse et Marc Chagall, à la demande des Rockefeller. Matisse achva la rosace aux chatoyantes teintes de bleu pâle, jaune clair et vert foncé deux jours avant sa mort. Chagall créa pour sa part le grand vitrail à l'arrière du temple ainsi que huit panneaux évoquant des thèmes de l'Ancien Testament.

Reprendre la route 9 et continuer vers le Nord. Passer à Ossining (site de l'ancien pénitencier de Sing-Sing, aujourd'hui appelé Ossining Correctional Facility). Prendre la sortie Croton Point Av. Tourner à droite, puis encore à droite sur South Riverside Av.

★**Van Cortlandt Manor**, à Croton-on-Hudson – *Accès par la route 9 puis S. Riverside Av. Visite guidée (1h) uniquement. Avr.-oct. : mer.-lun. 10h-17h ; nov.-déc. : w.-end 10h-16h. Fermé janv.-mars, Thanksgiving & 25 déc. 9$. Forfait possible pour la visite de Sunnyside, Philipsburg et Van Cortlandt. ▣ www.hudsonvalley.org ☎ 914-271-8981. Résidence des Van Cortlandt pendant 260 ans, ce manoir a aujourd'hui retrouvé l'allure qu'il avait pendant la guerre d'Indépendance (1775-*

1783). Le propriétaire qui en administrait les 35 000 ha était alors Pierre Van Cortlandt, patriote et premier lieutenant-gouverneur de l'État de New York. La demeure aurait accueilli des personnalités aussi célèbres que Benjamin Franklin, La Fayette, le comte de Rochambeau et John Jay, premier président de la Cour suprême américaine. L'intérieur abrite le mobilier familial, les peintures et la vaisselle d'étain d'origine. Ne pas manquer la cuisine, avec son âtre, sa chaudière hollandaise et ses ustensiles. Les champs, les jardins et l'ensemble des bâtiments (dont la maison du passeur) évoquent la vie dans la vallée de l'Hudson au 18e s.

Reprendre la route 9 vers le Nord jusqu'à Peekskill, puis bifurquer à gauche pour prendre la route 6/202 vers l'Ouest. Au Bear Mountain Bridge (pont), prendre la route 9D vers le Nord.

La route, plongeant tantôt dans la vallée et remontant tantôt vers les sommets, offre de très beaux **panoramas** sur le fleuve et les hautes falaises appelées New Jersey Palisades.

★★**Boscobel Restoration** – *Route 9D à 6,5 km au Nord de la jonction avec la route 403. Visite guidée (45mn) uniquement. Avr.-oct. : mer.-lun. 9 h30-17 h ; nov.-déc. : mer.-lun 9 h30-16 h. Fermé janv.-mars, Thanksgiving & 25 déc. 10 $.* ▣ *www.boscobel.org* ☎ *845-265-3638.* Boscobel est une charmante demeure de style fédéral, située à l'écart de la route dans un parc dominant la vallée de l'Hudson. Les travaux, commencés par States Morris Dyckman (1755-1806) en 1804, furent achevés après sa mort par son épouse Élizabeth. Dans les années 1950, la propriété sur laquelle se trouvait initialement Boscobel fut vendue, et la maison en partie détruite. Un comité se forma alors dans le but d'acquérir ce chef-d'œuvre en péril et le bâtiment fut déplacé, pièce par pièce, près de Garrison. Là, dans un parc ressemblant à celui qu'elle avait quitté, la demeure fut reconstruite et réaménagée, et elle ouvrit ses portes au public en 1961. L'ensemble a la sobriété et l'élégance de son époque. Le corps central de la façade, avec ses fines colonnes et ses ornements sculptés, contraste avec l'extérieur dépouillé du bâtiment. L'intérieur présente des courbes gracieuses, des cheminées aux motifs classiques, des boiseries finement travaillées et un escalier d'honneur éclairé par une fenêtre de style palladien. La collection compte de nombreux meubles réalisés par le célèbre ébéniste new-yorkais Duncan Phyfe. Au sous-sol, une galerie est consacrée au mobilier de la période fédérale.

Continuer par la route 9D Nord, puis la route 9 Nord jusqu'à Poughkeepsie. Prendre ensuite la route 44/55 vers l'Est, et tourner à droite dans Raymond Av. (route 376).

Vassar College, à **Poughkeepsie** – *Raymond Av. www.vassar.edu* ☎ *845-437-7000.* Vassar compte parmi les universités privées les plus illustres du pays. Fondée en 1861, cette vénérable institution était alors réservée aux jeunes filles. Devenue mixte en 1969, elle accueille aujourd'hui 2 500 étudiants dont 42 % d'hommes. Les bâtiments du campus reflètent à la fois les tendances traditionnelles et modernes de l'architecture. Deux résidences universitaires à remarquer : Ferry House (1951, Marcel Breuer) et Noyes House (1958, Eero Saarinen). La bibliothèque, agrandie en 1976, abrite quelque 700 000 volumes.

Reprendre la route 9 et continuer vers le Nord.

Avant de pénétrer dans le village de Hyde Park, remarquer sur la gauche le campus du **Culinary Institute of America** (**A**), prestigieux établissement préparant ses élèves aux carrières de la restauration.

● **Culinary Institute of America**

À Hyde Park, 1946 Campus Dr. www.ciachef.edu ☎ *845-471-6608. Réservation requise.* C'est sur le site d'un ancien séminaire jésuite que sont installés les quatre restaurants du Culinary Institute of America (CIA). Ici, 2 100 apprentis-chefs cuisiniers apprennent leur métier sous la houlette d'enseignants de renommée mondiale. Si chacun des restaurants possède son style bien à lui, les quatre salles ont en commun une table d'exception et des étudiants aimables et zélés. **St. Andrew's Café** *(ouv. lun.-ven.)* propose une cuisine contemporaine qui met l'accent sur les ingrédients de saison ; **American Bounty** *(ouv. mar.-sam.)* exploite les richesses de la vallée de l'Hudson ; l'élégant **Escoffier** *(ouv. mar.-sam.)* plaira aux francophiles par son attachement aux classiques de la gastronomie française ; enfin, le **Ristorante Caterina de Medici** *(ouv. lun.-ven.)* mitonne une authentique cuisine régionale italienne. *Les quatre restaurants du CIA sont ouverts midi et soir. Tenue correcte exigée.*
Par ailleurs, le comptoir **Apple Pie Bakery Café** *(ouv. lun.-ven. 8 h-18h30, à consommer sur place ou à emporter)*, moins sophistiqué, offre depuis 2000 potages, salades, sandwichs, pains artisanaux et pâtisseries préparés par les étudiants de l'institut.

Hyde Park – *Route 9 à 9,5 km au Nord de Poughkeepsie.* Agréable lieu de villé-giature qui attirait autrefois la haute société new-yorkaise, Hyde Park acquit sa renommée sous la présidence de Franklin D. Roosevelt. Ce dernier, y passant régu-lièrement ses vacances, avait appelé l'endroit sa « Maison Blanche d'été ».

★★ **Home of Franklin D. Roosevelt National Historic Site** – *Route 9. Visite guidée (1 h) uni-quement, tlj 9 h-17 h. Jardins ouv. 7 h-crépuscule. Fermé 1er janv., Thanksgiving & 25 déc. 14 $.* ⚅ 🅿 *www.nps.gov/hofr* ☎ *845-229-9115.* Cette propriété fut acquise en 1867 par James Roosevelt, père de **Franklin Delano Roosevelt** qui naquit ici en 1882. La maison, baptisée Springwood, date du début du 19ᵉ s., mais a été modifiée et agrandie depuis, et son aménagement intérieur refait. Elle renferme, de même que la bibliothèque et le musée, de nombreux souvenirs du président disparu (1882-1945) et de sa famille, notamment de son épouse Eleanor. Dans le jardin, Top Cottage, la maison où il se retira en 1938, est dorénavant ouverte au public *(visite guidée au départ de la maison, mai-oct. : jeu.-dim.).* Dans l'ancienne roseraie, un simple monument funéraire en marbre blanc signale l'emplacement de la tombe de Roosevelt et de sa femme.

Franklin D. Roosevelt et son épouse (1941).

★**Eleanor Roosevelt National Historic Site** – *Route 9G. Visite guidée (35mn) uniquement. Mai-oct. : tlj 9 h-17 h ; reste de l'année : jeu.-lun. 9 h-16 h30. Fermé 1er janv., Thanksgiving & 25 déc. 8 $.* 🅿 *www.nps .gov/elro* ☎ *845-229-9422.* Ce site paisible sur les bords de la rivière Fall Kill a souvent ac-cueilli les Roosevelt lors de pro-menades ou de pique-niques fa-miliaux. En 1925, une petite maison en pierre fut construite sur la propriété. L'année sui-vante, **Eleanor Roosevelt** (1884-1962) et des amis installèrent des ateliers dans un nouveau bâtiment afin de procurer un travail et des revenus complé-mentaires aux paysans de la ré-gion. Après la Grande Dépres-sion, le bâtiment, reconverti en maison d'habitation et baptisé Val-Kill, devint la résidence pré-férée de la première dame des États-Unis. Après la mort de son mari, Eleanor Roosevelt y passa les dernières années de sa vie, y travaillant, y accueillant ses amis et y recevant des dignitaires étrangers.

★**Vanderbilt Mansion** – *Route 9, à 3,2 km au Nord de la maison de Franklin D. Roosevelt. Visite guidée (45mn) uniquement, tlj 9 h-17 h. Fermé 1er janv., Thanksgiving & 25 déc. 8 $.* ⚅ 🅿 *www.nps.gov/vama* ☎ *845-229-9115.* À quelque distance au Nord de Hyde Park, **Frederick W. Vanderbilt** et son épouse Louise firent construire cette somptueuse résidence de style Beaux-Arts dont la réalisa-tion (1896-1898) fut confiée au célèbre cabinet d'architectes McKim, Mead & White. La demeure, aujourd'hui devenue site historique national, témoigne désor-mais d'un passé révolu. Son intérieur contient un belle collection d'œuvres d'art et de meubles de la Renaissance à l'époque rococo. Quant aux jardins, ils repré-sentent l'un des meilleurs exemples de paysagisme romantique américain ; car avant que les Vanderbilt ne l'achètent, la propriété avait appartenu à plusieurs passionnés d'horticulture, dont le docteur David Hosack, célèbre botaniste qui y avait fait planter des arbres exotiques.

Au bas de la propriété, des sentiers de promenade au bord de l'eau offrent d'agréables **vues** vers le Nord et le Sud.

Continuer sur la route 9 (en direction du Nord) jusqu'à Staatsburgh.

★**Staatsburgh State Historic Site**, à Staatsburg – *Old Post Rd. (accès par la route 9). Visite guidée (1 h) uniquement. Avr.-fête du Travail : mar.-sam. 10 h-17 h, dim. 12 h-17 h. ; fête du Travail-oct. : mar.-dim 12 h-17 h. 5 $.* 🅿 *www.nysparks.com* ☎ *845-889-8851.* Érigée sur une propriété ayant appartenu à la famille de **Ruth Livingston Mills** depuis 1792, cette grandiose demeure de style Beaux-Arts renfermant 79 pièces dissimule une maison de style néogrec construite en 1832. Ogden et Ruth Mills, qui héritèrent de la propriété en 1890, confièrent aux architectes McKim, Mead & White le soin de transformer la demeure en un luxueux palais, propice aux réunions mondaines qui s'y dérouleraient tout au long de l'automne et de l'hiver.

The Beekman Arms & Delamater Inn

À Staatsburgh, 6387 Mill St. Accès par la route 9 depuis Rhinebeck. www.beekmandelamaterinn.com ☎ *845-876-7077 (Beekman Arms) ou* ☎ *845-896-7080 (Delamater Inn).* Les larges lattes du plancher, l'agréable cheminée de pierre et le salon Tap Room rappellent le temps où l'auberge accueillait les voyageurs à cheval qui empruntaient King's Highway (rebaptisée route 9). L'établissement (1766), qui a eu pour clients George Washington et Alexander Hamilton, comprend 63 chambres au confort bien contemporain (salles de bains privées, climatisation et téléphone avec accès Internet).

Il faut prendre le temps de musarder dans la galerie des antiquaires **Beekman Arms Antique Market** (derrière l'auberge), dont les 30 boutiques peuvent fournir aussi bien du mobilier primitif que des bijoux de prix ou des gravures. L'appétit ainsi aiguisé, on s'attablera au **Traphagen Restaurant** pour se régaler d'un filet de porc grillé, d'une canette rôtie ou d'une tourte à la dinde.

À quelques pas du Beekman Arms, la seconde auberge, **Delamater Inn** (1844), est un parfait exemple de style gothique américain Carpenter. quarante chambres sont distribuées dans les sept bâtiments, anciens ou modernes, de l'établissement. Chacune possède un réfrigérateur, et plus de la moitié d'entre elles sont dotées d'une cheminée en état de marche.

C'est à eux que l'on doit les deux ailes de la maison et les éléments décoratifs alors très en vogue. Mélange de demeure seigneuriale anglaise (noter l'entrée en bois massif) et de château français (la **salle à manger** Louis XVI n'a rien à envier aux autres résidences de la vallée en fait de grandeur, de luxe et de vue), la maison comptait quatorze salles de bains et autres commodités, pour le plus grand confort des invités. En fait, les pièces à l'usage des visiteurs et des invités éclipsaient les appartements privés de la famille, reflétant la fonction première de la demeure. Les meubles de Mme Mills sont disposés tels qu'ils l'étaient à l'époque. On dénote, dans ses touches personnelles, la grande fierté qu'elle tirait de son héritage colonial et révolutionnaire. Membre de l'illustre famille Livingston, elle se considérait comme la légitime héritière de Mme Astor, reine de la haute société new-yorkaise.

Chose exceptionnelle, la voie ferrée s'éloigne un peu de la rive le long de cette propriété. On peut donc emprunter des sentiers qui mènent au bord de la rivière.

Rive Ouest

Retourner à Poughkeepsie. Franchir l'Hudson et continuer sur la route 9W vers le Sud.

★**Storm King Art Center** – *Suivre la route 9 West jusqu'à la sortie Cornwall Hospital, puis prendre à gauche la route 107. À l'intersection, tourner à droite et suivre la route 32 Nord jusqu'au pont. Immédiatement après celui-ci, prendre à gauche Orr's Mill Rd. Ouv. avr.-oct. : tlj 11 h-17h30 ; de fin oct. à mi-nov. : 11 h-17 h. Fermé de mi-nov. à fin mars. 9 $.* 🅿 *www.skac.org* ☎ *845-534-3190.* Unique en son genre, ce musée de sculptures contemporaines en plein air couvre 202 ha de prairies, de collines, de forêts et de pelouses. Parmi les grands noms représentés, citons Alexander Calder *(The Arch)*, Mark di Suvero, Alexander Liberman *(Iliad)*, Henry Moore, Louise Nevelson, Isamu Noguchi *(Momo Taro)* et David Smith. Les œuvres de grande taille sont souvent exposées dans un site spécialement aménagé pour elles. Une ancienne résidence privée de style dit

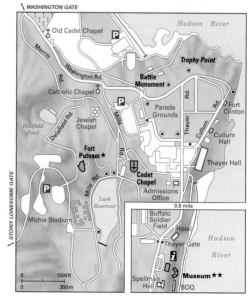

313

« normand », construite en 1935 et aujourd'hui transformée en musée, contient des sculptures plus petites ainsi que des collections de peinture et d' « art graphique » présentées par roulement.

★★**West Point** – *À 16 km au Sud-Est du site précédent, sur la route 218 Sud. Visite guidée (1 h), départ toutes les 45mn du centre d'accueil. Avr.-oct. : lun.-sam. & j. fériés 10 h-15 h30, dim. 11 h-15 h30 ; reste de l'année (si le temps le permet) : tlj 11 h15 & 13 h15. 7 $. Visite guidée (2 h) : mai-oct. : lun.-sam. 11 h15 & 13 h15, dim. 13 h15. 8 $. Pas de visite 1er janv., Thanksgiving & 25 déc., les samedis de match et pendant la semaine des examens.* ♿ 🅿 *www.usma.edu* ☎ *845-446-4724.* Le siège de la fameuse Académie militaire américaine, véritable Saint-Cyr des États-Unis, occupe un joli site sur une colline dominant l'Hudson. En 1778, un poste militaire y fut établi pour mieux protéger le grand fleuve, dont l'importance stratégique était évidente. Mais ce n'est qu'en 1802 que le Congrès en fit officiellement l'Académie militaire des États-Unis. À ses débuts, l'école comptait à peine cinq officiers et dix cadets. Elle réunit aujourd'hui plus de 4 200 élèves, hommes et femmes. Parmi les célébrités sorties de ses rangs, on peut citer les généraux MacArthur (promotion 1903), Patton (1909), Eisenhower (1915) et Schwartzkopf (1956), ainsi que les astronautes Borman (1950), Aldrin (1951), Collins (1952), White (1952) et Scott (1954).

Les bâtiments – Dans le **centre d'accueil des visiteurs** *(ouv. tlj 9 h-16 h45 ; fermé 1er janv., Thanksgiving & 25 déc. ; www.usma.edu* ☎ *845-938-2638)*, des films et des expositions présentent l'histoire et les curiosités de West Point, et montrent les différents aspects de la vie quotidienne d'un cadet.

Plusieurs bâtiments sont ouverts au public, comme la **chapelle des Cadets** *(visite guidée uniquement)*, bel exemple de style « militaire gothique » (1910). On peut également voir le **fort Putnam**★ *(ouv. les samedis de match uniquement)*, ouvrage du 18e s. restauré en 1907 puis en 1976, le **Battle Monument**, monument aux morts érigé à la mémoire des victimes de la guerre de Sécession, **Trophy Point**, d'où les troupes révolutionnaires lancèrent les chaînes destinées à empêcher les vaisseaux anglais de remonter l'Hudson.

Le **musée**★★ *(ouv. tlj 10 h30-16 h15 ; fermé 1er janv., Thanksgiving & 25 déc. ;* ♿ 🅿 ☎ *845-938-3590)* évoque la technique et l'histoire militaires à l'aide de dioramas, de documents et d'objets divers (épée de Napoléon, bâton du maréchal Goering, etc.). La collection d'armes permet de suivre l'évolution des moyens de défense et d'attaque de la guerre de Sécession à nos jours.

Les parades – *Fin avr.-mai & déb. sept.-nov. Renseignements : www.usma.edu* ☎ *845-938-2638.* De début septembre à novembre et de la mi-mars à mai se déroulent des revues militaires célèbres dans toute l'Amérique pour la précision avec laquelle les cadets manœuvrent tout en conservant cette rigidité de buste et ce léger tic de jambe qui caractérisent leur manière de défiler.

Continuant vers le Sud à descendre la vallée, la route 9W côtoie **Bear Mountain**, point culminant (397 m) du Palisades Interstate Park.

Stony Point Battlefield State Historic Site – *Park Rd. (accès par la route 9 Ouest). Ouv. avr.-oct. : lun.-sam. 10 h-16 h30, dim. 11 h-16 h30 ; reste de l'année : lun.-ven. 10 h-16 h si le temps le permet.* ♿ 🅿 *www.nysparks.state.ny.us* ☎ *845-786-2521.* Stony Point fut le cadre, en 1779, de violents affrontements au cours desquels les Anglais prirent d'assaut le poste fortifié de Kings Ferry, d'où ils pouvaient contrôler l'accès aux hautes terres de l'Hudson. Décidé à reprendre le poste, qui constituait un emplacement stratégique sur la ligne américaine de communi-

---

Découvrez la nature à New York !

Les zoos

Bronx Zoo★★★ *(voir p. 275)*
New York Aquarium★★ *(voir p. 290)*
Central Park Wildlife Conservation Center★ *(voir p. 192)*

Les jardins botaniques

New York Botanical Garden★★ *(voir p. 276)*
Planting Fields★★ *(voir p. 317)*
Brooklyn Botanical Garden★★ *(voir p. 285)*

Les jardins et parcs d'agrément

Central Park★★★ *(voir p. 189)*
Fort Tryon Park★★ *(voir p. 221)*
Old Westbury Gardens★ *(voir p. 321)*
Prospect Park★ *(voir p. 283)*

cations Est-Ouest, le général Anthony Wayne monta une attaque en juillet de la même année. Pris au dépourvu, les Anglais furent défaits en moins d'une heure. Cette bataille, la dernière dans le Nord du pays, raviva le moral des troupes américaines. Devenu un site historique, ce terrain inhospitalier balayé par les vents est parsemé de panneaux descriptifs et d'aires de pique-nique d'où l'on a de belles vues sur l'Hudson. Dans le **musée** *(lun.-ven. 2 $; w.-end : le ticket de parking de 5 $ comprend l'accès au musée)*, des expositions et une présentation vidéo *(12mn)* relatent les détails de l'affrontement. Sur ces lieux se trouve également le plus vieux phare de l'Hudson *(visite guidée 30mn uniquement. Avr.-oct. : w.-end 13 h30-16 h15 , mer. & jeu. 10 h-16 h sur rendez-vous)*. Celui-ci fut construit en 1826 à l'emplacement d'une ancienne poudrerie. Aujourd'hui restauré et remis en service, il possède une lentille de Fresnel d'époque.

Pour revenir sur New York, suivre le **Palisades Interstate Parkway** en direction du Sud (la route procure de superbes **vues★★** sur Yonkers, le Bronx et Manhattan) et prendre le pont George Washington.

LONG ISLAND★★

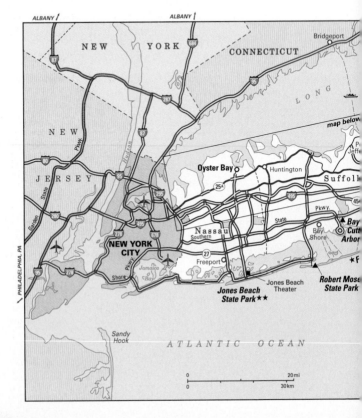

Voir carte ci-après

Informations touristiques ☎ 631-951-3440 ou www.licvb.com

Pour les New-Yorkais, Long Island (6 878 000 habitants) évoque à la fois une ban-lieue résidentielle et une région de détente. L'île, séparée du continent par le détroit de Long Island (Long Island Sound), mesure approximativement 200 km de long sur 32 km de large, et couvre une superficie de 4 462 km². Elle englobe à la fois les comtés de Nassau et de Suffolk, et deux des principaux *boroughs* de New York : Queens (comté de Queens) et Brooklyn (comté de Kings).

Centre urbain fortement peuplé à l'Ouest, Long Island revêt un aspect de plus en plus rural au fur et à mesure que l'on s'éloigne de la grande métropole américaine. L'île ne manque pas de personnalité, que l'on se promène dans la campagne doucement ondulée, parsemée de terrains de golf et de courts de tennis ou de cottages, que l'on suive la côte Nord, surnommée « Gold Coast » (côte d'Or) à cause de l'opulence de certaines résidences, ou encore la côte Sud, aux longues plages de sable blanc.

Très diversifiée, l'activité économique de Long Island repose sur les industries légères, les services et l'agriculture. Le comté de Suffolk est par exemple le plus grand pro-ducteur agricole de l'État de New York, et de nombreuses fermes se sont spécialisées dans les cultures maraîchères, l'élevage et les produits laitiers. Il convient également de noter les pommes de terre et les canetons, produits locaux recherchés, ainsi que les **vignobles** de North et de South Fork, particulièrement renommés pour leurs excel-lents merlots et chardonnays. Principalement exploités sur la côte Est de l'île, les fruits de mer (huîtres, palourdes, coquilles Saint-Jacques et homards) jouissent quant à eux d'une réputation méritée. Chaque jour, des bateaux de pêche appareillent des ports de la côte Sud et de Montauk Point, à l'extrémité Est de l'île.

CÔTE NORD

Bordée par le détroit de Long Island, la côte Nord présente une alternance d'échan-crures rocheuses, de plages, de bois touffus, de petites baies, de criques et de falaises escarpées. Elle se prolonge jusqu'à Orient Point par une péninsule longue d'une quarantaine de kilomètres.

★**Sands Point Preserve**, à **Port Washington** – *95 Middleneck Rd. Parc ouv. mar.-dim. 10 h-15 h. 6 $ (2 $ mai-oct.).* ⊞ *www.co.nassau.ny.us/parkmuse.html* ☎ *516-571-7900.* Le magnat des chemins de fer Jay Gould *(voir Index)* acheta cet ancien domaine en 1900. La propriété renferme deux magnifiques demeures qui reflètent

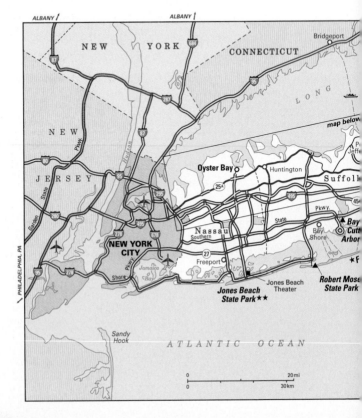

le style et les aspirations de la haute société new-yorkaise à son apogée. **Castlegould**, qui servait à l'origine d'écurie et de quartier des domestiques, abrite désormais un centre d'accueil et des expositions temporaires.

Hempstead House – *Visite guidée uniquement. Mai-oct. : mer.-dim. 12 h-15 h.* Construite en 1912, la résidence principale fut vendue par Jay Gould à Daniel Guggenheim en 1917. L'édifice, de style Tudor, abrita un centre d'entraînement des forces navales américaines de 1946 à 1967. Aujourd'hui, la massive demeure de granit accueille une splendide collection de **porcelaine Wedgewood** des 18e et 19e s.

★**Falaise** – *Visite guidée (1 h) uniquement. Mai-oct. : mer.-dim. midi-15 h.* Juché sur une falaise, ce manoir de style normand fut construit par le capitaine Harry F. Guggenheim en 1923. Une cour intérieure conduit à la maison, où est exposée une merveilleuse collection d'artefacts français et espagnols des 16e et 17e s. À l'arrière, une loggia en arcades domine le détroit de Long Island, dont elle offre de superbes **vues**★★.

Nassau County Museum of Art (**M**), à Roslyn Harbor – *Prendre la route 25A Est, traverser le viaduc de Roslyn et tourner à gauche dans Museum Dr. Ouv. toute l'année mar.-dim. 11 h-17 h. Fermé principaux j. fériés. 6 $. Visite guidée mar.-jeu & dim. 14 h.* ✗ 🅿 *www.nassaumuseum.com* ☎ *516-484-9338.* Ce musée des Beaux-Arts se trouve sur un domaine construit à la fin du 19e s. pour Lloyd Bryce, trésorier général de New York, et racheté en 1919 par Childs Frick, fils du fameux collectionneur Henry Clay Frick *(voir Index).*

La demeure en brique, de style néogeorgien, abrite des expositions temporaires consacrées à toutes les périodes de l'art. Le parc paysager, avec ses 59 ha de pelouses, de pièces d'eau et de jardins raffinés, constitue quant à lui un cadre idéal pour accueillir des sculptures. Sur la propriété se trouve par ailleurs le Tee Ridder Miniatures Museum, inauguré en 1995.

Oyster Bay – Lieu de villégiature et port de plaisance renommé, le pittoresque village d'Oyster Bay a beaucoup à offrir : sites historiques, boutiques et rues ombragées bordées de maisons victoriennes et coloniales. Son plus illustre résident, l'ancien président des États-Unis **Theodore Roosevelt**, vécut ici pendant environ vingt ans dans sa maison de Sagamore Hill. Le cimetière Young abrite sa tombe (**A**).

★★**Planting Fields** – *Planting Fields Rd. Ouv. toute l'année 9 h-17 h. Fermé 25 déc. 6 $/voiture.* ♿ 🅿 *www.plantingfields.com* ☎ *516-922-9200.* Ancienne propriété du financier William Robertson Coe, Planting Fields est un vaste domaine de 165 ha dont une partie a été transformée en arboretum, le reste ayant été préservé dans

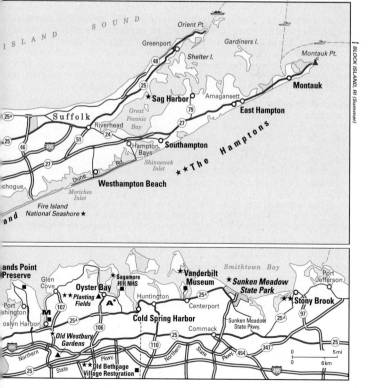

son état naturel. On peut y admirer 600 espèces de rhododendrons et d'azalées *(floraison : mai-juin)*, un jardin « synoptique » groupant toutes sortes de plantes ornementales sur 2 ha, une remarquable collection de camélias *(floraison : fév.-mars)* et des serres remplies d'orchidées, d'hibiscus, de bégonias et de cactées. Dans ce parc coupé de larges allées se dresse **Coe Hall** *(visite guidée 1 h uniquement ; avr.-sept. : tlj 12 h-15 h30 ; fermé 25 déc. ; 5 $; P ☎ 516-922-9210)*, bel exemple d'architecture de style néo-Tudor.

★**Sagamore Hill National Historic Site** – Enfants *Cove Neck Rd. Résidence : visite guidée (45mn) uniquement. Fin mai-fête du Travail : tlj 9 h-17 h ; reste de l'année : mer.-dim. 9 h-17 h. Fermé principaux j. fériés. 5 $. P www.nps.gov/sahi ☎ 516-922-4447.* Située à l'Est du village d'Oyster Bay, cette gracieuse demeure de style Queen Anne (1885) n'a guère changé depuis la présidence de **Theodore Roosevelt** (1901-1909) : plus de 90 % des meubles sont d'origine. Des visites guidées des 23 pièces offrent d'amusantes anecdotes sur la vie et les ambitions politiques de Roosevelt. La bibliothèque, qui lui servait de cabinet de travail, est particulièrement intéressante. On notera par exemple un encrier monté sur une patte de rhinocéros, témoignage des exploits de chasse du propriétaire, et un bronze intitulé ***Paleolithic Man***, de Frederic Remington. Après la visite, prendre quelques minutes pour admirer de très belles vues du parc. Construit sur le domaine par Theodore Roosevelt Jr en 1938, un manoir de style georgien loge aujourd'hui l'**Old Orchard Museum**, qui propose des expositions et un film *(20mn)* retraçant la vie publique et privée du président américain.

Raynham Hall Museum – *20 W. Main St. Ouv. juil.-fête du Travail : mar.-dim. 12 h-17 h ; reste de l'année : mar.-dim. 13 h-17 h. Fermé 1er janv., Thanksgiving & 25 déc. 3 $. www.raynhamhallmuseum.org ☎ 516-922-6808.* Cet ancien manoir-ferme joua un rôle important pendant la guerre d'Indépendance. C'était la demeure du père de Robert Townsend, chef du service de renseignements du général Washington à New York. L'intérieur contient des meubles et des souvenirs des 18e et 19e s.

Cold Spring Harbor – De 1836 à 1862, Cold Spring Harbor était l'un des principaux centres baleiniers de Long Island. Le port abritait alors plusieurs navires spécialement équipés pour la pêche au cétacé. Les commandants de ces bateaux étaient originaires de New Bedford, petite ville paisible du Massachusetts, et de Sag Harbor.

★**Whaling Museum** – Enfants *Main St. (route 25A). Ouv. Memorial Day-fête du Travail : tlj 11 h-17 h ; reste de l'année : mar.-dim. 11 h-17 h. 3 $. ♿ www.cshwhalingmuseum.org ☎ 631-367-3418.* Ce musée de la pêche à la baleine propose d'excellentes expositions. On remarquera en particulier une baleinière du 19e s. tout équipée, telle qu'elle était à bord du brick *Daisy* lors de son expédition (1912) partie de New Bedford. À côté, un diorama détaillé montre Cold Spring Harbor vers 1850, à l'apogée de l'industrie baleinière. D'autres expositions, qui retracent l'illustre passé de la pêche au cétacé sur Long Island, font écouter aux visiteurs le chant des baleines à bosse ; on s'étonnera devant la taille d'un crâne d'orque (ou épaulard). Les collections du musée contiennent également des harpons, des instruments de navigation divers et des maquettes de baleiniers. Noter la riche collection de *scrimshaws* (sculptures exécutées dans des défenses, mâchoires ou dents de mammifères marins), forme d'artisanat pratiquée par les pêcheurs de baleines.

★**Vanderbilt Museum**, à **Centerport** – Enfants *Little Neck Rd. Maison : visite guidée (1 h) uniquement, toute l'année 12 h-16 h. Fermé 1er janv., Thanksgiving & 25 déc. 8 $. Parc uniquement : 5 $. P www.vanderbiltmuseum.org ☎ 631-854-5579.* Sur ce domaine de 17 ha dominant Northport Harbor se trouvent un opulent manoir de style néoespagnol, un musée maritime et un planétarium. La résidence Vanderbilt appartenait jadis à William K. Vanderbilt Jr, arrière-petit-fils du célèbre Commodore. Noter surtout le marbre et les boiseries finement travaillées de cette demeure de 24 pièces, qui abrite aussi des meubles d'époque et des spécimens d'histoire naturelle.

Dans le **Marine Museum** sont présentées des collections réunies par William au cours de ses voyages : maquettes de bateaux, armes, oiseaux, etc. Le Vanderbilt Planetarium *(☎ 631-854-5555)* propose quant à lui des spectacles d'astronomie.

★**Sunken Meadow State Park** – *Ouv. toute l'année du lever au coucher du soleil. X ♿ P (5 $) www.nysparks.com ☎ 631-269-4333.* Ce parc offre une large gamme d'activités de détente : golf (27 trous), baignade (longue plage de sable fin en bordure du détroit de Long Island), aires de pique-nique, sentiers de promenade et pistes cyclables, de quoi satisfaire les goûts de tous.

★★**Stony Brook** – Charmant village de style fédéral typique de l'Amérique des 18e et 19e s., Stony Brook se situe dans un cadre rural enchanteur. Au cœur de ce petit hameau se dresse un complexe fondé en 1930 : **The Long Island Museum of American Art, History and Carriages**★★ Enfants *(ouv. toute l'année mer.-sam. 10 h-17 h, dim. 12 h-17 h : fermé principaux j. fériés ; 5 $; ♿ www.longislandmuseum.org ☎ 631-751-0066)*, qui regroupe trois musées ainsi que plusieurs bâtiments d'époque, dont une forge, une école et une grange.

History Museum – Installé dans une scierie du 19ᵉ s. rénovée, le centre d'accueil propose des expositions temporaires tirées des collections du musée ou provenant d'autres institutions, toujours centrées sur la vie quotidienne des Américains, du 18ᵉ s. aux années 1900. Une exposition permanente d'anciens appeaux de chasse et de **reproductions miniatures** d'intérieurs de demeures, de l'époque coloniale aux années 1930, se tient également au musée.

Carriage Museum – Une exceptionnelle collection de quelque 250 voitures à cheval est présentée sous la forme d'expositions thématiques retraçant l'histoire de l'attelage. La pièce maîtresse du musée est l'omnibus Grace Darling (v. 1880), dont le décor de paysages peints a été soigneusement conservé. À l'étage, on trouvera des véhicules européens aux ornements raffinés (18ᵉ -19ᵉ s.) ainsi que des cabriolets, des diligences et des chariots américains. Le rez-de-chaussée contient des coches américains, des véhicules de particuliers et divers véhicules commerciaux (charrette à foin, charrette de laitier ou d'épicier, chariot de thé ou de courrier), des traîneaux, des voitures d'enfant (tirées par des chèvres et des chiens) ainsi que des roulottes de bohémiens peintes de couleurs gaies (19ᵉ s., États-Unis). La section consacrée à l'équipement de lutte contre l'incendie abrite une élégante remorque de tuyau à incendie plaquée d'argent, qui remonte à 1875.

Art Museum – Les **peintures et dessins** de **William Sidney Mount** (1807-1868), et ceux d'autres artistes des 19ᵉ et 20ᵉ s., y sont présentés par roulement. Mount s'installa à Stony Brook, où il peignit des scènes de la vie rurale. On remarquera tout particulièrement *Farmer Whetting His Scythe*, *Dancing on the Barn Floor* et *The Banjo Players*.

■ La palourde sous toutes ses formes

Impossible de quitter Long Island sans goûter le plus célèbre des coquillages de la région dans une des multiples « cabanes à palourdes ». Chaque variété de palourdes possède sa préparation propre. Les myes ou **steamers**, à la coquille fine, sont cuisinées à la vapeur et servies avec un bouillon et du beurre fondu. Les palourdes du Pacifique ou **littlenecks** et les clovisses ou **cherrystones**, à la coquille dure, sont consommées crues, accompagnées de citron et d'une sauce cocktail. Les plus grosses, qui peuvent atteindre la taille d'une main, sont réservées à la soupe de palourdes ou **chowder**. Et si vous connaissez la différence entre la *Manhattan chowder* (à la tomate) et la *New England* chowder (au lait), personne ne vous traitera d'étranger.

CÔTE SUD

Bordée d'un véritable chapelet de cordons littoraux, la côte Sud offre de belles plages de sable fin et s'ouvre à la fois sur l'océan Atlantique et sur Great South Bay. *Les curiosités suivantes sont présentées d'Ouest en Est.*

★★**Jones Beach State Park**, à **Wantagh** – *Wantagh Pkwy. www.nysparks.com* ☎ *516-785-1600.* Cette station balnéaire jouit de plus de 10 km de plages. On y trouve le célèbre **Jones Beach Theater** ainsi que des piscines chauffées, des terrains de sport et des aires récréatives. Un château d'eau, dont la forme rappelle le campanile de la basilique Saint-Marc à Venise, a été construit sur un puits d'eau douce.

Bayard Cutting Arboretum – *Route 27A. Ouv. toute l'année mar.-dim. 10 h-coucher du soleil. Fermé principaux j. fériés. 5 $/véhicule.* ✕ ♿ 🅿 *www.nysparks.com* ☎ *631-581-1002.* Établi en 1887 par William Cut-

© Scott Barrow

Le phare des garde-côtes, à Fire Island.

ting sur les plans de l'architecte-paysagiste Frederick Law Olmsted, l'arboretum couvre 279 ha de bois et de plantations. La pinède contient beaucoup de spécimens d'origine (sapins, épicéas, pins et autres conifères). Des rhododendrons et des azalées *(floraison : mai-juin)* bordent les chemins et les allées, et des fleurs sauvages poussent à profusion.

★**Fire Island** – Longue bande de terre de 51 km dont la largeur ne dépasse pas 800 m, cette île interdite à la circulation automobile contient une zone protégée de 560 ha connue sous le nom de **National Seashore**L★. Watch Hill et Sailors Haven, les deux régions les plus développées de la réserve naturelle, proposent toutes sortes d'activités : promenades de découverte de la nature, baignade surveillée et autres. Les deux sites sont en outre dotés d'une marina et d'un café-restaurant. Des ferries relient Patchogue, Sayville et Bay Shore à Watch Hill et à Sailors Haven ainsi qu'aux villages de l'île *(ferry pour Watch Hill au départ de Patchogue, près de la gare ; mai-fin sept. : tlj ; 1re quinzaine d'oct. : ven.-dim. ; traversée 30mn ; 5,50 $;* ♿ ✉ *Davis Park Ferry Co. ; horaires : www.pagelinx.com/dpferry* ☎ *631-475-1665).*

★**Robert Moses State Park** – *www.nysparks.com* ☎ *631-669-0470.* Ce parc à la pointe Ouest de Fire Island évoque le souvenir de Robert Moses, ancien surintendant des parcs de Long Island. Ses dunes servent de refuge aux oiseaux aquatiques, et sa grève se prête particulièrement bien à la pêche au lancer (méthode qui consiste à lancer l'appât dans la mer à un endroit où les vagues se brisent sur le rivage).

★★**Les Hamptons** – *www.thehamptons.com.* Ce nom désigne toute une série de stations de villégiature qui s'étendent sur environ 56 km le long de la côte Sud de Long Island, de Westhampton Beach (sur la baie de Shinnecock) à Amagansett. Charmés par la beauté des lieux, de très nombreux touristes viennent chaque année profiter d'excellents restaurants et de boutiques haut de gamme.

Westhampton Beach – Ancienne communauté de marins, Westhampton Beach attire aujourd'hui des musiciens, écrivains et artistes new-yorkais durant les week-ends et les vacances. Chaque année, au début du mois d'août a lieu un important festival de plein air : le Westhampton Beach Outdoor Art Show.
Une promenade en voiture le long de Dune Road, sur l'étroit cordon littoral, permet d'admirer de nombreuses demeures aux styles très divers, de la maison typique de la Nouvelle-Angleterre (bardeaux bruns et encadrements blancs) au simple bungalow. Une plage (longueur : 24 km) s'étend de Moriches Inlet à Shinnecock Inlet. *Remarque : prudence au volant ; très étroite par endroits, la route devient impraticable par mauvais temps.*

★**Southampton** – *Itinéraires de découverte pédestre disponibles auprès de la chambre de commerce locale (76 Main St. ; www.southamptonchamber.com* ☎ *631-283-0402).* Plus grande communauté des Hamptons, cette fameuse station balnéaire possède de magnifiques propriétés. Sur Jobs Lane, au n° 25, se trouve le **Parrish Art Museum** *(ouv. mi-juin-mi-sept. : lun.-sam. 11 h-17 h, dim. 13 h-17 h ; reste de l'année : lun. & jeu.-sam. 11 h-17 h, dim. 13 h-17 h ; fermé principaux j. fériés ; 5 $;* ♿ *www.thehamptons.com* ☎ *631-283-2118),* consacré à l'art américain des 19e et 20e s., avec son importante collection d'œuvres de William Merrit Chase et de Fairfield Porter. Le musée présente également des expositions temporaires issues de la collection permanente.

East Hampton – De nombreux écrivains et artistes ont été attirés par le calme de cette jolie bourgade et par son charme pittoresque. En fait, plusieurs artistes y sont enterrés, dont Childe Hassam, Jackson Pollock et Stuart Davis. Bordée de magnifiques ormes centenaires, **Main Street**, sa rue principale, compte plusieurs bâtiments historiques tels Mulford Farm et Clinton Academy. À l'extrémité Nord de la rue, remarquer Hook Mill, moulin à vent datant de 1806. La place du village, avec son étang flanqué de belles maisons anciennes, confère à East Hampton un caractère bien anglais.

★**Sag Harbor** – *www.sagharborchamber.com* ☎ *631-725-0011.* Avec ses docks, son port niché dans une anse bien abritée et ses maisons de style colonial, Sag Harbor a conservé l'atmosphère et le charme d'antan. La petite communauté côtière abrite la **Whalers Presbyterian Church**. Exemple achevé du style néoégyptien, cette église érigée en 1918 sur Union Street était jadis coiffée d'un clocher (détruit en 1938) haut de plus de 56 m, que les marins pouvaient repérer à des kilomètres de la côte. Noter aussi **Custom House** *(à l'angle de Main St. & Garden St. ; ouv. juil.-août : tlj 10 h-17 h ; juin & sept. : w.-end 10 h-17 h ; 3 $;* ✉ ☎ *631-692-4664),* premier bureau de douane de l'État de New York. Sur Main Street, un édifice de style néogrec, décoré à l'image d'une maison de capitaine de baleinier, abrite le **Sag Harbor Whaling and Historical Museum** *(ouv. mi-mai-sept. : lun.-sam. & j. fériés 10 h-17 h, dim. 13 h-17 h ; oct. : sam. 10 h-17 h, dim. 13 h-16 h ; 3 $;* ♿ *www.sagharborwhalingmuseum.org* ☎ *631-725-0770),* qui évoque le passé baleinier de la ville.
Une courte traversée en ferry sépare Sag Harbor de **Shelter Island**, paisible étendue de terre idéale pour la randonnée et les promenades à vélo.

Montauk – *Croisières d'observation des baleines : voir p. 306*. Port de pêche situé à la pointe orientale de Long Island, au cœur d'une étroite péninsule de 16 km couverte de bois et bordée de falaises, de dunes et de plages blanches, Montauk attire de nombreux pêcheurs en haute mer. Dans le Montauk State Park se trouve Montauk Point Lighthouse, phare construit en 1795 à l'extrémité de la péninsule.

AUTRES CURIOSITÉS

★★Old Bethpage Village Restoration – Enfants *1303 Round Swamp Rd. Ouv. mai-oct. : mer.-dim. 10 h-17 h ; nov.-déc. & mars-avr. : mer.-dim. 10 h-16 h. Fermé janv.-fév. 7$.* ◻ *www.oldbethpage.org* ☎ *516-572-8400*. Nichée dans une vallée de plus de 80 ha, Old Bethpage est une communauté rurale active qui recrée l'ambiance d'un village américain d'avant la guerre de Sécession. Plus de 55 bâtiments historiques reflétant l'héritage architectural de Long Island ont été sauvés de la destruction et transportés sur le site de la ferme Powell. En flânant dans le village, on peut apprécier le travail des artisans (tisserands) et celui des paysans dans les champs ou préparant leur repas. D'autres activités telles que la tonte des moutons ou la fabrication du cidre peuvent être observées au gré des saisons

★Old Westbury Gardens – *71 Old Westbury Rd. Ouv. mi-avr.-oct. : mer.-lun. 10 h-17 h (dernière entrée 16 h15) ; nov. : dim. 10 h-17 h ; déc. : se renseigner. 10 $. Visite guidée (30mn).* ✗ ◻ *www.oldwestburygardens.org* ☎ *516-333-0048*. Ce domaine de 65 ha, avec ses bois, ses jardins et ses pièces d'eau, appartenait jadis à John S. Phipps, financier doublé d'un sportif. La demeure de style Charles II a conservé l'aspect qu'elle avait au début du 20ᵉ s. Son intérieur, décoré de meubles anciens, contient des toiles de maîtres anglais (Thomas Gainsborough et John Singer Sargent), des miroirs dorés et toutes sortes d'objets d'art.

● Lobster Roll, à **Amagansett** – *1980 Montauk Hwy. Fermé nov.-mi-avr.* ☎ *631-267-3740*. Ce modeste établissement d'autoroute est perdu au milieu des dunes de Long Island, à mi-chemin entre Amagansett et Montauk. Les habitués, parmi lesquels figurent Barbra Streisand, Kathleen Turner et Alec Baldwin, ne l'appellent pas autrement que « lunch » en raison de la pancarte fichée sur sa terrasse. Ses célèbres *lobster rolls*, sa morue frite et son pâté de crabe l'élèvent au-dessus du niveau d'une simple halte d'autoroute.

PRINCETON University★★

Voir plan p. 322
Informations touristiques ☎ 609-258-3000 ou www.princeton.edu

Située au cœur du New Jersey, dans une petite communauté résidentielle, Princeton est l'une des plus célèbres universités *Ivy League* (terme réservé aux plus prestigieux établissements d'enseignement supérieur aux États-Unis) du pays. Malgré la multitude de bureaux et de centres de recherche, la ville reste un endroit où il fait bon vivre.

Accès – *177 km aller-retour. Autocar : service régulier entre Princeton et New York ; renseignements : Port Authority Bus Terminal (à Manhattan, à l'angle de la 42ᵉ Rue & la 8ᵉ Av.* ☎ *212-564-8484). Voiture : quitter Manhattan par le Lincoln Tunnel et prendre le New Jersey Turnpike vers le Sud jusqu'à la sortie 9 ; tourner à droite et, après avoir traversé la rivière Lawrence, emprunter la route 1 en direction de Penns-Neck ; tourner à droite au panneau Princeton-Hightstown. Train : New Jersey Transit au départ de Penn Station (voir p. 30).*

Un peu d'histoire

En 1746, un petit groupe de pasteurs presbytériens entreprit de doter les colonies du centre d'une université, qu'ils baptisèrent College of New Jersey. D'abord établie à Elizabeth, puis à Newark, l'université s'installa finalement à l'endroit actuel en 1756, après l'achèvement du Nassau Hall. Ce dernier était alors le plus grand édifice d'Amérique du Nord à vocation éducative. Pendant la guerre d'Indépendance, l'université servit de caserne et d'hôpital aux troupes britanniques puis américaines. Sa prise d'assaut par Washington le 3 janvier 1777 mit fin à la bataille de Princeton, gagnée par l'armée révolutionnaire. En 1783, l'université abrita le gouvernement fédéral pendant six mois, et c'est là que fut signé le traité de paix définitif. À l'occasion du 150ᵉ anniversaire de sa fondation, le College of New Jersey, déjà appelé Princeton College, devint Princeton University.
Depuis le 18ᵉ s., Princeton se distingue pour son enseignement des sciences politiques et ses programmes de recherche scientifique (la première chaire de chimie des États-Unis y fut créée en 1795). Depuis Woodrow Wilson, qui en fut le recteur de 1902 à

1910, l'université met l'accent sur la recherche individuelle et encourage l'enseignement en petits groupes de travail. L'université compte aujourd'hui environ
680 professeurs à plein temps et 6 300 étudiants ; 42 % des étudiants de premier
cycle bénéficient de bourses ou de prêts spéciaux. Autrefois réservée aux hommes,
Princeton est devenue mixte en 1969, et les femmes représentent désormais un tiers
de la population estudiantine au niveau licence.

L'université de Princeton est réputée pour ses universitaires plus que pour ses athlètes, ce qui ne l'empêche pas de tenir sa place dans 38 disciplines en compétition
interuniversitaire. Son stade de 28 000 places à l'architecture audacieuse (1998,
Rafael Viñoly Architects) convient aussi bien aux matches de football américain, de
football, de *lacrosse (voir Index)* qu'aux compétitions d'athlétisme.

VISITE

*Un service gratuit de visites guidées est assuré toute l'année (lun.-sam. 11 h,
11 h 30, 13 h 30 & 15 h 30 ; dim. 13 h 30 & 15 h 30 ; pas de visite pendant les congés
scolaires) par les étudiants eux-mêmes. Information et plans : Orange Key Guide
Service, Frist Campus Center (☎ 609-258-1766).*

Le campus se compose de 135 bâtiments répartis sur un terrain de 243 ha. Nous
ne décrirons ici que les plus importants.

★**Nassau Hall** – Cet édifice majestueux, autour duquel s'ordonne un campus verdoyant et ombragé, doit son nom à la maison d'Orange-Nassau qui régnait sur
l'Angleterre à l'époque de la fondation de l'université. Le bâtiment abrite aujour-
d'hui les services administratifs.

À l'Ouest de Nassau Hall, noter un bâtiment symbolique de Princeton en grès et
granit, **Alexander Hall** (**B** – 1892), et **Blair Hall and Tower** (**C**), *de style néogothique.*

Harvey S. Firestone Library – Riche d'environ 5 millions de volumes, la bibliothèque de Princeton met à la disposition de ses usagers 850 boxes individuels pour
étudier et plusieurs salles de conférences.

★**Chapelle** – Elle peut recevoir 2 000 fidèles. On y voit une chaire en bois du 16ᵉ s.
provenant du Nord de la France.

★★**Art Museum** – *Ouv. toute l'année mar.-sam. 10 h-17 h, dim. 13 h-17 h. Fermé
principaux j. fériés. Visite guidée (30mn) sam. 14 h.* ᒼ *www.princeton.edu*
☎ *609-258-3788.* Particulièrement riche en tableaux de style Renaissance et
baroque, le musée d'art de l'université expose également des gravures, des photographies et des dessins (présentés en alternance) ainsi que des œuvres de

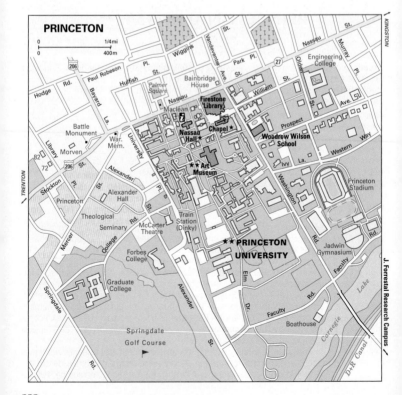

l'Antiquité orientale, gréco-romaine et précolombienne *(niveau inférieur)*. On peut aussi admirer des toiles impressionnistes et des peintures françaises du 20ᵉ s. (prêt à long terme de la fondation Henry and Rose Pearlman).

À l'Est du musée, remarquer **Prospect** (**A**), manoir italianisant (milieu du 19ᵉ s.).

Woodrow Wilson School – Véritable pépinière de diplomates, d'administrateurs et d'hommes d'État, cette célèbre école consacrée aux affaires publiques et internationales fut créée en 1930.

James Forrestal Research Campus – Ses installations ont été inaugurées en 1951. Elles sont principalement destinées à la recherche dans les domaines de la physique, de la chimie et des mathématiques appliquées, et abritent le Plasma Physics Laboratory, centre de recherche sur la fusion.

Au 55 Stockon St., la maison **Morven** fut construite vers 1750 ; au bout de Nassau Street, le **Princeton Battle Monument★** représente un groupe tourmenté, surmonté par une statue de George Wahington ; **Palmer Square** est bordé de bâtiments de style colonial ; **Bainbridge House** (1766), l'une des dernières maisons georgiennes de la ville, abrite la Société historique de Princeton (Princeton Historical Society).

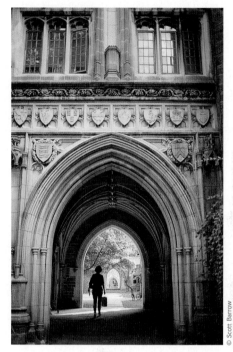

Plus loin, ne pas manquer **Drumthwacket**, bâtiment de style néogrec, ni le **Princeton Battlefield State Park★** qui commémore l'attaque surprise lancée par George Washington et Hugh Mercer sur les troupes de lord Cornwallis, le matin du 3 janvier 1777. Vers l'Est, **Delaware and Raritan Canal State Park** a été créé en 1973 sur le site d'un canal mis en service en 1834 et la **maison Rockingham★** (1702) fut le quartier général de Washington pendant la guerre d'Indépendance en 1783 : à l'intérieur, remarquer le **bureau★** du général.

Sur le campus

© Scott Barrow

Index

Chrysler Building .... Curiosité, site, localité ou autre point d'intérêt.
Washington, George .... Nom historique ou terme faisant l'objet d'une explication.

Les rues ou avenues désignées par un numéro sont classées selon leur écriture en lettres (exemple : pour la 5ᵉ Avenue, voir Cinquième Avenue). Les bâtiments désignés par un numéro de rue sont classés au nom de la rue (exemple : pour le n° 500 de Park Avenue, voir Park Avenue).

Les curiosités, sites ou localités en dehors de Manhattan portent les mentions suivantes : *Bx* (Bronx), *Bklyn* (Brooklyn), *Queens* (Queens), *LI* (Long Island), *SI* (Staten Island), *VH* (vallée de l'Hudson) et *NJ* (New Jersey)

G

H

I

J – K

L

N

Q – R

R

S

T

U

V

W – Y – Z

Notes